Compêndio do Cânon Bíblico

Dados Internacionais de Catalogação na Publicação (CIP)
(Câmara Brasileira do Livro, SP, Brasil)

Gonzaga, Waldecir
  Compêndio do Cânon Bíblico : listas bilíngues dos Catálogos Bíblicos : Antigo Testamento, Novo Testamento e Apócrifos / Waldecir Gonzaga. – Petrópolis, RJ : Vozes ; Rio de Janeiro: Editora PUC, 2019

  Bibliografia.
  ISBN 978-85-326-6080-0

  1. Apócrifos (Religião) 2. Bíblia – Cânon 3. Bíblia. A.T. – Crítica textual 4. Bíblia. N.T. – Crítica textual I. Título.

19-24307   CDD-220.12

Índices para catálogo sistemático:
1. Cânone bíblico   220.12

Iolanda Rodrigues Biode – Bibliotecária – CRB-8/10014

Waldecir Gonzaga

Compêndio do Cânon Bíblico

Listas bilíngues dos Catálogos Bíblicos
Antigo Testamento, Novo Testamento e Apócrifos

Petrópolis

© 2019, Editora Vozes Ltda.
Rua Frei Luís, 100
25689-900 Petrópolis, RJ
www.vozes.com.br
Brasil

© Editora PUC-Rio
Rua Marquês de S. Vicente, 225
Casa da Editora PUC-Rio
Gávea
22451-900 Rio de Janeiro, RJ
Tel.: (21) 3527-1760/1838
edpucrio@puc-rio.br
www.puc-rio.br/editorapucrio

Todos os direitos reservados. Nenhuma parte desta obra poderá ser reproduzida ou transmitida por qualquer forma e/ou quaisquer meios (eletrônico ou mecânico, incluindo fotocópia e gravação) ou arquivada em qualquer sistema ou banco de dados sem permissão escrita da editora.

Reitor
Pe. Josafá Carlos de Siqueira SJ

Vice-reitor
Pe. Álvaro Mendonça Pimentel SJ

Vice-reitor para Assuntos Acadêmicos
Prof. José Ricardo Bergmann

CONSELHO EDITORIAL

Diretor
Gilberto Gonçalves Garcia

Vice-reitor para Assuntos Administrativos
Prof. Luiz Carlos Scavarda do Carmo

Editores
Aline dos Santos Carneiro
Edrian Josué Pasini
Marilac Loraine Oleniki
Welder Lancieri Marchini

Vice-reitor para Assuntos Comunitários
Prof. Augusto Luiz Duarte Lopes Sampaio

Vice-reitor para Assuntos de Desenvolvimento
Prof. Sergio Bruni

Conselheiros
Francisco Morás
Ludovico Garmus
Teobaldo Heidemann
Volney J. Berkenbrock

Decanos
Prof. Júlio Cesar Valladão Diniz (CTCH)
Prof. Luiz Roberto A. Cunha (CCS)
Prof. Luiz Alencar da Silva Mello (CTC)
Prof. Hilton Augusto Koch (CCBS)

Secretário executivo
João Batista Kreuch

Conselho Gestor Editora PUC-Rio
Augusto Sampaio, Danilo Marcondes, Felipe Gomberg, Hilton Augusto Koch, José Ricardo Bergmann, Júlio César Valladão Diniz, Luiz Alencar Reis da Silva Mello, Luiz Roberto Cunha e Sergio Bruni.

Editoração: Maria da Conceição B. de Sousa
Diagramação: Sheilandre Desenv. Gráfico
Revisão gráfica: Nilton Braz Rocha / Nivaldo S. Menezes
Capa: Idée Arte e Comunicação

ISBN 978-85-326-6080-0 (Vozes)
ISBN 978-85-8006-267-0 (PUC-Rio)

Os textos originais em Grego e Latim foram preparados e revisados pelo autor [N.d.E.].

Editado conforme o novo acordo ortográfico.

Este livro foi composto e impresso pela Editora Vozes Ltda.

"As Divinas Escrituras que são reconhecidas e as que não são" (EUSÉBIO DE CESAREIA. *História eclesiástica*. Livro 3. São Paulo: Paulus, 2008, cap. 25,1, p. 147 [Patrística 15]).

"Já não concordam nem com as Escrituras nem com a Tradição" (IRINEU. *Contra as heresias*. Livro III. 2.2. São Paulo: Paulus, 2009, p. 248 [Patrística 4]).

"Unitatem in necessariis, in non necessariis libertatem, in omnibus caritatem" (Marco Antonio de Dominis, arcebispo de Split-Dalmácia, Croácia, afirmou isso em seu texto *De Republica Ecclesiastica contra Primatum Papae*, 1617, p. 676. In: NELLEN, H.J.M. "De zinspreuk 'In necessariis unitas, in non necessariis libertas, in utrisque caritas'". *Nederlands Archief voor Kerkgeschidenis*, 79/1, 1999, p. 99-106).

"Guiada pelo **Espírito Santo** à luz da **Tradição** viva que ela recebeu, a **Igreja** discerniu os **escritos** que devem ser olhados como **Santa Escritura** no sentido de que, 'tendo sido escritos sob a inspiração do Espírito Santo, eles têm Deus por autor, foram transmitidos como tais à Igreja" (*Dei Verbum*, 11) e contêm 'a verdade que Deus, para nossa salvação, quis ver consignada nas Letras Sagradas' (ibid.). O discernimento de um 'cânon' das Santas Escrituras foi a conclusão de um **longo processo**... Nesse processo, numerosos **fatores** tiveram um papel: a certeza de que Jesus – e os apóstolos com Ele – tinha reconhecido o Antigo Testamento como Escritura inspirada e que esta recebia sua realização em seu mistério pascal; a convicção de que os escritos do Novo Testamento provêm autenticamente da **pregação apostólica** (o que não implica que eles tenham sido todos compostos pelos próprios apóstolos); a constatação da sua conformidade com a **regra da fé** e da sua **utilização na liturgia cristã**; enfim, a experiência da **conformidade deles com a vida eclesial** das comunidades e da capacidade de alimentar esta vida" (PONTIFÍCIA COMISSÃO BÍBLICA. *A interpretação da Bíblia na Igreja*. São Paulo: Paulinas, 1994, item *Formação do Cânon*, p. 113-115).

Sumário

Prefácio, 9

1 Introdução, 13

2 Documentos sobre o *Canon Biblicum* (AT/NT), 19

3 Da Reforma Protestante a João Ferreira de Almeida, 337

4 Apêndice – Tabelas ilustrativas, 385

5 Conclusão geral, 411

6 Bibliografia, 417

Posfácio, 441

Índice, 443

Prefácio

A Bíblia não caiu pronta do céu, nem foi escrita pelo dedo de Deus, a não ser em sentido metafórico. Prova disso é que existem diversas tradições no que concerne ao conteúdo da Bíblia, ou seja, diversos "cânones" ou regras de fé. O *Compêndio do Cânon Bíblico* vem nos prestar um ótimo serviço neste campo da história do cânon bíblico, disponibilizando-nos listagens bíblicas e extrabíblicas de várias épocas e correntes.

Geralmente os cristãos, sejam católicos, protestantes ou ortodoxos, não refletem sobre o que significa que as outras confissões cristãs usam outra bíblia – sem falarmos do judaísmo. Será que Deus se revelou nas Escrituras de modo diferente para mim, católico, e para meu vizinho que é protestante? Ou diremos que a bíblia do vizinho é falsa e só a minha, verdadeira?

São questões que devemos abordar com muita prudência, não só para respeitar o nosso vizinho que é de outra confissão cristã, mas também para respeitar a nossa própria tradição, sem envolvê-la em mistificação irreal. A Igreja, de fato, não estabeleceu o cânon das Escrituras da noite para o dia. É verdade que no fim do segundo século de nossa era existia uma praxe de acolher como livros bíblicos, substancialmente, os que se encontram em nossas bíblias hoje. Não se pode negar, porém, que durante muitos anos continuou certa indefinição a respeito de determinadas partes. O exemplo mais evidente dessa indefinição é o livro do Apocalipse, que levou diversos séculos para ser admitido no cânon cristão. Isso, quanto ao Novo Testamento, que é, evidentemente, o mais importante para o cristão.

Mas, também em relação ao Antigo Testamento, importa saber que os protestantes acolhem no cânon apenas os livros que as autoridades judaicas no quinto século de nossa era homologaram para a leitura na sinagoga, e esses são unicamente os livros conservados em língua hebraica. Os cristãos ortodoxos e os católicos, porém, continuam até hoje (embora com algumas diferenças entre si) lendo os livros ou partes de livros que foram escritos, pouco antes do nascimento de Jesus, pelos judeus do mundo grego, especialmente em Alexandria do Egito, e incluídos na tradução grega da Bíblia conhecida como Septuaginta ou a Bíblia dos Setenta. Quando, por volta de 1500 d.C., os reformadores protestantes quiseram restaurar a praxe original acolheram entre os livros do Antigo Testamento somente os escritos em hebraico. Os livros escritos em grego – chamados por eles de "apócrifos" e pelos católicos de "deuterocanônicos" – foram colocados em apêndice nas bíblias protestantes até que, no século XIX, fossem pura e simplesmente excluídos. Isso, porém, não representa a praxe cristã dos primeiros séculos, quando esses livros eram lidos sem preconceito, a tal ponto que os Evangelhos, Atos e Cartas do Novo Testamento, muitas vezes, citam o Antigo Testamento a partir da Septuaginta, usando, inclusive, os livros deuterocanônicos.

Ninguém deve ver nesses conhecimentos históricos uma ameaça para a fé. A fé e a salvação não dependem do número de livros bíblicos, embora a ausência de algumas partes empobreça a memória. Os livros bíblicos que fazem o elogio da Sabedoria ou trazem o testemunho dos mártires macabeus estão entre os "deuterocanônicos" e são negligenciados por teólogos e pastores que seguem um cânon mais restrito, e isso é uma pena.

Os apóstolos nunca leram a Bíblia, no máximo ouviram alguns trechos dos livros de Moisés na sinagoga. Mas andaram com Jesus. E é exatamente isso que a Bíblia quer nos proporcionar: a memória de Jesus, para que Ele seja para nós "caminho, verdade e vida" (Jo 14,6). A Bíblia nos ajuda a andarmos com Jesus ao nosso lado e seguirmos os seus passos, em conjunto com toda a nossa tradição de fé, que comporta em primeiro lugar a prática do supremo mandamento que Ele nos ensinou, a caridade fraterna para todos os que encontramos em nosso caminho.

Para ouvir o apelo de Jesus ao longo de nossa caminhada e ser salvo em seu nome não é preciso ler os setenta e três livros da Bíblia. Mas, para que sua imagem continue viva, a nossa fé nos convida a guardar tudo o que nos fala de Jesus, tanto os testemunhos a seu respeito, no Novo Testamento, quanto a memória religiosa do povo da qual Ele e suas testemunhas participaram, conservada no Antigo Testamento.

Ora, para guardar o que realmente serve para essa finalidade e para que não se apresentassem como memória de Jesus coisas que se desviam dele, foi preciso um discernimento eclesial, que não se deu em um só dia. É esse discernimento que descreve o livro que temos em mãos. A listagem dos cânones em uso na Igreja cristã através dos séculos nos põe em contato com a consciência teológica que se estende desde as palavras de Paulo no Novo Testamento até a declaração solene do Concílio de Trento no século XVI a respeito do cânon das Escrituras retomada pelos concílios ulteriores. "Desde criança conheces as Escrituras Sagradas. Elas têm o poder de te comunicar a sabedoria que conduz à salvação pela fé no Cristo Jesus. Toda Escritura é inspirada por Deus e é útil para ensinar, para argumentar, para corrigir, para educar conforme a justiça. Assim, a pessoa que é de Deus estará capacitada e bem preparada para toda boa obra" (2Tm 3,15-17). "Para evitar dúvidas a respeito dos livros reconhecidos por este Sínodo, julgou oportuno acrescentar a este decreto o elenco" (Concílio de Trento, Decreto sobre os livros sagrados, col. Denzinger-Hünermann 1501-1505).

Prof. Dr. Johan Konings
Doutor em Teologia Bíblica pela Katholieke Universiteit Leuven (Bégica)
e Professor de Teologia da FAJE (BH/MG).

1
Introdução

Nossa intenção é a de poder oferecer a todos os interessados nesta área dos estudos bíblico-teológicos uma vasta gama de textos de *Catálogos* que contém alguma *Lista* dos livros bíblicos do Antigo Testamento e do Novo Testamento (Catálogos das Sagradas Escrituras), sejam eles [*proto*]*canônicos* ou [*deutero*]*deuterocanônicos*, bem como dos livros *extrabíblicos*, que normalmente são chamados de *apócrifos* (no meio católico e ortodoxo) ou *pseudoepígrafos* (no meio protestante).

Como nossa intenção é aquela de suprir uma lacuna acadêmica que temos em nossa literatura produzida no Brasil, a saber, de colocar nas mãos de todos os textos destes catálogos sobre o cânon bíblico nas línguas originais, então buscaremos colocar o máximo de *Listas*[1] que encontramos em nossas pesquisas e com textos bilíngues: língua original e tradução em português. Poucos são os casos em que conservamos uma lista tríplice, grego-latim-português, e quando o fazemos é para que tenhamos conhecimento de um texto original que já foi traduzido anteriormente para uma das outras duas línguas antigas e que agora disponibilizamos juntamente com a tradução portuguesa, além de que, em relação a algumas listas, permanecem sempre algumas dúvidas sobre qual seria, de fato, a língua original. Outra curiosidade é estudar os textos *esticométricos*, visto que eles apresentam a *esticometria* para cada livro (linhas de cada livro), criando um tipo de literatura própria, a exemplo de textos que trazemos aqui em nossa obra, a saber: do II Concílio de Antioquia (séc. III d.C.; com esticometria final); a *Lista de Mommsen* (360 d.C.), o *Codex Claromontanus* (c.

....

1 Um outro trabalho poderia levar em consideração o tipo de literatura que surgiu na Igreja primitiva dedicada ao coletivo dos apóstolos e analisar o que está por trás dessa ideia: *Praxis/ Acta Apostolorum, Memoria Apostolorum, Didascalia Apostolorum, Epistola Apostolorum, Passio Apostolorum, Miracula Apostolorum, Virtutes Apostolorum* etc.

390-400 d.C.), o texto *Anonymus* de *Célio Sedúlio* (séc. V), a *Esticometria de Nicéforo de Constantinopla* (séc. V) e a *Esticometria Armeniana* (c. 615-690 d.C.), ou ainda da *esticometria capitular* (capítulos de cada livro), como encontramos nos cânones da Reforma Protestante.

É importante observar que temos várias fontes em termos dos textos que estão sendo disponibilizados, mas uma antiga é, sem sombras de dúvidas, a *Patrologia Migne*. Estes textos de *J.P. Migne* trazem uma vasta coletânea de textos dos Padres da Igreja, que contemplam o período desde o início do cristianismo até os séculos iniciais do segundo milênio de sua história. A *Patrologia Migne*, em suas duas belíssimas séries, *Patrologia Cursus Completus, Series Graeca*, e *Patrologia Cursus Completus, Series Latina*, editadas por Jacques Paul Migne, na segunda metade do século XIX, recolhe as obras dos Padres da Igreja, Orientais e Ocidentais. Hoje a Πατρολογια está sendo parcialmente suplantada por outras obras, como a *Sources Chrétiennes*, a *Corpus Christianorum Graecorum et Latinorum*, o *Thesaurus Linguae Graece et Latina*, a *Fuentes Patrísticas*, a *Collana di Testi Patristici*, entre outras boas obras que já temos à disposição em nossas bibliotecas, algumas bilíngues e outras apenas com tradução. Mas é indiscutível a relevância da *Patrologia Migne* e o fato de que a *Migne*, como é carinhosamente chamada, permanece uma obra indispensável e uma referência para os vários estudos realizados ainda hoje, haja vista o fato de que nela encontramos textos de certos autores que fora dela não se encontram.

A riqueza da obra *Migne* é incalculável por vários aspectos, e até mesmo pelo fato de que traz os textos originais em latim, para os Padres Latinos (161 volumes, embora cheguemos a 170 livros por causa dos volumes duplos), e os textos originais gregos com a tradução em latim para os Padres Gregos (221 volumes, embora cheguemos a 235 livros por causa dos volumes duplos), além de muitas referências críticas e indicações de outros textos. Sem sombra de dúvidas, a obra *Migne* permanece sendo uma obra monumental, de sublime e superlativa beleza, de ímpares e gigantescos valores, e vai continuar atravessando séculos como sendo uma das obras mais luminares que a humanidade já produziu e conheceu, visto seu alto e vasto valor para se conservar a literatura cristã primitiva fora dos textos e após os textos bíblicos.

Além dos textos mais antigos em relação aos catálogos das listas bíblicas, nós também queremos oferecer outros catálogos dos períodos posteriores, especialmente passando pelos Concílios Católicos de Florença e Trento, onde temos expressas as listas dos livros bíblicos, e igualmente pelos *Pais* da Reforma Protestante e concluindo com o cânon de João Ferreira Annes D'Almeida, visto ser o mais difundido e usado no meio brasileiro entre os protestantes, evangélicos, pentecostais e neopentecostais em geral. Com isso, como já anunciamos, a nossa intenção é a de oferecer a todos os interessados na área os catálogos de cada *Códice, Manuscrito, Padre da Igreja, Sínodo, Concílio* ou *Confissão Religiosa* que encontramos. Deixamos claro que não temos intenção apologética de defender ou atacar nenhuma confissão religiosa. Pelo contrário, nossa intenção é a de realizar um trabalho a partir de uma visão ecumênica e no respeito ao diálogo religioso, oferecendo uma colaboração que possa ajudar no estudo e encontro comum entre as várias Igrejas existentes, trazendo os textos que encontramos nas fontes, sem emitir juízos de qual seria o melhor ou o pior. Acreditamos que um melhor e maior entendimento que se iniciasse por um estudo e aceitação de um cânon bíblico comum entre as várias Igrejas cristãs nos ajudaria a dar passos na direção de uma maior unidade entre os cristãos, e o mundo nos conheceria a partir de nosso bom testemunho, mantendo sempre a *unidade na diversidade*, mas sem divisão no que diz respeito à Palavra de Deus. Bastam as outras divisões e discórdias que já nos assolam, e muito, desde os primitivos tempos.

No que diz respeito a cada *catálogo* dos *livros bíblicos* e *extrabíblicos*, procuraremos fazer uma pequena contextualização que nos ajude a conhecer o momento histórico em que esta lista foi confeccionada, bem como tentaremos oferecer algumas fontes de pesquisa referentes ao mesmo, ajudando a quem quiser se aprofundar ainda mais no assunto, tendo presente fontes e comentários diversos. Para nossa grata surpresa, podemos anunciar que, em relação a basicamente todos os textos do mundo antigo, nós temos a grande e feliz satisfação de encontrá-los dentro da monumental obra *Patrologia Migne, Grega e Latina*, como já imaginávamos antes mesmo de iniciarmos nossas pesquisas nesta área. Dizemos isso porque a *Migne* realmente se reveste de uma magnitude singular e ela foi muito criticada no século passado. Menos mal que hoje se pode reparar esta injustiça acadêmica e nossa obra é um bonito exemplo disso, pois encontramos nela os textos e catálogos bíblicos antigos. Isso não significa que não tenhamos outras obras que possam ser elencadas e referenciadas aqui e em outros estudos. Pelo contrário. Tanto que também estaremos indicando várias obras na contextualização de nossos catálogos aqui oferecidos.

No que diz respeito ao campo da *Reforma*, nós tomamos alguns cânones principais, bem como de algumas das principais *Confissões de Fé*, tendo em vista o valor histórico e a sua incidência no campo do Protestantismo em geral da Europa, da época do surgimento e de seu desenvolvimento. Além disso, nós também procuramos incluir alguns catálogos de algumas *versões* bíblicas antigas, como a LXX Grega, a Vulgata Latina, a Siríaca Peshita, a Copta, a Etiópica, a Georgiana, a Armena etc. Também achamos por bem acrescentar o cânon bíblico de alguns dos principais Códices antigos: o *Vaticanus* (B), o *Alexandrinus* (A) e o *Sinaiticus* (א), e tabelas diversas com *arranjos* das listas dos livros do AT e do NT, sempre respeitando a fonte e autor. Se não bastasse isso, ainda trazemos algumas tabelas para melhor explanar a temática e a diferença de alguns cânones antigos e outros atuais, como é o fato que temos diferença entre os cânones Judaico, Católico, Ortodoxo e Protestante, sempre indicando as várias nuanças de cada um deles.

Nossa obra é dividida entre *Introdução*, em que apresentamos a intenção de nosso trabalho, bem como indicamos o valor da obra e passos dados na confecção da mesma, além de apontar o público-alvo que é aquele acadêmico, principalmente de nossas Universidades, Faculdades, Institutos Teológicos e Seminarísticos que lidam com a formação de Teólogos e Pastores. Em seguida, nós temos a parte mais robusta de nossa obra e que ocupa o maior espaço deste texto, visto que nossa intenção é a de apresentar as várias *Listas* dos *Catálogos* cânones bíblicos do AT e do NT, desde o mundo antigo até o renascimento, chegando até ao Vaticano II, que imperam até nossos dias e com certeza ainda iremos completá-las em estudos futuros e revisões deste mesmo texto. Esta parte, bastante ampla e rica de textos nas línguas originais e tradução portuguesa, contempla os *Padres Orientais*, com seus textos em grego, e os *Padres Ocidentais*, com seus textos em latim, os *Concílios* locais e os universais, bem como a divisão histórica que vai do *período antigo* até a alta idade média, para depois irmos da *baixa idade média* até o *renascimento* e chegar *até nossos dias*, mencionando tanto *Católicos* como *Protestantes*, lembrando também as últimas afirmações da Igreja Católica sobre as Sagradas Escrituras, sem necessidade de novamente elencar os livros do AT e do NT, mas reafirmando a *Vulgata* como seu *Canon Biblicorum Sacrorum*.

Em seguida, nós procuramos trazer algumas *tabelas*, fazer nossas *Conclusões*, abordando também os critérios para a formatação e conclusão do cânon bíblico. No final, oferecemos tanto as *Referências Bibliográficas*, como uma *Bibliografia* mais ampla, tendo em vista que isso pode ajudar bastante os interessados no tema para que tenham em mãos indicações ainda maiores do que aquelas que procuramos usar em nossas pesquisas para a confecção desta obra, sobretudo para trabalhos críticos no campo acadêmico. Aliás, são vários e bons os textos que temos acerca da temática da formação do cânon bíblico, seja do AT seja do NT, pena que pouca coisa produzida ou traduzida para o português. Um outro problema que vemos nos muitos textos é o fato de que os autores geralmente apenas fazem menção aos *catálogos bíblicos* e não os oferecem e quando os oferecem os trazem apenas numa tradução e poucos são que trazem alguns dos textos nas línguas originais, e quase sempre em *Apêndices* separados.

Hoje poderíamos indicar a obra *Enchiridion Biblicum* que traz em forma bilíngue alguns dos vários catálogos ou mesmo o Denzinger-Hünermann, que traz os textos dos últimos Concílios ou Documentos da Igreja Católica. Além disso, o que podemos ainda indicar são os vários artigos ou capítulos de livros que tratam da temática, mas em sua grande maioria em línguas estrangeiras. Destarte, poder oferecer uma obra como esta, com os textos bilíngues, significa dar um grande passo, fazendo com que tudo isso, a partir de seus textos nas línguas originais e uma tradução portuguesa, venha a se tornar acessível aos interessados em geral, que, a partir de então, terão em mãos os textos e suas respectivas fontes indicadas, no corpo mesmo do trabalho, quando já fazemos suas introduções e contextualizações. Por que colocar as principais obras no corpo e não em notas de rodapé? Porque acreditamos que isso facilita e bastante a leitura e os estudos, pois ajuda a visualizar as fontes diretamente no corpo do trabalho, visto que muitos, inclusive por correria em continuar lendo o texto, muitas vezes acabam nem conferindo as notas de rodapé. Fora disso, também temos algumas notas de rodapé. Para tanto, basta conferir o texto de nossa obra do início ao fim e se constatará que isso corresponde ao que estamos indicando aqui.

Não poderíamos deixar de agradecer às bibliotecas que nos cederam textos por nós solicitados: da PUC-Rio, da FAJE (Belo Horizonte), da Pontifícia Universidade Gregoriana e do Pontifício Instituto Bíblico (Roma), de Saulchoir (Convento Dominicano de Paris) e do Instituto Teológico Franciscano (Petrópolis). Também é preciso que aqui se registre nossos agradecimentos ao

Departamento de Teologia da PUC-Rio, desta amada Pontifícia Universidade Católica do Rio de Janeiro, onde temos encontrado espaço para exercer o nosso ministério de professor de Sagradas Escrituras, seja aos professores e demais funcionários, seja aos alunos que muito nos ajudaram nas reflexões e correções do material confeccionado. Especial agradecimento ao nosso querido Prof.-Dr. Pe. Johann Konings, SJ, da FAJE (Belo Horizonte), pelo carinho, paciência e, sobretudo, pela competência em ajudar-nos nas pesquisas em vista de nosso Pós-Doutorado em Teologia Bíblica, obtendo todo este material que nos proporciona publicar este livro, além dos artigos já publicados na área do *corpus paulinum* e do *corpus catholicum*, em vista do Estágio de Pós-Doutorado.

Se o trabalho foi árduo, o seu fruto é generoso e gratificante, sobretudo quando vemos que conseguimos chegar a bom termo no que diz respeito a oferecer a nossos leitores os textos bilíngues de muitos *Catálogos/Listas* dos livros do cânon bíblico tanto do AT como do NT, bem como dos Apócrifos, de textos antigos como de textos recentes, de Padres da Igreja e de decisões Eclesiásticas, de Sínodos e de Concílios, tanto dos Judeus como dos Católicos, dos Ortodoxos e dos Protestantes.

Enfim, que este nosso trabalho possa despertar ainda mais interesse nos estudos sobre o cânon e os textos bíblicos e extrabíblicos, tendo presente as três últimas grandes descobertas de manuscritos bíblicos que tivemos nos últimos tempos: 1) Em 1896, a Guenizá da Sinagoga do Cairo (Egito); b) Em 1945, a Biblioteca de Nag-Hammadi (Egito); c) Em 1947, as Grutas de Qumran (Israel), que trouxeram muitas luzes aos textos bíblicos e extrabíblicos.

2
Documentos sobre o
Canon Biblicum (AT/NT)

2.1 Período Antigo e Alta Idade Média

1) O cânon de Melitão de Sardes (c. 160 d.C.)

Melitão de Sardes ou Melito de Sardes, em latim *Melito Sardensis*, era bispo da Igreja de Sardes, uma cidade numa ilha da Ásia Menor. Sua lista coincide com o Cânon hebraico, menos *Ester*, que é um livro canônico, e não faz menção a alguns dos *livros disputados* (deuterocanônicos). Esta lista foi publicada indiretamente e recomendada por Eusébio, bispo de Cesareia. Ele traz apenas a lista do Antigo Testamento, que foi preservada por Eusébio, *História Eclesiástica*, IV.26,14[2], mas que também pode ser encontrada em várias obras traduzidas para as línguas modernas. Visto que Melitão traz apenas a lista do AT e tão somente dos livros Canônicos (menos o de Ester) e não traz os livros Deuterocanônicos, e nem sequer dos livros do NT, o que pode ter acontecido é que talvez Melitão tenha sofrido influência da parte do testemunho bíblico de Flávio Josefo, uma vez que os textos se aproximam, com a diferença de que Flávio Josefo não menciona o nome de todos e sim os números das coleções, como podemos conferir abaixo.

A lista que trazemos aqui corresponde ao texto que encontramos na obra EUSEBII CÆSARIENSIS, *Historiæ Ecclesiasticæ*. In: J.P. Migne. *Patrologia*, series Grega, Tomus XXX, Paris: Petit-Montrouge, 1857, p. 239-246.263-272.337-398.577-586, mas que também pode ser encontrada na obra G. Bardy, *Eusèbe de Césarée, Histoire Ecclésiastique*, Sources Chrétiennes, n. 41 (Paris, Cerf, 1952, p.

....

2 EUSÉBIO DE CESAREIA. *História eclesiástica*. Vol. 15. São Paulo: Paulus, 2000, p. 214-215.

19

211ss.); igualmente na obra B.F. Westcott, *A General Survey of the History of the Canon of the New Testament* (Londres, 1866, Apêndice D, p. 490-491), e na obra de C. Wordsworth, *On the Canon of the Scriptures of the Old and New Testament, and on the Apocrypha* (Londres: Francis & John Rivington, 1848, p. 342).

O que percebemos de imediato é que Melitão traz uma ordem diferente para os cinco livros do Pentateuco, invertendo a ordem entre *Números* e *Levítico*, a saber: "Gênesis, Êxodo, *Números*, *Levítico*, Deuteronômio". A ordem dos livros do Pentateuco é a mais comum e inalterada em todas as listas dos livros bíblicos, seguindo a ordem que temos em nossas bíblias ainda hoje: "Gênesis, Êxodo, Levítico, Números, Deuteronômio" (cf. tb. o Cânon Jerusalemitano, aqui em nossa obra, que traz uma ordem diferente).

Um dado curioso aqui é que o texto de Melitão traz uma construção pouco usual em seu Cânon, quando afirma "Σολομῶνος Παροιμίαι ἡ καὶ Σοφία / Provérbios de Salomão e/ou Sabedoria". O problema surge em relação à tradução do texto. Ou seja, ele estaria falando de dois livros, a saber, do texto canônico de *Provérbios* e do texto deuterocanônico *Sabedoria*, ou apenas de um único livro, quer dizer, seria o mesmo livro chamado de duas formas? Ao que tudo indica, Melitão estaria falando de um mesmo e único livro, que ele entende poder ser chamado de um modo ou de outro. Ora, o problema diz respeito à tradução e escolha entre valor de artigo, *conjunção* e *advérbio*.

Provavelmente houve uma inversão do artigo ἡ e da conjunção καὶ, então seria *"também a Sabedoria"*. Ou a melhor explicação seria o artigo usado com função de *pronome relativo* em grego e que corresponde à nossa *conjunção coordenativa alternativa* em português, a saber: *ou*, com tradução *"ou Sabedoria"*; ainda uma outra possível tradução, acompanhando a tradução latina da Patrologia Migne, que traduz por *"quae et Sapientia"*, seria *"que é a Sabedoria"*, assumindo valor explicativo. Assim sendo, tratar-se-ia do mesmo livro e não de dois livros, um sendo o livro dos *Provérbios* e o outro sendo o livro da *Sabedoria*. Pelo que podemos ver trata-se do mesmo livro, a saber: "Provérbios de Salomão ou Sabedoria". Isso nos parece ficar mais claro ainda quando lemos a versão do texto da *Patrologia Grega*, que temos em seu Volume V, que reproduzimos aqui, onde teríamos o texto de um testemunho direto de Melitão, e ali lemos "Σολομῶνος Παροιμίαι, αἵ καὶ Σοφία / Provérbios de Salomão, que é a Sabedoria", ou seja, não apenas um *artigo* com valor de *pronome relativo grego* (ἡ καὶ Σοφία / ou Sabedoria), mas o *pronome relativo grego* em si: "αἵ καὶ Σοφία / ou Sabedoria".

Além de que em nenhum outro lugar o texto aponta o uso de artigo antes do título dos demais livros, como podemos conferir nas duas versões abaixo.

ἀλλὰ ταῦτα μὲν ἐν τῶι δηλωθέντι τέθειται λόγωι· ἐν δὲ ταῖς γραφείσαις αὐτῶι Ἐκλογαῖς ὁ αὐτὸς κατὰ τὸ προοίμιον ἀρχόμενος τῶν ὁμολογουμένων τῆς παλαιᾶς διαθήκης γραφῶν ποιεῖται κατάλογον· ὃν καὶ ἀναγκαῖον ἐνταῦθα καταλέξαι, γράφει δὲ οὕτως. "Μελίτων Ὀνησίμωι τῶι ἀδελφῶι χαίρειν. ἐπειδὴ πολλάκις ἠξίωσας, σπουδῆι τῆι πρὸς τὸν λόγον χρώμενος, γενέσθαι σοι ἐκλογὰς ἔκ τε τοῦ νόμου καὶ τῶν προφητῶν περὶ τοῦ σωτῆρος καὶ πάσης τῆς πίστεως ἡμῶν, ἔτι δὲ καὶ μαθεῖν τὴν τῶν παλαιῶν βιβλίων ἐβουλήθης ἀκρίβειαν πόσα τὸν ἀριθμὸν καὶ ὁποῖα τὴν τάξιν εἶεν, ἐσπούδασα τὸ τοιοῦτο πρᾶξαι, ἐπιστάμενός σου τὸ σπουδαῖον περὶ τὴν πίστιν καὶ φιλομαθὲς περὶ τὸν λόγον ὅτι τε μάλιστα πάντων πόθωι τῶι πρὸς τὸν θεὸν ταῦτα προκρίνεις, περὶ τῆς αἰωνίου σωτηρίας ἀγωνιζόμενος. ἀνελθὼν οὖν εἰς τὴν ἀνατολὴν καὶ ἕως τοῦ τόπου γενόμενος ἔνθα ἐκηρύχθη καὶ ἐπράχθη, καὶ ἀκριβῶς μαθὼν τὰ τῆς παλαιᾶς διαθήκης βιβλία, ὑποτάξας ἔπεμψά σοι· ὧν ἐστι τὰ ὀνόματα· Μωυσέως πέντε, Γένεσις Ἔξοδος Ἀριθμοὶ Λευιτικὸν Δευτερονόμιον, Ἰησοῦ Ναυῆ, Κριταί, Ῥούθ, Βασιλειῶν τέσσαρα, Παραλειπομένων δύο, Ψαλμῶν Δαυίδ, Σολομῶνος Παροιμίαι ἡ καὶ Σοφία, Ἐκκλησιαστής, Ἆισμα Ἀισμάτων, Ἰώβ, Προφητῶν Ἡσαΐου Ἰερεμίτῶν δώδεκα ἐν μονοβίβλωι Δανιὴλ Ἰεζεκιήλ, Ἔσδρας· ἐξ ὧν καὶ τὰς ἐκλογὰς ἐποιησάμην, εἰς ἓξ βιβλία διελών". καὶ τὰ μὲν τοῦ Μελίτωνος τοσαῦτα.

Mas nos Extratos escritos por ele [i.e. Melitão] ao iniciar, oferece, já no início do prólogo, um catálogo dos escritos admitidos dos Escritos do Antigo Testamento que é necessário enumerar aqui. Ele escreve assim: "Melitão a seu irmão Onésimo: saudações! Pois que muitas vezes valendo-te de teu zelo pela palavra, expressastes desejo de ter para ti *extratos* da Lei e dos Profetas acerca do Salvador e de toda a nossa fé, e ainda tendo desejado saber sobre os livros antigos com toda exatidão quantos são em número e qual é a sua ordem, eu me dediquei diligentemente por fazê-lo, sabendo de teu zelo pela fé e de tua vontade de estudo para com a palavra, porque o teu amor por Deus faz com que o prefiras mais que tudo, enquanto lutas tendo em vista a salvação eterna. Assim, pois, tendo subido ao Oriente e chegado até o lugar em que estas coisas foram proclamadas e realizadas, eu me informei com exatidão sobre os Livros do Antigo Testamento. Eu os coloquei em ordem e envio-os a ti. Estes são seus nomes: cinco de Moisés: Gênesis, Êxodo, Números, Levítico, Deuteronômio; Jesus Nave [*Josué*], Juízes, Rute, quatro dos Reis, dois de Crônicas, Salmos de Davi, Provérbios de Salomão ou Sabedoria[3], Eclesiastes, Cântico dos Cânticos, Jó; dos Profetas: Isaías, Jeremias, os Doze [profetas menores] em um livro, Daniel, Ezequiel, Esdras. Destas obras eu tirei alguns extratos, que dividi em seis livros." E estas são as palavras de Melitão.

....

3 Seria interessante confrontar este catálogo com a lista de Ebed Iesu, presente aqui em nossa obra, que tem uma afirmação parecida de que o Livro de Provérbios também pode ser chamado de Livros da Sabedoria, ou vice-versa.

O segundo testemunho do cânon de Melitão de Sardes, nós o encontramos na obra MELITO SARDENSIS, *Notitia et Fragmenta* (*II: De Scriptis Sanctis Melitonis*). In: J.P. MIGNE SUCCESSORES, *Patrologia*, series Grega, Tomus V (Paris: Petit-Montrouge, 1889, p. 1.145-1.226). Este parece ser um texto pouco conhecido, visto que normalmente se cita o texto do testemunho de Eusébio de Cesareia. Provavelmente trata-se de um testemunho recolhido de outro manuscrito deixado por Melitão de Sardes. Basicamente é o mesmo texto que encontramos na obra de Eusébio de Cesareia, no Tomus XXX da *Patrologia Grega*, com a diferença de que este cita o pronome relativo αἵ na construção "Σολομῶνος Παροιμίαι, αἵ καὶ Σοφία" e não o artigo ἡ, como temos em "Σολομῶνος Παροιμίαι ἡ καὶ Σοφία"; isto já possibilita dirimir a dúvida sobre a questão se se trata do mesmo livro chamado de duas formas ou se se trata de dois livros diferentes. Aqui fica claro que se trata do mesmo livro chamado de duas formas, ou seja: *Provérbios de Salomão, que é a Sabedoria*. Sobre a questão da tradução do termo "Σολομῶνος Παροιμίαι, αἵ καὶ Σοφία / Provérbios de Salomão, que é a Sabedoria", sugerimos conferir o comentário à versão de Eusébio, aqui citada.

3.τ Μελίτωνος Ἐκλογαί	3. Extratos de Melitão
3.1 Ἀλλὰ... Ἐν δὲ ταῖς γραφείσαις αὐτῷ Ἐκλογαῖς ὁ αὐτὸς κατὰ τὸ προοίμιον ἀρχόμενος τῶν ὁμολογουμένων τῆς παλαιᾶς διαθήκης γραφῶν ποιεῖται κατάλογον· ὃν καὶ ἀναγκαῖον ἐνταῦθα καταλέξαι, γράφει δὲ οὕτως.	3.1 Mas... mesmo nos escritos do extratos, o qual, segundo o preâmbulo inicial dos escritos aceitos do Antigo Testamento, foi elaborado um catálogo. E eu achei necessário aqui oferecer o catálogo para ti. Assim tendo escrito.
"Μελίτων Ὀνησίμῳ τῷ ἀδελφῷ χαίρειν. Ἐπειδὴ πολλάκις ἠξίωσας, σπουδῇ τῇ πρὸς τὸν λόγον χρώμενος, γενέσθαι σοι ἐκλογὰς ἔκ τε τοῦ νόμου καὶ τῶν προφητῶν περὶ τοῦ σωτῆρος καὶ πάσης τῆς πίστεως ἡμῶν, ἔτι δὲ καὶ μαθεῖν τὴν τῶν παλαιῶν βιβλίων ἐβουλήθης ἀκρίβειαν πόσα τὸν ἀριθμὸν καὶ ὁποῖα τὴν τάξιν εἶεν, ἐσπούδασα τὸ τοιοῦτο πρᾶξαι, ἐπιστάμενός σου τὸ σπουδαῖον περὶ τὴν πίστιν καὶ φιλομαθὲς περὶ τὸν λόγον ὅτι τε μάλιστα πάντων πόθῳ τῷ πρὸς τὸν θεὸν ταῦτα προκρίνεις, περὶ τῆς αἰωνίου σωτηρίας ἀγωνιζόμενος. Ἀνελθὼν οὖν εἰς τὴν ἀνατολὴν καὶ ἕως τοῦ τόπου γενόμενος	"Melitão a seu irmão Onésimo: saudações! Pois que muitas vezes valendo-te de teu zelo pela palavra, expressastes desejo de ter para ti extratos da Lei e dos Profetas acerca do Salvador e de toda a nossa fé, e ainda tendo desejado saber sobre os livros antigos com toda exatidão quantos são em número e qual é a sua ordem, eu me dediquei diligentemente por fazê-lo, sabendo de teu zelo pela fé e de tua vontade de estudo para com a palavra, porque o teu amor por Deus faz com que o prefiras mais que tudo, enquanto lutas tendo em vista a salvação eterna. Assim, pois, tendo subido ao Oriente

ἔνθα ἐκηρύχθη καὶ ἐπράχθη, καὶ ἀκριβῶς μαθὼν τὰ τῆς παλαιᾶς διαθήκης βιβλία, ὑποτάξας ἔπεμψά σοι· ὧν ἐστι τὰ ὀνόματα· Μωυσέως πέντε· Γένεσις, Ἔξοδος, Λευιτικὸν, Ἀριθμοὶ, Δευτερονόμιον· Ἰησοῦς Ναυῆ, Κριταί, Ῥούθ, Βασιλειῶν τέσσαρα, Παραλειπομένων δύο, Ψαλμῶν Δαυίδ, Σολομῶνος Παροιμίαι, αἴ καὶ Σοφία, Ἐκκλησιαστής, Ἆισμα Ἀισμάτων, Ἰώβ, Προφητῶ Ἠσαΐου, Ἰερεμίου, τῶν δώδεκα ἐν μονοβίβλῳ, Δανιὴλ, Ἰεζεκιήλ, Ἔσδρας· ἐξ ὧν καὶ τὰς ἐκλογὰς ἐποιησάμην, εἰς ἓξ βιβλία διελών."

e chegado até o lugar em que estas coisas foram proclamadas e realizadas, eu me informei com exatidão sobre os Livros do Antigo Testamento. Eu os coloquei em ordem e envio-os a ti. Estes são seus nomes: cinco de Moisés: Gênesis, Êxodo, Números, Levítico, Deuteronômio; Jesus Nave [*Josué*], Juízes, Rute, quatro dos Reis, dois de Crônicas, Salmos de Davi, Provérbios de Salomão que é a Sabedoria: Eclesiastes, Cântico dos Cânticos, Jó; dos Profetas: Isaías, Jeremias, os Doze em um livro, Daniel, Ezequiel, Esdras. Destas obras eu tirei alguns extratos, que dividi em seis livros."

a) O *Canon Biblicum* de Flávio Josefo (séc. I d.C.)

Parece que Melitão de Sardes teria tido contato com o chamado testemunho do *Canon Biblicum* de Flávio Josefo e isso o teria influenciado a afirmar apenas o Cânon Palestinense (Tanak), deixando de lado o texto do Cânon Alexandrino (LXX)[4]. Flávio Josefo foi um autor judeu do século I d.C., conhecido no meio romano como Flavius Josephus, que nasceu em 37 e morreu por volta do ano 100 d.C., mas o seu nome hebraico era Yosef ben Mattatyahu, que significa "José, filho de Matias", que é uma variante de Mateus. Após se tornar um cidadão romano, ele veio a ser um historiador e apologista judaico-romano, descendente de uma linhagem de importantes sacerdotes e reis, que registrou *in loco* a destruição de Jerusalém, no ano 70 d.C., pelas tropas do imperador Vespasiano, comandadas por seu filho Tito, futuro imperador.

As obras de Josefo fornecem um importante panorama do judaísmo no século I. Suas duas obras mais importantes são *Guerra dos judeus* (c. 75), que é a fonte primária para o estudo da revolta judaica contra Roma, na guerra de 66 a 70 d.C., e *Antiguidades judaicas* (c. 94), que conta a história do mundo sob uma perspectiva judaica. Estas obras fornecem informações valiosas sobre a sociedade judaica da época, bem como sobre o período que viu a separação

....

4 Falar desses dois cânones não é coisa tão simples como se imagina, pois há prós e contras em relação a ambos. Cf. MANNUCCI, V. *Bíblia, Palavra de Deus* – Curso de introdução à Sagrada Escritura. São Paulo: Paulus, 2008, p. 224-227.

definitiva entre o cristianismo e o judaísmo e as origens da Dinastia Flaviana, que reinaria de 69 a 96. O texto que trazemos aqui é extraído da obra *Antiguidades judaicas contra Apion*, Livro I,38-40, que temos inclusive traduzido em língua portuguesa: FLÁVIO JOSEFO, *Antiguidades dos judeus contra Apion* (Curitiba: Juruá, 2015), com tradução e adaptação de A.C. Godoy. O texto grego corresponde à obra que encontramos no programa de *Mídia digital* Bible Works 10. Porém, Flávio Josefo, em seu texto original, apenas cita os conjuntos e o tradutor introduziu, entre parênteses, o nome dos livros bíblicos. Nós optamos por deixar como nos indica o tradutor da obra, até mesmo porque nos facilita a compreensão do conjunto da obra e a identificação de cada livro singularmente falando. Porém, esta temática é complicada. Até mesmo o próprio Flávio Josefo começa afirmando que "existe uma infinidade de livros discordantes e contraditórios"[5]. Também encontramos o mesmo texto no testemunho de Eusébio de Cesareia, *História eclesiástica*, Livro III (cap. 9,1-5 e cap. 10,1-11[6]), e na obra de C. Wordsworth, *On the Canon of the Scriptures of the Old and New Testament, and on the Apocrypha* (Londres: Francis & John Rivington, 1848, p. 340).

Aqui também é bom registrar que não é fácil determinar se a posição de Flávio Josefo correponde a um seu testemunho que representa a concepção do judaísmo de seu tempo, como um todo, ou se é a posição apenas dos judeus da corrente farisaica acerca do tema Escrituras Sagradas[7]. Ademais, teríamos que admitir que nesta lista de Josefo teríamos Rute em Juízes e Lamentações em Jeremias, e, com isso, teríamos dos 22 livros do cânon da *hebraica veritas*, além de que Esdras e Neemias é muito comum que sejam elencados juntos.

---

5 MANNUCCI, V. *Bíblia, Palavra de Deus*. Op. cit., p. 226.

6 EUSÉBIO DE CESAREIA. *História eclesiástica*. Op. cit., p. 131-133.

7 Um bom resumo sobre a temática do cânon das Sagradas Escrituras encontramos no texto em HAAG, H. A formação da Sagrada Escritura. In: FEINER, J. & LOEHRER, M. *Mysterium Salutis*. Vol. 1/2. Petrópolis: Vozes, 1971, p. 119-156.

38. οὐ μυριάδες βιβλίων εἰσὶ παρ᾽ ἡμῖν ἀσυμφώνων καὶ μαχομένων δύο δὲ μόνα πρὸς τοῖς εἴκοσι βιβλία τοῦ παντὸς ἔχοντα χρόνου τὴν ἀναγραφήν τὰ δικαίως πεπιστευμένα	38. É, pois natural, ou melhor dizendo, necessário, que não exista entre nós uma multiplicidade de livros em contradição entre si, senão somente vinte e dois [para obter este número igual ao das letras do alfabeto hebraico, Flávio Josefo incluiu Rute, em Juízes, e Lamentações, em Jeremias] que contêm os registros de toda a história e que com toda justiça são dignos de confiança.
39. καὶ τούτων πέντε μέν ἐστι Μωυσέως ἃ τούς τε νόμους περιέχει καὶ τὴν ἀπ᾽ ἀνθρωπογονίας παράδοσιν μέχρι τῆς αὐτοῦ τελευτῆς οὗτος ὁ χρόνος ἀπολείπει τρισχιλίων ὀλίγῳ ἐτῶν 40. ἀπὸ δὲ τῆς Μωυσέως τελευτῆς μέχρι τῆς Ἀρταξέρξου τοῦ μετὰ Ξέρξην Περσῶν βασιλέως οἱ μετὰ Μωυσῆν προφῆται τὰ κατ᾽ αὐτοὺς πραχθέντα συνέγραψαν ἐν τρισὶ καὶ δέκα βιβλίοις αἱ δὲ λοιπαὶ τέσσαρες ὕμνους εἰς τὸν θεὸν καὶ τοῖς ἀνθρώποις ὑποθήκας τοῦ βίου περιέχουσιν	39. Deles, existem cinco de Moisés, os quais contêm as leis e a tradição desde a criação do homem até a morte de Moisés. Compreendem, mais ou menos, um período de três mil anos. 40. Desde a morte de Moisés até Artaxerxes, sucessor de Xerxes como rei dos persas, aos profetas posteriores a Moisés foram deixados os feitos do seu tempo em treze livros [os treze livros proféticos, segundo Josefo são: Josué, Juízes-Rute, 1-2 Samuel, 1-2 Reis, Isaías, Jeremias-Lamentações, Ezequiel, 12 profetas, Jó, Daniel, 1-2 Crônicas, Ester, Esdras-Neemias], os quatro restantes [Salmos, Provérbios, Eclesiastes, Cantares] contêm hinos a Deus e conselhos morais aos homens.

b) O Prólogo do Livro do Eclesiástico / Sirácida (c. 130 a.C.)

Parece que esta divisão tripartítica para o texto da *TaNaK* já era algo comum no período do AT, pois o *Prólogo do tradutor* do livro do Eclesiástico (Ἐκκλησιαστικὸς), por volta de 130 a.C., também chamado de Sirácida ou Sabedoria de Sirac (Σοφία Σιρὰχ), em latim *Eclesiasticus ou Siracides*, presente na Septuaginta (LXX), já apresenta esta divisão entre *livros da Lei, Profetas e outros Escritos*. A LXX é a versão grega da Bíblia Hebraica (*TaNaK*), texto traduzido entre 250 a 150 a.C., a pedido de Ptolomeu II Filadelfo, rei do Egito entre 282-246 a.C., para a Biblioteca de Alexandria. Ela teria sido traduzida por 72 anciãos judeus, contando 6 de cada uma das 12 Tribos de Israel, segundo "A Carta de Aristeias"[8], especialmente em seus números 9,11.15.28-50.172-180.301-321.

A LXX pode ser considerada a primeira tradução escrita coesa dos textos bíblicos do hebraico para outra língua, embora mude a divisão de tripartite da Tanak (Torá, Profetas e Escritos) para quadripartita (LXX, 4 blocos: Pentateuco, Históricos, Poéticos e Proféticos). Além dos textos traduzidos do hebraico, ela também traz os livros escritos diretamente em língua grega, formando o conjunto dos 7 livros Deuterocanônicos [*Tobias, Judite, 1º e 2º Macabeus, Sabedoria, Eclesiástico e Baruc*, e mais *alguns capítulos e versículos a mais em Daniel (3,24-90; 13 e 14) e em Ester (10,4-16)*] e os livros do *Apêndice* (Oração de Manassés, Livro de Esdras 3º, Livro de Esdras 4º, Salmo 151, Epístola aos Laodicenses), que também encontramos na Vulgata Latina, dividida em sua forma tripartite (3 blocos: Pentateuco, Históricos [com Sapienciais] e Proféticos). O livro do Eclesiástico teria sido escrito em hebraico entre os anos 190-180 a.C. por Jesus Ben Sirac e depois traduzido para o grego pelo seu neto por volta do ano 130 a.C., mas temos apenas o texto da tradução grega. E o neto de Ben Sirac, ao traduzir a obra de seu avô, fez um prólogo introduzindo-a e falando dos três conjuntos de livros de todas as Sagradas Escrituras: *livros da Lei, Profetas e outros Escritos*. Aqui reportamos o texto grego da LXX e a tradução portuguesa da Bíblia de Jerusalém. Para o cânon completo da LXX, sugerimos conferir em nosso texto, mais à frente.

---

8 Para um leitura da *Carta de Aristeias* sugerimos conferir a obra *Apócrifos e pseudoepígrafos da Bíblia*. Vol. 2. São Paulo: Fonte Editorial, 2010.

Πρόλογος τοῦ ἐκκλησιαστικοῦ / Prólogo do Eclesiástico

Prólogo do Eclesiástico – LXX

1 πολλῶν καὶ μεγάλων ἡμῖν διὰ τοῦ νόμου καὶ τῶν προφητῶν
    καὶ τῶν ἄλλων τῶν κατ᾽ αὐτοὺς ἠκολουθηκότων δεδομένων
    ὑπὲρ ὧν δέον ἐστὶν ἐπαινεῖν τὸν Ισραηλ παιδείας καὶ σοφίας
    καὶ ὡς οὐ μόνον αὐτοὺς τοὺς ἀναγινώσκοντας δέον ἐστὶν ἐπιστήμονας γίνεσθαι
  5 ἀλλὰ καὶ τοῖς ἐκτὸς δύνασθαι τοὺς φιλομαθοῦντας χρησίμους εἶναι
    καὶ λέγοντας καὶ γράφοντας
    ὁ πάππος μου Ἰησοῦς ἐπὶ πλεῖον ἑαυτὸν δοὺς
    εἴς τε τὴν τοῦ νόμου
    καὶ τῶν προφητῶν
  10 καὶ τῶν ἄλλων πατρίων βιβλίων ἀνάγνωσιν
    καὶ ἐν τούτοις ἱκανὴν ἕξιν περιποιησάμενος
    προήχθη καὶ αὐτὸς συγγράψαι τι τῶν εἰς παιδείαν καὶ σοφίαν ἀνηκόντων
    ὅπως οἱ φιλομαθεῖς καὶ τούτων ἔνοχοι γενόμενοι
    πολλῷ μᾶλλον ἐπιπροσθῶσιν διὰ τῆς ἐννόμου βιώσεως
  15 παρακέκλησθε οὖν
    μετ᾽ εὐνοίας καὶ προσοχῆς
    τὴν ἀνάγνωσιν ποιεῖσθαι
    καὶ συγγνώμην ἔχειν
    ἐφ᾽ οἷς ἂν δοκῶμεν
  20 τῶν κατὰ τὴν ἑρμηνείαν πεφιλοπονημένων τισὶν τῶν λέξεων ἀδυναμεῖν
    οὐ γὰρ ἰσοδυναμεῖ
    αὐτὰ ἐν ἑαυτοῖς Εβραϊστὶ λεγόμενα καὶ ὅταν μεταχθῇ εἰς ἑτέραν γλῶσσαν
    οὐ μόνον δὲ ταῦτα
    ἀλλὰ καὶ αὐτὸς ὁ νόμος καὶ αἱ προφητεῖαι
  25 καὶ τὰ λοιπὰ τῶν βιβλίων
    οὐ μικρὰν ἔχει τὴν διαφορὰν ἐν ἑαυτοῖς λεγόμενα

Prólogo do Eclesiástico – B. Jeruslém

[1] Visto que a Lei, os Profetas

[2] e os outros escritores, que se seguiram a eles, deram-nos tantas e tão grandes lições,

[3] pelas quais convém louvar Israel por sua instrução e sua sabedoria,

[4] e como, além do mais, é um dever não apenas adquirir ciência pela leitura,

[5] mas, ainda, uma vez instruído, colocar--se a serviço dos de fora,

[6] por palavras e por escritos:

[7] meu avô Jesus, depois de dedicar-se intensamente à leitura

[8] da Lei,

[9] dos Profetas e

[10] dos outros livros dos antepassados,

[11] e depois de adquirir neles uma grande experiência,

[12] ele próprio sentiu necessidade de escrever algo sobre a instrução e a sabedoria,

[13] a fim de que os que amam a instrução, submetendo-se a essas disciplinas,

[14] progridam muito mais no viver segundo a Lei.

[15] Sois, portanto, convidados

[16] a ler

[17] com benevolência e atenção

[18] e a serdes indulgentes

[19] onde, a despeito do esforço de interpretação, parecermos

[20] enfraquecer algumas das expressões:

[21] é que não tem a mesma força,

[22] quando se traduz para uma outra língua, aquilo que é dito originariamente em hebraico;

[23] não só este livro,

[24] mas a própria Lei, os Profetas

[25] e o resto dos livros

[26] têm grande diferença nos originais.

ἐν γὰρ τῷ ὀγδόῳ καὶ τριακοστῷ ἔτει ἐπὶ τοῦ Εὐεργέτου βασιλέως παραγενηθεὶς εἰς Αἴγυπτον καὶ συγχρονίσας εὑρὼν οὐ μικρᾶς παιδείας ἀφόμοιον 30 ἀναγκαιότατον ἐθέμην καὶ αὐτός τινα προσενέγκασθαι σπουδὴν καὶ φιλοπονίαν τοῦ μεθερμηνεῦσαι τήνδε τὴν βίβλον πολλὴν ἀγρυπνίαν καὶ ἐπιστήμην προσενεγκάμενος ἐν τῷ διαστήματι τοῦ χρόνου πρὸς τὸ ἐπὶ πέρας ἀγαγόντα τὸ βιβλίον ἐκδόσθαι καὶ τοῖς ἐν τῇ παροικίᾳ βουλομένοις φιλομαθεῖν 35 προκατασκευαζομένους τὰ ἤθη ἐννόμως βιοτεύειν	[27] Ora, no trigésimo oitavo ano do falecido Rei Evergetes, [28] indo ao Egito e sendo-lhe contemporâneo, [29] encontrei uma vida segundo uma alta sabedoria, [30] e eu julguei muito necessário dedicar cuidado e esforço para traduzir este livro. [31] Dediquei muitas vigílias e ciência [32] durante este período, [33] a fim de levar a bom termo o trabalho e publicar o livro [34] para os que, fora da pátria, desejam instruir-se, [35] reformar os costumes e viver conforme a Lei.

2) O cânon do Fragmentum Muratorianum (c. 170 d.C.)

O *Fragmento Muratoriano* é a mais antiga lista conhecida de livros do Novo Testamento. Foi descoberto por *Ludovico Antonio Muratori*[9], em um manuscrito na

....

9 *Ludovico Antonio Muratori*, que no latim tem a forma *Ludovicus Antonius Muratori*, era um italiano do norte da Itália, nascido aos 21/12/1672 (Vignola) e falecido aos 23/01/1750 (Módena). Ele foi um religioso e grande erudito de sua época, homem versado na literatura, na história e nas artes clássicas, sendo bom conhecedor do grego e do latim, com especial carinho pelas obras dos Padres da Igreja (gregos e latinos), além dos clássicos greco-romanos. L.A. Ludovico é considerado uma das mentes brilhantes do século XVIII. Sua família era de origem humilde, mas que sempre se esmerou pelos estudos. Entrou para a Companhia de Jesus e teve brilhante carreira acadêmica: em 1692 se formou em Gramática e Letras e em 1694 se formou em Direito e Filosofia. Na etapa final de sua formação, L.A. Muratori foi estudar e trabalhar junto à Biblioteca Ambrosiana de Milão, já na qualidade de homem versado e capaz nas ciências humanas e linguísticas. O ambiente da Biblioteca de Milão foi-lhe ainda mais propício para aperfeiçoar seus trabalhos, visto que entrou em contato direto com muitas fontes que jamais tinha visto. Este contato direto com muitos textos e manuscritos antigos lhe proporcionou entrar em contato com muitas obras, entre as quais, o *Fragmento de um manuscrito* que continha a mais antiga lista conhecida até então de todos os escritos do NT já vistos e conhecidos, lista jamais vista e que certamente tinha ficado ali "perdida" nos arquivos da Biblioteca Ambrosiana de Milão. Ele publicou várias obras acerca da situação europeia de sua época e sobre investigações literárias, entre as quais: *Rerum Italicarum Scriptores* (1723-1738), *Antiquitates Italicae Medii Aevi* (1738-1743) e *Novum Thesaurum Veterum Inscriptionum* (1738-1743); publicou a primeira história conjunta da Itália até a sua época: *Gli Annali d'Italia* (1743-1749); escreveu uma obra sobre os excessos e exageros no culto, vista a situação de superstição que estava entrando no culto: *De Superstitione Vitanda* (1732-1740); apoiou a presença e o trabalho dos padres e irmãos jesuítas no continente americano, escrevendo a obra *Cristianesimo felice nelle missioni dei padri della Compagnia di Gesù nel Paraguay* (1743-1749). Enfim, sendo um homem realmente muito envol-

Biblioteca Ambrosiana de Milão[10], no norte da Itália, e publicado por ele em 1740 na obra *Ludovicus Antonius Muratori* (ed.), *Antiquitates Italicae Medii Aevi*, Tomus Tertius (*ex typographia Societatis Palatinae, Mediolani*, 1740, p. 853-854), sob o título de "Fragmentum acephalum Caji, ut videtur, Romani Presbyteri, qui circiter Annum Christi 196, sforuit, de Canone Sacrarum Scripturarum". O texto inteiro do Fragmento foi reproduzido em 1907 por E.S. Buchanan. The Codex Muratorianus, *Journal of Theological Studies*, vol. 8 (1907), p. 537-545. É chamado de *Fragmento* porque o início do mesmo está ausente, no sentido de que se perdeu. Embora o *Manuscrito* que temos tenha sido copiado durante o século VII, a própria *lista* é datada de cerca de 170 d.C., porque o seu autor se refere ao episcopado de Pio I de Roma (morto em 157) como sendo algo recente. Ele menciona apenas *duas epístolas de João*, sem descrever quais delas. *O Apocalipse de Pedro* é mencionado como um livro que "alguns de nós não vão permitir que seja lido na igreja".

Hoje já temos vários livros e artigos sobre o Cânon Muratoriano, como o texto que encontramos na obra FRAGMENTUM MURATORIANUM, *Fragmenta*. In: J.P. Migne. *Patrologia*, series Latina, Tomus X (Paris: Migne Editorem, 1857, p. 33-36), *Fragmentum acephalum de Canone sacrarum Scripturarum*, que nos traz um texto em latim corrigido em suas imperfeições linguísticas, bem como em suas abreviações. Na obra de Marie-Joseph Lagrange, *Histoire Ancienne du Canon du Nouveau Testament* (Lecoffre, Paris, 1933, p. 68-70), temos o texto latino original, tido por ele como o texto redigido em "latim bárbaro", por causa de suas imperfeições, visto que, segundo muitos críticos, o texto em latim seria fonte de *tradução* de seu possível original grego, mas que nunca foi encontrado e por isso mesmo per-

---

vido com o mundo acadêmico e a vida comum de sua época, L.A. Muratori viu-se empenhado e envolvido em muitas situações e polêmicas civis e religiosas de seu tempo, defendendo o valor da educação, inclusive popular, e da ciência para a formação do povo e sociedade, bem como a atividade da mulher e a reforma agrária já em sua época. Suas obras que ajudam nesse sentido são: *La filosofia morale spiegata ai giovani* (1735), *Dei difetti della giurisprudenza* (1742-1743), *Delle forze dell'intendimento umano o sia il pirronismo confutato* (1745), *Pubblica Felicità* (1749).

10 Segundo M.-J. Lagrange (*Histoire ancienne du canon do Nouveau Testament*. Paris: Lecoffre, 1933, p. 68), este texto reproduzido em Milão possivelmente pertenceria à Biblioteca de Bobbio, cidade não distante de Milão, onde havia um grande mosteiro beneditino, e que depois teria sido transferido à Biblioteca de Milão, e aí sim, encontrado e publicado, em 1740, por Ludovico Muratori, bibliotecário de Milão. Isso tem sentido e probabilidade, visto que foram encontradas outras cópias do mesmo fragmento dentro da biblioteca do Mosteiro Beneditino de Monte Cassino. Aliás, casa onde viveu São Bento. Mais interessante ainda é que nesses manuscritos descobertos em Monte Cassino encontramos uma menção ao Evangelho de Marcos: "Marcos agiu conforme as pregações de Pedro, pelo menos àquelas em que ele estava presente, e redigiu após isso" (ibid., p. 70-71). Isso reforça ainda mais a hipótese defendida pelos autores em geral de que a sequência dos evangelhos do cânon Muratoriano possivelmente era: Mateus, Marcos, Lucas e João.

manece apenas como hipótese; na obra de Brooke Foss Westcott, *General Survey of the History of the Canon of the New Testament* (Londres, 1866, Apêndice D, p. 466-480), temos um texto mais amplo do Fragmento, em que também encontramos o chamado texto "original grego", sendo um texto *reconstruído* a partir do latim, como que sendo uma *retradução* [Uma tradução para o português do texto de B.F. Westcott nós encontramos em H. Bettenson. *Documentos da Igreja Cristã* (São Paulo: Aste, 2011, 67-68)]; a mesma coisa encontramos na edição crítica e comentário de Samuel Prideaux Tregelles, *Canon Muratorianus: The Earliest Catalogue of the Books of the New Testament, Edited with Notes and a Facsimile of the MS. in the Ambrosian Library at Milan* (Oxford: Clarendon Press, 1867, p. 17-23), que é o texto que oferecemos aqui na primeira coluna. Mas encontramos igualmente o texto original na obra de Henry M. Gwatkin, ed. *Selections from Early Writers Illustrative of Church History to the Time of Constantine* (Londres: MacMillan, 1937, p. 82-88); bem como em Hans Lietzmann, *und Das Muratorische Fragment und die Monarchianischen Prologue zu den Evangelien*, Kleine Texte (Bonn, 1902; 2a. ed., Berlim, 1933); ou ainda nas belas obras de Christian Charles Josias Bunsen, *Analecta Ante-Nicaena*, 3 vols. (Londres, 1854, p. 142-154 (latim e grego)); Adolf Hilgenfeld, *Historisch-kritische Einleitung in das Neue Testament* (Leipzig, 1875, p. 90-92 (latim) e 97-98 (grego)); Theodor Zahn, *Geschiste des neutestamentliche Kanons*. Zweiter Band: Urkunden und Belege zum ersten und dritten Band. Erste Hälfte (Erlangern/Leipzig: Naschf, 1890, p. 5-8 (latim) e 140-143 (grego)); C. Wordsworth, *On the Canon of the Scriptures of the Old and New Testament, and on the Apocrypha* (Londres: Francis & John Rivington, 1848, p. 342-344 (latim)), além de outras obras como: Carolo Augusto (1805: uma Dissertatio Historico-Critica), Heinrich Ernst Fedinando Guericke (1854); Carl August Credner und G. Volkmar (1860); Friedrich Hermann Hesse (1873); Adolf Harnack und Emil Schurer (1898).

A polêmica ao redor do Fragmento Muratoriano foi retomada com uma monografia em Oxford: Geoffrey Mark Hahneman, *The Muratorian Fragment and the development of the Canon* (Oxford: Clarendon Press, 1992, p. 6-7), que provocou e tem provocado várias reações, sobretudo por causa de questões referente à datação, à autoria, ao texto original etc.[11]

....

11 Cf. CAMPOS, J. *Epoca del Fragmento Muratoriano*, 1960, p. 485-496. • SUNDBERG, A.C. *Canon Muratori*: A fourth-Century List, 1973, p. 1-41. • FERGUSON, E. *Canon Muratori*: Date and Provenence, 1982, p. 677-683. • HAHNEMAN, G.M. *The Muratorian Fragment and the develop-*

Se não bastasse tudo isso, também encontramos o texto no ENCHIRIDION BIBLICUM. *Documenti della Chiesa sulla sacra Scrittura, Edizione Bilingue* (Bolonha: EDB, 1994), texto latim-italiano, que por sua vez também foi publicado na forma latim-espanhol na obra ENQUIRIDION BÍBLICO, *Documentos de la Iglesia sobre la sagrada Escriptura* (Madri: BAC, 2010), e aqui encontramos apenas um texto já corrigido, ou seja, sem suas imperfeições linguísticas ou abreviaturas; aliás, este mesmo texto corrigido nós o encontramos na obra DOCTRINA PONTIFICIA, I, *Documentos Bíblicos, por Salvador Muñoz Iglesias* (Madri: BAC, 1955, p. 153-157), sem contar os muitos artigos sobre a temática, como podemos conferir em nossa bibliografia final. Enfim, há um bom número de publicações em que podemos encontrar o texto, seja o "original", seja o "corrigido", mas sempre em latim e não no possível original grego, como vários estudiosos defendem, a partir de onde teria sido feita a tradução para o latim. Isso é uma hipótese levantada pelo próprio A.L. Muratori, mas também é possível que tenha sido escrito diretamente em latim, até mesmo porque a tradução dos textos da *Vetus Latina* também data do final do segundo século, o que justifica que o latim já estava tomando corpo no Império Romano.

Para uma tradução do texto Muratoriano em português, indicamos a obra de H. Alves, *Documentos da Igreja sobre a Bíblia*, de 160 a 2010, Fátima: Difusora, 2011, na qual encontramos apenas traduções em português de decisões e documentos ligados ao campo bíblico, dos mais antigos aos mais recentes. Parece ser o texto mais completo em língua portuguesa hoje, embora não traga os textos originais.

Pelo fato de que o texto latino do Fragmento Muratoriano, considerado por muitos estudiosos como sendo uma tradução do grego, estar cheio de barbarismos e obscuridades, vários estudiosos têm publicado emendas ao texto, fazendo as possíveis correções. Aqui adiante, na primeira coluna, nós oferecemos o texto original, publicado por L.A. Muratori, com todas as suas imperfeições e sem qualquer alteração, e com as quebras originais de linha, como o impresso em algumas obras já citadas. A linha horizontal colocada sob algumas letras é a marca de abreviatura empregada pelo redator do texto; ao mesmo tempo, nós oferecemos uma segunda coluna com o texto publicado pelo *Enchiridion Biblicum*, que encontramos na

....

ment of the Canon, 1992. • KAESTLI, J.-D. *La place du "Fragment de Muratori" dans l'histoire du canon* – A propos de la thèse de Sundberg et Hahneman, 1994, p. 609-634. • SÁNCHEZ CARO, J.M. *Sobre la fecha del Canon Muratoriano*, 2002, p. 296-314, entre tantos outros artigos que trazemos em nossa bibliografia final.

edição Vaticana ou da BAC, e, por fim, numa terceira coluna, oferecemos uma tradução em português, a fim de facilitar a compreensão ao leitor.

Devido ao estado "lastimável" do texto latino, às vezes é difícil saber o que o escritor realmente está dizendo; para várias frases, por isso, são fornecidas ideias alternativas, como as que encontramos na primeira coluna, realçando algumas letras que possivelmente foram escritas erroneamente ou que faltaram na redação do texto. Do contrário, a leitura do texto se torna difícil. Para que todos possam confrontar o "texto original" com o "texto corrigido" é que optamos por fornecer os dois textos e mais a tradução portuguesa, que segue juntamente com o texto da Patrologia Migne; já os valores numéricos, no segundo quadro, indicam as linhas do texto original, sendo a forma como normalmente indicamos o texto do *Fragmentum Muratorianum* (segundo o número de cada linha, de 1 a 85).

a) *Canon Muratorianum* da Patrologia Migne e Tradução

Sendo o Cânon Muratoriano o mais antigo catálogo dos livros do Novo Testamento, cremos ser oportuno oferecer aqui o texto da obra FRAGMENTUM MURATORIANUM, *Fragmenta*. In: J.P. Migne. *Patrologia*, series Latina, Tomus X (Paris: Migne Éditeur, 857, p. 33-36), *Fragmentum acephalum de Canone sacrarum Scripturarum*, a fim de que possamos confrontar os outros textos com este, especialmente os textos de L.A. Muratori, T. Zahn, C.C.J. Bunsen, A. Hilgenfeld e S.P. Tregelles. A nossa opção aqui é a de oferecer o texto original em latim e mais a tradução portuguesa. O texto da Patologia Migne já apresenta o texto latino com suas correções. Mas o texto latino traz algumas particularidades que valeria a pena nos determos também sobre elas. Todavia, não é este o objetivo de nosso trabalho, e sim oferecer os "textos originais" ao nosso público acadêmico para ulteriores pesquisas, visto que temos esta lacuna em nosso meio. A Patrologia Migne além de reproduzir o texto em um latim já corrigido, também divide o texto em quatro parágrafos, enumerando-os em algarismos romanos (I, II, III, IV). Um dos pontos que se nota entre as várias reproduções é a pontuação e divisão do texto que se difere de texto para texto, o que se justifica pelo fato de que o original se encontra em um latim "corroído e abreviado", além de parte do Fragmento haver sido perdida. Além disso, o Fragmento Muratoriano, como alguns catálogos, traz o livro da Sabedoria como sendo do NT: "Mesmo a carta de Judas e as duas do mencionado João são aceitas na [Igreja] Católica, assim com a Sabedoria, escrita pelos amigos de Salomão em sua honra", na sequência das cartas católicas e antes do Apocalipse.

Fragmentum Muratorianum *Patrologia Migne Latina*	Tradução em português
I. .... quibus tamen interfuit,et ita posuit. Tertium evangelii librum secundo Lucam. Lucas iste medicus, post ascensum Christi cum eo Paulus quasi ut juris studiosum secundum adsumsisset, numeni suo ex opnione conscriset. Dominum tamen nec ipse vidit in carne; et idem, prout assequi potuit, ita et a nativitate Johannis incipit dicere.	I. ... nestes, de fato, ele esteve presente e, assim, o expôs. O terceiro livro do evangelho é o segundo Lucas. Este Lucas, médico, depois da ascensão de Cristo, quando Paulo o levou consigo como conhecedor do caminho [viagens], segundo se crê, escreveu em seu próprio nome, pois ele mesmo também nunca viu o Senhor na carne e, portanto, na medida em que pôde investigar, assim começou a contá-lo desde o nascimento de João.
Quarti Evangeliorum Johannis ex discipulis. Cohortantibus condiscipulis et episcopis suis dixit: *Conjejunate mihi hodie triduo, et quid cuique fuerit revelatum, alterutrum nobis enarremus.* Eadem nocte revelatum Andreae ex apostolis, ut recognoscentibus cunctis Johannes suo nomine cuncta describeret.	O quarto evangelho é o de João, um dos discípulos. Exortado pelos seus condiscípulos e bispos, ele disse: "Jejuai comigo durante três dias a partir de hoje, e, o que a cada um de nós lhe for revelado, contemos um ao outro". Naquela mesma noite foi revelado a André, um dos apóstolos, que João devia escrever tudo em seu nome, e depois todos os demais deveriam conferir.
Et ideo, licet varia singulis Evangeliorum Libris Principia doceantur, nihil tamen dif fert credentium fidei, cum uno ac principal spiritu declarata sint in omnibus omnia de nativitate, de passione, de resurrectione, de conversatione cum discipulis suis, et de gemino eius adventu. Primo in humilitate despectus, quod ro... Secundum potestate regali praeclarum, quod futurus est.	De maneira que, mesmo que nos ensinam origens diferentes para cada um dos evangelhos, isto não comporta nenhuma diferença para a fé dos crentes, já que o único e principal Espírito declarou em todos eles tudo o referente ao nascimento, à paixão, à ressurreição, ao diálogo com os seus discípulos e às suas duas vindas: a primeira, já acontecida, na humildade e no desprezo; a segunda gloriosa, que deve ainda vir, com poder régio.
Quid ergo mirum, si Johannes tam constanter singula etiam in Epistolis suis proferat dicens in semetipso : Quae vidimus oculis nostris, et auribus audivimus, et manus nostrae palpaverunt, haec scripsimus.	Assim, como devemos maravilhar-nos, se João apresenta em modo assim firme cada afirmação, mesmo em suas cartas, dizendo de si mesmo: "O que vimos com nossos olhos e ouvimos com nossos ouvidos, o que tocamos com nossas mãos, isto nós vos escrevemos".
Sic enim non solum visorem, se et auditorem, sed et scriptorem omnium mirabilium Domini per ordinem profitetur.	Desse modo, ele se declara testemunha não apenas ocular e auditiva, mas também escritor que narra em modo ordenado as obras maravilhosas do Senhor.

II. Acta autem omnium apostolorum sub uno libro scripta sunt Lucas optimo Theophile comprehendit, quia sub praesentia ejus singula gerebantur, sicut et semote passionem Petri évidenter declarat, sed et profectionem Pauli ab Urbe ad Spaniam proficiscentis.

III. Epistulae autem Pauli, quae, a quo loco vel qua ex causa directae sint volentibus intellegere, ipse declarant. Primum omnium Corinthiis schisma haeresis interdicens, deinceps Gallactis circumeisionem, Romanis autem ordine Scripturarum, sed et principium earum esse Christum intimans, prolixius scripsit; de quibus singulis necesse est a nobis disputari, cum ipso beatus apostolus Paulus sequens prodecessoris sui Johannis ordinem, nonnisi nominatim septem Ecclesiis scribat ordine tali: Ad Corinthios prima, ad Ephesios secunda, ad Philippenses tertia, ad Colossenses quarta, ad Galatas quinta, ad Thessalonicenses sexta, ad Romanos septima. Verum Corinthiis et Thessalonicensibus licet pro correptione iteratur, una tamen per omnem orbem terrae Ecclesia diffusa esse denoscitur.

Et Johannes enim in Apocalypsi licet septem Ecclesiis scribat, tamen omnibus dicit. Verum ad Philemonem una, et ad Titum una, et ad Timotheum duas pro affectu et dilectione, in honore tamen Ecclesiae catholicae, in ordinatione ecclesiasticae disciplinae sanctifitae sunt. Fertur etiam ad Laudicenses, alia ad

Os Atos de todos os apóstolos foram escritos em um só livro. Lucas, escrevendo ao ilustre Teófilo, insere tudo o que sucedia em sua presença, tal como coloca em evidência o fato de que excluía a paixão de Pedro, assim como a partida de Paulo, da Cidade[12] à Espanha.

Quanto às cartas de Paulo, elas mesmas mostram claramente, aos que quiserem entender, desde qual lugar foram enviadas e o motivo pelo qual foram escritas. Entre as cartas de um certo tamanho, escreveu antes de tudo aos Coríntios, proibindo as divisões cismáticas, depois, aos Gálatas, proibindo a circuncisão; aos Romanos escreveu mais extensamente acerca da ordem das Escrituras, porém, insistindo que o princípio destas é Cristo. Sobre estes particulares, não é necessário que nos estendamos, já que o mesmo santo Apóstolo Paulo, seguindo o esquema de seu predecessor João, escreveu a sete Igrejas, se bem que apenas nominalmente; e o fez na seguinte ordem: aos Coríntios a primeira, aos Efésios a segunda, aos Filipenses a terceira, aos Colossenses a quarta, aos Gálatas a quinta, aos Tessalonicenses a sexta, aos Romanos a sétima. Na verdade, a fim de corrigir, é que ele escreveu uma outra carta aos Coríntios e aos Tessalonicenses; de todo modo, para além desta variedade de nomes, reconhece-se que existe apenas uma só Igreja difundida por toda a face[13] da terra; pois também João, no Apocalipse, mesmo escrevendo a sete Igrejas, entende falar com todas. Na verdade, depois, existe uma carta a Filêmon, uma a Tito e duas a Timóteo, escritas por afeto e amor, também consagradas para a honra da Igreja Católica e para a ordenação da disciplina eclesiástica. Existe em circulação também

....

12 *Urbe*, no latim, ou *cidade*, no português, como aparece no texto aqui, significa a *Cidade de Roma*, que é identificada até hoje com esse título, especialmente na Bênção *Urbe et Orbe*: da cidade para o mundo.

13 Embora seja possível deixar a tradução "por todo o orbe terrestre", nós preferimos uma tradução mais livre no português, e por isso traduzimos "por toda a face da terra".

Alexandrinos Pauli nomine finctae ad haeresem Marcionis; et alia plura, quae in catholicam Ecclesiam recipi non potest. Fel enim cum melle misceri non congruit.

IV. Epistola sane Judae, et superscripti Johannis duas in Catholica habentur. Et Sapientia ab amicis Salomonis in honorem ipsius scripta. Apocalypsis etiam Johannis, et Petri, tantum recipimus, quam quidam ex nostris legi in Ecclesia nolunt. Pastorem vero NUPERRIME TEMPORIBUS NOSTRIS in Urbe Roma Herma conscripsit, sedente cathedra urbis Romae Ecclesiae Pio Episcopo fratre ejus. Et ideo legi eum quidem oportet; se publicare vero in Ecclesia populo, neque inter prophetas, completum numero, neque inter Apostolos in finem tempo rum potest. Arsinoi autem, seu Valentini, vel Mitiadis nihil in totum recipimus; qui etiam novum Psalmorum librum Marcioni conscripserunt una cum Basilide Asianum Cataphrygum constitutore.

uma carta aos Laodicenses e outra aos Alexandrinos, falsamente atribuídas a Paulo em favor da heresia de Marcião, e muitas outras que não podem ser recebidas na Igreja Católica: pois não é apropriado misturar o mel com o fel.

Mesmo a carta de Judas e as duas do mencionado João são aceitas na [Igreja] Católica, assim com a Sabedoria, escrita pelos amigos de Salomão em sua honra. Acolhemos apenas o Apocalipse de João e o de Pedro, se bem que alguns dos nossos irmãos não querem que este último seja lido na Igreja. Quanto ao Pastor, este na realidade foi escrito recentemente, aos nossos dias, na cidade de Roma, por Hermas, enquanto sentava-se sobre a cátedra da Igreja da Cidade de Roma o bispo Pio, seu irmão. Por isso, o livro é muito proveitoso para ser lido, mas não pode ser lido publicamente na Igreja ao povo, nem entre os profetas, cujo número já está completo, nem entre os apóstolos, porque o seu tempo já chegou ao fim. Nós não acolhemos absolutamente nada de Arsioneo, chamado de Valentino, ou de Melcíades; estes escreveram inclusive um livro novo de Salmos para Marcião, junto com Basílide, o Asiático, fundador dos Catafrígios.

b) *Canon Muratorianum* em latim de S.P. Tregelles e do EB

O texto que reproduzimos aqui adiante foi extraído da obra de Samuel Prideaux Tregelles, *Canon Muratorianus: The Earliest Catalogue of the Books of the New Testament, Edited with Notes and a Facsimile of the MS. in the Ambrosian Library at Milan* (Oxford: Clarendon Press, 1867, p. 17-23). Esse texto aqui conserva as *linhas indicativas*, uma a uma. Mas também trazemos uma segunda coluna com o texto corrigido em seu latim, conforme o texto que encontramos no ENCHIRIDION BIBLICUM. *Documenti della Chiesa sulla sacra Scrittura, Edizione Bilingue* (Bolonha: EDB, 1994), e no ENQUIRIDION BÍBLICO, *Documentos de la Iglesia sobre la sagrada Escritura* (Madri: BAC, 2010, sempre n. 1, itens 1-7); mas é possível conferir outros autores citados em nossa bibliografia final, bem como aqui em nosso próprio texto, visto que reproduzimos outras versões da redação do Cânon Muratoriano. O fato de conservar as *linhas indicativas* justifica-se porque normalmente o Cânon Muratoriano vem citado pelo *número de suas linhas,* a fim de melhor localizar o que o mesmo afirma sobre seu conteúdo.

Texto conforme S.P. TREGELLES	Texto corrigido conforme o EB
Fol. ia. [10ª do MS] 1. ...quibus tamen Interfuit et ita posuit. 2. TERTIO EUANGELII LIBRUM SECAUNDO LUCAN 3. Lucas Iste medicus post ascensum $\overline{XPI}$. 4. Cum eo Paulus quasi ut iuris studiosum. 5. Secundum adsumsisset numeni suo 6. ex opinione conscribset dñm tamen nec Ipse 7. duidit in carne et idē prout asequi potuit. 8. Ita et ad natiuitate Iohannis incipet dicere. 9. QUARTI EUANGELIORUM IOHANIS EX DECIPOLIS 10. cohortantibus condescipulis et $\overline{eps}$ suis 11. dixit conieiunate mihi. odie triduo et quid 12. cuique fuerit reuelatum alterutrum 13. nobis ennarremus eadem nocte reue 14. latum andreae ex apostolis ut recognis 15. centibus cuntis Iohannis suo nomine 16. cuncta discriberet et ideo licit uaria sin 17. culis euangeliorum libris principia 18. doceantur Nihil tamen differt creden 19. tium fiedei cum uno ac principali spu de 20. clarata sint in omnibus omnia de natiui 21. tate de passione de resurrectione 22. de conuersatione cum decipulis suis 23. ac de gemino eius aduentu	1. ...quibus tamen interfuit et ita posuit. 2. Tertium evangelii librum secundum Lucam. 3. Lucas iste medicus, post ascensum Christi, 4. cum eum Paulus quasi itineris studiosum 5. secum adsumpsisset, numene suo 6. ex opinione conscripsit dominum tamen nec ipse 7. vidit in carne, et ideo, prout assequi potuit, 8. ita et a nativitate Iohannis incipit dicere. 9. Quartum evangeliorum Iohannis ex discipulis. 10. cohortantibus condiscipulis et episcopis suis, 11. dixit: "Conieiunate mihi hodie triduo et quid 12. cuique fuerit revelatum, alterutrum 13. nobis enarremus". Eadem nocte reve- 14. latum Andreae ex apostolis, ut recognos- 15. centibus cunctis Iohannes suo nomine 16. cuncta describeret. Et ideo, licet varia sin- 17. gulis evangeliorum libris principia 18. doceantur, nihil tamen differt creden- 19. tium fidei, cum uno ac principali spiritu de- 20. clarata sint in omnibus omnia de nativi- 21. tate, de passione, de resurrectione 22. de conversatione cum decipulis suis 23. ac de gemino eius advento,

24. Primo In humilitate dispectus quod fo
25. tu secundum potestate regali pre
26. clarum quod foturum est. quid ergo
27. mirum si Iohannes tam constanter
28. sincula etiā In epistulis suis proferat
29. dicens In semeipsu Quae uidimus oculis
30. nostris et auribus audiuimus et manus
31. nostrae palpauerunt haec scripsimus uobis

Fol. ib. [10b do MS]

32. Sic enim non solum & uisurem sed auditorem
33. sed et scriptorē omnium mirabiliū dni per ordi
34. nem proftetur Acta aute omniu apostolorum
35. sub uno libro scribta sunt Lucas obtime theofi
36. le comprindit quia sub praesentia eius singula
37. gerebantur sicute et semote passione Petri
38. euidenter declarat Sed & profectione pauli ad[b] ur
39. bes ad spania proficiscentis Epistulae autem
40. Pauli quae a quo loco uel qua ex causa directe
41. sint uolentatibus intelligere Ipse declarant
42. Primu omnium corintheis scysmae heresis In
43. terdicens deInceps B callactis circumcisione
44. Romanis aute ornidine scripturarum sed et
45. principium earum osd esse XPM Intimans
46. prolexius scripsit de quibus sincolis Neces
47. se est ad nobis disputari Cum ipse beatus

24. primo in humilitate despecto, quod fu-
25. it, secundo potestate regali prae-
26. claro, quod futurum est. Quid ergo
27. mirum, si Iohannes tam constanter
28. singula etiam in epistulis suis profert
29. dicens in semetipsum: "Quae vidimus oculis
30. nostris et auribus audivimus et manus
31. nostrae palpaverunt, haec scripsimus vobis".

32. Sic enim non solum visorem sed et auditorem,
33. sed et scriptorem omnium mirabilium Domini per ordi-
34. nem profitetur. Acta autem omnium Apostolorum
35. sub uno libro scribta sunt. Lucas "obtime Theofi-
36. lo" comprendit, quae sub praesentia eius singula
37. gerebantur, sicuti et semota passione Petri
38. evidenter declarat, sed et profectione Pauli ab ur-
39. be ad Spaniam proficiscentis Epistulae autem
40. Pauli quae a quo loco vel qua ex causa directe
41. sint, volentibus intelligere ipsae declarant:
42. primum omnium Corinthiis schismae haereses in-
43. terdicens, deinceps Galatis circumcisionem,
44. Romanis autem ordinem scripturarum, sed et
45. principium earum esse Christum intimans
46. prolixius scripsit. de quibus singulis neces-
47. se est a nobis disputari, cum ipse beatu

48. apostolus paulus sequens prodecessoris sui
49. Iohannis ordine͞ nonnisi ncomenati semptae
50. eccleseiis scribat ordine tali a corenthios
51. prima . ad efesius seconda ad philippinses ter
52. tia ad colosensis quarta ad calatas quin
53. ta ad tensaolenecinsis sexta ad romanos
54. septima   Uerum core[i]ntheis et thesaolecen
55. sibus licet pro correbtione Iteretur una
56. tamen per omnem orbem terrae ecclesia
57. deffusa esse denoscitur   Et Iohannis eni͞ In a
58. pocalebsy licet septe eccleseis scribat
59. tamen omnibus dicit ueru ad filemonem una
60. et at titu una et ad tymotheu͞ duas pro affec
61. to et dilectione   In honore tamen eclesiae ca
62. tholice   In ordinatione eclesiastice

48. apostolus Paulus sequens predecessoris sui
49. Iohannis ordinem non nisi nominatim septem
50. ecclesiis scribat, ordine tali: ad Corinthios
51. prima, ad Ephesius secunda, ad Philippinses ter-
52. tia, ad Colosenses quarta, ad Galatas quin-
53. ta, ad Tessalonecenses sexta, ad Romanos
54. septima. verum Corinthiis et Thesaolecen-
55. sibus licet pro correptione iteretur, una
56. tamen per omnem orbem terrae ecclesia
57. diffusa esse dinoscitur; et Iohannis enim in A-
58. pocalypsi licet septem ecclesiis scribat,
59. tamen omnibus dicit. Verum ad Philemonem unam
60. et ad Titum unam et ad Timotheum duas pro affect-
61. tu et dilectione, in honore tamen ecclesiae ca-
62. tholicae, in ordinatione ecclesiasticae

Fol. iia. [11ª do MS]

63. de[i]scepline s͞cificate sunt   Fertur etiam ad
64. Laudecenses alia ad alexandrinos Pauli no
65. mine fincte ad heresem marcionis et alia plu
66. ra quae In chatholicam eclesiam recepi non
67. potest Fel enim cum melle misceri non con
68. cruit epistola sane Iude et superscrictio
69. Iohannis duas In catholica habentur Et sapi

63. disceplinae sanctificatae sunt. Fertur etiam ad
64. Laudicenses, alia ad Alexandrinos Pauli no-
65. mine finctae ad haeresem Marcionis et alia plu-
66. ra, quae in catholicam ecclesiam recepi non
67. potest: fel enim cum melle misceri non con-
68. gruit. Epistola sane Iudae et superscripti
69. Iohannis duae in catholica habentur et Sapi-

70. entia ab amicis salomonis in honore ipsius
71. scripta apocalapse etiam Iohanis et Pe
72. tri tantum recipe[i]mus quam quidam ex nos
73. tris legi In eclesia nolunt Pastorem uero
74. nuperrim et temporibus nostris In urbe
75. roma herma conscripsit sedente cathe
76. tra urbis romae aecclesiae Pio e̅p̅s̅ fratrer
77. eius et ideo legi eum quidē Oportet se pu
78. blicare vero In eclesia populo Neque inter
79. profe*tas completum numero Neque Inter
80. apostolos In finē temporum potest
81. Arsinoi autem seu ualentini. uel mitiadieis
82. nihil In totum recipemus. Qui etiam nouu
83. psalmorum librum marcioni conscripse
84. runt una cum basilide assianom catafry
85. cum constitutorem ...

70. entia ab amicis Salomonis in honorem ipsius
71. scripta. Apocalypses etiam Iohannis et Pe-
72. tri tantum recipimus, quam quidam ex nos-
73. tris legi in Ecclesia nolunt. Pastorem vero
74. nuperrime temporibus nostris in urbe
75. Roma Hermas conscripsit sedente cathe-
76. tra urbis Romae aecclesiae Pio episcopo fratre
77. eius: et ideo legi eum quidem oportet, se pu-
78. blicare vero in ecclesia populo neque inter
79. prophetas completo numero, neque inter
80. apostolos in fine temporum potest.
81. Arsinoi autem seu Valentini vel Mi"l"tiadis
82. nihil in totum recipemus; qui etiam novum
83. Psalmorum librum Marcioni conscripse-
84. runt una cum Basilide Asiano Cataphry-
85. gum constitutore.

39

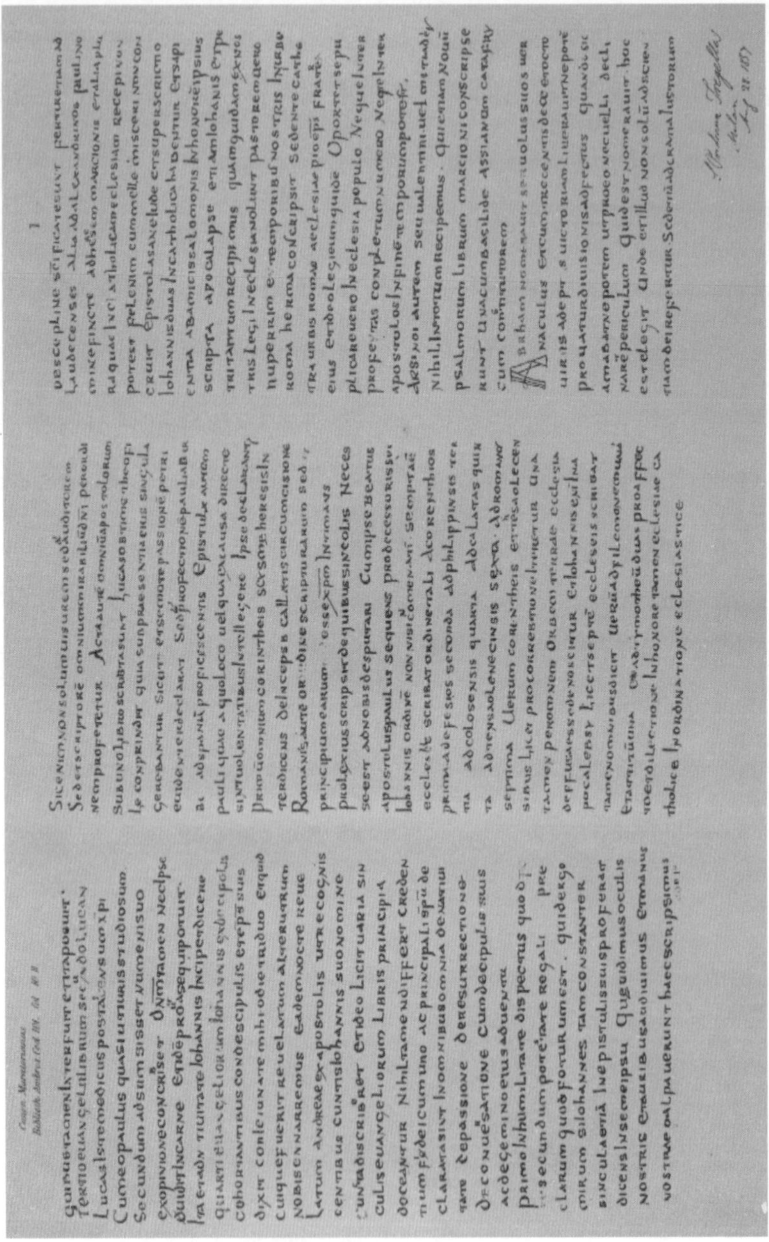

c) *Canon Muratorianum* em latim de T. Zahn e do EB

O texto oferecido e analisado inicialmente por Theodor Zahn, *Geschiste des Neutestamentliche Kanons* (Wuppertal: Brockhaus, 1890, p. 5-8), é o que oferecemos abaixo, indicando as 85 linhas do Cânon Muratoriano. Em seguida, nós também indicamos o outro texto em latim e sua versão grega, que se encontra nas p. 139-143, da mesma obra. Theodor Zahn oferece o texto separando as linhas de 5 em 5 números, como também encontramos no ENCHIRIDION BIBLICUM. *Documenti della Chiesa sulla sacra Scrittura, Edizione Bilingue* (Bolonha: EDB, 1994, n. 1-7), texto latim-italiano, que por sua vez também foi publicado na forma latim-espanhol em ENQUIRIDION BÍBLICO, Documentos de la Iglesia sobre la sagrada Escritura (Madri: BAC, 2010), sempre seus números 1-7, mas também respeitando a escrita do texto em suas 85 linhas do Cânon Muratoriano. Por isso, optamos por colocar os dois textos lado a lado, nestas duas colunas aqui em nosso texto. Aliás, este mesmo texto nós o encontramos na obra DOCTRINA PONTIFICIA, I, *Documentos Bíblicos, por Salvador Muñoz Iglesias* (Madri: BAC, 1955, p. 153-157), e uma tradução em língua portuguesa é possível encontrá-la na obra de H. Alves, *Documentos da Igreja sobre a Bíblia*, de 160 a 2010 (Fátima: Difusora, n. 1, p. 94-97).

Theodor ZAHN	ENCHIRIDION BIBLICUM
quibus tamen interfuit, et ita posuit tertio euangelii librum secundo lucam lucas iste medicus post ascensum XPi cum eo paulus quasi ut iuris studiosum 5. secundum adsumsisset numeni suo ex opinione conscriset dum̃ tamen nec ipse uidit in carne et ide¯ prout assequi potuit ita et ad natiuitate iohannis incipit dicere quarti euangeliorum iohannis ex discipulis 10. cohortantibus condiscipulis et ep̃s suis dixit conjejunate mihi hodie triduo et quid cuique fuerit reuelatum alterutrum nobis ennarremus eadem nocte reue latum andreae ex apostolis ut recognis 15. centibus cunctis iohannes suo nomine cuncta describeret et ideo licet uaria sin gulis euangeliorum iibris principia	1. ...quibus tamen interfuit et ita posuit. Tertium evangelii librum secundum Lucam lucas iste medicus, post ascensum Christi, cum eum Paulus quasi utineris studiosum secum adsumsisset, numine suo ex opinione conscripst, dominum tamen nec ipse vidit in carne, et ideo, prout assequi potuit, ita et a nativitate Iohannis incipit dicere. 2. Quartum evangeliorum Iohannis ex discipulis. cohortantibus condiscipulis et episcopis suis, dixit: "Conieiunate mihi hodie triduo et quid cuique fuerit revelatum alterutrum nobis ennarremus". Eadem nocte reve- latum Andreae ex apostolis, ut recognos- centibus cunctis Iohannes suo nomine cuncta describeret. Et ideo, licet varia sin- gulis evangeliorum libris principia doceantur, nihil tamen differt creden-

doceantur nihil tamen differt creden
20. clarata sint in omnibus omnia de natiui
tate de passione de resurrectione
de conuersatione cum discipulis suis
ac de gemino eius aduentu
primo in humilitate despectus quod fo
25. it secundum potestate regali . . pre
clarum, quod futurum est quid ergo
mirum si iohannes tam constanter
singula etiã in epistolis suis proferam
dicens in semecipsu quae uidimus oculis
30. nostris et auribus audiuimus et manus
nostrae palpauerunt hace scripsimus uobis
sic enim non solum uisorem sed et auditorem
sed et scriptorẽ omnium mirabiliũ dñi per ordi
nem profitetur acta autẽ omniũ apostolorum
35. sub uno libro scripta sunt lucas optimo theofi
le comprindit quia sub praesentia eius singula
gerebantur sicuti et semote passionẽ petri
euidenter declarat sed et profectionẽ pauli ab ur
be ad spaniã proficiscentis epistulae autem
40. pauli quae a quo loco uel qua ex causa directe
sint uolentibus intellegere ipse declarant
primũ omnium corinthiis scysmae heresis in
terdicens deinceps b gailactis circumcisione
romanis autẽ ordine scripturarum sed et
45. principium earum . . . esse XPm intimans
prolixius scripsit de quibus sinculis neces
se est ad nobis disputari cum ipse beatus
apostolus paulus sequens prodecessoris sui
iohannis ordinẽ non nisi nominati septẽ
50. ecclesiis scribat ordine tali ad corinthios
prima ad efesios seconda ad philippenses ter
tia ad colossensis quarta ad calatas quin
ta ad thessaolenecinsis sexta ad romanos
septima uerum corintheis et thessaolecen
55. sibus licet pro correbtione iteratur una
tamen per omnem orbem terrae ecclesia
diffusa esse denoscitur et iohannes enĩ in a
pocalebsy licet septẽ eccleseis scribat
tamen omnibus dicit uerum ad filemonem una
60. et ad titũ una et ad tymotheũ duas pro affect
to et dilectione in honore tamen ecclesiae ca
tholicae in ordinatione ecclesiastice
disceplinae scĩficate sunt fertur etiam ad
laudecenses alia ad alexandrinos pauli no

tium fidei, cum uno ac principali spiritu declarata sint in omnibus omnia de nativitate, de passione, de resurrectione,
de conversatione cum discipulis suis
ac de gemino eius adventu,
primo in humilitate despecto, quod fuit
secundo in potestate regali prae-
claro, quod futurum est. Quid ergo
mirum, si Iohannes tam constanter
singula etiam in epistulis suis profert
dicens in semetipsum: "Quae vidimus oculis
nostris et auribus audivimus et manus
nostrae palpaverunt, haec scripsimus vobis"
Sic enim non solum visorem sed et auditorem,
sed et scriptoreem omnium mirabiliuum Domini
per ordi-
3. nem profitetur. Acta auteem omniuum
Apostolorum
sub uno libro scripta sunt. Lucas "optimo Theofilo" comprendit, quae sub praesentia eius singula
gerebantur, sicuti et semota passione Petri
evidenter declarat, sed et profectione Pauli ab ur-
4. be ad Spaniam proficiscentis. Epistulae autem
Pauli quae a quo loco vel qua ex causa directae
Sint, volentibus intellegere ipse declarant:
primum omnium Corinthiis schismae haereses interdicens, deinceps Galatis circumcisionem,
Romanis autem ordinem scripturarum, sed et
principium earum esse Christum intimans
prolixius scripsit. de quibus singulis necesse est a nobis disputari, cum ipse beatus
apostolus Paulus sequens predecessoris sui
Iohannis ordinem non nisi nominatim septem
ecclesiis scribat, ordine tali: ad Corinthios
prima, ad Ephesios secunda, ad Philippenses tertia, ad Colossensis quarta, ad Galatas quinta, ad Thessalonicenses sexta, ad Romanos
septima, verum Corintheis et Thessalenicen-
sibus licet pro correptione iteretur, una
tamen per omnem orbem terrae ecclesia
diffusa esse denoscitur; et Iohannes enim in
apocalypsi licet septem ecclesiis scribat,
tamen omnibus dicit. Verum ad Philemonem unam
et ad Titum unam et ad Timotheum duas pro affect-
tu et dilectione, in honore tamen ecclesiae catholicae, in ordinatione ecclesiasticae

65. mine fincte ad heresem marcionis et alia plu ra quae in catholicam ecclesiam recipi non potest fel enim cum melle misceri non con gruit epistola sane iudae, et superscrictio iohannis duas in catholica habentur et sapi 70. entia ab amicis salomonis in honorẽ ipsius scripta apocalapse etiam iohannis et pe tri tantum recipimus quam quidam ex nos tris legi in eclesia nolunt pastorem uero nepurrim e temporibus nostris in urbe 75. roma herma conscripsit sedente cathe dra urbis romae aeclesiae pio eps̃ fratre eius et ideo legi eum quidẽ oportet se pu blicare vero in eclesia populo neque inter profetas completum numero neque inter 80. apostolos in finẽ temporum potest arsinoi autem seu ualentini uel mitiadis (?) nihil in totum recipemus qui etiam nouũ psalmorum librum marcioni conscripse runt una cum basilide asianom cataphry 85. cum constitutorem	5. disceplinae sanctificatae sunt. Fertur etiam ad Laudecenses, alia ad Alexandrinos Pauli no- mine finctae ad haeresem Marcionis et alia plu- ra, quae in catholicam ecclesiam recipi non potest: fel enim cum melle misceri non con- 6. gruit. Epistola sane Iudae et superscripti Iohannis duae in catholica habentur et Sapi entia ab amicis Salomonis in honorem ipsius scripta Apocalypses etiam Iohannis et Petri tantum recipimus, quam quidam ex nos- 7. tris legi in Ecclesia nolunt. Pastorem vero nuperrime temporibus nostris in urbe Roma Hermas conscripsit sedente cathe- dra urbis Romae aeclesiae Pio episcopo fratre eius: et ideo legi eum quidem oportet, se pu- blicare vero in ecclesia populo neque inter prophetas completo numero, neque inter apostolos in fine temporum potest. Arsinoi autem seu Valentini vel Mi"l"tiadis nihil in totum recipimus; qui etiam novum Psalmorum librum Marcioni conscripse- runt una cum Basilide Asianom Cataphry- gum constitutore.

d) *Canon Muratorianum* em sua versão grega de T. Zahn

O Cânon Muratoriano em latim arcaico, ou seja, da época do século XVIII, nós o encontramos na obra de *Ludovico Antonio Muratori, ed, Antiquitates Italicae Medii Aevi*, Tomus Tertius (*ex typographia Societatis Palatinae, Mediolani,* 1740, p. 853-854), conforme oferecemos aqui, sob o título de "Fragmentum acephalum Caii, ut videtur, Romani Presbyteri, qui circiter Annum Christi 196, sforuit, de Canone Sacrarum Scripturarum", e em forma de texto corrido, a qual também encontramos na *Patrologia Migne, serie latina,* conforme indicamos acima; mas também encontramos um segundo texto em latim e sua versão em grego na obra de Theodor Zahn, *Geschichte des neutestamentliche Kanons.* Zweiter Band: Urkunden und Belege zum ersten und dritten Band. Erste Hälfte (Erlangern/Leipzig: Naschf, 1890, p. 139-143), conforme publicamos abaixo, onde encontramos o texto no latim já corrigido; e aqui recordamos que o texto em latim é tido por muitos autores como sendo o texto original, já que o texto grego permanece como uma hipótese. Após termos oferecido o texto original em seu latim "deformado", o latim corrigido e a tradução em língua portuguesa, cremos ser importante academicamente oferecer também outros três textos: o texto trazido pelo próprio Ludovico Antonio Muratori, na primeira coluna, e os dois outros textos, nas outras duas colunas, trazidos por Theodor Zahn, sobretudo para que possamos ter acesso também ao texto da tradução grega. Os defensores de que o grego seria o texto original preferem falar de *retradução* ou *retroversão* grega, já que o latim seria uma tradução do texto em grego. Fato é que nós não conhecemos a fonte deste *possível* ou *presumido* original texto grego e Theodor Zahn tampouco indica de onde teria tirado o texto que ele reconstrói e apresenta em sua obra. Pelo que se percebe é uma reconstrução a partir de um suposto manuscrito grego, mas que nunca chegou até nós. Portanto, o texto grego permanece um texto *hipotético*, e o texto em latim perdura como sendo o original.

Não iremos apresentar uma tradução em português aqui novamente, visto que nós já a temos aqui em nossa obra. Aqui também é interessante observar que enquanto o texto em latim menciona "Apocalipse de João e de Pedro" (*Apocalypsis etiam Johannis et Petri*), o texto grego coloca uma glossa afirmando que se trata da "1 Pedro" ("καὶ ἡ ἀποκαλύψεις δὲ Ἰωάννου καὶ Πέτρου [ἐπιστολὴ μία, ἦν]"), ou seja, "que é a Primeira Epístola de Pedro", como que corrigindo ou harmonizando o texto segundo as cartas de Pedro. Porém, é sempre bom lembrar que o *Apocalipse de Pedro* é um dos textos mais disputados do período do Novo Testamento, entre os que não entraram para fazer parte do cânon do Novo Testamento, como podemos ver entre os gráficos na última parte deste nosso livro.

A. Ludovico Muratori	Muratoriano (T. Zahn)	Muratoriano (T. Zahn)
quibus tamen interfuit, & ita posuit.	[Ali] quibus tamen interfuit et ita posuit.	[ἐνὶ]οις μέντοι παραγένετο καὶ οὕτω τέθειται.
Tertium evangelii librum secundo Lucam. Lucas iste Medicus, post ascensum Christi cum eo Paulus quasi ut juris studiosum secundum adsumsisset, numini suo ex opnione conscriset. Dominum tamen nec ipse vidit in carne. & idem, prout assequi potuit. Ita & a nativitate Johannis incipit dicere.	Tertium evangelii librum secundum Lucan Lucas iste medicus, post ascensum Christi cum eum Paulus quasi itineris studiosum secum adsumsisset, nomine suo ex ordine conscripsit, dominum tamen nec ipse vidit in carne. Et idem, prout assequi potuit, ita et a nativitate Johannis incipit dicere.	Τρίτον εὐαγγελίου βιβλίον τὸ κατὰ Λουκᾶν, Λουκᾶς ὁ ἰατρός, μετὰ τὴν τοῦ Χριστοῦ ἀνάληψιν Παύλου αὐτὸν ὡσὰν Φιλαπόδεμον συνπραραλαβόντος, τῷ ἑαυτοῦ ὀνόματι καθεξῆς συνέγραψεν· τὸν γε μέν κύριον οὐδ' αἰτὸς ἑώρακεν ἐν σαρκί. καὶ οὗτος, καθάπερ παρακολουθεῖνἐδύνατο,

Quarti evangeliorum Johannis ex Discipulis. Cohortantibus condiscipulis & Episcopis suis dixit: Conjejunate mihi hodie triduo, & quid cuique fuerit revelatum, alterutrum nobis enarremus.	Quartum evangeliorum Johannis ex discipulis. [Is] cohortantibus condiscipulis et episcopis suis dixit: "conieiunate mihi hodie triduo, et quid cuique fuerit revelatum, alterutrum nobis enarremos".	οὕτω καὶ ἀπὸ τῆς Ἰωάννου γενέσεως ἄρχεται λέγειν· Τὸ τέταρτον τῶν εὐαγγελιῶν Ἰωάννου ἐκ τῶν μαθητῶν. οὗτος προτρεπόντων αὐτὸν τῶν συμμαθητῶν αὐτοῦ καὶ ἐπισκόπων εἶπεν· "συννηστεύσατέ μοι σήμερον ἡμέρας τρεῖς, καὶ ὅτι ἂν ἑκάστω ἀποκαλυφθῇ, ἀλλήλοις ἐξηγγησώμεθα".
Eadem nocte revelatum Andreae ex Apostolis, ut recognoscentibus cunctis Johannes suo nomine cuncta describeret.	Eadem nocte revelatum Andreae ex apostolis, ut recognoscentibus cunctis Johannes suo nomine cuncta describeret.	τῇ αὐτῇ νυκτὶ ἀπεκαλύφθη Ἀνδρέα ἐκ τῶν ἀποστόλων, ἵνα ἀναγνωριζόντων πάντων ὁ Ἰωάννης τῷ ἰδίῳ ὀνόματι τὰ πάντα καταγράψῃ.
Et ideo, licet varia singulis Evangeliorum Libris Principia doceantur, nihil tamen differt credentium Fidei, cum uno ac principali spiritu declarata sint in omnibus omnia de Nativitate, de Passione, de Resurrectione, de conversatione cum Discipulis suis, & de gemino eius Adventu. Primo in humilitate despectus, quod ro..... secundum potestate Regali praeclarum, quod futurus est. Quid ergo mirum, si Johannes tam constanter singula etiam in Epistolis suis proferat dicens in semetipsu : Quae vidimus oculis nostris, & auribus audivimus, & manus nostrae palpaverunt, haec scripsimus. Sic enim non solum visorem, se et auditorem, sed & scriptorem	Et ideo, licet varia singulis evangeliorum libris principia doceantur, nihil tamen differt credentium fidei, cum uno ac principali spiritu declarata sint in omnibus omnia de [domini] nativitate, de passione, de resurrectione, de conversatione cum discipulis suis ac de gemino eius adventu, primo in humilitate despecto, quod fuit, secundo potestate regali praeclaro, quod futurus est. Quid ergo mirum, si Johannes tam constanter singula etiam in epistulis suis proferat, dicens in semetipsum "quae vidimus oculis nostris et auribus audivimus et manus nostrae palpaverunt, haec scripsimus vobis". Sic enim non solum visorem se et auditorem, sed et scriptorem	Καὶ διὰ τοῦτο, εἰ καὶ διάφοραι ἑκάστῳ τοῖς τῶν εὐαγγελίου βιβλίῳ παραδίδονται ἀρχαί, ὅμως δ᾽ οὐδέν διαφέρει τῇ τῶν πιστευόντων πίστει, ἐπειδὴ ἐνὶ καὶ ἡγεμονικῷ πνεύματι δεδήλωται ἐν πᾶσιν πάντα περὶ τῆς [τοῦ κυρίου] γενίσεως, περὶ τοῦ πάθους, περὶ τῆς ἀναστάσεως, περὶ τῆς μετὰ τῶν μαθητῶν αὐτοῦ ἀναστροφῆς καὶ περὶ τῆς δισσῆς αὐτοῦ παρουσίας, τῆς μὲν πρῶτης ἐν ταπεινότητι ἀτίμου, ὅτι γέγονεν, τῆς δευτέρας δὲ δυνάμει βασιλικῇ ἐνδόξου, ὅτι μέλλει γενέσθαι. Τί οὖν θαυμαστόν, εἰ Ἰωάννης οὕτω "τολμηρῶς" ἕκαστα καὶ ἐν ταῖς ἐπιστολαῖς αὐτοῦ προφέρει λέγων εἰς ἑαυτόν. "ἃ ἑωράκαμεν τοῖς ὀφθαλμοῖς ἡμῶν καὶ τοῖς ὦσιν ἀκηκόαμεν καὶ αἱ χεῖρες ἡμῶν ἐψηλάφησαν, ταῦτα ἐγράψαμεν ὑμῖν". οὕτω γὰρ οὐ μόνον θεατὴν ἑαυτὴν καὶ ἀκροατήν, ἀλλὰ

omnium mirabilium Domini per ordinem profitetur.	omnium mirabilium domini per ordinem profitetur.	καὶ συγγραφέα πάντων καθεξῆς τῶν τοῦ κυρίου θαυμασίῶν ὁμολογεῖ.
Acta autem omnium Apostolorum sub uno Libro scripta sunt Lucas optimo Theophile comprehendit, quia sub praesentia ejus singula gerebantur, sicuti & semote Passionem Petri evidenter declarat, sed et profectionem Pauli ab Urbe ad Spaniam proficiscentis.	Acta autem omnium apostolorum sub uno libro scripta sunt. Lucas optimo Theophilo comprehendit, quia sub praesentia eius singula gerebantur, sicuti et semota passione Petri evidenter declarat, sed et profectione Pauli ab urbe ad Spaniam proficiscentis.	Πράξεις δὲ πάντων τῶν ἀποστόλων καθ᾽ ἑνὸς βιβλίου γεγραμμέναι εἰσιν. ὁ Λουκᾶς τῷ κρατίστῳ θεοφίλῳ σημαίνει, ὅτι παρόντος αὐτοῦ ἕκαστα ἐπράχθη, ὡς καὶ παραλιπὼν τὸ Πέτρου μαρτύριον, ἔτι δὲ καὶ τὴν Παύλου πορείαν ἀπὸ Ῥώμης εἰς τὴν Σπανίαν πορευθέντος, σαφῶς ἐμφαίνει.
Epistulae autem Pauli, quae, a quo loco vel qua ex causa directae sint volentibus intellegere, ipse declarant.	Epistulae autem Pauli, quae, a quo loco vel qua ex causa directae sint, volentibus intellegere ipsae declarant.	Ἐπιστολαι δὲ Παύλου, τίνες καὶ πόθεν καὶ διὰ τίνα αἰτίαν ἐπεστάλησαν, τοῖς μαθεῖν βουλομένοις αὐταὶ δηλοῦσιν.
Primum omnium Corinthiis schisma haeresis interdicens, deinceps Gallactis circumeisionem, Romanis autem ordine Scripturarum, sed & principium earum esse Christum intimans, prolixius scripsit; de quibus singulis necesse est a nobis disputari, cum ipso Beatus Apostolus Paulus, sequens prodecessoris sui Johannis ordinem, nonnisi nominatim septem Ecclesiis scribat ordine tali: Ad Corinthios prima, ad Ephesios secunda, ad Philippenses tertia, ad Colossenses quarta, ad Galatas quinta, ad Thessalonicenses sexta, ad Romanos septima – Verum Corinthiis, &	Primum omnium Corinthiis schisma[ta et] haereses interdicens, deinceps (B?) Galatis circumeisionem, Romanis autem ordinem scripturarum, sed et principium earum esse Christum intimans, prolixius scripsit; de quibus singulis [non] necesse est a nobis disputari, cum ipso beatus apostolus Paulus, sequens prodecessoris sui Johannis ordinem, nonnisi nominatim septem ecclesiis scribat ordine tali: ad Corinthios primam, ad Ephesios secundam, ad Philippenses tertiam, ad Colossenses quartam, ad Galatas quintam, ad Thessalonicenses sextam, ad Romanos septimam – verum Corinthiis et	πρῶτον πάντων τοῖς Κορινθίοις σχίσμα[τα καὶ] αἱρέσεις ἀπαγορεύων, εἶτα Γαλάταις περιτομήν, Ῥωμαίοις δὲ τὴν τῶν γραφῶν ἀκολουθίαν, ἀλλὰ καὶ τὴν ἀρχὴν αὐτῶν εἶναι τὸν Χριστὸν δεικνύων, πλατύτερον ἔγραψεν· περὶ ὧν ὑφ᾽ ἡμῶν καθ᾽ ἕκαστα συνζητεῖσθαι ἡμῖν [οὐκ] ἔστιν ἀναγκαῖον, διότι αὐτὸς ὁ μακάριος ἀπόστολος Παῦλος, ἐπακολουθῶν τῇ τοῦ πρὸ αὐτοῦ ἀποστόλου Ἰωάννου τάξει, κατ᾽ ὄνομα [μεν] μόνον γράφει ἑπτὰ ἐκκλησίαις τοιαύτῃ τῇ τάξει· πρὸς Κορινθίους πρώτην, πρὸς Ἐφεσίους δευτέραν, πρὸς Φιλιππησίους τρίτην, πρὸς Κολοσσαεῖς τετάρτην, πρὸς Γαλάτας πεμπτὴν, πρὸς θεσσαλονικεῖς ἕκτην, πρὸς Ῥωμαίους ἑβδόμην – καίτοι γε Κορινθίοις τε καὶ

Thessalonicensibus, licet pro correptione, iteratur, una tamen per omnem orbem terrae Ecclesia diffusa esse denoscitur. Et Johannes enim in Apocalypsi licet septem Ecclesiis scribat, tamen omnibus dicit. Verum ad Philemonem una, & ad Titum una, & ad Timotheum duas pro affectu & dilectione, in honore tamen Ecclesiae Catholicae, in ordinatione Ecclesiasticae disciplinae sanctifitae sunt. Fertur etiam ad Laudicenses, alia ad Alexandrinos Pauli nomine finEtae ad haeresem Marcionis; & alia plura, quae in Catholicam Ecclesiam recipi non potest. Fel enim cum melle misceri non congruit.	Thessalonicensibus, licet pro correptione, iteratur –: una tamen per omnem orbem terrae ecclesia diffusa esse dignoscatur. Et Johannes enim in apocalypsi, licet septem ecclesiis scribat, tamen omnibus dicit. Verum ad Philemonem una et ad Titum una et ad Timotheum duae pro affectu et dilectione, in honorem tamen ecclesiae catholicae, in ordinationem ecclesiasticae disciplinae significatae sunt. Fertur etiam ad Laudicenses, alia ad Alexandrinos, Pauli nomine finctae ad haeresem Marcionis, et alia plura, quae in catholicam ecclesiam recipi non potest; fel enim cum melle misceri non congruit.	θεσσαλονικεῦσι, κἂν ὑπὲρ νουθεσίας δευτεροῦται – μία γε ὅμως κατὰ πᾶσαν τὴν οἰκουμένην διεσπαρμένη γνωρίζεται ἐκκλησία. καὶ γὰρ Ἰωάννης ἐν τῇ ἀποκαλύψει, κἂν ἑπτά ἐκκλησίαις γράφῃ, ὅμως πᾶσι λαλεῖ. Ἀλλὰ μὴν πρὸς Φιλήμονα μία, καὶ πρὸς Τίτον μία καὶ πρὸς Τιμόθεον δύο ὑπὲρ εὐνοίας μὴν καὶ φιλίας, εἰς τιμήν μέντοι τῆς καθολικῆς ἐκκλησίας πρὸς διάταξιν τῆς ἐκκλησιαστικῆς ἀγωγῆς διετυπώθησαν. Φέρεται καὶ ἡ πρὸς Ααοδικεῖς, ἄλλη πρὸς Ἀλεξανδρεῖς, Παύλου ὀνόματι πλασθεῖσαι κατὰ τὴν Μαρκίωνος αἵρεσιν, ἄλλα τε πλείονα, ἅτινα εἰς τὴν καθολικὴν ἐκκλησίαν εἰσδεχθῆναι οὐ δύναται. κολὴν γάρ μέλιτι συμμίγνυσθαι οὐ προσήκει.
Epistola sane Judae, & superscripti Johannis duas in Catholica habentur. Et Sapientia ab amicis Salomonis in honorem ipsius scripta. Apocalypsis etiam Johannis, & Petri, tantum recipimus, quam quidam ex nostris legi in Ecclesia nolunt. Pastorem vero nuperrime temporibus nostris in Urbe Roma Herma conscripsit, sedente Cathedra Urbis Romae Ecclesiae Pio Episcopo fratre ejus. Et ideo legi eum quidem oportet, se publicare	Epistola sane Judae et superscriptae Johannis duae in catholica habentur, et Sapientia ab amicis Salomonis in honorem ipsius scripta; Apocalypsis etiam Johannis et Petri [...] tantum recipimus [...] quam quidara ex nostris legi in ecclesia nolunt. Pastorem vero nuperrime temporibus nostris in urbe Roma Hermas conscripsit sedente [in] cathedra urbis Romae ecclesiae Pio episcopo fratre eius; et ideo legi eum quidem oportet, se publicare	Ἡ μέντοι Ἰούδα ἐπιστολὴ καὶ αἱ ἐπιγεγραμμέναι Ἰωάννου δύο ἐν τῇ καθολικῇ ἔχονται καὶ ἡ Σοφία Σολομῶντος, ὑπὸ φίλων εἰς τιμήν αὐτοῦ συγγραφεῖσα, καὶ ἡ ἀποκαλύψεις δὲ Ἰωάννου καὶ Πέτρου [ἐπιστολὴ μία, ἣν] μόνον ἀποδεχόμεθα· [ἔστι δὲ καὶ ἑτέρα] ἣν τινες τῶν ἡμετέρων ἀναγινώσκεσθαι ἐν ἐκκλησίᾳ οὐ θέλουσιν. Ἀλλὰ τόν Ποιμένα νεωστὶ τῶν ἡμετέρων χρόνων ἐν τῇ Ῥωμαίων πόλει Ἑρμᾶς συνέγραψε, προκαθημένου τῆς ἐν Ῥώμῃ ἐκκλησίας Πίου ἐπισκόπου, τοῦ ἀδελφοῦ

vero in Ecclesia Populo, neque inter Prophetas, completum numero, neque inter Apostolos in finem temporum potest.	vero in ecclesia populo neque inter prophetas, completos numero, neque inter apostolos in finem temporum potest.	αὐτοῦ. καὶ διὰ τοῦτο ἀναγινώσκεσθαι μὲν δεῖ, ἀλλὰ μὴν δημοσιεύεσθαι δὲ ἐν ἐκκλησίᾳ τῷ λαῷ οὔτε μετὰ τῶν προφητῶν, πεπληρωμένων τὸν ἀριθμόν, οὔτε μετὰ τῶν ἀποστόλων εἰς τέλος τῶν κρόνων δύναται.
Arsinoi autem, seu Valentini, vel Mitiadis nihil in totum recipimus, qui etiam novum Psalmorum Librum Marcioni conscripserunt una cum Basilide Asianum Cataphrygum constitutore.	Arsinoi autem seu Valentini vel Mitiadis (?) nihil in totum recipimus, qui etiam novum psalmorum librum Marcioni conscripserunt una cum Basilide [et] Asiano Cataphrygum constitutore.	Τοῦ δὲ Ἀρσινοΐτου Οὐαλεντίνου καὶ τῶν μετ' αὐτοῦ οὐδὲν πάντως ἀποδεχόμεθα, οἵτινες καὶ νέων ψαλμῶν βιβλίον μακρὸν συνεγράψαντο ἅμα καὶ Βασιλείδη τῷ [τε] Ἀσιανῷ, τῷ τοὺς κατὰ Φρύγας συντησταμένῳ.

e) *Canon Muratorianum* na versão grega de C.C.J. Bunsen

Christian Charles Josias Bunsen, *Analecta Ante-Nicaena*, 3 vols. (Londres, 1854, p. 142-154), traz o texto em latim e a reconstrução do *hipotético* texto original *grego* em sua obra. Como para o texto de Theodor Zahn aqui também não conhecemos a fonte deste *possível* ou *presumido* original texto grego e Christian Charles Josias Bunsen tampouco indica de onde teria tirado o texto que ele reconstrói e apresenta em sua obra, podendo ser realmente uma tradução pessoal ou de terceiros. Bunsen, que escreve esta sua obra antes da obra de T. Zahn, apresenta o texto em duas colunas: primeiro o texto grego reconstruído, por acreditar que ele seria o original, ainda que nunca tenha sido encontrado, e depois o texto em latim. Ele, como outros que já indicamos, tenta *reconstruir* o texto a partir da versão em latim, que é o texto que temos como original e que ele chama de "Textus Codicis", pelo fato de ser o texto que foi encontrado no Códice do Fragmento Muratoriano. Por isso, além dos dois textos ele também apresenta o texto do Códice, intercalando as páginas com o texto original, com suas imperfeições e barbarismos linguísticos. Já o texto em latim, oferecido na coluna ao lado do texto grego, é um texto corrigido, em que ele indica as palavras corrigidas colocando-as em *itálico*.

Além dos textos em grego e latim, Bunsen também traz o texto do Fragmento Muratoriano segundo M. Hertz, chamado de *Hegesippi Fragmentum*

Canonis, às p. 137-141, em duas colunas, nas quais ele apresenta, na primeira coluna, o texto corrigido e, na segunda coluna, as imperfeições do texto presente no Códice de A.L. Muratori. Mas ele também apresenta o *Textus Codicis*, em páginas intercalando os textos em grego e em latim. Este texto é reproduzido em letras maiúsculas e respeita o Códice Muratoriano, inclusive com suas imperfeições e abreviações, conforme podemos conferir às p. 143, 145, 147, 149, 151, 153 e 155, ocupando as páginas em número ímpar, já que às páginas em número par (142, 144, 146, 148, 150, 152 e 154) ele apresenta os textos em grego e em latim, em duas colunas. Por ser interessante conferir em que lugar do texto acontecem as correções, após os textos em grego e em latim, nós também aproveitamos para oferecer o texto de M. Hertz, *Hegesippi Fragmentum Canonis*, p. 137-141, da obra de C.C.J. Bunsen.

Textus Hegesippi e latine restitutus	Textus restauratus et suppletus
[ΠΡΩΤΟΝ εὐαγγελίου βιβλίον	[PRIMUM evangelii librum . . . . . .
ΔΕΥΤΕΡΟΝ εὐγγελίου βιβλίον Μάρκος συνέταξε, ὅς Πέτρου ἑρμηνευτὴς γενόμενος, ὡς ἐμνημόνευσεν ἃ μὲν αὐτοῦ κηρύσσοντος ἤκουσεν] οἷς δὲ αὐτὸς οὐ παρῆν, οὕτως καὶ ἔθηκεν.	SECUNDUM evangelii librum Marcus composuit, qui dominum in carne non vidit sed cum Petri interpres fuisset, sicut meminerat quae ab illo praedicante audiverat] quibus tamen interfuit, et ita posuit
ΤΡΙΤΟΝ εὐαγγελίου βιβλίον κατὰ Λουκᾶν Αουκᾶς ἐκεῖνος ὁ ἰατρός, ἐπειδήπερ μετὰ τὴν Χριστοῦ ἀνάληψιν Παῦλος αὐτὸν παρέλαβεν ὡσεὶ συνοδοιπόρον δεύτερον, τῷ αὐτοῦ ὀνόματι καθεξῆς συνέγραψεν. Τὸν δὲ κύριον οὐδ᾽ αὐτὸς εἶδεν ἐν σαρκί· καὶ διὰ τοῦτο ὡς δυνατός ἦν παρακολουθεῖν, οὕτως καὶ ἀπὸ τῆς Ἰωάννου γενέσεως ἤρξατο λέγειν.	TERTIUM evangelii librum secund*um* Lucam Lucas iste medicus, post ascensum Christi cum *eum* Paulus quasi *itineris socium* secundum adsumsisset, *nomine* suo ex *ordine* con*scripsit*. Dominum tamen nec ipse vidit in carne: et id*eo* prout assequi potuit ita et a nativitate Johannis incipit dicere.
Τὸ ΤΕΤΑΡΤΟΝ τῶν εὐαγγελιῶν Ἰωάννου ἑνὸς ἐκ τῶν μαθητῶν. Οὗτος τοῖς αὐτοῦ συμμαθηταῖς καὶ ἐπισκόποις παρακαλοῦσιν αὐτὸν εἶπεν· συννηστεύετε ἐμοὶ σήμερον εἰς ἡμέρας τρεῖς, καὶ ὁτιοῦν ἂν ἑκάστῳ ἀποκαλυφθῇ, ἑκάτερον ἡμῖν διηγησόμεθα. Τῇ αὐτῇ νυκτὶ ἀπεκαλύφθη Ἀνδρέᾳ ἐκ τῶν ἀποστόλων ὅτι πάντων ἐπιγινωσκόντων, Ἰωάννης τῷ αὐτοῦ ὀνόματι πάντα διηγήσαιτο. Διὰ τοῦτο κἂν διαφοραὶ ὑφ᾽ ἑνὸς ἑκάστου	QUATUM evangeliorum Johannis ex discipulis. *Is* cohortantibus condiscipulis et episcopis suis dixit: conjejunate mihi hodie tríduo, et quid cuique fuerit revelatum, alterutrum nobis ennarremus. Eadem nocte revelatum Andreae ex apostolis, ut recognoscentibus cunctis Johan*nes* suo nomine cuncta describeret. Et ideo, licet varia *a* singulis evangeliorum libris principia doceantur,

τῶν εὐαγγελίων βιβλίων ἀρχαὶ δηλῶνται, οὐδέν δὴ τῇ τῶν πιστευόντων διαφέρει πίστει· διότι ἑνὶ καὶ ἡγεμονικῷ πνεύματι ἐδηλώθη ἐν πᾶσι πάντα περὶ τῆς γενέσεως, περὶ τοῦ πάθους, περὶ τῆς ἀναστάσεως, περὶ τῆς τοῦ κυρίου μετὰ τῶν μαθητῶν ὁμιλίας, καὶ περὶ τῆς διπλῆς αὐτοῦ παρουσίας, τῆς μὲν πρώτης ἐν ταπεινοτητι καταφρονηθείσης, ἣ ἐγένετο, τῆς δὲ δευτέρας βασιλικῇ δυνάμει λαμπρᾶς, ἣ μέλλει ἔσεσθαι. Τί οὖν θαυμαστόν, εἰ Ἰωάννης οὕτως ἐπιμελῶς πάντα καὶ ἐν τῇ ἐπιστολῇ αὐτοῦ προφέρει λέγων· "ὃ ἑωράκαμεν τοῖς ὀφθαλμοῖς ἡμῶν καὶ τοῖς ὠσιν ἡμῶν ἀκηκόαμεν, καὶ αἱ χεῖρες ἡμῶν ἐψηλάφησαν, τοῦτο ἐγράψαμεν ὑμῖν." Οὕτως γὰρ οὐ μόνον θεατὴν ἑαυτὸν καὶ ἀκροατὴν, ἀλλὰ καὶ γραφέα πάντων τῶν θαυμαστῶν τοῦ κυρίου κατὰ τάξιν ὁμολογεῖ. Τὰς ΠΡΑΞΕΙΣ πάντων τῶν ἀποστόλων ὑπὸ μιᾷ βιβλῷ γραφομένας Αουκᾶς τῷ κρατίστῳ θεοφίλῳ συλλαμβάνει, ἕως γε αὐτοῦ παρόντος ἐπράσσοντο· ὡς λείπειν οὐ μόνον τὸ τοῦ Πέτρου πάθος ἀλλὰ καὶ τὴν Παύλου ἀπὸ τῆς πόλεως εἰς Σπανίαν ἀποδημοῦντος πορείαν σαφῶς δηλοῖ. ἘΠΙΣΤΟΛΑΙ ΠΑΥΛΟΥ τίνες, ἀπὸ τίνος τόπου ἢ διὰ τίνα αἰτίαν ἐπέμφθησαν, τοῖς εἰδέναι βουλομένοις αὐτὸς δηλοῖ, πρῶτον μὲν, Κορινθίοις τὸ τῆς αἱρέσεως σχίσμα ἐπιτιμήσας, εἶτα τοῖς Γαλάταις τὴν περιτομήν· τοῖς δὲ Ῥωμαίοις τὴν τῶν γραφῶν οἰκονομίαν ἀλλὰ καὶ τὴν αὐτῶν ἀρχὴν εἶναι Χριστὸν σημαίνων διὰ πλειόνων ἔγραψεν. περὶ ὧν ἑκάστων οὐ χρὴ ἡμᾶς διαλέγεσθαι διὰ τί ἂν ὁ μακάριος ἀπόστολος Παῦλος, τῇ τοῦ αὐτοῦ προκαταρξαμένου Ἰωάννου τάξει ἀκολουθῶν, ὀνομαστὶ ἑπτὰ μόνον ἐκκλησίαις γραφῃ, τοιαύτῃ μὲν τάξει· πρώτην Κορινθίοις, δευτέραν Ἐφεσίοις, Φιλιππησίοις τρίτην, Κολοσσάσι τετάρτην, Γαλάταις πεμπτὴν, θεσσαλονικεῦσι ἑκτὴν, Ῥωμαίοις ἑβδόμην· ἀλλὰ Κορινθίοις καὶ θεσσαλονικεῦσι κἂν ἐπὶ καθόρθωσιν δευτερώσῃ, μία δὲ περὶ πᾶσαν τὴν οἰκουμένην διεσπαρμένη ἐκκλησία γινώσκεται. Καὶ γὰρ Ἰωάννης ἐν τῇ ἀποκαλύψει εἴπερ ἑπτὰ ἐκκλησίαις γράφει

nihil tamen differt credentium fidei, cum uno ac principali spiritu declarata sint in omnibus omnia de nativitate, de passione, de resurrectione de conversatione *domine* cum discipulis suis, et de gemino eius advento: primo in humilitate despecto, quod fuit, secu*ndo* potestate regali praecla*ro*, quod futurum est. Quid ergo mirum, si Johannes tam *instanter* singula etiam in epistu*la sua* profert, dicens in semetips*um*: "*quae vidimus oculis nostris et auribus audivimus et manus nostrae palpauerunt haec scripsimus*".
Sic enim non solum visorem *se* et auditorem sed et scriptoreem omnium mirabilium Domini per ordinem profitetur.

ACTA aut*eem* omni*uum* apostolorum sub uno libro scrip*ta* Lucas optim*o* Theofilo comprhendit, *quoad* sub praesentia eius singula gerebantur: sicut *desse non modo* passione Petri evidenter declarat, sed et profectionem Pauli *ab* urbe ad Spaniam proficiscentis.
EPISTOLAE autem Pauli quae, a quo loco vel qua ex causa direct*ae* sint volentibus intellegere ipse declarant, primum omnium Corinthiis schisma haeresis interdicens, deinceps *Galatis* circumcisionem: Romanis autem ordin*em* scripturarum sed et principium earum esse Christum intimans, prolixius scripsit. De quibus singulis *non* necesse est a nobis disputari, *cur* beatus apostolus Paulus, sequens pr*ae*decessoris sui Johannis ordinem, nonnisi nominatim septem ecclesiis scribat, ordine tali: ad Corinthios prima*m*, ad Ephesios secunda*m*, ad Philippinses ter-tia*m*, ad Colossenses quarta*m*, ad Galatas quinta*m*, ad *Thessalonicenses* sextam, ad Romanos septima*m*, verum Corinthiis et Thessalonicensibus (licet pro correptione) iteretur; una tamen per omnem orbem terrae ecclesia diffusa esse

πᾶσι δὲ λέγει. Ἀλλὰ καὶ πρὸς Φιλήμονα μία
καὶ πρὸς Τίτον μία, καὶ πρὸς Τιμόθεον δύο,
ἐπὶ μὲν φιλότητι καὶ ἀγάπῃ γραφεῖσαι, εἰς δὲ
τιμὴν τῆς καθολικῆς ἐκκλησίας καὶ εἰς τὴν
τῆς ἐκκλησιαστικῆς ἀγωγῆς διάταξιν
ἡγιασμέναι εἰσίν. Φέρεται καί τις πρὸς
Ααοδικήνους ἐπιστολή καὶ ἑτέρα τις πρὸς
Ἀλεξανδρεῖς, ὑπὸ τῷ Παύλου ὀνόματι
ἀναπεπλασμέναι κατὰ τὴν Μαρκίωνος
αἵρεσιν, καὶ πλείονα ἃ ἄλλα, ἃ εἶς τὴν
καθολικὴν ἐκκλησίαν ἀποδέκεσθαι
οὐ δυνατόν ἐστιν. Τὴν κολὴν γὰρ τῷ
μέλιτι μιγνύναι οὐ συμφέρει.
Ἡ μὲν Ἰούδα ἐπιστολὴ καὶ αἱ τοῦ
προειρημένου Ἰωάννου δύο ἐν καθολικαῖς
ἔχονται [ἅμα τῇ τοῦ αὐτοῦ Ἰωάννου πρώτῃ,
καὶ τῇ Πέτρου καὶ τῇ Ἰακώβου. Ἐπιστολὴ δὲ
κάθ᾽ Ἑβραίους ἀφ᾽ ἡμῶν οὐχ ὡς Παύλου
ἀποστόλου οὖσα παραλαμβάνεται, ἀλλ᾽ὡς
ὑπὸ τινος αὐτοῦ φίλου ἢ μαθητοῦ γραφεῖσα
ταῖς αὐτοῦ ἐπιστολαῖς προςθεῖσα ἔχεται] καὶ
ἡ Σοφία ὑπὸ φίλων Σολομῶνος εἰς αὐτοῦ
τιμὴν γέγραπται
ἈΠΟΚΑΛΥΨΕΙΣ μὲν τὴν Ἰωάννου καὶ τὴν
Πέτρου μόνον ἀποδεχόμεθα, ἥν τινες τῶν
ἡμετέρων ἀναγινώσκεσθαι ἐν τῇ ἐκκλησίᾳ, οὐ
θέλουσιν.
Τόν δὲ ΠΟΙΜΕΝΑ νεωστὶ ἐπὶ τῶν ἡμῶν
χρόνων ἐν τῇ πάλει Ῥώμῃ Ἑρμᾶς
συνέγραψεν, καθημένου ἐν τῇ τῆς πόλεως
Ῥώμης ἐκκλησίας καθέδρᾳ Πίου ἐπισκόπου,
αὐτοῦ ἀδελφοῦ. Καὶ διὰ τοῦτο χρὴ μὲν
ἀναγινώσκειν αὐτὸν, ἀλλὰ δημοσιεύεσθαι δὴ
ἐν ἐκκλησίᾳ, τῷ λαῷ οὔτε ἐν προφήταις,
πληρωθέντος τοῦ ἀριθμοῦ, οὔτε ἐν
ἀποστόλοις εἰς τέλος αἰῶνος δύναται.
Τοῦ δὲ Ἀρσινοέως ἢ Οὐαλεντίνου οὐδὲν
καθόλου ἀποδεχόμεθα, ὃς καὶ νέον ψαλμῶν
βιβλίον ἅμα Βασιλείδῃ τῷ Μαρκίωνι
συνέγραψεν· ἢ Μιλτιάδου τοῦ Ἀσιανοῦ
τοῦ τοὺς κατά Φρύγας καθισταμένου.

digoscitur. Et Johannes enim in apocalypsi
licet septem ecclesiis scribat tamen
omnibus dicit. Verum et ad Philemonem
una, et ad Titum una, et ad
Timotheum duae pro affectu et dilectione,
in honorem tamen ecclesiae
catholicae et in ordinationem ecclesiasticae
disceplinae sanctificatae sunt. Fertur etiam
ad Laodicenses, alia ad
Alexandrinos, Pauli nomine fictae ad
haeresem Marcionis, et alia plura quae in
catholicam ecclesiam recipi non potest. Fel
enim cum melle misceri non congruit.
EPISTOLA sane Iudae et supra scriptae
Johannis duae in catholicis habentur [una
cum eiusdem Johannis prima et Petri una
et Jacobi. Epistola vero ad Hebraeos a
plurimis ecclesiis non tamquam Pauli
apostoli recipitur, sed ut a quodam amico
vel discipulo conscripta epistolis eius
adiecta habetur]. Et Sapientia ab amicis
Salomonis in honorem ipsius scripta

APOCALUPSES etiam Johannis et Petri
tantum recipimus, quam quidam ex
nostris legi in ecclesia nolunt.

PASTOREM vero nuperrime temporibus
nostris in urbe Roma Hermas conscripsit,
sedente in cathedra urbis Romae
acclesiae Pio Episcopo, fratre ejus, et
ideo legi eum quidem oportet, sed
publicari vero in ecclesia populo neque
inter prophetas, completo numero, neque
inter apostolos in finem temporis potest.
Arsinoei autem seu Valentini nihil in
totum recipimus, qui etiam novum
Psalmorum librum Marciani conscripsit
una cum Basilide, vel Miltiadis Asiani,
Cataphrygum constitutoris.

f) Texto de Bunsen em duas colunas, com correções laterais (p. 137-141)

FRAGMENTUM CANONIS

Ex Muratorii Antiqq. t. iii. p. 854. (Ed. Mediol. 1740) descriptum et cum Codice Ambrosiano (T. 101 fol. 10.sq.) collatum Anno 1847,

A

M. HERTZ,

PHILOS. DOCTORE IN UNIV. BEROL.

Lineolæ insertæ singularum in cod. regularum fines significant.[1]

Muratorius.		Codex.

. . . . . [2] *quibus* tamen interfuit, et ita posuit. | Tertio Euangelii Librum secu*n*do Luca*m*[3] |

Lucas iste Medicus p*o*st *ascensum Christi* | cum eo Paulus quasi ut iuris studiosum | secundum adsumsisset numeni suo | ex opinione concr*i*set. *Dominum* tamen nec ipse | *ui*dit in carne, & *idem prout assequi* potuit. | Ita et *a* natiuitate Johannis incipet dicere. | Quarti Euangeliorum, Johannis ex *Discipulis*.[4] | Cohortantibus cond*i*scipulis et *Episcopis* suis | dixit Conieiu-

(Codex column notes:)
ā
χρι
dn̄m
ḍui
eps

n
ac
c
RIS
idē pro asequi
ad
decipolis
e

MURATORIUS.	CODEX.
nate mi*hi* *ho*die triduo, &	hi . o
quid | cuique fuerit reuelatum,	
alterutrum | nobis *en*arremus	enna
Eadem nocte reue|latum An-	
dreae[1] ex Apostolis, ut recog-	
nos|centibus cunctis Johannis	i · · · om.
suo nomine | cu*ncta* de*scrib*eret.	n̄ta · i · br̄
Et ideo licèt uaria sin|gulis	
Euangeliorum Libris Princi*p*ia	
| doceantur, nihil tamen dif-	
fert creden|tium F*i*dei, cum	&̇
uno ac principali *spiritu* de|cla-	sp̄u
rata sint in omnibus omnia de	
Natiui|tate, de Passione de Re-	
surrectione | de con*uers*atione	ue̊s
cum *Dis*cipulis suis | *et* de ge-	dec · ac
mino eius Aduentu.[2] | Primo in	
humilitate de*sp*ectus, quod *ro* |	i · · · fu ? fo?
[3]. . . . secundum po*test*ate[4] Re-	tėt
gali prae|clarum, quod *fu*turum	om. · o
est. Quid ergo | mirum, si	
Johannes tam constanter | sin-	
*g*ula etiam in Epi*st*olis suis	c · u
profera*t* | dicens in semetip*so*	m · u
Quae uidimus oculis | nostris,	
& auribus audiuimus, & ma-	
nus | nostrae palpauerunt, haec	
scrip*simus*.[5] || [6]Sic enim non so-	
lùm uisorem *sed auditorem* |	u · sed au

53

MURATORIUS.	CODEX.

sed et scriptorem omnium mi-
rabilium *Domini* per ordi|nem
profitetur.[2]   Acta autem om-
nium Apostolorum | sub uno
Libro scripta sunt Lucas opti-
me Theophi|le *comprehen*dit,
quia sub praesentia eius sin-
gula | ˙gerebantur, sic*ut* & se-
mote Passionem Petri | euiden-
ter declarat, *sed* *pro*fectionem
Pauli *ab* Ur|be ad Spaniam
profic*is*centis. Epist*ola* autem |
Pauli, quae, a quo loco, uel
qua ex causa directe | sint *uo-*
luntatibus[4] intelligere ipse de-
clarant. | Primum omnium
Corinth*iis* *schisma haeresis* in|-
terdicens,˙ deince*ps* Cal*lact*is
circumcisione*m* | Romanis au-
tem ordine[5] Scripturarum, sed
et[6] | principium earum[7] esse
Christum intimans,[8] | prolixius
scripsit, de quibus *singulis*
neces|se est *a* nobis d*is*putari ;
cum ipse Beatus | Apostolus[9]

---

dn̄s *ni fallor.*[1]

e

bt   b
ofi   conprin

ute (*e semierasum*)

sed pr
aD[3]   es (*s erasum*)
e   ulæ

e

e   scysme he
psb (*sic*)   Læт *ut videtur.*
        om.

χρστ̄   e
sincolis
ad   e   *om.*

Paulus sequens praedecessoris
sui | Johannis ordinem, non-
nisi *nominatim septem*[1] | Eccle-
siis scribat ordine tali *Ad Co-*
rinthios | prima ad *Ephesios*
secunda ad Philippenses ter|
tia ad Colossenses quarta ad
*G*alatas quin|ta, ad *Tessa-*
lonicenses sexta ad Romanos[2] |
septima[3] Verùm Cori*nth*iis et
Tessalonicen|sibus licèt pro cor-
rebtione iteretur una | tamen
per omnem orbem terrae Ec-
clesia | diffusa esse denosci-
tur | Et Johannes enim in
A|poc*alypsi* licet septem Ec-
clesiis scribat | tamen omnibus
dicit | Verùm ad *Philemonem*
una, et *ad Titum* una, & ad
Timotheum duas pro affec|*tu*
et dilectione, in honore tamen
Ecclesiae Ca|tholic*ae*, in ordi-
natione Ecclesiastic*ae*[4] || [5]*dis-*
*ciplinae sanctifi*catae sunt Fer-
tur etiam ad | Laudecenses
alia ad Alexandrinos Pauli no-|
mine *fictae* ad *haeresem* Mar-
cionis et alia plu|ra quæ in
*C*atholicam Ecclesiam recipi
non | potest. Fel enim cum

---

o   ·   *uidetur* u

d̄omen (d *erasum*)
se̅s   *om.*   acoren
               efesius
o   i   e *ex* i *corr.*
         osensis
c   tensaolenecinsis (sic)

                 enthe
tesaolecensibus

e
               i
alebsy (*sic*)
e
                 fi
a'   attitū
y   o

om.   e
om.   des-
cepline   s̄ci   *om.*

fincte   he̅sem

c≡a (h *eras.*)   *om.*   e

melle misceri non con|gruit.
Epistola sane Judae, & super-
scripti | Johannis duas in Ca-
tholica habentur.[1] Et sapi|en-
tia ab amicis Salomonis in
honorem ipsius | scripta *Apo-
calypsis etiam* Johannis, et Pe|-
tri tantum recipimus quam
quidam ex nos|tris legi in Ec-
clesia nolunt Pastorem uero |
nuperrime tem*poribus* nostris
in Urbe | Roma Herma con-
scripsit, sedente Cathe|*dra* Ur-
bis Romae *ecclesiæ* Pio *Epis-
copo* fra*tre* | eius. Et ideo legi
eum quidem [2]*o*portet se pu|*b*-
licare uerò in Ecclesia Populo
neque inter | *Prophe*tas com-
pletum numero neque inter |
Apostolos in finem temporum
potest.[3] | Arsinoi autem, seu
Valentini,[4] uel *Mitiadis*[5] | nihil
in totum recip*i*nus, qui etiam
nouum | Psalmorum Librum
Marcioni conscripse|runt una
cum Basilide Assianum Cata-
fry|*g*um con*sti*tutorem.

c

om.
scrictio (*sic*)

apo-
calapse etiam (*sic*)   *om.*
i *ex* e *corr.*

om.
nuperrim e ≡ tem (t *erasum.*)

t
aecl   ēps
        ex ter *corr.*
                        p
                om.
ofe ≡ t (s *in litura*)   n

e

c   ṅt

g) *Canon Muratorianum* na versão grega de Adolf Hilgenfeld

Adolf Hilgenfeld, *Historisch-kritische Einleitung in das Neue Testament*, Leipzig, 1875, traz o texto em latim, às p. 90-92, e em grego, às p. 97-98, que também é uma *reconstrução* do possível texto original grego. A exemplo de Theodor Zahn e de Christian Charles Josias Bunsen, aqui também não conhecemos a fonte deste possível ou presumido texto original grego. Adolf Hilgenfeld tampouco indica de onde teria tirado o texto que ele reconstrói e apresenta em sua obra.

Pelo que se percebe o presumido texto original grego é uma *reconstrução* a partir de um suposto manuscrito grego, mas que nunca chegou até nós. Portanto, ele permanece um texto *hipotético*, e o texto em latim perdura como sendo de lónge o original. Adolf Hilgenfeld também admite que a ordem dos Evangelhos devia ser a mesma que temos em nosso cânon do Novo Testamento hoje, a saber: Mateus, Marcos, Lucas e João. Em seguida à apresentação de seu texto em latim, ele traz um texto reconstruído e corrigido de forma corrida, mas indicando sempre os números das linhas, que ele deixa no meio do texto; além de que o Fragmento Muratoriano vem em forma de texto e não de linhas ou versos, como temos em Gregório Nazianzeno e Anfilóquio de Icônio, textos oferecidos mais à frente aqui em nossa obra. Em seu texto corrigido, Adolf Hilgenfeld remove todas as abreviações e corrige a questão das maiúsculas e minúsculas que aparecem no texto, tirando assim as possíveis imperfeições que o texto latim arcaico traz.

Logo em seu início, ele faz um preâmbulo afirmando que: "I. Sobre o Evangelho. 1) sobre o Evangelho de Mateus, a testemunha ocular, nada é dito. 2) Sobre o Evangelho de Marcos, não testemunha ocular, só é dito no final: ... οἷς μέντοι πασῆν καὶ οὕτως ἔθηκεν.", para em seguida colocar o texto todo em grego, que é uma *tradução* ou *reconstrução* a partir do texto em latim, já que não temos nenhum texto daquele que seria o texto original grego. Também é interessante observar que o grego de cada autor que apresenta a sua *tradução* ou *retradução* do latim para o grego usa um vocabulário diferente, já indicando que realmente não existe o possível manuscrito original em grego do Fragmento Muratoriano, e sim apenas o original em latim que temos até hoje.

Sobre uma reconstrução da parte inicial seria oportuno também dar uma conferida na obra de K.A. Credner e G. Volkmar, *Geschichte des Neutesta-*

mentlichen Kanon (Berlim, 1860, p. 355-357), pois os autores falam de um antigo "texto" católico que traz o Fragmento Muratoriano e o traz com uma introdução ou reconstrução em latim da primeira parte, que possivelmente se perdeu (cf. igualmente às p. 146-148; 153-158; 355-357: três redações do mesmo texto). Na sequência a este texto Credner e Volkmar também apresentam o texto completo do Fragmento Muratoriano que os demais autores também trazem. Esta "reconstrução" apresenta a ordem dos dois outros Evangelhos, Mateus e Marcos, segundo o cânon do NT que temos ainda hoje:

> "[Ordo librorum, quos ecclesia catholica recipit.
>
> I. Ecclesia catholica recipit tantum Profetas et Apostolos. Profetae viginti... sunt hi: quinque libri Moysi... profetiae Isaiae... liber psalmorum David... Canticum et Sapientia Salomonis...
>
> II. Sequuntur libri apostolici Evangelii libri sunt quatuor. Primi Evv. auctor est Matthaeus ex discipulis Domini. Matthaeus conscripsit quaecunque (quia) sub praesentia ejus gerebantur et dicebantur.
>
> Secundo recipimus Evangelii librum secundom Marcum. Marcus non ipse vidit Dominum in carne, sed audivit Petrum; ali]quibus tamen interfuit et ita posuit" (aqui já começa o texto que temos nas demais obras, como podemos conferir na transcrição).

Texto em *latim* de Adolf Hilgenfeld	Texto em *grego* de Adolf Hilgenfeld
Fol. 10a. quibus tamen interfuit, et ita posuit	I. über die Evangelium. 1) über das Evangelium des Augenzeugen Mattäus ist nichts erhalten. 2) über das Evangelium des Nichtautopten Marcus ist nur zum Schluss erhalten: ... οἷς μέντοι πασῆν καὶ οὕτως ἔθηκεν.
Tertio euangelii librum secundo Lucam Lucas Iste medicus post ascensum XPΓ Cum eo paulus quasi ut iuris studiosum 5. Secundum adsumsisset numeni suo ex opinione conscriset dūm tamen nec ipse uidit in carne Et idē prout assequi potuit. Ita et ad natiuitate Iohannis Incipit dicere quarti Euangeliorum Iohannis ex discipulis 10. Cohortantibus condiscipulis et ēps suis: dixit conieiunate mihi hodie triduo Et quid cuique fuerit reuelatum alterutrum nobis ennarremus Eadem nocte reue latum andreae ex apostolis ut recognis 15. Centibus cunctis iohannIs suo nomine	1,3. Τρίτον εὐαγγελίου βιβλίον κατὰ Λουκᾶν. Αουκᾶς ἐκεῖνος ὁ ἰατρός μετὰ τὴν τοῦ Χριστοῦ ἀνάληψιν, ἐπεὶ αὐτὸν ὁ Παῦλος ὡσεὶ δευτεραγωνιστὴν προσελάβετο, τῷ ὀνόματι αὐτοῦ καθὼς ἔδοξε συνέγραψε. τὸν μέντοι κύριον οὐδὲ αὐτὸς εἶδεν ἐν σαρκί. καὶ διὰ τοῦτο, καθὼς παρακολουθεῖν ἐδύνατο, οὕτως καὶ ἀπὸ τῆς Ἰωάννου γενέσεως ἤρξατο λέγειν. 1,4. Τέταρτον τῶν εὐαγγελιῶν Ἰωάννου τοῦ ἐκ τῶν μαθητῶν. προτρεπόντων τῶν συμμαθητῶν καὶ τῶν ἐπισκόπων αὐτοῦ εἶπε Συννηστεύσατέ. μοι σήμερον τριήμερον, καὶ ὃ ἂν ἑκάστῳ ἀποκαλυφθῇ,

cuncta describeret et ideo licet uaria sin
gulis euangeliorum iibris principia
doceantur Nihil tamen differt creden
tium fidei cum uno ac principali $\overline{spu}$ de
20. Clarata sint in omnibus omnia de natiui
tate de passione de resurrectione
de conuersatione cum discipulis suis
ac de gemino eius aduentu
Primo in humilitate despectus quod (fo)
25. (fu) Secundum potestate regali   pre
clarum, quod futurum est. quid ergo
mirum si iohannes tam constanter
Singula etiā In epistolis suis proferat
dicens in Semecipsu quae uidimus oculis
30. nostris et auribus audiuimus et manus
nostrae palpauerunt haec scripsimus
(uob)i(s)
Fol. 10b. Sic enim non solum uisorem sed
et auditorem
Sed et scriptorē omnium mirabiliū $\overline{dni}$ per
ordi
nem profitetur Acta autē omniū
apostolorum
35. Sub uno libro scripta sunt Lucas
optimo theofi
le comprindit quia sub praesentia eius
Singula
gerebantur sicuti et semote passionē petri
euidenter declarat Sed et profectionē pauli
ab ur
be ad spaniā proficiscentis Epistulae autem
40. pauli quae a quo loco uel qua ex causa
directe
sint uolentibus Intellegere Ipse declarant$\mathcal{S}$
Primū omnium Corinthiis scysmae heresis
In
terdicens deInceps B callatis circumcisione
Romanis autē ordine scripturarum sed (et)
45. principium earum esse $\overline{XPm}$ intimans
prolixius scripsit de quibus sinculis neces
se est ad nobis disputari Cum ipse beatus
apostolus paulus sequens prodecessoris sui
Iohannis ordinē non nisi nominatī semptāe
50. ecclesiis scribat ordine tali ad
corenthios prima. ad efesios seconda ad
philippinses ter

ἀλλήλοις ἡμῖν ἐξηγγησώμεθα. τῇ αὐτῇ
νυκτὶ ἀπεκαλύφθη Ἀνδρέᾳ τῷ ἐκ τῶν
ἀποστόλων, ἵνα ἀναγνωριζόντων πάντων
Ἰωάννης τῷ ὀνόματι αὐτοῦ πάντα
ἀναγράψαι. καὶ διὰ τοῦτο εἰ καὶ διάφοραὶ
ἑκάστοις τοῖς τῶν εὐαγγελίων βιβλίοις
ἀρχαὶ διδάσκονται, οὐδέν μέντοι διαφέρει
τῇ τῶν πιστευόντων πίστει, ἐπεὶ τῷ ἐνὶ καὶ
ἡγεμονικῷ πνεύματι δεδήλωται ἐν πᾶσι
πάντα περὶ τῆς γενέσεως, περὶ τοῦ πάθους,
περὶ τῆς ἀναστάσεως, περὶ τῆς μετὰ τῶν
μαθητῶν αὐτοῦ ἀναστροφῆς καὶ περὶ τῆς
δισσῆς αὐτοῦ παρουσίας, τὸ πρῶτον ἐν
ταπεινότητι ἄδοξον γενέσθαι, τὸ δευτέρον
δυνάμει βασιλικῇ ἔνδοξον γενήσεσθαι. τί
ἄρα θαυμαστὸν, εἰ Ἰωάννης οὕτω
πεποιθότως ἕκαστα καὶ ἐν ταῖς ἐπιστολαῖς
αὐτοῦ προφέρει λέγων· ὃ ἑωράκαμεν τοῖς
ὀφθαλμοῖς ἡμῶν καὶ τοῖς ὦσιν
ἀκηκόαμεν, καὶ αἱ χεῖρες ἡμῶν
ἐψηλάφησαν, τοῦτα ἐγράψαμεν ὑμῖν (1Jo
1,1-4); οὕτω γὰρ οὐ μόνον αὐτόπτην
ἑαυτὸν καὶ ἀκροατὴν, ἀλλὰ καὶ
συγγραφέα πάντων τῶν τοῦ κυρίου
θαυμασίων καθεξῆς ὁμολογεῖ.
II,1. πράξεις δὲ πάντων τῶν ἀποστόλων
ἐφ᾽ἑνὸς βιβλίου ἐγράφησαν. Αουκᾶς τῷ
κρατίστῳ θεοφίλῳ συνετάξατο, ὅτι ἐπὶ τῆς
παρουσίας αὐτοῦ ἕκαστα ἐπράσσετο,
καθὼς καὶ ἀποκωρίσας τὸ Πέτρου πάθος
σαφῶς ἐμφανίζει, ἀλλὰ καὶ τὴν Παύλου
πορείαν ἀπὸ τῆς πόλεως εἰς Σπανίαν
πορευομένου.
II,2. Ἐπιστολαι δὲ Παύλου τίνες, πόθεν ἢ
ἐκ τίνος αἰτίας ἐπεστάλησαν, τοῖς
βουλομένοις συνιέναι αὐταὶ δηλοῦσι.
πρῶτον πάντων τοῖς Κορινθίοις σχίσματος
αἱρέσεις ἀπαγορεύων, ἔπειτα τοῖς
Γαλάταις τὴν περιτομήν, τοῖς δὲ Ῥωμαίοις
τὸν τῶν γραφῶν κανόνα, ἀλλὰ καὶ τὴν
ἀρχὴν αὐτῶν εἶναι Χριστὸν παρεγγυῶν
ἐκτενέστερον ἔγραψε, περὶ ὧν ἑκάστων
ἀναγκαῖόν ἐστιν ὑφ᾽ ἡμῶν
συνζητεῖσθαι, ἐπεὶ αὐτὸς ὁ μακάριος
ἀπόστολος Παῦλος, ἀκολουθῶν τῷ
τοῦ προηγεμόνος αὐτοὶ Ἰωάννου κανόνι

tia ad colossensis quarta ad calatas quin
ta ad thessaolenecinsis sexta. ad romanos
Septima Uerum corentheis et thessaolecen
55. sibus Licet pro correbtione Iteratur Una
tamen per omnem Orbem terrae ecclesia
diffusa esse denoscitur Et Iohannes enī In a
pocalebsy Licet septē eccleseis scribat
tamen omnibus dicit Uerū ad filemonem
una
60. Et attitū una et ad tymotheū duas pro
affect
to et dilectione In honore tamen ecclesiae
ca
tholicae In ordinatione ecclesiastice
Fol. 11a. disceplinae scīficate sunt fertur
etiam ad
Laudecenses alia ad alexandrinos pauli no
65. mine fincte ad heresem marcionis et
alia plu
ra quae in catholicam ecclesiam recipi non
potest fel enim cum melle misceri non con
gruit epistola sane Iudae et superscrictio
Iohannis duas In catholica habentur et sapi
70. entia ab amicis salomonis In honorē
ipsius
scripta apocalapse etiam Iohannis et pe
tri tantum recipimus quam quidam ex nos
tris legi In eclesia nolunt pastorem uero
nepurrime temporibus nostris In urbe
75. roma herma conscripsit sedente cathe
dra urbis romae aeclesiae pio ēps fratre
eius et ideo legi eum quidē Oportet se pu
blicare uero In eclesia populo Neque Inter
profetas completum numero Neque inter
80. apostolos In finē temporum potest.
arsinoi autem seu ualentini. uel mitiadis
nihil In totum recipemus. qui etiam nouū
psalmorum librum marcioni conscripse
runt una cum basilide asianom cataphry
85. cum Constitutorem

οὐκ εἰ μὴ κατ᾽ ὄνομα ἑπτά ἐκκλησίαις
γραφει κανόνι τοιαύτῳ· πρὸς Κορινθίοις
α᾽, πρὸς Ἐφεσίους β᾽, πρὸς Φιλιππησίυος
γ᾽, πρὸς Κολοσσαεῖς δ᾽, πρὸς Γαλάτας ε᾽,
πρὸς θεσσαλονικεῖς ς᾽, πρὸς Ῥωμαίους ζ᾽.
ἀλλὰ Κορινθίοις καὶ θεσσαλονικεῦσιν εἰ
καὶ ὑπὲρ νουθεσίας δευτεροῦται, μία
ὅμως διὰ πάσης τῆς οἰκουμένης ἐκκλησία
διεσπαρμένη διαγινώσκεται. καὶ γὰρ
Ἰωάννης ἐν τῇ ἀποκαλύψει εἰ καὶ ἑπτὰ
ἐκκλησίαις γράφει, ὅμως πᾶσι (πάσαις)
λέγει. ἀλλὰ πρὸς Φιλήμονα μία καὶ πρὸς
Τίτον μία καὶ πρὸς Τιμόθεον δύο, ὑπὲρ
εὐνοίας καὶ ἀγάπης ὅμως εἰς δὲ τιμὴν τῆς
καθολικῆς ἐκκλησίας ἐν τῇ τῆς
ἐκκλησιαστικῆς παιδείας διάταξει
ἡγιάσθησαν. Φέρεται καὶ πρὸς Ααοδικέας,
ἄλλη πρὸς Ἀλεξανδρεῖς, Παύλου ὀνόματι
πλασθεῖσαι πρὸς αἴρεσιν Μαρκίωνος, καὶ
ἄλλα πλείονα, ἃ εἰς τὴν καθολικὴν
ἐκκλησίαν ἀποδέκεσθαι οὐκ ἔνεστι. κολὴν
γὰρ μετὰ μέλιτος μιγνυσθαι οὐκ ἁρμόζει. ἡ
μέντοι Ἰούδα ἐπιστολὴ καὶ αἱ
ἐπιγεγραμμέναι Ἰωάννου δύο ἐν τῇ
καθολικῇ ἔχονται, ὡς ἡ Σοφία ἡ ὑπὸ φίλων
Σολομῶντος εἰς τιμὴν αὐτοῦ γέγραμμένη.
II,3. Καὶ ἀποκαλύψεις Ἰωάννου καὶ
Πέτρου μόνον ἀποδεχόμεθα, ἥν τινες ἐκ
τῶν ἡμετέρων ἀναγινώσκεσθαι ἐν
ἐκκλησίᾳ οὐ θέλουσι. τόν Ποιμένα δὲ
νεωστὶ τοῖς ἡμετέροις χρόνοις ἐν τῇ πόλει
Ῥωμη Ἑρμᾶς συνέγραψε, καθημένου ἐν τῇ
τῆς πόλεως Ῥώμης κάθέδρᾳ Πίου
ἐπισκόπου τοῦ ἀδελφοῦ αὐτοῦ. καὶ διὰ
τοῦτο ἀναγινώσκεσθαι μὲν δεῖ,
δημοσιεύεσθαι δὲ ἐν ἐκκλησίᾳ τῷ λαῷ
οὔτε ἐν προφήταις, πληρωθέντος τοῦ
ἀριθμοῦ, οὔτε ἐν τοῖς ἀποστόλοις εἰς τὸ
τέλος τῶν κρόνων ἔνεστι.
III. Μαρκίωνος δὲ ἢ Οὐαλεντίνου ἢ
Βασιλείδου οὐδὲν ὅλως ἀποδεχόμεθα, ὅτι
καὶ καινὸν ψαλμῶν βιβλίον οἱ Μαρκίωνοὶ
συνέγραψεν. ἅμα Βασιλείδτῃ τὸν τῶν
Ἀσιανῶν Καταφρύγων καταστάτην
(ἀποβάλλομεν).

Texto em *latim* corrigido de Adolf Hilgenfeld

I,1. Handelte offenbar von dem Matthäus-Evangelium
I,2. vom dem Marcus-Evangelium, nur zum Schluss noch erhalten

[1]quibus tamen interfuit et ita posuit.

I,3. [2]Tertium euangelii librum secundum Lucam. [3]Lucas iste medicus, post ascensum Christi, [4]cum eum Paulus quasi ut iuris studiosum [5]secundum adsumsisset, numine suo [6]ex opinione conscripst, dominum tamen nec ipse [7]uidit in carne, et ideo, prout assequi potuit, [8]ita et a natiuitate Iohannis incipit dicere.

I,4. [9]Quartum euangeliorum Iohannis ex discipulis. [10]cohortantibus condiscipulis et episcopis suis, [11]dixit: Conieiunate mihi hodie triduo et quid [12]cuique fuerit reuelatum alterutrum [13]nobis ennarremus. eadem nocte reue-[14]latum Andreae ex apostolis, ut recognos-[15]centibus cunctis Iohannes suo nomine [16]cuncta describeret. et ideo, licet uaria sin-[17]gulis euangeliorum libris principia [18]doceantur, nihil tamen differt creden-[19]tium fidei, cum uno ac principali spiritu de-[20]clarata sint in omnibus omnia de natiui-[21]tate, de passione, [22]de resurrectione de conuersatione cum discipulis suis [23]ac de gemino eius aduento: [24]primo in humilitate despecto, quod fo-[25]it, secundum potestate regali prae-[26]clarum, quod futurum est. quid ergo [27]mirum, si Iohannes tam constanter [28]singula etiam in epistulis suis profert [29]dicens in semetipsum: "Quae uidimus oculis [30]nostris et auribus audiuimus, et manus [31]nostrae palpauerunt, haec scripsimus uobis". [32]sic enim non solum uisorem sed et auditorem, [33]sed et scriptoreem omnium mirabiliuum Domini per ordi-[34]nem profitetur.

II,1. Acta auteem omniuum apostolorum [35]sub uno libro scripta sunt. Lucas optimo Theofi-[36]lo comprendit, quia sub praesentia eius singula [37]gerebantur, sicuti et semota passione Petri [38]euidenter declarat, sed et profectione Pauli ab ur-[39]be ad Spaniam proficiscentis.

II,2. Epistulae autem [40]Pauli quae a quo loco uel qua ex causa directae [41]sint, uolentibus intellegere ipse declarant: [42]primum omnium Corinthiis scismae haereses in-[43]terdicens, deinceps Galatis circumcisionem, [44]Romanis autem ordinem scripturarum, sed et [45]principium earum esse Christum intimans [46]prolixius scripsit, de quibus singulis neces-[47]se est a nobis disputari, cum ipse beatus [48]apostolus Paulus sequens predecessoris sui [49]Iohannis ordinem non nisi nominatim septem [50]ecclesiis scribat, ordine tali: ad Corinthios [51]prima, ad Efesios secunda, ad Philippinses ter-[52]tia, ad Colossenses quarta, ad Galatas quin-[53]ta, ad Thessalonicenses sexta, ad Romanos [54]septima, uerum Corinthiis et Thessalenicen-[55]sibus licet pro correptione iteretur, una [56]tamen per omnem orbem terrae ecclesia [57]diffusa esse denoscitur; et Iohannes enim in A-[58]pocalypsi licet septem ecclesiis scribat, [59]tamen omnibus dicit. uerum ad Filemonem unam [60]et ad Titum una et ad Timotheum duas pro affect-[61]to et dilectione, in honore tamen ecclesiae ca-[62]tholicae, in ordinatione ecclesiastice [63]disceplinae sanctificatae sunt. Fertur etiam ad [64]Laudecenses, alia ad Alexandrinos Pauli no-[65]mine finctae ad haeresem Marcionis et alia plu-[66]ra, quae in catholicam ecclesiam recipi non [67]potest, fel enim cum melle misceri non con-[68]gruit. epistola sane Iudae et superscriptae [69]Iohannis duae in catholica habentur et Sapi-[70]entia ab amicis Salomonis in honorem ipsius [71]scripta

II,3. Apocalypses etiam Iohannis et Pe-[72]tri tantum recipimus, quam quidam ex nos-[73]tris legi in ecclesia nolunt. Pastorem uero [74]nuperrime temporibus nostris in urbe

[75]Roma Herma conscripsit sedente cathe-[76]dra urbis Romae aeclesiae Pio episcopo fratre [77]eius. et ideo legi eum quidem oportet, se pu-[78]blicare uero in ecclesia populo neque inter [79]profetas completo numero, neque inter [80]apostolos in fine temporum potest. III. [81] Marcinis autem seu Ualentini uel Basilidis [82]nihil in totum recipimus, qui etiam nouum [83]psalmorum librum Marciani conscripse – [84]runt una cum Basilide Asianum Cataphry – [85]gum constitutorem (reicimus).

h) *Canon Muratorianum* nas três versões gregas

A fim de que possamos ter uma ideia do texto reconstruído de um *possível* ou *pressuposto* texto original grego, segundo Theodor Zahn, Christian Charles Josias Bunsen e Adolf Hilgenfeld, já apresentados, transcrevemos aqui o texto de cada um deles colocado lado a lado, em forma de três colunas, a fim de que também possamos ter uma ideia do esforço de *reconstrução* que cada autor realizou. O que se nota já de início é que, pelo vocabulário empregado, o texto grego realmente é um texto construído por cada autor, visto que não se tem uniformidade nem sequer do emprego do vocabulário e nos casos das declina- ções do grego, o que implica a não existência ou uso de uma fonte comum; isso reforça a ideia de que o texto em latim realmente é o original. Ora, se o latim é uma *tradução* do grego, então o grego aqui seria uma *retradução* da *tradução* latina ao original grego, seria um voltar ao grego, que se teria perdido. Fato é que ao tentar fazer isso cada tradutor vai usar o seu vocabulário próprio, in- terpretando um pouco e buscando palavras para melhor expressar-se em outra língua, o que explica as diferenças de cada tentativa de reconstrução de um possível texto original grego. É interessante ver até as *glossas* linguísticas que cada um faz, na tentativa de tornar o texto mais inteligível, criando explicações para algumas situações problemáticas no texto original em latim um pouco confusas ou tentando harmonizar com alguma situação para melhor justificar as próprias interpretações.

C.C. Josias Bunsen (1854)	Adolf Hilgenfeld (1875)	Theodor Zahn (1890)
[ΠΡΩΤΟΝ εὐαγγελίου βιβλίον . . . . . . ΔΕΥΤΕΡΟΝ εὐγγελίου βιβλίον Μάρκος συνέταξε, ὅς Πέτρου ἑρμηνευτὴς γενόμενος, ὡς ἐμνημόνευσεν ἃ μὲν αὐτοῦ κηρύσσοντος ἤκουσεν] οἷς δὲ αὐτὸς οὐ παρῆν, οὕτως καὶ ἔθηκεν.	I. über die Evangelium. 1) über das Evangelium des Augenzeugen Mattäus ist nichts erhalten. 2) über das Evangelium des Nichtautopten Marcus ist nur zum Schluss erhalten: .. οἷς μέντοι πασῆν καὶ οὕτως ἔθηκεν.	[ἐνὶ]οις μέντοι παραγένετο καὶ οὕτω τέθειται.
ΤΡΙΤΟΝ εὐαγγελίου βιβλίον κατὰ Λουκᾶν Αουκᾶς ἐκεῖνος ὁ ἰατρός, ἐπειδήπερ μετὰ τὴν Χριστοῦ ἀνάληψιν Παῦλος αὐτὸν παρέλαβεν ὡσεὶ συνοδοιπόρον δεύτερον, τῷ αὐτοῦ ὀνόματι καθεξῆς συνέγραψεν. Τὸν δὲ κύριον οὐδ᾽ αὐτὸς εἶδεν ἐν σαρκί· καὶ διὰ τοῦτο ὡς δυνατός ἦν παρακολουθεῖν, οὕτως καὶ ἀπό τῆς Ἰωάννου γενέσεως ἤρξατο λέγειν.	1,3. Τρίτον εὐαγγελίου βιβλίον κατὰ Λουκᾶν. Αουκᾶς ἐκεῖνος ὁ ἰατρός μετὰ τὴν τοῦ Χριστοῦ ἀνάληψιν, ἐπεὶ αὐτὸν ὁ Παῦλος ὡσεὶ δευτεραγωνιστὴν προσελάβετο, τῷ ὀνόματι αὐτοῦ καθὼς ἔδοξε συνέγραψε. τὸν μέντοι κύριον οὐδὲ αὐτὸς εἶδεν ἐν σαρκί. καὶ διὰ τοῦτο, καθὼς παρακολουθεῖν ἐδύνατο, οὕτως καὶ ἀπό τῆς Ἰωάννου γενέσεως ἤρξατο λέγειν.	Τρίτον εὐαγγελίου βιβλίον τὸ κατὰ Λουκᾶν, Αουκᾶς ὁ ἰατρός, μετὰ τὴν τοῦ Χριστοῦ ἀνάληψιν Παύλου αὐτὸν ὡσὰν Φιλαπόδεμον συνπραραλαβόντος, τῷ ἑαυτοῦ ὀνόματι καθεξῆς συνέγραψεν· τόν γε μέν κύριον οὐδ᾽ αἰτὸς ἑώρακεν ἐν σαρκί. καὶ οὗτος, καθάπερ παρακολουθεῖν ἐδύνατο, οὕτω καὶ ἀπό τῆς Ἰωάννου γενέσεως ἄρχεται λέγειν·
Τὸ ΤΕΤΑΡΤΟΝ τῶν εὐαγγελιῶν Ἰωάννου ἑνὸς ἐκ τῶν μαθητῶν. Οὗτος τοῖς αὐτοῦ συμμαθηταῖς καὶ ἐπισκόποις παρακαλοῦσιν αὐτὸν εἶπεν· συννηστεύετε ἐμοὶ σήμερον εἰς ἡμέρας τρεῖς, καὶ ὁτιοῦν ἂν ἑκάστῳ ἀποκαλυφθῇ, ἑκάτερον ἡμῖν διηγησόμεθα. Τῇ αὐτῇ νυκτὶ ἀπεκαλύφθη Ἀνδρέᾳ ἐκ τῶν ἀποστόλων ὅτι πάντων ἐπιγινωσκόντων, Ἰωάννης τῷ αὐτοῦ ὀνόματι πάντα διηγήσαιτο. Διὰ	1,4. Τέταρτον τῶν εὐαγγελιῶν Ἰωάννου τοῦ ἐκ τῶν μαθητῶν. προτρεπόντων τῶν συμμαθητῶν καὶ τῶν ἐπισκόπων αὐτοῦ εἶπε Συννηστεύσατέ. μοι σήμερον τριήμερον, καὶ ὃ ἂν ἑκάστῳ ἀποκαλυφθῇ, ἀλλήλοις ἡμῖν ἐξηγησώμεθα. τῇ αὐτῇ νυκτὶ ἀπεκαλύφθη Ἀνδρέᾳ τῷ ἐκ τῶν ἀποστόλων, ἵνα ἀναγνωριζόντων πάντων Ἰωάννης τῷ ὀνόματι αὐτοῦ	Τὸ τέταρτον τῶν εὐαγγελιῶν Ἰωάννου ἐκ τῶν μαθητῶν. οὗτος προτρεπόντων αὐτὸν τῶν συμμαθητῶν αὐτοῦ καὶ ἐπισκόπων εἶπεν· "συννηστεύσατέ μοι σήμερον ἡμέρας τρεῖς, καὶ ὅτι ἂν ἑκάστῳ ἀποκαλυφθῇ, ἀλλήλοις ἐξηγησώμεθα". τῇ αὐτῇ νυκτὶ ἀπεκαλύφθη Ἀνδρέᾳ ἐκ τῶν ἀποστόλων, ἵνα ἀναγνωριζόντων πάντων ὁ Ἰωάννης τῷ ἰδίῳ ὀνόματι

τοῦτο κἂν διαφοραὶ ὑφ᾽ ἑνὸς ἑκάστου τῶν εὐαγγελίων βιβλίων ἀρχαὶ δηλῶνται, οὐδέν δὴ τῇ τῶν πιστευόντων διαφέρει πίστει· διότι ἑνὶ καὶ ἡγεμονικῷ πνεύματι ἐδηλώθη ἐν πᾶσι πάντα περὶ τῆς γενέσεως, περὶ τοῦ πάθους, περὶ τῆς ἀναστάσεως, περὶ τῆς τοῦ κυρίου μετὰ τῶν μαθητῶν ὁμιλίας, καὶ περὶ τῆς διπλῆς αὐτοῦ παρουσίας, τῆς μὲν πρωτης ἐν ταπεινοτητι καταφρονηθείσης, ἢ ἐγένετο, τῆς δὲ δευτέρας βασιλικῇ δυνάμει λαμπρᾶς, ἢ μέλλει ἔσεσθαι. Τί οὖν θαυμαστὸν, εἰ Ἰωάννης οὕτως ἐπιμελῶς πάντα καὶ ἐν τῇ ἐπιστολῇ αὐτοῦ προφέρει λέγων· "ὃ ἑωράκαμεν τοῖς ὀφθαλμοῖς ἡμῶν καὶ τοῖς ὠσὶν ἡμῶν ἀκηκόαμεν, καὶ αἱ χεῖρες ἡμῶν ἐψηλάφησαν, τοῦτο ἐγράψαμεν ὑμῖν." Οὕτως γὰρ οὐ μόνον θεατὴν ἑαυτὸν καὶ ἀκροατὴν, ἀλλὰ καὶ γραφέα πάντων τῶν θαυμαστῶν τοῦ κυρίου κατὰ τάξιν ὁμολογεῖ.	πάντα ἀναγράψαι. καὶ διὰ τοῦτο εἰ καὶ διάφοραὶ ἑκάστοις τοῖς τῶν εὐαγγελίων βιβλίοις ἀρχαὶ διδάσκονται, οὐδέν μέντοι διαφέρει τῇ τῶν πιστευόντων πίστει, ἐπεὶ τῷ ἑνὶ καὶ ἡγεμονικῷ πνεύματι δεδήλωται ἐν πᾶσι πάντα περὶ τῆς γενέσεως, περὶ τοῦ πάθους, περὶ τῆς ἀναστάσεως, περὶ τῆς μετὰ τῶν μαθητῶν αὐτοῦ ἀναστροφῆς καὶ περὶ τῆς δισσῆς αὐτοῦ παρουσίας, τὸ πρῶτον ἐν ταπεινὸτητι ἄδοξον γενέσθαι, τὸ δευτέρον δυνάμει βασιλικῇ ἔνδοξον γενήσεσθαι. τί ἄρα θαυμαστὸν, εἰ Ἰωάννης οὕτω πεποιθότος ἕκαστα καὶ ἐν ταῖς ἐπιστολαῖς αὐτοῦ προφέρει λέγων· ὃ ἑωράκαμεν τοῖς ὀφθαλμοῖς ἡμῶν καὶ τοῖς ὠσὶν ἀκηκόαμεν, καὶ αἱ χεῖρες ἡμῶν ἐψηλάφησαν, τοῦτα ἐγράψαμεν ὑμῖν (1Jo 1,1-4); οὕτω γὰρ οὐ μόνον αὐτόπτην ἑαυτὸν καὶ ἀκροατὴν, ἀλλὰ καὶ συγγραφέα πάντων τῶν τοῦ κυρίου θαυμασίῶν καθεξῆς ὁμολογεῖ.	τὰ πάντα καταγράψῃ. Καὶ διὰ τοῦτο, εἰ καὶ διάφοραὶ ἑκάστῳ τοῖς τῶν εὐαγγελίου βιβλίῳ παραδίδονται ἀρχαὶ, ὅμως δ᾽ οὐδέν διαφέρει τῇ τῶν πιστευόντων πίστει, ἐπειδὴ ἑνὶ καὶ ἡγεμονικῷ πνεύματι δεδήλωται ἐν πᾶσιν πάντα περὶ τῆς [τοῦ κυρίου] γενίσεως, περὶ τοῦ πάθους, περὶ τῆς ἀναστάσεως, περὶ τῆς μετὰ τῶν μαθητῶν αὐτοῦ ἀναστροφῆς καὶ περὶ τῆς δισσῆς αὐτοῦ παρουσίας, τῆς μὲν πρώτης ἐν ταπεινὸτητι ἀτίμου, ὅτι γέγονεν, τῆς δευτέρας δὲ δυνάμει βασιλικῇ ἐνδόξου, ὅτι μέλλει γενέσθαι. Τί οὖν θαυμαστὸν, εἰ Ἰωάννης οὕτω "τολμηρῶς" ἕκαστα καὶ ἐν ταῖς ἐπιστολαῖς αὐτοῦ προφέρει λέγων εἰς ἑαυτόν. "ἃ ἑωράκαμεν τοῖς ὀφθαλμοῖς ἡμῶν καὶ τοῖς ὠσὶν ἀκηκόαμεν καὶ αἱ χεῖρες ἡμῶν ἐψηλάφησαν, ταῦτα ἐγράψαμεν ὑμῖν". οὕτω γὰρ οὐ μόνον θεατὴν ἑαυτὴν καὶ ἀκροατήν, ἀλλὰ καὶ συγγραφέα πάντων καθεξῆς τῶν τοῦ κυρίου θαυμασίῶν ὁμολογεῖ.
Τάς ΠΡΑΞΕΙΣ πάντων τῶν ἀποστόλων ὑπὸ μιᾷ βιβλῷ γραφομένας Αουκᾶς τῷ κρατίστῳ θεοφίλῳ συλλαμβάνει, ἕως γε αὐτοῦ παρόντος ἐπράσσοντο· ὡς λείπειν οὐ μόνον τὸ τοῦ Πέτρου πάθος ἀλλὰ καὶ τὴν Παύλου ἀπὸ τῆς πόλεως εἰς Σπανίαν	II,1. πράξεις δὲ πάντων τῶν ἀποστόλων ἐφ᾽ ἑνὸς βιβλίου ἐγράφησαν. Αουκᾶς τῷ κρατίστῳ θεοφίλῳ συνετάξατο, ὅτι ἐπὶ τῆς παρουσίας αὐτοῦ ἕκαστα ἐπράσσετο, καθὼς καὶ ἀποκωρίσας τὸ Πέτρου πάθος σαφῶς ἐμφανίζει, ἀλλὰ καὶ τὴν Παύλου	Πράξεις δὲ πάντων τῶν ἀποστόλων καθ᾽ ἑνὸς βιβλίου γεγραμμένοι εἰσίν. ὁ Αουκᾶς τῷ κρατίστῳ θεοφίλῳ σημαίνει, ὅτι παρόντος αὐτοῦ ἕκαστα ἐπράχθη, ὡς καὶ παραλιπὼν τὸ Πέτρου μαρτύριον, ἔτι δὲ καὶ τὴν Παύλου πορείαν ἀπὸ Ῥώμης εἰς τὴν Σπανίαν

ἀποδημοῦντος πορείαν
σαφῶς δηλοῖ.

ἘΠΙΣΤΟΛΑΙ ΠΑΥΛΟΥ
τίνες, ἀπὸ τίνος τόπου ἢ
διὰ τίνα αἰτίαν
ἐπέμφθησαν, τοῖς εἰδέναι
βουλομένοις αὐτὸς δηλοῖ,
πρῶτον μὲν, Κορινθίοις τὸ
τῆς αἱρέσεως σχίσμα
ἐπιτιμήσας, εἶτα τοῖς
Γαλάταις τὴν περιτομήν·
τοῖς δὲ Ῥωμαίοις τὴν τῶν
γραφῶν οἰκονομίαν ἀλλὰ
καὶ τὴν αὐτῶν ἀρχὴν εἶναι
Χριστὸν σημαίνων διὰ
πλειόνων ἔγραψεν. περὶ ὧν
ἑκάστων οὐ χρὴ ἡμᾶς
διαλέγεσθαι διὰ τί ἂν ὁ
μακάριος ἀπόστολος
Παῦλος, τῇ τοῦ αὐτοῦ
προκαταρξαμένου Ἰωάννου
τάξει ἀκολουθῶν, ὀνομαστὶ
ἑπτὰ μόνον ἐκκλησίαις
γραφῃ, τοιαύτῃ μὲν τάξει·
πρώτην Κορινθίοις,
δευτέραν Ἐφεσίοις,
Φιλιππησίοις τρίτην,
Κολοσσάσι τετάρτην,
Γαλάταις πεμπτὴν,
θεσσαλονικεῦσι ἑκτὴν,
Ῥωμαίοις ἑβδόμην· ἀλλὰ
Κορινθίοις καὶ
θεσσαλονικεῦσι κἂν ἐπὶ
καθόρθωσιν δευτερώσῃ,
μία δὲ περὶ πᾶσαν τὴν
οἰκουμένην διεσπαρμένη
ἐκκλησία γινώσκεται. Καὶ
γὰρ Ἰωάννης ἐν τῇ
ἀποκαλύψει εἴπερ ἑπτὰ
ἐκκλησίαις γράφει πᾶσι δὲ
λέγει.

πορείαν ἀπὸ τῆς πόλεως εἰς
Σπανίαν πορευομένου.

II,2. Ἐπιστολαι δὲ Παύλου
τίνες, πόθεν ἢ ἐκ τίνος
αἰτίας ἐπεστάλησαν, τοῖς
βουλομένοις συνιέναι αὐταὶ
δηλοῦσι. πρῶτον πάντων
τοῖς Κορινθίοις σχίσματος
αἱρέσεις ἀπαγορεύων,
ἔπειτα τοῖς Γαλάταις τὴν
περιτομήν, τοῖς δὲ
Ῥωμαίοις τὸν τῶν γραφῶν
κανόνα, ἀλλὰ καὶ τὴν
ἀρχὴν αὐτῶν εἶναι Χριστὸν
παρεγγυῶν ἐκτενέστερον
ἔγραψε, περὶ ὧν ἑκάστων
ἀναγκαῖόν ἐστιν ὑφ᾽ ἡμῶν

συνζητεῖσθαι, ἐπεὶ αὐτὸς ὁ
μακάριος ἀπόστολος
Παῦλος, ἀκολουθῶν τῷ
τοῦ προηγεμόνος αὐτοὶ
Ἰωάννου κανόνι οὐκ εἰ μὴ
κατ᾽ ὄνομα ἑπτὰ ἐκκλησίαις
γραφει κανόνι τοιαύτῳ·
πρὸς Κορινθίοις α᾽, πρὸς
Ἐφεσίους β᾽, πρὸς
Φιλιππησίους γ᾽, πρὸς
Κολοσσαεῖς δ᾽, πρὸς
Γαλάτας ε᾽, πρὸς
θεσσαλονικεῖς ς᾽, πρὸς
Ῥωμαίους ζ᾽. ἀλλὰ
Κορινθίοις καὶ
θεσσαλονικεῦσιν εἰ καὶ
ὑπὲρ νουθεσίας
δευτεροῦται, μία ὅμως διὰ
πάσης τῆς οἰκουμένης
ἐκκλησία διεσπαρμένη
διαγινώσκεται. καὶ γὰρ
Ἰωάννης ἐν τῇ ἀποκαλύψει
εἰ καὶ ἑπτὰ ἐκκλησίαις
γράφει, ὅμως πᾶσι (πάσαις)
λέγει.

πορευθέντος, σαφῶς
ἐμφαίνει.

Ἐπιστολαι δὲ Παύλου, τίνες
καὶ πόθεν καὶ διὰ τίνα
αἰτίαν ἐπεστάλησαν, τοῖς
μαθεῖν βουλομένοις αὐταὶ
δηλοῦσιν. πρῶτον πάντων
τοῖς Κορινθίοις σχίσμα[τα
καὶ] αἱρέσεις παγορεύων,
εἶτα Γαλάταις περιτομήν,
Ῥωμαίοις δὲ τὴν τῶν
γραφῶν ἀκολουθίαν, ἀλλὰ
καὶ τὴν ἀρχὴν αὐτῶν εἶναι
τὸν Χριστὸν δεικνύων,
πλατύτερον ἔγραψεν· περὶ
ὧν ὑφ᾽ ἡμῶν καθ᾽ ἕκαστα
συνζητεῖσθαι ἡμῖν [οὐκ]
ἔστιν ἀναγκαῖον, διότι

αὐτὸς ὁ μακάριος
ἀπόστολος Παῦλος,
ἐπακολουθῶν τῇ τοῦ πρὸ
αὐτοῦ ἀποστόλου Ἰωάννου
τάξει, κατ᾽ ὄνομα [μεν]
μόνον γράφει ἑπτὰ
ἐκκλησίαις τοιαύτῃ
τῇ τάξει· πρὸς Κορινθίους
πρώτην, πρὸς Ἐφεσίους
δευτέραν, πρὸς
Φιλιππησίους τρίτην, πρὸς
Κολοσσαεῖς τετάρτην, πρὸς
Γαλάτας πεμπτήν, πρὸς
θεσσαλονικεῖς ἕκτην, πρὸς
Ῥωμαίους ἑβδόμην –
καίτοι γε Κορινθίοις τε καὶ
θεσσαλονικεῦσι, κἂν ὑπὲρ
νουθεσίας δευτεροῦται –
μία γε ὅμως κατὰ πᾶσαν
τὴν οἰκουμένην
διεσπαρμένη γνωρίζεται
ἐκκλησία. καὶ γὰρ Ἰωάννης
ἐν τῇ ἀποκαλύψει, κἂν ἑπτὰ
ἐκκλησίαις γράφῃ, ὅμως
πᾶσι λαλεῖ.

65

Ἀλλὰ καὶ πρὸς Φιλήμονα μία καὶ πρὸς Τίτον μία, καὶ πρὸς Τιμόθεον δύο, ἐπὶ μὲν φιλότητι καὶ ἀγάπῃ γραφεῖσαι, εἰς δὲ τιμὴν τῆς καθολικῆς ἐκκλησίας καὶ εἰς τὴν τῆς ἐκκλησιαστικῆς ἀγωγῆς διάταξιν ἡγιασμέναι εἰσίν. Φέρεται καὶ τις πρὸς Ααοδικήνους ἐπιστολὴ καὶ ἑτέρα τις πρὸς Ἀλεξανδρεῖς, ὑπὸ τῷ Παύλου ὀνόματι ἀναπεπλασμέναι κατὰ τὴν Μαρκίωνος αἵρεσιν, καὶ πλείονα ἄλλα, ἃ εἰς τὴν καθολικὴν ἐκκλησίαν ἀποδέκεσθαι οὐ δυνατόν ἐστιν. Τὴν κολὴν γάρ τῷ μέλιτι μιγνύναι οὐ συμφέρει. Ἡ μὲν Ἰούδα ἐπιστολὴ καὶ αἱ τοῦ προειρημένου Ἰωάννου δύο ἐν καθολικαῖς ἔχονται [ἅμα τῇ τοῦ αὐτοῦ Ἰωάννου πρώτῃ, καὶ τῇ Πέτρου καὶ τῇ Ἰακώβου. Ἐπιστολὴ δὲ κάθ᾿ Ἑβραίους ἀφ᾿ ἡμῶν οὐχ ὡς Παύλου ἀποστόλου οὖσα παραλαμβάνεται, ἀλλ᾿ ὡς ὑπὸ τινος αὐτοῦ φίλου ἢ μαθητοῦ γραφεῖσα ταῖς αὐτοῦ ἐπιστολαῖς προσθεῖσα ἔχεται] καὶ ἡ Σοφία ὑπὸ φίλων Σολομῶνος εἰς αὐτοῦ τιμὴν γέγραπται ΑΠΟΚΑΛΥΨΕΙΣ μὲν τὴν Ἰωάννου καὶ τὴν Πέτρου μόνον ἀποδεχόμεθα, ἣν τινες τῶν ἡμετέρων ἀναγινώσκεσθαι ἐν τῇ ἐκκλησίᾳ, οὐ θέλουσιν.	ἀλλὰ πρὸς Φιλήμονα μία καὶ πρὸς Τίτον μία καὶ πρὸς Τιμόθεον δύο, ὑπὲρ εὐνοίας καὶ ἀγάπης ὅμως εἰς δὲ τιμὴν τῆς καθολικῆς ἐκκλησίας ἐν τῇ τῆς ἐκκλησιαστικῆς παιδείας διάταξει ἡγιάσθησαν. Φέρεται καὶ πρὸς Ααοδικέας, ἄλλη πρὸς Ἀλεξανδρεῖς, Παύλου ὀνόματι πλασθεῖσαι πρὸς αἵρεσιν Μαρκίωνος, καὶ ἄλλα πλείονα, ἃ εἰς τὴν καθολικὴν ἐκκλησίαν ἀποδέκεσθαι οὐκ ἔνεστι. κολὴν γάρ μετὰ μέλιτος μιγνυσθαι οὐκ ἁρμόζει. ἡ μέντοι Ἰούδα ἐπιστολὴ καὶ αἱ ἐπιγεγραμμέναι Ἰωάννου δύο ἐν τῇ καθολικῇ ἔχονται, ὡς ἡ Σοφία ἡ ὑπὸ φίλων Σολομῶντος εἰς τιμὴν αὐτοῦ γέγραμμένη. II,3. Καὶ ἀποκαλύψεις Ἰωάννου καὶ Πέτρου μόνον ἀποδεχόμεθα, ἣν τινες ἐκ τῶν ἡμετέρων ἀναγινώσκεσθαι ἐν ἐκκλησίᾳ οὐ θέλουσι.	Ἀλλὰ μὴν πρὸς Φιλήμονα μία, καὶ πρὸς Τίτον μία καὶ πρὸς Τιμόθεον δύο ὑπὲρ εὐνοίας μὴν καὶ φιλίας, εἰς τιμὴν μέντοι τῆς καθολικῆς ἐκκλησίας πρὸς διάταξιν τῆς ἐκκλησιαστικῆς ἀγωγῆς διετυπώθησαν. Φέρεται καὶ ἡ πρὸς Ααοδικεῖς, ἄλλη πρὸς Ἀλεξανδρεῖς, Παύλου ὀνόματι πλασθεῖσαι κατὰ τὴν Μαρκίωνος αἵρεσιν, ἄλλα τε πλείονα, ἅτινα εἰς τὴν καθολικὴν ἐκκλησίαν εἰσδεχθῆναι οὐ δύναται. κολὴν γάρ μέλιτι συμμίγνυσθαι οὐ προσήκει. Ἡ μέντοι Ἰούδα ἐπιστολὴ καὶ αἱ ἐπιγεγραμμέναι Ἰωάννου δύο ἐν τῇ καθολικῇ ἔχονται καὶ ἡ Σοφία Σολομῶντος, ὑπὸ φίλων εἰς τιμὴν αὐτοῦ συγγραφεῖσα, καὶ ἡ ἀποκαλύψεις δὲ Ἰωάννου καὶ Πέτρου [ἐπιστολὴ μία, ἣν] μόνον ἀποδεχόμεθα· [ἔστι δὲ καὶ ἑτέρα] ἣν τινες τῶν ἡμετέρων ἀναγινώσκεσθαι ἐν ἐκκλησίᾳ οὐ θέλουσιν.

Τὸν δὲ ΠΟΙΜΕΝΑ νεωστὶ ἐπὶ τῶν ἡμῶν χρόνων ἐν τῇ πόλει Ῥώμῃ Ἑρμᾶς συνέγραψεν, καθημένου ἐν τῇ τῆς πόλεως Ῥώμης ἐκκλησίας κάθεδρᾳ Πίου ἐπισκόπου, αὐτοῦ ἀδελφοῦ. Καὶ διὰ τοῦτο χρὴ μὲν ἀναγινώσκειν αὐτὸν, ἀλλὰ δημοσιεύεσθαι δὴ ἐν ἐκκλησίᾳ, τῷ λαῷ οὔτε ἐν προφήταις, πληρωθέντος τοῦ ἀριθμοῦ, οὔτε ἐν ἀποστόλοις εἰς τέλος αἰῶνος δύναται.	τόν Ποιμένα δὲ νεωστὶ τοῖς ἡμετέροις χρόνοις ἐν τῇ πόλει Ῥώμῃ Ἑρμᾶς συνέγραψε, καθημένου ἐν τῇ τῆς πόλεως Ῥώμης κάθεδρᾳ Πίου ἐπισκόπου τοῦ ἀδελφοῦ αὐτοῦ. καὶ διὰ τοῦτο ἀναγινώσκεσθαι μὲν δεῖ, δημοσιεύεσθαι δὲ ἐν ἐκκλησίᾳ τῷ λαῷ οὔτε ἐν προφήταις, πληρωθέντος τοῦ ἀριθμοῦ, οὔτε ἐν τοῖς ἀποστόλοις εἰς τὸ τέλος τῶν κρόνων ἔνεστι.	Ἀλλὰ τόν Ποιμένα νεωστὶ τῶν ἡμετέρων χρόνων ἐν τῇ Ῥωμαίων πόλει Ἑρμᾶς συνέγραψε, προκαθημένου τῆς ἐν Ῥώμῃ ἐκκλησίας Πίου ἐπισκόπου, τοῦ ἀδελφοῦ αὐτοῦ. καὶ διὰ τοῦτο ἀναγινώσκεσθαι μὲν δεῖ, ἀλλὰ μὴν δημοσιεύεσθαι δὲ ἐν ἐκκλησίᾳ τῷ λαῷ οὔτε μετὰ τῶν προφητῶν, πεπληρωμένων τὸν ἀριθμόν, οὔτε μετὰ τῶν ἀποστόλων εἰς τέλος τῶν κρόνων δύναται.
Τοῦ δὲ Ἀρσινοέως ἢ Οὐαλεντίνου οὐδὲν καθόλου ἀποδεχόμεθα, ὃς καὶ νέον ψαλμῶν βιβλίον ἅμα Βασιλείδῃ τῷ Μαρκίωνι συνέγραψεν· ἢ Μιλτιάδου τοῦ Ἀσιανοῦ τοῦ τοὺς κατὰ Φρύγας καθισταμένου.	III. Μαρκίωνος δὲ ἢ Οὐαλεντίνου ἢ Βασιλείδου οὐδὲν ὅλως ἀποδεχόμεθα, ὅτι καὶ καινὸν ψαλμῶν βιβλίον οἱ Μαρκίωνι συνέγραψεν. ἅμα Βασιλείδῃ τὸν τῶν Ἀσιανῶν Καταφρύγων καταστάτην (ἀποβάλλομεν).	Τοῦ δὲ Ἀρσινοΐτου Οὐαλεντίνου καὶ τῶν μετ᾽ αὐτοῦ οὐδὲν πάντως ἀποδεχόμεθα, οἵτινες καὶ νέων ψαλμῶν βιβλίον μακρὸν συνεγράψαντο ἅμα καὶ Βασιλείδῃ τῷ [τε] Ἀσιανῷ, τῷ τοὺς κατὰ Φρύγας συντηησταμένῳ.

3) O cânon de Orígenes (c. 240 d.C.)

Orígenes de Alexandria ou Orígenes de Cesareia, em grego Ὡριγένης Ἀλεξάνδρειας ou Ὡριγένης Καισάρειας, nasceu por volta de 185 e morreu em 253, sendo natural de Alexandria (Egito). Ele foi um professor influente em Alexandria, a principal cidade no norte do Egito. Foi seu próprio pai que o colocou para estudar Literatura profana e as Sagradas Escrituras. A partir de seus estudos, Orígenes se tornou um grande filósofo e um grande teólogo, homem capaz sobretudo nas Escrituras Sagradas e na Literatura grega em geral. Ele escreveu vários comentários bíblicos, tanto de livros do AT como do NT, e igualmente muitas homilias e tratados, como: *Os princípios, Contra Celso, Sobre a oração, Exortação ao martírio, Diálogo com Heráclides,*

Sobre a Páscoa, Sobre a ressurreição, Sobre a natureza, Estrômatas, Cartas e Filocalia [14].

Além de seus comentários aos Evangelhos, entre suas muitas obras, a obra bíblica que ficou imortalizada é a *Héxapla* (em grego: Ἑξαπλά, que significa *sêxtuplo*). Ela é o nome de uma edição da Bíblia editada em seis versões diferentes alinhadas lado a lado, que é um traballho monumental de uma edição da Bíblia editada e dividida em seis colunas com textos de seis versões alinhadas lado a lado, visto que ele julgou que o texto Alexandrino da LXX, principal texto usado pelos cristãos no início do cristianismo, continha algumas dificuldades. A Héxapla, que contém dois textos do hebraico e quatro textos do grego, embora a segunda versão hebraica seja transliterada em grego, apresenta a seguinte ordem: 1. A Primeira versão em hebraico; 2. A chamada Secunda, em hebraico transliterado em caracteres gregos; 3. A versão de Áquila de Sinope; 4. A versão de Símaco o Ebionita; 5. Uma recensão da Septuaginta, com indicações de onde falta algum trecho do hebraico; 6. A versão de Teodósio. Estas versões do grego, no período cristão, são do século II d.C.

Com isso, ele tencionava ter uma visão sinótica dos textos sagrados e, diante de variantes diferentes ou divergentes, ele queria analisar a questão de qual "variante" seria a originária, tomando sempre por base o texto hebraico, e comparando com a LXX e com outras versões gregas, que tanto judeus como cristãos estavam usando. Dessa obra tivemos uma tradução chamada *siro-hexaplar* [15], que é uma versão siríaca da LXX, realizada nos anos 616-617, e que conservou muitos dos sinais diacríticos da *Héxapla* de Orígenes, a qual também pode ser encontrada na obra *Patrologia grega*, em seus volumes 15 e 16, contendo a *Héxapla* a partir dos textos e versões nas línguas hebraica e grega, e a tradução latina. Também podemos encontrar outras edições com os textos

....

14 MORESCHINI, C. & NORELLI, E. *Manual de literatura cristã antiga, Grega e Latina*, p. 157-177.

15 ORIGENIS. *Hexaplorum quae Supersunt* – Sive Veterum Interpretum Graecorum in Totum Vetus Testamentum, Fragmenta. Post Flaminium Nobilium, Drusium, et Montefalconium – *Adhibita etiam versione Syro-Hexaplari*, Concinnavit, Emendavit, et multis partibus auxit FRIDERICUS FIELD, A.A.M. *Colleqii SS. Trin. Cantab. Olim Socius* – Tomus I: Prologomena. Genesis/Esther. Oxonii: Typograpeho Clarendoniano. MDCCCLXXV. • ORIGENIS, *Hexaplorum quae Supersunt* – Sive Veterum Interpretum Graecorum in Totum Vetus Testamentum, Fragmenta. Post Flaminium Nobilium, Drusium, et Montefalconium – *Adhibita etiam versione Syro-Hexaplari*, Concinnavit, Emendavit, et multis partibus auxit FRIDERICUS FIELD, A.A.M. *Colleqii SS. Trin. Cantab. Olim Socius* – Tomus II: Jobus/Malachias. Auctarium et Indices. Oxonii: Typograpeho Clarendoniano, MDCCCLXXV.

originais e traduções em línguas modernas, sempre daquilo que sobrou dela, visto que parte da obra se perdeu.

Nós não temos um texto direto de Orígenes sobre o cânon bíblico. O cânon bíblico de Orígenes é conhecido a partir do testemunho indireto, de uma compilação feita por *Eusébio, História eclesiática*, VI. 25. Em seu cânon biblico do AT, vemos que Orígenes traz os livros canônicos e alguns deuterocanônicos, como a Carta de Jeremias e os livros dos Macabeus; em seu cânon bíblico do NT vemos que Orígenes aceitou a carta aos Hebreus como Escritura, mas ao mesmo tempo colocou dúvidas sobre seu autor, além de afirmar que o Evangelho de Mateus teria sido escrito em hebraico. O texto grego, apresentado aqui adiante, nós tomamos da edição de J.P. Migne e para a tradução em português sugerimos a obra traduzida e editada pela Paulus, Vol. 15, p. 312-315[16]. Também é possível encontrar o texto original pela editora espanhola BAC, igualmente citada em nossa bibliografia final. Assim sendo, para o texto grego abaixo podemos conferir a obra EUSEBII CÆSARIENSIS, *Historiæ Ecclesiasticæ*. In: J.P. Migne. *Patrologia*, series Grega, Tomus XXX (Paris: Petit-Montrouge, 1857, p. 239-246, 263-272, 337-398, 577-586), que traz os cânones de Orígenes, de Melitão e de Eusébio de Cesareia, bem como a obra de G. Bardy, *Eusèbe de Césarée, Histoire Ecclésiastique*, Sources Chrétiennes, n. 41 (Paris: Cerf, 1955, p. 125ss.). Podemos encontrar esse texto, ainda que de uma forma reduzida, na obra B.F. Westcott, *A General Survey of the History of the Canon of the New Testament* (Londres, 1866, Apêndice D, p. 495), e na obra de C. Wordsworth, *On the Canon of the Scriptures of the Old and New Testament, and on the Apocrypha* (Londres: Francis & John Rivington, 1848, p. 344-346).

Para Orígenes, o cânon hebraico contém 22 livros, como 22 são as letras do alfabeto hebraico. Em seguida, ele apresenta o cânon do NT, reafirmando o evangelho *Tetramorfo* em contraste com Marcião, que aceitava apenas o Evangelho de Lucas e 10 cartas paulinas. Ele nos ajudou a resolver a problemática ao redor da discussão sobre o número dos evangelhos e quais deveriam ser aceitos. Juntamente com Justino e Irineu, Orígenes colaborou na questão da *regula fidei* para a aceitação de livros bíblicos como canônicos e genuínos. Como podemos conferir adiante, Orígenes não traz apenas a lista dos nomes, mas também pequenos comentários. Aliás, segundo Eusébio, Orígenes nos oferece a sua lista

....

16 EUSÉBIO DE CESAREIA. *História eclesiástica*, p. 312-315.

dos livros bíblicos quando ele vai fazer o comentário do Salmo 1. Uma característica sua é que ele cita os nomes dos livros em grego e escreve também os nomes hebraicos em caracteres helênicos, como vemos aqui:

1. τὸν μέν γε πρῶτον ἐξηγούμενος Ψαλμόν, ἔκθεσιν πεποίηται τοῦ τῶν ἱερῶν γραφῶν τῆς παλαιᾶς διαθήκης καταλόγου, ὧδέ πως γράφων κατὰ λέξιν· "οὐκ ἀγνοητέον δ᾽ εἶναι τὰς ἐν διαθήκους βίβλους, ὡς Ἑβραῖοι παραδιδόασιν, δύο καὶ εἴκοσι, ὅσος ἀριθμὸς τῶν παρ᾽ αὐτοῖς στοιχείων ἐστίν".

2. εἶτα μετά τινα ἐπιφέρει λέγων· "εἰσὶν δὲ αἱ εἴκοσι δύο βίβλοι καθ᾽ Ἑβραίους αἵδε· ἡ παρ᾽ ἡμῖν Γένεσις ἐπιγεγραμμένη, παρὰ δ᾽ Ἑβραίοις ἀπὸ τῆς ἀρχῆς τῆς βίβλου Βρησιθ, ὅπερ ἐστὶν "ἐν ἀρχῆι"· Ἔξοδος, Ουελλεσμωθ, ὅπερ ἐστὶν "ταῦτα τὰ ὀνόματα"· Λευιτικόν, Ουϊκρα, "καὶ ἐκάλεσεν"· Ἀριθμοί, Αμμεσφεκωδειμ· Δευτερονόμιον, Ελλεαδδεβαρειμ, "οὗτοι οἱ λόγοι"· Ἰησοῦς υἱὸς Ναυῆ, Ιωσουεβεννουν· Κριταί, Ῥούθ, παρ᾽ αὐτοῖς ἐν ἑνί, Σωφτειμ· Βασιλειῶν α΄ β΄, παρ᾽ αὐτοῖς ἕν, Σαμουήλ, "ὁ θεόκλητος"· Βασιλειῶν γ΄ δ΄ ἐν ἑνί, Ουαμμελχδαυιδ, ὅπερ ἐστὶν "βασιλεία Δαυίδ"· Παραλειπομένων α΄ β΄ ἐν ἑνί, Δαβρηϊαμειν, ὅπερ ἐστὶν "λόγοι ἡμερῶν"· Ἔζρας α΄ β΄ ἐν ἑνί, Εζρα, ὅ ἐστιν "βοηθός"· βίβλος Ψαλμῶν, Σφαρθελλειμ· Σολομῶνος παροιμίαι, Μελωθ· Ἐκκλησιαστής, Κωελθ· Ἄισμα ἀισμάτων οὐ γάρ, ὡς ὑπολαμβάνουσίν τινες, Ἄισματα ἀισμάτων, Σιρασσιρειμ· Ἡσαΐας, Ιεσσια· Ἰερεμίας σὺν Θρήνοις καὶ τῆι Ἐπιστολῆι ἐν ἑνί, Ιερεμια· Δανιήλ, Δανιηλ· Ἰεζεκιήλ, Ιεζεκιηλ· Ἰώβ, Ιωβ· Ἐσθήρ Εσθηρ. ἔξω δὲ τούτων ἐστὶ τὰ Μακκαβαϊκά, ἅπερ ἐπιγέγραπται Σαρβηθσαβαναιελ".

1. Ao explicar o Salmo Primeiro, Orígenes apresenta um catálogo das Sagradas Escrituras do Antigo Testamento, escrevendo literalmente: "Observe-se que os livros do Antigo Testamento, segundo a tradição hebraica, são vinte e dois, número das letras de seu alfabeto".

2. Em seguida, um pouco mais adiante, prossegue: Os vinte e dois livros, conforme os Hebreus, são os seguintes: O livro a que damos o título de Gênesis, entre os Hebreus traz inscrito, de acordo com as palavras iniciais: *Breshith*, que significa "No começo"; *Êxodo, Ouellesmoth*, isto é, "Eis os nomes"; *Levítico, Ouikra*, isto é, "E ele chamou"; *Números, Ammesphecodeim; Deutoronômio, Elleaddebareim*; "Estas são as Palavras"; *Jesus filho de Nave [Josué], Iosouebennoun; Juízes e Rute*, entre eles formam um só livro, *Sophteim; Reis*, primeiro e segundo livros, entre eles, um só; *Samuel*, o eleito de Deus; *Reis*, o terceiro e o quarto livros, um só; *Ouammelch David*, isto é, "Reino de Davi"; *Paralipomenos*, primeiro e segundo livros, em um só, *Dabreiamein*, isto é, "Palavras dos dias"; *Esdras*, primeiro e segundo, em um só, *Esdras*, isto é, "Auxiliar"; *Livro dos Salmos, Spharthelleim; Provérbios de Salomão, Meloth; Eclesiastes, Koelth. Cântico dos Cânticos* – e não como alguns julgam, *Cânticos dos Cânticos, Sirassireim; Isaías, Iessia; Jeremias*, com as *Lamentações* e a Carta em um só livro; *Jeremia; Daniel, Daniel; Ezequiel, Ezechiel; Jó, Job; Ester, Esther*. Além destes, os *Macabeus*, intitulado *Sarbeth Sabanaiel*.

3. ταῦτα μὲν οὖν ἐν τῶι προειρημένωι τίθησι συγγράμματι· ἐν δὲ τῶι πρώτωι τῶν εἰς τὸ κατὰ Ματθαῖον, τὸν ἐκκλησιαστικὸν φυλάττων κανόνα, μόνα τέσσαρα εἰδέναι εὐαγγέλια μαρτύρεται, ὧδέ πως γράφων·

4. "ὡς ἐν παραδόσει μαθὼν περὶ τῶν τεσσάρων εὐαγγελίων, ἃ καὶ μόνα ἀναντίρρητά ἐστιν ἐν τῆι ὑπὸ τὸν οὐρανὸν ἐκκλησίαι τοῦ θεοῦ, ὅτι πρῶτον μὲν γέγραπται τὸ κατὰ τόν ποτε τελώνην, ὕστερον δὲ ἀπόστολον Ἰησοῦ Χριστοῦ Ματθαῖον, ἐκδεδωκότα αὐτὸ τοῖς ἀπὸ Ἰουδαϊσμοῦ πιστεύσασιν, γράμμασιν Ἑβραϊκοῖς συντεταγμένον·
5. δεύτερον δὲ τὸ κατὰ Μάρκον, ὡς Πέτρος ὑφηγήσατο αὐτῶι, ποιήσαντα, ὃν καὶ υἱὸν ἐν τῆι καθολικῆι ἐπιστολῆι διὰ τούτων ὡμολόγησεν φάσκων· ἀσπάζεται ὑμᾶς ἡ ἐν Βαβυλῶνι συνεκλεκτὴ καὶ Μάρκος ὁ υἱός μου.

6. καὶ τρίτον τὸ κατὰ Λουκᾶν, τὸ ὑπὸ Παύλου ἐπαινούμενον εὐαγγέλιον τοῖς ἀπὸ τῶν ἐθνῶν πεποιηκότα· ἐπὶ πᾶσιν τὸ κατὰ Ἰωάννην".
7. καὶ ἐν τῶι πέμπτωι δὲ τῶν εἰς τὸ κατὰ Ἰωάννην Ἐξηγητικῶν ὁ αὐτὸς ταῦτα περὶ τῶν ἐπιστολῶν τῶν ἀποστόλων φησίν· "ὁ δὲ ἱκανωθεὶς διάκονος γενέσθαι τῆς καινῆς διαθήκης, οὐ γράμματος, ἀλλὰ πνεύματος, "Παῦλος, ὁ πεπληρωκὼς τὸ εὐαγγέλιον ἀπὸ Ἱερουσαλὴμ καὶ κύκλωι μέχρι τοῦ Ἰλλυρικοῦ, οὐδὲ πάσαις ἔγραψεν αἷς ἐδίδαξεν ἐκκλησίαις, ἀλλὰ καὶ αἷς ἔγραψεν, ὀλίγους στίχους ἐπέστειλεν".

8. Πέτρος δέ, ἐφ᾽ ὧι οἰκοδομεῖται ἡ Χριστοῦ ἐκκλησία, ἧς πύλαι Ἅιδου οὐ κατισχύσουσιν, μίαν ἐπιστολὴν ὁμολογουμένην καταλέλοιπεν, ἔστω δὲ καὶ δευτέραν· ἀμφιβάλλεται γάρ.
9. τί δεῖ περὶ τοῦ ἀναπεσόντος ἐπὶ τὸ στῆθος λέγειν τοῦ Ἰησοῦ, Ἰωάννου, ὃς

3. Eis como Orígenes propõe a questão na obra supracitada. *No primeiro dos tomos: Sobre o Evangelho segundo Mateus.* Ele conserva o cânon eclesiástico e mostra conhecer apenas quatro *Evangelhos*. Escreve o seguinte:

4. "Conforme aprendi na tradição sobre os quatro *Evangelhos*, os únicos também indiscutíveis na Igreja de Deus que há sob os céus, foi escrito em primeiro lugar o *Evangelho segundo Mateus*; este anteriormente fora publicano e depois Apóstolo de Jesus Cristo. Ele o editou para os fiéis vindos do judaísmo, redigindo-o em hebraico.
5. O segundo é o *Evangelho segundo Marcos*, que o escreveu conforme as narrações de Pedro, o qual o nomeia filho na sua *carta católica*, nesses termos: 'A que está em Babilônia, eleita como vós, vos saúda, como também Marcos, o meu filho'.
6. E o terceiro é o *Evangelho segundo Lucas*, elogiado por Paulo e composto para os fiéis provenientes da gentilidade. Enfim, o *Evangelho segundo João*".
7. No quinto livro dos *Comentários ao Evangelho Segundo João*, o mesmo [Orígenes] declara o seguinte acerca das *Epístolas* do Apóstolo: "Paulo, digno ministro do Novo Testamento, não segundo a letra, mas segundo o espírito, depois de ter anunciado o evangelho desde Jerusalém e suas cercanias, até o Ilírico, não escreveu a todas as Igrejas que ele havia instruído; mesmo àquelas que ele escreveu, enviou apenas poucas linhas".
8. Pedro, sobre quem está edificada a Igreja de Cristo, contra a qual não prevalecerão as portas do inferno, deixou apenas uma carta incontestada, e talvez ainda outra, porém, controvertida.
9. Que dizer de João, que reclinou sobre o peito de Jesus, deixou um evangelho,

εὐαγγέλιον ἓν καταλέλοιπεν, ὁμολογῶν δύνασθαι τοσαῦτα ποιήσειν ἃ οὐδ' ὁ κόσμος χωρῆσαι ἐδύνατο, ἔγραψεν δὲ καὶ τὴν Ἀποκάλυψιν, κελευσθεὶς σιωπῆσαι καὶ μὴ γράψαι τὰς τῶν ἑπτὰ βροντῶν φωνάς; καταλέλοιπεν καὶ ἐπιστολὴν πάνυ ὀλίγων στίχων,

10. ἔστω δὲ καὶ δευτέραν καὶ τρίτην· ἐπεὶ οὐ πάντες φασὶν γνησίους εἶναι ταύτας· πλὴν οὔκ εἰσιν στίχων ἀμφότεραι ἑκατόν".

11. ἔτι πρὸς τούτοις περὶ τῆς Πρὸς Ἑβραίους ἐπιστολῆς ἐν ταῖς εἰς αὐτὴν Ὁμιλίαις ταῦτα διαλαμβάνει· "ὅτι ὁ χαρακτὴρ τῆς λέξεως τῆς Πρὸς Ἑβραίους ἐπιγεγραμμένης ἐπιστολῆς οὐκ ἔχει τὸ ἐν λόγωι ἰδιωτικὸν τοῦ ἀποστόλου, ὁμολογήσαντος ἑαυτὸν ἰδιώτην εἶναι τῶι λόγωι, τοῦτ' ἐστὶν τῆι φράσει, ἀλλ' ἐστὶν ἡ ἐπιστολὴ συνθέσει τῆς λέξεως Ἑλληνικωτέρα, πᾶς ὁ ἐπιστάμενος κρίνειν φράσεων διαφορὰς ὁμολογήσαι ἄν.

12. πάλιν τε αὖ ὅτι τὰ νοήματα τῆς ἐπιστολῆς θαυμάσιά ἐστιν καὶ οὐ δεύτερα τῶν ἀποστολικῶν ὁμολογουμένων γραμμάτων, καὶ τοῦτο ἂν συμφήσαι εἶναι ἀληθὲς πᾶς ὁ προσέχων τῆι ἀναγνώσει τῆι ἀποστολικῆι".

13. τούτοις μεθ' ἕτερα ἐπιφέρει λέγων· "ἐγὼ δὲ ἀποφαινόμενος εἴποιμ' ἂν ὅτι τὰ μὲν νοήματα τοῦ ἀποστόλου ἐστίν, ἡ δὲ φράσις καὶ ἡ σύνθεσις ἀπομνημονεύσαντός τινος τὰ ἀποστολικὰ καὶ ὥσπερ σχολιογραφήσαντός τινος τὰ εἰρημένα ὑπὸ τοῦ διδασκάλου. εἴ τις οὖν ἐκκλησία ἔχει ταύτην τὴν ἐπιστολὴν ὡς Παύλου, αὕτη εὐδοκιμείτω καὶ ἐπὶ τούτωι· οὐ γὰρ εἰκῆι οἱ ἀρχαῖοι ἄνδρες ὡς Παύλου αὐτὴν παραδεδώκασιν.

14. τίς δὲ ὁ γράψας τὴν ἐπιστολήν, τὸ μὲν ἀληθὲς θεὸς οἶδεν, ἡ δὲ εἰς ἡμᾶς φθάσασα ἱστορία ὑπὸ τινῶν μὲν λεγόντων ὅτι Κλήμης, ὁ γενόμενος ἐπίσκοπος Ῥωμαίων, ἔγραψεν τὴν ἐπιστολήν, ὑπὸ τινῶν δὲ ὅτι Λουκᾶς, ὁ γράψας τὸ εὐαγγέλιον καὶ τὰς Πράξεις". ἀλλὰ ταῦτα μὲν ὧδε ἐχέτω.

assegurou ser-lhe possível compor mais livros do que poderia o mundo conter, e escreveu o *Apocalipse*, mas recebeu a ordem de se calar e não escrever as mensagens das vozes das sete trombetas? Legou-nos também uma *Carta* de muito poucas linhas.

10. E talvez outra e ainda uma terceira, pois nem todos admitem que estas sejam autênticas; aliás, as duas juntas não abrangem cem linhas"

11. Finalmente, externa-se da seguinte maneira sobre a *Carta aos Hebreus*, nas *Homilias* proferidas a respeito desta última: "O estilo da epístola intitulada *Aos Hebreus* carece da marca de simplicidade de composição do Apóstolo, que confessa ele próprio ser imperito no falar, isto é, no fraseado; no entanto, a carta é grego do melhor estilo, e qualquer perito em diferenças de redação reconheceria.

12. Efetivamente, os conceitos da *Epístola* são admiráveis e em nada inferiores aos das genuínas cartas apostólicas. Há de concordar quem ouvir atentamente a leitura das cartas do Apóstolo".

13. Mais adiante, adita essas afirmações: "Mas, para exprimir meu próprio ponto de vista diria que os pensamentos são do Apóstolo, enquanto o estilo e a composição originam-se de alguém que tem presente a doutrina do Apóstolo, e por assim dizer, de um redator que escreve as preleções de um mestre. Se, portanto, uma Igreja tem por certo que a carta provém do Apóstolo, felicita-o, pois não será sem fundamento que os antigos a transmitiram como sendo da autoria do Apóstolo.

14. Entretanto, quem escreveu a carta: Deus o sabe. A tradição nos transmitiu o parecer de alguns de ter sido redigida por Clemente, bispo de Roma, outros opinam ter sido Lucas, o autor do Evangelho e dos Atos". Mas, sobre estas coisas, assim as tenho.

Além do texto que nos é apresentado em grego por Eusébio de Cesareia, conforme transcrevemos, também encontramos na obra de Christopher Wordsworth, *On the Canon of the Scriptures of the Old and New Testament, and on the Apocrypha* (Londres: Francis & John Rivington, 1848, em seu Apêndice A, p. 346-347), um texto em latim que é atribuído a Orígenes, o qual oferecemos aqui em nossa obra. Esta mesma obra foi reimpressa em 1851, e apresenta novamente o mesmo texto atribuindo-o a Orígenes. Segundo C. Wordsworth, esse texto teria sido tirado da obra de Rufino de Aquileia e só existiria ali, além do que ele admite que pode ser que o próprio Rufino de Aquileia tenha contribuído para a confecção desse texto.

Veniens vero Dominus noster Jesus Christus, cujus ille prior filius Nave designabat adventum, misit sacerdotes Apostolos suos portantes tubas ductiles, praedicationis magnificam coelestemque doctrinam. Sacerdotali tuba primus in Evangelio suo Matthaeus increpuit, Marcus quoque, Lucas et Joannes, suis singulis tubis sacerdotalibus cecinerunt. Petrus etiam duabus epistolarum suarum personat tubis. Jacobus quoque et Judas. Addit nihilominus atque et Joannes tuba canere per epistolas suas et Apocalypsim, et Lucas Apostolorum gesta describens. Novissime autem ille veniens, qui dixit: Puto autem nos Deus novissimos Apostolos ostendit, [1Cor 4,9] et in quatuordecim epistolarum suarum fulminans tubis, muros Jericho et omnes idololatriae machinas et philosophorum dogmata usque ad fundamenta dejecit.	Assim também o advento de nosso Senhor Jesus Cristo, cujo advento foi tipificado pelo *filho de Nave* [Josué], quando Ele enviou seus apóstolos como sacerdotes, levando trombetas bem forjadas. Mateus primeiro tocou a trombeta sacerdotal em seu Evangelho. Marcos também, Lucas e João, cada um colocou pressão sobre suas trombetas sacerdotais. Pedro além disso tocou bem alto sobre a dupla trombeta de suas epístolas; e assim também Tiago e Judas. Ainda assim, o número é incompleto, e João tocou o som da trombeta em suas epístolas e Apocalipse; e Lucas ao descrever os Atos dos Apóstolos. Por último, porém ele veio, o qual disse: Eu acho que Deus propôs-nos novíssimos apóstolos, [1Cor 4,9] e tocando as trombetas sobre as catorze epístolas, derrubando, de fato, para o chão as Muralhas de Jericó, ou seja, todos os instrumentos de idolatria e as doutrinas de filósofos.

Outro texto interessante que vale a pena conferir é o da Primeira Homilia de Orígenes sobre o Evangelho de Lucas (Lc 1,1-4), visto que nela Orígenes defende que os Evangelhos são apenas 4 e aponta alguns que estavam tentando desviar desta verdade já aceita pela Igreja. Este é um texto de que já temos inclusive tradução em língua portuguesa: ORÍGENES, *Homilias sobre o*

Evangelho de Lucas (São Paulo: Paulus, 2016, p. 22-35). Tendo em vista isso, reproduzimos aqui a tradução portuguesa sobre os "Evangelhos Canônicos":

"1. Como outrora, no seio do povo judeu, muitos prediziam a profecia – e certos deles eram pseudoprofetas –, dos quais um foi Ananias, filho de Azur – outros, em verdade, eram verdadeiros profetas. E havia junto ao povo o dom de discernimento dos espíritos, pelo qual outros eram reconhecidos no número dos profetas, [e] alguns eram rejeitados ao modo de cambistas treinadíssimos.

No momento presente, no tempo do Novo Testamento, muitos também tentaram escrever evangelhos, mas nem todos foram aceitos. E a fim de que saibais que se escreveram não apenas quatro evangelhos, mas vários outros, dos quais estes, que temos, foram escolhidos e entregues às igrejas, que deste prólogo de Lucas, cujo texto assim se apresenta, aprendamos isto: 'Porque evidentemente muitos tentaram compor uma narrativa'. Esta palavra 'tentaram' tem uma acusação latente contra aqueles que, sem a graça do Espírito Santo, lançaram-se na redação dos Evangelhos. Mateus, Marcos, Lucas e João, com efeito, não 'tentaram' escrever, mas, cheios do Espírito Santo, escreveram os Evangelhos. 'Muitos', pois, 'tentaram' compor uma narrativa destes acontecimentos, que nos são perfeitamente conhecidos.

2. A Igreja possui quatro Evangelhos; os hereges, vários dos quais um se intitula 'segundo os egípcios', outro 'segundo os doze apóstolos'. Basílides mesmo teve a audácia de escrever um evangelho e de intitulá-lo como seu próprio nome. Assim, muitos tentaram escrever, mas apenas quatro Evangelhos foram aprovados, e é deles que se devem tirar os preceitos acerca da pessoa de nosso Senhor e Salvador. Conheço certo Evangelho que se chama 'segundo [São] Tomé' e outro 'segundo [São] Matias'; e muitos outros lemos, a fim de não parecermos ignorantes por causa daqueles que se julgam saber algo, caso tenham conhecido estes. Mas, em tudo isso, não aprovamos nada diferente do que aprova a Igreja, ou seja, que sejam admitidos apenas quatro Evangelhos. Por esta razão, eis o que se leu no prólogo: 'Muitos tentaram compor uma narrativa acerca destes eventos que se consolidaram entre nós. Eles ensaiaram excessivamente e 'tentaram' escrever uma narrativa destes eventos que para nós se revelaram absolutamente certos".

4) O cânon da Esticometria do II Concílio de Antioquia (séc. III d.C.)

Em primeiro lugar, é bom salientar que este é um cânon desconhecido para nós. Em Antioquia da Síria foram realizados muitos Sínodos ou Concílios, na Antiguidade, sendo que na maioria deles foi para lidar com as diversas fases da heresia e ou controvérsia Ariana, e para tratar da heresia de Paulo de Samósata. Parece que o Segundo Concílio se tenha dado no século III, que poderia ser aquele do ano 264/265, visto que Atanásio de Alexandria participou daquele de 340-341, no século IV, quando foi deposto de sua sede episcopal. Aliás, as discussões entre Oriente e Ocidente também eram muito grandes nesta época, bastaria ver que elas se estenderam em temáticas bíblicas ao redor do Apocalipse, que o Oriente se recusava a aceitar, e a Carta aos Hebreus, que o Ocidente se recusava a admitir no cânon do NT como sendo livro canônico.

Interessante e estranho de se notar é que para o AT estão ausentes os livros *Ester e Lamentações de Jeremias.* Já para o NT estão ausentes os livros *Atos dos Apóstolos e Apocalipse,* sendo que este segundo não aparece na maioria dos cânones orientais. Porém, realmente é de se estranhar a omissão de *Atos dos Apóstolos.* Também é de se notar que este cânon traz outras curiosidades, tais como: Esdras, possivelmente conta com Esdras e Neemias, como era comum; os livros 1-2 Samuel e 1-2 dos Reis são citados como 1-4 dos Reinos; os 12 profetas menores são citados antes dos maiores, alguns livros são agrupados por temática; para o NT as Cartas Católicas precedem as Cartas Paulinas, o que, aliás, era comum entre as Igrejas orientais, como vamos ter em Atanásio de Alexandria.

O texto que oferecemos abaixo foi extraído de uma tradução em francês oferecida por G. Aragione, E. Junod e E. Norelli (dirs.). *Le Canon du Nouveau Testament – Regards nouveaux sur l'histoire de la formation,* (Genebra: Labor et Fides, 2005, p. 294), citando o texto de F. Murad, *L'Ancienne tradution arménienne de l'Apocalypse de Jean* (Jerusalém: St. Jacques, 1905-1911), que cita vários cânones e este aqui se encontra à p. 279 desta obra de F. Murad. Seria interessante ver também o "canon apostolique, p. 277" e o "canon des successors des apôtres, p. 277-278", na mesma obra. Enfim, é interessante observar que este cânon do Concílio de Antioquia traz o total da *esticometria* de todo o AT e NT no final da lista, mas apenas o total geral: "E a soma total do Antigo e do Novo Testamentos é de 97.720 linhas". Outros textos esticométricos colocam a esticometria para cada livro, a exemplo de textos que trazemos aqui em nossa obra, a saber: a *Lista de Mommsen* (360 d.C.), *Codex Claromontanus* (c. 390-400 d.C.), *Célio Sedúlio* (séc. V), *Esticometria de Nicéforo de Constantinopla* (séc. V) e a *Esticometria Armeniana* (c. 615-690 d.C.).

Tous les livres inspirés sont destinés à l'instruction et à l'eseignement, mais laissesz-nos établir les livres canonisés et légalement destinés à l'instruction qui doivent être acceptés.

[*Puis suit, dans l'édition de Murad, une liste de noms abréges. Il n'est pas certais que ces noms soient dans la forme laquelle ils apparaissent dans les manuscrits*]

L'Ancien Testament:
Genèse
Exode
Lévitique
Nombres
Deutéronome

Josué
Juges
Ruth, 1-4 Règnes
1-2 Chroniques
"Esdras" [*Esdras et de Néhémie*]
Psaumes
Proverbes, 'Ecclésiaste, Cantique des Cantiques
Job

12 Prophètres: Osée, Amos, Michée Joël, Obadiah, Jonas, Nahum, Habaquq, Zephaniah, Aggée, Zacharie, Malachie

Esaïe
Jérémie
Ezéchiel
Daniel
Le total des versets de l'Ancien Testament est 79 129

Le Nouveau Testament:
Quatre Evangéliste – Matthieu, Marc, Luc, Jean
7 Epîtres Catholiques – Jacques, 1-2 Pierre, 1-3 Jean, Jude

Todos os livros inspirados são destinados à instrução e ao ensinamento, mas deixai-nos estabelecer os livros canonizados e legalmente destinados à instrução que devem ser aceitos.

[*Depois segue, dentro da edição de Murad, uma lista de nomes abreviados. Não é certo que estes nomes estejam na forma na qual eles aparecem nos Manuscritos*]

O Antigo Testamento:
Gênesis
Êxodo
Levítico
Números
Deuteronômio

Josué
Juízes
Rute, 1-4 Reinos
1-2 Crônicas
"Esdras" [*Esdras e Neemias*]
Salmos
Provérbios, Eclesiastes, Cântico dos Cânticos
Jó

12 Profetas: Oseias, Amós, Miqueias, Joel, Obadias, Jonas, Naum, Habacuc, Sofonias, Ageu, Zacarias, Malaquias

Isaías
Jeremias
Ezequiel
Daniel
O total dos versículos do Antigo Testamento é 79.129.

O Novo Testamento:
Quatro Evangelhos: Mateus, Marcos, Lucas, João
7 Epístolas Católicas: Tiago, 1-2 Pedro, 1-3 João, Judas.

14 Epîtres de Paul: Romains, 1-2 Corinthiens, Galates, Ephésiens, Philippiens, Colossiens, 1-2 Thessaloniciens, Hébreux, 1-2 Timothée, Tite, Philémon Ces réglementations ont été établies par le Concile d'Antioche Le total des versets du Nouveau Testament est de 18 581. E la somme totale de l'Ancient e du Nouveau Testaments est de 97 720 versets	14 epístolas de São Paulo: Romanos, 1-2 Coríntios, Gálatas, Efésios, Filipenses Colossenses, Hebreus, 1-2 Tessalonicenses, 1-2 Timóteo, Tito, Filêmon Estas regulamentações formam estabelecidas pelo Concílio de Antioquia O total de linhas do Novo Testamento é de 18.581. E a soma total do Antigo e do Novo Testamentos é de 97.720 linhas.

5) O cânon de Eusébio de Cesareia (c. 324 d.C.)

Eusébio de Cesareia (265-339 d.C.), em grego Εὐσέβιος τῆς Καισαρείας, em latim *Eusebius Caesariensis*, foi um historiador e bispo de Cesareia e é considerado "o pai da história da Igreja". Alguns também o chamavam de *Eusebius Pamphili*, "Eusébio *amigo de Panfílio*". Em sua obra intitulada *História eclesiástica*, escrita por volta do ano 324, ele discute questões de canonicidade em vários textos e oferece uma lista dos textos bíblicos, seja a sua lista própria seja a de outros autores, como Melitão e Orígenes, já vistas aqui em nossa obra. Ele escreveu várias obras, entre as quais: *A crônica, História eclesiástica, Vida de Constantino*, várias obras sobre martírio de cristãos, *Apologias*, obras dogmáticas e exegéticas, comentários etc. Muita coisa se conservou e muita coisa se perdeu.

Eusébio de Cesareia foi contemporâneo do Imperador Constantino, de quem ele teria recebido a incumbência de providenciar 50 cópias das Sagradas Escrituras a fim de que fossem distribuídas pelo Império Romano. O testemunho acerca disso nós encontramos em sua obra *Vida de Constantino*, Livro 4, item 36, em que Eusébio relata ter recebido esta tarefa do próprio imperador: "Considero conveniente instruir vossa prudência e encomendar *cinquenta cópias* (πεντήκοντα σωμάτια) das Sagradas Escrituras, cujo fornecimento e uso sabeis absolutamente necessários para a instrução da Igreja, a serem escritos de modo legível em pergaminho de boa qualidade, e em forma conveniente e portável, por copistas profissionais de comprovada experiência em sua arte"[17].

....

17 CESAREA, E. *Vita Costantino* [a cura di Laura Franco; texto grego a frente]. Milão: Rizzoli, 2009, p. 382-385: "τοιγάρτοι δέδεξο προθυμότατα τὸ δόξαν τῇ ἡμετέρᾳ προαιρέσει. πρέπον γὰρ κατεφάνη τοῦτο δηλῶσαι τῇ σῇ συνέσει, ὅπως ἂν πεντήκοντα σωμάτια ἐν διφθέραις ἐγκατασκεύοις εὐανάγνωστά τε καὶ πρὸς τὴν χρῆσιν εὐμετακόμιστα ὑπὸ τεχνιτῶν καλλιγράφων καὶ ἀκριβῶς τὴν τέχνην

O texto que reproduzimos aqui adiante foi extraído da obra EUSEBII CÆSARIENSIS, *Historiæ Ecclesiasticæ*. In: J.P. Migne. *Patrologia*, series Grega, Tomus XX (Paris: Petit-Montrouge, 1857, Livro III, cap. 25, p. 267-272). Também é possível encontrar o texto em Eusébio de Cesareia. *História eclesiástica*. Texto bilíngue (Madri: BAC, 2008), ou ainda na Patrologia *Sources Chrétiennes*, e na obra de C. Wordsworth, *On the Canon of the Scriptures of the Old and New Testament, and on the Apocrypha* (Londres: Francis & John Rivington, 1848, p. 347-348). A tradução portuguesa que oferecemos abaixo é da mesma obra já traduzida no Brasil: Eusébio de Cesareia. *História eclesiástica*. Vol. 15 (São Paulo: Paulus, 2000, p. 147-148). Interessante observar a classificação feita por Eusébio acerca dos escritos entre: livros ὁμολογουμένοις (recebidos ou aceitos), livros ἀντιλεγομένων (contestados ou disputados, mas aceitos) e livros νόθοις (ilegítimos ou espúrios: heréticos e recusados). Segundo ele, o critério para afirmar que os livros são apócrifos é:

> "Aliás, o estilo se aparta do costumeiro modo de falar dos apóstolos; o pensamento e a doutrina que encerram acham-se quanto possível em contraste com a verdadeira ortodoxia. Prova evidente de que esses livros são produtos heréticos. Em consequência, não merecem nem mesmo serem colocados entre os apócrifos, mas sejam rejeitados como inteiramente absurdos e ímpios."

Eusébio de Cesareia participou do Concílio de Niceia, em 325, como bispo, e deve ter sido influenciado também pela discussão entre os bispos todos acerca de vários temas, inclusive sobre o cânon bíblico. Deste mesmo Concílio participou Atanásio, quando ainda era diácono, o qual, mais tarde, foi bispo de Alexandria e em 367 forneceu a sua diocese uma lista dos livros canônicos e não canônicos, a partir de sua Carta Pascal 39, conforme trazemos aqui em nosso texto, entre os vários catálogos bíblicos do AT e do NT. Mas é importante reforçar aqui que o texto que temos de Eusébio traz apenas a lista dos livros do NT, classificados e divididos entre: recebidos, contestados, espúrios e hereges. Embora no *Livro III, Cap. 9,1-5 e Cap. 10,1-11*, Eusébio traga o testemunho de Flávio Josefo acerca dos 22 livros da tradição judaica hebraica, que é diferente da tradição judaica grega da LXX.

ἐπισταμένων γραφῆναι κελεύσειας, τῶν θείων δηλαδὴ γραφῶν, ὧν μάλιστα τήν τ' ἐπισκευὴν καὶ τὴν χρῆσιν τῷ τῆς ἐκκλησίας λόγῳ ἀναγκαίαν εἶναι γινώσκεις".

Περὶ τῶν ὁμολογουμένων θείων Γραφῶν καὶ τῶν μὴ τοιούτων
Acerca das Divinas Escrituras aceitas e das que não são aceitas

Εὔλογον δ' ἐνταῦθα γενομένους ἀνακεφαλαιώσασθαι τὰς δηλωθείσας τῆς καινῆς διαθήκης γραφάς. καὶ δὴ τακτέον ἐν πρώτοις τὴν ἁγίαν τῶν εὐαγγελίων τετρακτν, οἷς ἕπεται ἡ τῶν Πράξεων τῶν ἀποστόλων γραφή· μετὰ δὲ ταύτην τὰς Παύλου καταλεκτέον ἐπιστολάς, αἷς ἑξῆς τὴν φερομένην Ἰωάννου προτέραν καὶ ὁμοίως τὴν Πέτρου κυρωτέον ἐπιστολήν· ἐπὶ τούτοις τακτέον, εἴ γε φανείη, τὴν Ἀποκάλυψιν Ἰωάννου, περὶ ἧς τὰ δόξαντα κατὰ καιρὸν ἐκθησόμεθα.

καὶ ταῦτα μὲν ἐν ὁμολογουμένοις· τῶν δ' ἀντιλεγομένων, γνωρίμων δ' οὖν ὅμως τοῖς πολλοῖς, ἡ λεγομένη Ἰακώβου φέρεται καὶ ἡ Ἰούδα ἥ τε Πέτρου δευτέρα ἐπιστολὴ καὶ ἡ ὀνομαζομένη δευτέρα καὶ τρίτη Ἰωάννου, εἴτε τοῦ εὐαγγελιστοῦ τυγχάνουσαι εἴτε καὶ ἑτέρου ὁμωνύμου ἐκείνῳ. ἐν τοῖς νόθοις κατατετάχθω καὶ τῶν Παύλου Πράξεων ἡ γραφὴ ὅ τε λεγόμενος Ποιμὴν καὶ ἡ Ἀποκάλυψις Πέτρου καὶ πρὸς τούτοις ἡ φερομένη Βαρναβᾶ ἐπιστολὴ καὶ τῶν ἀποστόλων αἱ λεγόμεναι Διδαχαὶ ἔτι τε, ὡς ἔφην, ἡ Ἰωάννου Ἀποκάλυψις, εἰ φανείη· ἥν τινες, ὡς ἔφην, ἀθετοῦσιν, ἕτεροι δὲ ἐγκρίνουσιν τοῖς ὁμολογουμένοις. ἤδη δ' ἐν τούτοις τινὲς καὶ τὸ καθ' Ἑβραίους εὐαγγέλιον κατέλεξαν, ᾧ μάλιστα Ἑβραίων οἱ τὸν Χριστὸν παραδεξάμενοι χαίρουσιν.

ταῦτα δὲ πάντα τῶν ἀντιλεγομένων ἂν εἴη, ἀναγκαίως δὲ καὶ τούτων ὅμως τὸν κατάλογον πεποιήμεθα, διακρίνοντες τάς τε κατὰ τὴν ἐκκλησιαστικὴν παράδοσιν ἀληθεῖς καὶ ἀπλάστους καὶ ἀνωμολογημένας γραφὰς καὶ τὰς ἄλλως παρὰ ταύτας, οὐκ ἐνδιαθήκους μὲν ἀλλὰ καὶ ἀντιλεγομένας, ὅμως δὲ παρὰ πλείστοις τῶν ἐκκλησιαστικῶν γινωσκομένας, ἵν' εἰδέναι

A esta altura, parece-nos oportuno recapitular os escritos do Novo Testamento a que nos referimos. Sem dúvida, importa pôr em primeiro lugar o sagrado quaternário dos Evangelhos, seguido do livro dos Atos dos Apóstolos. Em seguida, sejam mencionadas as Cartas de Paulo, na continuação das quais seja sancionada a primeira atribuída a João e igualmente a primeira carta de Pedro. No seguimento destas obras, colocar-se-á, se conveniente, o Apocalipse de João, a respeito do qual exporemos alguns pareceres, quando oportuno.

Tais são os livros recebidos. Entre os contestados, mas apesar disso recebidos pela maioria, existe a carta atribuída a Tiago, a de Judas, a segunda carta de Pedro e as cartas enumeradas como segunda e terceira de João, quer sejam do evangelista ou de outro, com idêntico nome. Entre os espúrios [ilegítimos/apócrifos], ponham-se o livro dos Atos de Paulo, a obra intitulada o Pastor, o Apocalipse de Pedro, e além disso a carta atribuída a Barnabé, o escrito chamado A doutrina dos apóstolos, depois, como já disse, o Apocalipse de João, se parecer bem. Alguns, conforme declarei, o rejeitam, mas outros o inserem entre os livros recebidos. Entre esses mesmos livros, alguns ainda puseram o Evangelho segundo os Hebreus, que agrada sobretudo aos hebreus que aderiram a Cristo.

Todos esses livros estão no número dos escritos contestados. Achamos necessário fazer igualmente o catálogo dessas últimas obras, separando-as das Escrituras que, segundo a tradição da Igreja, são verdadeiras, autênticas e reconhecidas, dos livros que, ao invés, não são testamentários, mas contestados, apesar de serem conhecidos pela maior parte dos escritores

ἔχοιμεν αὐτάς τε ταύτας καὶ τὰς ὀνόματι τῶν ἀποστόλων πρὸς τῶν αἱρετικῶν προφερομένας ἤτοι ὡς Πέτρου καὶ Θωμᾶ καὶ Ματθία ἢ καί τινων παρὰ τούτους ἄλλων εὐαγγέλια περιεχούσας ἢ ὡς Ἀνδρέου καὶ Ἰωάννου καὶ τῶν ἄλλων ἀποστόλων πράξεις·

eclesiásticos. Assim, poderemos conhecer esses livros e os que, entre os hereges, são apresentados sob o nome dos apóstolos, quer se trate dos Evangelhos de Pedro, de Tomé, de Matias etc., ou dos Atos de André, de João e dos outros apóstolos.

ὧν οὐδὲν οὐδαμῶς ἐν συγγράμματι τῶν κατὰ τὰς διαδοχὰς ἐκκλησιαστικῶν τις ἀνὴρ εἰς μνήμην ἀγαγεῖν ἠξίωσεν, πόρρω δέ που καὶ ὁ τῆς φράσεως παρὰ τὸ ἦθος τὸ ἀποστολικὸν ἐναλλάττει χαρακτήρ, ἥ τε γνώμη καὶ ἡ τῶν ἐν αὐτοῖς φερομένων προαίρεσις πλεῖστον ὅσον τῆς ἀληθοῦς ὀρθοδοξίας ἀπάδουσα, ὅτι δὴ αἱρετικῶν ἀνδρῶν ἀναπλάσματα τυγχάνει, σαφῶς παρίστησιν· ὅθεν οὐδ' ἐν νόθοις αὐτὰ κατατακτέον, ἀλλ' ὡς ἄτοπα πάντη καὶ δυσσεβῆ παραιτητέον. Ἴωμεν δὴ λοιπὸν καὶ ἐπὶ τὴν ἑξῆς ἱστορίαν.

Jamais entre os escritores eclesiásticos que se sucederam houve quem julgasse conveniente relembrá-los. Aliás, o estilo se aparta do costumeiro modo de falar dos apóstolos; o pensamento e a doutrina que encerram acham-se quanto possível em contraste com a verdadeira ortodoxia. Prova evidente de que esses livros são produtos heréticos. Em consequência, não merecem nem mesmo ser colocados entre os apócrifos, mas sejam rejeitados como inteiramente absurdos e ímpios. E agora, continuemos a narração.

6) O cânon de Cirilo de Jerusalém (c. 348 d.C.)

Cirilo de Jerusalém, em grego Κύριλλος Α΄ Ἱεροσολύμων, em latim *Cyrillus Hierosolymitanus*, foi bispo de Jerusalém entre os anos 348 e 386, com interrupções, sofrendo inclusive vários exílios, tendo em vista a controvérsia com o arianismo. Ele era bastante próximo de Eusébio de Cesareia, que teceu vários elogios a ele. O texto que temos abaixo, em que encontramos a lista dos livros bíblicos, faz parte de suas *Conferências Catéqueticas Batismais*, IV,33-37, proferidas na Igreja do Santo Sepulcro, ao redor do ano 348 d.C., com conteúdo bastante cristológico. Seu período é bastante problemático, pois é o período imediatamente pós-Concílio de Niceia (325 d.C.), que vai culminar também com a condenação de Ario. Ele enfrenta toda a problemática de aceitação ou recusa do Concílio de Niceia e a defesa do termo "consubstancial" na divindade do Filho e do Pai, mas ele adere totalmente à decisão de Niceia na questão Trinitária, ainda que prefira o termo "semelhante" e evite o termo "consubstancial"[18]. Em sua lista do cânon das Escrituras Sagradas, Cirilo de

....

18 MORESCHINI, C. & NORELLI, E. *Manual de literatura cristã antiga, grega e latina*. Op. cit., p. 280-281.

Jerusalém nos oferece um católogo de 26 livros canônicos para o NT, deixando de fora apenas o livro do Apocalipse. A omissão do Apocalipse de sua lista é devido a uma reação geral contra este livro no Oriente, após o uso excessivo dele, feito sobretudo pelos cultos Montanistas. Aliás, o Oriente em geral vai ter dificuldades na aceitação do livro do Apocalipse, como o Ocidente vai ter dificuldades em aceitar a Carta aos Hebreus.

O texto grego que oferecemos aqui foi extraído da obra dele, que encontramos em CYRILLI HIEROSOLYMITANI, *Catechesis IV, De Decem Dogmatibus*. In: J.P. Migne. *Patrologia*, series Grega, Tomus XXXIII (Paris: Petit-Montrouge, 1857, p. 493-504). Mas também temos este texto traduzido: Cirilo de Juerusalém. *Catequeses Pré-Batismais*, tradução de Frei Frederico Vier e Frei Fernando Figueiredo (Petrópolis: Vozes, 1978, p. 60-63), em que podemos conferir a tradução para a língua portuguesa. Também encontramos o mesmo texto no ENCHIRIDION BIBLICUM. *Documenti della Chiesa sulla sacra Scrittura, Edizione Bilingue* (Bolonha: EDB, 1994, n. 8-10), texto grego-italiano, que por sua vez também foi publicado em forma grego-espanhol na obra ENQUIRIDION BÍBLICO, *Documentos de la Iglesia sobre la Sagrada Escriptura* (Madri: BAC, 2010, sempre n. 8-10). Também encontramos o texto original na obra de B.F. Westcott, *A General Survey of the History of the Canon of the New Testament* (Londres, 1866, Apêndice D, p. 491-492); e também na obra de Theodor Zahn, *Geschichte des neutestamentliche Kanons*. Zweiter Band: Urkunden und Belege zum ersten und dritten Band. Erste Hälfte (Erlangern/Leipzig: Naschf, 1890, p. 177-180), e na obra de C. Wordsworth, *On the Canon of the Scriptures of the Old and New Testament, and on the Apocrypha* (Londres: Francis & John Rivington, 1848, p. 352-353). Aliás, uma tradução em língua portuguesa é possível encontrar na obra de H. Alves, *Documentos da Igreja sobre a Bíblia*, de 160 a 2010 (Fátima: Difusora, n. 3, p. 98-100).

ΠΕΡΙ ΤΩΝ ΘΕΙΩΝ ΓΡΑΦΩΝ. Acerca das Divinas Escrituras

33 Ταῦτα δὲ διδάσκουσιν ἡμᾶς οἱ θεόπνευστοι γραφαὶ τῆς παλαιᾶς τε καὶ καινῆς διαθήκης. Εἷς γάρ ἐστιν ὁ τῶν δύο διαθηκῶν Θεός, ὁ τὸν ἐν τῇ καινῇ φανέντα Χριστὸν ἐν τῇ παλαιᾷ προκαταγγείλας· ὁ διὰ νόμου καὶ προφητῶν εἰς Χριστὸν παιδαγωγήσας. Πρὸ γὰρ τοῦ ἐλθεῖν τὴν πίστιν, ὑπὸ νόμον ἐφρουρούμεθα· καὶ ὁ νόμος παιδαγωγὸς ἡμῶν γέγονεν εἰς Χριστόν. Κἂν ποτε τῶν αἱρετικῶν ἀκούσῃς τινὸς βλασφημοῦντος νόμον ἢ προφήτας, ἀντίφθεγξαι τὴν σωτήριον φωνὴν, λέγων· Οὐκ ἦλθεν Ἰησοῦς καταλῦσαι τὸν νόμον, ἀλλὰ πληρῶσαι. Καὶ φιλομαθῶς ἐπίγνωθι, καὶ παρὰ τῆς Ἐκκλησίας, ποῖαι μέν εἰσιν αἱ τῆς παλαιᾶς διαθήκης βίβλοι, ποῖαι δὲ τῆς καινῆς. Καί μοι μηδὲν τῶν ἀποκρύφων ἀναγίνωσκε. Ὁ γὰρ τὰ παρὰ πᾶσιν ὁμολογούμενα μὴ εἰδὼς, τί περὶ τὰ ἀμφιβαλλόμενα ταλαιπωρεῖς μάτην; Ἀναγίνωσκε τὰς θείας γραφὰς, τὰς εἴκοσι δύο βίβλους τῆς παλαιᾶς διαθήκης ταύτας, τὰς ὑπὸ τῶν ἑβδομήκοντα δύο Ἑρμηνευτῶν ἑρμηνευθείσας.

33. Tudo isto nos ensinam as Escrituras, divinamente inspiradas, do Antigo e do Novo Testamentos. Um é o Deus dos dois Testamentos. Ele prenunciou Cristo no Antigo e o manifestou no Novo. Ele é quem, através da lei e dos profetas, conduz para Cristo. Antes de vir a fé, estávamos encarcerados sob a lei. E a lei foi o nosso pedagogo para nos levar a Cristo. Se escutares algum dos hereges blasfemar contra a lei e os profetas, opõe-lhes aquela salutar palavra que diz: Jesus não veio ab--rogar a lei, mas levá-la à perfeição. Por amor da sabedoria aprende da Igreja quais são os livros do Antigo Testamento e quais os do Novo. Nada leias dos livros apócrifos, pois se ignoras o que é sabido de todos, por que te cansas inutilmente com coisas duvidosas? Lê as divinas Escrituras, os vinte e dois livros do Antigo Testamento, traduzidos pelos setenta e dois intérpretes.

34 Ἀλεξάνδρου γὰρ τοῦ Μακεδόνων βασιλέως τελευτήσαντος καὶ τῆς βασιλείας εἰς τέσσαρας διαιρεθείσης ἀρχὰς, εἴς τε τὴν Βαβυλωνίαν καὶ τὴν Μακεδονίαν, Ἀσίαν τε καὶ τὴν Αἴγυπτον· εἷς τῶν τῆς Αἰγύπτου βασιλευόντων, Πτολεμαῖος ὁ Φιλάδελφος, φιλολογώτατος γενόμενος βασιλεὺς καὶ τὰς κατὰ πανταχοῦ βίβλους συναθροίζων, παρὰ Δημητρίου τοῦ Φαληρέως, τοῦ τῆς βιβλιοθήκης προνοητοῦ, περὶ τῶν νομικῶν καὶ προφητικῶν θείων γραφῶν ἐπακούσας· καὶ πολὺ κάλλιον κρίνας, οὐ παρὰ ἀκόντων ἀναγκαστῶς τὰ βιβλία κτήσασθαι, ἀλλ᾽ ἐξιλεώσασθαι δώροις μᾶλλον καὶ φιλίᾳ τοὺς ἔχοντας· καὶ γινώσκων, ὅτι τὸ μὲν ἀναγκαστὸν δολοῦται πολλάκις, ἀπροαιρέτως διδόμενον· τὸ δὲ ἐκ προαιρέσεως παρεχόμενον σὺν ἀληθείᾳ τῇ πάσῃ δωρεῖται· Ἐλεαζάρῳ τῷ τότε ἀρχιερεῖ πλεῖστα δῶρα πέμψας εἰς τὸν ἐνταῦθα τῶν

34. Tendo falecido Alexandre, rei dos Macedônios, seu reino foi dividido em quatro principados, isto é, Babilônia e Macedônia, Ásia e Egito. Um dos reis do Egito, Ptolomeu Filadelfo, homem amantíssimo das ciências, foi elevado a rei. Recolheu livros de todas as partes e soube por Demétrio Filareu, procurador de sua biblioteca, dos livros das leis e dos profetas das divinas Escrituras. Julgando muito bom conseguir os livros, não quis constranger os donos a cederem-nos a contragosto, mas antes os cativou com presentes e amizades. Sabia outrossim que o que se extorque é dado contra a vontade e, muitas vezes, é corrompido pela fraude. O que é oferecido espontaneamente é dado com toda a sinceridade: por isso enviou ao então sumo sacerdote Eleazar muitos donativos destinados ao Templo de Jerusalém.

Ἱεροσολύμων ναὸν, ἐξ κατὰ φυλὴν τῶν δώδεκα τοῦ Ἰσραὴλ φυλῶν, πρὸς ἑαυτὸν εἰς ἑρμηνείαν ἐποίησεν ἀποστεῖλαι. Εἶτα καὶ τοῦ, θείας ἢ μὴ τὰς βίβλους εἶναι λαμβάνων ἀπόπειραν, καὶ πρὸς τὸ μὴ συνδυάσαι πρὸς ἀλλήλους τοὺς ἀποσταλέντας ὑποπτεύσας· ἐν τῇ λεγομένῃ Φάρῳ, τῇ πρὸς Ἀλεξάνδρειαν κειμένῃ, τῶν παραγενομένων ἑρμηνευτῶν ἑκάστῳ ἴδιον οἶκον ἀπονείμας, ἑκάστῳ πάσας τὰς γραφὰς ἐπέτρεψεν ἑρμηνεῦσαι. Τούτων δὲ ἐν ἑβδομήκοντα [καὶ] δύο ἡμέραις τὸ πρᾶγμα πληρωσάντων, τὰς ὁμοῦ πάντων ἑρμηνείας, ἃς κατὰ διαφόρους οἴκους ἀλλήλοις μὴ προσιέντες ἐποιήσαντο, συναγαγὼν ἐπὶ τὸ αὐτό, οὐ μόνον ἐν νοήμασιν, ἀλλὰ καὶ ἐν λέξεσιν εὗρεν συμφώνους. Οὐ γὰρ εὑρεσιλογία καὶ κατασκευὴ σοφισμάτων ἀνθρωπίνων ἦν τὸ γινόμενον· ἀλλ' ἐκ Πνεύματος ἁγίου ἡ τῶν ἁγίῳ Πνεύματι λαληθεισῶν θείων γραφῶν ἑρμηνεία συνετελεῖτο.

35 Τούτων τὰς εἴκοσι δύο βίβλους ἀναγίνωσκε· πρὸς δὲ τὰ ἀπόκρυφα μηδὲν ἔχε κοινόν. Ταύτας μόνας μελέτα σπουδαίως, ἃς καὶ ἐν Ἐκκλησίᾳ μετὰ παρρησίας ἀναγινώσκομεν. Πολύ σου φρονιμώτεροι καὶ εὐλαβέστεροι ἦσαν οἱ ἀπόστολοι καὶ οἱ ἀρχαῖοι ἐπίσκοποι, οἱ τῆς Ἐκκλησίας προστάται, οἱ ταύτας παραδόντες. Σὺ οὖν, τέκνον τῆς Ἐκκλησίας ὢν, μὴ δύο μελέτα βίβλους· ἃς, εἰ φιλομαθὴς τυγχάνεις, ἐμοῦ λέγοντος, ὀνομαστὶ μεμνῆσθαι σπούδασον. Τοῦ νόμου μὲν γάρ εἰσιν αἱ Μωσέως πρῶται πέντε βίβλοι, Γένεσις, Ἔξοδος, Λευιτικὸν, Ἀριθμοὶ, Δευτερονόμιον· ἑξῆς δὲ, ἡ Ἰησοῦ υἱοῦ Ναυῆ· καὶ τὸ τῶν Κριτῶν βιβλίον μετὰ τῆς Ῥοὺθ, ἕβδομον ἀριθμούμενον. Τῶν δὲ λοιπῶν ἱστορικῶν βιβλίων, ἡ πρώτη καὶ ἡ δευτέρα τῶν Βασιλειῶν μία παρ' Ἑβραίοις ἐστὶ βίβλος· μία δὲ καὶ ἡ τρίτη καὶ ἡ τετάρτη. Ὁμοίως δὲ παρ' αὐτοῖς καὶ τῶν Παραλειπομένων ἡ πρώτη καὶ ἡ δευτέρα μία τυγχάνει βίβλος· καὶ τοῦ Ἔσδρα ἡ

Conseguiu assim que lhe fossem enviados seis homens de cada tribo das doze tribos de Israel para fazerem a tradução. A seguir, para verificar se os livros eram divinos ou não, e para que os tradutores não combinassem entre si, atribuiu a cada qual, na ilhota de Faros, diante de Alexandria, uma moradia. Encarregou cada qual de traduzir as Escrituras. Em setenta e dois dias cumpriram a tarefa. O rei, então, reuniu as traduções de todos que tinham sido feitas cada uma em casas diferentes, sem que eles se consultassem uns aos outros. Achou-as perfeitamente concordes não só no pensamento, mas até nas palavras. Esta obra não foi produto e manejo de palavras humanas, mas resultado da inspiração do Espírito Santo, que realizou esta tradução das divinas Escrituras.

35. Destes, lê os vinte e dois livros. Não tenhas nada em comum com os apócrifos. Medita só estes livros com persistência, pois são os que também na Igreja lemos com toda segurança. Muito mais prudentes e religiosos que tu foram os apóstolos e os bispos antigos, chefes da Igreja, que nos transmitiram estes livros. Tu, portanto, filho da Igreja, não falsifique as leis. E do Antigo Testamento, como já foi dito, medita os vinte e dois livros. Vou enumerá-los e, se fores estudioso, fixa-os na tua memória. Os primeiros cinco livros de Moisés, a Lei, a saber: *Gênesis, Êxodo, Levítico, Números, Deuteronômio*. A seguir, de *Jesus filho de Nave [Josué]* e o livro dos *Juízes* que com o de *Rute* é contado como sétimo. Os demais livros históricos são: *Primeiro e Segundo dos Reis*, que são um só livro entre os hebreus, assim como o *terceiro e o quarto*. Igualmente entre eles o *Primeiro e o Segundo dos Paralipômenos* [Crônicas] é um só livro, e ainda o *Primeiro e o Segundo*

πρώτη καὶ ἡ δευτέρα μία λελόγισται·
δωδεκάτη δὲ βίβλος ἡ Ἐσθήρ.
Καὶ τὰ μὲν ἱστορικὰ ταῦτα. Τὰ δὲ στιχηρὰ
τυγχάνει πέντε· Ἰὼβ, καὶ βίβλος Ψαλμῶν,
καὶ Παροιμίαι, καὶ Ἐκκλησιαστὴς, καὶ
Ἄισμα ᾀσμάτων ἑπτακαιδέκατον βιβλίον.
Ἐπὶ δὲ τούτοις τὰ προφητικὰ πέντε· τῶν
δώδεκα προφητῶν μία βίβλος, καὶ Ἡσαΐου
μία, καὶ Ἰερεμίου μετὰ Βαροὺχ, καὶ
Θρήνων, καὶ Ἐπιστολῆς· εἶτα Ἰεζεκιὴλ, καὶ
ἡ τοῦ Δανιὴλ, εἰκοστηδευτέρα βίβλος τῆς
παλαιᾶς διαθήκης.

36 Τῆς δὲ καινῆς διαθήκης, τὰ τέσσαρα
μόνα εὐαγγελία· τὰ δὲ λοιπὰ ψευδεπίγραφα
καὶ βλαβερὰ τυγχάνει. Ἔγρα ψαν καὶ
Μανιχαῖοι κατὰ Θωμᾶν εὐαγγέλιον, ὅπερ
εὐωδίᾳ τῆς εὐαγγελικῆς ἐπωνυμίας
ἐπικεχρωσμένον, διαφθείρει τὰς ψυχὰς τῶν
ἁπλουστέρων. Δέχου δὲ καὶ τὰς Πράξεις
τῶν δώδεκα ἀποστόλων. Πρὸς τούτοις δὲ
καὶ τὰς ἑπτὰ, Ἰακώβου, καὶ Πέτρου, καὶ
Ἰωάννου, καὶ Ἰούδα καθολικὰς ἐπιστολάς·
ἐπισφράγισμα δὲ τῶν πάντων, καὶ μαθητῶν
τὸ τελευταῖον, τὰς Παύλου δεκατέσσαρας
ἐπιστολάς. Τὰ δὲ λοιπὰ πάντα, ἐν δευτέρῳ
κείσθω. Καὶ ὅσα [μὲν] ἐν ἐκκλησίαις μὴ
ἀναγινώσκεται, ταῦτα μηδὲ κατὰ σαυτὸν
ἀναγίνωσκε, καθὼς ἤκουσας. Καὶ τὰ μὲν
περὶ τούτων, ταῦτα.

37 Φεῦγε δὲ πᾶσαν διαβολικὴν ἐνέργειαν,
καὶ μὴ πείθου τῷ δράκοντι τῷ ἀποστάτῃ, ὃς
ἐξ ἀγαθῆς ὑποστάσεως αὐτοπροαίρετον
ἔσχε τὴν μεταβολήν· ὃς ἀναπεῖσαι μὲν
δύναται τοὺς θέλοντας, ἀναγκάσαι δὲ
οὐδένα. Καὶ μήτε ἀστρολογίαις, μήτε
ὀρνεοσκοπίαις, μήτε κληδόσι πρόσεχε,
μηδὲ ταῖς μυθώδεσι τῶν Ἑλλήνων
μαντείαις. Φαρμακίαν, καὶ ἐπαοιδίαν, καὶ
τὰ νεκυομαντειῶν παρανομώτατα
πράγματα, μηδὲ μέχρις ἀκοῆς παραδέχου.
Ἀπόστηθι παντὸς ἀκολασίας εἴδους, μήτε
γαστριμαργῶν, μήτε φιληδονῶν, ὑπεράνω
τε φιλαργυρίας ἁπάσης καὶ τοῦ τοκίζειν
γενόμενος. Μήτε δὲ θεωριῶν ἐθνικοῖς

de Esdras. se consideram um só livro. Em
décimo segundo lugar vem *Ester*. Estes são
os históricos. Em versos estão escritos cinco
livros: *Jó*, o *livro dos Salmos, Provérbios,
Eclesiastes, Cântico dos Cânticos*, que é o
décimo sétimo livro. Depois vem os cinco
proféticos, a saber: um livro dos Doze
Profetas; um de *Isaías*, um de *Jeremias* com
Baruc, as *Lamentações e a Epístola* (de
Jeremias). A seguir, *Ezequiel* e *Daniel*,
que é o vigésimo segundo livro do Antigo
Testamento.

36. No Novo Testamento há só
quatro Evangelhos; os restantes são
pseudoepígrafos [*apócrifos*] e nocivos.
Mesmo os Maniqueus escreveram um
Evangelho de Tomé, que disfarçado sob
o nome de Evangelho, seduz as almas
dos simples. Recebe ainda os *Atos dos
Doze Apóstolos*, e, além disso, as sete
Cartas Católicas: de *Tiago*, de *Pedro*,
de *João* e de *Judas*. A seguir, como
que o selo de todos e derradeira obra
dos Discípulos, as *quatorze Epístolas
de Paulo*. Todos os demais livros sejam
postos em segundo plano. Todos os
que não são lidos nas igrejas, não os
leia em particular como já ouviste.
Sobre isto basta.

37. Foge por fim, de todas as obras do diabo
e não te fies no dragão rebelde que, tendo
boa natureza, escolheu livremente a
transformação. Pode persuadir os que
querem, mas não pode obrigar a ninguém.
Não vá atrás de astrologias, de augúrios e de
presságios, nem das enganosas adivinhações
dos gentios, nem de drogas e
encantamentos, nem de adivinhação
nefandíssima por evocação das almas dos
mortos e nem lhes prestes ouvido. Afasta-te
de todo gênero de intemperança. Não te
entregues à gula ou a qualquer prazer ilícito.
Faze-te sobretudo superior a toda avareza e
usura. Não assistas aos espetáculos

ἀθροίσμασι παράβαλλε· μήτε ἐπιδέσμασιν ἐν νόσοις χρήσῃ ποτέ. Ἀποστρέφου δὲ πᾶσαν καὶ τοῦ καπηλοδυτεῖν χυδαιότητα. Καὶ μήτε εἰς Σαμαρειτισμὸν ἢ Ἰουδαισμὸν ἐκπέσῃς· ἐλυτρώσατο γάρ σε λοιπὸν Ἰησοῦς ὁ Χριστός. Πάσης σαββάτων παρατηρήσεως ἀπόστηθι· καὶ τοῦ, κοινὸν ἢ ἀκάθαρτον λέγειν τι εἶναι τῶν ἀδιαφόρων βρωμάτων. Ἐξαιρέτως δὲ μίσει πάντα τὰ συνέδρια τῶν παρανόμων αἱρετικῶν. Καὶ παντοίως τὴν σεαυτοῦ ψυχὴν ἀσφαλίζου, νηστείαις, προσευχαῖς, ἐλεημοσύναις, καὶ θείων λογίων ἀναγνώσμασιν, ἵνα μετὰ σωφροσύνης καὶ δογμάτων εὐσεβῶν, τὸν ἐπίλοιπον ἐν σαρκὶ βιώσας χρόνον, τῆς μιᾶς τοῦ λουτροῦ σωτηρίας ἀπολαύσῃς· στρατολογηθεὶς δὲ οὕτως ἐν οὐρανίαις στρατιαῖς τῷ Πατρὶ καὶ Θεῷ, καὶ τῶν οὐρανίων καταξιωθῇς στεφάνων· ἐν Χριστῷ Ἰησοῦ τῷ Κυρίῳ ἡμῶν, ᾧ ἡ δόξα εἰς τοὺς αἰῶνας τῶν αἰώνων. Ἀμήν.

gentílicos. Nunca uses ligaduras supersticiosas nas enfermidades. Evita toda a sordidez das tabernas. Guarda-te de toda a observância do sábado e não chames os alimentos indiferentes de puros ou impuros. De modo especial, abomina as reuniões dos transgressores heréticos. Fortalece tua alma de todos os modos, com jejuns, orações, esmolas e com a leitura dos ensinamentos divinos, para que, vivendo o restante da vida em temperança e na observância das doutrinas de piedade, gozes da única salvação que é dada pelo batismo e, assim, sejas inscrito nos exércitos celestes pelo Pai e Deus e possas ser também digno das coroas celestes, em Cristo Jesus nosso Senhor, a quem a glória pelos séculos dos séculos, amém.

7) O cânon de Hilário de Poitiers (c. 360 d.C.)

Hilário de Poitiers (300-368), em latim *Hilario Pictaviensis*, foi bispo de Poitiers, na Gália, e um dos mais proeminentes teólogos Padres da Igreja de seu tempo no ocidente, equiparado a Atanásio no Ocidente, pela sua grande desenvoltura e capacidade teológica. Lutou muito contra a tentativa do Imperador Constâncio, único soberano depois de 351, em querer impor uma forma de arianismo também no Ocidente [19]. Embora fosse ocidental e latino, ele era muito versado e capaz na leitura do grego, homem de grande cultura literária. Ele escreveu vários comentários aos textos bíblicos, como seu importante *Comentário ao Evangelho de Mateus*. Por causa de suas controvérsias com o imperador, ele foi exilado para a Frígia, onde entrou em contato com a teologia e a literatura gregas. Foi um dos grandes defensores da fé em seu tempo. Escreveu várias obras dogmáticas, entre elas: *A Trindade, Livro dos Mistérios, Hinos, Epístolas, textos contra os Arianos*.

....
19 MORESCHINI, C. & NORELLI, E. *Manual de literatura cristã antiga, grega e latina*. Op. cit., p. 419.

Provavelmente ele deve ter morrido no ano 367, e nos últimos anos de sua vida ele travou uma batalha contra os arianos [20]. A influência dos Padres gregos é evidente em sua lista dos livros canônicos do Antigo Testamento, que encontramos em sua obra *Tratados sobre os Salmos* (*Tractatus super Psalmos*), § 15, escrito cerca de 360 d.C.; nota-se que esta lista de livros canônicos segue a de Orígenes em várias matérias e detalhes. A lista de Orígenes também apareceu em uma *exposição dos Salmos* (de acordo com Eusébio, *História eclesiástica*, VI. 25), que indica que Hilário, em sua exposição, estava trabalhando a partir da obra de Orígenes. Seguindo Orígenes, ele lista apenas os livros do *cânon hebraico*, mas depois ele menciona que alguns acrescentam *Tobias* e *Judite*. O texto latino aqui está transcrito segundo a obra HILÁRIO DE POITIERS. In: J.P. Migne. *Patrologia*, series Latina, Tomus IX (Paris: Petit-Montrouge, 1844, p. 241). Encontramos o texto também na obra de B.F. Westcott, *A General Survey of the History of the Canon of the New Testament* (Londres, 1866, Apêndice D, p. 514-515), e na obra de C. Wordsworth, *On the Canon of the Scriptures of the Old and New Testament, and on the Apocrypha* (Londres: Francis & John Rivington, 1848, p. 354).

15. Testamenti Veteris libri 22, aut 24. Et ea causa est ut in viginti duos libros lex Testamenti Veteris deputetur, ut cum litterarum numero convenirent. Qui ita secundum traditiones veterum deputantur, ut Moysi sint libri quinque, Jesu Naue sextus, Judicum et Ruth septimus, primus et secundus Regnorum in octavum, tertius et quartus in nonum, Paralipomenon duo in decimum sint, sermones dierum Esdrae in undecimum, liber Psalmorum in duodecimum, Salomonis Proverbia, Ecclesiastes, Canticum Canticorum in tertium decimum, et quartum decimum et quintum decimum, duodecim autem Prophetae in sextum decimum, Esaias deinde et Jeremias cum Lamentatione et	15. Os Livros do Antigo Testamento são 22 ou 24. A razão para reconhecer 22 livros para o Antigo Testamento é que estes correspondem com o número das letras [hebraicas]. Eles são contados, assim, de acordo com uma antiga tradição: os livros de Moisés são cinco; Jesus Nave [*Josué*], o sexto; Juízes e Rute, o sétimo; primeiro e segundo dos Reis, o oitavo; terceiro e quarto [Reis], o nono; os dois de Paralipômenas são dez; as palavras dos dias de Esdras, o décimo primeiro; o livro dos Salmos, o décimo segundo; os Provérbios de Salomão, Eclesiastes e Cântico dos Cânticos, são décimo terceiro, décimo quarto e décimo quinto; os Doze Profetas, em seguida, Isaías e Jeremias, com Lamentações e Epístola, e

....

20 MORESCHINI, C. & NORELLI, E. *Manual de literatura cristã antiga, grega e latina*. Op. cit., p. 323-324.

Epistola; sed et Daniel et Ezechiel et Job et Hester, viginti et duum librorum numerum consumment. Quibusdam autem visum est additis Tobia et Judith viginti quatuor libros secundum numerum Graecarum litterarum connumerare, Romana quoque lingua media inter Hebraeos Graecosque collecta.	Daniel e Ezequiel e Jó e Ester completam o número dos vinte e dois livros. Nisto alguns também acrescentam Tobias e Judite para completar vinte e quatro livros, segundo o número das letras gregas, como é a linguagem usada entre hebreus e gregos que se reuniram em Roma.

8) O cânon da Esticometria de Cheltenham ou de Mommsen (c. 360 d.C.)

Esta lista *esticométrica* de livros canônicos, chamada por alguns de *Lista de Cheltenham* e por outros de *Lista de Mommsen* (*Canon Mommsenianus*), é uma lista dos livros bíblicos descoberta pelo filólogo clássico alemão *Theodor Mommsen* em um *Manuscrito Latino*, em uma biblioteca privada, em Cheltenham, Inglaterra. Depois outra cópia desta mesma lista foi encontrada em um manuscrito na biblioteca em St. Gall. Os próprios manuscritos, que consistem de extratos de várias obras, aparentemente foram copiados durante os séculos IX e X, mas notas cronológicas nos manuscritos (juntamente com outros elementos de evidência interna) indicam que o material copiado neles deriva a partir de meados do IV século, provavelmente de origem do norte da África e em manuscritos em latim. Aqui reproduzimos a lista de acordo com a edição crítica de Erwin Preuschen, *Analecta: Kürzere texte zur Geschichte der Alten Kirche und des Kanons, zusammengestellt von Erwin Preuschen* (Leipzig: Mohr, 1893), p. 138-140, seguido por uma tradução em português. Também encontramos o texto original na obra de Theodor Zahn, *Geschichte des neutestamentliche Kanons*. Zweiter Band: Urkunden und Belege zum ersten und dritten Band. Erste Hälfte (Erlangern/Leipzig: Naschf, 1890, p. 143-145). Podemos encontrar informações sobre o cânon de Cheltenham na obra de B.M. Metzger, *The Canon of the New Testament: its Origin, Development, and Significance* (Oxford: Clarendon Press, 2009, p. 231-232).

Ele indica que esta lista é de grande interesse enquanto testemunha de um conflito de opiniões entre quem pendia para um cânon mais amplo e quem era favorável a um cânon mais curto. Como algumas listas que temos da época e reproduzimos aqui, esta também consta de anotações que indicam o tamanho de cada livro, medido a partir das linhas, no estilo da literatura *esticométrica*. Sobre o tipo de literatura esticométrica e a esticometria em geral, sugerimos conferir nossos comentários sobre o tema a partir do cânon de Nicéforo, Patriarca de Constantinopla, visto que ao lado de cada livro de sua lista também está a contagem de seus *stichoi (linhas)*, conforme à prática de contagem de linhas em textos antigos, tanto por parte de gregos e como de romanos, que mediam o comprimento de seus livros em linhas, assim como livros modernos são medidos em páginas. Esta prática foi redescoberta pelos estudiosos alemães e franceses no século XIX. *Stichos* (στοιχεῖον *stoicheion* "elemento") é a palavra grega para uma *"linha"* de prosa ou poesia e o sufixo *"metria"* é derivado da palavra grega para a *medição* (μέτρον *metron* "medida"). Assim sendo, a *esticometria* se refere à medição de livros a partir do número de linha que eles contêm. As demais listas esticométricas que reproduzimos aqui em nossa obra são: *Codex Claromontanus* (c. 390-400 d.C.), *Célio Sedúlio* (séc. V), *Esticometria de Nicéforo de Constantinopla* (séc. V) e a *Esticometria Armeniana* (c. 615-690 d.C.).

A ordem dos Evangelhos aqui nesta lista, como de alguns outros catálogos, não é a comum que encontramos no cânon do NT hoje. Como se pode conferir, os Evangelhos se encontram na seguinte sequência: Mateus, Marcos, João e Lucas. Em seguida temos a menção a 13 Epístolas de Paulo, depois os Atos dos Apóstolos e, enfim, o Apocalipse. A lista é concluída com as enigmáticas linhas: "Três Epístolas de João [contendo] 350 linhas – uma apenas, e duas Epístolas de Pedro [contendo] 300 linhas – uma apenas". Talvez querendo indicar que somente uma das joaninas e uma das petrinas era canônica, como era comum entre os antigos. Ou será que se tratava de uni-las para indicá-las como sendo uma para a questão de se fazer cópias, indicando os *stichoi*, visto que eram pequenas? E como era de se esperar em uma lista ocidental, a carta aos *Hebreus* não é mencionada, como Apocalipse não é mencionado em várias listas orientais. Mas também faltam as cartas de *Tiago* e *Judas*, que não aparecem na lista.

Incipit indiculum veteris testamenti qui sunt libri canonici sic		Início da lista dos livros canônicos do Antigo Testamento	
Genesis	versus IIIDCC	Gênesis	3.700 linhas
Exodus	ver III	Êxodo	3.000 linhas
Numeri	ver III	Números	3.000 linhas
Leviticus	ver IICCC	Levítico	2.300 linhas
Deuteronomium	ver IIDCC	Deuteronômio	2.700 linhas
Hiesu Nave	ver MDCCL	Jesus Nave [*Josué*]	1.750 linhas
Iudicum	ver MDCCL	Juízes	1.750 linhas

Fiunt libri VII		ver XVIIIC	Total para os sete livros	18.100 linhas
Rut		ver CCL	Rute	250 linhas
Regnorum	liber I	ver IICCC	Reis Livro I	2.300 linhas
Regnorum	liber II	ver IICC	Reis Livro II	2.200 linhas
Regnorum	liber III	ver IIDL	Reis Livro III	2.550 linhas
Regnorum	liber IIII	ver IICCL	Reis Livro IV	2.250 linhas
Fiunt		versus VIIIID	Total	9.500 linhas
Paralipomenon	liber I	ver IIXL	Crônicas Livro I	2.040 linhas
	liber II	ver IIC	Livro II	2.100 linhas
Machabeorum	liber I	ver IICCC	Macabeus Livro I	2.300 linhas
	liber II	ver MDCCC	Livro II	1.800 linhas
Iob		ver MDCC	Jó	1.700 linhas
Tobias		ver DCCCC	Tobias	900 linhas
Hester		ver DCC	Ester	700 linhas
Iudit		ver MC	Judite	1.100 linhas
Psalmi Davitici CLI		ver V	Os 151 Salmos de Davi	5.000 linhas
Salomonis		ver VID	Os livros de Salomão	6.500 linhas
Prophetae maiores		ver XVCCCLXX numero IIII	Os Profetas Maiores	15.370 linhas em número 4
Esaias		ver IIIDLXXX	Isaías	3.580 linhas
Ieremias		ver IIIICCCCL	Jeremias	4.450 linhas
Daniel		ver MCCCL	Daniel	1.350 linhas
Ezechiel		ver IIICCCXL	Ezequiel	3.340 linhas
Prophetae XII		ver IIIDCCC	Os Doze Profetas Menores	3.800 linhas
Erunt omnes versus numero		LXVIIIID	O total do número de linhas	69.500 linhas

Sed ut in apocalypsi Iohannis dictum est: "vidi XXIIII seniores mittentes coronas suas ante thronum", maiores nostri probant, hos libros esse canonicos et hoc dixisse seniores

Mas, como é dito no Apocalipse de João: "Eu vi 24 anciãos que moldam suas coroas diante do trono", e nossos antecessores provam que estes livros são canônicos, e que estes anciãos dizem isso

Item indiculum novi testamenti			Também a lista do Novo Testamento:	
Evangelia IIII	Mattheum	ver IIDCC	4 Evangelhos Mateus	2.700 linhas
	Marcum	ver MDCC	Marcos	1.700 linhas
	Iohannem	ver MDCCC	João	1.800 linhas
	Lucam	ver IIICCC	Lucas	3.300 linhas
Fiunt omnes versus X			Total das linhas juntas para	10.000 linhas
Eplae Pauli		n XIII	As Epístolas de Paulo	13 em número
Actus aplorum		ver IIIDC	Os Atos dos Apóstolos	3.600 linhas
Apocalipsis		ver MDCCC	O Apocalipse	1.800 linhas
Eplae Iohannis III		ver CCCL [una sola]	3 Epístolas de João	350 linhas [uma apenas]
Eplae Petri II		ver CCC [una sola]	2 Epístolas de Pedro	300 linhas [uma apenas]

Quoniam indiculum versuum in urbe Roma non ad liquidum, sed et alibi avaritiae causa non habent integrum, per singulos libros computatis syllabis posui numero XVI versum Virgilianum omnibus libris numerum adscribsi.	Como o índice das linhas na cidade de Roma não está claramente determinado, e em outros lugares também por causa da avareza para o ganho que eles não o preservaram na íntegra, tenho ido através dos livros isolados, contando uma lista que possui 16 linhas, de todos os números dos livros escritos na lista de Virgílio [o hexâmetros de Virgílio]

9) O cânon do Concílio de Laodiceia (c. 360 d.C.)

O cânon do Concílio de Laodiceia, em grego Λαοδίκεια, é uma lista dos livros do Antigo Testamento e do Novo Testamento (Τὰ βιβλία τῆς παλαιᾶς καὶ καινῆς διαθήκης) que encontramos nas Atas dos Decretos do Concílio Regional de Laodiceia (*Galácia*). Sua autenticidade foi colocada em dúvida por muitos estudiosos, porque o Cânon 60 não está presente em alguns manuscritos que contêm os Decretos do Concílio Regional de Laodiceia. Por isso, alguns defendem que a lista dos livros bíblicos pode ter sido acrescentada posteriormente. No que diz respeito à omissão do livro do Apocalipse, comum às listas das Igrejas orientais, sugerimos conferir a lista de Cirilo de Jerusalém, trabalhada anteriormente aqui em nosso próprio texto.

Para a lista dos Cânones 59 e 60 do Concílio de Laodiceia, nós oferecemos o texto grego de acordo com o texto que encontramos na obra ENCHIRIDION BIBLICUM. *Documenti della Chiesa sulla sacra Scrittura, Edizione Bilingue* (Bolonha: EDB, 1994, n. 11-13 (*Concilium Laodicenum*)), texto grego-italiano, que por sua vez também foi publicado em forma grego-espanhol na obra ENQUIRIDION BÍBLICO, *Documentos de la Iglesia sobre la Sagrada Escriptura* (Madri: BAC, 2010, sempre n. 11-13). Também encontramos o mesmo texto em B.F. Westcott, *A General Survey of the History of the Canon of the New Testament* (Londres, 1866, Apêndice D, p. 482-483), que ali recebe o nome de Cânon LIX, datado de 363 d.C., bem como no texto de JOANNOU, P.-P., *Discipline Générale Antique (IVᵉ-IXᵉ)*, t. I,2, *Synode de Laodicèe (fin. IVᵉ s.)*, Fonti I, Fascicolo IX (Grotaferrata: Italo-orientale "S. Nilo", 1962, p. 154-155); e igualmente na obra de Theodor Zahn, *Geschichte des neutestamentliche Kanons*. Zweiter Band: Urkunden und Belege zum ersten und dritten Band. Erste Hälfte (Erlangern/Leipzig: Naschf, 1890, p. 202), e na obra de C. Wordsworth, *On the Canon of the Scriptures of the Old and New Testament, and on the Apocrypha* (Londres: Francis & John Rivington, 1848, p. 356-357). Aliás, este mesmo texto nós o encontramos na obra DOCTRINA PONTIFICIA, I, *Documentos*

Bíblicos, por Salvador Muñoz Iglesias (Madri: BAC, 1955, p. 157-158), e uma tradução em língua portuguesa é possível encontrar na obra de H. Alves, *Documentos da Igreja sobre a Bíblia*, de 160 a 2010 (Fátima: Difusora, n. 4, p. 100-101).

νθʹ. [Ὅτι οὐ δεῖ ἰδιωτικοὺς ψαλμοὺς λέγεσθαι ἐν τῇ ἐκκλησίᾳ οὐδὲ ἀκανόνιστα βιβλία, ἀλλὰ μόνα τὰ κανονικὰ τῆς καινῆς καὶ παλαιᾶς διαθήκης.]

ξʹ. Ὅσα δεῖ βιβλία ἀναγινώσκεσθαι· παλαιᾶς διαθήκης· αʹ Γένεσις κόσμου. βʹ Ἔξοδος ἐξ Αἰγύπτου. γʹ Λευῖτικὸν. δʹ Ἀριθμοί. εʹ Δευτερονόμιον. ϛʹ Ἰησοῦς Ναυῆ. ζʹ Κριταί, Ῥούθ. ηʹ Ἐσθήρ. θʹ Βασιλειῶν πρώτη καὶ δευτέρα. ιʹ Βασιλειῶν τρίτη καὶ τετάρτη. ιαʹ Παραλειπόμενα, πρῶτον καὶ δεύτερον. ιβʹ Ἔσδρας, πρῶτον καὶ δεύτερον. ιγʹ Βίβλος Ψαλμῶν ἑκατὸν πεντήκοντα. ιδʹ Παροιμίαι Σολομῶντος. ιεʹ Ἐκκλησιαστής. ιϛʹ Ἆσμα ἀσμάτων. ιζʹ Ἰώβ. ιηʹ Δώδεκα προφῆται. ιθʹ Ἡσαΐας. κʹ Ἰερεμίας καὶ Βαρούχ, Θρηνοὶ καὶ ἐπιστολαί. καʹ Ἰεζεκιήλ. κβʹ Δανιήλ.

[Τὰ δὲ τῆς] καινῆς διαθήκης [ταῦτα]· Εὐαγγέλια δʹ. κατὰ Ματθαῖον. κατὰ Μάρκον. κατὰ Λουκᾶν. κατὰ Ἰωάννην. Πράξεις ἀποστόλων. Ἐπιστολαὶ καθολικαὶ ἑπτά· οὕτως· Ἰακώβου αʹ. Πέτρου αʹ. βʹ. Ἰωάννου αʹ. βʹ. γʹ. Ἰούδα αʹ. Ἐπιστολαὶ Παύλου ιδʹ· πρὸς Ῥωμαίους αʹ· πρὸς Κορινθίους αʹ. βʹ· πρὸς Γαλάτας αʹ· πρὸς Ἐφεσίους αʹ· πρὸς Φιλιππησίους αʹ· πρὸς Κολασσαεῖς αʹ· πρὸς Θεσσαλονικεῖς αʹ. βʹ· πρὸς Ἑβραίους αʹ· πρὸς Τιμόθεον αʹ. βʹ· πρὸς Τίτον αʹ· πρὸς Φιλήμονα αʹ.

59. [Porque não convém que sejam lidos na Igreja certos salmos privados e vulgares, nem livros não canônicos, mas somente os canônicos do Novo e do Antigo Testamentos.]

60. Estes são os livros do Antigo Testamento que convém que sejam lidos: 1. Gênesis do Mundo; 2. Êxodo do Egito; 3. Levítico; 4. Números; 5. Deuteronômio; 6. Jesus Nave [*Josué*]; 7. Juízes e Rute; 8. Ester; 9. Primeiro e Segundo Reis[21]; 10. Terceiro e Quarto dos Reis; 11. Primeiro e Segundo dos Paralipômenos; 12. Primeiro e Segundo de Esdras; 13. O livro dos Cento e Cinquenta Salmos; 14. os Provérbios de Salomão; 15. Eclesiastes; 16. Cântico dos Cânticos; 17. Jó; 18. Os Doze Profetas [menores]; 19. Isaías; 20. Jeremias e Baruc, Lamentações e Epístolas; 21. Ezequiel; 22. Daniel. [E estes são os livros] do Novo Testamento: Quatro Evangelhos, segundo Mateus, segundo Marcos, segundo Lucas, e segundo João; os Atos dos Apóstolos; sete epístolas católicas, a saber, uma de Tiago, duas de Pedro, três de João, uma de Judas; quatorze epístolas de Paulo, uma aos Romanos, duas aos Coríntios, uma aos Gálatas, uma aos Efésios, uma aos Filipenses, uma aos Colossenses, duas aos Tessalonicenses, uma aos Hebreus, duas a Timóteo, uma a Tito, e uma a Filêmon.

---

21 A sequência que temos aqui, e isto será comum em vários catálogos, de ser interpretada como: "9. Primeiro e Segundo Reis [*i. e.*, Primeiro e Segundo de Samuel]; 10. Terceiro e Quarto dos Reis [*i. e.*, Primeiro e Segundo dos Reis]; 11. Primeiro e Segundo dos Paralipômenos [*i. e.*, Primeiro e Segundo de Crônicas]; 12. Primeiro e Segundo de Esdras [*i. e.*, Esdras e Neemias]... 20. Jeremias e Baruc, Lamentações e Epístolas [*i. e.*, Jeremias]".

10) O cânon de Atanásio (367 d.C.)

Atanásio de Alexandria (295-373 d.C.), em grego Ἀθανάσιος Ἀλεξανδρείας, em latim *Athanasius Alexandrinus*, foi um dos mais importantes Padres da Igreja e teólogos do IV século. Serviu à Igreja como bispo de Alexandria (Egito). Sua lista de livros canônicos foi publicada como parte de sua *Trigésima Nona Epístola Pascal (Festiva)*, do ano 367, tida como a *primeira lista completa* dos livros do NT encontrada até os dias atuais. Após a lista ele declara: "Essas são as fontes da salvação, para que, quem tem sede, possa ser satisfeito com as palavras nelas contidas. Somente nelas está proclamada a doutrina da piedade. A elas nada se pode acrescentar, nem diminuir". O cânon bíblico de Atanásio corresponde ao cânon do *Concílio de Laodiceia (Canon 60)*, com exceção do Livro do Apocalipse, que Atanásio cita e especifica como sendo uma obra de João Evangelista, mas que não é mencionado pelo *Concílio de Laodiceia*, como era comum nas Igrejas orientais que tinham fortes reservas para a aceitação deste livro. Exemplo clássico é o de *Cirilo de Jerusalém*, já indicado com seu Cânon anteriormente aqui em nossa obra.

Esta é a primeira vez que os 27 livros do NT, como os temos hoje, são apresentados como lista oficial dos livros que deveriam ser aceitos como Escritura Sagrada pela Igreja Antiga, embora a ordem seja diversa, visto que ele cita as cartas católicas antes das cartas paulinas, como se vê adiante. Essa lista canônica de Atanásio é a mesma que será reafirmada depois no Concílio Romano I (382), no Concílio de Hipona (393) e nos Concílios de Cartago, África do Norte (397 e 419). Constitui-se numa importante fonte histórica que nos ajuda a compreender o complexo e longo processo de reconhecimento canônico dos escritos do Novo Testamento, seja dos livros canônicos, seja dos deuterocanônicos e dos Apócrifos. Atanásio cita basicamente todos os livros da Bíblia: reafirma os livros protocanônicos do Antigo Testamento e afirma que os deuterocanônicos do AT devem ser considerados como fonte na formação dos neoconvertidos e como *leitura edificante*, porém não são canônicos, mas também não são apócrifos, que são livros que ele coloca em terceiro grupo. Juntamente com o livro de Jeremias, ele cita como sendo canônicos "*Baruc*, as *Lamentações* e a *Carta* [de Jeremias]", deuterocanônicos, e cita entre os não canônicos o livro de *Ester*, que é um canônico:

> "Mas, para ser completo, sinto-me obrigado a acrescentar que há outros livros além desses, que *não* foram recebidos como *canônicos*, mas

foram *indicados pelos Pais como leitura edificante* para aqueles que se converteram e desejam ser instruídos na palavra de piedade: *a Sabedoria de Salomão; Sabedoria de Sirac, Ester, Judite, Tobias, o que é chamado Didaqué dos Apóstolos, e o Pastor*. Mas os primeiros, amados, estão no cânon; os segundos podem servir apenas como *leitura edificante*; mas dos *apócrifos* nunca façam menção. Esses são falsificações de hereges, que os compuseram como bem entenderam e lhes atribuíram a datação antiga, para que pudessem ser usados como se fossem documentos primitivos e assim desencaminhar os mais simples."

Por outro lado, é com Atanásio que encontramos, pela primeira vez os 27 livros que temos hoje no NT, num catálogo que se tornará definitivo, tanto para o Ocidente como para o Oriente. Porém, a ordem do cânon de Atanásio não é a mesma que temos hoje, pois ele cita na seguinte ordem e arranjo: *Evangelhos*, Atos, as 7 Cartas *Católicas*, as 14 Cartas de *Paulo* (ele inclui Hebreus entre as paulinas) e *Apocalipse*.

Pelo que percebemos ao ler o texto introdutório da Carta Pascal 39, que ele envia às Igrejas de sua diocese, na primavera do ano 367, em vista da Páscoa daquele mesmo ano, a sua tentativa é a de instruir acerca das Escrituras que deviam ser lidas (tidas como canônicas) e das que deviam ser usadas como "leitura edificante" (que são os deuterocanônicos), e as que deviam ser evitadas (pois eram apócrifas). Pelo que sabemos, algumas Igrejas já tinham o costume de enviar Cartas Pastorais às suas comunidades por ocasião das principais festas litúrgicas em seu calendário anual.

O texto grego que oferecemos aqui foi tirado da obra de ATHANASIUS ALEXANDRINI, *Epistola XXXIX*. In: J.P. Migne. *Patrologia*, series Grega, Tomus XXVI (Paris: Petit-Montrouge, 1857, p. 1.175-1.180), e abaixo reproduzimos o mesmo texto que encontramos na mesma obra, porém, às p. 1.435-1.440, visto que J.P. Migne reproduziu o mesmo duas vezes na mesma obra; também encontramos este texto na obra P.-P. JOANNOU, *Discipline Générale Antique (IVe-IXe), t. II, Du meme Extrait de la 39e Lettre Pascale*, Fonti I, Fascicolo IX (Grotaferrata: Italo-orientale "S. Nilo", 1963, p. 71-76); outro texto atribuído a ele na *Patrologia Grega* é ATHANASIUS ALEXANDRINI, *Dubia, Synopsis Scripturæ Sacræ*. In: J.P. Migne. *Patrologia*, series Grega, Tomus XXVIII (Paris: Petit-Montrouge, 1857, p. 283-296 e 431-432, mas que não é dele).

Também encontramos o mesmo texto no ENCHIRIDION BIBLICUM. *Documenti della Chiesa sulla sacra Scrittura, Edizione Bilingue* (Bolonha:

EDB, 1994, n. 14) (*Concilium Laodicenum*), texto grego-italiano, que por sua vez também foi publicado na forma grego-espanhol na obra ENQUIRIDION BÍBLICO, *Documentos de la Iglesia sobre la Sagrada Escriptura* (Madri: BAC, 2010, sempre n. 14); e uma tradução em língua portuguesa é possível encontrar na obra H. Alves, *Documentos da Igreja sobre a Bíblia*, de 160 a 2010 (Fátima: Difusora, n. 5, p. 101-102). Podemos encontrar este texto igualmente na obra B.F. Westcott, *A General Survey of the History of the Canon of the New Testament* (Londres, 1866, Apêndice D, p. 495-496); e ainda na obra de Theodor Zahn, *Geschiste des neutestamentliche Kanons*. Zweiter Band: Urkunden und Belege zum ersten und dritten Band. Erste Hälfte (Erlangern/Leipzig: Naschf, 1890, p. 210-212), e na obra de C. Wordsworth, *On the Canon of the Scriptures of the Old and New Testament, and on the Apocrypha* (Londres: Francis & John Rivington, 1848, p. 349-350).

Περὶ τῶν θείων γραφῶν. Acerca das Divinas Escrituras

Τοῦ αὐτοῦ ἐκ τῆς λθ' ἑορτασετικῆς ἐπιστολῆς	O mesmo acerca da 39ª Carta Festiva (Festiva)
Ἀλλ' ἐπειδὴ περὶ μὲν τῶν αἱρετικῶν ἐμνήσθημεν, ὡς νεκρῶν· περὶ δὲ ἡμῶν ὡς ἐχόντων πρὸς σωτηρίαν τὰς θείας γραφάς· καὶ φοβοῦμαι μήπως, ὡς ἔγραψεν Κορινθίοις Παῦλος, ὀλίγοι τῶν ἀκεραίων ἀπὸ τῆς ἁπλότητος καὶ τῆς ἁγιότητος πλανηθῶσιν, ἀπὸ τῆς πανουργίας τινῶν ἀνθρώπων, καὶ λοιπὸν ἐντυγχάνειν ἑτέρους ἄρξωνται, τοῖς λεγομένοις ἀποκρύφοις, ἀπατώμενοι τῇ ὁμωνυμίᾳ τῶν ἀληθῶν βιβλίων· παρακαλῶ ἀνέχεσθαι εἰ περὶ ὧν ἐπίστασθε, περὶ τούτων κἀγὼ μνημονεύων γράφω, διάτε τὴν ἀνάγκην καὶ τὸ χρήσιμον τῆς ἐκκλησίας. Μέλλων δὲ τούτων μνημονεύειν, χρήσομαι πρὸς σύστασιν τῆς ἐμαυτοῦ τόλμης τῷ τύπῳ τοῦ εὐαγγελιστοῦ Λουκᾶ· λέγων καὶ αὐτός· Ἐπειδή περιτινες ἐπεχείρησαν ἀνατάξασθαι ἑαυτοῖς τὰ λεγόμενα ἀπόκρυφα, καὶ ἐπιμῖξαι ταῦτα τῇ θεοπνεύστῳ γραφῇ, περὶ ἧς ἐπληφορήθημεν, καθὼς παρέδοσαν τοῖς πατράσιν οἱ ἀπ' ἀρχῆς αὐτόπται καὶ ὑπηρέται γενόμενοι τοῦ λόγου· ἔδοξεν	2. Mas, já que falamos dos hereges como de mortos, e de nós mesmos como possuidores das divinas Escrituras para a salvação, receio porém, como Paulo escreveu aos Coríntios, que algumas pessoas ingênuas possam se desviar de sua simplicidade e santidade pela astúcia de alguns indivíduos e se deixar enganar porque os livros apócrifos têm nomes idênticos aos autênticos. Por esse motivo, eu vos exorto a ter paciência comigo, se eu vos escrever a título de lembrança, o que estais acostumados a ouvir, para o bem e a utilidade da Igreja. 3. Nesse meu propósito de vos falar sobre essas coisas, eu vou me valer do exemplo do evangelista Lucas, e começo assim: já que alguns se atreveram por sua própria autoridade a compor os chamados Apócrifos e a misturá-los com as Escrituras Inspiradas por Deus – sobre as quais temos a certeza garantida pelas testemunhas originais e ministros da Palavra entregue

κἀμοὶ προτραπέντι παρὰ γνησίων ἀδελφῶν, καὶ μαθόντι ἄνωθεν ἑξῆς ἐκθέσθαι τὰ κανονιζόμενα καὶ παραδοθέντα πιστευθέντα τε θεῖα εἶναι βιβλία· ἵνα ἕκαστος· εἰ μὲν ἠπατήθη, καταγνῷ τῶν πλανησάντων· ὁ δὲ καθαρὸς διαμείνας, χαίρῃ πάλιν ὑπομιμνησκόμενος.

Ἔτι τοίνυν τῆς μὲν παλαιᾶς διαθήκης βιβλία τῷ ἀριθμῷ τὰ πάντα εἰκοσιδύο· τοσαῦτα γάρ, ὡς ἤκουσα, καὶ τὰ στοιχεῖα τὰ παρ' Ἑβραίοις εἶναι παραδέδονται. τῇ δὲ τάξει καὶ τῷ ὀνόματι ἔστιν ἕκαστον οὕτως· πρῶτον Γένεσις, εἶτα Ἔξοδος, εἶτα Λευιτικόν, καὶ μετὰ τοῦτο Ἀριθμοί, καὶ λοιπόν τὸ Δευτερονόμιον· ἑξῆς δὲ τούτοις ἐστὶν Ἰησοῦ ὁ τοῦ Ναυῆ, καὶ Κριταί. καὶ μετὰ τοῦτο ἡ Ῥούθ. καὶ πάλιν ἑξῆς Βασιλειῶν τέσσαρα βιβλία· καὶ τούτων τὸ μὲν πρῶτον καὶ δεύτερον εἰς ἓν βιβλίον ἀριθμεῖται· τὸ δὲ τρίτον καὶ τέταρτον ὁμοίως εἰς ἕν· μετὰ δὲ ταῦτα Παραλειπόμενα α καὶ β, ὁμοίως εἰς ἓν βιβλίον ἀριθμούμενα, εἶτα Ἔσδρας α καὶ β ὁμοίως εἰς ἕν, μετὰ δὲ ταῦτα βίβλος Ψαλμῶν, καὶ ἑξῆς Παροιμίαι. εἶτα Ἐκκλησιαστής, καὶ Ἄσμα ᾀσμάτων. πρὸς τούτοις ἔστι καὶ Ἰώβ, καὶ λοιπόν Προφῆται· οἱ μὲν δώδεκα εἰς ἓν βιβλίον ἀριθμούμενοι. εἶτα Ἡσαΐας, Ἱερεμίας, καὶ σὺν αὐτῷ Βαρούχ, Θρῆνοι καὶ ἐπιστολή, καὶ μετ' αὐτὸν Ἐζεκιὴλ καὶ Δανιήλ. ἄχρι τούτων τὰ τῆς παλαιᾶς διαθήκης ἵσταται.

Τὰ δὲ τῆς καινῆς πάλιν οὐκ ὀκνητέον εἰπεῖν· ἔστι γὰρ ταῦτα. εὐαγγέλια τέσσαρα· κατὰ Ματθαῖον, κατὰ Μάρκον, κατὰ Λουκᾶν, κατὰ Ἰωάννην. εἶτα μετὰ ταῦτα Πράξεις ἀποστόλων, καὶ ἐπιστολαὶ καθολικαὶ καλούμεναι τῶν ἀποστόλων ἑπτά· οὕτως μὲν α. [Ἰακώβου] Πέτρου δὲ β. εἶτα Ἰωάννου γ. καὶ μετὰ ταύτας Ἰούδα α. πρὸς τούτοις Παύλου ἀποστόλου εἰσὶν ἐπιστολαὶ

aos nossos Pais – também eu ungido por alguns irmãos fiéis e depois de ter investigado a matéria desde os inícios, resolvi organizar os escritos que entraram no Cânon, transmitidos e confirmados como sendo divinos, para que os que foram enganados possam condenar seus falsários e os que ficaram firmes na pureza possam alegrar-se, após ter estas coisas trazidas novamente à sua lembrança.

4. Há um total de vinte e dois livros do Antigo Testamento; pois tantas eram, segundo a tradição, as letras do alfabeto hebraico, como tenho ouvido. A ordem e o número de cada um deles é como segue: cinco livros: primeiro *Gênesis*, depois *Êxodo*, depois o *Levítico*, aquele de *Números*, e finalmente, o de *Deuteronômio*. Depois desses vem, *Jesus*, o de *Nun* [*Josué*], os Juízes e *Rute*. Vem a seguir *quatro livros dos Reis*, dos quais o Primeiro e o Segundo se contam como um só, assim como o Terceiro e o Quarto. A estes se juntam o Primeiro e o Segundo dos *Paralipômenos*, contados, igualmente, como um só livro. Depois vem o Primeiro e o Segundo de Esdras, também contados como um único livro. A estes se juntam o Livro dos Salmos; depois os *Provérbios, o Eclesiastes e o Cântico dos Cânticos*; após, também há Jó e os restantes profetas: os *Doze Profetas* estão como um único livro. Depois um de *Isaías*, de Jeremias; e, com ele, *Baruc*, as *Lamentações e a Carta* [de Jeremias]; com estes estão também *Ezequiel* e *Daniel*. Até aqui, os livros do Antigo Testamento.

5. Em continuação, devo citar sem hesitar, os livros da Nova. São os seguintes: *quatro Evangelhos*, segundo *Mateus, Marcos, Lucas e João*. Em seguida, os *Atos dos Apóstolos* e as *sete Cartas Católicas*, chamadas dos apóstolos; são as seguintes: uma [de *Tiago*], duas de *Pedro*, três de *João* e, após estas, uma de *Judas*. Seguem--se as *quatorze Cartas de Paulo*, escritas

δεκατέσσαρες, τῇ τάξει γραφόμεναι οὕτως· πρώτη πρὸς Ῥωμαίους· εἶτα πρὸς Κορινθίους δύο. καὶ μετὰ ταῦτα πρὸς Γαλάτας. καὶ ἑξῆς πρὸς Ἐφεσίους. εἶτα πρὸς Φιλιππησίους καὶ πρὸς Κολοσσαεῖς. καὶ μετὰ ταῦτας πρὸς Θεσσαλονικεῖς δύο· καὶ ἡ πρὸς Ἑβραίους· καὶ εὐθὺς πρὸς μὲν Τιμόθεον δύο· πρὸς δὲ Τίτον μία. καὶ τελευταία ἡ πρὸς Φιλήμονα. καὶ πάλιν Ἰωάννου Ἀποκάλυψις.

Ταῦτα πηγαὶ τοῦ σωτηρίου, ὥστε τὸν διψῶντα ἐμφορεῖσθαι τῶν ἐν τούτοις λογίων· ἐν τούτοις μόνοις τὸ τῆς εὐσεβείας διδασκαλεῖον εὐαγγελίζεται. μηδεὶς τούτοις ἐπιβαλλέτω, μη δὲ τούτων ἀφαιρείσθω τι. περὶ δὲ τούτων ὁ κύριος Σαδδουκαίους μὲν ἐδυσώπει, λέγων· πλανᾶσθε μὴ εἰδότες τὰς γραφάς. τοῖς δὲ Ἰουδαίοις παρῄνει· ἐρευνᾶτε τὰς γραφάς· ὅτι αὐταί εἰσι αἱ μαρτυροῦσαι περὶ ἐμοῦ.

Ἀλλ᾿ ἕνεκά γε πλείονος ἀκριβείας προστίθημι καὶ τοῦτο γράφων ἀναγκαίως· ὡς ὅτι ἔστιν καὶ ἕτερα βιβλία τούτων ἔξωθεν· οὐ κανονιζόμενα μέν τετυπωμένα δὲ παρὰ τῶν πατέρων ἀναγινώσκεσθαι τοῖς ἄρτι προσερχομένοις καὶ βουλομένοις κατηχεῖσθαι τὸν τῆς εὐσεβείας λόγον· Σοφία Σολομῶντος, καὶ Σοφία Σιρὰχ, καὶ Ἐσθὴρ, καὶ Ἰουδὶθ, καὶ Τωβίας, καὶ Διδαχὴ καλουμένη τῶν ἀποστόλων, καὶ ὁ Ποιμήν. Καὶ ὅμως ἀγαπητοί, κἀκείνων κανονιζομένων καὶ τούτων ἀναγινωσκομένων οὐδαμοῦ τῶν ἀποκρύφων ὀμνήμη· ἀλλὰ αἱρετικῶν ἐστιν ἐπίνοια, γραφόντων μὲν ὅτε θέλουσιν αὐτά· χαριζομένων δὲ καὶ προστιθέντων αὐτοῖς χρόνους· ἵνα ὡς παλαιὰ προφέροντες, πρόφασιν ἔχωσιν ἀπατᾶν ἐκ τούτου τοὺς ἀκεραίους.

pela ordem seguinte: uma aos *Romanos*, seguida de duas aos *Coríntios*, e, depois destas, uma aos *Gálatas*, seguida por uma aos *Efésios*, seguida por uma aos *Filipenses* e uma aos *Colossenses*, e, após estas, as duas aos *Tessalonicenses* e uma aos *Hebreus* e, logo em seguida, duas a *Timóteo*, uma a *Tito* e, finalmente, um a *Filemon*. Depois ainda, o Apocalipse de João.

6. Essas são as fontes da salvação, para que, quem tem sede, possa ser satisfeito com as palavras nelas contidas. Somente nelas está proclamada a doutrina da piedade. A elas nada se pode acrescentar, nem diminuir. Respeito a isto, o Senhor disse aos Saduceus envergonhados: "Errais, não conhecendo as Escrituras". E ele reprovou os judeus, dizendo: "Examinai as Escrituras, pois são elas que testificam a meu respeito".

7. Mas, para ser completo, sinto-me obrigado a acrescentar que há outros livros além desses, que não foram recebidos como canônicos, mas foram indicados pelos Pais como leitura edificante para aqueles que se converteram e desejam ser instruídos na palavra de piedade: *a Sabedoria de Salomão; Sabedoria de Sirac, Ester, Judite, Tobias, o que é chamado Didaqué dos Apóstolos, e o Pastor.* Mas os primeiros, amados, estão no cânon; os segundos podem servir apenas como leitura edificante; mas dos apócrifos nunca façam menção. Esses são falsificações de hereges, que os compuseram como bem entenderam e lhes atribuíram a datação antiga, para que pudessem ser usados como se fossem documentos primitivos e assim desencaminhar os mais simples.

Conforme descrevemos acima, este texto grego que oferecemos aqui foi tirado da obra de ATHANASIUS ALEXANDRINI, *Epistola XXXIX*. In: J.P. Migne. *Patrologia*, series Grega, Tomus XXVI (Paris: Petit-Montrouge, 1857, p. 1.435-1.440); e o texto anterior o encontramos na mesma obra, porém às p. 1.175-1.180. Visto que já apresentamos a tradução portuguesa acima, aqui reproduzimos apenas o texto grego, a fim de poder indicar e oferecer a fonte. Ou seja, J.P. Migne reproduziu o mesmo duas vezes na mesma obra.

Epistula festalis xxxix
ΤΟΥ ΑΥΤΟΥ ΕΚ ΤΗΣ ΛΘ΄. ΕΟΡΤΑΣΤΙΚΗΣ ΕΠΙΣΤΟΛΗΣ
Β. Περὶ τῶν θείων γραφῶν.

Τοῦ αὐτοῦ ἐκ τῆς λθ' ἑορτασετικῆς ἐπιστολῆς
Ἀλλ' ἐπειδὴ περὶ μὲν τῶν αἱρετικῶν ἐμνήσθημεν ὡς νεκρῶν, περὶ δὲ ἡ μῶν ὡς ἐχόντων πρὸς σωτηρίαν τὰς θείας γραφάς, καὶ φοβοῦμαι μήπως, ὡς ἔγραψε Κορινθίοις Παῦλος, ὀλίγοι τῶν ἀκεραίων ἀπὸ τῆς ἁπλότητος καὶ τῆς ἁγνότητος πλανηθῶσιν ἀπὸ τῆς πανουργίας τῶν ἀνθρώπων, καὶ λοιπὸν ἐντυγχάνειν ἑτέροις ἄρξονται τοῖς λεγομένοις ἀποκρύφοις, ἀπατώμενοι τῇ ὁμωνυμίᾳ τῶν ἀληθῶν βιβλίων, παρακαλῶ, ἀνέχεσθε, εἰ περὶ ὧν ἐπίστασθε, περὶ τούτων κἀγὼ μνημονεύων γράφω διά τε τὴν ἀνάγκην καὶ τὸ χρήσιμον τῆς ἐκκλησίας. Μέλλων δὲ τούτων μνημονεύειν, χρήσομαι πρὸς σύστασιν τῆς ἐμαυτοῦ τόλμης τῷ τύπῳ τοῦ εὐαγγελιστοῦ Λουκᾶ, λέγων καὶ αὐτός· Ἐπειδή πέρ τινες ἐπεχείρησαν ἀνατάξασθαι ἑαυτοῖς τὰ λεγόμενα ἀπόκρυφα καὶ μῖξαι ταῦτα τῇ θεοπνεύσθῳ γραφῇ, περὶ ἧς ἐπληροφορή θημεν, καθὼς παρέδοσαν τοῖς πα τράσιν οἱ ἀπ' ἀρχῆς αὐτόπται καὶ ὑπηρέται γενόμενοι τοῦ λόγου, ἔδοξε κἀμοί, προτραπέντι παρὰ γνησίων ἀδελφῶν καὶ μαθόντι ἄνωθεν ἑξῆς ἐκθέσθαι τὰ κανονιζόμενα καὶ παραδοθέντα, πιστευθέντα τε θεῖα εἶναι βιβλία, ἵνα ἕκαστος, εἰ μὲν ἠπατήθη, καταγνῷ τῶν πλανησάντων, ὁ δὲ καθαρὸς διαμείνας χαίρῃ πάλιν ὑπο μιμνησκόμενος.
Ἔστι τοίνυν τῆς μὲν παλαιᾶς διαθήκης βιβλία τῷ ἀριθμῷ τὰ πάντα εἰκοσιδύο, τοσαῦτα γάρ, ὡς ἤκουσα, καὶ τὰ στοιχεῖα τὰ παρ' Ἑβραίοις εἶναι παραδέδοται, τῇ δὲ τάξει καὶ τῷ ὀνόματι ἔστιν ἕκαστον οὕτως· πρῶτον Γένεσις· εἶτα Ἔξοδος· εἶτα Λευιτικόν· καὶ μετὰ τοῦτο Ἀριθμοί· καὶ λοιπόν, τὸ Δευτερονόμιον· ἑξῆς δὲ τούτοις ἐστὶν Ἰησοῦς ὁ τοῦ Ναυῆ· καὶ Κριταί· καὶ μετὰ τοῦτο ἡ Ῥούθ· καὶ πάλιν ἑξῆς, Βασιλειῶν βιβλία τέσσαρα· καὶ τούτων τὸ μὲν πρῶτον καὶ δεύτερον εἰς ἓν βιβλίον ἀριθμεῖ ται, τὸ δὲ τρίτον καὶ τέταρτον ὁμοί ως εἰς ἕν· μετὰ δὲ ταῦτα, Παρα λειπομένων πρῶτον καὶ δεύτερον, ὁμοίως εἰς ἓν βιβλίον πάλιν ἀριθ μούμενα· εἶτα Ἔσδρα πρῶτον καὶ δεύτερον ὁμοίως εἰς ἕν· μετὰ δὲ ταῦτα, βίβλος Ψαλμῶν· καὶ ἑξῆς Παροιμίαι· εἶτα Ἐκκλησιαστής· καὶ Ἄσμα ᾀσμάτων· πρὸς τούτοις ἐστὶ καὶ Ἰώβ· καὶ λοιπόν, Προφῆται, οἱ μὲν δώδεκα εἰς ἓν βιβλίον ἀριθμού μενοι, εἶτα Ἡσαΐας, Ἱερεμίας, καὶ σὺν αὐτῷ Βαρούχ, Θρῆνοι καὶ ἐπιστολή, καὶ μετ' αὐτὸν Ἰεζεκιὴλ καὶ Δανιήλ. Ἄχρι τούτων τὰ τῆς παλαιᾶς διαθήκης ἵσταται.
Τὰ δὲ τῆς καινῆς πάλιν οὐκ ὀκνη τέον εἰπεῖν. Ἔστι γὰρ ταῦτα· Εὐαγγέλια τέσσαρα, κατὰ Ματθαῖον, κα τὰ Μάρκον, κατὰ Λουκᾶν καὶ κατὰ Ἰωάννην· εἶτα μετὰ ταῦτα Πράξεις ἀποστόλων, καὶ ἐπιστολαὶ καθολικαὶ καλούμεναι τῶν ἀποστόλων ἑπτά, οὕτως· Ἰακώβου

μὲν μία, Πέτρου δὲ δύο, εἶτα Ἰωάννου τρεῖς, καὶ μετὰ ταύτας Ἰούδα μία· πρὸς τού τοις Παύλου ἀποστόλου εἰσὶν ἐπιστολαὶ δεκατέσσαρες, τῇ τάξει γραφόμεναι οὕτως· πρώτη, πρὸς Ῥωμαίους, εἶτα πρὸς Κορινθίους δύο, καὶ μετὰ ταῦτα πρὸς Γαλάτας, καὶ ἑξῆς πρὸς Ἐφεσίους, εἶτα πρὸς Φι λιππησίους, καὶ πρὸς Κολοσσαεῖς, καὶ μετὰ ταῦτα πρὸς Θεσσαλονικεῖς δύο, καὶ ἡ πρὸς Ἑβραίους, καὶ εὐ θὺς πρὸς μὲν Τιμόθεον δύο, πρὸς δὲ Τίτον μία, καὶ τελευταία ἡ πρὸς Φιλήμονα μία· καὶ πάλιν Ἰωάννου Ἀποκάλυψις. Ταῦτα πηγαὶ τοῦ σωτηρίου, ὥστε τὸν διψῶντα ἐμφορεῖσθαι τῶν ἐν τούτοις λογίων· ἐν τούτοις μόνοις τὸ τῆς εὐσεβείας διδασκαλεῖον εὐαγγελίζεται· μηδεὶς τούτοις ἐπιβαλλέτω, μηδὲ τούτων ἀφαιρείσθω τι. Περὶ δὲ τούτων ὁ κύριος Σαδδουκαίους μὲν ἐδυσώπει, λέγων· "Πλανᾶσθε μὴ εἰδότες τὰς γραφὰς μηδὲ τὴν δύναμιν αὐτῶν", τοῖς δὲ Ἰουδαίοις παρῄνει· "Ἐρευνᾶτε τὰς γραφάς, ὅτι αὐταί εἰσιν αἱ μαρτυροῦσαι περὶ ἐμοῦ". Ἀλλ᾽ ἕνεκά γε πλείονος ἀκριβείας προστίθημι καὶ τοῦτο γράφων ἀναγκαίως, ὡς ὅτι ἔστι καὶ ἕτερα βιβλία τούτων ἔξωθεν, οὐ κανονιζόμενα μέν, τετυπωμένα δὲ παρὰ τῶν πατέρων ἀναγινώσκεσθαι τοῖς ἄρτι προσερχομένοις καὶ βουλομένοις κατηχεῖσθαι τὸν τῆς εὐσεβείας λόγον· Σοφία Σολομῶντος καὶ Σοφία Σιρὰχ καὶ Ἐσθὴρ καὶ Ἰουδὶθ καὶ Τωβίας καὶ Διδαχὴ καλουμένη τῶν ἀποστόλων καὶ ὁ Ποιμήν. Καὶ ὅμως, ἀγαπητοί, κἀκείνων κανονιζομένων, καὶ τούτων ἀναγινωσκομένων, οὐδαμοῦ τῶν ἀποκρύφων μνήμη, ἀλλὰ αἱρετικῶν ἐστιν ἐπίνοια, γραφόντων μὲν ὅτε θέλουσιν αὐτά, χαριζομένων δὲ καὶ προστιθέντων αὐτοῖς χρόνους, ἵνα ὡς παλαιὰ προφέροντες, πρόφασιν ἔχωσιν ἀπατᾶν ἐκ τούτου τοὺς ἀκεραίους.

11) O cânon dos apóstolos ou Cânon Apostólico (c. 380 d.C.)

Os *Cânones Apostólicos* (*Canones Apostolici*)[22] são uma série de adições feitas pelo editor final de um livro sírio antigo, de *Normas da Igreja*, chamado *As Constituições Apostólicas*. Todo o documento pretende ter sido realizado a partir dos apóstolos, mas esta pretensão não é levada a sério pela maioria dos estudiosos hoje. No entanto, o trabalho é útil como evidência para as opiniões de uma parte das Igrejas sírias no final do século IV. A obra toda contém oito tratados sobre a *Disciplina da Igreja Antiga*, sendo uma espécie de *Manual*, cujo objetivo devia ser aquele de servir tanto aos *clérigos* como aos *leigos* para a vivência da fé cristã: os Livros de 1 a 6 contêm uma reedição do *Didascalia Apostolorum*; o Livro 7, baseado na *Didaqué*, contém as orações da vida cristã; e o Livro 8 se divide em três partes, sendo que os capítulos 1 e 2 trazem trechos de uma obra perdida chamada *Charismata*; os capítulos 3 a 46 trazem textos

....

22 Novamente chamamos a atenção para o tipo de literatura que surgiu na Igreja primitiva dedicada ao coletivo dos apóstolos, e seria bom analisar o que está por trás dessa ideia: *Praxis/ Acta Apostolorum, Memoria Apostolorum, Didascalia Apostolorum, Epistola Apostolorum, Passio Apostolorum, Miracula Apostolorum, Virtutes Apostolorum.*

baseados na *Traditio Apostolica*; e o capítulo 47 traz o famoso texto *Canones Apostolici*, no qual temos o nosso cânon bíblico.

A lista de livros canônicos, que nos é oferecida no *Cânon 85* (*Canum Apostolicum*), provavelmente foi adicionada por volta do ano 380. O texto grego que reproduzimos adiante está de acordo com o texto do *Cânon 85* impresso em algumas obras, que indicamos abaixo. Algumas listas deste cânon têm várias peculiaridades. Entre as particularidades, podemos ressaltar que é interessante observar que os livros de *Judite* (Ἰουδεὶθ) e dos Macabeus (Μακκαβαίων) estão ausentes de vários manuscritos dos *Canones Apostolici*, inclusive daqueles que reproduzimos aqui em nossa obra, e que outros incluem os "quatro livros dos Macabeus", enquanto o resto dos livros deuterocanônicos são omitidos. Em relação ao NT, o livro do *Apocalipse de João* é omitido (conferir igualmente a lista do cânon de Cirilo de Jerusalém). As *Epístolas de Clemente* são listadas como canônicas, e o livro das *Constituições Apostólicas* é descrito como um livro canônico esotérico.

O texto reproduzido aqui adiante é de M. Metzger, *Les Constitutiones apostoliques, Livre VIII, 85*, Sources Chrétiennes, n. 336 (Paris: Cerf, 1987, p. 306-310). Este autor não traz a parte inicial, que reza: "Περὶ τοῦ πόσα καὶ ποῖα βιβλία τῆς παλαιᾶς καὶ καινῆς χρὴ δέχεσθαι. / *Acerca do número e do nome dos Livros da Antiga e da Nova, os que são aceitos*", que encontramos no texto de P.-P. Joannou, conforme reproduzimos. No tocante às Cartas, após os Evangelhos, este traz a sequência: "as *quatorze epístolas de Paulo*; uma de *Tiago*; três de *João*; uma de Judas; duas de *Pedro*", concordando com P.-P. Joannou, conforme texto reproduzido. Ele cita Ἰουδεὶθ ἕν (um de Judite) e Μακκαβαίων τέσσαρα (quatro dos *Macabeus*), diferentemente de Joannou que não os traz, conforme reproduzimos abaixo. O texto da obra CLEMENTIS I, PONTEFICIS ROMANI, *Constitutiones Apostolorum*. In: J.P. Migne. *Patrologia*, series Grega, Tomus I (Paris: Petit-Montrouge, 1857, p. 513-553), que traz um texto intitulado *Constitutiones Apostolorum*, também contém uma lista dos livros bíblicos e extrabíblicos em uma *nota anônima*, que reproduzimos adiante (cf. Cânon do Catálogo Anônimo in notis), intitulada "Περί τῶν ξ' βιβλίων, καὶ ὅσα τούντων ἐχτός / *Acerca dos 60 Livros, e daqueles que estão fora*".

Ἔστω δὲ ὑμῖν πᾶσι κληρικοῖς καὶ λαϊκοῖς βιβλία σεβάσμια καὶ ἅγια τῆς μὲν παλαιᾶς διαθήκης Μωσέως πέντε· Ἰησοῦ δὲ τοῦ Ναυῆ ἕν, τῶν Κριτῶν ἕν, τῆς Ῥοὺθ ἕν, τῶν Βασιλειῶν τέσσαρα, Παραλειπομένων τῆς βίβλου τῶν ἡμερῶν δύο, Ἔσδρα δύο, Ἐσθὴρ ἕν, Ἰουδὶθ ἕν, Μακκαβαίων τέσσαρα, Ἰὼβ ἕν, βίβλος Ψαλμῶν ἑκατὸν πεντήκοντα καὶ ἑνός, Σολομῶντος βιβλία πέντε· Προφῆται δέκα ἕξ· ἔξωθεν ὑμῖν προσιστορείσθω μανθάνειν ὑμῶν τοὺς νέους τὰς Σοφίας τοῦ πολυμαθοῦς Σιράχ. Ἡμέτερα δέ, τοῦτ' ἔστι τῆς καινῆς διαθήκης, Εὐαγγέλια μὲν τέσσαρα, ὡς καὶ ἐν τοῖς προλαβοῦσιν εἴπομεν, Ματθαίου, Μάρκου, Λουκᾶ, Ἰωάννου· Παύλου ἐπιστολαὶ δεκατέσσαρες, Ἰακώβου μία, Ἰωάννου τρεῖς, Ἰούδα μία, Πέτρου δύο, Κλήμεντος δύο, καὶ αἱ Διαταγαὶ ὑμῖν τοῖς ἐπισκόποις δι' ἐμοῦ Κλήμεντος ἐν ὀκτὼ βιβλίοις προσπεφωνημέναι, ἃς οὐ χρὴ δημοσιεύειν ἐπὶ πάντων διὰ τὰ ἐν αὐταῖς μυστικά· καὶ αἱ Πράξεις ἡμῶν τῶν ἀποστόλων.

Ταῦτα καὶ περὶ κανόνων ὑμῖν διατετάχθω παρ' ἡμῶν, ὦ ἐπίσκοποι. Ὑμεῖς δὲ ἐμμένοντες μὲν αὐτοῖς σωθήσεσθε καὶ εἰρήνην ἕξετε· ἀπειθοῦντες δὲ κολασθήσεσθε καὶ πόλεμον μετ' ἀλλήλων ἀΐδιον ἕξετε, δίκην τῆς ἀνηκοΐας τὴν προσήκουσαν τιννῦντες. Θεὸς δὲ ὁ μόνος ἀγέννητος καὶ τῶν ὅλων διὰ Χριστοῦ ποιητὴς πάντας ὑμᾶς διὰ τῆς εἰρήνης ἐν Πνεύματι ἁγίῳ ἑνώσει, καταρτίσει εἰς πᾶν ἔργον ἀγαθὸν ἀτρέπτους, ἀμέμπτους, ἀνεγκλήτους, καταξιώσει τε τῆς αἰωνίου ζωῆς σὺν ἡμῖν διὰ τῆς μεσιτείας τοῦ ἠγαπημένου Παιδὸς αὐτοῦ Ἰησοῦ Χριστοῦ, τοῦ Θεοῦ καὶ σωτῆρος ἡμῶν, δι' οὗ ἡ δόξα αὐτῷ τῷ ἐπὶ πάντων Θεῷ καὶ Πατρὶ ἐν ἁγίῳ Πνεύματι τῷ παρακλήτῳ νῦν τε καὶ ἀεὶ καὶ εἰς τοὺς αἰῶνας τῶν αἰώνων· ἀμήν.

Mas todos vós, clérigos e leigos, deveis ensinar estes Livros como veneráveis e santos. Do Antigo Testamento: os cinco de Moisés; mas um de *Jesus, de Nave* [*Josué*]; um dos *Juízes*; um de *Rute*; quatro dos *Reis*; dos *Paralipômenos, do Livro das Crônicas, dois*; dois de *Esdras*; um de *Ester*; um de Judite; quatro dos *Macabeus*; um de *Jó*; os *cento e cinquenta Salmos*; cinco livros de Salomão; os *Dezesseis dos Profetas*. Além disso, vós deveis ensinar aos nossos novos [recém-chegados] a Sabedoria do douto Sirac. Quanto aos nossos, isto é, do Novo Testamento, são os *quatro Evangelhos, de Mateus, de Marcos, de Lucas, de João*; as *quatorze epístolas de Paulo*; uma de *Tiago*; três de *João*; uma de Judas; duas de *Pedro*; *duas cartas de Clemente*; e as *Constituições* dedicadas a vocês, os bispos, por mim, *Clemente*, em oito livros, os quais não é apropriado torná-los públicos diante de todos, por causa dos mistérios neles contidos; e os nossos *Atos dos Apóstolos*.

Eis o que a respeito do Cânon nós vos prescrevemos, ó bispos. Se vós obedeceis, vós sereis salvos e vós conhecereis a paz; mas se vós desobedeceis, vós sereis punidos e seres entregues a uma guerra contínua uns contra os outros, sofrendo a punição que mereceis pela vossa obstinação. Deus, o somente engenheiro e criador de todas as coisas por meio de Cristo, vos unirá todos por meio da paz no Espírito Santo, ele vos tornará aptos para todas as obras boas, isentos de desvios, broncas e reprovações, e vos será indicado a via eterna conosco por meio da mediação do bem-amado Servidor de Jesus Cristo, de Deus e salvador, para quem a glória a Ele, em Deus e Pai acima de tudo, no Espírito Santo, no Paráclito, agora e por todos os séculos dos séculos. Amém.

A obra de P.-P. Joannou, *Discipline Générale Antique (IVe-IXe)*, *Les Canons des Synodes Particuliers*, Fonti I, Fascicolo IX (Grotaferrata: Italo-orientale "S. Nilo", 1962, p. 51-52), cujo texto reproduzimos aqui, o qual traz uma parte inicial, que reza: "Περὶ τοῦ πόσα καὶ ποῖα βιβλία τῆς παλαιᾶς καὶ καινῆς χρὴ δέχεσθαι. / *Acerca do número e do nome dos Livros da Antiga e da Nova, os que são aceitos*". No tocante às *Cartas*, após os *Evangelhos*, este traz a seguinte sequência: "as quatorze epístolas de *Paulo*; duas epístolas de *Pedro*; três de *João*; uma de *Tiago*; uma de Judas". Ele não cita Ἰουδεὶθ ἕν (um de Judite) e nem Μακκαβαίων τέσσαρα (quatro dos *Macabeus*), como encontramos em Metzger, já citado. Também encontramos o mesmo texto reproduzido na obra de B.F. Westcott, *A General Survey of the History of the Canon of the New Testament* (Londres, 1866, p. 484), que, porém, traz uma fonte que cita Ἰουδὶθ ἕν (um de Judite) e Μακκαβαίων τρία (três dos Macabeus), diferentemente de P.-P. Joannou que não cita estes livros e de M. Metzger que afirma que eram "quatro dos Macabeus". Também podemos encontrar este texto na obra de B.F. Westcott, *A General Survey of the History of the Canon of the New Testament* (Londres, 1866, Apêndice D, p. 484); na obra de C. Wordsworth, *On the Canon of the Scriptures of the Old and New Testament, and on the Apocrypha* (Londres: Francis & John Rivington, 1848, p. 374-375); e igualmente na obra de Theodor Zahn, *Geschiste des neutestamentliche Kanons*. Zweiter Band: Urkunden und Belege zum ersten und dritten Band. Erste Hälfte (Erlangern/Leipzig: Naschf, 1890, p. 181-184 e 191-192), com o título de "Κανόνες τῶν ἁγίων Ἀποστόλων / Cânon dos Santos Apóstolos".

Κανὼν πε': Περὶ ἁγίων βιβλίων. Cânon 85: acerca das Sagradas Escrituras

Περὶ τοῦ πόσα καὶ ποῖα βιβλία τῆς παλαιᾶς καὶ καινῆς χρὴ δέχεσθαι.	Acerca do número e do nome dos Livros da Antiga e da Nova, os que são aceitos:
Ἔστω δὲ ὑμῖν πᾶσι κληρικοῖς καὶ λαϊκοῖς βιβλία σεβάσμια καὶ ἅγια· τῆς μὲν Παλαιᾶς Διαθήκης, Μωυσέως, πέντε· Γένεσις, Ἔξοδος, Λευιτικόν, Ἀριθμοί, καὶ Δευτερονόμιον· Ἰησοῦ υἱοῦ Ναυῆ ἕν· Κριτῶν ἕν· τῆς Ῥούθ ἕν· Βασιλειῶν τέσσαρα· Παραλειπομένωντῆς βίβλου τῶν ἡμερῶν, δύο· Ἔσδρα δύο· Ἐσθὴρ ἕν· Ψαλτήριον ἕν· Σολομῶνος τρία, Παροιμίαι,	Mas vós todos, clérigos e leigos, deveis ensinar estes Livros como veneráveis e santos. Do Antigo Testamento: cinco de Moisés: *Gênesis, Êxodo, Levítico, Números* e *Deuteronômio*; um de *Jesus filho de Nave* [*Josué*]; um dos *Juízes*; um de *Rute*; quatro dos *Reis*; dos *Paralipômenos*, do livro de Crônicas, dois; dois de *Esdras*; um de *Ester*; *Saltério, um*; três de Salomão:

Ἐκκλησιαστής, ᾆσμα ᾀσμάτων· Προφῆται ιβ´· Ἡσαΐας, Ἱερεμίας, Ἰεζεκιὴλ, Δανιὴλ καὶ Ἰώβ. Ἔξωθεν δὲ ὑμῖν προσιστορείσθω μανθάνειν ὑμῶν τοὺς νέους τοῦ πολυμαθοῦς Σιράχ τὰς Σοφίας.

Ἡμέτερα δέ, τουτ᾽ ἔστι τῆς Καινῆς Διαθήκης, Εὐαγγέλια δ᾽, Ματθαῖος, Μάρκος, Λουκᾶς, Ἰωάννης· Παύλου ἐπιστολαὶ ιδ´· Πέτρου β´· Ἰακώβου μία· Ἰωάννου γ´· Ἰούδα μία· Κλήμεντος ἐπιστολαί δύο, καὶ αἱ Διαταγαὶ ὑμῖν τοῖς ἐπισκόποις δι᾽ ἐμοῦ Κλήμεντος ἐν ὀκτὼ βιβλίοις προσπεφωνημέναι, ἃς οὐ χρὴ δημοσιεύειν ἐπὶ πάντων διὰ τὰ ἐν αὐταῖς μυστικά· Καὶ αἱ Πράξεις ἡμῶν τῶν Ἀποστόλων.

Provérbios, Eclesiastes, Cântico dos Cânticos; os Doze Profetas. Isaías, Jeremias, Ezequiel, Daniel e Jó. Mas, além disso, vós deveis ensinar aos nossos novos [recém-chegados], do douto Sirac, a Sabedoria.
Mas nossos, isto é, do Novo Testamento, são os quatro Evangelhos, Mateus, Marcos, Lucas, João; as quatorze epístolas de Paulo; duas epístolas de Pedro; três de João; uma de Tiago; uma de Judas; duas cartas de Clemente; e as Constituições dedicadas a vocês, os bispos, por mim, Clemente, em oito livros, os quais não é apropriado torná-los públicos diante de todos, por causa dos mistérios neles contidos; e os nossos Atos dos Apóstolos.

12) O cânon de Anfilóquio de Icônio (c. 380/394 d.C.)

Anfilóquio de Icônio, em grego Ἀμφιλόχιος Ἰκονίου, em latim *Amphilochius Iconiensis*, provavelmente era primo de Gregório de Nazianzo, e serviu à Igreja como Bispo de Icônio (na Galácia) de 373 a 394. Ele também é um dos Padres capadócios, e de nascimento (entre 340-345). Ele é bastante desconhecido, embora alguns Concílios do século V em diante citarem suas opiniões. Os dados que temos a seu respeito provêm sobretudo de Basílio de Cesareia, de Gregório de Nissa e de Gregório de Nazianzo[23]. Morou e trabalhou em Constantinopla e depois de se converter à vida monástica retornou para sua pátria. Basílio é quem o faz bispo de Icônio, no ano 373. Ele é bastante ativo na vida pastoral da Igreja e participa do Concílio de Constantinopla. Ele escreveu vários livros, mas apenas alguns poemas e alguns outros fragmentos de seus escritos chegaram até nós. O restante infelizmente se perdeu. Entre suas obras, ressaltamos: *O Espírito Santo, A Epístola a Seleuco, Iâmbicos a Seleuco, Tratado contra a falsa Ascese*. Sua luta foi sempre em defesa da ortodoxia, da liturgia, da explanação da Palavra de Deus, as duas naturezas de Cristo (humana e divina), a mesma substância das três pessoas da Trindade. Seu ensinamento sobre o *Cânon* é preservado em seu texto *Iâmbicos a Seleuco*, uma obra poética didática

....
23 MORESCHINI, C. & NORELLI, E. *Manual de literatura cristã antiga, grega e latina*, p. 340-341.

antigamente atribuída a Gregório de Nazianzo. Nesta obra é que Anfilóquio de Icônio faz exortações à vida ascética e nos deixa o seu catálogo dos livros tidos por ele como canônicos.

O texto grego aqui reproduzido foi extraído da obra de J.P. Migne. *Gregorii Theologi, Iambi ad Seleucum, PG 37* (Paris, 1862, p. 1.593-1.598); mas também o encontramos em P.-P. Joannou, *Discipline Générale Antique (IVe-IXe), t. II, Saint Amphiloque, Eveque D'Iconium, Extrait des Iambes a Seleucos*, Fonti I, Fascicolo IX (Grotaferrata: Italo-orientale "S. Nilo", 1963, p. 233-237); bem como em ANPHILOCHII ICONIENSIS, *Iambi ad Seleucum*, editado por E. Oberg (Berlim: Walter de Gruyter, 1969, p. 36-39); encontramos o texto grego também na obra B.F. Westcott, *A General Survey of the History of the Canon of the New Testament* (Londres, 1866, Apêndice D, p. 497-499), e na obra de C. Wordsworth, *On the Canon of the Scriptures of the Old and New Testament, and on the Apocrypha* (Londres: Francis & John Rivington, 1848, p. 359-361).

Πλὴν ἀλλ᾽ ἐκεῖνο προσμαθεῖν μάλιστά σοι προσῆκον. Οὐχ ἄπασα βίβλος ἀσφαλής, Ἡ σεμνὸν ὄνομα τῆς Γραφῆς κεκτημένη.	Mas isto especialmente para tu aprenderes o que é justo. Não é seguro todo livro que tem levado o venerável nome de Escritura.
Εἰσί γάρ εἰσιν ἔσθ᾽ ὅτε ψευδώνυμοι	Pois aparecem de tempos em tempos pseudônimos
Βίβλοι, τινὲς μὲν ἔμμεσοι καὶ γείτονες,	livros, alguns dos quais são intermediários ou próximos,
Ὡς ἄν τις εἴποι, τῶν ἀληθείας λόγων·	Como se poderia dizer, as palavras da verdade;
Αἱ δ᾽ ἄρα νόθοι τε καὶ λίαν ἐπισφαλεῖς,	Enquanto outros são espúrios e também perigosos,
Ὥσπερ παράσημα καὶ νόθα νομίσματα, Ἃ βασιλέως μὲν τὴν ἐπιγραφὴν ἔχει,	Como moedas falsas e espúrias, que carregam a inscrição do Rei
Κίβδηλα δ᾽ ἐστί, ταῖς ὕλαις δολούμενα.	Mas quando se olha seu material, sua base é falsa.
Τούτου χάριν σοι τῶν θεοπνεύστων ἐρῶ Βίβλον ἑκάστην. Ὡς δ᾽ ἂν εὐκρινῶς μάθῃς,	Por esta razão, eu deixo para ti os divinamente inspirados. Livro, um a um. De modo que tu possas aprender seguramente.
Τὰς τῆς Παλαιᾶς πρῶτα Διαθήκης ἐρῶ.	Primeiro, eu vou deixar os do Primeiro Testamento.
Ἡ Πεντάτευχος τὴν κτίσιν, εἶτ᾽ Ἔξοδον,	O *Pentateuco*, a *Criação*, em seguida, o *Êxodo*,
Λευϊτικόν τε τὴν μέσην ἔχει βίβλον·	Também *Levítico*, o que está no meio;

μεθ' ἦν Ἀριθμούς, εἶτα Δευτερονόμιον.

Τούτοις Ἰησοῦν προστίθει καὶ τοὺς Κριτάς·
Ἔπειτα τὴν Ρούθ, Βασιλειῶν τε τέσσαρας
Βίβλους· Παραλειπομένων δέ γε δύω
Βίβλοι·
Ἔσδρας ἐπ' αὐταῖς πρῶτος, εἶθ' ὁ δεύτερος.
Ἑξῆς στιχηρὰς πέντε σοι Βίβλους ἐρῶ·
Στεφθέντα τ' ἄθλοις ποικίλων παθῶν Ἰώβ,

Ψαλμῶν τε βίβλον, ἐμμελὲς ψυχῶν ἄκος·

Τρεῖς δ' αὖ Σολομῶντος τοῦ Σοφοῦ·
Παροιμίαι,
Ἐκκλησιαστής, Ἄσμα τ' αὖ τῶν ᾀσμάτων.
Ταύταις Προφήτες προστίθει τοὺς δώδεκα·
Ὡσηὲ πρῶτον, εἶτ' Ἀμὼς τὸν δεύτερον,

Μιχαίαν, Ἰωήλ, Ἀβδίαν, καὶ τὸν τύπον
Ἰωνᾶν αὐτοῦ τοῦ τριημέρου πάθους,
Ναοὺμ μετ' αὐτούς, Ἀββακοὺμ εἶτ' ἔνατον,
Σοφονίαν, Ἀγγαῖόν τε, καὶ Ζαχαρίαν,
Διώνυμόν τε ἄγγελον Μαλαχίαν.
Μεθ' οὓς Προφήτας μάνθανε τοὺς
τέσσαρας,
Παρρησιαστὴν τὸν μέγαν Ἡσαΐαν,
Ἰερεμίαν τε συμπαθῆ, καὶ μυστικὸν
Ἰεζεκιήλ, ἔσχατον δὲ Δανιήλ,
Τὸν αὐτὸν ἔργοις καὶ λόγοις σοφώτατον·
Τούτοις προσεγκρίνουσι τὴν Ἐσθὴρ τινές.

Καινῆς Διαθήκης ὅρα μοι βίβλους λέγειν·

Εὐαγγελιστὰς τέσσαρας δέχου μόνους,
Ματθαῖον, εἶτα Μάρκον, οἷς Λουκᾶν τρίτον
Προσθείς, ἀρίθμει τὸν Ἰωάννην χρόνῳ
Τέταρτον, ἀλλὰ πρῶτον ὕψη δογμάτων,

Βροντῆς γὰρ υἱὸν εἰκότως τοῦτον καλῶ,

Μέγιστον ἠχήσαντα τῷ Θεοῦ λόγῳ.
Δέχου δὲ βίβλον Λουκᾶ καὶ τὴν δευτέραν,
Τὴν τῶν καθολικῶν Πράξεων Ἀποστόλων·

Após, há o *Números*, em seguida
Deuteronômio.
Acrescente a esses *Jesus [Josué]*e os *Juízes*;

Em seguida, *Rute*, os quatro Livros dos
Reis. Após, dois livros das *Crônicas*

Depois desses, *Esdras*, o primeiro e o
segundo.
Depois eu deixo para ti os cinco em versos
coroados nas manifestações de muitos
sofrimentos, *Jó*;
Também o livro dos *Salmos*, apropriado
remédio para a alma;
Os três do sábio Salomão: *Provérbios*,

Eclesiastes, Cântico dos Cânticos.
Depois destes os *Doze Profetas*:
Oseias, o primeiro, em seguida, *Amós*, o
segundo,
Miqueias, Joel, Abdias, e o tipo
Hino, daquele que sofreu três dias, *Jonas*,
Naum, após aqueles, e *Habacuc*, o nono,
Sofonias, também *Ageu*, e *Zacarias*,
Também o mencionado anjo *Malaquias*.
Após estes profetas, aprenda também os
quatro,
O destemido e grande *Isaías*,
Também o simpático *Jeremias*, e místico
Ezequiel, e finalmente *Daniel*,
O mais sábio em suas obras e palavras,
Com estes, alguns aprovam a inclusão de
Ester.

Agora, tenho que falar sobre o Novo
Testamento;
Aceita *quatro Evangelhos* somente,
Mateus, em seguida *Marcos*, para *Lucas*, o
terceiro,
Adicionar a narrativa a *João*, no tempo,
como quarto, mas o primeiro em
sublimidade de dogmas,
Porque Filho de Trovão, com razão, ele é
chamado,
Que sou forte diante da Palavra de Deus.
Aceita também o segundo *livro de Lucas*,
O dos católicos *Atos dos Apóstolos*;

Τὸ σκεῦος ἑξῆς προστίθει τῆς ἐκλογῆς,	Acrescente a estes, além disso, o Vaso
Τὸν τῶν ἐθνῶν κήρυκα, τὸν Ἀπόστολον	Escolhido, Arauto dos Gentios, o Apóstolo
Παῦλον, σοφῶς γράψαντα ταῖς ἐκκλησίαις	Paulo, que escreveu em sabedoria às
Ἐπιστολὰς δὶς ἑπτά· Ῥωμαίοις μίαν,	Igrejas duas vezes sete Epístolas, uma aos
	Romanos.
ᾖ χρὴ συνάπτειν πρὸς Κορινθίους δύο,	À qual devem ser adicionadas duas aos
	Coríntios,
Τὴν πρὸς Γαλάτας, τήν τε πρὸς Ἐφεσίους,	E aos *Gálatas*, e também aos *Efésios*
Μεθ' ἣν τὴν ἐν Φιλίπποις, εἶτα τὴν	Após a qual, uma aos *Filipenses*, em
γεγραμμένην	seguida àqueles escritos
Κολοσσαεῦσι, Θεσσαλονικεῦσι δύο,	*Colossenses*, duas aos *Tessalonicenses*
Δύο Τιμοθέῳ, Τίτῳ δὲ καὶ Φιλήμονι,	duas a *Timóteo*, também *Tito* e Filêmon
Μίαν ἑκάστῳ, καὶ πρὸς Ἑβραίους μίαν.	uma cada, e uma aos *Hebreus*.
Τινὲς δέ φασι τὴν πρὸς Ἑβραίους νόθον	Alguns afirmam que esta aos *Hebreus* é
	espúria
Οὐκ εὖ λέγοντες· γνησία γὰρ ἡ χάρις	Eles dizem que não é bom, pois a graça é
	genuína
Εἶεν. Τί λοιπόν; Καθολικὰς ἐπιστολὰς	Então o que resta? Das Epístolas Católicas
	Alguns dizem que são sete, mas outros
Τινὲς μὲν ἑπτά φασιν, οἱ δὲ τρεῖς μόνας	apenas três
Χρῆναι δέχεσθαι, τὴν Ἰακώβου μίαν,	Devem ser aceitas, uma de *Tiago*
Μίαν τε Πέτρου, τοῦ τ' Ἰωάννου μίαν.	Uma de *Pedro*, uma de *João*.
Τινὲς δὲ τὰς τρεῖς, καὶ πρὸς αὐταῖς τὰς δύο	Caso contrário, três de *João*, e com estas
Πέτρου δέχονται, τὴν Ἰούδα δ' ἑβδόμην·	duas de *Pedro*, e também uma de *Judas*, a
	sétima.
Τὴν δ' Ἀποκάλυψιν τοῦ Ἰωάννου πάλιν,	Também o *Apocalipse de João*
Τινὲς μὲν ἐγκρίνουσιν, οἱ πλείους δέ γε	Alguns aprovam, mas muitos
Νόθον λέγουσιν. Οὗτος ἀψευδέστατος	dizem que é nocivo. Este deve ser o mais
Κανὼν ἂν εἴη τῶν θεοπνεύστων Γραφῶν.	confiável Cânon das Escrituras
	divinamente inspiradas.

13) O cânon do Concílio de Roma (382 d.C.) e o Decreto de Gelásio (392-396 d.C.)

O texto que encontramos no chamado *Decreto Gelasiano* (392-396 d.C.), na verdade pode ser resultado atribuído ao *Papa Damasus* [24] (na fun-

....

24 O Papa Dâmaso, de origiem portuguesa, nasceu em 305 d.C. e morreu em 384 d.C. Foi eleito papa em 366, sendo o 34º bispo de Roma e papa da Igreja Católica Romana. Se admitimos que o texto é do Concílio Romano I, então foi ele quem presidiu esse concílio e foi ele quem teve acesso aos resultados do mesmo, com a presença de 70 bispos. Ele teve que batalhar contra Ursino e seus seguidores. Por sorte, ele contava com o auxílio do Imperador Valentino I, que o apoiou em seus empreendimentos. O Papa Dâmaso teve um papel importante na determinação do cânon das Escrituras Sagradas, pois foi ele quem, já no século IV d.C., lutou muito pela unidade da Igreja e contra os eventuais cismas que poderiam abater sobre a Igreja entre Oriente e Ocidente. Mas foi ele quem pediu e encarregou Jerônimo que fizesse uma revisão e tradução dos textos bíblicos do AT e do NT, dos textos originais para

ção: de 366-384 d.C.), que teria presidido este 1º Concílio em Roma, no ano 382, que contou com a presença de 70 bispos em Roma. Nesse sentido, o texto de H. Denzinger e P. Hünermann, *Compêndio dos símbolos, definições e declarações de fé e moral* (São Paulo: Paulus/Loyola, 2007, n. 177-180), simplesmente prefere intitulá-lo *Decretum Damasi* (Decreto de Dâmaso), visto assumir que o texto realmente provém do Papa Dâmaso; enquanto que o texto do ENCHIRIDION BIBLICUM. *Documenti della Chiesa sulla sacra Scrittura, Edizione Bilingue* (Bolonha: EDB, 1994, n. 26-27), apresenta o texto como sendo *Decretum Gelasii* (492-496), texto latim-italiano, que por sua vez também foi publicado em forma latim-espanhol na obra ENQUIRIDION BÍBLICO, *Documentos de la Iglesia sobre la Sagrada Escriptura* (Madri: BAC, 2010, sempre n. 26-27); aliás, este mesmo texto nós o encontramos na obra DOCTRINA PONTIFICIA, I, *Documentos Bíblicos, por Salvador Muñoz Iglesias* (Madri: BAC, 1955, p. 163-164), sempre intitulado Decreto Gelasiano, enquanto que a tradução em língua portuguesa, encontrada na obra de H. Alves, *Documentos da Igreja sobre a Bíblia*, de 160 a 2010 (Fátima: Difusora, n. 6, p. 102-105), o traz como sendo o "Cânon do Concílio de Roma (382)". Um dado interessante é o fato de que no Concílio Romano tivemos a participação de Jerônimo[25]. Isto já colaborou e muito para que Jerônimo fosse assumindo a lista completa dos livros canônicos e deuterocanônicos que posteriormente ele vai traduzir, resultando na *Vulgata Latina*, a pedido do Papa Dâmaso.

Como afirmamos antes, muitos atribuem este texto do Decreto ao *Papa Gelásio*[26], *de onde se tira o seu nome Decretum Gelasianum*; ele foi *bispo de*

....

o latim, resultando na *Vulgata Latina*, ainda que se tenha usado também textos já traduzidos, chamados de *Vetus Latina*, provavelmente traduzidos por volta do ano 180 d.C., que têm o mesmo cânon que a Igreja Católica Romana tem até hoje e que, inclusive, o Concílio de Trento, em sua Sessão IV, no dia 15/04/1546, confirmou como sendo a Bíblia: "Se, porém, alguém não receber como sagrados e canônicos esses livros em sua integridade, com todas as suas partes, tal como costumavam ser lidos na Igreja Católica e estão contidos na antiga edição latina da *Vulgata*, e desprezar, ciente e propositadamente, as tradições antes mencionadas: seja anátema". Para uma visão ampla do cânon de Trento, que é o mesmo da *Vulgata*, basta ver o texto referente ao cânon de Trento, que trazemos aqui em nosso livro, mais à frente.

25 ALVES, H. *Documentos da Igreja sobre a Bíblia*, p. 102.

26 O *Papa Gelásio* foi eleito bispo de Roma em 492 d.C. e morreu em 496 d.C. Ele era de origem africana e teve de combater o Pelagianismo, o Maniqueísmo e o Arianismo, bastante presentes em seu período eclesial. Em seus *Decretum Gelasianum*, ele ratifica os livros canônicos confor-

106

Roma e papa para toda a Igreja entre 492-496 d.C., que, porém, teria promulgado o seu Decreto tendo presente os resultados do Concílio Romano I (Concilium Romanum I: 382 d.C.). Outros, ainda, atribuem o presente texto ao *Papa Hormisdas*[27] (na função: de 514-523 d.C.), ou aos Concílios que estes três papas presidiram. Mas, como lemos em nota de rodapé do *Enchiridium Biblicum*, n. 26-27, referente a este Decreto, provavelmente este texto se trata de um trabalho de um clérigo desconhecido do século VI, da Gália Meridional, o qual teria feito o trabalho de compilação do texto, colocando juntos o Decreto e a lista dos livros Apócrifos, quem sabe até influenciado pelas obras de Jerônimo e de outras tantas listas que deviam estar circulando pelas Igrejas locais. Fato é que o texto ainda permanece em discussão. Porém, tem toda a sua validade em termos de ser um texto muito antigo e que traz vários aspectos positivos, entre os quais a lista completa dos livros canônicos e deuterocanônicos, bem como uma lista dos livros Apócrifos.

Nós encontramos duas recensões do texto atribuindo-o, seja ao *Concílio Romano I* (382 d.C.) e seja ao *Decreto Gelasiano* (492-496 d.C.). E nós encontramos o texto em dois tomos da *Patrologia Latina Migne*, que cremos ser muito importante ter presente e conferir a ambos. Por isso mesmo que reportamos os dois textos aqui adiante. O texto que nos é fornecido pela *Patrologia*

---

me o *Concílio de Roma I* e, por consequência, a *Vulgata Latina*, além de nos oferecer uma vasta lista dos livros apócrifos recusados pela Igreja. Parece ter sido o papa que foi introduzindo na Igreja as normas eclesiásticas, que foram se concretizando ao longo dos séculos posteriores. Sem sombra de dúvidas, o seu *Decretum Gelasianum* é de enorme valor para a história do cânon bíblico pelo fato de nos trazer a lista do Concílio Romano e por nos apresentar uma vasta lista dos livros apócrifos que estavam circulando pelas comunidades cristãs de então e também pelo fato de nos indicar que era preciso estabelecer e deixar claro a lista dos livros das Sagradas Escrituras que a Igreja recebia e reconhecia como canônicos e inspirados.

27 O *Papa Hormisdas* foi eleito bispo de Roma em 514 d.C. e morreu em 523 d.C. Ele governou a Igreja num momento delicado em relação ao antipapa Lourenço (498-515 d.C.), eleito contra Símaco, e que teve repercussão nos anos seguintes. Apenas eleito, o Papa Hormisdas cuidou de reunificar a Igreja, e em 519 d.C. subscreveu a sua *Fórmula de Fé* (*Formula Hormisdae*), em relação ao Oriente, além de ter que enfrentar a reorganização da Igreja da Espanha, que tinha sido invadida pelos visigodos. Sua luta foi igualmente muito importante contra a simonia, privilégios e donativos marcantes na vida do clero da época. Além disso, é bom que recordemos que ele exerceu seu pontificado na época em que São Bento (480-547 d.C.) fundou a sua ordem monástica e criou muitos mosteiros por toda a Europa. Por fim, também foi o Papa Hormisdas quem encarregou o Monge Dionísio o Pequeno, que foi astrônomo e abade de um mosteiro romano, a estabelecer o ano do nascimento de Cristo e início da Era Cristã, dando-nos, com isso, o calendário que conhecemos e temos até hoje, embora saibamos que ele pode ter errado entre 4 a 6 anos, em vista da morte de Herodes o Grande, que pode ser datada no ano 4 antes de nossa era.

Latina Migne, vol. 19, nos afirma claramente que se trata do Concílio celebrado na cidade de Roma sob o Papa Dâmaso: "Concilium urbis Romae sub Damaso papa celebratum", além de afirmar que se trata de um decreto dos livros recebidos e dos não recebidos, que podemos entender aceitos ou não aceitos como canônicos: "Decretum de libris recipiendis, et non recipiendis". Para tanto basta conferir o texto CONCILIUM URBIS ROMAE, *Appendix ad Opera Coelii Sedulii, Decretum de Libris recipiendis, et non recipiendis*. In: J.P. Migne. *Patrologia, series Latina*, Tomus XIX (Paris: Petit-Montrouge, 1846, p. 787-794), por nós aqui reproduzido. No que diz respeito ao outro volume da *Patrologia Latina Migne*, vol. 59, nós temos o texto em sua lista muito mais ampla, com mais comentários e livros apócrifos elencados. Para tanto, basta conferir o texto CONCILIUM SUB GELASIO HABITORUM RELATIO, *Appendix Tertia, Concilia quædam a Gesalio Celebrata*. In: J.P. Migne. *Patrologia,* series Latina, Tomus LIX (Paris: Petit-Montrouge, 1847, p. 157-166), conforme também reproduzimos. Mas também é possível conferir o texto no *Enchiridion Biblicum* e *Doctrina Pontificia*, citados acima; mas também podemos encontrar este texto na obra de B.F. Westcott, *A General Survey of the History of the Canon of the New Testament* (Londres, 1866, Apêndice D, p. 512-514), atribuindo-o a Gelásio, bem como na tradução francesa de J.-D. Kaestli, *Le canon de L'Ancien Testament* (p. 166-170), e na obra de C. Wordsworth, *On the Canon of the Scriptures of the Old and New Testament, and on the Apocrypha* (Londres: Francis & John Rivington, 1848, p. 376-380), além de vários outros textos que trazemos em nossa bibliografia final.

Na sua forma mais longa, o artigo do "Decreto" que lista os livros aprovados é introduzido por uma sentença inicial, e, em seguida, vem uma lista de livros, dividida em quatro seções, como podemos ver no texto:

Nunc vero de Scripturis divinis agendum est, quid universalis catholica Ecclesia recipiat, et quid vitare debeat.	Agora se deve tratar da Escritura Divina, que a Igreja Católica Universal recebe, e daquilo que deve ser evitado.

1. Incipit Ordo Veteris Testamenti
Genesis liber unus
Exodus liber unus
Leviticus liber unus
Numeri liber unus
Deuteronomium liber unus

Iesu Nave liber unus
Iudicum liber unus
Ruth liber unus
Regum libri quattuor
Paralypomenon libri duo

Psalmorum CL liber unus
Salomonis libri tres
Proverbia liber unus
Ecclesiastes liber unus
Cantica canticorum liber unus
Item sapientiae liber unus
Ecclesiasticum liber unus

2. Item Ordo Prophetarum:
Esaiae liber unus
Hieremiae liber unus
cum Cinoth id est
lamentationibus suis
Ezechielis liber unus
Danihelis liber unus
Oseae liber unus
Amos liber unus
Micheae liber unus
Iohel liber unus
Abdiae liber unus
Ionae liber unus
Naum liber unus
Abbacuc liber unus
Sophoniae liber unus
Aggei liber unus
Zachariae liber unus
Malachiae liber unus

3. Item Ordo Historiarum
Iob liber unus

---

1. Início da lista do Antigo Testamento
Gênesis um livro
Êxodo um livro
Levítico um livro
Números um livro
Deuteronômio um livro

Jesus Nave [Josué] um livro
Juízes um livro
Rute um livro
Reis quatro livros
Crônicas dois livros

150 Salmos um livro
Três livros de Salomão
Provérbios um livro
Eclesiastes um livro
Cântico dos Cânticos um livro
Também a Sabedoria um livro
Eclesiástico um livro

2. Também a lista dos Profetas:
Isaías um livro
Jeremias um livro
com Cinoth [Baruc], isto é suas
Lamentações
Ezequiel um livro
Daniel um livro
Oseias um livro
Amós um livro
Miqueias um livro
Joel um livro
Abdias um livro
Jonas um livro
Naum um livro
Habacuc um livro
Sofonias um livro
Ageu um livro
Zacarias um livro
Malaquias um livro

3. Também a lista dos Históricos:
Jó um livro

Tobiae liber unus	Tobias um livro
Hesdrae libri duo	Esdras dois livros
Hester liber unus	Ester um livro
Iudith liber unus	Judite um livro
Machabeorum libri duo	Macabeus dois livros

4. Item Ordo Scripturarum Novi Testamenti quem sancta et catholica Romana suscipit et veneratur ecclesia: Evangeliorum libri quattuor secundum Matheum liber unus secundum Marcum liber unus secundum Lucam liber unus secundum Iohannem liber unus Item actuum apostolorum liber unus	4. Também a lista das Escrituras do Novo Testamento que a Igreja Romana, Santa e Católica, aceita e venera: Quatro livros dos Evangelhos segundo Mateus, um livro segundo Marcos, um livro segundo Lucas, um livro segundo João, um livro Também Atos dos Apóstolos, um livro

Epistulae Pauli apostoli numero quattuordecim ad Romanos epistula una ad Corinthios epistulae duae ad Ephesios epistula una ad Thesalonicenses epistulae duae ad Galatas epistula una ad Philippenses epistula una ad Colosenses epistula una ad Timotheum epistulae duae ad Titum epistula una ad Philemonem epistula una ad Hebreos epistula una	As Epístolas do Apóstolo Paulo em número quatorze aos Romanos uma carta aos Coríntios duas cartas aos Efésios uma carta aos Tessalonicenses duas cartas aos Gálatas uma carta aos Filipenses uma carta aos Colossenses uma carta a Timóteo duas cartas a Tito uma carta a Filêmon uma carta aos Hebreus uma carta

Item apocalypsis Iohannis liber unus	Também o Apocalipse de João, um livro

Item canonicae epistulae numero septem Petri apostoli epistulae duae Iacobi apostoli epistula una Iohannis apostoli epistula una alterius Iohannis presbyteri epistulae duae Iudae Zelotis apostoli epistula una	Também as cartas canônicas, em número sete: do Apóstolo Pedro duas cartas do Apóstolo Tiago uma carta do Apóstolo João uma carta do outro João, o presbítero, duas cartas do Apóstolo Judas, o Zelota, uma carta.

Explicit Canon Novi Testamenti.	Final do Cânon do Novo Testamento.

Quase no fim do "decreto", é fornecida também uma lista de livros e autores condenados, introduzida por estas palavras:

Cetera quae ab hereticis sive scismaticis conscripta vel praedicata sunt, nullatenus recipit catholica et apostolica Romana ecclesia; e quibus pauca, quae ad memoriam venerunt et a catholicis vitanda sunt, credidimus esse subdenda.	Os restantes escritos que foram compilados ou reconhecidos por hereges ou cismáticos a igreja romana católica e apostólica de forma alguma os recebe; destes nós cremos que poucos foram proferidos para a venerada memória e que devem ser evitados pelos católicos.
O texto termina com um *anathema* sobre os heréticos:	
... et omnes heresei hereseorumque disciplui sive scismatici docuerent vel conscripserunt, quorum nomina minime retinuimus, non solum repudiata verum ab omni Romana catholica et apostolica ecclesia eliminata atque cum suis auctoribus sequacibus sub anathematis insolubili vinculo in aeternum confitemur esse damnata.	.. e tudo o que os discípulos de heresias, dos hereges ou cismáticos, cujos nomes ainda são preservados, ensinados ou compilados, nós declaramos que não seja simplesmente rejeitado, mas excluído de toda a Igreja Católica e Apostólica Romana, e seus autores e seus aderentes sejam condenados no vínculo de anátema para sempre.

Como comentamos acima, o *Decreto Gelasiano* contém uma importante lista dos livros *canônicos*, *deuterocanônicos* e *apócrifos*, que é fornecida na primeira e na última parte, ou itens I e V, dos cinco itens que o texto do Decreto traz. Aliás, poderíamos afirmar, sem exagerar, que o *Decreto Gelasiano* contém a mais antiga e uma das mais importantes listas dos livros bíblicos e extrabíblicos que conhecemos até hoje. Além disso, poderíamos dizer que o texto nos apresenta a primeira lista com um "index librorum prohibitorum" que temos notícias. Se há divergências sobre a autenticidade do mesmo em relação a sua autoria[28], visto que o texto que conhecemos provavelmente seja de uma redação tardia, por outro lado é interessante dar uma olhada no texto que encontramos na obra Migne *PL* 59, que consta de 5 itens; sendo que o **1º item** apresenta uma lista completa dos cânones bíblicos do AT e do NT, contendo todos os livros bíblicos sem distinguir entre canônicos e deuterocanônicos, em número de 46, como encontramos no cânon Católico até hoje, como sendo "aceitos e venerados pela Igreja Romana, Santa e Católica, sob o santo Papa Gelásio I

....

28 Se o Decreto realmente é fruto do Concílio Romano de 382 d.C., então pode ser atribuído ao Papa Dâmaso, que exerceu seu ministério como bispo de Roma entre os anos de 366 e 384; mas também é possível que o texto tenha sido redigido e transmitido pelo Papa Gelásio, que atuou como bispo de Roma no período de 492-496 d.C. Por fim, ainda é possível que o mesmo seja reportado ao Papa Hormisdas (514-523 d.C.). Porém, o mais provável é que realmente o texto remonte ao Concílio de Roma; portanto, ao Papa Dâmaso.

com os setenta bispos" que participaram do Concílio Romano; o **2º item** trata ainda do cânon bíblico e do Primado Romano e das sedes Patriarcais; o **3º item** oferece um catálogo de Concílios antigos, com as respectivas heresias que foram condenadas pelos mesmos; o *4º item* apresenta uma lista das obras de algumas autoridades da Igreja antiga; o *5º item* apresenta uma ampla lista de obras apócrifas e heréticas que a Igreja recusou e condenou.

Poderíamos dizer que pelo menos os três primeiros itens (1 a 3), que o texto da Migne *PL* 59 traz em suas p. 157-166, remontam ao Concílio Romano de 382 d.C. e que os dois últimos itens (4 e 5) podem ser fruto de uma mão posterior. Parece ser, inclusive, a lista dos livros apócrifos que também iremos ver em *Isidoro de Sevilha*, Espanha (séc. VII d.C.) e em *Nicéforo de Constantinopla* (séc. IX d.C.), que também trazemos aqui em nossa obra. Este texto oferecia à Igreja Antiga um *pro memoria* sobre alguns temas tratados no Concílio Romano de 382 d.C. e a respeito dos vários conflitos que a Igreja estava enfrentando em seus primeiros séculos de história, especialmente no que diz respeito aos textos que compunham as Sagradas Escrituras (AT e NT) e em relação às primeiras heresias que começavam a emergir entre os cristãos.

APENDIX TERTIA CONCILIUM ROMANUM I: Conciliorum sub Gelasio habitorum relatio	TERCEIRO APÊNDICE CONCÍLIO ROMANO I: Relatório dos Concílios tidos sob Gelásio
Quo a septuaginta episcopis libri sacri et authentici ab apocryphis sunt discreti, sub Gelasio, anno Domini 494 Asterio atque Praesidio consulibus.	Que os setenta bispos discriminaram acerca dos livros sagrados e autênticos, e dos que são ditos apócrifos, sob Gelásio, no ano do Senhor de 494, sendo cônsules Astério e Presídio.
I. *Ordo librorum Veteris Testamenti quem sancta et catholica Romana suscipit et veneratur Ecclesia, digestus a beato Gelasio papa I cum septuaginta episcopis.* Genesis liber unus. Exodi liber unus. Levitici liber unus. Numeri liber unus. Deuteronomii liber unus.	Item I Lista dos livros do Antigo Testamento que a Igreja Romana, Santa e Católica, aceita e venera, sob o santo Papa Gelásio I com os setenta bispos. Gênesis um livro Êxodo um livro Levítico um livro Números um livro Deuteronômio um livro

Jesu Nave [Josue] liber unus.	Jesus Nave [*Josué*] um livro
Judicum liber unus.	Juízes um livro
Ruth liber unus.	Rute um livro
Regnorum [Regum] libri quatuor.	Dos Reinos [do Reino] quatro livros
Paralipomenon libri duo.	Paralipômenos dois livros [Crônicas]
Psalmorum 150 liber unus.	150 Salmos um livro
Salomonis libri tres:	Três livros de Salomão:
Proverbia,	Provérbios,
Ecclesiastes, et	Eclesiastes, e
Cantica canticorum.	Cânticos dos cânticos.
Item Sapientiae liber unus	Também a Sabedoria um livro
Ecclesiasticus liber unus.	Eclesiástico um livro
Item ordo prophetarum	Também a lista dos Profetas
Isaiae liber unus.	Isaías um livro
Jeremiae liber unus.	Jeremias um livro
Cinoth, id est, de lamentationibus suis.	Cinoth, isto é, de suas Lamentações
Ezechielis liber unus.	Ezequiel um livro
Danielis liber unus.	Daniel um livro
Oseae liber unus.	Oseias um livro
Amos liber unus.	Amós um livro
Michaeae liber unus.	Miqueias um livro
Joel liber unus.	Joel um livro
Abdiae liber unus.	Abdias um livro
Jonae liber unus.	Jonas um livro
Nahum liber unus.	Naum um livro
Habacuc liber unus.	Habacuc um livro
Sophoniae liber unus.	Sofonias um livro
Aggaei liber unus.	Ageu um livro
Zachariae liber unus.	Zacarias um livro
Malachiae liber unus.	Malaquias um livro
Item ordo historiarum:	Também a lista dos Históricos:
Job liber unus, *ab aliis omissus*.	Jó um livro, desde suas omissões
Tobiae liber unus.	Tobias um livro
Esdrae liber unus.	Esdras dois livros[29] [Esdras e Neemias]
Esther [Hester] liber unus.	Ester um livro
Judith liber unus.	Judite um livro
Machabaeorum liber unus [libri duo].	Macabeus dois livros
Item ordo scripturarum novi et aeterni Testamenti [quem catholica sancta Romana suscipit et veneratur Ecclesia].	Também a lista das Escrituras do Novo e eterno Testamento [que a Igreja Romana, Santa e Católica, aceita e venera].

---

29 Nesse caso devemos contar Esdras e Neemias, pois era comum citá-los assim nas listas antigas.

Evangeliorum libri quatuor.
Secundum Matthaeum liber unus.
Secundum Marcum liber unus.
Secundum Lucam liber unus.
Secundum Joannem liber unus.
Actuum apostolorum liber unus.

Epistolae Pauli apostoli numero 14.
Ad Romanos epistola una.
Ad Corinthios epistolae duae.
Ad Galatas epistola una.
Ad Thessalonicenses epistolae duae.
Ad Ephesios epistola una.
Ad Philippenses epistola una.
Ad Colossenses epistola una.
Ad Timotheum epistolae duae
Ad Titum epistola una.
Ad Philemonem epistola una.
Ad Hebraeos epistola una.
Item Apocalypsis Joannis liber unus.

Item canonicae epistolae numero
septem.
Jacobi apostoli epistola una.
Petri apostoli epistolae duae.
Joannis apostoli epistolae tres.
Judae Zelotis apostoli epistola una.

II.

Gelasii Papae decretum cum septuaginta
episcopis habitum de apocryphis scripturis.
Post has omnes propheticas, evangelicas,
atque apostolicas scripturas, quibus Ecclesia
catholica per gratiam Dei fundata est, illud
etiam intimandum putamus, quod quamvis
universae per orbem catholicae Ecclesiae
unus thalamus Christi sit; sancta tamen
Romana catholica et apostolica Ecclesia
nullis synodicis constitutis caeteris Ecclesiis
praelata est, sed evangelica voce Domini et
Salvatoris nostri primatum obtinuit, *Tu es,*
Petrus, inquientis, et super hanc petram
aedificabo Ecclesiam meam, et portae inferi
non praevalebunt adversus eam; et tibi dabo
claves regni coelorum. Et quaecunque

Quatro livros dos Evangelhos
Segundo Mateus, um livro
Segundo Marcos, um livro
Segundo Lucas, um livro
Segundo João, um livro
Atos dos Apóstolos, um livro

As epístolas do Apóstolo Paulo em número 14.
Aos Romanos uma epístola.
Aos Coríntios duas epístolas.
Aos Efésios uma epístola.
Aos Tessalonicenses duas epístolas.
Aos Gálatas uma epístola.
Aos Filipenses uma epístola.
Aos Colossenses uma epístola.
A Timóteo duas epístolas.
A Tito uma epístola.
A Filêmon uma epístola.
Aos Hebreus uma epístola.
Também o Apocalipse de João, um livro

Também as epístolas canônicas, em
número sete:
do Apóstolo Pedro duas epístolas.
do Apóstolo Tiago uma epístola.
do Apóstolo João três epístolas.
do Apóstolo Judas, o Zelota, uma epístola

Item II

Decreto do Papa Gelásio com os 70 bispos
tido acerca dos escritores apócrifos
Após termos discutido sobre as Escrituras
proféticas, as evangélicas e as apostólicas
acima, sobre os quais a Igreja Católica pela
graça de Deus está fundada, também
achamos necessário dizer, embora a Igreja
Católica universalmente esteja difundida
sobre todo o mundo, sendo a única noiva de
Cristo, que à Santa Igreja romana é dado o
primeiro lugar sobre as demais Igrejas, não
por decisão sinodal, mas sim pela voz do
Senhor, nosso Salvador, que no Evangelho
obteve a primazia: "Tu és Pedro" – disse ele –
"e sobre esta pedra edificarei a minha
Igreja e as portas do inferno não

ligaveris super terram, erunt ligata et in coelis; et quaecunque solveris super terram, erunt soluta et in coelis (Matth. XVI).
Cui data [al. *addita*] est etiam societas beatissimi Pauli apostoli vasis electionis, qui non diverso, sicut haeretici garriunt, sed uno tempore, uno eodemque die, gloriosa morte cum Petro in urbe Roma, sub Caesare Nerone agonizans, coronatus est, et pariter supradictam sanctam Romanam Ecclesiam Christo Domino consecrarunt, talemque [al. aliisque] omnibus urbibus in universo mundo sua praesentia atque venerando triumpho praetulerunt.

Est ergo prima Petri apostoli sedes Romana Ecclesia, *non habens maculam, neque rugam, nec aliquid hujusmodi* (Ephes. V).

Secunda autem sedes apud Alexandriam beati Petri nomine a Marco ejus discipulo et evangelista consecrata est. Ipseque a Petro apostolo in Aegyptum directus, verbum veritatis praedicavit, et gloriosum consummavit martyrium.

Tertia vero sedes apud Antiochiam ejusdem beatissimi Petri apostoli nomine habetur honorabilis, eo quod illic priusquam Romam venisset habitavit, et illic primum nomen Christianorum novellae gentis exortum est.

III.
Et quamvis aliud fundamentum nullus possit ponere, praeter id quod positum est, qui est Christus Jesus (I Cor. III); tamen ad aedificationem nostram, eadem sancta [al.add. id est] Romana Ecclesia post illas Veteris vel Novi Testamenti, quas regulariter suscepimus [al. superius notavimus], etiam has [al. alias] suscipi non prohibet scripturas, id est, Sanctam synodum Nicaenam trecentorum decem et octo Patrum, mediante maximo

prevalecerão contra ela; e te darei as chaves do Reino dos Céus e tudo o que ligardes sobre a Terra também será ligado no Céu, e tudo o que desligardes sobre a Terra também será desligado no Céu" (Mt 16). Somou-se também a presença do santíssimo Apóstolo Paulo, o vaso eleito, que não em oposição, como dizem os hereges teimosos, mas ao mesmo tempo e no mesmo dia, foi coroado com uma morte gloriosa junto com Pedro na cidade de Roma, padecendo sob César Nero; e juntos consagraram para Cristo Senhor a acima mencionada Santa Igreja Romana e deram-lhe preferência com a sua presença e triunfos dignos de veneração ante todas as outras cidades no mundo inteiro.
Portanto, a primeira da cátedra da Igreja Romana é do Apóstolo Pedro, *e não tem mancha, nem ruga, nem qualquer outra* (Ef 5).
Porém, o segundo lugar foi concedido, em nome de São Pedro, a Marcos, seu discípulo e autor do Evangelho, para Alexandria. Ele mesmo escreveu a Palavra da Verdade, no Egito, ouvido diretamente do Apóstolo Pedro; lá foi gloriosamente consumado no martírio.
O terceiro lugar é concedido a Antioquia, do santíssimo e venerável Apóstolo Pedro, que ali viveu antes de vir a Roma e onde pela primeira vez foi ouvido o nome da nova raça: "cristãos".

Item III
E embora nenhum outro fundamento possa estabelecer-se, senão aquele que foi estabelecido, Cristo Jesus (1Cor 3), porém, para edificação, a Santa Igreja Romana, depois dos livros do Antigo e do Novo Testamento previamente enumerados, não proíbe receber os escritos, isto é: O Santo Sínodo [Concílio] de Nicea, constituído por 318 Padres [bispos] e presidido pelo Imperador Constantino o Grande, no qual foi condenado o herege Ario;

115

Constantino Augusto, in qua Arius haereticus condemnatus est.
Sanctam synodum Constantinopolitanam, mediante Theodosio seniore Augusto, in qua Macedonius haereticus debitam damnationem excepit.

Sanctam synodum Ephesinam, in qua Nestorius condemnatus est consensu beatissimi Coelestini papae, mediante Cyrillo Alexandrinae sedis antistite, et Arcadio episcopo ab Italia destinato.
Sanctam synodum Chalcedonensem, mediante Marciano Augusto, et Anatolio Constantinopolitano episcopo, in qua Nestoriana et Eutychiana haereses simul cum Dioscoro ejusque complicibus damnatae sunt.

Sed et si qua sunt concilia a sanctis Patribus hactenus instituta, post horum auctoritatem et custodienda et recipienda, et decernimus, et mandamus.

IV.

Item opuscula B. Cypriani martyris et Carthaginensis episcopi, in omnibus recipienda.
Item opuscula B. Gregorii Nazianzeni episcopi.
Item opuscula B. Basilii cappadociae episcopi.
Item opuscula B. Athanasii Alexandrini episcopi.
Item opuscula B. Cyrilli Alexandrini episcopi.
Item opuscula beati Joannis Constantinopolitani episcopi.
Item opuscula B. Theophili Alexandrini episcopi.
Item opuscula B. Hilarii Pictaviensis [al. Proterii Alexandrini] episcopi.
Item opuscula B. Ambrosii Mediolanensis episcopi.
Item opuscula B. Augustini Hipponensis [al. Hipponeregiensis] episcopi.

O Santo Sínodo [Concílio] de Constantinopla, presidido pelo Imperador Teodósio, o ancião, em que o herege Macedônio se livrou da sua merecida condenação;
O Santo Sínodo [Concílio] de Êfeso, no qual Nestório foi condenado com o consentimento do santíssimo Papa Celestino, presidido por Cirilo de Alexandria na sede do magistrado, e por Arcádio, o bispo enviado da Itália.
O Santo Sínodo [Concílio] de Calcedônia, presidido pelo Imperador Marciano, e por Anatólio, o bispo de Constantinopla, no qual as hereges Nestoriana e Eutiquiana, juntamente, com Dióscoro e os seus simpatizantes, foram condenados.
Mas como também há concílios apoiados até agora pelos Santos Padres, de menor autoridade, nós decretamos que estes devem ser mantidos e recebidos.

Item IV

Do mesmo modo, as obras de São Cipriano, mártir e bispo de Cartago, seja tudo recebido.
Do mesmo modo, as obras de São Gregório Nazianzeno, bispo.
Do mesmo modo, as obras de São Basílio, bispo da Capadócia.
Do mesmo modo, as obras de Santo Atanásio, bispo de Alexandria.
Do mesmo modo, as obras de São Cirilo, bispo de Alexandria;
Do mesmo modo, as obras de São João, bispo de Constantinopla.
Do mesmo modo, as obras de São Teófilo, bispo de Alexandria.
Do mesmo modo, as obras do de Santo Hilário, bispo de Poitiers.
Do mesmo modo, as obras de Santo Ambrósio, bispo de Milão.
Do mesmo modo, as obras de Santo Agostinho, bispo de Hipona.

Item opuscula B. Hieronymi presbyteri.

Item opuscula B. Prosperi viri religiosissimi.

Item epistolam B. Leonis papae ad Flavianum Constantinopolitanum episcopum destinatam; cujus textum [al. de cujus textu] quispiam si usque ad unum iota disputaverit, et non eam in omnibus venerabiliter receperit, anathema sit.

Item opuscula atque tractatus omnium orthodoxorum Patrum qui in nullo a sanctae Ecclesiae Romanae consortio deviarunt, nec ab ejus fide vel praedicatione sejuncti sunt; sed ipsius communionis [al. communicationis] per gratiam Dei usque in ultimum diem vitae suae fuere participes, legendos decernimus.

Item decretales epistolas, quas beatissimi papae diversis temporibus ab urbe Romana pro diversorum Patrum consultatione dederunt, venerabiliter recipiendas.

Item gesta sanctorum martyrum, qui multiplicibus tormentorum cruciatibus, et mirabilibus confessionum triumphis irradiant [al. illustrantur]. Quis ita esse catholicorum dubitet, et majora eos in agonibus fuisse perpessos, nec suis viribus, sed gratia Dei et adjutorio universa tolerasse? Sed ideo secundum antiquam consuetudinem [al. addit. et singularem cautelam], singulari cautela in sancta Romana Ecclesia non leguntur, quia et eorum qui conscripsere nomina penitus ignorantur: et ab infidelibus aut idiotis superflua, aut minus apta, quam rei ordo fuerit, scripta esse putantur [al. inserta leguntur]; sicut cujusdam Quirici [al. Cyrici] et Julitae, sicut Georgii, aliorumque hujusmodi passiones, quae ab haereticis perhibentur compositae. Propter quod, ut dictum est, ne vel levis subsannandi oriretur occasio, in sancta Romana Ecclesia non leguntur. Nos tamen cum praedicta Ecclesia omnes martyres, et eorum gloriosos agones, qui Deo magis quam hominibus noti sunt,

Do mesmo modo, as obras de São Jerônimo, sacerdote.

Do mesmo modo, as obras de São Próspero, um homem religiosíssimo.

Do mesmo modo, a epístola do santo Papa Leão a Flaviano, bispo de Constantinopla; cujo texto foi em alguma parte contestado, não sendo aquela que foi recebida por todos desde a antiguidade, seja anátema.

Do mesmo modo, as obras e todos os tratados dos Padres ortodoxos que não se desviaram em nada da Santa Igreja Romana, e que nunca se separaram da fé e da pregação, mas manteve-se em comunhão pela graça de Deus até ao último dia das suas vidas, decretamos que sejam lidos.

Do mesmo modo, os decretos e epístolas oficiais que os santíssimos papas enviaram de Roma, por consideração a vários Padres e em diversas épocas, devem ser mantidas com reverência.

Do mesmo modo, os Atos dos Santos Mártires, que receberam a glória pelas suas múltiplas torturas e as suas maravilhosas vitórias confessaram a persistência. Que católico duvida que a maioria deles tivera de suportar agonias com todas as suas forças, mas resistiram pela graça de Deus e a ajuda dos demais? Mas, de acordo com um costume antigo [por singular cautela] não se leem na Santa Igreja Romana, porque os nomes de quem as escreveu são desconhecidos: e não é possível separar os não crentes e idiotas; ou porque o que declaram é de ordem inferior aos eventos ocorridos; por exemplo, os Atos de Quirício e Julita, assim como os de Jorge, e as paixões de outros como estes, que parecem ter sido compostas por hereges. Por esta razão, tal como se disse, para não dar pretexto à casual burla, não são lidos na Santa Igreja Romana. No entanto, veneramos com a mencionada Igreja todos os mártires e suas gloriosas agonias, que são mais conhecidas por Deus do que pelos homens, com toda a devoção.

omni devotione veneramur.

Item Vitas Patrum, Pauli, Antonii, Hilarionis, et omnium eremitarum quas tamen vir beatissimus scripsit Hieronymus, cum omni honore suscipimus.

Item actus beati Silvestri apostolicae sedis praesulis, licet ejus qui conscripsit nomen ignoretur, a multis tamen in urbe Romana catholicis legi cognovimus, et pro antiquo usu multae haec imitantur Ecclesiae.

Item scripta de inventione crucis dominicae, et alia scripta de inventione capitis Joannis Baptistae, novellae quaedam [al. quidem] relationes sunt, et nonnulli eas catholici legunt. Sed cum haec ad catholicorum manus pervenerint, beati Pauli apostoli praecedat sententia: *Omnia probate; quod bonum esttenete* (II Thess. V).

Item Rufinus vir religiosus plurimos ecclesiastici operis edidit libros, nonnullas etiam Scripturas interpretatus est. Sed quoniam beatus [al. venerabilis] Hieronymus eum in aliquibus de arbitrii Libertate notavit, illa sentimus quae praedictum beatum Hieronymum sentire cognoscimus; et non solum de Rufino, sed etiam de universis quos vir saepius memoratus zelo Dei et fidei religione reprehendit.

Item Origenis nonnulla opuscula quae vir beatissimus Hieronymus non repudiat, legenda suscipimus. Reliqua autem omnia cum auctore suo dicimus esse renuenda.

Item chronica Eusebii Caesariensis, et ejusdem ecclesiasticae Historiae libros: quamvis in primo narrationis suae libro tepuerit, et postea in laudibus atque excusatione Origenis schismatici unum conscripserit librum: propter rerum tamen notitiam singularem, quae ad instructionem pertinent, usquequaque non dicimus renuendos.

Do mesmo modo, as Vidas dos Padres, de Paulo, de Antônio, de Hilário, e todos os eremitas, que são descritas pelo santíssimo varão Jerônimo, que com honra as recebemos.

Do mesmo modo, os Atos de São Silvestre, bispo da Sé apostólica, que são permitidos, ainda que se desconheça o seu autor, já que sabemos que são lidos por muitos católicos inclusive da cidade de Roma, e também pelo uso antigo das gerações, que é imitado pela Igreja.

Do mesmo modo, os escritos sobre a descoberta da cruz, e outras notícias sobre a descoberta da cabeça de João Baptista, que são relatos e alguns deles são lidos por católicos. Mas quando estes cheguem às mãos de católicos, deve considerar-se primeiro o que disse o santo Apóstolo Paulo: *Examinai todas as coisas, retendo o que seja bom* (2Ts 5).

Do mesmo modo, Rufino, um homem muito religioso, que escreveu vários livros sobre as obras eclesiásticas e algumas interpretações das Escrituras. Mas, desde que São [venerável] Jerônimo demonstrou que fez uso de certas liberdades arbitrárias em alguns desses livros, consideramos como aceitáveis aqueles que São Jerônimo, anteriormente citados, considerava como aceitáveis; e não só os de Rufino, mas também aqueles de qualquer um que seja recordado pelo seu zelo por Deus e criticado pela fé na religião.

Do mesmo modo, algumas obras de Orígenes, que o santíssimo varão Jerônimo não repudiou, recebemo-las para serem lidas. Mas dizemos que o restante, com sua autoria, deve recusar-se;

Do mesmo modo, a Crônica de Eusébio de Cesareia e os livros de sua História Eclesiástica, e mesmo que ainda haja muitas coisas duvidosas no primeiro livro de sua narração e logo tenha escrito um livro elogiando e desculpando o cismático Orígenes, no entanto, considerando que na

Item Orosium virum eruditissimum collaudamus: quia valde nobis necessariam adversus paganorum calumnias dignam ordinavit historiam miraque brevitate contexuit.

Item venerabilis Sedulii paschale opus, quod heroicis descripsit versibus, insigni laude praeferimus.

Item Juvenci nihilominus laboriosum opus non spernimus, sed miramur.

Caetera, quae ab haereticis sive schismaticis conscripta vel praedicata sunt, nullatenus recipit catholica et apostolica Romana Ecclesia; e quibus pauca, quae ad memoriam venerunt, et catholicis vitanda sunt, credimus esse subdenda.

V.

Notitia librorum apocryphorum qui non recipiuntur.

In primis Ariminensem synodum a Constantio Caesare Constantini Augusti filio congregatam, mediante Tauro praefecto [*al.* praetorio] ex tunc et nunc et usque in aeternum confitemur esse damnatam.

Item Itinerarium nomine Petri apostoli, quod appellatur sancti Clementis libri [decem, *al.* novem], octo, apocryphum.

Actus nomine Andreae apostoli, apocryphi.

Actus nomine Thomae apostoli, libri 10 apocryphi.

Actus nomine Petri apostoli, apocryphi.

Actus nomine Philippi apostoli, apocryphi.
Evangelium nomine Thaddaei, apocryphum.
Evangelium nomine Matthiae, apocryphum.
Evangelium nomine Petri apostoli, apocryphum.

---

sua narração há coisas bem como notícias singulares, que são úteis para a instrução, não diremos a ninguém que devam recusar.

Do mesmo modo, elogiamos Osório, um varão sumamente erudito, que nos escreveu uma história muito necessária contra as calúnias dos pagãos e de uma brevidade maravilhosa.

Do mesmo modo, a obra pascal do venerável Sedúlio, que foi escrita com versos heroicos e merece um elogio significativo.

Do mesmo modo, a incrível e laboriosa obra de Juvêncio, que não desprezamos, mas nos maravilhamos.

Os demais, que foram compilados ou reconhecidos pelos hereges ou cismáticos, a Igreja Católica Apostólica Romana não recebe de forma nenhuma; e destes cremos por bem citar alguns, que vieram à mente, e que são evitados pelos católicos.

Item V

Notícia dos livros apócrifos que não são recebidos (não são aceitos).

Em primeiro lugar, confessamos que o Sínodo [Concílio] de Rimini, convocado pelo Imperador Constâncio, filho de César Augusto Constantino, por meio do prefeito Tauro, dever ser de agora em diante, para sempre, condenado.

Do mesmo modo, o Viagens sob o nome do Apóstolo Pedro, com o título: os oito livros que são chamados de São Clemente [dez, *al.* nove], apócrifo.

Atos sob o nome do Apóstolo André, apócrifo.

Atos sob o nome do Apóstolo Tomé, 10 livros apócrifos.

Atos sob o nome do Apóstolo Pedro, apócrifo.

Atos sob o nome do Apóstolo Filipe, apócrifo.
Evangelho sob o nome de Tadeu, apócrifo.
Evangelho sob o nome de Matias, apócrifo.
Evangelho sob o nome do Apóstolo Pedro, apócrifo.

Evangelium nomine Jacobi Minoris, apocryphum.

Evangelium nomine Barnabae, apocryphum.

Evangelium [al. Evangelia] nomine Thomae quo [al. quibus] utuntur Manichaei, apocryphum [al. apocrypha].

Evangelium [al. Evangelia] nomine Bartholomaei apostoli, apocryphum [al. apocrypha].

Evangelium nomine Andreae apostoli, apocryphum.

Evangelia quae falsavit Lucianus, apocrypha.

Liber de infantia Salvatoris, apocryphus.

Evangelia quae falsavit Esitius [al. Hesychius et Isicius], apocrypha.

Liber de Nativitate [al. Infantia] Salvatoris, et de Maria et obstetrice [al. addit. ejus], apocryphus.

Liber qui appellatur Pastoris, apocryphus.

Libri omnes quos fecit Leucius [al. Lucius] discipulus diaboli, apocryphi.

Liber qui appellatur Fundamentum, apocryphus.

Liber qui appellatur Thesaurus, apocryphus.

Liber de filiabus Adae geneseos, apocryphus.

Centimetrum de Christo, Virgilianis compaginatum versibus, apocryphum.

Liber qui appellatur Actus Teclae et Pauli apostoli, apocryphus.

Liber qui appellatur Nepotis, apocryphus.

Liber Proverbiorum qui ab haereticis conscriptus et sancti Sixti [al. Xysti] nomine praenotatus est, apocryphus.

Revelatio quae appellatur Pauli apostoli, apocrypha.

Revelatio quae appellatur Thomae apostoli, apocrypha.

Revelatio quae appellatur S. Stephani, apocrypha.

Liber qui appellatur Transitus, id est Assumptio sanctae Mariae, apocryphus.

Liber qui appellatur Poenitentia Adae, apocryphus.

Liber Ogiae nomine gigantis, qui ab

Evangelho sob o nome de Tiago, o Menor, apócrifo.

Evangelho sob o nome de Barnabé, apócrifo.

Evangelho [al. Evangelhos] sob o nome de Tomé, [al. que] usado pelos Maniqueus, apócrifo [al. apócrifos].

Evangelho [al. Evangelhos] sob o nome do Apóstolo Bartolomeu, apócrifo [al. apócrifos].

Evangelho sob o nome do Apóstolo André, apócrifo.

Evangelhos falsificados por Luciano, apócrifos.

Livro da Infância do Salvador, apócrifos.

Evangelhos falsificados por Eusício [al. Hesíquio et Isício], apócrifos.

Livro da Natividade [al. Infância] do Salvador, e de Maria e da obstétrica [al. addit. sua], apócrifo.

Livro que é chamado do Pastor, apócrifo.

Todos os livros que foram compostos por Leucio [al. Lúcio], discípulo do diabo, apócrifos.

Livro que é chamado Fundamento, apócrifo.

Livro que é chamado Tesouro, apócrifo.

Livro sobre as filhas de Adão do Gênesis, apócrifo.

Centão sobre Cristo, composto em versos de Virgiliano, apócrifo.

Livro chamado de Atos de Tecla e de Paulo Apóstolo, apócrifo.

Livro chamado de Nepote, apócrifo.

Livro dos Provérbios, composto por herético e conhecido com o nome de São Sixto [al. Xisto], apócrifo.

Revelação que é dito do Apóstolo Paulo, apócrifo.

Revelação que é dito do Apóstolo Tomé, apócrifo.

Revelação que é dito de Santo Estêvão, apócrifo.

Livro que é chamado de Trânisto, isto é, Assunção da Santa Maria, apócrifo.

Livro que é chamado a Penitência de Adão, apócrifo.

Livro sob o nome do gigante Ogia, a

haereticis cum dracone post diluvium pugnasse fingitur, apocryphus.

Liber qui appellatur Testamentum Job, apocryphus.

Liber qui appellatur Poenitentia Origenis, apocryphus.

Liber qui appellatur Poenitentia sancti Cypriani, apocryphus.

Liber qui appellatur Poenitentia Jamnae et Mambrae, apocryphus.

Liber qui appellatur Sortes sanctorum apostolorum, apocryphus.

Liber qui appellatur Laus [al. Lusus] apostolorum, apocryphus.

Liber qui appellatur Canones apostolorum, apocryphus.

Liber Physiologus, qui ab haereticis conscriptus est, et B. Ambrosii nomine signatus [al. praenotatus], apocryphus.

Historia Eusebii Pamphili, apocrypha.

Opuscula Tertulliani, apocrypha.

Opuscula Lactantii [al. Firmiani], apocrypha.

Opuscula Africani, apocrypha.

Opuscula Postumiani et Galli, apocrypha.

Opuscula Montani, Priscillae et Maximillae, apocrypha.

Opuscula omnia Fausti Manichaei, apocrypha.

Opuscula Commodiani, apocrypha.

Opuscula alterius Clementis Alexandrini, apocrypha.

Opuscula Tatii [al. Tharsi seu Tascii] Cypriani, apocrypha.

Opuscula Arnobii, apocrypha.

Opuscula Tychonii, apocrypha.

Opuscula Cassiani [al. Cassionis] presbyteri Galliarum, apocrypha.

Opuscula Victorini Pictaviensis [al. Petabionensis], apocrypha.

Opuscula Fausti Regensis Galliarum, apocrypha.

Opuscula Frumentii Caeci, apocrypha.

Epistola Jesu ad Abagarum [al. Abgarum] regem, apocrypha.

respeito do qual os heréticos creem que após o dilúvio combateu com o dragão, apócrifo.

Livro que é chamado Testamento de Jó, apócrifo.

Livro que é chamado a Penitência de Orígenes, apócrifo.

Livro que é chamado a Penitência de São Cipriano, apócrifo.

Livro que é chamado a Penitência de Jamnes e de Mambre, apócrifo.

Livro que é chamado a Sorte dos Apóstolos, apócrifo.

Livro que é chamado Jogos [al. Luso] dos Apóstolos, apócrifo.

Livro que é chamado Cânones dos Apóstolos, apócrifo.

Livro Filosófico, escrito pelos heréticos, e conhecido [al. conservado] sob o nome de Santo Ambrósio, apócrifo.

História de Eusébio de Panfílio, apócrifo.

Obras de Tertuliano, apócrifos.

Obras de Lactâncio [al. Firmiano], apócrifos.

Obras do Africano, apócrifos.

Obras de Postumiano e Gallo, apócrifos.

Obras de Montano, de Priscila e de Maximilia, apócrifos.

Obras de Fausto, o Maniqueu, apócrifos.

Obras de Comodiano, apócrifos.

Obras do outro Clemente Alexandrino, apócrifos.

Obras de Tácio [al. Tarso seu Táxio] Cipriano, apócrifos.

Obras de Arnóbio, apócrifos.

Obras de Ticônio, apócrifos.

Obras de Cassiano [al. Cassiono], presbítero das Gálias, apócrifos.

Obras de Vitorino de Poitiers [al. Petau], apócrifos.

Obras de Fausto de Riez das Gálias, apócrifos.

Obras de Frumêncio, o Cego, apócrifos.

Epístola de Jesus ao Rei Abagaro [al. Abgaro], apócrifo.

Epistola Abagari [al. Abgari] ad Jesum, apocrypha.

Passio Quirici [al. Cyrici] et Julitae, apocrypha.

Passio Georgii, apocrypha.

Scriptura quae appellatur contradictio [al. interdictio] Salomonis, apocrypha.

Phylacteria omnia, quae non angelorum (ut illi confingunt), sed daemonum magis arte [al. nominibus] conscripta sunt, apocrypha.

Haec et omnia his similia, quae Simon Magus, Nicolaus, Cerinthus, Marcion, Basilides, Ebion, Paulus etiam Samosatenus, Photinus, et Bonosus, et qui simili errore defecerunt; Montanus quoque cum suis obscenissimis sequacibus, Apollinaris, Valentinus, sive Manichaeus, Faustus, Africanus, Sabellius, Arius, Macedonius, Eunomius, Novatus, Sabbatius, Callistus, Donatus, Eustathius, Jovinianus, Pelagius, Julianus Eclanensis, Coelestinus [al. Coelestius], Maximinus [al. Maximianus], Priscillianus ab Hispania, Nestorius Constantinopolitanus, Maximus Unicus, Lampetius [al. Lapicius], Dioscorus, Eutyches, Petrus, et alius Petrus, e quibus unus Alexandriam, alius Antiochiam maculavit; Acacius Constantinopolitanus cum consortibus [al. sociis] suis; nec non et omnes haeresiarchae, eorumque discipuli, sive schismatici, docuerunt vel conscripserunt quorum nomina minime retinentur; non solum repudiata, verum etiam ab omni Romana catholica et apostolica Ecclesia eliminata, atque cum suis auctoribus auctorumque sequacibus sub anathematis indissolubili vinculo in aeternum confitemur esse damnata.

Epístola de Abagaro [al. Abgaro] a Jesus, apócrifo.

Paixão de Quiríaco [al. Círico] e de Julita, apócrifo.

Paixão de Jorge, apócrifo.

Escritura que é chamada Contradição [al. Interdição] de Salomão, apócrifo.

Todos os Filactérios, que não são dos anjos (que lhes configuram), mas são escritos [al. nomeados] pela arte da magia dos demônios, apócrifos.

Estes e todos os seus semelhantes, aquilo que enviaram ou compuseram Simão Mago, Nicolau, Cerinto, Marcião, Basílide, Ebião, Paolo de Samósata, Fotino e Bonoso, contaminados pelo mesmo erro, e assim também Montano, com os seus obscenos seguidores, Apolinário, Valentino o Maniqueu, Fausto o Africano, Sabélio, Arião, Macedônio, Eunômio, Novato, Sabácio, Calisto, Donato, Eustásio, Joviano, Pelágio, Juliano Eclanense, Celestino [al. Celéstio], Máximiano, Priscilano o Espânico, Nestório Constantinopolitano, Máximo o Cínico, Lampécio [al. Lapício], Dióscoro, Eutíquio, Pedro e o outro Pedro, dos quais um contaminou Alexandria, o outro Antioquia, Acácio de Constantinopla com os seus companheiros [al. amigos]; não, e nem de todos os heresiarcas, seus discípulos e os cismáticos, que ensinaram ou escreveram, cujos nomes nós nem minimamente conservamos, não sejam apenas rejeitados, mas verdadeiramente eliminados de toda a Igreja Romana, Católica e Apostólica, e igualmente seus autores e seus seguidores sejam condenados indissoluvelmente sob o vínculo de anátema para sempre.

14) O cânon de Gregório de Nazianzo (c. 385 d.C.)

Gregório de Nazianzo, também chamado Gregório Nazianzeno, em grego Γρηγόριος ὁ Ναζιανζηνός, em latim *Gregorius Nazianzenus*, foi um dos grandes defensores da fé ortodoxa como foi definida no Concílio e Credo de Niceia, durante a segunda metade do IV século, e um dos grandes Padres capadócios e provavelmente era primo de Anfilóquio de Icônio. Ele foi feito bispo de Nazianzo por Basílio de Cesareia, também chamado de Basílio de Ancira. Antes disso, Gregório Nazianzeno também residiu em Constantinopla, onde teve oportunidade de crescer academicamente, seguindo os passos de Basílio.

As famosas homilias de Gregório Nazianzeno sobre a Trindade ajudaram muito para reviver a força da ortodoxia defendida por Constantinopla, onde atuou como bispo de 378 a 382. Suas homilias constituem-se em verdadeiras obras de arte da literatura cristã em língua grega, pois fora educado por grandes mestres da retórica de seu tempo. Ele obteve o título de "o Teólogo" por excelência de seu tempo, vista a maestria com que falava sobre a teologia em geral, especialmente sobre a teologia trinitária, pois falar de Deus era o motivo de seu existir[30]. Sua produção literária foi ampla e ele é reconhecido pelo seu grande epistolário, que conta com 224 epístolas, enviadas a muitos de seus amigos. Aliás, as regras do gênero literário da epistolografia são atribuídas a ele: "concisão, graça, clareza e ausência de afetação"[31]. Sua facilidade em escrever era tamanha que ele compôs também muitas poesias, ao redor de dezoito mil versos[32].

Em uma de suas muitas homilias, na defesa da fé e da Palavra de Deus, Gregório de Nazianzo oferece o seu catálogo bíblico dos livros canônicos no texto *Carmina* 1.12.10-29. Seu pronunciamento sobre o cânon foi realizado no final de sua vida, sob a forma de um poema: *"Acerca dos livros Genuínos das Escrituras Divinamente Inspiradas"*, pois sentiu a necessidade de deixar claro quais eram os livros divinamente inspirados das Sagradas Escrituras, vista a situação de desacordo que ainda havia na Igreja sobre este tema, pois muitos eram os livros apócrifos que também estavam sendo usados nas comunidades cristãs em geral. Como Atanásio, a enumeração dos livros do Antigo Testamen-

---

30 MORESCHINI, C. & NORELLI, E. *Manual de literatura cristã antiga, grega e latina*. Op. cit., p. 329.

31 MORESCHINI, C. & NORELLI, E. *Manual de literatura cristã antiga, grega e latina*. Op. cit., p. 330.

32 MORESCHINI, C. & NORELLI, E. *Manual de literatura cristã antiga, grega e latina*. Op. cit., p. 330-332.

to de Gregório de Nazianzo omite *Ester*. O *Apocalipse de João* também está ausente de sua lista dos livros do Novo Testamento, comum aos Padres orientais, como em Cirilo de Jerusalém, que constitui como que a referência para se falar desta recusa ou resistência na aceitação do livro do Apocalipse de João.

O texto grego que oferecemos aqui foi extraído das obras de J.P. Migne. *Gregorii Theologi, Theologica, Liber I, Sectio I, Poemata Dogmatica, Carmina XII*, PG 37 (Paris, 1862, p. 471-474), que também encontramos no texto de P.-P. Joannou, *Discipline Générale Antique (IVe-IXe), t. II, Saint Gregoire Le Theologien, Extrait de ses oeuvres* em Fonti I, Fascicolo IX (Grotaferrata: Italo-orientale "S. Nilo", 1963, p. 229-232). Também podemos obter este texto na obra de B.F. Westcott, *A General Survey of the History of the Canon of the New Testament* (Londres, 1866, Apêndice D, p. 496-497); e igualmente na obra de Theodor Zahn, *Geschichte des neutestamentliche Kanons*. Zweiter Band: Urkunden und Belege zum ersten und dritten Band. Erste Hälfte (Erlangern/Leipzig: Naschf, 1890, p. 216-219), e na obra de C. Wordsworth, *On the Canon of the Scriptures of the Old and New Testament, and on the Apocrypha* (Londres: Francis & John Rivington, 1848, p. 362).

ΙΒ΄. Περὶ τῶν γνησίων βιβλίων τῆς θεοπνεύστου Γραφῆς.	Acerca dos livros Genuínos das Escrituras divinamente inspiradas.
Θείοις ἐν λογίοισιν ἀεὶ γλώσσῃ τε νόῳ τε	Os divinos oráculos sempre devem na língua e na mente
Στρωφᾶσθ᾽· ἢ γὰρ ἔδωκε Θεὸς καμάτων τόδ᾽ ἄεθλον, Καί τι κρυπτὸν ἰδεῖν ὀλίγον φάος, ἢ τόδ᾽ ἄριστον,	ser manifestados. Porque Deus, de fato, haverá de dar uma recompensa por este trabalho, de modo que tu podes obter luz de qualquer coisa escondida, ou, o que é muito melhor,
Νύττεσθαι καθαροῖο Θεοῦ μεγάλῃσιν ἐφετμαῖς·	que tu podes ser estimulado por Deus a uma maior pureza,
Ἥ τρίτατον, χθονίων ἀπάγειν φρένα ταῖσδε μερίμναις. Ὄφρα δὲ μὴ ξείνῃσι νόον κλέπτοιο βίβλοισι (Πολλαὶ γὰρ τελέθουσι παρέγγραπτοι κακότητες), Δέχνυσο τοῦτον ἐμεῖο τὸν ἔγκριτον, ὦ φίλ᾽, ἀριθμόν.	e, em terceiro lugar, ser chamado a ficar longe das preocupações por esse estudo. Mas não deixes livros estranhos seduzirem tua mente. Pois muitos escritos malignos foram divulgados. Aceita, ó amigo, esta minha lista dos aprovados.
Ἱστορικαὶ μὲν ἔασι βίβλοι δυοκαίδεκα πᾶσαι Τῆς ἀρχαιοτέρης Ἑβραϊκῆς σοφίης.	Estes são todos os doze livros históricos, da mais antiga sabedoria hebraica:

Πρωτίστη, Γένεσις, εἶτ᾽ Ἔξοδος, Λευιτικόν
τε.
Ἔπειτ᾽ Ἀριθμοί. Εἶτα Δεύτερος Νόμος.
Ἔπειτ᾽ Ἰησοῦς, καὶ Κριταί. Ῥοὺθ ὀγδόη.
Ἡ δ᾽ ἐνάτη δεκάτη τε βίβλοι, Πράξεις
βασιλήων,

Καὶ Παραλειπόμεναι. Ἔσχατον Ἔσδραν
ἔχεις.
Αἱ δὲ στιχηραὶ πέντε, ὧν πρῶτός γ᾽ Ἰώβ·

Ἔπειτα Δαυΐδ· εἶτα τρεῖς Σολομωντίαι·
Ἐκκλησιαστὴς, Ἄσμα καὶ Παροιμίαι.

Καὶ πένθ᾽ ὁμοίως Πνεύματος προφητικοῦ.

Μίαν μέν εἰσιν ἐς γραφὴν οἱ δώδεκα·
Ὡσηὲ κ᾽ Ἀμὼς, καὶ Μιχαίας ὁ τρίτος·
Ἔπειτ᾽ Ἰωὴλ, εἶτ᾽ Ἰωνᾶς, Ἀβδίας,
Ναούμ τε, Ἀββακούμ τε, καὶ Σοφονίας,

Ἀγγαῖος, εἶτα Ζαχαρίας, Μαλαχίας.
Μία μὲν οἵδε. Δευτέρα δ᾽ Ἡσαΐας.

Ἔπειθ᾽ ὁ κληθεὶς Ἰερεμίας ἐκ βρέφους.

Εἶτ᾽ Ἰεζεκιὴλ, καὶ Δανιήλου χάρις.
Ἀρχαίας μὲν ἔθηκα δύω καὶ εἴκοσι
βίβλους,
Τοῖς τῶν Ἑβραίων γράμμασιν ἀντιθέτους.

Ἤδη δ᾽ ἀρίθμει καὶ νέου μυστηρίου.

Ματθαῖος μὲν ἔγραψεν Ἑβραίοις θαύματα
Χριστοῦ·
Μάρκος δ᾽ Ἰταλίῃ, Λουκᾶς Ἀχαϊάδι·
Πᾶσι δ᾽ Ἰωάννης, κῆρυξ μέγας,
οὐρανοφοίτης.
Ἔπειτα Πράξεις τῶν σοφῶν ἀποστόλων.
Δέκα δὲ Παύλου τέσσαρές τ᾽ ἐπιστολαί.

Ἑπτὰ δὲ καθολικαὶ, ὧν, Ἰακώβου μία,
Δύω δὲ Πέτρου, τρεῖς δ᾽ Ἰωάννου πάλιν·
Ἰούδα δ᾽ ἐστὶν ἑβδόμη. Πάσας ἔχεις.

Εἴ τι δὲ τούτων ἐκτὸς, οὐκ ἐν γνησίαις.

Primeiro, o *Gênesis*, em seguida, *Êxodo*,
também o *Levítico*.
Em seguida, *Números*, em seguida, a
Segunda Lei.
Em seguida, *Jesus* [*Josué*] e *Juízes*, *Rute* é
o oitavo.
O nono e o décimo livros são os *Atos dos
Reis*;
E os *Crônicas*. Enfim, você tem *Esdras*.
Os livros poéticos são cinco, sendo *Jó*, o
primeiro.
Em seguida *Davi* [*Salmos*]; os três de
Salomão *Eclesiastes*, *Cânticos* e
Provérbios.
E da mesma forma, cinco de inspiração
profética:
Primeiro, os *Doze* em um escrito:
Oseias e Amós, e Miqueias é o terceiro;
em seguida *Joel e Jonas, Abdias*,
também *Naum*, também *Habacuc e
Sofonias*.
Ageu, em seguida *Zacarias, Malaquias*.
Todos estes são um. O segundo é de
Isaías.
Em seguida um chamado como uma
criança, *Jeremias*.
Em seguida *Ezequiel*, e o dom de *Daniel*.
Portanto, conto vinte e dois livros antigos,
correspondendo ao número das *letras
hebraicas*.

Mas, agora conto também os do Novo
Mistério.
Mateus escreveu os milagres de Cristo
para os hebreus.
Marcos para a Itália, *Lucas* para a Grécia;
João para todos, o grande arauto, que foi
para o céu.
Em seguida os *Atos dos sábios apóstolos*.
Mas, há também quatorze Epístolas de
Paulo.
E são sete as católicas, uma de *Tiago*,
duas de *Pedro*, também três de *João*;
uma de *Judas*, que é a sétima. Aqui tu tens
todos.
E se houver alguns além destes, eles não
são genuínos.

15) O cânon de Epifânio (c. 385 d.C.)

Epifânio, em grego Ἐπιφάνιος, em latim *Epiphanius*, foi bispo de Salamina (Σαλαμίς), e metropolita da Ilha de Chipre, de 367-402 d.C., grande defensor da fé cristã; escreveu inclusive um compêndio contra as heresias que ameaçavam o cristianismo no final do século IV, sacudido sobretudo pelo arianismo. Na prática ele é pouco conhecido e divulgado, mas é um homem de grande envergadura e de grande erudição. Desde muito cedo ele se dedicou ao estudo das Escrituras Sagradas e da ascese monástica dos monges do Egito. Segundo Jerônimo, que sempre lhe esteve muito próximo, Epifânio falava pelo menos cinco línguas: grego, siríaco, hebraico, copta e latim[33].

A lista de livros canônicos de Epifânio de Salamina é dada justamente em seu grande tratado contra as heresias, o *Panarion*, em grego Πανάριον, também conhecido pelo seu nome latino *Adversus Haereses* (374-377). Mas antes do *Panarion*, ele escreveu a obra *Ancorado* (374), para dar apoio na fé aos que estavam sendo balançados pelo arianismo. Porém, a sua obra monumental foi, sem sombra de dúvidas, o *Panarion*, "uma obra em três livros e sete tomos, onde ele examina oitenta heresias de sua época", onde ele refuta a todas defendendo que os heresiarcas eram homens vaidosos e indignos[34].

O texto da obra Πανάριον que reproduzimos aqui, por primeiro, foi extraído de E. Band, *Die Griechischen, Christlichem Schriftsteller, Der Easten Drei Jahrhunderte, EPIPHANIUS, Panarion,* Leipzig, J.C. Hinrichs'sche Buchhandlung, 1915 (p. 185-197), que apresenta um texto que contém apenas os livros do cânon do Antigo Testamento. O mesmo texto nós igualmente o temos na obra EPIPHANIUS, *Panarion.* In: J.P. Migne. *Patrologia,* series Grega, Tomus 41 (1863, p. 213-214: Antigo Testamento), Tomus 42 (1863, p. 559-562: Novo Testamento) e Tomus 43 (1864, p. 243-246: Antigo Testamento e Novo Testamento) (Paris: Petit-Montrouge), que também reproduzimos a seguir em sua sequência dos volumes das PG 41, 42 e 43. Também podemos encontrar este texto na obra de B.F. Westcott, *A General Survey of the History of the Canon of the New Testament* (Londres, 1866, Apêndice D, p. 492-493), e na obra de C. Wordsworth, *On the Canon of the Scriptures of the Old and New*

----

33 MORESCHINI, C. & NORELLI, E. *Manual de literatura cristã antiga, grega e latina.* Op. cit., p. 284.

34 MORESCHINI, C. & NORELLI, E. *Manual de literatura cristã antiga, grega e latina.* Op. cit., p. 285.

Testament, and on the Apocrypha (Londres: Francis & John Rivington, 1848, p. 354-355, 355-356) (outros dois textos).

<table>
<tr>
<td>

6. Ἔσχον δὲ οὗτοι οἱ Ἰουδαῖοι ἄχρι τῆς ἀπὸ Βαβυλῶνος τῆς αἰχμαλωσίας ἐπανόδου βίβλους τε καὶ προφήτας τούτους καὶ προφητῶν βίβλους ταύτας· πρώτην μὲν Γένεσιν δευτέραν Ἔξοδον τρίτην Λευιτικὸν τετάρτην Ἀριθμοὺς πέμπτην Δευτερονόμιον ἕκτη βίβλος Ἰησοῦ τοῦ Ναυῆ ἑβδόμη τῶν Κριτῶν ὀγδόη τῆς Ῥοὺθ ἐνάτη τοῦ Ἰὼβ δεκάτη τὸ Ψαλτήριον ἑνδεκάτη Παροιμίαι Σολομῶντος δωδεκάτη Ἐκκλησιαστὴς τρισκαιδεκάτη τὸ ᾆσμα τῶν ᾀσμάτων τεσσαρεσκαιδεκάτη Βασιλειῶν πρώτη πεντεκαιδεκάτη Βασιλειῶν δευτέρα ἑκκαιδεκάτη Βασιλειῶν τρίτη ἑπτακαιδεκάτη Βασιλειῶν τετάρτη ὀκτωκαιδεκάτη Παραλειπομένων πρώτη ἐννεακαιδεκάτη Παραλειπομένων δευτέρα εἰκοστὴ τὸ Δωδεκαπρόφητον εἰκοστὴ πρώτη Ἠσαΐας ὁ προφήτης εἰκοστὴ δευτέρα Ἱερεμίας ὁ προφήτης μετὰ τῶν Θρήνων καὶ ἐπιστολῶν αὐτοῦ τε καὶ τοῦ Βαροὺχ εἰκοστὴ τρίτη Ἰεζεκιὴλ ὁ προφήτης εἰκοστὴ τετάρτη Δανιὴλ ὁ προφήτης εἰκοστὴ πέμπτη Ἔσδρας ⁻α, εἰκοστὴ ἕκτη Ἔσδρας ⁻β, εἰκοστὴ ἑβδόμη Ἐσθήρ. αὐταίεἰσιν αἱ εἴκοσι ἑπτὰ βίβλοι ἐκ θεοῦ δοθεῖσαι τοῖς Ἰουδαίοις· εἴκοσι δύο δέ εἰσιν ὡς τὰ παρ᾽ αὐτοῖς στοιχεῖα τῶν Ἑβραϊκῶν γραμμάτων ἀριθμούμεναι διὰ τὸ διπλοῦσθαι δέκα βίβλους εἰς πέντε λογιζομένας. περὶ τούτου δὲ ἄλλη που σαφῶς εἰρήκαμεν. εἰσὶ δὲ καὶ ἄλλαι δύο βίβλοι παρ᾽ αὐτοῖς ἐν ἀμφιλέκτῳ, ἡ Σοφία τοῦ Σιρὰχ καὶ ἡ τοῦ Σολομῶντος, χωρὶς ἄλλων τινῶν βιβλίων ἐναποκρύφων. πᾶσαι δὲ αὗται αἱ ἱεραὶ βίβλοι τὸν Ἰουδαϊσμὸν ἐδίδασκον καὶ τὰ τοῦ νόμου φυλάγματα ἕως τῆς τοῦ κυρίου ἡμῶν Ἰησοῦ Χριστοῦ παρουσίας.

</td>
<td>

6. Mas no tempo do retorno dos cativos da Babilônia os judeus tinham adquirido os livros e também profetas. E os livros dos profetas são os seguintes: 1. Gênesis. 2. Êxodo. 3. Levítico. 4. Números. 5. Deuteronômio.
6. O Livro de Jesus de Nun [*Josué*].
7. O dos Juízes. 8. Rute.
9. O de Jó. 10. O Saltério.
11. Os Provérbios de Salomão.
12. Eclesiastes. 13. O Cântico dos Cânticos. 14. O Primeiro dos Reis.
15. O Segundo dos Reis.
16. O Terceiro dos Reis.
17. O Quarto dos Reis.
18. O Primeiro dos Paralipômenos.
19. O Segundo dos Paralipômenos.
20. O dos Doze Profetas.
21. O Profeta Isaías. 22. O Profeta Jeremias, com as Lamentações e as Epístolas dele e também de Baruc.
23. O Profeta Ezequiel.
24. O Profeta Daniel.
25. Primeiro de Esdras.
26. Segundo de Esdras. 27. Ester.
Estes são os vinte e sete livros doados aos judeus por Deus. Eles são contados como vinte e dois, no entanto, como as letras de seu alfabeto hebraico, porque os dez livros que são duplos eles contam como cinco. Mas já expliquei isso claramente em outro lugar. E eles têm mais dois livros de canonicidade disputada, a *Sabedoria de Sirac e a de Salomão*, além de alguns outros apócrifos. Todos estes livros sagrados são ensinados ao Judaísmo e também as observâncias da Lei até a vinda de nosso Senhor Jesus Cristo.

</td>
</tr>
</table>

Também julgamos oportuno reproduzir aqui a obra EPIPHANIUS, *Panarion*. In: J.P. Migne. *Patrologia*, series Grega, Tomus 41 (Paris: Petit-Montrouge, 1863, p. 213-214), por trazer o texto segundo a obra de Migne, como os outros dois abaixo. O Tomus 41 apresenta apenas a lista dos livros do Antigo Testamento.

Γ'. Ἔσχον δὲ οὗτοι οἱ Ἰουδαῖοι ἄχρι τῆς ἀπὸ Βαβυλῶνος αἰχμαλωσίας ἐπανόδου βίβλους τε καὶ προφήτας τούτους, καὶ προφητῶν βίβλους ταύτας· πρώτην μὲν Γένεσιν, δευτέραν Ἔξοδον, τρίτην Λευιτικὸν, τετάρτην Ἀριθμοὺς, πέμπτην Δευτερονόμιον ἕκτην βίβλον Ἰησοῦ τοῦ Ναυῆ, ἑβδόμην τῶν Κριτῶν, ὀγδόην τῆς Ῥοὺθ, ἐννάτην τοῦ Ἰὼβ, δεκάτην τὸ Ψαλτήριον, ἑνδεκάτην Παροιμίας Σολομῶντος, δυοκαιδεκάτην Ἐκκλησιαστὴν, τρισκαιδεκάτην τὸ ᾆσμα τῶν ᾀσμάτων, τεσσαρεσκαιδεκάτην πρώτην Βασιλειῶν, πεντεκαιδεκάτην δευτέραν Βασιλειῶν, ἑκκαιδεκάτην τρίτην Βασιλειῶν, ἑπτακαιδεκάτην τετάρτην Βασιλειῶν, ὀκτωκαιδεκάτην πρώτην Παραλειπομένων, ἐννεακαιδεκάτη δευτέραν Παραλειπομένων, εἰκοστὴν τὸ Δωδεκαπρόφητον, εἰκοστὴν πρώτην Ἠσαΐας τὸν προφήτην, εἰκοστὴν δευτέραν τὸν προφήτην Ἰερεμίας, μετὰ τῶν Θρήνων καὶ ἐπιστολῶν αὐτοῦ τε καὶ τοῦ Βαροὺχ, εἰκοστὴν τρίτην Ἰεζεκιὴλ τὸν προφήτην, εἰκοστὴν τετάρτην Δανιὴλ τὸν προφήτην, εἰκοστὴν πέμπτην τὸ πρῶτον βίβλίον τοῦ Ἔσδρα, εἰκοστὴν ἕκτην τὸ δευτέραν βίβλίον, εἰκοστὴν ἑβδόμην τὸ βίβλίον Ἐσθήρ.
Καὶ αὗταί εἰσιν αἱ εἴκοσιέπτὰ βίβλοι αἱ ἐκ θεοῦ δοθεῖσαι τοῖς Ἰουδαίοις, εἴκοσιδύο δέ εἰσι ὡς τὰ παρ' αὐτοῖς στοιχεῖα τῶν Ἑβραϊκῶν γραμμάτων ἀριθμούμεναι διὰ τὸ διπλοῦσθαι δέκα βίβλους εἰς πέντε λεγομένας. περὶ τούτου δὲ ἄλλη που σαφῶς εἰρήκαμεν.
Εἰσὶ δὲ καὶ ἄλλαι παρ' αὐτοῖς δύο βίβλοι ἐν ἀμφιλέκτῳ ἡ Σοφία τοῦ Σιρὰχ, καὶ ἡ τοῦ Σολομῶντος, χωρὶς ἄλλων τινῶν βιβλίων

Mas no tempo do retorno dos cativos da Babilônia os judeus tinham adquirido os livros e também profetas. E os livros dos profetas são os seguintes: 1. Gênesis. 2. Êxodo. 3. Levítico. 4. Números. 5. Deuteronômio.
6. O Livro de Jesus de Nun [*Josué*].
7. dos Juízes. 8. de Rute. 9. de Jó.
10. O Saltério.
11. Provérbios de Salomão.
12. Eclesiastes.
13. O Cântico dos Cânticos.
14. O Primeiro dos Reis.
15. O Segundo dos Reis.
16. O Terceiro dos Reis.
17. O Quarto dos Reis.
18. O Primeiro de Crônicas.
19. O Segundo de Crônicas.
20. dos Doze Profetas.
21. Primeiro o Profeta Isaías.
22. Segundo o Profeta Jeremias, com as Lamentações e as Epístolas dele e também de Baruc.
23. Terceiro o Profeta Ezequiel.
24. Quarto o Profeta Daniel.
25. O Primeiro Livro de Esdras.
26. O Segundo Livro. (*Neemias*)
27. O Livro de Ester.

E estes são os vinte e sete livros doados aos judeus por Deus. Eles são contados como vinte e dois, no entanto, como as letras de seu alfabeto hebraico, porque os dez livros que são duplos eles contam como cinco. Mas já expliquei isso claramente em outro lugar.
E eles têm mais dois livros de canonicidade disputada, a *Sabedoria de Sirac e a de Salomão*, além de alguns

ἐναποκρύφων. Πᾶσαι δὲ αὗται αἱ ἱεραὶ βίβλοι τὸν Ἰουδαϊσμὸν ἐδίδασκον καὶ τὰ τοῦ νόμου φυλάγματα ἕως τῆς τοῦ κυρίου ἡμῶν Ἰησοῦ Χριστοῦ παρουσίας.	outros apócrifos. Todos estes livros sagrados são ensinados ao Judaísmo e também as observâncias da Lei até a vinda de nosso Senhor Jesus Cristo.

Aqui reproduzimos o texto do mesmo catálogo bíblico, porém como encontramos na obra EPIPHANIUS, *Panarion*. In: J.P. Migne. *Patrologia*, series Grega, Tomus 42 (Paris: Petit-Montrouge, 1863, p. 559-562) (*De Panarion lxxvi*. 5); igualmente na obra de C. Wordsworth, *On the Canon of the Scriptures of the Old and New Testament, and on the Apocrypha* (Londres: Francis & John Rivington, 1848, p. 355). Este texto começa por afirmar que o do Antigo Testamento é formado por 27 livros e, em seguida, oferece a relação apenas dos livros do Novo Testamento, a saber: 4 *Evangelhos*, seguidos de 14 Epístolas *Paulinas, Atos dos Apóstolos*, e as Epístolas *Católicas*: de *Tiago*, de *Pedro*, de *João* e de *Judas*, e conclui citando o livro do *Apocalipse de João*. Entre os textos do Novo Testamento, o autor afirma citando no plural, os livros da *Sabedoria de Salomão* e do *Filho de Sirac*.

Εἰ γὰρ ἦς ἐξ ἁγίου Πνεύματος γεγεννημένος, καὶ προφήταις, καὶ ἀποστόλοις μεμαθητευμένος, ἔδει σε διελθόντα ἀπ' ἀρχῆς γενέσεως κόσμου ἄχρι τῶν Ἐσθὴρ χρόνων, ἐν εἴκοσι καὶ ἑπτὰ βίβλοις παλαιᾶς διαθήκης, εἴκοσι δύο ἀριθμουμένοις, τέτταρσι δὲ ἁγίοις Εὐαγγελίοις, καὶ ἐν τεσσαρσικαίδεκα Ἐπιστολαῖς τοῦ ἁγίου ἀποστόλου Παύλου, καὶ ἐν ταῖς πρὸ τούτων, καὶ σὺν ταῖς ἐν τοῖς αὐτῶν χρόνοις Πράξεσι τῶν ἀποστόλων, καθολικαῖς Ἐπιστολαῖς Ἰακώβου καὶ Πέτρου καὶ Ἰωάννου καὶ Ἰούδα, καὶ ἐν τῇ τοῦ Ἰωάννου Ἀποκαλύψει, ἔν τε ταῖς Σοφίαις, Σολομῶντός τέ φημι καὶ υἱοῦ Σιράχ, καὶ πάσαις ἁπλῶς γραφαῖς θείαις, καὶ ἑαυτοῦ χαταγνῶναι, ὅτι ὄνομα, ὅπερ οὐδαμοῦ ἐντέταχται, ἦλθες ἡμῖν φέρων, οὐχ ἀπρεπὲς μὲν θεῷ, ἀλλ' εὐσεβὲς εἰς θεὸν, τὸ τοῦ ἀγεννήτου ὄνομα, μηδαμοῦ δὲ ἐν θείᾳ Γραφῇ ῥηθέν.	Mas se tu fostes gerado pelo Espírito Santo e instruído pelos profetas e apóstolos, tu deves ter passado desde o início da gênese do mundo até os tempos de Ester nos vinte e sete livros do Antigo Testamento, que também são contados como vinte e dois, também nos quatro santos Evangelhos, e nas quatorze epístolas do santo Apóstolo Paulo, e nos escritos que vêm antes desses, incluindo os *Atos dos Apóstolos* em seus tempos, e as epístolas católicas: de *Tiago*, de *Pedro*, de *João*, de *Judas*, e no *Apocalipse de João*, e nos da Sabedoria, quero dizer aqueles de Salomão e do filho de Sirac. Em suma, todas escrituras divinas, julgadas por si mesmo, que seus nomes, sobre os quais não têm, dos quais não há nenhuma menção sobre Deus, nem menção para Deus, o que vem de seus nomes, mas, ao contrário, não estão nas divinas escrituras.

Aqui reproduzimos o texto do mesmo catálogo bíblico, como encontramos na obra *EPIPHANIUS, De Mensuris et Ponderibus*. In: J.P. Migne. *Patrologia, series Grega*, Tomus 43 (Paris: Petit-Montrouge, 1864, p. 243-246), referente apenas ao Antigo Testamento. É interessante observar que J.P. Migne tenha recolhido relatos do cânon de Epifânio espalhados pelos três tomos de sua monumental obra. Para o texto transcrito nós o apresentamos aqui a fim de que o estudioso possa fazer a comparação entre os relatos anteriores e este. Porém, para ser completo é preciso dar uma olhada nos três textos de Epifânio que foram reportados pela Patrologia Migne, até mesmo porque os *catálogos* do Antigo Testamento e do Novo Testamento estão em obras separadas.

Δ'. Εἴκοσι γὰρ καὶ δύο ἔχουσι στοιχείων ὀνόματα, πέντε δέ εἰσιν ἐξ αὐτῶν διπλούμεναι. Τὸ γὰρ χὰφ ἔστι διπλοῦν καὶ τὸ μὲμ καὶ τὸ νοῦν καὶ τὸ φὶ καὶ τὸ σαδέ. Διὸ καὶ αἱ βίβλοι κατὰ τοῦτον τὸν τρόπον εἴκοσι δύο μὲν ἀριθμοῦνται, εἴκοσι ἑπτὰ δὲ εὑρίσκονται, διὰ τὸ πέντε ἐξ αὐτῶν διπλοῦσθαι. Συνάπτεται γὰρ ἡ Ῥοὺθ τοῖς Κριταῖς καὶ ἀριθμεῖται παρ' Ἑβραίοις μία βίβλος. Συνάπτεται ἡ πρώτη τῶν Παραλειπομένων τῇ δευτέρᾳ καὶ λέγεται μία βίβλο. Συνάπτεται ἡ πρώτη τῶν Βασιλειῶν τῇ δευτέρᾳ καὶ λέγεται μία βίβλος. Συνάπτεται ἡ τρίτη τῇ τετάρτῃ καὶ λέγεται μία βίβλος. Συνάπτεται ἡ πρώτη τοῦ Ἔσδρα τῇ δευτέρᾳ καὶ γίνεται μία βίβλος. Οὕτως οὖν σύγκεινται αἱ βίβλοι ἐν πεντατεύχοις τέτταρσι καὶ μένουσιν ἄλλαι δύο ὑστεροῦσαι, ὡς εἶναι τὰς ἐνδιαθέτους βίβλους οὕτως· πέντε μὲν νομικάς, Γένεσιν, Ἔξοδον, Λευιτικόν, Ἀριθμούς, Δευτερονόμιον· αὕτη ἡ πεντάτευχος ἡ καὶ νομοθεσία· πέντε δὲ στιχήρεις· ἡ τοῦ Ἰὼβ βίβλος, εἶτα τὸ Ψαλτήριον, Παροιμίαι Σολομῶντος, Ἐκκλησιαστής, Ἄσμα Ἀσμάτων. Εἶτα ἄλλη πεντάτευχος τὰ καλούμενα Γραφεῖα, παρά τισι δὲ Ἁγιόγραφα λεγόμενα, ἅτινά ἐστιν οὕτως· Ἰησοῦ τοῦ Ναυῆ βίβλος, Κριτῶν μετὰ τῆς Ῥούθ, Παραλειπομένων πρώτη μετὰ τῆς δευτέρας, Βασιλειῶν πρώτη μετὰ τῆς δευτέρας, Βασιλειῶν τρίτη μετὰ τῆς τετάρτης. Αὕτη τρίτη πεντάτευχος. Ἄλλη πεντάτευχος τὸ δωδεκαπρόφητον, Ἠσαΐας, Ἰερεμίας, Ἰεζεκιή, Δανιήλ. Καὶ εἶτα ἐπληρώθη ἡ προφητικὴ πεντάτευχος. Ἔμειναν δὲ ἄλλαι δύο, αἵτινές εἰσι τοῦ Ἔσδρα, δύο εἰς μίαν λογιζόμεναι, καὶ ἡ ἄλλη βίβλος ἡ τῆς Ἐσθήρ. Καὶ ἐκπληρώθησαν αἱ εἴκοσι δύο βίβλοι κατὰ τὸν ἀριθμὸν τῶν εἴκοσι δύο στοιχείων παρ' Ἑβραίοις. Αἱ γὰρ στιχήρεις δύο βίβλοι, ἥ τε τοῦ Σολομῶντος, ἡ Πανάρετος λεγομένη, καὶ ἡ τοῦ Ἰησοῦ τοῦ υἱοῦ Σειράχ, ἐγγόνου δὲ τοῦ Ἰησοῦ, ὁ γὰρ πάππος αὐτοῦ Ἰησοῦς ἐκαλεῖτο, τοῦ καὶ τὴν σοφίαν ἑβραϊστὶ γράψαντος, ἣν ὁ ἔγγονος αὐτοῦ Ἰησοῦς ἑρμηνεύσας ἑλληνιστὶ ἔγραψε. Καὶ αὗται χρήσιμοι μέν εἰσι καὶ ὠφέλιμοι, ἀλλ' εἰς ἀριθμὸν τῶν ῥητῶν οὐκ ἀναφέρονται. Διὸ οὐδὲ ἐν τῷ ἀαρὼν ἐνετέθησαν, τουτέστιν ἐν τῇ τῆς διαθήκης κιβωτῷ.

Ε'. Ἀλλὰ καὶ ἔτι τοῦτό σε μὴ παρέλθῃ, ὦ φιλόκαλε, ὅτι καὶ τὸ Ψαλτήριον διεῖλον εἰς πέντε βιβλία οἱ Ἑβραῖοι, ὥστε εἶναι καὶ αὐτὸ ἄλλην πεντάτευχον. Ἀπὸ γὰρ πρώτου ψαλμοῦ ἄχρι τεσσαρακοστοῦ μίαν ἐλογίσαντο βίβλον· ἀπὸ δὲ τεσσαρακοστοῦ πρώτου ἄχρι τοῦ ἑβδομηκοστοῦ πρώτου δευτέραν ἡγήσαντο· ἀπὸ ἑβδομηκοστοῦ δευτέρου ἕως ὀγδοηκοστοῦ ὀγδόου τρίτην βίβλον ἐποιήσαντο· ἀπὸ δὲ ὀγδοηκοστοῦ ἐνάτου ἕως ἑκατοστοῦ πέμπτου τετάρτην ἐποίησαν· ἀπὸ δὲ ἑκατοστοῦ ἕκτου ἕως τοῦ ἑκατοστοῦ πεντηκοστοῦ τὴν πέμπτην συνέθηκαν. Ἕκαστον γὰρ ψαλμὸν ἔχοντα ἐν τῷ τέλει τὸ εὐλογητὸς Κύριος, γένοιτο, γένοιτο, τέλος εἶναι βιβλίου ἐδικαίωσαν. Εὑρίσκεται δὲ τοῦτο ἕν τε τῷ τεσσαρακοστῷ καὶ ἐν τῷ ἑβδομηκοστῷ πρώτῳ καὶ ἐν τῷ ὀγδοηκοστῷ ὀγδόῳ καὶ ἐν τῷ ἑκατοστῷ πέμπτῳ. Καὶ ἐπληρώθησαν αἱ τέσσαρες βίβλοι. Ἐν δὲ τῷ τέλει τῆς πέμπτης βίβλου ἀντὶ τοῦ εὐλογητὸς Κύριος γένοιτο τὸ "πᾶσα πνοὴ αἰνεσάτω τὸν Κύριον, ἀλληλούϊα". Οὕτω γὰρ λογισάμενοι τὴν περὶ τούτου πᾶσαν ὑπόθεσιν ἀνεπλήρωσαν. Αὗται τοίνυν αἱ εἴκοσι καὶ ἑπτὰ εἴκοσι δύο δὲ ἀριθμούμεναι μετὰ καὶ τοῦ Ψαλτηρίου καὶ τῶν ὄντων ἐν τῷ Ἰερεμίᾳ φημὶ δὲ καὶ τῶν Θρήνων καὶ τῶν ἐπιστολῶν Βαρούχ τε καὶ Ἰερεμίου, εἰ καὶ οὐ κεῖνται αἱ ἐπιστολαὶ παρ' Ἑβραίοις, ἠμόνον ἡ τῶν Θρήνων τῷ Ἰερεμίᾳ συναφθεῖσα, τὸν τρόπον ὃν εἴπομεν ἡρμηνεύθησαν κατὰ περίοδον ἑκάστη ζυγῇ ἑρμηνευτῶν ἐπιδιδόμεναι καὶ ἀπὸ τῆς πρώτης ζυγῆς τῇ δευτέρᾳ καὶ πάλιν ἀπὸ τῆς δευτέρας τῇ τρίτῃ καὶ οὕτω παρῆλθον κυκλεύουσαι ἑκάστη τριακοντάκις καὶ ἑξάκις ἑρμηνευθεῖσαι, ὡς δ' ἄδεται λόγος καὶ αἱ εἴκοσι δύο καὶ ἑβδομήκοντα δύο τῶν ἀποκρύφων.

16) O cânon de Filastro (c. 386 d.C.)

Filastro, em latim *Philastro*, também chamado de São Filastro Confessor, morreu em Brescia, na Itália, no ano 386. Foi bispo de Bréscia, na região da Lombardia, na Itália Setentrional, e foi um acérrimo inimigo dos arianos. O seu catálogo bíblico nós o encontramos em sua obra Sobre as Heresias (*Liber de Hæresibus*), escrito "entre os anos 383 e 391, no qual ele expõe sucintamente o conteúdo de 156 heresias, retomando, com poucas notícias e sem nenhum aprofundamento, a tradição heresiológica"[35]. É um texto que não traz o catálogo completo, seja do AT seja do NT. O que ele traz são comentários sobre os Apócrifos e sobre alguns hereges, especialmente contra os "Maniqueus, os Gnósticos, os Nicolaítas e os Valentinianos".

No meio de seus comentários e ataques às heresias, Filastro vai citando também a lista dos livros canônicos, sobremaneira do NT: Evangelhos, Atos, Paulinas, Católicas. Mas ele também não cita o Apocalipse e aponta reservas em relação à carta aos Hebreus, especialmente sobre a autoria, se paulina ou não. Ele não traz a lista dos livros do AT. O texto que oferecemos aqui foi extraído da obra SANCTI PHILASTRII, *Liber de Hæresibus*. In: J.P. Migne. *Patrologia*, series Latina, Tomus XII (Paris: Petit-Montrouge, 1845, p. 1.199-1.202); mas também é possível encontrar uma parte do texto na obra de B.F.

....

35 MORESCHINI, C. & NORELLI, E. Manual de literatura cristã antiga, grega e latina. Op. cit., p. 445.

Westcott, *A General Survey of the History of the Canon of the New Testament* (Londres, 1866, Apêndice D, p. 508); igualmente na obra de Theodor Zahn, *Geschichte des neutestamentliche Kanons*. Zweiter Band: Urkunden und Belege zum ersten und dritten Band. Erste Hälfte (Erlangern/Leipzig: Naschf, 1890, p. 236-239), e na obra de C. Wordsworth, *On the Canon of the Scriptures of the Old and New Testament, and on the Apocrypha* (Londres: Francis & John Rivington, 1848, p. 358-359).

LXXXVIII. APOCRYPHI.	88. APÓCRIFOS
Haeresis est etiam quae Apocrypha, id est secreta dicitur; quae solum Prophetas, et Apostolos accipit, non Scripturas Canonicas, id est Legem et Prophetas, vetus scilicet et novum Testamentum. Et cum volunt solum illa apocrypha legere, studiose contraria Scripturis Canonicis sentiunt, atque paulatim dogmatizant, contra eas dantes sententias: contra Legem et Prophetas, contraque dispositiones beatissimorum Apostolorum consulta ponentes, e quibus sunt maxime Manichaei, Gnostici, Nicolaitae, Valentiniani, et alii quam plurimi, qui apocrypha Prophetarum et Apostolorum, id est Actus separatos habentes, Canonicas legere Scripturas contemnunt. Propter quod statutum est ab Apostolis, et eorum successoribus, non aliud legi in Ecclesia debere catholica, nisi Legem, et Prophetas, et Evangelia, et Actus Apostolorum, et Pauli tredecim Epistolas, et septem alias, Petri duas, Joannis tres, Judae unam, et unam Jacobi, quae septem Actibus Apostolorum conjunctae sunt. Scripturae autem absconditae, id est apocrypha, etsi legi debent morum causa a perfectis, non ab omnibus legi debent, qui non intelligentes multa addiderunt, et tulerunt, quae voluerunt haeretici. Nam Manichaei apocrypha beati Andreae apostoli, id est Actus quos fecit veniens de Ponto in Graeciam, quos conscripserunt tunc discipuli sequentes Apostolum: unde et habent Manichaei, et alii tales Andreae	São heresias também os Apócrifos, isto é, os chamados secretos; aqueles que só aceitam os profetas e os apóstolos, não as Escrituras Canônicas, isto é, a Lei e os Profetas, tanto do Antigo quanto do Novo Testamento. E, por que querem ler apenas esses Apócrifos, buscam com denodo o que seja contrário às Escrituras Canônicas e gradativamente dogmatizam, emitindo pareceres contra elas: publicam ensinamentos contra a Lei e os Profetas e também contra os ensinamentos dos santíssimos apóstolos. São principalmente os Maniqueus, os Gnósticos, os Nicolaítas, os Valentinianos e outros, que adotam os apócrifos dos profetas e dos apóstolos, isto é, Atos separados, e desprezam a leitura das Escrituras Canônicas. Diante do que foi definido pelos apóstolos e por seus sucessores, só se deve ler na Igreja Católica a Lei, os Profetas, os Evangelhos, os Atos dos Apóstolos, as treze Epístolas de Paulo, e sete outras, sendo duas de Pedro, três de João, uma de Judas e uma de Tiago, que estão reunidos nas sete obras dos apóstolos. Escrituras ocultas, isto é, apócrifas, mesmo que possam ser lidas pelos sábios, não devem ser lidas por todos, pois muitos não são capazes de perceber que os heréticos fizeram muitos acréscimos e exclusões, sem critério. Assim, são maniqueus os apócrifos de Santo André apóstolo, isto é, os Atos escritos na viagem do Ponto para a Grécia e registrados pelos discípulos que seguiam

beati, et Joannis Actus Evangelistae, beati et Petri similiter apostoli, in quibus, quia signa fecerunt magna, et prodigia, ut pecudes, et canes, et bestiae loquerentur, etiam et animas hominum tales, velut canum et pecudum similes imputaverunt esse haeretici perditi.

o Apóstolo: neles dizem os maniqueus, e outros como eles, que tais Atos são de Santo André, de São João Evangelista e de Pedro, também apóstolo. Nesses atos estariam registrados grandes sinais e prodígios, como fazer os bois, os cães e as feras falarem. Diziam também que as almas dos homens são similares às dos cães e dos bois e que, por isso, são hereges perdidos.

LXXXIX. HAERESIS QUORUMDAM DE EPISTOLA PAULI AD HEBRAEOS.

Sunt alii quoque, qui Epistolam Pauli ad Hebraeos non asserunt esse ipsius, sed dicunt aut Barnabae esse apostoli, aut Clementis de urbe Roma episcopi. Alii autem Lucae evangelistae aiunt: Epistolam etiam ad Laodicenses scriptam. Et quia addiderunt in ea quaedam non bene sentientes, inde non legitur in Ecclesia; et si legitur a quibusdam, non tamen in Ecclesia legitur populo, nisi tredecim Epistolae ipsius, et ad Hebraeos interdum. Et in ea quia rethorice scripsit sermone plausibili, inde non putant esse ejusdem Apostoli. Et quia factum Christum dicit in ea, inde non legitur. De poenitentia autem (Hebr. VI, 4; X, 26) propter Novatianos aeque. Cum ergo factum dicit Christum (Hebr. III, 2), corpore non divinitate dicit factum, cum doceat ibidem quod divinae sit et paternae substantiae Filius, *qui est splendor gloriae*, inquit, *et imago substantiae ejus* (Hebr. I, 3). Poenitudinem etiam non excludit docendo, sed diversum gradum dignitatis ostendit inter hunc qui integrum custodivit, et illum qui peccavit. Dignitatis est igitur detrimentum in eo qui peccavit, non damnum salutis. Nam si fortiter quis pugnaverit per martyrium, recipiet pristinam dignitatem; aut si condigne in hoc saeculo vixerit, impetrat quod desiderat adipisci. Nam in ipsa Epistola rebaptizatores excludit, non

89 – HERESIA SOBRE A EPÍSTOLA DE PAULO AOS HEBREUS

Há outros, também, que afirmam que a Epístola de Paulo aos Hebreus não é dele, mas dizem ser de Barnabé, ou de Clemente, bispo da cidade de Roma. Com efeito, outros dizem sobre o Evangelista Lucas: escreveu uma Epístola aos Laodicenses. E porque acrescentaram a ela algumas coisas que dão maus pareceres, isso resulta em não ser lida pela Igreja ao povo e, se é lida por alguém, não são, porém, lidas na Igreja senão treze Epístolas dele, e aos Hebreus de vez em quando. E nela, porque escreveu como orador, com uma opinião plausível, por isso julgam que ela não é desse Apóstolo. E que foi Cristo que fez, diz ele, para que não lêssemos. Com efeito, igualmente sobre a penitência (Hb 6,4; 10,26), por causa dos Novacianos. Pois diz que Cristo foi feito pelo corpo (Hb 3,2), não pela divindade, porquanto aí mesmo ensine que o Filho é da divina substância paterna, *que é o esplendor da glória, diz, e imagem da substância dele* (Hb 1,3). Também não exclui o arrependimento mostrado, mas mostra diversos graus de dignidade entre este que se manteve puro e aquele que pecou. Portanto, há dignidade na pureza, em detrimento do que pecou, mas não dano à salvação. Pois se ele tiver lutado corajosamente através do martírio, retomará a dignidade antiga; ou se tiver

baptismum poenitentiae abnegat. Conferendum quod interdum in multis fructuosum inveniatur poenitentibus, quod postea fide, vita, bono opere, et in hoc saeculo a Domino collaudati sunt, perseverantes jam in rebus bonis et operibus fructuosis, quod Dominus dixerat per prophetam: Non ero memor malorum ejus, sed bonorum potius, si jam in bonis permanserint operibus (Ezech. XXIII, 16).	vivido condignamente neste mundo, obtém o que deseja alcançar. Pois na própria Epístola, exclui os que rebatizam, não recusa obstinadamente o batismo de conversão. Encontrar-se-ão, algumas vezes, entre muitos penitentes, o que deve ser acrescentado como frutuoso, porque, depois pela fé, vida e boa ação, são muito elogiados pelo Senhor e neste século, e que já perseveram nas boas causas e obras que dão bons frutos, o que o Senhor tinha dito pelo profeta: *Não haverá lembrança dos males deles, mas antes das bondades, se imediatamente tiverem permanecido no bem (Ez 23,16).*

17) O cânon da Esticometria do Codex Claromontanus (c. 390-400 d.C.)

A Lista *Esticométrica* que temos no Códice Claromontano, em latim *Codex Claromontanus* ou *Catalogus Claromontanus*, é um Manuscrito Ocidental Bilíngue grego-latim do final da segunda metade ou final do século IV (alguns defendem que seja do séc. V ou VI), um *Uncial* simbolizado pela letra D^p ou 06 nos aparatos de crítica textual, que traz apenas os textos das Cartas Paulinas, mas que, nas folhas 467v, 468r e 468v contém um catálogo mais amplo dos livros das Sagradas Escrituras, tanto do AT como do NT, com contagem de suas respectivas linhas, naquilo que chamamos de literatura *esticométrica*, que encontramos em outros textos apresentados aqui em nossa obra, como: a *Lista de Mommsen* (360 d.C.), *Célio Sedúlio* (séc. V), *Esticometria de Nicéforo de Constantinopla* (séc. V) e a *Esticometria Armeniana* (c. 615-690 d.C.). Este *Codex* recebeu este nome por ter sido descoberto em Clermont, por Theodore Beza, e atualmente encontra-se na Biblioteca Nacional da França.

O latim é a língua considerada original e o grego é considerado uma tradução. O catálogo dos livros canônicos do AT e do NT é introduzido após a Carta a Filêmon e antes da carta aos Hebreus, que ele não traz e também não traz Filipenses e 1 e 2 Tessalonicenses. Alguns afirmam que provavelmente estas quatro cartas (Hb, Fl, 1Ts e 2Ts) faltam pelo fato de que parece que faltam três linhas no Codex. Outros estudiosos supõem que essas cartas faltam por causa de um erro de transcrição, ou seja, pelo fato de que o olho do escriba teria saltado do final da palavra *ephesious* (Efésios) para o final de *ebraious* (Hebreus). Estranhamente, as duas epístolas de Pedro são listadas como se fossem epístolas de Paulo a Pedro (*ad Petrum I e ad Petrum II*). Algumas das somas dos totais das linhas indicadas na lista não podem estar certas, como é o caso da 2Cor (70 linhas), que salta aos olhos de qualquer leitor, vista a diferença para com a 1Cor (1.060 linhas).

O *Codex Claromontanus* traz a inclusão de outras obras não canônicas no *corpus* do NT, como: a *Epístola de Barnabé* (que alguns defendem que na verdade seria Hebreus), Pastor (*de Hermas?*), *Atos de Paulo e Revelação de Pedro* no final do catálogo. Porém, isso não significa necessariamente que essas foram consideradas como livros canônicos. No que tange ao AT, é interessante notar que este *Codex* traz uma lista dos livros Canônicos e Deuterocanônicos (Sabedoria, Sabedoria de Jesus [Eclo.], Macabeus, Judite e Tobias; Baruc provavelmente está com Jeremias, como é o normal, visto ser seu secretário) sem fazer nenhuma observação se eram ou não canônicos. Parece que ele cita a todos estes textos do AT como sendo canônicos, bem como os do NT. Provavelmente, a lista foi feita por causa das estatísticas, o que teria sido útil para as Igrejas e para os estudiosos, a fim de assegurar a autenticidade do manuscrito e a fim de facilitar o estudo do mesmo. Além disso, entre outras coisas, o número de linhas também tinha a função de indicar a quantidade de papel, tempo ou dinheiro necessários para a cópia de cada um dos livros, para quem tivesse interesse em copiá-los.

O texto latino abaixo é reproduzido a partir de B.F. Westcott, *General Survey of the History of the Canon of the New Testament*, Londres, 1866, p. 504-506, em que ele apresenta apenas a tradição latina, por ser considerada o texto original. Já o grego seria apenas tradução. Ademais, é importante notar que ele reproduz o texto segundo a forma de escrever sem diferença entre as letras "u" e "v", colocando sempre a letra "v" para indicar ambos os casos. Mas nós preferimos colocar o texto estabelecendo as devidas diferenças entre estas duas letras ("u" e "v"), a fim de que se torne mais fácil a leitura do mesmo. Também encontramos o texto original na obra de Theodor Zahn, *Geschichte des neutestamentliche Kanons*. Zweiter Band: Urkunden und Belege zum ersten und dritten Band. Erste Hälfte. Erlangern und Leipzig: Naschf, 1890, p. 158-159. Uma tradução em língua portuguesa é possível encontrá-la na obra de H. Alves, *Documentos da Igreja sobre a Bíblia*, de 160 a 2010, Fátima: Difusora, n. 2, p. 97-98.

Versus Scripturarum Sanctarum		Στίχοι θεῖαι γραφαὶ	Linhas das Escrituras Santas	
Ita Genesis versus	ⅠⅠⅠⅠD	Γένεσις στίχοι .δφ΄.	Gênesis linhas	4.500
Exodus versus	ⅠⅠⅠDCC	Ἔξοδος στίχοι .γω΄.	Êxodo	3.700
Leviticum versus	ⅠⅠDCCC	Λευϊτικὸν στίχοι .βω΄.	Levítico	2.800
Numeri versus	ⅠⅠⅠDCL	Ἀριθμοὶ στίχοι .γχν΄.	Números	3.650
Deuteronomium ver.	ⅠⅠCCC	Δευτερονόμιον στίχοι .γτ΄.	Deuteronômio	3.300
Iesu Naue ver.	ⅠⅠ	Ἰησοῦ Ναοὺμ στίχοι .β΄.	Jesus Naum [Josué]	2.000
Iudicum ver.	ⅠⅠ	Κριταὶ στίχοι .β΄.	Juízes	2.000
Rvt ver.	CCL.	Ῥοὺθ στίχοι σν΄.	Rute	250
Regnorum ver.		Βασιλειῶν στίχοι	Reis linhas:	
primus liber ver.	ⅠⅠD	Βίβλος α΄ στίχοι .βφ΄.	primeiro livro	2.500
secundus lib. ver.	ⅠⅠ	Βίβλος β΄ στίχοι .β΄.	segundo livro	2.000
tertius lib. ver.	ⅠⅠDC	Βίβλος γ΄ στίχοι .βχ΄.	terceiro livro	2.600
quartus lib. ver.	ⅠⅠCCCC	Βίβλος δ΄ στίχοι .βυ΄.	quarto livro	2.400
Psalmi Davitici ver.	D	Ψαλμῶν Δαυίδ στίχοι φ΄.	Salmos de Davi	500
Proverbia ver.	ⅠDC	Παροιμίαι στίχοι .αχ΄.	Provérbios	1.600
Aeclesiastes	DC	Ἐκκλησιαστὴς στίχοι χ΄.	Eclesiastes	600
Cantica Canticorum	CCC	Ἄισμα ᾀσμάτων στίχοι τ΄.	Cântico dos Cânticos	300
Sapientia vers.	Ⅰ	Σοφία στίχοι .α΄.	Sabedoria	1.000
Sapientia ihu ver.	ⅠⅠD	Σοφία Ἰησοῦ στίχοι .βφ΄.	Sabedoria de Jesus	2.500
XII Profetae ver.	ⅠⅠⅠCX	ιβ΄ προφῆται στίχοι .γρι΄.	Doze Profetas:	3.110
Osee ver.	DXXX	Ὡσηὲ στίχοι ω΄.	Oseias	800
Amos ver.	CCCX	Ἀμὼς στίχοι υι΄.	Amós	410
Micheas ver.	CCCX	Μιχαίας στίχοι τι΄.	Miqueias	310
Ioel ver.	XC	Ἰωὴλ στίχοι ρθ΄.	Joel	190
Abdias ver.	LXX	Ἀβδίας στίχοι ο΄.	Abdias	70
Ionas ver.	CL	Ἰωνᾶς στίχοι ρν΄.	Jonas	150
Naum ver.	CXL	Ναούμ στίχοι ρμ΄.	Naum	140
Ambacum ver.	CLX	Ἀββακούμ στίχοι ρξ΄.	Habacuc	160
Sophonias ver.	CLX	Σοφονίας στίχοι ρξ΄.	Sofonias	160
Aggeus vers.	CX	Ἀγγαῖος στίχοι ρι΄.	Ageu	110
Zacharias ver.	DCLX	Ζαχαρίας στίχοι χξ΄.	Zacarias	660
Malachiel ver.	CC	Μαλαχίας στίχοι ό΄.	Malaquias	200
Eseias ver.	ⅠⅠⅠDC	Ἠσαΐας στίχοι .γχ΄.	Isaías	3.600
Ieremias ver.	ⅠⅠⅠLXX	Ἰερεμίας στίχοι .δο΄.	Jeremias	4.070
Ezechiel ver.	ⅠⅠⅠDC	Ἰεζεκιὴλ στίχοι .γχ΄.	Ezequiel	3.600
Daniel ver.	ⅠDC	Δανιὴλ στίχοι .αχ΄.	Daniel	1.600
Maccabeorum		Μακκαβαϊκὰ	Macabeus:	
lib. primus ver.	ⅠⅠCCC	Βίβλος α΄ στίχοι .βτ΄.	primeiro livro	2.300
lib secundus ver.	ⅠⅠCCC	Βίβλος β΄ στίχοι .βτ΄.	segundo livro	2.300
		[Βίβλος γ΄ στίχοι]		
lib. quartus ver.	Ⅰ	Βίβλος δ΄ στίχοι .α΄.	quarto livro	1.000
Iudit ver.	ⅠCCC	Ἰουδὶθ στίχοι .ατ΄.	Judite	1.300
Hesdra	ⅠD	Ἔσδρας στίχοι .αφ΄.	Esdras	1.500

136

Ester ver.	Ī	Ἐσθὴρ στίχοι .α΄.	Ester 1.000
Iob ver.	ĪDC	Ἰὼβ στίχοι .αχ΄.	Jó 1.600
Tobias ver.	Ī	Τωβίας στίχοι .α΄.	Tobias 1.000

Evangelia .IIII		Εὐαγγέλια δ᾽	Quatro Evangelhos IV:
Mattheum ver.	ĪĪDC	Ματθαῖον στίχοι .βχ΄.	Mateus 2.600
Iohannes ver.	ĪĪ	Ἰωάννην στίχοι .β΄.	João 2.000
Marcus ver.	ĪDC	Μάρκον στίχοι .αχ΄.	Marcos 1.600
Lucam ver.	ĪĪDCCCC	Λουκᾶν στίχοι .βθ΄.	Lucas 2.900

Epistulas Pauli		Παύλου ἐπιστολαὶ	Epístolas de Paulo
ad Romanos ver.	ĪXL	πρὸς Ῥωμαίους στίχοι .αμ΄.	aos Romanos 1.040
ad Chorintios .I. ver.	ĪLX	πρὸς Κορινθίους α΄ στίχοι .αξ΄.	aos Coríntios 1 1.060
ad Chorintios .II. ver.	LXX	πρὸς Κορινθίους β΄ στίχοι ο΄.	aos Coríntios 2 70
ad Galatas ver.	CCCL	πρὸς Γαλάτας στίχοι τν΄.	aos Gálatas 350
ad Efesios ver.	CCCLXV	πρὸς Ἐφεσίους στίχοι τξε΄.	aos Efésios 365

Lacuna de três linhas
[ad Thesalonicenses .II.
ad Philippenses
ad Hebreos]

Lacuna de três linhas
[πρὸς Θεσσαλονικεῖς β΄
πρὸς Φιλιππησίους
πρὸς Ἑβραίους]

Lacuna de três linhas
[aos Tessalonicenses duas
aos Filipenses
aos Hebreus]

ad Timotheum .I. ver. CCVIII	πρὸς Τιμόθεον α΄ στίχοι όή΄.	a Timóteo 1 208
ad Timotheum .II. ver. CCLXXXVIIII	πρὸς Τιμόθεον β΄ στίχοι όπθ΄	a Timóteo 2 289
ad Titum ver. CXL	πρὸς Τίτον στίχοι ρμ΄	a Tito 140
ad Colosenses ver. CCLI	πρὸς Κολοσσαεῖς στίχοι όνα΄.	aos Colossenses 251
ad Filimonem ver. L	πρὸς Φιλήμονι στίχοι ν΄.	a Filêmon 50
ad Petrum prima CC	πρὸς Πέτρου α΄ στίχοι ό΄.	a Pedro 1 200
ad Petrum .II. ver. CXL	πρὸς Πέτρου β΄ στίχοι ρμ΄.	a Pedro 2 140
Jacobi ver. CCXX	Ἰακώβου στίχοι όχ΄.	de Tiago 220
Pr. Iohanni Epist. CCXX	Ἰωάννου ἐπιστολὴ α΄ στίχοι όχ΄.	I Epístola de João 220
Iohanni Epistula .II XX	Ἰωάννου ἐπιστολὴ β΄ στίχοι κ΄.	Epístolas de João II 20
Iohanni Epistula .III. XX	Ἰωάννου ἐπιστολὴ γ΄ στίχοι κ΄.	Epístolas de João III 20
Iudae Epistula ver. LX	Ἰούδα ἐπιστολὴ στίχοι ξ΄.	Epístola de Judas 60
Barnabae Epist. ver. CCCL	Βαρνάβα ἐπιστολὴ στίχοι πρν΄.	Epístola de Barnabé (= Hb?) 850
Iohannis Revelatio ĪCC	Ἀποκάλυψις Ἰωάννου στίχοι .αό΄.	Apocalipse de João 1.200
Actus Apostolorum ĪĪDC	Πράξεις τῶν ἀποστόλων στίχοι .βχ΄.	Atos dos Apóstolos 2.600
Pastoris versi ĪĪĪĪ	Ποιμένος στίχοι . .δ΄.	Pastor [de Hermas?] 4.000

| Actus Pauli ver. | IĪIDLX | Πράξεις του Παυλου στίχοι .γφξ´ | Atos de Paulo | 3.560 |
| Revelatio Petri | CCLXX | Ἀποκάλυψις Πέτρου στίχοι όο´. | Apocalipse de Pedro | 270 |

18) O cânon de Jerônimo (c. 390/394 d.C.)

Eusébio Jerônimo (347-420 d.C.), em latim *Eusebius Hieronimus*, nasceu em Estridão, entre a Dalmácia e a Panônia, indo na direção do norte da Itália para o território da Eslovênia e Croácia. Devia ser de família com posses e bens, pois isso lhe proporcionou estabelecer-se em Roma e ali estudar em boas escolas, famosas sobretudo pela retórica. Ele deve ter sido aluno dedicado e isso lhe proporcionou aprender e cultivar o amor pela cultura, especialmente pela literatura e pelos clássicos latinos. Após seus estudos ele fez uma experiência monacal na Gália e retornou para a Itália, residindo em Aquileia, tendo uma experiência em uma comunidade de tipo monástica, de 372-373, onde fez amizade com Rufino de Aquileia. Como a comunidade foi desfeita, Jerônimo se transferiu para o Oriente, para a Síria, a fim de concluir a sua vida monástica, como era comum a seu tempo, entre os anacoretas e eremitas. A sua busca era pela ascese e a vida no deserto o favoreceu muito neste sentido. Ele deve ter recebido a ordenação presbiteral por volta do ano 379 e em 380 ele vai para Constantinopla e ali conhece Gregório de Nazianzo, que fez com que ele se aproximasse de Orígenes. Mas dois anos após, Jerônimo volta novamente para Roma, para participar do Concílio Romano I, convocado pelo Papa Dâmaso[36].

Pelo que se sabe, Jerônimo viveu em Roma por um certo tempo e o Papa Dâmaso parece ter ficado admirado com a sua inteligência, inclusive por conhecer o grego e o hebraico, que havia aprendido no Oriente. Isso fez com que o papa o tomasse como seu secretário. Esta foi a oportunidade para que Jerônimo também se tornasse bem conhecido no meio da aristocracia romana, e se tornasse como que uma espécie de guia espiritual para muitas pessoas, escrevendo muitas de suas cartas para recomendar a ascese e instruir sobre vários aspectos que lhe eram pedidos. E é em Roma, neste momento, que Jerônimo recebe do Papa Dâmaso a tarefa de revisão e tradução das Sagradas Escrituras, das línguas originais para o latim (*Vulgata Latina*), obra que ele realiza

---

36 MORESCHINI, C. & NORELLI, E. *Manual de literatura cristã antiga, grega e latina.* Op. cit., p. 451-452.

até o final do século IV ou início do V. Como ele era de carater rígido e difícil, começou a receber muitas críticas e inimizades. Então, por volta de 385 ele se transfere novamente para o Oriente, tecendo várias críticas àquela cidade, que ele abandona de vez. Segundo muitos autores, Jerônimo realmente era um dos homens mais estudiosos da Igreja de seu tempo, considerado um "grande escritor, de inteligência vivaz, mas dotado de escasso equilíbrio e tolerância"[37]. Porém ele representa um momento de rica e exuberante produção ocidental, juntamente com Agostinho de Hipona, seu contemporâneo.

Ao se transferir para o Oriente, em 386, Jerônimo escolheu viver em Belém. Aliás, ele interpretou a sua transferência de Roma para Belém como sendo um "retorno de Babilônia para Jerusalém" (*Epistola* 45,6), de onde não mais se mudou. Ele procurou manter contato com amigos, por correspondência. Ali ele veio a falecer no ano 419 ou 420. Mas também é bom recordar que no ano de 385 Jerônimo visitou algumas comunidades e conheceu algumas personalidades importantes, como Dídimo o Cego, em Alexandria, e novamente encontrou-se com os monges anacoretas do Egito. Ele envolveu-se em muitas controvérsias com heresiarcas de seu tempo.

Tendo sido encarregado pelo Papa Dâmaso, bispo de Roma, para realizar a importante obra de tradução das Sagradas Escrituras dos textos oginais para o latim, que levou o nome de *Versão Latina Vulgata*, Jerônimo assumiu com seriedade esta sua tarefa e a levou a cabo em aproximadamente árduos 20 anos de trabalho, sempre tendo que escolher entre as várias leituras e variantes que tinha em mãos a partir dos muitos manuscritos. Esta empreitada de *tradução* e mais seus *comentários* bíblicos deu a ele a fama que tem ainda hoje. Ele realmente possui uma série muito grande de comentários a textos bíblicos e uma vasta correspondência. No Oriente, Jerônimo também entrou em contato com as obras de Orígenes, especialmente a *Hexapla* e aderiu ao princípio *Hebraica Veritas*. Aliás, este fato vai ser lembrado por Cassiodoro, como veremos adiante aqui em nossa obra, que afirma: "É preciso notar que São Jerônimo leu e corrigiu diversas traduções, buscando obter a sua concordância da autoridade hebraica".

A inflência oriental, com vivência em Belém, com adesão ao critério da *Hebraica Veritas*, fez com que Jerônimo abandonasse o texto da LXX e se dirigisse diretamente ao texto hebraico, para o Antigo Testamento. Isso também

....

37 MORESCHINI, C. & NORELLI, E. *Manual de literatura cristã antiga, grega e latina*. Op. cit., p. 450.

o teria influenciado e muito a afirmar que os textos bíblicos escritos em grego, como os que temos a partir da LXX, não eram canônicos e sim apenas os que tinham sido escritos em hebraico ou aramaico. Porém, é sempre bom e salutar recordar que, mesmo assim, Jerônimo continuou traduzindo os textos sagrados para o latim e traduziu igualmente os *deuterocanônicos* e os *apócrifos*, sendo que os *deuterocanônicos* foram colocados no corpo da Bíblia e os *apócrifos* foram colocados num Apêndice, no final, como podemos conferir no cânon da Vulgata, mais à frente, aqui em nossa obra. Ademais, nem mesmo a adesão ao princípio *Hebraica Veritas* fez com que Jerônimo aderisse ao arranjo do cânon Palestinense, ficando com o arranjo do cânon Alexandrino. Com isso, a ordem dos livros, para Jerônimo, também segue classificação da LXX e não da Tanak.

A obra que o Papa Dâmaso havia pedido a Jerônimo em 382 é concluída por volta do ano 405 e a Igreja ganha a tradução latina que vai usar por séculos afora como sendo a sua tradução dos textos sagrados, num homérico trabalho ao longo de aproximadamente 20 anos, sendo interrompido apenas algumas vezes por motivos de saúde[38]. Como o mundo antigo já tivesse uma tradução bíblica para o latim, a chamada *Vetus Latina*, também denominada de *Ítala* ou *Afra*, inicialmente parece que nem todos trocaram as velhas traduções latinas que já tinham em mãos pela *Vulgata* de Jerônimo, como é o caso de Agostinho, que continuou usando a Afra[39]. Mas a Vulgata foi se impondo com o tempo, até que realmente se tornasse a tradução oficial da Igreja.

Jerônimo traz seu catálogo completo dos livros bíblicos no texto *Carta a Paulino de Nola n. 53*, em que ele cita o Cânon Hebraico para o AT e o Cânon completo dos 27 livros para o AT, inclusive com Hebreus e Apocalipse, sem tecer grandes comentários. Mas ele vai fazer uma introdução e comentário sobre os livros bíblicos em seu Prefácio aos livros dos Reis, uma espécie de prefácio, também conhecido como o *Prologus Galeatus*, escrito por volta do ano 391. Nele, Jerônimo afirma que, para o Antigo Testamento, somente os livros hebraicos tradicionalmente considerados como Sagrada Escritura pelos judeus são Canônicos, e os livros extras, que encontramos apenas na Septuaginta Grega, não pertencem ao cânon das Escrituras Sagradas.

....

38 MORESCHINI, C. & NORELLI, E. *Manual de literatura cristã antiga, grega e latina.* Op. cit., p. 459.

39 MORESCHINI, C. & NORELLI, E. *Manual de literatura cristã antiga, grega e latina.* Op. cit., p. 458.

Os textos que oferecemos a seguir, nós os extraímos das obras EUSEBII HIERONIMY, *Epistola LIII*. In: J.P. Migne. *Patrologia*, series Latina, Tomus XXII. Paris: Petit-Montrouge, 1845, p. 540-549 (Cânon de Jerônimo in *Epistola* 53) e EUSEBII HIERONIMY, *Elenchus Operum*. In: J.P. Migne. *Patrologia*, series Latina, Tomus XXIII. Paris: Petit-Montrouge, 1845, p. 1.595-1.596 (Cânon de Jerônimo in *Epístola* 120). Mas também o encontramos nos textos de J.B. Valero, *San Jerónimo, Epistolario*, Edición Bilingue, Xa, I. Madri: BAC, 1943, p. 484-504 (Cânon de Jerônimo, *Epístola* 53); J.B. Valero, *San Jerónimo, Epistolario*, Edición Bilingue, Xb, II. Madri: BAC, 1945, p. 489-545 (Cânon de Jerônimo, *Epístola* 120) e igualmente *Ad Dardanum*, n. 129 § 3, p. 753-769; bem como na obra de B.F. Westcott, *A General Survey of the History of the Canon of the New Testament*, Londres, 1866, Apêndice D, p. 509-510, tanto o comentário ao *Prologus Galetanus in Libros Samuel et Malachim* como a *Epístola* 53, e na obra de C. Wordsworth, *On the Canon of the Scriptures of the Old and New Testament, and on the Apocrypha*. Londres: Francis & John Rivington, 1848, p. 363-371.

Carta a Paulino, bispo de Nola (Ad Paulinum, n. 53, §§ 8-9, c. 394)

8. Videlicet manifestissima est Genesis, in qua de natura mundi, de exordio generis humani, de divisione terrae, de confusione linguarum, et descensione usque ad Aegyptum, gentis scribitur Hebraeorum. Patet Exodus cum decem plagis, cum decalogo, cum mysticis divinisque praeceptis. In promptu est Leviticus liber, in quo singula sacrificia, imo singulae pene syllabae, et vestes Aaron, et totus ordo Leviticus, spirant coelestia sacramenta. Numeri vero, nonne totius arithmeticae, et Prophetiae Balaam, et quadraginta duarum per eremum mansionum mysteria continent? Deuteronomium quoque secunda lex, et Evangelicae legis praefiguratio, nonne sic ea habet quae priora sunt, ut tamen nova sint omnia de veteribus? Hucusque Pentateuchus: quibus quinque verbis (1Cor 14,19), loqui se velle Apostolus in Ecclesia gloriatur. Job exemplar patientiae, quae non mysteria suo sermone complectitur? Prosa incipit, versu labitur, pedestri sermone finitur:	8. É sabido que o livro do Gênesis é um livro muito simples que trata da criação do mundo, da origem do gênero humano, da divisão da terra, da confusão das línguas e da marcha dos Hebreus ao Egito. O Êxodo, com as dez pragas, com o decálogo, com os preceitos místicos e divinos. O livro do Levítico é fácil, nele cada sacrifício, cada sílaba, as vestes de Arão e toda a ordem sacerdotal, respiram sinais celestes. Não é verdade que Números contém os sinais da aritmética sagrada, referentes à profecia de Balaão, dos quarenta e dois sinais que o deserto contém? Também do Deuteronômio, que é a segunda Lei e prefiguração da Lei Evangélica, não encerra a anterior, de tal forma, sem dúvida, que tudo é novo a partir do velho? Até aqui o Pentateuco: ou as cinco palavras (1Cor 14,19), com as que o Apóstolo se gloria de ter falado na Igreja. Jó, exemplo de paciência, quais mistérios não contém suas palavras? Começa em prosa, prossegue em verso e termina

omnesque leges dialecticae, propositione, assumptione, confirmatione, conclusione determinat. Singula in eo verba plena sunt sensibus. Et, ut de caeteris sileam, resurrectionem corporum sic prophetat; ut nullus de ea vel manifestius, vel cautius scripserit: "Scio, inquit, quod redemptor meus vivit, et in novissimo die de terra resurrecturus sum: et rursum circumdabor pelle mea; et in carne mea videbo Deum. Quem visurus sum ego ipse, et oculi mei conspecturi sunt, et non alius. Reposita est haec spes mea in sinu meo" (Job 19,25.26).

Veniam ad Jesum Nave, qui typus Domini non solum in gestis, sed etiam in nomine, transiit Jordanem, hostium regna subvertit, divisit terram victori populo, et per singulas urbes, viculos, montes, flumina, torrentes, atque confinia, Ecclesiae, coelestisque Jerusalem spiritualia regna describit.
In Judicum libro quot principes populi, tot figurae sunt. Ruth Moabitis Isaiae explet vaticinium, dicentis: "Emitte agnum, Domine, dominatorem terrae, de petra deserti ad montem filiae Sion" (Isai 16,1). Samuel in Heli mortuo, et in occiso, Saul, veterem legem abolitam monstrat. Porro in Sadoc atque David, novi Sacerdotii, novique Imperii sacramenta testatur.
Malachim, id est, Regum tertius, et quartus liber a Salomone usque ad Jechoniam: et ab Jeroboam filio Nabath, usque ad Osee, qui ductus est in Assyrios, regnum Juda et regnum describit Israel. Si historiam respicias, verba simplicia sunt: si in litteris sensum latentem inspexeris, Ecclesiae paucitas, et Haereticorum contra Ecclesiam bella narrantur.

Duodecim Prophetae in unius voluminis angustias coarctati, multo aliud quam sonant in littera, praefigurant. Osee crebro

novamente em prosa, e determina as regras de toda dialética no modo de usar a proposição, a indução, a confirmação e a conclusão. Cada palavra nele está plena de sentidos. E, para não dizer nada de outros pontos, profetiza de tal maneira a ressurreição dos corpos, que ninguém escreveu a seu respeito nem mais claro ou mais prudentemente, como diz: "Sei que o meu redentor vive e que no novíssimo dia eu hei de ressuscitar da terra e outra vez retomarei a minha pele e em minha carne verei a Deus e o verei eu mesmo e os meus olhos o contemplarão, e não outro. Esta esperança tem sido colocada em meu interior" (Jó 19,25.26).
Passo a falar de Jesus Nave [*Josué*], figura do Senhor não somente em gesto, mas também no nome: atravessa o Jordão, destrói os reinos dos inimigos, reparte a terra ao povo vitorioso, e, por cada cidade, cada povo, monte, rio, torrente ou fronteira, descreve os reinos espirituais da Igreja e da Jerusalém celeste. No livro dos Juízes tantas figuras como líderes do povo. Rute a Moabita realiza um oráculo de Isaías dizendo: "Envia, Senhor, o dominador da terra, desde o deserto de Petra até o monte da filha de Sião" (Is 16,1). Samuel, por ocasião da morte de Eli e da morte violenta de Saul, mostra que a lei antiga está abolida. E, logo em seguida, em Sadoc e em Davi, anuncia os sinais de um novo sacerdócio e de um novo Império. Malaquias, isto é, o terceiro e o quarto livro dos Reis, descreve a história desde Salomão até Jeconias, e desde Jeroboão, filho de Nabat, até Oseias, que foi levado ao país dos Assírios, reino de Judá e reino chamado Israel. Se olhas para a história, as palavras são simples; porém se buscas o sentido que está latente na letra, narra-se a pequenez da Igreja e as guerras dos hereges contra a Igreja.
Acerca dos Doze Profetas, reduzidos nos limites estreitos de um um único volume, prefiguram algo muito distinto do que

nominat Ephraim. Samariam, Joseph, Jezrael, et uxorem fornicariam, et fornicationis filios, et adulteram cubiculo clausam mariti, multo tempore sedere viduam, et sub veste lugubri, viri ad se reditum praestolari.

Joel filius Phathuel, describit terram duodecim tribuum, heruca, brucho, locusta, rubigine vastante corruptam: et post eversionem prioris populi, effusum iri Spiritum Sanctum super servos Dei, et ancillas, id est, super centum viginti credentium nomina, qui effundendus erat in coenaculo Sion: qui centum viginti, ab uno usque ad quindecim paulatim et per incrementa surgentes, quindecim graduum numerum efficiunt, qui in Psalterio mystice continentur.

Amos pastor et rusticus, et "ruborum mora distringens" paucis verbis explicari non potest. Quis enim digne exprimat tria, aut quatuor scelera Damasci, Gazae, et Tyri, et Idumeae, et filiorum Ammon, et Moab, et in septimo octavoque gradu, Judae et Israel? Hic loquitur ad vaccas pingues, quae sunt in monte Samariae, et ruituram domum majorem minoremque testatur. Ipse cernit fictorem locustae; et stantem Dominum super murum litum vel adamantinum, et uncinum pomorum, attrahentem supplicia peccatoribus, et famem in terram: non famem panis, nec sitim aquae, sed audiendi verbum Dei.

Abdias qui interpretatur "servus Dei", pertonat contra Edom sanguineum, terrenumque hominem. Fratris quoque Jacob semper aemulum hasta percutit spirituali. Jonas "columba" pulcherrima, naufragio suo passionem Domini praefigurans, mundum ad poenitentiam revocat: et sub nomine Ninive, salutem gentibus nuntiat.

prefiguram nas letras. Oseias, muitas vezes menciona Efraim. Para a Samaria, José, Jezrael, e a mulher da fornicação e filhos da fornicação, e a adúltera, que, fechada à relação do marido, permanece ali muito tempo como uma viúva, e aguarda com vestido de luto a volta do marido

Joel, filho de Fatuel, descreve a terra das doze tribos devastada por larvas, pulgas, lagartas, gafanhotos; e predisse que depois da destruição do primeiro povo o Espírito Santo se derramaria sobre os servos e servas de Deus, quer dizer, sobre cento e vinte pessoas dos crentes, e se desarmaria no cenáculo de Sião: esses cento e vinte se formam somando um, em progressão aritmética, de um a quinze, e constituem o número dos quinze graus que o místico Saltério contém.

Amós, pastor e camponês, que "recolhia amora dos arbustos", não pode ser explicado em poucas palavras. Pois quem pode explicar dignamente os três e os quatro crimes de Damasco, Gaza, e Tiro, e Idumeia, e dos filhos de Amom, e Moab, e em sétimo e oitavo graus, de Judá e de Israel? Ele fala das vacas gordas, que estão no monte da Samaria, e assegura que tanto a casa pequena como a grande caírão. Ele contempla o que formava os gafanhotos, ao Senhor que está em pé sobre o muro com o prumo na mão, e vê o gancho de recolher fruta que se aproxima os castigos sobre os pecadores e a fome sobre a terra: não uma fome de pão nem uma sede de água, mas sim fome de ouvir a palavra de Deus.

Abdias, que significa "servo de Deus", rebomboa contra o sangue de Edom, a este homem terreno. Também o irmão Jacó sempre com zelo espiritual. Jonas, "pomba" formosíssima que prefigura com seu naufrágio a paixão do Senhor, convoca o mundo à penitência: sob o nome de Nínive anuncia a salvação aos gentios.

Miqueias de Moreset, "co-herdeiro" de

Michaeas de Morasthi, "cohaeres" Christi, vastationem annuntiat filiae latronis, et obsidionem ponit contra eam: quia maxillam percusserit judicis Israel. Nahum "consolator" orbis, increpat civitatem sanguinum, et post eversionem illius loquitur: "Ecce super montes pedes evangelizantis et annuntiantis pacem" (Num 1,15).

Abacuc "luctator" fortis et rigidus, stat super custodiam suam, et figit gradum super munitionem, ut Christum in cruce contempletur, et dicat: "Operuit coelos gloria ejus, et laudis ejus plena est terra. Splendor ejus, ut lux erit: cornua in manibus ejus, ibi abscondita est fortitudo ejus" (Abac 3).

Sophonias "speculator" et arcanorum Domini cognitor, audit clamorem a porta piscium, et ejulatum a secunda, et contritionem a collibus. Indicit quoque ululatum habitatoribus pilae: quia conticuit omnis populus Chanaam: disperierunt universi, qui involuti erant argento.

Aggaeus "festivus" et laetus, qui seminavit in lacrymis, ut in gaudio meteret, destructum Templum reaedificat, Dominumque Patrem inducit loquentem: "Adhuc unum modicum, et ego commovebo coelum et terram, et mare, et aridam, et movebo omnes gentes: et veniet desideratus cunctis gentibus" (Agg 2,7-8).

Zacharias "memor Domini sui" multiplex in Prophetia, Jesum vestibus sordidis indutum, et lapidem oculorum septem, candelabrumque aureum cum totidem lucernis, quot oculis, duas quoque olivas a sinistris lampadis cernit et dextris: ut post equos, rufos, nigros et albos, et varios, et dissipatas quadrigas ex Ephraim, et equum de Jerusalem, pauperem regem vaticinetur et praedicet, sedentem super pullum filium asinae subjugalis.

Malachias aperte, et in fine omnium Prophetarum, de abjectione Israel et vocatione gentium: "Non est mihi, ait,

Cristo, anuncia a devastação da filha do ladrão, e coloca um cerco contra ela: porque levantou o rosto do juiz de Israel. Naum, "consolador" do mundo, ele repreende a cidade sanguinária, e depois da destruição delas disse: Olhai sobre os montes os pés do que evangeliza e que anuncia a paz" (Nm 1,15).

Habacuc, "lutador" forte e duro, está em guarda e detém seus passos sobre a fortaleza, para contemplar a Cristo na cruz e dizer: "Sua majestade cobre os céus, a terra está cheia de sua glória. Seu Esplendor é como luz: tem raios em suas mãos; ali se oculta a sua força" (Abac 3).

Sofonias, "observador" que conhece os segredos do Senhor, ouve o clamor que leva desde a porta dos peixes, e um barulho desde o segundo lugar, e um grande estrondo das colinas. Ele proclama os gritos dos habitantes do Mortero, porque tinha emudecido todo o povo de Canaã: foram cortados do universo os que se envolveram em prata.

Ageu, "festivo" e jovial, que semeou com lágrimas para colher com alegria, reedifica o templo destruído e faz falar assim a Deus Pai: "Dentro de pouco farei tremer o céu e a terra, e o mar e o árido, e farei tremer todas as nações" (Ag 2,7-8).

Zacarias "que se recorda de seu Senhor" é múltiplo em Profecia, vê Jesus vestido de roupas manchadas, vê a pedra dos sete olhos e o candelabro de ouro com tantas lâmpadas como olhos e vê também as olivas, um à esquerda e outro à direita do candelabro: e após a visão dos cavalos vermelhos, negros e brancos, e de várias cores, e os carros dispersos de Efraim, e os cavalos de Jerusalém, um pobre rei vaticinou e predisse, sentando sobre um jumentinho, filho de jumenta subjugada.

Malaquias abertamente, e no final de todos os profetas, fala da objeção de Israel e da

144

voluntas in vobis, dicit Dominus exercituum, et munus non suscipiam de manu vestra. Ab ortu enim solis usque ad occasum, magnum est nomen meum in gentibus: et in omni loco sacrificatur, et offertur nomini meo oblatio munda" (Mal 1,10-11).

Isaiam, Jeremiam, Ezechielem, et Danielem quis possit vel intelligere, vel exponere? Quorum primus non Prophetiam mihi videtur texere, sed Evangelium. Secundus virgam nuceam et ollam succensam a facie Aquilonis, et pardum spoliatum suis coloribus; et quadruplex diversis metris nectit alphabetum. Tertius principia et finem tantis habet obscuritatibus involuta, ut apud Hebraeos istae partes cum exordio Geneseos ante annos triginta non legantur. Quartus vero qui et extremus inter quatuor Prophetas, temporum conscius, et totius mundi φιλοίστωρ, lapidem praecisum de monte sine manibus, et regna omnia subvertentem, claro sermone pronuntiat. David, Simonides noster, Pindarus et Alcaeus, Flaccus quoque, Catullus et Serenus, Christum lyra personat, et in decachordo psalterio ab inferis suscitat resurgentem. Salomon, pacificus, et amabilis Domini, mores corrigit, naturam docet, Ecclesiam jungit et Christum, sanctarumque nuptiarum dulce canit epithalamium.

Esther in Ecclesiae typo populum liberat de periculo, et interfecto Aman, qui interpretatur "iniquitas" partes convivii et diem celebrem mittit in posteros. Paralipomenon liber, id est, Instrumenti veteris ἐπιτομὴ tantus ac talis est, ut absque illo si quis scientiam Scripturarum sibi voluerit arrogare, seipsum irrideat. Per singula quippe nomina, juncturasque verborum, et praetermissae in Regum libris tanguntur historiae, et innumerabiles explicantur Evangelii quaestiones.

vocação dos gentios: "Não há nenhuma vontade em vós, diz o Senhor dos Exércitos, e não me é grata a oblação de vossa mão. Pois desde a subida do sol até o seu ocaso, grande é o meu nome entre os gentios: e em todo lugar se sacrifica e se oferece em meu nome uma oblação pura" (Ml 1,10-11).

Isaías, Jeremias, Ezequiel, e Daniel quem pode entender ou explicar? O primeiro me parece não compor uma profecia e sim um Evangelho. O segundo reúne a vara de nogueira e a caldeira inflamada pela parte de Aquilão, e o leopardo desprovido de suas cores e um alfabeto quádruplo de métrica diversa. O terceiro tem uns começos e um final tão envolto na obscuridade, que estas partes, como o início do Gênesis, não as liam os hebreus antes de completar trinta anos. Também quarto e último dos profetas maiores, grande conhecedor dos tempos e historiador de todo o universo, é quem com claro discurso anunciou a pedra que, cortada do monte sem intervenção de mão alguma, arrasará todos os reinos. Davi, que é o nosso Simônides, nosso Píndaro e Alceu, e também Flaco, Catulo e Sereno, canta a Cristo com a sua Lira, e com o Saltério de dez cordas o faz ressuscitar de entre os mortos. Salomão, o pacífico e amado do Senhor, corrige os costumes, ensina a ciência natural, desposa a Igreja e Cristo, e canta o doce epitálamo das santas núpcias.

Ester, em figura da Igreja, livra o povo do perigo, e executando Amam, nome que significa "iniquidade", deixa para a posteridade as partes de seu banquete em um dia de festa. O livro dos Paralipômenos, isto é, do *Instrumento do Antigo Testamento*, é tão peculiar e tão importante, que se alguém, se nele se arroga a ciência das Escrituras, se está mofando de si mesmo. Pela menção de cada um dos nomes e com a interconexão das palavras não só se repassa da história

145

Ezras et Neemias, "adjutor" videlicet et "consolator a Domino" in unum volumen coarctantur: instaurant Templum, muros extruunt civitatis: omnisque illa turba populi redeuntis in patriam, et descriptio Sacerdotum, Levitarum, Israelis, proselytorum ac per singulas familias murorum ac turrium opera divisa, aliud in cortice praeferunt, aliud retinent in medulla.

9. Cernis me Scripturarum amore raptum excessisse modum Epistolae, et tamen non implesse quod volui. Audivimus tantum quid nosse, quid cupere debeamus, ut et nos quoque possimus dicere: "Concupivit anima mea desiderare justificationes tuas in omni tempore" (Ps 118,20).

Tangam et novum breviter Testamentum. Matthaeus, Marcus, Lucas, et Joannes, quadriga Domini, et verum Cherubim, quod interpretatur scientiae multitudo, per totum corpus oculati sunt, scintillae emicant, discurrunt fulgura, pedes habent rectos et in sublime tendentes, terga pennata et ubique volitantia. Tenent se mutuo, sibique perplexi sunt, et quasi rota in rota volvuntur, et pergunt quocumque eos flatus Sancti Spiritus perduxerit [Ez 1,7-21].

Paulus Apostolus ad septem Ecclesias scribit, octava enim ad Hebraeos a plerisque extra numerum ponitur, Timotheum instruit ac Titum, Philemonem pro fugitivo famulo (Onesimo) deprecatur. Super quo tacere melius puto, quam pauca scribere. Actus Apostolorum nudam quidem sonare videntur historiam, et nascentis Ecclesiae infantiam texere: sed si noverimus

omitida nos livros do Reis, mas que explica inumeráveis questões do Evangelho.

Esdras e Neemias, quer dizer, o "ajudante" o "consolador da parte do Senhor", estão incluídos em um só rolo: os que restauram o Templo e reconstroem os muros da cidade; e toda aquela multidão do povo que regressa para a sua pátria, e uma descrição dos Sacerdotes, Levitas, oriundos de Israel e dos prosélitos, assim como a divisão do trabalho dos muros e das torres entre as famílias, significam uma coisa na superfície e outra no fundo.

9. Já vês como tomado de meu amor para com as Escrituras, ultrapassei os limites de uma carta, e mesmo assim não cumpri o que me propus. Temos ouvido unicamente o que devemos conhecer, o que devemos desejar, de forma que também nós possamos dizer: "Minha alma se consome, desejando continuamente teus mandamentos" (Sl 118,20).

Vou abordar brevemente o Novo Testamento: Mateus, Marcos, Lucas e João, são os quatro do Senhor, o verdadeiro Querubim, que interpreta a grandeza da ciência. Com eles, todo o corpo é cheio de olhos, brilham como faíscas, eles correm e voltam como um relâmpago, seus pés são retos e em sublime eleição, as costas também são aladas, prontas para voar em todas as direções. Eles detêm em conjunto cada um por cada e estão entrelaçados uns com os outros: como rodas dentro de rodas rolam junto e vão aonde quer que o sopro do Espírito Santo quer soprá-los [Ez 1,7-21].

O Apóstolo Paulo escreveu às sete igrejas, e a oitava epístola, que é aos Hebreus, geralmente não é contada com os outros. Ele instrui Timóteo e Tito; ele intercede com *Filêmon* para seu escravo fugitivo. Dele eu acho melhor não dizer nada do que escrever de forma inadequada. Os Atos dos Apóstolos parecem se relacionar com uma mera narrativa superficial descritiva da

scriptorem eorum Lucam esse medicum, *cujus laus est in Evangelio*, animadvertemus pariter omnia verba illius, animae languentis esse medicinam. Jacobus, Petrus, Joannes, Judas Apostoli, septem Epistolas ediderunt tam mysticas quam succinctas, et breves pariter et longas: breves in verbis, longas in sententiis, ut rarus sit qui non in earum lectione caecutiat. Apocalypsis Joannis tot habet sacramenta, quot verba. Parum dixi pro merito voluminis. Laus omnis inferior est: in verbis singulis multiplices latent intelligentiae.	infância da Igreja; mas quando uma vez percebemos que o seu autor é *Lucas*, o médico "cujo louvor está no evangelho", veremos que todas as suas palavras são remédio para a alma doente. Os apóstolos Tiago, Pedro, João e Judas, publicaram sete epístolas ao mesmo tempo místicas e sucintas, breves e longas, breves em palavras, longas em sentenças, de modo que não são poucas coisas, de fato, que não se encontram em suas leituras. O Apocalipse de João tem tanto *mistérios como palavras*. Ao dizer isto eu disse menos do que o livro merece. Todo louvor é insuficiente; múltiplos significados jazem ocultos em cada palavra.
Oro te, frater carissime, inter haec vivere, ista meditari, nihil aliud nosse, nihil quaerere ...	Rogo a ti, irmão querido, enquanto vives, que os medite, que mais nada procure saber, que mais nada queira...

O Prólogo de São Jerônimo para os Livros dos Reis
(*Prologus Galeatus*, c. 391)
Incipit Prologus Sancti Hieronymi in Libro Regum
(*Prologus Galeatus*, c. 391) [40]

Viginti et duas esse litteras apud Hebraeos, Syrorum quoque et Chaldeorum lingua testatur, quae hebraice magna ex parte confinis est; nam et ipsi viginti duo elementa habent eodem sono, sed diversis caracteribus. Samaritani etiam Pentateuchum Mosi totidem litteris scriptitant, figuris tantum et apicibus discrepantes. Certumque est Ezram scribam legisque doctorem post captam Hierosolymam et instaurationem templi sub Zorobabel alias litteras repperisse, quibus nunc utimur, cum ad illud usque tempus idem Samaritanorum et Hebraeorum caractere fuerint. In libro quoque Numerorum haec eadem	Que vinte e duas sejam as letras entre os Hebreus, é testemunhado também pelas línguas dos Sírios e dos Caldeus, que em sua maior parte correspondem ao hebraico; pois eles têm vinte e dois sons elementares que são pronunciados da mesma maneira, mas escritos em caracteres diversos. Os samaritanos também transcreveram o Pentateuco de Moisés com o mesmo número de letras, diferindo apenas na forma e pontos de letras. E é certo que Esdras, o escriba e professor da lei, após a captura de Jerusalém e a restauração do templo por Zorobabel, inventou outras letras que agora usam, até o tempo que os caracteres Samaritanos e Hebraicos foram

···················

40 WORDSWORTH, C. *On the Canon of the Scriptures of the Old and New Testament, and on the Apocrypha*. Londres: Francis & John Rivington, 1848, p. 363-365.

supputatio sub Levitarum ac sacerdotum censu mystice ostenditur.

Et nomen Domini tetragrammaton in quibusdam graecis voluminibus usque hodie antiquis expressum litteris invenimus.
Sed et psalmi tricesimus sextus, et centesimus decimus, et centesimus undecimus, et centesimus octavus decimus, et centesimus quadragesimus quartus, quamquam diverso scribantur metro, tamen eiusdem numeri texuntur alfabeto. Et Hieremiae Lamentationes et oratio eius, Salomonis quoque in fine Proverbia ab eo loco in quo ait: "Mulierem fortem quis inveniet", hisdem alfabetis vel incisionibus supputantur. Porro quinque litterae duplices apud eos sunt: chaph, mem, nun, phe, sade; aliter enim per has scribunt principia medietatesque verborum, aliter fines. Unde et quinque a plerisque libri duplices aestimantur: Samuhel, Malachim, Dabreiamin, Ezras, Hieremias cum Cinoth, id est Lamentationibus suis. Quomodo igitur viginti duo elementa sunt, per quae scribimus hebraice omne quod loquimur, et eorum initiis vox humana conprehenditur, ita viginti duo volumina supputantur, quibus quasi litteris et exordiis, in Dei doctrina, tenera adhuc et lactans viri iusti eruditur infantia.

Primus apud eos liber vocatur Bresith, quem nos Genesim dicimus; secundus Hellesmoth, qui Exodus appellatur; tertius Vaiecra, id est Leviticus; quartus Vaiedabber, quem Numeros vocamus; quintus Addabarim, qui Deuteronomium praenotatur. Hii sunt quinque libri Mosi, quos proprie Thorath, id est Legem appellant

os mesmos. No livro de Números, por outro lado, onde temos o recenseamento dos Levitas e sacerdotes, o mesmo total é apresentado misticamente. E nós encontramos o nome de quatro letras do Senhor [*tetragrammaton*] em certos livros escritos gregos até hoje nos personagens antigos. Mas os Salmos 36, 110, 111 o 118 e o 144, embora eles sejam escritos em diferentes métricas, são todos compostos de acordo com um alfabeto do mesmo número de letras [como acrósticos]. As Lamentações de Jeremias, e sua Oração, e também no final dos Provérbios de Salomão, a partir do lugar onde lemos: "Quem vai encontrar uma mulher firme?" São instâncias do mesmo número de letras que formam a divisão em seções. Além disso, cinco são letras duplas: Caph, Mem, Nun, Phe, Sadê, para no início e no meio de palavras que são escritas de uma maneira, e no final de outra maneira. Daí acontece que, pela maioria das pessoas, cinco dos livros são contados como duplos: Samuel, Reis, Crônicas, Esdras e Jeremias com Cinoth, ou seja, suas Lamentações. Como, então, há vinte e dois elementos através dos quais nós escrevemos em hebraico tudo o que dizemos, e da voz humana é compreendida dentro de seus limites, de modo que nós consideramos vinte e dois volumes (livros), porque, como pelas letras e exortações, na doutrina de Deus, um homem justo é instruído desde a sua infância, e, por assim dizer, ainda no peito.
O primeiro desses livros é chamado *Bresith*, ao qual damos o nome de Gênesis. O segundo, *Hellesmoth*, que leva o nome Êxodo; o terceiro, *Vaiecra*, que é o Levítico; o quarto, *Vaiedabber*, que chamamos de Números; o quinto, *Addabarim*, intitulado Deuteronômio. Estes são os cinco livros de Moisés, que é a própria *Torá*, isto é, eles chamam "Lei".

Secundum Prophetarum ordinem faciunt, et incipiunt ab Iesu filio Nave, qui apud eos Iosue Bennum dicitur. Deinde subtexunt Sopthim, id est Iudicum librum; et in eundem conpingunt Ruth, quia in diebus Iudicum facta narratur historia. Tertius sequitur Samuhel, quem nos Regnorum primum et secundum dicimus. Quartus Malachim, id est Regum, qui tertio et quarto Regnorum volumine continetur; meliusque multo est Malachim, id est Regum, quam Malachoth, id est Regnorum dicere, non enim multarum gentium regna describit, sed unius israhelitici populi qui tribubus duodecim continetur. Quintus est Esaias, sextus Hieremias, septimus Hiezecihel, octavus liber duodecim Prophetarum, qui apud illos vocatur Thareasra.

Tertius ordo αγιογραφα possidet, et primus liber incipit ab Iob, secundus a David, quem quinque incisionibus et uno Psalmorum volumine conprehendunt. Tertius est Salomon, tres libros habens: Proverbia, quae illi Parabolas, id est Masaloth appellant, et Ecclesiasten, id est Accoeleth, et Canticum canticorum, quem titulo Sirassirim praenotant. Sextus est Danihel, septimus Dabreiamin, id est Verba dierum, quod significantius χρονικον totius divinae historiae possumus appellare, qui liber apud nos Paralipomenon primus et secundus scribitur; octavus Ezras, qui et ipse similiter apud Graecos et Latinos in duos libros divisus est, nonus Hester.

Atque ita fiunt pariter veteris legis libri viginti duo, id est Mosi quinque, Prophetarum octo, Agiograforum novem. Quamquam nonnulli Ruth et Cinoth inter Agiografa scriptitent et libros hos in suo putent numero supputandos, ac per hoc

O segundo grupo é composto dos Profetas, e eles começam com *Jesus, filho de Nave*, que entre eles é chamado *Josué filho de Num [Josué]*. Em seguida na série é *Sophetim*, isto é, o livro de *Juízes*; e no mesmo livro incluem *Rute*, porque os eventos narrados ocorreram nos dias dos juízes. Em seguida, vem *Samuel*, que chamamos de Primeiro e Segundo Reis. O quarto é *Malachim*, isto é, *Reis*, que está contido no terceiro e quarto volumes de Reis. E é muito melhor para dizer *Malachim*, isto é *Reis*, que *Malachoth*, isto é chamado dos Reinos. O autor não descreve os reinos de muitas nações, mas o de um povo, o povo de Israel, que é composto de doze tribos. O quinto é *Isaías*; o sexto, *Jeremias*; o sétimo, *Ezequiel*; e o oitavo é o livro dos Doze Profetas, que é chamado entre eles *Thareasra*.

Para a terceira classe pertencem os *Hagiógraphos* (αγιογραφα), dos quais o primeiro livro começa com *Jó*; o segundo com *Davi*, cujos escritos se dividem em cinco partes e compreendem em um volume de *Salmos*. O terceiro é de *Salomão*, em três livros: *Provérbios*, que eles chamam de *Parábolas*, que é *Masaloth*; *Eclesiastes*, isto é, o *Coeleth*; e o *Cântico dos Cânticos*, que denotam pelo título *Sirassirim*. O sexto é *Daniel*; o sétimo, *Dabreiamim*, ou seja, *Palavras de Dias*, que podemos chamar de forma descritiva de uma crônica (χρονικον) de toda a história sagrada, o livro que entre nós é chamado de *Primeiro e Segundo Paralipômenos [Crônicas]*. O oitavo é *Esdras*, que em si é igualmente dividido entre gregos e latinos em dois livros; o nono é Ester.

E assim há vinte e dois livros da antiga Lei; ou seja, cinco de Moisés, oito dos Profetas, nove dos Hagiógraphos, embora alguns incluam *Rute* e *Cinoth (Lamentações)* entre os *Hagiógraphos*, e acho que esses livros devem ser contados

esse priscae legis libros viginti quattuor, quos sub numero viginti quattuor seniorum Apocalypsis Iohannis inducit adorantes Agnum et coronas suas prostratis vultibus offerentes, stantibus coram quattuor animalibus oculatis retro et ante, id est et in praeteritum et in futurum, et indefessa voce clamantibus: "Sanctus, sanctus, sanctus Dominus Deus omnipotens, qui erat et qui est et qui futurus est".

Hic prologus Scripturarum quasi galeatum principium omnibus libris, quos de hebraeo vertimus in latinum, convenire potest, ut scire valeamus, quicquid extra hos est, inter apocrifa seponendum. Igitur Sapientia, quae vulgo Salomonis inscribitur, et Iesu filii Sirach liber et Iudith et Tobias et Pastor non sunt in canone. Macchabeorum primum librum hebraicum repperi, secundus graecus est, quod et ex ipsa φρασιν probari potest. Quae cum ita se habeant, obsecro te lector, ne laborem meum reprehensionem aestimes antiquorum. In tabernaculum Dei offert unusquisque quod polest: alii aurum et argentum et lapides pretiosos, alii byssum et purpuram, coccum offerunt et hyacinthum; nobiscum bene agetur, si obtulerimus pelles et caprarum pilos. Et tamen Apostolus contemptibiliora nostra magis necessaria iudicat. Unde et tota illa tabernaculi pulchritudo et per singulas species Ecclesiae praesentis futuraeque distinctio pellibus tegitur et ciliciis, ardoremque solis et iniuriam imbrium ea quae viliora sunt prohibent.
Lege ergo primum Samuhel et Malachim meum; meum, inquam, meum: quicquid enim crebrius vertendo et emendando sollicitius et didicimus et tenemus, nostrum est. Et cum intellexeris quod antea nesciebas, vel interpretem me aestimato, si gratus es, vel παραφραστην, si ingratus, quamquam mihi omnino conscius non sim mutasse me quippiam de hebraica veritate.

separadamente; devemos, portanto, contar vinte e quatro livros da lei antiga. E estes e o *Apocalipse de João* representados pelos vinte e quatro anciãos, que adoram o Cordeiro e oferecem suas coroas com rostos prostrados, enquanto na presença deles estão os quatro seres viventes com olhos atrás e na frente, isto é, olhando para o passado e o futuro, e com voz incansável clamando: "Santo, Santo, Santo, Senhor Deus Todo-Poderoso, que foi, é e será".
Este prefácio das Escrituras pode servir como uma introdução a todos os livros que nós traduzimos do hebraico para o latim, para que possamos ter certeza de que o que está fora deles deve ser colocado de lado entre os escritos apócrifos. *Sabedoria*, portanto, o que dizemos de *Salomão*, e o livro de *Jesus, o Filho de Sirac*, Judite, Tobias e o Pastor [de Hermas?] não estão no cânone. O primeiro livro dos *Macabeus* é encontrado em hebraico, mas o segundo é grego, como pode ser comprovado desde o estilo (φρασιν).
Embora essas coisas sejam assim, peço-te, meu leitor, não pensar que meus trabalhos se destinam a menosprezar os dos antigos [*i. e.* dos tradutores das versões mais antigas]. Para o serviço do tabernáculo de Deus cada um oferece o que puder; alguns ouro e prata e pedras preciosas, outros linho fino e púrpura, e carmesim e azul; faremos bem se nós oferecemos peles e pelos de cabra. E assim o Apóstolo pronuncia o juízo mais desprezível e mais necessário. Assim, a beleza do tabernáculo como um todo e nos seus diversos tipos e os ornamentos da igreja presente e futuro foram cobertos com peles e pelos de cabra, e as coisas que são de menor calor do sol e menos prejudicial da chuva foram proibidas. Primeiro leias, então, meu *Samuel e Reis*; meu, eu digo, meu (minha tradução). Por alguma tradução diligente e por alguma correção que decidimos e fizemos, é nosso. E quando tu entenderes

Certe si incredulus es, lege graecos codices et latinos et confer cum his opusculis, et ubicumque inter se videris discrepare, interroga quem libet Hebraeorum cui magis accomodare debeas fidem, et si nostra firmaverit, puto quod eum non aestimes coniectorem, ut in eodem loco mecum similiter divinarit.

Sed et vos famulas Christi rogo, quae Domini discumbentis pretiosissimo fidei myro unguitis caput, quae nequaquam Salvatorem quaeritis in sepulchro, quibus iam ad Patrem Christus ascendit, ut contra latrantes canes, qui adversum me rabido ore desaeviunt et circumeunt civitatem atque in eo se doctos arbitrantur, si aliis detrahant, orationum vestrarum clypeos opponatis.

Ego sciens humilitatem meam, illius semper sententiae recordabor: "Custodiam vias meas, ut non delinquam in lingua mea; posui ori meo custodiam, cum consisteret peccator adversum me; obmutui et humiliatus sum, et silui a bonis".

alguma coisa de que tu estavas antes como ignorante, conta-me como um tradutor, se você é grato, ou um parafraseador [παραφραστην] se ingrato, embora eu não tenha a mínima consciência de ter desviado do original hebraico. Em todo o caso, se tu és incrédulo, leia os manuscritos gregos e latinos e confira-os com os meus opúsculos, e onde quer que tu vejas que eles discordam, interroga quem vive com os hebreus, em quem tu podes ter mais fé, e se ele confirmar nossa opinião, eu suponho que tu não vais pensar nele como um adivinho e supor que ele e eu, na mesma passagem, tivemos similar advinhação.

Mas eu te rogo também, servo de Cristo, que unjas a cabeça de seu Senhor reclinada com a mirra mais preciosa da fé, que de modo algum procures o Salvador no túmulo, porque Cristo há muito tempo já subiu ao Pai; eu imploro que tu confrontes com os escudos de suas orações os cães que ladram e raivam contra mim com a boca de raivosos, e que vão sobre a cidade, e aprenderam a menosprezar os outros. Conhecendo minha humildade, eu sempre vou recordar o que nos é dito: "Eu vou tomar cuidado para os meus caminhos que eu não tenha ofensa em minha língua; eu coloquei um freio em minha boca, enquanto o pecador se levanta contra mim, eu emudeci e fui humilhado, e em silêncio de coisa boa".

Na *Carta* sobre o Homem Famoso (*De Viris Illustribus sive de Scriptoribus Ecclesiasticis* Cap. 1), Jerônimo comenta que "Pedro escreveu duas epístolas, que são chamadas de católicas", mas que a segunda não seria considerada de Pedro, por causa do estilo diferente da primeira. Também afirma que se ouvia dizer que o Evangelho de Marcos seria de Pedro, uma vez que Marcos era o intérprete de Pedro, uma espécie de tradutor e secretário pessoal. Também comenta que ainda havia outros 4 escritos que estavam rodando pelas comunidades, atribuídos a Pedro, que, porém, eram considerados apócrifos: *AtPd, EvPd, ApPd e Julgamento de Pd.*

Simon Petrus... scripsit duas epistolas, quae catholicae nominantur, quarum secunda a plerisque eius esse negatur, propter styli cum priore dissonantiam. Sed et evangelium iuxta Marcum, qui auditor eius et interpres fuit, huius dicitur. Libri autem, e quibus unus Actorum eius inscribitur, alius Evangelii, tertius Praedicationis, quartus Apocalypseos, quintus Iudicii, inter apocryphas scripturas repudiantur.	Simão Pedro... escreveu *duas epístolas*, que são *chamadas de católicas*, a segunda das quais, em razão de sua diferença em relação à primeira no estilo, é considerada por muitos como não escrita por ele. Mas também o *Evangelho segundo Marcos*, que era seu ouvinte e intérprete, é dito ser seu. Por outro lado, os livros, um dos quais seus *Atos* escritos, seu outro *Evangelho*, um terceiro de sua Pregação, um quarto de seu *Apocalipse*, um quinto de seu *Julgamento*, são repudiados como escritos apócrifos.

Na *Carta a Hedibia* (*Ad Hedibiam*, n. 120), Jerônimo afirma que Tito foi um intérprete de Paulo, no sentido de auxílio no ministério, assim como Marcos foi de Pedro. Isso ajudaria a explicar a transmissão do texto ou ensinamentos contidos em cada um deles.

Habebat ergo [Paulus] Titum interpretus sicut et beatus Petrus Marcum, cuius evangelium Petro narrante et illo scribente compositum est. Denique et duae epistulae, quae feruntur Petri, stilo inter se et caractere discrepant structuraque verborum; ex quo intellegimus pro necessitate rerum diversis eum usum interpretibus.	Assim, [Paulo] teve Tito como intérprete, assim como São Pedro teve Marcos, cujo Evangelho foi composto com Pedro narrando e ele escrevendo. Além disso, as duas epístolas, que circulam como de Pedro, também são diferentes em estilo entre si e em caráter, e na estrutura da palavra; a partir da qual entendemos que ele usou diferentes intérpretes, se necessário.

No texto da *Carta a Dardanus*, prefeito de Gaul (*Ad Dardanum*, n. 129 § 3), Jerônimo afirma que a Epístola aos Hebreus não é reconhecida entre as cartas paulinas.

Illud nostris dicendum est, hanc epistolam quae inscribitur ad Hebraeos, non solum ab ecclesiis Orientis, sed ab omnibus retro ecclesiasticis Graeci sermonis scriptoribus, quasi Pauli apostoli suscipi, licet plerique eam vel Barnabae, vel Clementis arbitrentur; et nihil interesse, cujus sit, cum ecclesiastici viri sit, et quotidie ecclesiarum lectione celebretur. Quod si eam Latinorum consuetudo non recipit inter Scripturas canonicas; nec Graecorum quidem ecclesiae Apocalypsin Joannis eadem libertate suscipiunt; et tamen nos utramque suscipimus, nequaquam hujus temporis consuetudinem, sed veterum scriptorum auctoritatem sequentes, qui plerumque utriusque abutuntur testimoniis, non ut interdum de apocryphis facere solent, quippe qui et gentilium litterarum raro utantur exemplis, sed quasi canonicis et ecclesiasticis.	Isto deve ser dito para o nosso povo, que a epístola que é intitulada *"aos hebreus"* não é só pelas Igrejas do Oriente, mas por todos os escritores da Igreja na língua grega de épocas anteriores, quase como do Apóstolo Paulo, embora muitos a considerarem ser ou de Barnabé, ou de Clemente; e não é de nenhum interesse, quem seja, uma vez que é celebrada como de um grande varão eclesiástico, e recebe o reconhecimento quoditiano na leitura pública das igrejas. Se o costume dos latinos é não recebê-la entre as escrituras canônicas; nem as igrejas dos gregos aceitam o *Apocalipse* de João, pela mesma liberdade. No entanto, aceitamos ambas, não seguindo o costume do tempo presente, mas o precedente de primeiros escritores, que geralmente fazem uso livre de depoimentos de ambos os trabalhos. E eles fazem isso, não como eles estão acostumados para citar escritos apócrifos, como de fato eles usam exemplos da literatura pagã, mas tratando-os como obras canônicas e eclesiásticas.

19) O cânon do Concílio Plenário de Hipona (08/10/393)

O Concílio Plenário de toda a África, na região de Hipona, em latim: *Plenarium totius Africae Concilium Hippone Regio*, aconteceu aos 8 de outubro de 393 d.C. Ele foi realizado no mesmo ano do 1º Concílio de Cartago, que também foi celebrado em 393 d.C. Quando se fala de Concílio de Hipona, é preciso ter presente que não se trata de um Concílio geral e sim regional para o norte da África, mesmo que tenha sido para todo o norte africano, região tipicamente cristã naquela época, que contou com a presença e influência de Agostinho, um dos grandes luminares da Igreja e um dos mais importantes Padres da Igreja. Segundo Gallagher-Meade, o cânon do Concílio de Hipona, que teria sido reproposto nos Concílios de Cartago III (397) e IV (419), sempre no norte da África, teria sobrevivido graças ao *Breviarium Hipponense 36*, que traz uma lista dos livros do cânon bíblico[41].

O Concílio Plenário de Hipona traz uma lista dos livros das Sagradas Escrituras em seu Cânon 36. Entre os Ocidentais, após o Concílio Romano I (382 d.C.), este é o primeiro a trazer a lista completa dos livros considerados inspirados, ou seja, aqui já temos o cânon bíblico completo, como o teremos na *Vulgata Latina*, obra traduzida por Jerônimo neste mesmo período e que vai ser ratificada nos Concílios de Florença (séc. XV) e de Trento (séc. XVI), conforme podemos conferir à frente, aqui em nossa obra.

Pelo que sabemos a ideia da catolicidade da Igreja é algo já muito claro e forte no final do século IV de nossa era cristã. Isso parece ficar mais evidente quando lemos no final da lista que tinham claro que os livros deviam ser aceitos por todas as Igrejas e que a Igreja de Roma devia ser consultada sobre isso, o que aliás também acontece no III Concílio de Cartago (397 d.C.), como veremos adiante. Aliás, isso também encontramos no cânon de Inocêncio I (405 d.C.), que se dá em resposta a uma consulta feita ao bispo de Roma, também por nós aqui reportado.

No final do cânon do Concílio Plenário de Hipona lemos: "Para a confirmação deste cânon seja consultada a Igreja do outro lado do mar", ou seja, a Igreja de Roma, que era a Igreja Ultramarina em relação a quem estava no norte da África. Este dado fica mais claro ainda no III Concílio de Cartago, uma vez que é citado até o nome do bispo de Roma daquela época. Outro dado interessante é que já se permitia também ler a vida dos Mártires no dia em que se celebrava o aniversário de morte deles: "Permite-se também ler as paixões dos Mártires quando se celebra o dia de seu aniversário".

Igualmente interessante é a nota final que o próprio texto traz, fazendo como que um resumo dos Concílios do Norte da África: "Este mesmo Cânon é atribuído igualmente ao Concílio Cartaginense, chamado Cartaginense III, do ano de 397 d.C. (Cânon 47) e que foi confirmado também pelo Concílio Cartaginense de 419 (Cânon 29)", com esta diferença: o primeiro afirma: "as treze cartas do Apóstolo Paulo, uma do mesmo aos Hebreus", e o segundo: "as quatorze cartas

....

41 GALLAGHER, E.L. & MEADE, J.D. *The Biblical Canon Lists from Early Christianity* – Texts and Analysis. Oxford: Oxford University Press, 2017, p. 222.

do Apóstolo Paulo". Nos mesmos concílios (de 397 d.C. e de 419 d.C.), depois das palavras: "o livro do Apocalipse de João", no lugar da precedente, se encontra a seguinte conclusão: "Seja feito conhecer este Cânon a Bonifácio, nosso irmão no sacerdócio e aos outros bispos daquelas partes, para que se obtenha a confirmação. De fato, de nossos pais, nós acolhemos estes textos para que sejam lidos na Igreja". Estas informações vêm agregar dados para que possamos analisar a temática tendo presente que estávamos tendo um movimento no final do século IV em favor da confirmação do cânon das Sagradas Escrituras e que este cânon é aquele que vai entrar para a Igreja por meio da *Vulgata Latina*, fruto da tradução de Jerônimo, no final do século IV, a pedido do Papa Dâmaso.

O texto que oferecemos, nós o encontramos no texto do ENCHIRIDION BIBLICUM. *Documenti della Chiesa sulla sacra Scrittura, Edizione Bilingue* (Bolonha: EDB, 1994, n. 16-20), texto latim-italiano, que por sua vez também foi publicado na forma latim-espanhol em ENQUIRIDION BÍBLICO, *Documentos de la Iglesia sobre la sagrada Escritura* (Madri: BAC, 2010, n. 16-20), e na obra DOCTRINA PONTIFICIA, I, *Documentos Bíblicos, por Salvador Muñoz Iglesias* (Madri: BAC, 1955, p. 158-159). Encontramos uma tradução desse texto em português na obras de H. Alves, *Documentos da Igreja sobre a Bíblia*, de 160 a 2010 (Fátima: Difusora, p. 105-107). Temos vários manuscritos que oferecem versões do Concílio de Cartago, do Norte da África, que têm o mesmo conteúdo do Concílio de Hipona, e que vale a pena conferir, que transcrevemos nesta nossa obra. Também podemos encontrar um texto intitulado *Brevis Statutorum Hipponensium* na obra de Theodor Zahn, *Geschichte des neutestamentliche Kanons*. Zweiter Band: Urkunden und Belege zum ersten und dritten Band. Erste Hälfte (Erlangern/Leipzig: Naschf, 1890, p. 251-253), e na obra de C. Wordsworth, *On the Canon of the Scriptures of the Old and New Testament, and on the Apocrypha* (Londres: Francis & John Rivington, 1848, p. 371-372).

Placuit, ut praeter scripturas canonicas nihil in ecclesia legatur sub nomine divinarum Scripturarum. Sunt autem canonicae scripturae: Genesis, Exodus, Leviticus, Numeri, Deuteronomium. Jesu Nave, Judicum, Ruth, Regnorum libri quatuor, Paralipomenon libri duo, Job unus, Psalterium Daviticum, Salomonis libri quinque, Duodecim libri Prophetarum, Esaias, Jeremias, Daniel, Ezechiel, Tobias, Judith, Hester, Hedrae libri duo, Machabaeorum libri duo.

Novi autem Testamenti: Evangeliorum libri quatuor, Actus Apostolorum liber unus, Pauli apostoli Epistolae tredecim, eiusdem ad Hebraeos una, Petri duae, Joannis tres, Jacobi una, Judae una, Apocalypsis Joannis.

Ita ut de confirmando isto canone transmarina Ecclesia consulatur. Liceat atiam legi passiones Martyrum cum anniversarii dies eorum celebrantur.

Idem canon tribuitur etiam concilio Carthaginensi, quod dicitur tertium a. 397 (canon 47), et repetitus est a concilio Carthaginensi (canon 29), cum hoc tamen discrimine, quod loco "Pauli Apostoli espistolae tredecim, eiusdem ad Hebraeos una" dicatur: "epistolarum Pauli apostoli numero XIV". In eisdem conciliis (a. 397; 419) pos verba: "Apocalypsis Johannis Liber unus" sequens additur conclusio loco praecedentis.

Hoc etian fratri et consacerdoti nostro Bonifacio, vel aliis earum partium episcopais pro confirmando isto canone innotescas, quia ita a patribus ista accepimus in ecclesia legenda.

Foi estabelecido que fora das Escrituras Canônicas nada seja lido na Igreja sob o nome de divinas Escrituras. São consideradas Escrituras Canônicas: Gênesis, Êxodo, Levítico, Números, Deuteronômio. Jesus Nave [*Josué*], Juízes, Rute, os quatro livros dos Reinos, os dois livros dos Paralipômenos, Jó, o Saltério Davídico; os cinco livros de Salomão, os Doze livros dos Profetas, Isaías, Jeremias, Daniel, Ezequiel, Tobias, Judite, Ester, os dois livros de Esdras, os dois livros dos Macabeus.

Pertencem ao Novo Testamento: os quatro livros dos Evangelhos, o livro dos Atos dos Apóstolos, as 13 Epístolas do Apóstolo Paulo, uma do mesmo aos Hebreus; duas Epístolas de Pedro, três de João, uma de Tiago, uma de Judas, o Apocalipse de João.

Para a confirmação deste Cânon, seja consultada a Igreja do outro lado do mar. Permite-se também ler as paixões dos Mártires quando se celebra o dia de seu aniversário.

Este mesmo Cânon é atribuído igualmente ao Concílio Cartaginense, chamado Cartaginense III, do ano de 397 (Cânon 47) e que foi confirmado também pelo Concílio Cartaginense de 419 (Cânon 29), com esta diferença: "as treze cartas do Apóstolo Paulo, uma do mesmo aos Hebreus", diz-se: "as quatorze cartas do Apóstolo Paulo". Nos mesmos concílios (de 397 e de 419), depois das palavras: "o livro do Apocalipse de João", no lugar da precedente, se encontra a seguinte conclusão:

Seja feito conhecer este Cânon a Bonifácio, nosso irmão no sacerdócio e aos outros bispos daquelas partes, para que se obtenha a confirmação. De fato, de nossos pais, nós acolhemos estes textos para que sejam lidos na Igreja.

20) O cânon de Agostinho de Hipona (c. 393/395 d.C.)

Agostinho de Hipona, em latim *Aurelius Augustinus Hipponensis*, nasceu em 354, em Tagaste, e morreu em 430, em Hipona, na antiga Numídia, atual Argélia. Ele foi bispo de Hipona, na Colônia Romana, no litoral norte da África Ocidental. É um dos mais proeminentes Padres da Igreja, considerado um dos grandes luminares a ocupar o *Panteon* dos grandes doutores do cristianismo. Deixou uma infinidade de obras, inclusive uma autobiografia típica (*Confissões*), "que talvez seja a obra mais conhecida da literatura cristã antiga"[42], além de um vastíssimo epistolário, comentários bíblicos e muitos *Sermões*. A sua vida basicamente pode ser conhecida a partir de sua obra *Confissões*. Ainda entre suas ricas obras encontra-se a *Cidade de Deus*, obra monumental para a literatura cristã, bem como *Comentários* aos livros do AT e do NT, tratados exegéticos e teológicos, textos *Contra os Hereges*, especialmente em sua luta contra os donatistas e os pelagianos. Os seus últimos 30 anos de vida e ministério foram muito fecundos em termos de literatura e defesa da fé.

Agostinho devia ser de uma família modesta e de pais cristãos (Patrício e Mônica). Mas foi sobretudo sua mãe, mulher de fé fervorosa, que muito o influenciou ao longo de toda a sua vida e a quem ele sempre permaneceu ligado. Ele também contou com o apoio de Romaniano, futuro bispo de Hipona, para poder ir estudar em Madaura e depois em Cartago. Os planos de seus pais era que o filho seguisse a carreira do direito, daí o valor da retórica que ele aprendeu e a usou muito bem. Mas ele também foi fortemente influenciado pela filosofia, sobretudo neoplatônica, a qual ele passou a estudar mais profundamente. Como Jerônimo, também Agostinho julgava que a literatura da Bíblia era muito mais pobre que a literatura dos Clássicos de sua época [43]. Em suas muitas buscas de conhecimento ele fez uma experiência no meio dos maniqueus, a quem mais tarde combateu ferozmente. Após sua experiência junto aos maniqueus, ele caiu no ceticismo e no agnosticismo.

Em 382, Agostinho foi para Roma e depois, em 384, partiu para Milão, no norte da Itália, onde conheceu o Bispo Ambrósio, que mais tarde o batizou, quando ele finalmente se converteu ao cristianismo. Milão também era uma cidade culta e com bons pensadores, que amavam tanto a literatura latina como os pensadores gregos. Foi a partir deste momento que Agostinho pôde entrar

....

42 MORESCHINI, C. & NORELLI, E. *Manual de literatura cristã antiga, grega e latina*. Op. cit., p. 493.

43 MORESCHINI, C. & NORELLI, E. *Manual de literatura cristã antiga, grega e latina*. Op. cit., p. 495.

em contato com grandes nomes daquela época, como Antão o Eremita, Atanásio de Alexandria, Mário Vitorino e outros, que muito fizeram pelo cristianismo no IV século. Ele entrou em contato com vários neoplatônicos convertidos ao cristianismo e isso o influenciou muito no encontro entre filosofia grega e fé judaico-cristã.

Agostinho recebe o batismo em 387 e em 388 volta para o norte da África, indo viver em Tagaste, onde se reúne com um grupo de amigos, entre os quais Valério, que mais tarde se torna bispo de Hipona e amigo pessoal de Agostinho. Neste momento, Agostinho luta bastante na defesa da fé e contra os maniqueus, mas também vai encontrar os donatistas e os pelagianos, com quem vai se debater longamente. Ele é ordenado sacerdote e depois feito bispo auxiliar de Valério, em Hipona, entre os anos de 390-391. O povo o acolhe muito bem e Agostinho vai se dedicar ao estudo da Bíblia e à pregação da Palavra de Deus. A partir deste momento nasce em Agostinho um amor muito profundo pelas Sagradas Escrituras, inclusive pelo cânon bíblico, já que o final do século IV encontra-se prenhe de discussões acerca desta temática, visto que muitos textos apócrifos estavam girando pelas comunidades cristãs em geral.

Agostinho de Hipona foi a primeira figura importante da Igreja a expor uma lista que incluía todos os livros disputados do Antigo Testamento sem fazer qualquer distinção entre os livros hebraicos canônicos e os livros deuterocanônicos recebidos do texto da *Septuaginta* (os sete deuterocanônicos do AT: Tb, Jt, 1 e 2 Mc, Br, Eclo, Sb, além de Dn 3,24-90, Dn 13–14 e Est 10,4–16,24), conforme encontramos em seu catálogo no texto *Sobre a Doutrina Cristã, Livro II, Capítulo 8,12-13, Os Livros Canônicos* (cerca de 395 d.C.), p. 95-97. O seu cânon do AT contém todos os 46 livros que a Igreja Católica tem em seu cânon bíblico, que foram traduzidos por Jerônimo e conservados na Vulgata, confirmados pelos Concílios de Florença (séc. XV) e Trento (séc. XVI), bem como todos os 27 livros do NT, com todos os textos canônicos e deuterocanônicos do NT (os sete *deuterocanônicos* do NT: Hb, Tg, 2Pd, 2-3 Jo e Jd e Ap).

O texto latino que reproduzimos aqui pode ser encontrado em AURELII AUGUSTINI, *Doctrina Christiana*, Caput VIII: *Libri canonici*. In: J.P. Migne. *Patrologia,* series Latina, Tomus 34 (Paris: Petit-Montrouge, 1841, p. 40-41); em B. Martín, *Obras de San Agustin,* Edición Bilingue, Tomo XV (Madri: BAC, 1957, p. 124-127); na obra de B.F. Westcott, *A General Survey of the History of the Canon of the New Testament* (Londres, 1866, Apêndice D, p. 506-508); igualmente na obra de Theodor Zahn, *Geschichte des neutestamentliche Kanons*. Zweiter Band: Urkunden und Belege zum ersten und dritten Band. Erste Hälfte (Erlangern/Leipzig: Naschf, 1890, p. 253-259), e na obra de C. Wordsworth, *On the Canon of the Scriptures of the Old and New Testament, and on the Apocrypha* (Londres: Francis & John Rivington, 1848, p. 372-374); uma tradução em língua portuguesa é possível encontrá-la na obra de H. Alves, *Documentos da Igreja sobre a Bíblia*, de 160 a 2010 (Fátima: Difusora, n. 7, p. 105-107).

12. Erit igitur divinarum scripturarum solertissimus indagator, qui primo totas legerit notasque habuerit, et si nondum intellectu jam tamen lectione, duntaxat eas quae appellantur Canonicae. Nam ceteras securius leget fide veritatis instructus, ne praeoccupent inbecillem animum et periculosis mendaciis atque phantasmatis eludentes praejudicent aliquid contra sanam intellegentiam.	12. O investigador mais diligente (solertissimus indagator) das Divinas Escrituras será, em primeiro lugar, o que as tiver lido integralmente e delas tomado conhecimento, se não quanto ao sentido pleno, pelo menos quanto à leitura perseverante. Trata-se, bem entendido, dos livros chamados canônicos. Porque os outros, ele os lerá com mais segurança quando estiver mais instruído na fé da verdade. Evitará assim que esses escritos se apoderem de seu espírito débil, prejudicando-o com perigosas falsidades e trazendo-lhe ideias contrárias a uma sadia compreensão.
In canonicis autem Scripturis, ecclesiarum catholicarum quamplurium auctoritatem sequatur; inter quas sane illae sint, quae apostolicas sedes habere et epistolas accipere meruerunt.	Quanto às Escrituras Canônicas, siga a autoridade da maioria das Igrejas Católicas, entre as quais, sem dúvida, se contam as que mereceram ser sede dos apóstolos e receber cartas deles.
Tenebit igitur hunc modum in Scripturis Canonicis, ut eas quae ab omnibus accipiuntur ecclesiis catholicis praeponat eis quas quaedam non accipiunt; in eis vero quae non accipiuntur ab omnibus, praeponat eas quas plures gravioresque accipiunt eis quas pauciores minorisque auctoritatis ecclesiae tenent. Si autem alias invenerit a pluribus, alias a gravioribus haberi, quamquam hoc facile invenire non possit, aequalis tamen auctoritatis eas habendas puto.	Eis o método que se há de observar no discernimento das Escrituras Canônicas: os livros que são aceitos por todas as Igrejas Católicas se anteponham aos que não são aceitos por algumas. Por outro lado, entre os livros que algumas Igrejas admitem, prefiram-se os que são pelas Igrejas mais numerosas e importantes aos que são unicamente aceitos pelas Igrejas menos numerosas e de menor autoridade. Enfim, no caso de alguns livros serem aceitos por muitas igrejas e outros pelas igrejas mais autorizadas, ainda que isso

13. Totus autem Canon Scripturarum in quo istam considerationem versandam dicimus, his libris continetur: Quinque Moyseos id est Genesi, Exodo, Levitico, Numeris, Deuteronomio; et uno libro Jesu Nave, uno Judicum, uno libello qui appellatur Ruth, qui magis ad Regnorum principium videtur pertinere, deinde quatuor Regnorum et duobus Paralipomenon non consequentibus sed quasi a latere adjunctis simulque pergentibus. Haec est historia quae sibimet annexa tempora continet atque ordinem rerum: sunt aliae tanquam ex diverso ordine quae neque huic ordini neque inter se connectuntur, sicut est Job et Tobias et Esther et Judith et Machabaeorum libri duo et Esdrae duo, qui magis subsequi videntur ordinatam illam historiam usque ad Regnorum vel Paralipomenon terminatam: deinde Prophetae in quibus David unus liber Psalmorum, et Salomonis tres Proverbiorum, Cantici Canticorum, et Ecclesiastes. Nam illi duo libri unus qui Sapientia et alius qui Ecclesiasticus inscribitur de quadam similitudine Salomonis esse dicuntur, nam Jesus Sirach eos conscripsisse constantissime perhibetur qui tamen quoniam in auctoritatem recipi meruerunt inter propheticos numerandi sunt.

Reliqui sunt eorum libri qui proprie Prophetae appellantur, duodecim Prophetarum libri singuli, qui connexi sibimet quoniam numquam sejuncti sunt pro uno habentur; quorum Prophetarum nomina sunt haec, Osee, Joel, Amos, Abdias, Jonas, Micha, Naum, Abacuc, Sophonias, Aggeus, Zacharias, Malachias:

seja difícil, eu opino que esses atribuam a ambas a mesma autoridade.

13. O Cânon completo das Sagradas Escrituras, ao qual se referem as considerações precedentes, compreende os seguintes livros: os cinco de Moisés, a saber: o Gênesis, o Êxodo, o Levítico, os Números e o Deuteronômio; um livro de Jesus Nave [*Josué*] e um dos Juízes; um livrinho intitulado Rute, o qual parece pertencer ao começo da história dos Reis; seguem-se os quatro dos Reinos e dois dos Paralipômenos que não são a sua sequência, mas por assim dizer uma complementação. Todos esses livros são narração histórica que contém o desenvolvimento das épocas e a ordem dos acontecimentos. Há outras histórias de tipo diferente que não possuem conexão com a ordem dos acontecimentos anteriores, nem se relacionam entre si, como os livros de Jó, de Tobias, de Ester, de Judite, os dois livros dos Macabeus e os dois de Esdras. Estes parecem seguir antes aquela história que ficara suspensa com os livros dos Reis e dos Paralipômenos. Depois seguem os Profetas, entre os quais se encontra um livro de Davi, os Salmos, três de Salomão: os Provérbios, o Cântico dos Cânticos e o Eclesiastes. Os outros dois livros dos quais um é a Sabedoria e outro o Eclesiástico, são atribuídos a Salomão por certa semelhança com os precedentes, mas comumente se assegura que quem os escreveu foi Jesus, filho de Sirac. Se como mereceram ser recebidos com autoridade (canônica), devem ser contados entre os livros proféticos. Os livros restantes são propriamente chamados dos Profetas. Doze dos Profetas, que são livros individuais. Como estão conexos e nunca foram separados, são contados como um só livro. Eis o nome dos Profetas: Oseias, Joel, Amós, Abdias, Miqueias, Naum, Habacuc, Sofonias, Ageu, Zacarias e Malaquias.

deinde quatuor Prophetae sunt majorum voluminum Isaias, Jeremias, Daniel, Ezechiel.	Em seguida, os quatro livros dos grandes profetas: Isaías, Jeremias, Daniel e Ezequiel.
His quadraginta quatuor libris Testamenti Veteris terminatur auctoritas: Novi autem, quatuor libris Evangelii, secundum Matthaeum, secundum Marcum, secundum Lucam, secundum Joannem; quatuordecim Epistolis Pauli Apostoli, ad Romanos, ad Corinthios duabus, ad Galatas, ad Ephesios, ad Philippenses, ad Thessalonicenses duabus, ad Colossenses, ad Timotheum duabus, ad Titum, ad Philemonem, ad Hebraeos; Petri duabus; tribus Joannis; una Judae et una Iacobi; Actibus Apostolorum libro uno, et Apocalypsi Joannis libro uno.	Estes quarenta e quatro livros possuem autoridade no Antigo Testamento. Quanto ao Novo, compreende os quatro livros do Evangelho segundo São Mateus, São Marcos, São Lucas e São João; as quatorze cartas de São Paulo: aos Romanos, aos Coríntios duas, aos Gálatas, aos Efésios, aos Filipenses, aos Tessalonicenses duas, aos Colossenses, a Timóteo duas, a Tito, a Filêmon e aos Hebreus. Duas de Pedro; três de João; uma de Judas e uma de Tiago; um livro dos Atos dos Apóstolos e um livro do Apocalipse de João.
In his omnibus libris timentes Deum et pietate mansueti quaerunt voluntatem Dei.	Em todos estes livros os tementes a Deus e que são humildes e piedosos buscam a vontade de Deus.

Em relação à declaração de Agostinho de que o livro da *Sabedoria de Salomão* foi, provavelmente, "escrito por Jesus, filho de Sirac", deve-se notar que mais tarde ele corrigiu esse erro em suas *Retrações*, livro 2, cap. 4, onde ele escreve: "No segundo livro [*Sobre a Doutrina Cristã*], eu cometi um erro quanto à autoria do livro comumente chamado a *Sabedoria de Salomão*. Pois tenho aprendido desde então que não é um fato bem estabelecido, como eu disse que era, que *Jesus, o filho de Sirac*, que escreveu o livro do *Eclesiástico*, escreveu este livro também. Pelo contrário, tenho verificado que é bem mais provável que ele não era o autor deste livro". Ele também menciona a *Sabedoria de Salomão e Eclesiástico* na seguinte passagem, do texto da obra *Cidade de Deus*, XVII. 20.

[Salomon] prophetasse etiam ipse reperitur in suis libris, qui tres recepti sunt in auctoritatem canonicam: Proverbia, Ecclesiastes et Canticum Canticorum. Alii vero duo, quorum unus Sapientia, alter Ecclesiasticus dicitur, propter eloquii nonnullam similitudinem, ut Salomonis dicantur, obtinuit consuetudo; non autem esse ipsius non dubitant doctiores; eos tamen in auctoritatem maxime occidentalis antiquitus recepit ecclesia. Quorum in uno, qui appellatur Sapientia Salomonis, passio Christi apertissime prophetatur.	[Salomão] profetizou em seus livros dos quais três são admitidos na autoridade canônica: Provérbios, Eclesiastes, e o Cântico dos Cânticos. Os outros dois, um da Sabedoria e outro do Eclesiástico, pela semelhança de estilo, normalmente se atribui também a Salomão. Mesmo que duvidem entre os mais doutos de que não sejam seus, contudo, são recebidos desde a Antiguidade em grau de máxima autoridade pela Igreja Ocidental. Em um deles, que se intitula *Sabedoria de Salomão*, profetiza-se abertamente a Paixão de Cristo.

21) O cânon do Terceiro Concílio de Cartago (28/08/397)

O III Concílio de Cartago foi celebrado aos 28 de agosto de 397 d.C., e o I Concílio de Cartago foi celebrado em 393 d.C., mesmo ano do Concílio de Hipona. Como para o Concílio de Hipona, aqui também é preciso ter presente que quando se fala de Concílio de Cartago não se trata de um Concílio Geral e sim Regional para o norte da África. Ele contou igualmente com a presença e influência de Agostinho, uma das mentes mais brilhantes, um dos luminares do século IV e um dos grandes Padres Ocidentais. Nossa principal fonte de informações sobre o III Concílio de Cartago, realizado em 28 de agosto de 397 d.C., é um documento antigo conhecido como o *Codex Canonum Ecclesiæ Africanae*, que apresenta uma compilação de *ordenanças* editadas por várias Igrejas no Concílio em Cartago, durante os séculos IV e V, que traz o catálogo bíblico no Cânon 36.

Temos vários manuscritos que trazem o cânon do III Concílio de Cartago e indicamos aqui algumas obras onde é possível encontrar o referido texto, tais como: CONCILIA AFRICAE, *Incipiunt Capitula Concilii Tertii Carthaginensis*, n. 47. In: J.P. Migne. *Patrologia*, series Latina, Tomus LVI, Petit-Montrouge (Paris, 1865, p. 428-429, cânon 36). Para obter notícias sobre o Concílio de Cartago IV, de 419, sugerimos conferir na mesma obra de J.P. Migne. *Patrologia*, series Latina, Tomus LVI (Paris: Petit-Montrouge, 1865, p. 871), com a diferença de que no final, após citar o livro do *Apocalipse*, ele acrescenta uma conclusão diferente, a saber: *"Hoc etian fratri et consacerdoti nostro Bonifacio, vel aliis earum partium episcopais pro confirmando isto canone innotescas, quia ita a patribus ista accepimus in ecclesia legenda.* / Seja feito conhecer este Câ-non a Bonifácio, nosso irmão no sacerdócio e aos outros bispos daquelas par-tes, para que se obtenha a confirmação. De fato, de nossos pais, nós acolhemos esses textos para que sejam lidos na Igreja."; encontramos igualmente o do III Concílio de Cartago na obra de H. Denzinger e P. Hünermann, *Compêndio dos símbolos, definições e declarações de fé e moral* (São Paulo: Paulus/Loyola, 2007, n. 186), com texto bilíngue, latim e português; mas também podemos buscar uma edição mais crítica na obra de C. Murnier, *Concilia Africae, A. 345 – A. 525* (Turnholti: Typographi Brepols Editoris Pontificii, 1974, p. 340-341, cânon XLVII). Do mesmo modo encontramos o texto na obra de B.F. Westcott, *A General Survey of the History of the Canon of the New Testament* (Londres, 1866, Apêndice D, p. 483-484), citando a obra a partir da referência de onde tirou o texto (ita. B.C Ca. 47. Mansi, II. 1177, cf. supra p. 390ss.). Nós encontramos uma tradução desse texto em português na obra de H. Alves, *Documentos da Igreja sobre a Bíblia*, de 160 a 2010, Fátima: Difusora, n. 8, p. 107-108.

Buscaremos oferecer aqui vários textos do III Concílio de Cartago e um texto do IV Concílio de Cartago, a fim de que possamos conhecer os textos destes dois Concílios de Cartago, no norte da África. E o primeiro texto segue a Patrologia Migne, Tomo 56, como indicado anteriormente.

XXXVI. Ut praeter Scripturas canonicas nihil in ecclesia legatur sub nomine divinarum Scripturarum. Sunt autem canonicae scripturae: Genesis, Exodus, Leviticus, Numeri, Deuteronomium, Jesu Nave, Judicum, Ruth, Regorum libri quatuor, Paralipomenon libri duo, Job, Psalterium Daviticum, Salomonis libri cinque, duodecim libri Prophetarum, Esaias, Daniel, Jeremias, Ezechiel, Tobias, Judith, Hether, Hedrae libri duo, Machabeorum libri duo; Novi autem Testamenti: Evangeliorum libri quatuor, Actus apostolorum liber unus, Pauli apostoli Epistolae tredecim, ejusdem ad Hebraeos una, Petri duae, Joannis tres, Jacobi uma, Judae una, Apocalypsis Joannis.	36. Pareceu bem que fora das Escrituras Canônicas nada seja lido na Igreja sob o nome de divinas Escrituras. E as Escrituras Canônicas são estas: Gênesis, Êxodo, Levítico, Números, Deuteronômio, Jesus Nave [*Josué*], Juízes, Rute, quatro livros dos Reis, dois livros dos Paralipômenos, Jó, Saltério Davídico, cinco livros de Salomão, os livros dos Doze Profetas, Isaías, Jeremias, Ezequiel, Daniel, Tobias, Judite, Ester, dois livros de Esdras, dois livros dos Macabeus. E do Novo Testamento: quatro livros dos Evangelhos, um livro dos Atos dos Apóstolos, treze Epístolas do Apóstolo Paulo, uma do mesmo aos Hebreus; duas de Pedro, três de João, uma de Tiago, uma de Judas, Apocalipse de João.

Ita ut de confirmando isto canone transmarina Ecclesia consulatur. Liceat atiam legi passiones martyrum cum anniversarii dies eorum celebrantur.	Sobre a confirmação deste Cânon se consultará a Igreja do outro lado do mar. Permite-se também ler as paixões dos mártires quando se celebra o dia de seu aniversário.

a) O cânon do Terceiro Concílio de Cartago no Denzinger (28/08/397)

Como indicamos anteriormente, também encontramos uma versão do III Concílio de Cartago na obra de H. Denzinger e P. Hünermann, *Compêndio dos símbolos, definições e declarações de fé e moral* (São Paulo: Paulus/Loyola, 2007, n. 186, de 28/08/397), sobre "o cânon da Sagrada Escritura", seja em seu texto em latim seja em sua tradução para o português, como podemos conferir aqui.

[Placuit,] ... ut praeter canonicas scripturas nihil in Ecclesia legatur sub nomine divinarum Scripturarum. Sunt autem canonicae scripturae: Genesis, Exodus, Leviticus, Numeri, Deuteronomium, Jesu[s] Nave, Iudicum, Ruth, Regnorum libri quatuor, Paralipomenon libri duo, Job, Psalterium Davidicum, Salomonis libri cinque duodecim libri Prophetarum, Esaias, Ieremias, Daniel, Ezechiel, Tobias, Iudith, Hesther, Hesdrae libri duo, Machabeorum libri duo. Novi autem Testamenti: Evangeliorum libri quatuor, Actus apostolorum liber unus, Pauli apostoli epistolae tredecim, eiusdem Hebraeos uma, Petri duae, Joannis tres, Jacobi una, Judae una, Apocalypsis Joannis. *[Additur in quodam cod.:]* ... ut de confirmando isto canone trasmarina Ecclesia consulatur.	[Foi estabelecido] que na Igreja não se leia nada sob o nome de Escrituras divinas a não ser os escritos canônicos. Os escritos canônicos são: Gênesis, Êxodo, Levítico, Números, Deuteronômio, Jesus Nave [*Josué*], Juízes, Rute; quatro livros dos Reis [2 de Samuel e 2 dos Reis], dois livros das Crônicas, Jó, Saltério Davídico, cinco livros de Salomão, doze livros dos Profetas, Isaías, Jeremias, Daniel, Ezequiel, Tobias, Judite, Ester, dois livros de Esdras [1 de Esdras e 1 de Neemias], dois livros dos Macabeus. Os escritos canônicos do Novo Testamento por sua vez [são]: quatro livros de Evangelhos, um livro de Atos dos Apóstolos, treze cartas do Apóstolo Paulo, uma do mesmo aos Hebreus; duas de Pedro, três de João, uma de Tiago, uma de Judas, o Apocalipse de João. *[Em um códice é acrescentado]* ... consulte-se a Igreja utramarina para a confirmação deste cânon.

b) O cânon do Terceiro Concílio de Cartago em C. Murnier

Como já indicamos, também vale a pena dar uma olhada na lista do III Concílio de Cartago apresentada por C. Munier, *Concilia Africae, A. 345 – A. 525* (Turnholti: Typographi Brepols Editoris Pontificii, 1974, p. 340-341, cânon XLVII). Ele tem um dado curioso, pois apresenta os livros do AT até os do NT, formando uma soma de 27 livros, de "1. Gênesis" a "27. Cartas Católicas e Apocalipse", e ambos os Testamentos como sendo um único conjunto. Aliás, todos os livros duplos ou conjunto de livros do AT e do NT, como os 4 dos Reinos, 2 de Crônicas, Doze Profetas, os 4 Evangelhos e as cartas Paulinas e as Católicas ele também apresenta como sendo "um livro", no sentido de colocar os duplos e os conjuntos sob uma única numeração e não os contar separadamente. Isso o possibilita fechar a conta dos livros do AT e do NT sob o total de 27 para toda a Bíblia.

Este manuscrito de C. Munier também é o único texto que não traz a carta de *Judas* como sendo a última das cartas: "27. Petri II, Joannis III, Judae I, Jacobi I, Apocalypsis Joannis libri. / *27. duas de Pedro, três de João, uma de Judas, uma de Tiago, livro de Apocalipse de João*". Isto é estranho, visto que a carta de Judas, em todos os Manuscritos, sempre ocupa o último lugar entre as cartas *Católicas* e antes do *Apocalipse*. Além disso, no final do texto, após apresentar a soma dos 27 livros, ele também afirma que se deverá consultar "a Igreja ultramarina" e ainda diz que "se permite a *leitura dos mártires* nos dias de seus aniversários". Diferentemente da obra apresentada por J.M. Migne e de H. Denzinger e P. Hünermann, C. Munier não traz os dois livros dos Macabeus. Isto também é estranho, pois se a lista de C. Munier também mostra que o catálogo do III Concílio de Cartago traz todos os demais deuterocanônicos (cinco de Salomão, Tobias e Judite), é mais certo que trouxesse também estes dois livros dos Macabeus.

XLVII. Ut praeter Scripturas Canonicas nihil in ecclesia legatur sub nomine Divinarum Scripturarum. Sunt autem canonicae scripturae, id est, 1. Genesis, 2. Exodus, 3. Leviticus, 4. Numeri, 5. Deuteronomium, 6. Jesu Nave, 7. Judicum, 8. Ruth, 9. Regnorum libri IV, 10. Paralipomenon libri II, 11. Job, 12. Psalterium Daviticum, 13. Salomonis libri cinque, 14. Libri duodecim Prophetarum, 15. Esaias, 16. Ieremias, 17. Ezechiel, 18. Daniel, 19. Tobias, 20. Iudith, 21. Esther, 22. Esdrae libri II.

47. Pareceu bem que fora das Escrituras Canônicas nada seja lido na Igreja sob o nome de divinas Escrituras. E as Escrituras Canônicas são estas: 1. Gênesis, 2. Êxodo, 3. Levítico, 4. Números, 5. Deuteronômio, 6. Jesus Nave [*Josué*], 7. Juízes, 8. Rute, 9. IV Livros dos Reinos, 10. II livros dos Paralipômenos, 11. Jó, 12. Saltério Davídico, 13. Cinco livros de Salomão, 14. Os livros dos Doze Profetas, 15. Isaías, 16. Jeremias, 17. Ezequiel, 18. Daniel, 19. Tobias, 20. Judite, 21. Ester, 22. Os II livros de Esdras.

Novi autem Testamenti: 24. Evangeliorum libri IV, 25. Actuum apostolorum liber I, 26. Pauli apostoli Epistolae 13, ejusdem ad Hebraeos I, 27. Petri II, Joannis III, Judae I, Jacobi I, Apocalypsis Joannis libri.

E do Novo Testamento: 24. Os IV livros dos Evangelhos, 25. Um livro dos Atos dos Apóstolos, 26. As treze epístolas do Apóstolo Paulo, uma do mesmo aos Hebreus, 27. Duas de Pedro, três de João, uma de Judas, uma de Tiago, livro de Apocalipse de João.

Fint igitur libri viginti et septem, ita ut de confirmando isto canone trasmarinae ecclesiae consulantur. Liceat etiam legi passiones martyrum cum anniversarii dies eorum celebrentur.

São estes os vinte e sete livros, para que seja consultada e se obtenha a confirmação deste cânon da Igreja do outro lado do mar. Permite-se também ler as paixões dos mártires quando se celebra o dia de seu aniversário.

22) O cânon de Rufino de Aquileia (c. 400 d.C.)

Rufino de Aquileia (340-410), em latim *Rufinus Aqueleiensis*, no norte da Itália, era um amigo de Jerônimo, e, como Jerônimo, ele partiu da Itália para viver no Oriente. Ele traz um catálogo bíblico em sua *Exposição do Credo 37*, na obra *Comentarius in Symbulum Apostolorum*. Rufino de Aquileia é uma "testemunha significativa da vivacidade da cultura cristã da Itália"[44] de seu tempo, que muito trabalhou para difundir no Ocidente os textos e modelos gregos de vida cristã, especialmente a partir de tradução de textos gregos para o latim. Embora tenha nascido em Concórdia, próximo a Aquileia, ele estudou em Roma, onde conheceu e fez amizade com Jerônimo. Ambos foram atraídos

....

44 MORESCHINI, C. & NORELLI, E. *Manual de literatura cristã antiga, grega e latina*. Op. cit., p. 465.

pelos ideais ascéticos e fizeram um percurso monástico juntos, na mesma comunidade. Ele vai para o Oriente em 373 e volta para a Itália só em 397, com o intuito de aprofundar seus estudos e conhecimentos nas obras de Orígenes, que ele considerava um homem ortodoxo, e teve problemas posteriores com isso[45]. Assim como Jerônimo, Rufino de Aquileia, vivendo em mosteiros no Egito e na Palestina, procurou adquirir a aprendizagem das Igrejas Orientais e aprimorar a vida monacal. Ele era homem capaz no grego e, quando ele voltou para a Itália, ocupou-se em traduzir obras dos Padres Gregos para o latim, a fim de facilitar o conhecimento dos mesmos no Ocidente. *Sua exposição do credo* era uma obra original, porém, ela também mostra a influência da Igreja grega (e de Jerônimo) em vários lugares. Em sua discussão sobre o Cânon, que transcrevemos, ele segue os Padres Gregos e Jerônimo, excluindo os *deuterocanônicos* do cânon das Escrituras. O final do século IV foi determinante para a conclusão do cânon bíblico e contou com a colaboração de vários Padres e decisões eclesiásticas, orientais e ocidentais. Ele cita todos os sete deuterocanônicos do AT como sendo tido por *Livros Eclesiásticos*. Embora tenha sido influenciado pelos Padres Orientais no que diz respeito aos deutorocanônicos do AT, Rufino traz todos os sete livros deutorocanônicos do NT, inclusive o *Apocalipse*, que os Padres orientais recusam. Além, disso, ele também cita alguns apócrifos do NT, como "o chamado *Pastor de Hermas*, e aquele que é chamado de *Os dois caminhos ou juízo de Pedro*", como podemos conferir na lista por nós aqui transcrita.

Sua lista dos livros bíblicos nós a podemos encontrar na obra de RUFINUS AQUELEIENSIS, *Comentarius in Symbulum Apostolorum*, n. 37-38. In: J.P. Migne. *Patrologia*, series Latina, Tomus XXI (Paris: Petit-Montrouge, 1848, p. 373-374) e igualmente no texto de M. Simonetti, *Tyranii Rufini Opera* (Turnholti: Typographi Brepols Editoris Pontificii, 1961, p. 170-171). Além disso, também podemos encontrar o seu cânon bíblico na obra de B.F. Westcott, *A General Survey of the History of the Canon of the New Testament* (Londres, 1866, Apêndice D, p. 510-511); igualmente na obra de Theodor Zahn, *Geschichte des neutestamentliche Kanons*. Zweiter Band: Urkunden und Belege zum ersten und dritten Band. Erste Hälfte (Erlangern/Leipzig: Naschf, 1890, p. 240-244), e na obra de C. Wordsworth, *On the Canon of the Scriptures of the Old and New Testament, and on the Apocrypha* (Londres: Francis & John Rivington, 1848, p. 357-358).

....
45 MORESCHINI, C. & NORELLI, E. *Manual de literatura cristã antiga, grega e latina*. Op. cit., p. 466.

De sua Exposição do Credo 37

37. Itaque Veteris Testamenti, omnium primo Moysi quinque libri sunt traditi, Genesis, Exodus, Leviticus, Numeri, Deuteronomium. Post haec Jesus Nave, et Judicum simul cum Ruth. Quatuor post haec: Regnorum libri quos Hebraei duos numerant; Paralipomenon, qui dierum dicitur liber; et Esdrae duo, qui apud illos singuli computantur, et Hester. Prophetarum vero Esaias, Jeremias, Ezechiel et Daniel: praeterea duodecim Prophetarum liber unus. Job quoque et Psalmi David singuli sunt libri. Salomonis vero tres ecclesiis traditi, Proverbia, Ecclesiastes, Cantica Canticorum. In his concluserunt numerum librorum Veteris Testamenti.

Novi vero quatuor Evangelia, Matthaei, Marci, Lucae, et Joannis. Actus Apostolorum quos describit Lucas. Pauli apostoli epistolae quatuordecim. Petri apostoli duae. Jacobi fratris Domini et apostoli una. Judae una. Joannis tres. Apocalypsis Joannis.

Haec sunt quae patres intra Canonem concluserunt, et ex quibus fidei nostrae assertiones constare voluerunt.
38. Sciendum tamen est quod et alii libri sunt qui non Canonici sed Ecclesiastici a majoribus appellati sunt, id est Sapientia, quae dicitur Salomonis, et alia Sapientia, quae dicitur filii Sirach, qui liber apud Latinos hoc ipso generali vocabulo Ecclesiasticus appellatur; quo vocabulo non auctor libelli, sed scripturae qualitas cognominata est. Ejusdem vero ordinis libellus Tobiae et Judith: et Machabaeorum libri.
In Novo vero Testamento libellus qui dicitur Pastoris sive Hermas, qui appellatur Duae viae vel Judicium Petri. Quae omnia legi quidem in ecclesiis voluerunt, non tamen proferri ad

37. Do Antigo Testamento, pois, antes de tudo, foram proferidos os cinco livros de Moisés: Gênesis, Êxodo, Levítico, Números, Deuteronômio. Depois, Jesus Nave [*Josué*], e Juízes juntamente com Rute. Em seguida, quatro livros dos Reis, que os hebreus contam como dois; Paralipômenos, que é chamado o livro dos *Dias* [Crônicas], e dois livros de Esdras, que eles contam um, e Ester. Dos Profetas: Isaías, Jeremias, Ezequiel e Daniel; além disso dos Doze Profetas [menores], um livro. Jó e também os Salmos de Davi, cada um, um livro. Salomão deu três livros para as Igrejas: Provérbios, Eclesiastes e Cântico dos Cânticos. Nisto compreendem os números dos livros do Antigo Testamento.

Do Novo Testamento há quatro Evangelhos: de Mateus, de Marcos, de Lucas, e de João. Atos dos Apóstolos, que foi escrito por Lucas; quatorze epístolas do Apóstolo Paulo, duas do Apóstolo Pedro, uma do Apóstolo Tiago e irmão do Senhor, uma de Judas, três de João, e o Apocalipse de João.

Estes são os livros que os Pais incluíram no Cânon; nos quais eles quiseram estabelecer as declarações de nossa fé.
38. Mas também deve ser conhecido que existem outros livros que são chamados pelos antigos de não Canônicos, mas Eclesiásticos: ou seja, a *Sabedoria* atribuído a Salomão, e outra *Sabedoria* atribuído ao filho de *Sirach*, que os latinos chamam pelo título *Eclesiástico*, designando não o autor do livro, mas seu caráter. À mesma ordem pertencem os livros de *Tobias* e *Judite*, e os livros dos *Macabeus*.
No Novo Testamento não é verdadeiro o livro que é chamado *Pastor de Hermas*, e aquele que é chamado de *Os Dois Caminhos ou Juízo de Pedro*. Eles estavam dispostos a ler todos nas igrejas, mas não

auctoritatem ex his fidei confirmandam. Caeteras vero Scripturas Apocryphas nominarunt, quas in Ecclesiis legi noluerunt. Haec nobis a patribus tradita sunt, quae (ut dixi) opportunum visum est hoc in loco designare, ad instructionem eorum qui prima sibi ecclesiae ac fidei elementa suscipiunt, ut sciant, ex quibus sibi fontibus verbi Dei haurienda sint pocula.	foram usados para confirmar a autoridade de sua fé. Aos outros escritos deram o nome de Apócrifos, que eles não deveriam ler nas igrejas. Estes são o que os Pais deixaram a nós, que, como eu disse, eu tenho pensado oportuno designar aqui, para a instrução dos que estão sendo ensinados nos primeiros elementos da Fé da Igreja, para que possam saber de que fontes da Palavra de Deus devem tomar para beber.

23) O cânon de João Crisóstomo (c. 404 d.C.)

João Crisóstomo (349-407), em latim *Joannes Crysostomus*, também chamado de "boca de ouro", por causa de sua grande eloquência em suas homilias e pregações em geral, comparável à dos Padres Capadócios, embora a sua linha fosse menos filosófica e de uma exegese mais simples. Porém, com valiosíssimo conteúdo e de grande sabedoria. Ele é originário de Antioquia (Turquia), que em sua época já tinha um misto de uma grande cultura pagã e cristã. Entre seus vários estudos, ele dedicou-se ao estudo junto aos mestres da retórica. Terminados seus estudos de formação acadêmica, João Crisóstomo, já adulto, decide se dedicar aos estudos das Sagradas Escrituras. Embora ele se decida pela ascese, não entra para a vida eremítica, pois decide ficar mais perto de sua mãe, já viúva[46]. A sua atividade como escritor tem início em 381, quando ele é nomeado diácono. Não obstante não tenha entrado para a vida monástica, suas primeiras obras são dedicadas à defesa da vida monástica e do valor da ascese. Neste tempo ele encanta-se com o sacerdócio e escreve também a obra *Sobre o sacerdócio*. A partir de então, começa a dar um valor muito grande à vida ativa, sem, contudo, menosprezar a vida monacal. Em 386, João Crisóstomo é ordenado sacerdote e vai se dedicar à pregação em Antioquia, ganhando grande fama de bom pregador e sendo considerado homem ortodoxo. É neste período que ele se dedica mais ainda aos estudos e produz várias obras, sobretudo homilias.

As homilias de João Crisóstomo são dedicadas a textos, a personagens e a livros bíblicos, tanto do AT como do NT. Muitas também são as homilias de conteúdo teológico, outras são catequéticas, morais e litúrgicas. Além disso,

....
46 MORESCHINI, C. & NORELLI, E. *Manual de literatura cristã antiga, grega e latina*. Op. cit., p. 353.

muitos foram os comentários aos Evangelhos e demais livros do NT[47]. Em 397, com a morte do Patriarca, João Crisóstomo é nomeado bispo de Constantinopla. Isso muda muito a sua vida, pois o governo pastoral da Igreja local lhe rouba muito tempo, visto que agora ele terá que lidar com os problemas do imperador, da corte e da diplomacia, além das controvérsias com a Imperatriz Eudóxia. Mas é em Constantinopla também que ele vai poder se dedicar à defesa dos mais pobres e dos humildes.

O catálogo sobre os livros das Sagradas Escrituras, nós o encontramos em seu texto *Sinopse da Sagrada Escritura* (*Synopsis Scripturæ Sacræ*), provavelmente escrito no início do século V, pouco antes de sua morte, que acontece no ano 407. Nessa obra, João Crisóstomo faz como que uma espécie de *introdução* à Sagrada Escritura, com uma descrição detalhada de cada livro que ele apresenta. Esse é um texto que também já recebeu várias críticas sobre a época, pois se critica muito a datação do mesmo, que alguns colocam bem mais tardia, e sobre a falta de partes do texto em si.

Para constatar um pouco das dificuldades já bastaria ver no final do texto que faltam alguns dos livros do NT, que conta com um arranjo bem diverso dos demais, pois tem a precedência das 14 Cartas Paulinas, depois vem os 4 Evangelhos, em seguida temos Atos dos Apóstolos e se conclui com apenas 3 das Cartas Católicas, sem mencionar quais eram, além de não mencionar o livro do Apocalipse. Aqui é bom lembrar que a falta do livro do Apocalipse segue a comum recusa no meio oriental. Mas o texto que se refere ao AT também não é muito claro. João Crisóstomo cita apenas *Josué, Juízes, Rute, Samuel, Reis, Esdras* [com *Neemias?*], *Provérbios, Eclesiástico, Eclesiastes, Cântico dos Cânticos, Dezesseis Profetas* [maiores e menores], mas omite vários protocanônicos, como: *Ester, Crônicas, Jó, Salmos, Lamentações*, e cita apenas apenas um deuterocanônico [*Eclesiástico*] e omite os demais deuterocanônicos [*Judite, Tobias, Sabedoria, Baruc e Macabeus*].

Se não bastassem estas questões apresentadas, além da autoria e da data, ainda seria preciso ver a questão da relação entre esta *Sinopse* e a *Sinopse* que é atribuída a Atanásio de Alexandria, mas que não é sua, como indicamos a seguir, em nosso texto, a respeito da mesma. De todas as formas, vale a pena ter o texto original e a tradução em português deste catálogo e poder estudá-

---

47 MORESCHINI, C. & NORELLI, E. *Manual de literatura cristã antiga, grega e latina*. Op. cit., p. 357.

-lo. O texto aqui oferecido foi extraído da obra JOANNES CRYSOSTOMUS, *Synopsis Scripturæ Sacræ*. In: J.P. Migne. *Patrologia*, series Grega, Tomus LVI (Paris: Petit-Montrouge, 1859, p. 313-317). Também é possível encontrar um texto, embora mais reduzido, na obra de B.F. Westcott, *A General Survey of the History of the Canon of the New Testament* (Londres, 1866, Apêndice D, p. 485); igualmente na obra de Theodor Zahn, *Geschichte des neutestamentliche Kanons*. Zweiter Band: Urkunden und Belege zum ersten und dritten Band. Erste Hälfte (Erlangern/Leipzig: Naschf, 1890, p. 230-233).

ΣΥΝΟΨΙΣ Τῆς Παλαιᾶς τε καὶ Καινῆς, ὡς ἐν τάξει ὑπομνηστικοῦ. ΠΡΟΘΕΩΡΙΑ. Καινὴ λέγεται ἀπὸ τοῦ χρόνου καὶ ἀπὸ τῆς φύσεως τῶν ἐν αὐτῇ γενομένων, ὅτι πάντα ἀνεκαινίσθη, καὶ πρῶτον ἄνθρωπος, δι' ὃν τὰ πάντα. Ἵνα δὲ μή τις λέγῃ· Ὁ οὐρανὸς ὁ αὐτὸς, ἡ γῆ, καὶ τὸ κυριώτατον ἁπάντων ἄνθρωπος· καὶ (λ. καινὸς) νόμος ἐδόθη, καιναὶ ἐντολαὶ, καινὴ ἡ χάρις διὰ τοῦ λουτροῦ, καινὸς ἄνθρωπος, καιναὶ ἐπαγγελίαι. Οὐκέτι γὰρ γῆ καὶ τὰ ἀπὸ τῆς γῆς· ἀλλ' οὐρανὸς, καὶ τὰ ἐν οὐρανοῖς. Καινὰ τὰ μυστήρια. Οὐκέτι γὰρ ἐκεῖνα τὰ σωματικὰ, πρόβατον καὶ αἷμα, καὶ κνίσσα, καὶ κόπρος, ἀλλ' ἡ λογικὴ καὶ ἐνάρετος λατρεία, τὰ παραγγέλματα καινὰ, ξύλον εἰς οὐρανοὺς ἀνάγον καὶ ὑψηλοὺς ἐργαζόμενον.	*Sinopsis* tanto do Antigo e do Novo [Testamentos], como nelas são fixados. Visão da Obra O Novo [Testamento] não só em razão da época, mas também dos assuntos que trata, em primeiro lugar do humano, para quem todas as coisas foram feitas. Que ninguém diga: Ora, o céu é o mesmo, a terra é a mesma e o homem também, a mais nobre de todas as coisas; e a nova lei foi dada, novos mandamentos, nova a graça, através do batismo: novo homem, novas promessas. Não se trata mais da terra nem das coisas terrenas, mas do céu e das coisas celestes. Novos mistérios. Não se trata mais das coisas corpóreas, ovelhas, sangue, cheiro de queimado, lodo; mas, trata-se, agora, do culto racional ornado pela virtude: novos preceitos. O lenho nos conduz ao céu e nos torna nobres.
Σκοπὸς δὴ ἑκατέρωθεν τῶν Διαθηκῶν εἷς, τῶν ἀνθρώπων ἡ διόρθωσις. Καὶ τί δεῖ θαυμάζειν περὶ τῆς Γραφῆς, ὅπου γε καὶ τῆς κτίσεως αὐτῆς ἡ χρεία διὰ τοῦτον; Καὶ γὰρ οὐρανὸν μέγαν δι' αὐτὸν ἐποίησε, καὶ γῆν εὐθεῖαν, καὶ θάλασσαν ὑπὲρ τὴν χρείαν, ἵνα ἀπὸ τοῦ μεγέθους τῶν γενομένων θαυμάσαντες τὸν Δημιουργὸν, εἰς θεογνωσίαν ἔλθωσι. Καὶ ταῦτα οὖν διὰ τοῦτον γέγονεν.	O escopo dos Testamentos é um só, a saber: a correção dos homens. E haveria aqui algo de estranho a respeito da Escritura, se toda a natureza foi criada para servir a esta finalidade? Para proveito deles foi criada a imensidão do céu, a amplidão da terra, a vastidão do oceano além de toda a necessidade, a fim de que ao contemplar a grandeza das obras do Demiurgo, alcance o conhecimento de Deus. E todas essas obras foram feitas para esta finalidade.

Ἐπεὶ οὖν σκοπὸς εἷς τῆς Παλαιᾶς καὶ τῆς Καινῆς, ἀναγκαῖον εἶναι ἐνόμισεν ὁ Μωϋσῆς καὶ ἱστορίας ἀναγράψαι παλαιάς· οὐ κατὰ τὴν ἔξωθεν ἀκολουθίαν· ἐκεῖνοι μὲν γὰρ ἱστορίας γράφουσιν ἁπλῶς, ὥστε πραγμάτων διηγήσεις ποιεῖσθαι, καὶ πολέμους καὶ μάχας εἰς μέσον ἀγαγεῖν, καὶ καρπώσασθαι δόξαν ἀπὸ τῶν γραμμάτων.

Ὁ δὲ νομοθέτης οὐχ οὕτως· ἀλλὰ πάντοτε ἱστορίας ἀναγράφει ἀνδρῶν μεγάλων κατωρθωκότων, ὥστε τοῖς μετὰ ταῦτα τῶν ἐκείνοις βεβιωμένων τὴν διήγησιν γενέσθαι διδασκαλίας ἀγαθῆς ὑπόθεσιν. Διὰ δὴ τοῦτο οὐ μόνον τοὺς κατωρθωκότας εἰς μέσον ἄγει, ἀλλὰ καὶ τοὺς ἡμαρτηκότας, ἵνα τοὺς μὲν ζηλώσωμεν, τοὺς δὲ καὶ ἑκατέρωθεν ὀρθωθῇ τὰ τῆς ἀρετῆς καὶ τὰ τῆς ἐπιμελείας. Μὴ τοίνυν νομιζέτω τις ξένον εἶναι νομοθέτου τὸ παλαιὰς ἱστορίας διηγεῖσθαι καὶ νόμους ἀναγράφειν. Ὅπερ γὰρ ἰσχύει νόμος, τοῦτο καὶ ἡ διήγησις τοῦ βίου τῶν ἁγίων. Ἔστι τοίνυν τῆς Παλαιᾶς τὸ μὲν ἱστορικόν, ὡς ἡ Ὀκτάτευχος· ἡ μὲν Γένεσις τὰ περὶ τῆς δημιουργίας διηγουμένη, καὶ τὰ περὶ τοῦ βίου τῶν εὐηρεστηκότων Θεῷ· ἡ δὲ Ἔξοδος τὴν ἀπαλλαγὴν τῶν Ἰουδαίων τὴν ἐξ Αἰγύπτου, τὴν παράδοξον ἐκείνην, καὶ τὴν τῆς ἐρήμου διατριβὴν, καὶ τὴν τοῦ νόμου δόσιν· τὸ δὲ Λευιτικὸν τὰ περὶ θυσιῶν καὶ ἱερουργίας· ἡ γὰρ τοῦ Λευὶ φυλὴ αὕτη ἦν ἡ τὴν ἱερωσύνην κεκληρωμένη, καὶ ἀπὸ τοῦ ὀνόματος τῆς φυλῆς τὴν προσηγορίαν ἔλαχε τὸ βιβλίον. Μετ' ἐκεῖνο οἱ Ἀριθμοί· μετὰ γὰρ τὸ ἐξελθεῖν ἐξ Αἰγύπτου, ἐκέλευσεν ὁ Θεὸς ἀριθμηθῆναι τὸν δῆμον τῶν Ἰουδαίων, καὶ ἦσαν ἑξακόσιαι χιλιάδες, ἀφ' ἑνὸς ἀνθρώπου τοῦ Ἀβραὰμ γενόμεναι.

Sendo um só o escopo do Antigo e do Novo [Testamentos], Moisés julgou necessário descrever histórias antigas, não como fazem os estrangeiros que buscam somente descrever os fatos, as guerras e batalhas para se tornarem famosos com suas histórias. Outra é a intenção do Legislador: ele procura narrar os feitos notáveis de personalidades ilustres para que a história deles sirva de ensinamento conspícuo para a posteridade.

Por isto, o Legislador apresenta não só os corretos, mas também os pecadores, para imitarmos aqueles e evitarmos estes últimos, e assim, tirarmos maior proveito da virtude e diligência de uns e de outros. Portanto, que ninguém imagine que narrar histórias antigas e prescrever leis seja algo alheio à função do legislador.

Efetivamente, a narração da vida dos santos tem a mesma força que a lei possui. Podemos então dizer que na antiga Lei existe um lado histórico, como mostra o **Octateuco** (a). Assim, o Gênesis descreve a criação e também a vida daqueles que agradaram a Deus. O Êxodo narra como os Judeus foram milagrosamente retirados do Egito e libertados, descreve como fizeram a longa travessia do deserto e como foi promulgada a Lei. Porém, o Levítico trata dos sacrifícios e do sacerdócio: da tribo de Levi era escolhido o sacerdote, e o nome da tribo passou a identificar o livro. Depois vem o livro dos Números: após a saída do Egito, foi feito o recenseamento do povo Judeu por ordem de Deus e o resultado do censo foi de milhares, gerados de um só homem, Abraão.

Εἶτα μετ᾽ ἐκεῖνο τὸ Δευτερονόμιον· τὸν γὰρ νόμον ἐκ δευτέρου ἡρμήνευσεν αὐτοῖς ὁ Μωϋσῆς. Εἶτα μετ᾽ ἐκεῖνο Ἰησοῦς ὁ τοῦ Ναυῆ· οὗτος γὰρ μετὰ τὸν Μωϋσέα γενόμενος αὐτῶν δημαγωγός, εἴς τε τὴν γῆν τῆς ἐπαγγελίας εἰσήγαγε, καὶ τὴν γῆν διένειμε κατὰ κλήρους ταῖς δώδεκα φυλαῖς. Μετ᾽ ἐκεῖνον οἱ Κριταί· τοῦ γὰρ Ἰησοῦ τελευτήσαντος, εἰς ἀριστοκράτειαν μετέπεσε τὰ πράγματα τῶν Ἰουδαίων, καὶ αἱ φυλαὶ ἐκράτουν. Εἶτα Ῥοὺθ, βιβλίον βραχὺ, ἱστορίαν ἔχον γυναικὸς ἀλλοφύλου, γαμηθείσης Ἰουδαίῳ τινί. Μετ᾽ ἐκεῖνο αἱ Βασιλεῖαι αἱ τέσσαρες, ἐν αἷς τὰ εἰς τὸν Σαοὺλ, τὰ εἰς τὸν Δαυῒδ, τὰ εἰς Σολομῶντα καὶ τὸν Ἠλίαν καὶ τὸν Ἐλισσαῖον, καὶτὰ μέχρι τῆς αἰχμαλωσίας τῆς εἰς Βαβυλῶνα. Μετὰ δὲ τὰς βασιλείας Ἔσδρας. Ἐπειδὴ γὰρ ἀπηνέχθησαν εἰς Βαβυλῶνα ἁμαρτόντες, καὶ ἑβδομήκοντα ἔτη διετέλεσαν αὐτόθι δουλεύοντες, ὁ Θεὸς ὕστερον ἵλεως αὐτοῖς γενόμενος, παρεσκεύασε τὸν Κῦρον τὸν τότε Περσῶν βασιλεύοντα, Κῦρον, οὗ τὰς παιδείας ἀνέγραψε Ξενοφῶν, ἀφεῖναι τοὺς αἰχμαλώτους. Καὶ ἀφέντος, ἐπανῆλθον ἡγουμένου τοῦ Ἔσδρα, τοῦ Νεεμίου, τοῦ Ζοροβάβελ. Καὶ τὴν ἐπάνοδον ταύτην γράφει ὁ Ἔσδρας· ὡς ἐπανελθόντες ἐκ δευτέρου τὸν ναὸν ᾠκοδόμησαν, καὶ τὴν πόλιν ἀνέστησαν. Καὶ ἑκατὸν διαγενομένων ἐτῶν, πάλιν πόλεμος αὐτοὺς κατέλαβεν ὁ Μακεδονικός. Εἶτα τὰ ἐπὶ Ἀντιόχου συνέβη τοῦ Ἐπιφανοῦς, ὅτε καὶ τρία ἔτη πολιορκηθέντες καὶ ἥμισυ, κακῶς παθόντες, πάλιν ἀπηλλάγησαν τῶν ἐπιγενομένων κακῶν. Καὶ μετ᾽ ἐκεῖνο ὀλίγου διαγενομένου χρόνου, ἔρχεται ὁ Χριστὸς, καὶ τέλος λαμβάνει ἡ Παλαιά.

Ὥστε δὲ μαθεῖν πόθεν συνέστη τὸ Ἰουδαίων γένος, ἀναγκαῖον ὀλίγα εἰπεῖν. Μετὰ τὸν Ἀδὰμ γέγονεν ὁ Σὴθ, εἶτα Ἐνὼχ, εἶτα ἕτεροι μέχρι πλειόνων γενεῶν· καὶ τότε ὁ Νῶε, ἐφ᾽ οὗ, τῶν ἀνθρώπων διαφθαρέντων ὑπὸ κακίας, γίνεται ὁ

No Deuteronômio, mostra-se, pela segunda vez, como Moisés interpreta a lei para eles [judeus]. Depois situa-se o livro de Jesus, o de Nun [Josué]. Pois, ele sucedeu a Moisés e introduziu-os [judeus] na terra prometida e sorteou o território entre doze tribos.

Quanto aos Juízes, após a morte de Josué, o governo dos Judeus passou a ser um regime aristocrático e as tribos passaram a governar. O livro de Rute é o relato breve de uma mulher estrangeira que se casou com um Judeu. Seguem, depois, quatro livros dos Reis, nos quais são narrados os feitos de Saul, os feitos de Davi, os feitos de Salomão, Elias, Eliseu e outros fatos até o Exílio na Babilônia.

Mas, depois vem o reinado de Esdras. Depois do exílio na Babilônia, por castigo dos pecadores, prolongado por setenta anos de escravidão, e Deus perdoou o seu povo e fez com que Ciro, rei dos persas – sim, aquele rei Ciro da Ciropédia de Xenofonte – suspendesse o cativeiro.

O povo regressou sob o comando de Esdras, de Neemias e de Zorobabel. Esdras descreve o retorno, a reconstrução do segundo Templo e da Cidade.

Decorridos cem anos, deu-se novamente a invasão na guerra com o Macedônio. Acontecem, depois, as campanhas de Antíoco Epífanes, quando, durante três anos e meio, eles foram mantidos cercados e oprimidos, até serem de novo poupados da desgraça. E depois daquele tempo, apareceu o Cristo e, finalmente, concluiu-se o Antigo [Testamento]. Para conhecer a origem dos judeus, convém registrar aqui alguns episódios. Depois de Adão veio Sem, depois Henoc, depois ainda surgiram inúmeras outras gerações, e finalmente Noé, quando os homens, corrompidos pela maldade,

173

κατακλυσμός. Εἶτα τοῦ κατακλυσμοῦ παυθέντος, ἐξελθὼν ἀπὸ τῆς κιβωτοῦ μόνος μετὰ παίδων τριῶν, ἐνέπλησε τὴν γῆν ἐκ τῆς αὐτοῦ γενεᾶς, κατὰ διαδοχὴν πολλῶν ὄντων τῶν τικτομένων. Ὡς οὖν ἐγένοντο πολλοί, ἐβουλεύσαντο πύργον οἰκοδομῆσαι, φθάνοντα ἕως τοῦ οὐρανοῦ. Καταγνοὺς δὲ αὐτῶν τὴν γνώμην ὁ Θεός, συνέχεεν αὐτῶν τὰς γλώσσας, καὶ τὴν μίαν εἰς πολλὰς διέτεμεν. Ὅθεν ἀνάγκη γέγονεν αὐτοῖς οὐκ ἀκούουσιν ἀλλήλων, μηδὲ συνοικῆσαι ἀλλήλοις· καὶ αὕτη γέγονε πρόφασις τοῦ πανταχοῦ διασπαρῆναι αὐτοὺς τῆς οἰκουμένης. Λέγεται δὲ ἐν ταύτῃ τῇ συγχύσει τῶν γλωσσῶν ὁ Ἕβερ ὁ τῶν Ἰουδαίων πρόγονος μὴ βουληθῆναι κοινωνῆσαι τῆς ἐπιχειρήσεως αὐτοῖς, καὶ μόνος μεῖναι διατηρῶν τὴν οἰκείαν γλῶσσαν, τῆς καλλίστης γνώμης τοῦτο τιμηθείς. Τούτου ἔγγονος ἐγένετο, Ἀβραάμ· διὸ καὶ Ἰουδαίων γλῶσσα Ἑβραϊκὴκέκληται, ἀπὸ τοῦ Ἕβερ. Τούτου τοίνυν ἐγένετο ἔγγονος [Ἀβραὰμ], τοῦ Ἀβραὰμ, Ἰσαὰκ, οὗ Ἰακώβ. Οὗτος ἐγέννησε τοὺς δώδεκα πατριάρχας, τὸν Ῥουβεὶμ, τὸν Συμεὼν, τὸν Λευὶ, τὸν Ἰούδαν, τὸν Ἰσαχὰρ, τὸν Ζαβουλὼν, τὸν Νεφθαλεὶμ, τὸν Γὰδ, τὸν Δὰν, τὸν Ἀσὴρ, τὸν Ἰωσὴφ, τὸν Βενιαμίν. Τούτων τῶν ἔνδεκα πατριαρχῶν ἐπώνυμοι γεγόνασιν αἱ μετὰ ταῦτα φυλαί. Ἕκαστος γὰρ φυλὴν ἀπεγέννησε, καὶ οἱ τεχθέντες, ἀπ' ἐκείνων ἐκαλοῦντο. Ἀντὶ μέντοι τοῦ Ἰωσὴφ μία φυλὴ οὐκέτι γίνεται, ἀλλὰ δύο. Οὐ γὰρ ἠβουλήθη ὁ πατὴρ ὁ τοῦ Ἰωσὴφ μιᾷ φυλῇ ἐπώνυμον αὐτὸν γενέσθαι. Τί οὖν γίνεται; Ἐπειδὴ εἷς ἦν ὁ αὐτός, ἵνα διπλοῦς γένηται πατριάρχης, τὸν Ἐφραὶμ καὶ τὸν Μανασσῆ τοὺς υἱοὺς αὐτοῦ τοὺς δύο, τούτους ἐποίησε δύο φυλῶν γενέσθαι ἐπωνύμους, καὶ αἱ δύο φυλαὶ τῷ Ἰωσὴφ ἐλογίζοντο. Ὥστε συνέβη ἐκ τούτου ἔνδεκα (λ. τρισκαίδεκα) εἶναι τὰς φυλὰς, ἔνδεκα τὰς τῶν ἄλλων, δύο τὰς τοῦ Ἰωσὴφ τὰς διὰ τῶν παίδων. Ὑπεξ αιρεῖται ἡ τοῦ Λευὶ, καὶ

foram punidos pelo dilúvio. Quando o dilúvio cessou, Noé saiu da arca só com os três filhos e repovoou toda a terra com sua descendência com muitos filhos de uma mesma raça.

Agora, a população cresceu demais e então, o povo decidiu edificar uma torre que chegasse até o alto do céu.

Deus, porém, frustrou esse plano, confundiu as línguas e as dividiu em muitos dialetos. O povo não conseguiu mais entender-se um com o outro, de modo que as pessoas não podiam mais habitar juntas e assim se dispersaram por toda a terra. Dizem que naquela confusão das línguas, Héber, o pai dos judeus, não tinha concordado em participar do plano empreendido e permaneceu sozinho para preservar a língua.

De seus netos nasceu Abraão dando origem à língua dos Judeus, chamada hebraica, derivada do nome de Héber. De seus netos nasceu Abraão, de Abraão nasceu Isaac, de quem nasceu Jacó; de que nasceram os doze patriarcas, a saber, Rúben, Simeão, Levi, Judá, Issacar, Zabulão, Neftali, Gad, Dan, Aser, José, Benjamim. Onze desses patriarcas deram nome à tribo que formaram. Cada um deles propagou a própria tribo, dando nome à prole originada.

Como José tinha duas e não uma só tribo, o pai não quis que só uma tribo tivesse o seu nome. O que fez ele, então, para que José pudesse ser duas vezes patriarca, sendo uma só pessoa? Ele ordenou que as duas tribos – a de Efraim e a de Manassés – os filhos dele todos os dois. Daí resultou que o n úmero das duas tribos passou a ser treze, isto é, onze dos outros filhos e duas dos dois filhos de José.

Das onze [digo, treze] tribos, duas são as de José por meio dos filhos. A de Levi é retirada e reservada à ordem sacerdotal,

ἀφορίζεται τῇ τάξει τῆς ἱερωσύνης· οὐδὲ γὰρ ἦν ἀναγκαῖον ἄλλο τι μεταχειρίσαι· καὶ μένει τῶν δώδεκα ὁ ἀριθμὸς μὴ ἀκρωτηριασθείς. Αἱ μὲν οὖν δώδεκα τὰ ἄλλα πάντα ἔπραττον· ἡ δὲ τοῦ Λευὶ τὰ ἱερατικὰ ἦν ἐπιτεταγμένη μόνη.

Ἐκ ταύτης ἦν ὁ Μωϋσῆς. Οὗτοι τοίνυν οἱ δώδεκα πατριάρχαι ἀπελθόντες εἰς Αἴγυπτον, τῆς τοῦ Θεοῦ ἐπαγγελίας τῆς πρὸς τὸν Ἀβραὰμ πληρουμένης τῆς λεγούσης, Ποιήσω τὸ σπέρμα σου ὡς τὰ ἄστρα τοῦ οὐρανοῦ, ἑξακοσίων χιλιάδων ἐγένοντο πρόγονοι. Ἐντεῦθεν τὸ τῶν Ἰουδαίων συνέστη γένος ἀπὸ τῆς Ἰούδα φυλῆς ὀνομασθὲν τῆς βασιλικωτάτης, ὅθεν οἱ βασιλεῖς ἂν ἐγένοντο.

Τῆς οὖν Παλαιᾶς ἐστι τὸ μὲν ἱστορικόν, τοῦτο δὴ ὃ προειρήκαμεν· τὸ δὲ συμβουλευτικόν, ὡς αἵ τε Παροιμίαι, καὶ ἡ τοῦ Σειρὰχ Σοφία, καὶ ὁ Ἐκκλησιαστὴς, καὶ τὰ Ἄσματα τῶν ᾀσμάτων· τὸ δὲ προφητικόν, ὡς οἱ δεκαὲξ λέγω Προφῆται, καὶ Ῥοὺθ, καὶ Δαυΐδ. Εὕροι δ' ἄν τις τὰ εἴδη ταῦτα διῃρημένα ἁδρομερῆ ἐν ἀλλήλοις ὄντα. Οἷόν τι λέγω, ἐν ταῖς ἱστορίαις εὕροι τις ἂν προφητείαν· καὶ τῶν προφητῶν ἀκούσειεν ἂν πολλὰ ἱστορικὰ διαλεγομένων. Καὶ τὸ τῆς συμβουλῆς δὲ εἶδος καὶ τὸ τῆς παραινέσεως, ἐν ἑκατέρῳ τούτων, ἔν τε τῇ προφητείᾳ, ἔν τε τῇ ἱστορίᾳ. Πάντα δὲ ταῦτα, ὥσπερ ἔφθην εἰπών, εἰς ἓν βλέπει, τὴν τῶν ἀκουόντων διόρθωσιν, ὥστε καὶ ἀπὸ τῆς τῶν προτέρων διηγήσεως, καὶ ἀπὸ τῆς συμβουλῆς καὶ τῆς παραινέσεως, καὶ ἀπὸ τῆς προφητείας ῥυθμίζεσθαι πρὸς τὸ δέον. Προφητείας δὲ τοῦτο ἔργον μᾶλλον ἦν, τὸ τὰ μέλλοντα προαναφωνεῖν, εἴτε χρηστά, εἴτε λυπηρά, ἵνα τοὺς μὲν ἀποσπάσωνται, τοὺς δὲ τῷ φόβῳ τῆς κακίας ἀπείρξωσιν. Ἔστι δὲ καὶ ἕτερον προφητείας εἶδος, τὸ τὰ περὶ τοῦ Χριστοῦ προαναφωνῆσαι· ἔνθα μετ' ἀκριβείας οὐ περὶ τῆς παρουσίας

tornando-se desnecessário fazer jus a qualquer herança. Assim, o número das tribos continua sendo doze, sem ser reduzido. Consequentemente, as doze tribos ocupavam-se de tudo o mais, com exceção do ministério sacerdotal que competia integralmente à tribo de Levi. A essa tribo pertencia Moisés. Assim, pois, cumprida a promessa de Deus a Abraão com as palavras: "Tornarei tua descendência tão numerosa como as estrelas do céu", os doze patriarcas que migraram para o Egito vieram a ser os pais de seiscentos mil filhos. Foi assim que se formou a raça dos judeus que recebeu nome da tribo de Judá, a mais importante de todas, por ser a tribo da qual provinham os reis.

Portanto, como já observamos, o Antigo [Testamento] tem uma parte histórica. A parte dos conselhos morais está contida nos Provérbios, na Sabedoria de Ben Sirac, Eclesiastes, Cântico dos Cânticos. A parte profética encontra-se nos dezesseis profetas, Rute e Davi. Convém notar que esta classificação não é exclusiva, de modo que cada parte pode conter aspecto das outras partes, como por exemplo, a parte histórica pode conter profecias e os proféticos podem conter muitos fatos históricos e em todas as partes contêm conselhos e advertências. Todas estas coisas têm em vista um único objeto: levar as pessoas à correção, ou seja, a ter uma conduta correta a partir do conhecimento das histórias narradas, dos conselhos e exortações dadas e das profecias proferidas. Porém, a característica principal da profecia era predizer acontecimentos futuros, bons ou maus, para reanimar alguns e precatar outros contra o mal.
Existe um outro gênero profético que consiste em vaticínios a respeito de Cristo. Esses vaticínios tratam não só da parusia,

175

μόνον, ἀλλὰ καὶ περὶ ὧν ἔμελλε
παραγενόμενος πράττειν, καὶ περὶ τοῦ
τόκου, καὶ περὶ τῆς γεννήσεως, καὶ περὶ
τοῦ σταυροῦ, καὶ περὶ τῶν θαυμάτων, καὶ
περὶ τῆς τῶν μαθητῶν ἐκλογῆς, περὶ τῆς
Καινῆς Διαθήκης, περὶ τῆς παύσεως τῶν
Ἰουδαϊκῶν, καὶ περὶ τοῦ ἀφανισμοῦ τῶν
Ἑλληνικῶν, καὶ περὶ τῆς εὐγενείας τῆς
κατὰ τὴν Ἐκκλησίαν, καὶ περὶ τῶν ἄλλων
ἁπάντων τῶν καθεξῆς ὄντων πραγμάτων.
Ταῦτα πάντα μετὰ σαφηνείας ἁπάσης
πρὸ πολλοῦ τοῦ χρόνου προανεφώνησαν
οἱ προφῆται, τὰ μὲν διὰ τύπων, τὰ δὲ διὰ
ῥημάτων.
Καὶ γὰρ δύο προφητείας εἴδη, καὶ διὰ
ἔργων καὶ διὰ λόγων προαναφωνεῖν τὰ
μέλλοντα· διὰ λόγων μὲν, ὡς ὅταν τὸν
σταυρὸν βουλόμενοι εἰπεῖν, λέγωσιν·
Ὡς πρόβατον ἐπὶ σφαγὴν ἤχθη, καὶ ὡς
ἀμνὸς ἐναντίον τοῦ κείροντος αὐτὸν
ἄφωνος. Τοῦτο μὲν οὖν διὰ λόγων
εἶλον προφητεῦσαι· δι' ἔργων δὲ, ὅταν
Ἀβραὰμ φαίνηται τὸν υἱὸν ἀναφέρων,
καὶ τὸν κριὸν κατασφάττων. Διὰ γὰρ τῶν
πραγμάτων προανατυποῖ τοῦ σταυροῦ
τὴν εἰκόνα, καὶ τὴν ὑπὲρ τῆς οἰκουμένης
ἐσομένην σφαγήν.

Καὶ πολλοὺς ἄν τις εὕροι τοιούτους
τύπους ἐν τῇ Παλαιᾷ, καὶ προφητείας διὰ
πραγμάτων. Οὐ μόνον δὲ τὰ μέλλοντα
προφητείας ἐστιν εἰπεῖν, ἀλλὰ καὶ τὰ
παρελθόντα, ὅπερ μᾶλλόν ἐστι παρὰ
Μωϋσῇ. Ὅταν γὰρ περὶ οὐρανοῦ καὶ
γῆς διαλέγηται, παρελθόντα μὲν λέγει
πράγματα καὶ κεκρυμμένα τῷ χρόνῳ,
προφητεία δὲ αὐτὰ φθέγγεται. Ὥσπερ
γὰρ τὰ μηδέπω γενόμενα, καὶ ἀφανῆ ἔτι
τυγχάνοντα, προφητείας ἐστὶν εἰπεῖν,
οὕτω τὰ γενόμενα μὲν, κεκρυμμένα δὲ τῷ
χρόνῳ, ταῦτα ἀνακαλύψαι καὶ εἰς μέσον
ἀγαγεῖν τῆς ἴσης χάριτός ἐστιν. Ἔστι δὲ

mas também do que ele iria fazer, tratam
da concepção, do nascimento, da cruz,
dos milagres, da escolha dos discípulos,
do Novo Testamento, da cessação dos
ritos judaicos, da extinção dos sacrifícios
pagãos, acerca da nobreza segundo a
Igreja, e do conjunto de todas as coisas
que dessas resultariam.

Todas estas coisas tinham sido
profetizadas com clareza diáfana desde
a mais remota Antiguidade, tanto com
imagens, quanto com palavras.
Existem dois gêneros de profecia: predizer
o futuro por meio de ações e por meio
de palavras. Exemplo de predição por
palavras é quando a profecia se refere à
Cruz quando diz: "Não abriu a boca, tal
como o cordeiro conduzido ao matadouro
e como a ovelha diante do tosquiador" (Is
53,7). Tem-se aqui o vaticínio expresso
com palavras. Exemplo de vaticínio
manifestado por obras é o episódio de
Abraão que oferece o filho e sacrifica o
carneiro. Tem-se aí imagem da cruz e do
sacrifício pelo mundo.
São muitas as figuras de profecias no
Antigo [Testamento], e profecias expressas
por meio de imagens. As profecias
referem-se não só ao futuro, mas também
ao passado, principalmente com relação
à história de Moisés. Quando se fala do
céu e da terra, fala-se de coisas passadas e
obscurecidas pelo tempo, mas anunciadas
pela profecia.
Assim como é próprio da profecia
anunciar fatos que ainda não aconteceram
e que permanecem ocultos, do mesmo
modo é próprio da profecia revelar coisas
já acontecidas, porém ocultas pelo tempo,

καὶ τὰ παρόντα προφητείας εἰπεῖν, ὅταν
τι γίνηται μὲν, κρύπτηται δὲ, οἷον ἐπὶ τοῦ
Ἀνανίου καὶ τῆς Σαπφείρης. Ἐκεῖ γὰρ
οὔτε παρελθὸν, οὔτε μέλλον ἦν, ἀλλὰ
παρὸν μὲν, ἄδηλον δέ. Ὁ τοίνυν Πέτρος
προφητείᾳ αὐτὰ ἐκκαλύψας, εἰς μέσον
ἄγει. Καὶ τὰ μὲν τῆς Παλαιᾶς, ὡς ἄν
τις ἀδρομερῶς εἴποι, ταῦτα. Ἐπὶ δὲ τῆς
Καινῆς τὰ ἐν τῇ Παλαιᾷ αἰνιγματωδῶς
εἰρημένα, ταῦτα δείκνυται, τὰς προφητείας
λέγω τὰς διὰ τῶν ἔργων μαρτυρουμένας,
τὴν τῶν οὐρανῶν ἁπτομένην πολιτείαν,
τὰ ἀπόρρητα τῶν μελλόντων ἀγαθὰ, Ἃ
ὀφθαλμὸς οὐκ εἶδε, καὶ οὓς οὐκ ἤκουσε,
καὶ ἐπὶ καρδίαν ἀνθρώπου οὐκ ἀνέβη.
Παραλαβοῦσα γὰρ τὸν ἄνθρωπον διὰ τῆς
Παλαιᾶς ἡ Καινὴ, συμμέτρως πως καὶ
τῆς κακίας ἠρέμα ἀπαλλαγέντα, πρὸς τὴν
τῶν ἀγγέλων ἀνάγει πολιτείαν. Ὥστε τῆς
μὲν Παλαιᾶς ἔργον ἦν ποιῆσαι ἄνθρωπον,
τῆς δὲ Καινῆς τὸν ἄνθρωπον ἐργάσασθαι
ἄγγελον. Ἐπειδὴ γὰρ ἡ κακία καὶ τὸ
ἀνθρώπους εἶναι ἐποίησεν ἀπολέσαι,
εἰς ἀλόγων δυσγένειαν καταγαγοῦσα,
καὶ θηριώδεις ἐργασαμένη· ὁ μὲν νόμος
ἐκείνης μὲν ἀπήλλαττε τῆς κακίας·
ἡ δὲ χάρις καὶ ταύτην τὴν ἀγγελικὴν
προστίθησιν ἀρετήν.
Ἔστι δὲ καὶ τῆς Καινῆς βιβλία, αἱ
Ἐπιστολαὶ αἱ δεκατέσσαρες Παύλου,
τὰ Εὐαγγέλια τὰ τέσσαρα, δύο μὲν τῶν
μαθητῶν τοῦ Χριστοῦ, Ἰωάννου καὶ
Ματθαίου, δύο δὲ Λουκᾶ καὶ Μάρκου·
ὧν ὁ μὲν τοῦ Πέτρου, ὁ δὲ τοῦ Παύλου
γεγόνασι μαθηταί.

Οἱ μὲν γὰρ αὐτόπται ἦσαν γεγενημένοι,
καὶ συγγενόμενοι τῷ Χριστῷ· οἱ δὲ παρ᾽
ἐκείνων τὰ ἐκείνων διαδεξάμενοι, εἰς
ἑτέρους ἐξήνεγκαν· καὶ τὸ τῶν Πράξεων
δὲ βιβλίον, καὶ αὐτὸ Λουκᾶ, ἱστορήσαντος
τὰ γενόμενα, καὶ τῶν καθολικῶν
Ἐπιστολαὶ τρεῖς.

mas merecendo o mesmo crédito. Além
disto, também é próprio da profecia
anunciar coisas presentes, quando alguma
coisa acontece permanecendo oculta,
como no episódio de Ananias e de Safira.
Trata-se aqui de um acontecimento que
não é futuro nem passado, mas presente,
mas que permanece oculto. Pedro revela
este acontecimento através de uma
profecia. Assim são, de um modo geral, os
episódios do Antigo [Testamento].
No Novo [Testamento], demonstra-se o
que no Antigo [Testamento] se relata de
maneira enigmática. Aqui, refiro-me às
profecias de que as próprias obras dão
testemunho, isto é, ao modo de viver
que chega até ao céu, e ainda, benefícios
misteriosos das coisas futuras. "O que os
olhos não viram, os ouvidos não ouviram
e o coração do homem não percebeu."
(1Cor 2,9). O Novo [Testamento],
interpretado à luz do Antigo [Testamento],
conduz o homem pouco a pouco e
criteriosamente a rejeitar o mal e a levar uma
vida angélica. Pode-se dizer que ao Antigo
[Testamento] competia criar o homem e
ao Novo [Testamento], transformá-lo em
anjo, visto que a iniquidade tinha-o privado
das qualidades humanas, arrastando-o à
degradação dos irracionais, convertendo-o
em animal feroz. No entanto, a lei tem o
poder de libertá-lo da maldade e a graça
tem o dom de lhe conferir em acréscimo
a condição angélica. Os livros do Novo
[Testamento] são: catorze Epístolas de Paulo,
quatro Evangelhos, dois dos discípulos de
Cristo, de João e de Mateus, mas dois são
de Lucas e Marcos, que foram discípulos
de Pedro e de Paulo.
Os primeiros apóstolos foram escolhidos,
viram Cristo com os próprios olhos e com
Ele conviveram. Enquanto que os outros
dois transmitiram a outros o que tinham
ouvido de outros. E o livro qua narra
a história dos Atos dos Apóstolos é de
Lucas; e das Epístolas católicas há três.

24) O cânon de Inocente I (20/02/405 d.C.)

Papa Inocêncio I, em latim *Papam Innocentium I*, foi bispo de Roma (401-417 d.C.). Sua lista do cânon aparece em uma carta enviada ao bispo de Toulouse, que, entre outras coisas, traz seu catálogo no texto *Carta a Exupério*, bispo de *Toulouse*, França. Exupério pede um parecer ao Papa Inocêncio sobre sete questões, sendo a última delas sobre as Escrituras Sagradas. No que diz respeito ao texto sobre os livros bíblicos, Inocêncio responde colocando a mesma lista que já tinha sido afirmada pelo Concílio Romano I, pelo Papa Gelásio, pelos concílios de Hipona e de Cartago, por Agostinho de Hipona e pela Vulgata, citando todos os canônicos e os deuterocanônicos do AT e do NT. Esta lista aqui é aquela que vai ser confirmada também pelos Concílios de Florença e de Trento. A lista traz uma condenação detalhada a muitos apócrifos. O contexto parece ser aquele da polêmica com os Priscilianos ou Priscilianistas, que é a heresia pregada por Prisciliano, no século IV, desenvolvida especialmente na Península Ibérica.

O texto original do catálogo dos livros bíblicos de Inocêncio I é em latim e pode ser encontrado na obra INNOCENTIUM I PAPAM, *Epistolæ et Decreta* (*Epistola VI, Cp. VII, 13*). In: J.P. Migne. *Patrologia*, series Latina, Tomus XX (Paris: Petit-Montrouge, 1845, p. 495-502). Ele cita apenas os nomes dos livros, sem fazer descrições sobre cada um deles, seja em relação aos canônicos seja no que diz respeito aos deuterocanônicos, tanto do AT como do NT. Em seguida, ele faz uma forte crítica a vários apócrifos. Também encontramos o mesmo texto na obra de B.F. Westcott, *A General Survey of the History of the Canon of the New Testament* (Londres, 1866, Apêndice D, p. 512); na obra de Theodor Zahn, *Geschichte des neutestamentliche Kanons*. Zweiter Band: Urkunden und Belege zum ersten und dritten Band. Erste Hälfte (Erlangern/Leipzig: Naschf, 1890, p. 244-246), na obra de C. Wordsworth, *On the Canon of the Scriptures of the Old and New Testament, and on the Apocrypha* (Londres: Francis & John Rivington, 1848, p. 375-376); no ENCHIRIDION BIBLICUM. *Documenti della Chiesa sulla sacra Scrittura, Edizione Bilingue* (Bolonha: EDB, 1994, n. 21-22), texto latim-italiano, que por sua vez também foi publicado na forma grego-espanhol em ENQUIRIDION BÍBLICO, *Documentos de la Iglesia sobre la Sagrada Escriptura* (Madri: BAC, 2010, sempre n. 21-22); aliás, este mesmo texto nós o encontramos em DOCTRINA PONTIFICIA, I, *Documentos Bíblicos, por Salvador Muñoz Iglesias* (Madri: BAC, 1955, p. 160-161), e uma tradução em língua portuguesa é possível encontrar em H. Alves, *Documentos da Igreja sobre a Bíblia*, de 160 a 2010 (Fátima: Difusora, n. 4, p. 108-109).

Epistola VI, Cap. VII, 13. Qui vero libri recipiantur in canone sanctarum scripturarum brevis annexus ostendit. Haec sunt ergo quae desiderata moneri voluisti: Moysi libri quinque, id est Genesis, Exodus, Leviticus, Numeri, Deuteronomium, necnon et Jesu Nave, et Judicum, et Regnorum libri quatuor simul et Ruth, prophetarum libri sexdecim, Salomonis libri quinque, Psalterium. Item historiarum Job liber unus, Tobiae unus, Hester unus, Judith unus, Machabeorum duo, Esdrae duo, Paralipomenon duo. Item Novi Testamenti: Evangeliorum libri iiii, Pauli Apostoli Epistolae xiiii: Epistolae Iohannis tres: Epistolae Petri duae: Epistola Judae: Epistola Jacobi: Actus Apostolorum: Apocalypsis Johannis.	*Epistola VI*, Cap. VII, 13. Que livros realmente devem ser recebidos no cânon, o mostra este breve anexo. Estas, portanto, são as coisas das quais você desejava ser informado. Cinco livros de Moisés, isto é, Gênesis, Êxodo, Levítico, Números e Deuteronômio, e Jesus filho de Nave [*Josué*], e Juízes, e os quatro livros de Reis juntamente com Rute, dezesseis livros dos profetas, cinco livros de Salomão, e o Saltério. Também dos livros históricos, um livro de Jó, um de Tobias, um de Ester, um de Judite, dois dos Macabeus, dois de Esdras, dois de Crônicas. E do Novo Testamento: quatro dos Evangelhos; quatorze Epístolas do Apóstolo Paulo, três Epístolas de João, duas Epístolas de Pedro, Epístola de Judas, Epístola de Tiago, Atos dos Apóstolos, Apocalipse de João.
Caetera autem quae vel sub nomine Matthiae, sive Jacobi minoris, vel sub nomine Petri et Johannis, quae a quodam Leucio scripta sunt, vel sub nomine Andreae, quae a Nexocharide, et Leonida philosophis, vel sub nomine Thomae, et si qua sunt talia, non solum repudianda verum etiam noveris esse damnanda.	E os demais livros, que circulam sob o nome de Matias ou de Tiago, o Menor, ou sob o nome de Pedro e João (que foram escritos por um certo Leucio), ou sob o nome de André (que procedem dos filósofos Nexocárides e Leônidas), ou sob o nome de Tomás, e se há algum outro, você deve saber que eles não apenas devem ser rejeitados, mas também condenados.

25) O cânon do Quarto Concílio de Cartago (25/06/419)

Para obter notícias sobre o cânon bíblico do IV Concílio de Cartago, de 25 de junho de 419, como também indicamos acima, podemos conferir na mesma obra de J.P. Migne. *Patrologia*, series Latina, Tomus LVI, Petit-Montrouge, Paris, 1865, p. 871, tendo presente que no final, após citar o livro do *Apocalipse*, ele acrescenta a seguinte conclusão: "Seja feito conhecer este Cânon a Bonifácio, nosso irmão no sacerdócio e aos outros bispos daquelas partes, para que se obtenha a confirmação. De fato, de nossos pais, nós acolhemos estes textos para que sejam lidos na Igreja". Mas no que diz respeito ao texto dos livros canônicos e deuterocanônicos do AT e do NT as listas dos *catálogos* dos Concílios de Cartago coincidem.

XXXIX. De Scripturis Canonis. ut praeter Canonicas Scripturas nihil in Ecclesia legatur sub nomine divinarum Scripturarum. Sunt autem canonicae scripturae, id est, Veteris Testamenti: Genesis, Exodus, Leviticus, Numeri, Deuteronomium, Jesu Nave, Judicum, Ruth, Regnorum libri quatuor, Paralipomenon libri duo, Job, Psalterium, Salomonis libri cinque, Prophetarum, Esaias, Hieremias, Ezechiel, Daniel, libri duodecim Prophetarum; Tobias, Judith, Esther, Esdrae libri duo, Machabeorum libri duo.	39. Pareceu bem que fora das Escrituras Canônicas nada seja lido na Igreja sob o nome de divinas Escrituras. E as Escrituras Canônicas do Antigo Testamento são estas: Gênesis, Êxodo, Levítico, Números, Deuteronômio, Jesus Nave [*Josué*], Juízes, Rute; quatro livros dos Reinos, dois livros dos Paralipômenos, Jó, Saltério, cinco livros de Salomão, os Profetas: Isaías, Jeremias, Ezequiel, Daniel, os livros dos Doze Profetas, Tobias, Judite, Ester, dois livros de Esdras, dois livros dos Macabeus.
Novi autem Testamenti: Evangeliorum libri quatuor, Actuum apostolorum liber unus, Epistolae Pauli apostoli numero quatuordecim, Petri apostoli duae, Joannis apostoli tres, Jacobi apostoli una, Judae apostoli una, Apocalypsis Joannis liber unus. Hoc etiam fratri et consacerdoti nostro Bonifacio, vel aliis earum partium episcopis pro confirmando isto canone innotescat, quia a patribus ista accepimus in ecclesia legenda, liceat etiam legi passiones martyrum cum anniversarii dies eorum celebrentur	E do Novo Testamento: quatro livros dos Evangelhos, um livro dos Atos dos Apóstolos, quatorze Epístolas do Apóstolo Paulo; duas Epístolas do Apóstolo Pedro, três do Apóstolo João, uma do Apóstolo Tiago, uma do Apóstolo Judas, um livro de Apocalipse de João. Ao nosso irmão e cossacerdote Bonifácio, e aos outros bispos daquelas partes, seja dado conhecer isto para que se obtenha a confirmação deste cânon, que recebemos da parte de nossos pais, para que sejam lidos na Igreja; permite-se também ler as paixões dos mártires quando se celebra o dia de seu aniversário.

26) O cânon da Synopsis Scripturae Sacrae (séc. V d.C.)

A *Sinopse da Sagrada Escritura* é um antigo tratado que tem sido tradicionalmente atribuído a *Atanásio de Alexandria*, mas a maioria dos estudiosos agora acredita e defende que esta obra foi composta por um clérigo grego anônimo em algum momento do século VI. Aqui reproduzimos as partes mais relevantes do tratado. Interessante observar a lista dos livros protocanônicos e deuterocanônicos da *Synopsis Scripturae Sacrae*, que traz os cinco livros do

Pentateuco; em seguida apresenta a ordem dos livros históricos, começando por *Josué, Juízes, Rute, Samuel, Reis, Crônicas, Esdras e Neemias*, porém omite *Ester* aqui e o coloca no final como não canônico, mesmo observando que no meio dos judeus alguns o aceitam como canônico; na sequência, ela traz os livros Sapienciais, segundo o que temos na tradição hebraica, a saber: *Salmos, Provérbios, Eclesiastes, Cântico dos Cânticos e Jó*; logo após, ela apresenta os Doze Profetas: *Oseias, Amós, Miqueias, Joel, Abdias, Jonas, Naum, Habacuc, Sofonias, Ageu, Zacarias, Malaquias*, e os outros 4 profetas: *Isaías, Jeremias* [com *Lamentações*?], *Ezequiel e Daniel*, para, finalmente, dar uma palavra sobre os livros que "não são considerados canônicos, mas que só são lidos para os catecúmenos: *Sabedoria, Ester, Judite, Tobias* [omite *Eclesiástico* e *Macabeus*]".

O texto grego a que aqui reproduzimos foi extraído da obra de J.P. Migne. ATHANASIUS ALEXANDRINI, *Brevis Divinae Scripturae Veteris ac Novi Testaenti Synopsis, id est Compendium, Patrologia*, series Grega, Tomus XXVIII (Paris, 1887, p. 284-293 e 431-432) (vol. 4 das obras completas de Atanásio), em um texto intitulado: "De nosso Santo Pai Atanásio, Arcebispo de Alexandria". Este catálogo de livros concorda em vários pontos com a *Esticometria* de Nicéforo de Constantinopla, que também reproduzimos aqui em nossa obra, com a diferença de que estes não são indicados segundo os *estichoi/* linhas, como temos em Nicéforo. Esta obra nós também a podemos encontrar em JOURNEL, M.J.R. *Enchiridion Patristicum* (Barcelona: Herder, 1951, n. 2.167, p. 685), com texto bastante reduzido, contendo apenas os catálogos bíblicos do AT e do NT; bem como em B.F. Westcott, *A General Survey of the History of the Canon of the New Testament* (Londres, 1866, Apêndice D, p. 512); igualmente na obra de Theodor Zahn, *Geschichte des neutestamentliche Kanons*. Zweiter Band: Urkunden und Belege zum ersten und dritten Band. Erste Hälfte (Erlangern/Leipzig: Naschf, 1890, p. 315-317), e na obra de C. Wordsworth, *On the Canon of the Scriptures of the Old and New Testament, and on the Apocrypha* (Londres: Francis & John Rivington, 1848, p. 350-352). Uma tradução em língua portuguesa é possível encontrar na obra de H. Alves, *Documentos da Igreja sobre a Bíblia*, de 160 a 2010 (Fátima: Difusora, n. 14, p. 111-112).

ΣΥΝΟΨΙΣ ΤΗΣ ΘΕΙΑΣ ΓΡΑΦΗΣ, ΠΑΛΑΙΑΣ ΚΑΙ ΝΕΑΣ ΔΙΑΘΗΚΗΣ.

Sinopsis das Divinas Escrituras do Antigo e do Novo Testamentos

1. Πᾶσα Γραφὴ ἡμῶν Χριστιανῶν, θεόπνευστός ἐστιν. Οὐκ ἀόριστα δὲ, ἀλλὰ μᾶλλον ὡρισμένα καὶ κεκανονισμένα ἔχει τὰ βιβλία. Καὶ ἔστι τῆς μὲν Παλαιᾶς Διαθήκης ταῦτα·

Γένεσις, οὗ ἡ ἀρχή· "Ἐν ἀρχῇ ἐποίησεν ὁ Θεὸς τὸν οὐρανὸν καὶ τὴν γῆν". Ἔξοδος, οὗ ἡ ἀρχή· "Ταῦτα τὰ ὀνόματα τῶν υἱῶν Ἰσραὴλ τῶν εἰσπορευομένων εἰς Αἴγυπτον". Λευϊτικὸν, οὗ ἡ ἀρχή· "Καὶ ἐκάλεσε Μωϋσῆν, καὶ ἐλάλησε Κύριος αὐτῷ ἐν τῇ σκηνῇ τοῦ μαρτυρίου". Ἀριθμοὶ, οὗ ἡ ἀρχή "Καὶ ἐλάλησε Κύριος πρὸς Μωϋσῆν ἐν τῇ ἐρήμῳ τῇ Σινᾶ ἐν τῇ σκηνῇ τοῦ μαρτυρίου". Δευτερονόμιον, οὗ ἡ ἀρχή· "Οὗτοι οἱ λόγοι, οὓς ἐλάλησε Μωϋσῆς παντὶ Ἰσραὴλ πέραν τοῦ Ἰορδάνου, ἐν τῇ ἐρήμῳ, πρὸς δυσμαῖς, πλησίον τῆς Ἐρυθρᾶς θαλάσσης". Ἰησοῦς ὁ τοῦ Ναυῆ, οὗ ἡ ἀρχή· "Καὶ ἐγένετο μετὰ τὴν τελευτὴν δούλου Κυρίου, εἶπε Κύριος τῷ Ἰησοῦ, υἱῷ Ναυῆ, λειτουργῷ Μωϋσῆ, λέγων". Κριταὶ, οὗ ἡ ἀρχή· "Καὶ ἐγένετο μετὰ τὴν τελευτὴν Ἰησοῦ, καὶ ἐπηρώτησαν οἱ υἱοὶ Ἰσραὴλ ἐν Κυρίῳ λέγοντες· Τίς ἀναβήσεται πρὸς τοὺς Χαναναίους ἀφηγούμενος;" Ῥοὺθ, οὗ ἡ ἀρχή· "Καὶ ἐγένετο ἐν τῷ κρίνειν τοὺς κριτὰς, ἐγένετο λιμὸς ἐν τῇ γῇ".

Βασιλειῶν πρώτη καὶ δευτέρα, εἰς ἓν ἀριθμούμεναι βιβλίον. Καὶ τῆς μὲν πρώτης ἡ ἀρχή· "Καὶ ἄνθρωπος ἐξ Ἀρμαθαῒμ Σιφᾶ, ἐξ ὄρους Ἐφραῒμ, καὶ ὄνομα αὐτῷ Ἑλκανᾶ, υἱὸς Ἱερεμήλ, υἱοῦ Ἡλεί". Τῆς δὲ δευτέρας ἡ ἀρχή· "Ἐγένετο μετὰ τὸ ἀποθανεῖν Σαοὺλ, καὶ Δαβὶδ ἀνέστρεψε τύπτων τὸν Ἀμαλήκ". Βασιλειῶν τρίτη καὶ τετάρτη, εἰς ἓν πάλιν ἀριθμούμεναι βιβλίον. Καὶ τῆς μὲν τρίτης ἡ ἀρχή· "Καὶ ὁ βασιλεὺς Δαβὶδ πρεσβύτερος,

Todas as nossas Sagradas Escrituras são inspiradas por Deus. Mas estes livros não são determinados por tempo, mas separados e designados como canônicos. E os livros do Antigo Testamento são estes:

Gênesis, que começa assim: "No começo Deus fez o céu e a terra"; Êxodo, que começa assim: "Estes são os nomes dos filhos de Israel, que vieram para o Egito"; Levítico, que começa assim: "E o Senhor chamou Moisés novamente e falou com ele fora do Tabernáculo do Testemunho"; Números, que começa assim: "E o Senhor falou a Moisés no deserto do Sinai, na tenda do testemunho"; Deuteronômio, que começa assim: "Estas são as palavras que Moisés falou a todo Israel além do Jordão, no deserto em direção ao oeste, perto do Mar Vermelho"; Josué, o filho de Nun, que começa assim: "E sucedeu que, depois da morte de Moisés, que o Senhor falou a Josué, filho de Nun, o ministro de Moisés, dizendo que"; Juízes, que começa "E sucedeu que, depois da morte de Josué, que os filhos de Israel perguntaram ao Senhor, dizendo: Quem subirá por nós em primeiro lugar contra os Cananeus, para pelejar contra eles?"; Rute, que começa "E sucedeu que, quando os juízes governavam, houve uma fome na terra"; Primeiro e Segundo Reis, que são contados como um livro, em que o primeiro começa assim: "Havia um homem de *Armathaim Sipha*, da montanha de Efraim, e seu nome era *Helcana*, um filho de *Jeremeel* filho de *Elias*", e no qual o segundo começa assim: "E aconteceu que, depois da morte de Saul, que Davi voltou de ferir Amalec"; Terceiro e Quarto Reis, que

προβεβηκὼς ἡμέραις· καὶ περιέβαλλον
αὐτὸν ἱματίοις, καὶ οὐκ ἐθερμαίνετο". Τῆς
δὲ τετάρτης ἡ ἀρχή· "Καὶ ἠθέτησε Μωὰβ ἐν
Ἰσραὴλ, μετὰ τὸ ἀποθανεῖν Ἀχαάβ".
Παραλειπομένων πρῶτον καὶ δεύτερον, εἰς
ἓν ἀριθμούμενα βιβλίον. Καὶ ἔστι τοῦ μὲν
πρώτου ἡ ἀρχή·

"Ἀδὰμ, Σὴθ, Ἐνὼς, Καϊνᾶν, Μαλελεὴλ,
Ἰαρὲδ, Ἐνὼχ, Μαθουσάλα, Λάμεχ, Νῶε".
Τοῦ δὲ δευτέρου ἡ ἀρχή· "Καὶ ἐνίσχυσε
Σαλομὼν υἱὸς Δαβὶδ ἐπὶ τὴν βασιλείαν
αὐτοῦ, καὶ Κύριος ὁ Θεὸς αὐτοῦ μετ' αὐτοῦ,
καὶ ἐμεγάλυνεν αὐτὸν εἰς ὕψος". Ἔσδρας
πρῶτος καὶ δεύτερος, εἰς ἓν ἀριθμούμενοι
βιβλίον. Καὶ τοῦ μὲν πρώτου ἀρχή· "Καὶ
ἤγαγεν Ἰωσίας τὸ Πάσχα ἐν Ἰερουσαλὴμ τῷ
Κυρίῳ ἑαυτοῦ τῇ τεσσαρεσκαιδεκάτῃ ἡμέρᾳ
τοῦ μηνὸς τοῦ πρώτου". Τοῦ δὲ δευτέρου
ἡ ἀρχή· "Καὶ ἐν τῷ πρώτῳ ἔτει Κύρου τοῦ
βασιλέως Περσῶν, τοῦ τελεσθῆναι λόγον
ἀπὸ στόματος Ἱερεμίου, ἐξήγειρε Κύριος τὸ
πνεῦμα Κύρου τοῦ βασιλέως Περσῶν".

Ψαλτήριον Δαβιτικὸν, ἔχον ψαλμοὺς
ρνα΄· οὗ ἡ ἀρχή, ἤγουν ὁ πρῶτος ψαλμός·
"Μακάριος ἀνὴρ ὃς οὐκ ἐπορεύθη ἐν βουλῇ
ἀσεβῶν". Παροιμίαι Σολομῶντος, οὗ ἡ
ἀρχή· "Παροιμίαι Σολομῶντος υἱοῦ Δαβὶδ,
ὃς ἐβασίλευσεν ἐν Ἰσραὴλ, γνῶναι σοφίαν
καὶ παιδείαν". Ἐκκλησιαστὴς τοῦ αὐτοῦ,
οὗ ἡ ἀρχή· "Ῥήματα Ἐκκλησιαστοῦ, υἱοῦ
Δαβὶδ, βασιλέως Ἰσραὴλ ἐν Ἰερουσαλήμ.
Ματαιότης ματαιοτήτων, τὰ πάντα
ματαιότης". Ἄσμα ἀσμάτων τοῦ αὐτοῦ, οὗ ἡ
ἀρχή· "Ἄσμα ἀσμάτων, ὅ ἐστι τῷ Σολομῶν.
Φιλησάτω με ἀπὸ φιλημάτων στόματος
αὐτοῦ, ὅτι ἀγαθοὶ μαστοί σου ὑπὲρ οἶνον".
Ἰὼβ, οὗ ἡ ἀρχή· "Ἄνθρωπός τις ἦν ἐν χώρᾳ
Αὐσέτιδι, ᾧ ὄνομα Ἰώβ, καὶ ἦν ὁ ἄνθρωπος
ἐκεῖνος ἄμεμπτος καὶ θεοσεβής". Προφῆται
δώδεκα, εἰς ἓν ἀριθμούμενοι βιβλίον. Εἰσὶ
δὲ οὗτοι, Ὡσὴ πρῶτος, οὗ ἡ ἀρχή· "Λόγος
Κυρίου, ὃς ἐγενήθη πρὸς Ὡσηὲ, τὸν τοῦ

também são contados como um livro,
em que o terceiro começa assim: "E o
Rei Davi já velho e avançado em dias, e
o cobriam com roupas, e ele não estava
aquecido", e o quarto começa assim, "e
Moabe se rebelou contra Israel após a
morte de Acab"; Paralipômenos Primeiro
e Segundo, que são contados como um
livro, de que o primeiro começa assim:
"Adão, Sete, Enos, e Cainã, Malelel,
Jared, Enoque, Matusalém, Lamec,
Noé", e o segundo começa assim: "Ora,
Salomão, filho de Davi foi estabelecido
no seu reino, e o Senhor seu Deus
estava com ele, e ele aumentou muito";
Primeiro e Segundo Esdras, que são
contados como um livro, em que o
primeiro começa assim: "Josias celebrou
a Páscoa ao seu Senhor em Jerusalém;
ele matou o cordeiro da Páscoa no
décimo quarto dia do primeiro mês",
e o segundo começa assim: "Agora,
no primeiro ano de Ciro, rei da Pérsia,
que a palavra do Senhor pela boca de
Jeremias se cumprisse, despertou o
Senhor o espírito de Ciro, rei da Pérsia";
O Saltério de Davi, que inclui 151
Salmos, o primeiro começando com
"Feliz o homem que não anda segundo
o conselho dos ímpios"; os Provérbios
de Salomão, começando com: "Os
Provérbios de Salomão, filho de Davi,
que reinou em Israel, para conhecer a
sabedoria e a instrução"; Eclesiastes
pelo mesmo autor, que começa assim:
"As palavras do pregador, filho de Davi,
rei de Israel em Jerusalém: vaidade das
vaidades ... tudo é vaidade"; Cântico dos
Cânticos, do mesmo autor, que começa
assim: "O Cântico dos Cânticos, que é
de Salomão: deixá-lo beijar-me com os
beijos da sua boca; porque os teus seios
são melhores do que o vinho"; Jó, que
começa assim: "Havia um certo homem
na terra de Ausis, cujo nome era Jó; que
era homem inocente e piedoso"; Os doze

183

Βεηρὶ, ἐν ἡμέραις Ὀζίου, καὶ Ἰωαθὰμ, καὶ Ἀχὰζ, καὶ Ἐζεκίο βασιλέων Ἰούδα, καὶ ἐν ἡμέραις Ἰεροβοὰμ τοῦ Ἰωᾶς, βασιλέως Ἰσραήλ. Ἀρχὴ λόγου Κυρίου ἐν Ὠσηέ". Εἶτα Ἀμὼς, οὗ ἡ ἀρχή· "Λόγοι Ἀμὼς, οἳ ἐγένοντο ἐν Ἀκκαρεὶμ, ἐκ Θεκουὲ, οὓς εἶδεν ὑπὲρ Ἰερουσαλὴμ ἐν ἡμέραις Ὀζίου βασιλέως Ἰούδα καὶ ἐν ἡμέραις Ἰεροβοὰμ τοῦ Ἰωᾶς, βασιλέως Ἰσραήλ, πρὸ δύο ἐτῶν τοῦ σεισμοῦ".

Μιχαίας, οὗ ἡ ἀρχή· "Καὶ ἐγένετο λόγος Κυρίου πρὸς Μιχαίαν τὸν τοῦ Μωραθὶ ἐν ἡμέραις Ἰωάθαμ, καὶ Ἀχὰζ, καὶ Ἐζεκίου βασιλέων Ἰούδα, ὑπὲρ ὧν εἶδε περὶ Σαμαρείας καὶ Ἰερουσαλήμ". Ἰωὴλ, οὗ ἡ ἀρχή· "Λόγος Κυρίου, ὃς ἐγενήθη πρὸς Ἰωὴλ τὸν τοῦ Βαθουήλ. Ἀκούσατε δὴ ταῦτα πάντα οἱ πρεσβύτεροι, καὶ ἐνωτίσασθε, πάντες οἱ κατοικοῦντες τὴν γῆν". Ἀβδιοῦ, οὗ ἡ ἀρχή· "Ὅρασις Ἀβδιοῦ· Τάδε λέγει Κύριος ὁ Θεὸς τῇ Ἰδουμαίᾳ". Ἰωνᾶς, οὗ ἡ ἀρχή· "Καὶ ἐγένετο λόγος Κυρίου πρὸς Ἰωνᾶν τὸν τοῦ Ἀμαθὶ, λέγων· Ἀνάστηθι καὶ πορεύθητι εἰς Νινευὶ τὴν πόλιν τὴν μεγάλην". Ναοὺμ, οὗ ἡ ἀρχή· "Λῆμμα Νινευί. Βίβλος ὁράσεως Ναοὺμ τοῦ ἐν Ἐλκεσαί". Ἀμβακοὺμ, οὗ ἡ ἀρχή· "Τὸ λῆμμα ὃ εἶδεν Ἀμβακοὺμ ὁ προφήτης". Σοφωνίας, οὗ ἡ ἀρχή· "Λόγος Κυρίου, ὃς ἐγενήθη πρὸς Σοφωνίαν τὸν τοῦ Χοὺς, υἱὸν Γοδολίου τοῦ Ἀμορίου τοῦ Ἐζεκίου, ἐν ἡμέραις Ἰωσίου υἱοῦ Ἀμὼς βασιλέως Ἰούδα". Ἀγγαῖος, οὗ ἡ ἀρχή· "Ἐν τῷ δευτέρῳ ἔτει ἐπὶ Δαρείου τοῦ βασιλέως ἐν τῷ μηνὶ τῷ ἕκτῳ, μιᾷ τοῦ μηνὸς, ἐγένετο λόγος Κυρίου ἐν χειρὶ Ἀγγαίου προφήτου λέγων". Ζαχαρίας, οὗ ἡ ἀρχή· "Ἐν τῷ ὀγδόῳ μηνὶ ἔτους δευτέρου ἐπὶ Δαρείου ἐγένετο λόγος Κυρίου ἐπὶ Ζαχαρίαν, τὸν τοῦ Βαραχίου, υἱὸν Ἀδδὼ τὸν προφήτην, λέγων".

profetas, que são contados como um livro; e destes Oseias é o primeiro, que começa assim: "A palavra do Senhor que veio a Oseias, filho de Beeri, nos dias de Ozias, e Jotão, e Acaz, e Ezequias, reis de Judá, e nos dias de Jeroboão, filho de Joás, rei de Israel. O início da palavra do Senhor por Oseias"; em seguida é Amós, que começa assim: "As palavras de Amós, que vinham a ele em Acarim de Técua, que ele teve a respeito de Jerusalém, nos dias de Ozias, rei de Judá, e nos dias de Jeroboão, filho de Joás, rei de Israel, dois anos antes do terremoto"; Miqueias, que começa assim: "e a palavra do Senhor veio a Miqueias, filho de *Morasti*, nos dias de Jotão, e Acaz, e Ezequias, reis de Judá, acerca do que ele viu sobre Samaria e Jerusalém"; Joel, que começa assim: "A palavra do Senhor, que foi dirigida a Joel, filho de Batuel: ouvi estas palavras, vós anciãos, e escutai vós todos os que habitam a terra"; Abdias, que começa assim: "A visão de Abdias: assim diz o Senhor Deus para Edom"; Jonas, que começa assim: "Ora, a palavra do Senhor veio a Jonas, filho de Amati, dizendo: Levanta-te e vai para Nínive, a grande cidade"; Naum, que começa assim: "O encargo de Nínive: o Livro da visão de Naum o *Elkesias*"; Habacuc, que começa assim: "O encargo que o Profeta Habacuc viu"; Sofonias, que começa assim: "A palavra do Senhor que veio a Sofonias, filho de *Cusi*, filho de Gedalias, filho de Amorias, filho de Ezequias, nos dias de Josias, filho de Amon, rei de Judá"; Ageu, que começa assim: "No segundo ano do rei Dario, no sexto mês, no primeiro dia do mês, a palavra do Senhor veio pela mão do Profeta Ageu, dizendo"; Zacarias, que começa assim: "No oitavo mês, no segundo ano do reinado de Dario, a palavra do Senhor veio a Zacarias, filho de Baraquias, filho de Ado, o profeta,

Μαλαχίας, οὗ ἡ ἀρχή· "Λῆμμα λόγου
Κυρίου ἐπὶ τὸν Ἰσραὴλ ἐν χειρὶ ἀγγέλου
αὐτοῦ". Οὗτοι μὲν οὖν οἱ δώδεκα εἰς ἓν
βιβλίον. Ἑξῆς δὲ ἕτεροι τέσσαρες, πρὸς
ἓν ἕκαστος βιβλίον, οὗτοι· Ἡσαΐας, οὗ
ἡ ἀρχή· "Ὅρασις, ἣν εἶδεν Ἡσαΐας υἱὸς
Ἀμὼς, ἣν εἶδε κατὰ τῆς Ἰουδαίας καὶ
κατὰ τῆς Ἰερουσαλὴμ ἐν βασιλείᾳ Ὀζίου,
καὶ Ἰωάθαμ, καὶ Ἀχὰζ, καὶ Ἐζεκίου, οἳ
ἐβασίλευσαν τῆς Ἰουδαίας. Ἄκουε, οὐρανὲ,
καὶ ἐνωτίζου, ἡ γῆ, ὅτι Κύριος ἐλάλησεν".
Ἰερεμίας, οὗ ἡ ἀρχή· "Τὸ ῥῆμα τοῦ Θεοῦ,
ὃ ἐγένετο ἐπὶ Ἰερεμίαν τὸν τοῦ Χελκίου,
ὃς ἦν ἐκ τῶν ἱερέων». Ἐζεκιὴλ, οὗ ἡ ἀρχή·
"Καὶ ἐγένετο ἐν τῷ τριακοστῷ ἔτει ἐν τῷ
τετάρτῳ μηνὶ, καὶ ἐγὼ ἤμην ἐν μέσῳ τῆς
αἰχμαλωσίας ἐπὶ τοῦ ποταμοῦ Χοβὰρ,
καὶ ἠνοίχθησαν οἱ οὐρανοὶ, καὶ εἶδον
ὁράσεις Θεοῦ". Δανιὴλ, οὗ ἡ ἀρχή· "Καὶ
ἦν ἀνὴρ οἰκῶν ἐν Βαβυλῶνι, καὶ ὄνομα
αὐτῷ Ἰωακεὶμ, καὶ ἔλαβε γυναῖκα ἧ ὄνομα
Σουσάννα, θυγάτηρ Χελκίου, καλὴ σφόδρα
καὶ φοβουμένη τὸν Κύριον".

2. Ὁμοῦ τὰ κανονιζόμενα τῆς Παλαιᾶς
Διαθήκης βιβλία εἴκοσι δύο, ἰσάριθμα
τοῖς γράμμασι τῶν Ἑβραίων. Τοσαῦτα
γάρ εἰσι παρ' αὐτοῖς τὰ στοιχεῖα. Ἐκτὸς
δὲ τούτων εἰσὶ πάλιν ἕτερα βιβλία τῆς
αὐτῆς Παλαιᾶς Διαθήκης, οὐ κανονιζόμενα
μὲν, ἀναγινωσκόμενα δὲ μόνον τοῖς
κατηχουμένοις ταῦτα· Σοφία Σολομῶνος,
οὗ ἡ ἀρχή· "Ἀγαπήσατε δικαιοσύνην, οἱ
κρίνοντες τὴν γῆν". Σοφία Ἰησοῦ υἱοῦ
Σιρὰχ, οὗ ἡ ἀρχή· "Πᾶσα σοφία παρὰ
Κυρίου, καὶ μετ' αὐτοῦ ἐστιν εἰς τὸν
αἰῶνα".
Ἐσθὴρ, οὗ ἡ ἀρχή· "Ἔτους δευτέρου,
βασιλεύοντος Ἀρταξέρξου τοῦ μεγάλου, τῇ
μιᾷ τοῦ Νεισὰν ἐνύπνιον εἶδε Μαρδοχαῖος
ὁ τοῦ Ἰαείρου τοῦ Σεμεεὶ τοῦ Κισαίου, ἐκ
φυλῆς Βενιαμίν".
Ἰουδὴθ, οὗ ἀρχή· "Ἔτους δωδεκάτου
τῆς βασιλείας Ναβουχοδονόσωρ, ὃς
ἐβασίλευσεν Ἀσσυρίων ἐν Νινευῒ, τῇ πόλει

dizendo"; Malaquias, que começa
assim: "O peso da palavra do Senhor
a Israel pela mão de seu mensageiro".
Estes, então, são os Doze em um livro.
E, além destes, existem outros quatro
que têm cada um livro: Isaías, que
começa assim: "A visão que Isaías, filho
de Amós viu, que ele teve contra Judá e
contra Jerusalém, no reinado de Ozias,
e Jotão e Acaz, e Ezequias, que reinou
na Judeia: ouvi, ó céus, e dê ouvidos,
ó terra, porque o Senhor tem falado";
Jeremias, que começa assim: "A palavra
de Deus, que veio a Jeremias, o filho de
Helcias, um dos sacerdotes"; Ezequiel,
que começa: "E aconteceu no trigésimo
ano, no quarto mês, no quinto dia do
mês, que eu estava no meio do cativeiro
pelo rio de *Cobar*, e os céus se abriram,
e eu tive visões de Deus"; Daniel, que
começa assim: "Houve um homem que
vivia na Babilônia, cujo nome era Joakim,
e ele tomou uma esposa chamada
Susana, filha de *Helcias*, uma mulher
muito bonita e temente ao Senhor".
Assim, os livros canônicos do
Antigo Testamento são vinte e dois,
correspondendo ao número de letras
em hebraico, para que eles tenham
estes muitos sinais elementares. Mas,
além destes, existem, além disso,
alguns outros livros com o Antigo
Testamento, que não são considerados
canônicos, mas que só são lidos para os
catecúmenos, que são estes: a Sabedoria
de Salomão, que começa assim: "Amai
a justiça, vós que governais da terra";
a Sabedoria de Jesus, filho de Sirac,
que começa assim: "Toda a sabedoria
vem do Senhor, e está com Ele para
sempre"; Ester, que começa assim:
"No segundo ano do reinado do rei
Artaxerxes o Grande, no primeiro dia de
Nisan, *Mardoqueu* filho de Jairo, o filho
de Semaías, filho de *Ciseu*, da tribo de
Benjamim"; Judite, que começa assim:

τῇ μεγάλῃ, ἐν ταῖς ἡμέραις Ἀρφαξὰδ, ὃς ἐβασίλευσε Μήδων ἐν Ἐκβατάνοις". Τωβὶτ, οὗ ἡ ἀρχή· "Βίβλος λόγων Τωβὶτ, τοῦ Τωβιὴλ, τοῦ Ἀνανιὴλ, τοῦ Ἀδουὴλ, τοῦ Γαβαὴλ, ἐκ τοῦ σπέρματος Ἀσεὴλ, ἐκ τῆς φυλῆς Νεφθαλεὶμ, ὃς ἠχμαλωτεύθη ἐν ἡμέραις Ἐννεμεσάρου τοῦ βασιλέως Ἀσσυρίων". Τοσαῦτα καὶ τὰ μὴ κανονιζόμενα. Τινὲς μέντοι τῶν παλαιῶν εἰρήκασι κανονίζεσθαι παρ' Ἑβραίοις καὶ τὴν Ἐσθήρ· καὶ τὴν μὲν Ῥοὺθ, μετὰ τῶν Κριτῶν ἑνουμένην, εἰς ἓν βιβλίον ἀριθμεῖσθαι· τὴν δὲ Ἐσθὴρ εἰς ἕτερον ἕν· καὶ οὕτω πάλιν εἰς εἴκοσι δύο συμπληροῦσθαι τὸν ἀριθμὸν τῶν κανονιζομένων παρ' αὐτοῖς βιβλίων.

3. Καὶ τὰ μὲν τῆς Παλαιᾶς Διαθήκης βιβλία, τά τε κανονιζόμενα καὶ τὰ μὴ κανονιζόμενα, τοιαῦτα καὶ τοσαῦτα. Τὰ δὲ τῆς Καινῆς Διαθήκης, πάλιν ὡρισμένα τε καὶ κεκανονισμένα βιβλία, ταῦτα· Κατὰ Ματθαῖον, οὗ ἡ ἀρχή· "Βίβλος γενέσεως Ἰησοῦ Χριστοῦ, υἱοῦ Ἀβραάμ". Κατὰ Μάρκον, οὗ ἡ ἀρχή· "Ἀρχὴ τοῦ Εὐαγγελίου Ἰησοῦ Χριστοῦ, Υἱοῦ τοῦ Θεοῦ· καθὼς γέγραπται ἐν τῷ Ἡσαΐᾳ τῷ προφήτῃ· Ἰδοὺ ἐγὼ ἀποστέλλω τὸν ἄγγελόν μου πρὸ προσώπου σου, ὃς κατασκευάσει τὴν ὁδόν σου". Κατὰ Λουκᾶν, οὗ ἡ ἀρχή· "Ἐπειδήπερ πολλοὶ ἐπεχείρησαν ἀνατάξασθαι διήγησιν περὶ τῶν πεπληροφορημένων ἐν ἡμῖν πραγμάτων". Κατὰ Ἰωάννην, οὗ ἡ ἀρχή· "Ἐν ἀρχῇ ἦν ὁ Λόγος, καὶ ὁ Λόγος ἦν πρὸς τὸν Θεὸν, καὶ Θεὸς ἦν ὁ Λόγος. Οὗτος ἦν ἐν ἀρχῇ πρὸς τὸν Θεόν. Πάντα δι' αὐτοῦ ἐγένετο, καὶ χωρὶς αὐτοῦ ἐγένετο οὐδὲν, ὃ γέγονεν". Πράξεις τῶν ἀποστόλων, οὗ ἡ ἀρχή· "Τὸν μὲν πρῶτον λόγον ἐποιησάμην περὶ πάντων, ὦ Θεόφιλε, ὧν ἤρξατο ὁ Ἰησοῦς ποιεῖν τε καὶ διδάσκειν". Καθολικαὶ Ἐπιστολαὶ διαφόρων ἀποστόλων, αἱ πᾶσαι

"No décimo segundo ano do reinado de Nabucodonosor, que reinou sobre os assírios na grande cidade de Nínive, nos dias de Arfaxade, que governou sobre os medos em Ecbátana": Tobias, que começa assim: "O livro das palavras de Tobias, filho de Tobiel, filho de Ananiel, filho de Aduel, filho de Gabael, da descendência de Asiel e da tribo de Naftali, que nos dias de Enemessarus rei da Assíria". Mais uma vez, livros como esses não são canônicos. No entanto, alguns dos antigos disseram que, entre os hebreus, Ester é considerado canônico; e que, mesmo que Rute está incluído com o livro de Juízes, de modo Ester também está incluído com algum outro livro, e por isso significa que eles ainda iriam completar o número dos seus livros canônicos aos vinte e dois. E tais são os livros do Antigo Testamento, incluindo os que são canônicos e os que não são canônicos. E para o Novo Testamento, há também livros que são designados canônicos, que são estes: segundo Mateus, que começa assim: "O livro da origem de Jesus Cristo, filho de Abraão"; segundo Marcos, que começa assim: "O início do evangelho de Jesus Cristo, o Filho de Deus: como está escrito em Isaías, o profeta: Eis que eu envio o meu mensageiro diante de ti, o qual preparará o teu caminho"; segundo Lucas, que começa assim: "Visto que muitos têm empreendido para elaborar uma narrativa sobre os acontecimentos que se deram entre nós"; segundo João, que começa assim: "No princípio era o Verbo, e o Verbo estava com Deus, e o Verbo era Deus, e Ele estava no princípio com Deus. Todas as coisas foram feitas por meio dele, e sem Ele nada do que existe foi feito"; Atos dos Apóstolos, que começa assim: "o primeiro livro que eu fiz, ó Teófilo, acerca de tudo que

ἑπτά, εἰς ἓν ἀριθμούμεναι βιβλίον. Ἰακώβου μία, ἧς ἡ ἀρχή· "Ἰάκωβος Θεοῦ καὶ Κυρίου Ἰησοῦ Χριστοῦ δοῦλος, ταῖς δώδεκα φυλαῖς ταῖς ἐν τῇ διασπορᾷ, χαίρειν". Πέτρου δύο· καὶ τῆς μὲν πρώτης ἡ ἀρχή· "Πέτρος ἀπόστολος Ἰησοῦ Χριστοῦ, ἐκλεκτοῖς παρεπιδήμοις διασπορᾶς Πόντου, Γαλατίας, Καππαδοκίας, Ἀσίας, καὶ Βιθυνίας, κατὰ πρόγνωσιν Θεοῦ Πατρὸς, ἐν ἁγιασμῷ Πνεύματος, εἰς ὑπακοὴν καὶ ῥαντισμὸν αἵματος Ἰησοῦ Χριστοῦ, χάρις ὑμῖν καὶ εἰρήνη πληθυνθείη". Τῆς δὲ δευτέρας ἡ ἀρχή· "Συμεὼν Πέτρος καὶ ἀπόστολος Ἰησοῦ Χριστοῦ τοῖς ἰσότιμον ἡμῖν λαχοῦσι πίστιν ἐν δικαιοσύνῃ τοῦ Κυρίου ἡμῶν Ἰησοῦ Χριστοῦ". Ἰωάννου τρεῖς· καὶ τῆς μὲν πρώτης ἡ ἀρχή· "Ὃ ἦν ἀπ' ἀρχῆς, ὃ ἀκηκόαμεν, ὃ ἑωράκαμεν τοῖς ὀφθαλμοῖς ἡμῶν, καὶ αἱ χεῖρες ἡμῶν ἐψηλάφησαν, περὶ τοῦ λόγου τῆς ζωῆς". Τῆς δὲ δευτέρας ἡ ἀρχή· "Ὁ πρεσβύτερος ἐκλεκτῇ κυρίᾳ καὶ τοῖς τέκνοις αὐτῆς, οὓς ἐγὼ ἀγαπῶ ἐν ἀληθείᾳ". Τῆς δὲ τρίτης ἡ ἀρχή· "Ὁ πρεσβύτερος Γαΐῳ τῷ ἀγαπητῷ, ὃν ἐγὼ ἀγαπῶ ἐν ἀληθείᾳ". Ἰούδα μία, ἧς ἡ ἀρχή· "Ἰούδας Ἰησοῦ Χριστοῦ δοῦλος, ἀδελφὸς δὲ Ἰακώβου, τοῖς ἐν Θεῷ Πατρὶ ἠγαπημένοις, καὶ Ἰησοῦ Χριστῷ τετηρημένοις κλητοῖς". Παύλου ἀποστόλου ἐπιστολαὶ ιδ´, εἰς ἓν ἀριθμούμεναι βιβλίον. Ἐν πρώτῃ, ἡ πρὸς Ῥωμαίους, ἧς ἡ ἀρχή· "Παῦλος δοῦλος Ἰησοῦ Χριστοῦ, κλητὸς Ἀπόστολος, ἀφωρισμένος εἰς Εὐαγγέλιον Θεοῦ". Πρὸς Κορινθίους δύο· καὶ τῆς μὲν πρώτης ἡ ἀρχή· "Παῦλος κλητὸς Ἀπόστολος Ἰησοῦ Χριστοῦ διὰ θελήματος Θεοῦ, καὶ Σωσθένης ὁ ἀδελφὸς, τῇ Ἐκκλησίᾳ τοῦ Θεοῦ τῇ οὔσῃ ἐν Κορίνθῳ". Τῆς δὲ δευτέρας ἡ ἀρχή· "Παῦλος ἀπόστολος Ἰησοῦ Χριστοῦ διὰ

Jesus começou a fazer e ensinar"; as Epístolas Católicas de vários apóstolos, sete ao todo, contadas como um livro: um de Tiago, que começa assim: "Tiago, servo de Deus e do Senhor Jesus Cristo, às doze tribos da Dispersão, saúde"; duas de Pedro, de que a primeira começa assim: "Pedro, apóstolo de Jesus Cristo, aos eleitos que são peregrinos da Dispersão no Ponto, na Galácia, na Capadócia, na Ásia e na Bitínia, segundo a presciência de Deus Pai, na santificação do Espírito, para a obediência e a aspersão do sangue de Jesus Cristo: Graça e paz vos sejam multiplicadas"; e a segunda começa assim: "Simão Pedro, apóstolo de Jesus Cristo, aos que obtiveram uma fé igualmente preciosa com a gente na justiça de nosso Senhor Jesus Cristo"; três de João, e a primeira começa assim: "O que era desde o princípio, o que ouvimos, o que vimos com os nossos olhos, e as nossas mãos apalparam, a respeito do Verbo da vida"; e a segunda começa assim: "O ancião à senhora eleita, e a seus filhos, aos quais eu amo em verdade"; e a terceira começa assim: "O ancião ao amado Gaio, a quem eu amo em verdade"; uma de Judas, que começa assim: "Judas, servo de Jesus Cristo, e irmão de Tiago, aos chamados, amados em Deus Pai, e guardados em Jesus Cristo"; catorze epístolas do Apóstolo Paulo, contadas como um livro: sendo a primeira aos Romanos, que começa assim: "Paulo, servo de Jesus Cristo, chamado para apóstolo, separado para o evangelho de Deus"; duas aos Coríntios, e a primeira começa assim: "Paulo, chamado para ser apóstolo de Jesus Cristo pela vontade de Deus, e o irmão Sóstenes, à igreja de Deus que está em Corinto"; e a segunda começa assim: "Paulo, apóstolo de Cristo Jesus pela vontade de Deus, e o irmão

θελήματος Θεοῦ, καὶ Τιμόθεος ὁ ἀδελφὸς, τῇ Ἐκκλησίᾳ τοῦ Θεοῦ τῇ οὔσῃ ἐν Κορίνθῳ". Τετάρτη πρὸς Γαλάτας, ἧς ἡ ἀρχή· "Παῦλος ἀπόστολος οὐκ ἀπ᾽ ἀνθρώπων, οὐδὲ δι᾽ ἀνθρώπων, ἀλλὰ διὰ Ἰησοῦ Χριστοῦ καὶ Θεοῦ καὶ Πατρός". Πέμπτη πρὸς Ἐφεσίους, ἧς ἡ ἀρχή· "Παῦλος ἀπόστολος Ἰησοῦ Χριστοῦ διὰ θελήματος Θεοῦ, τοῖς ἁγίοις τοῖς οὖσιν ἐν Ἐφέσῳ, καὶ πιστοῖς ἐν Χριστῷ Ἰησοῦ". Ἕκτη πρὸς Φιλιππησίους, ἧς ἡ ἀρχή· "Παῦλος καὶ Τιμόθεος, δοῦλοι Ἰησοῦ Χριστοῦ, πᾶσι τοῖς ἁγίοις τοῖς οὖσιν ἐν Φιλίπποις, σὺν ἐπισκόποις καὶ διακόνοις". Ἑβδόμη πρὸς Κολασσαεῖς, ἧς ἡ ἀρχή· "Παῦλος ἀπόστολος Χριστοῦ Ἰησοῦ διὰ θελήματος Θεοῦ, καὶ Τιμόθεος ὁ ἀδελφὸς, τοῖς ἐν Κολασσαῖς ἁγίοις καὶ πιστοῖς ἀδελφοῖς ἐν Χριστῷ".

Πρὸς Θεσσαλονικεῖς δύο· καὶ τῆς μὲν πρώτης ἡ ἀρχή· "Παῦλος καὶ Σιλουανὸς καὶ Τιμόθεος, τῇ Ἐκκλησίᾳ Θεσσαλονικέων, ἐν Θεῷ Πατρὶ καὶ Κυρίῳ Ἰησοῦ Χριστῷ". Τῆς δὲ δευτέρας ἡ ἀρχή· "Παῦλος καὶ Σιλουανὸς καὶ Τιμόθεος, τῇ Ἐκκλησίᾳ Θεσσαλονικέων, ἐν Θεῷ Πατρὶ ἡμῶν καὶ Κυρίῳ Ἰησοῦ Χριστῷ". Δεκάτη ἡ πρὸς Ἑβραίους, ἧς ἡ ἀρχή· "Πολυμερῶς καὶ πολυτρόπως πάλαι ὁ Θεὸς λαλήσας τοῖς πατράσιν ἐν τοῖς προφήταις, ἐπ᾽ ἐσχάτου τῶν ἡμερῶν ἐλάλησεν ἡμῖν ἐν Υἱῷ". Πρὸς Τιμόθεον δύο· καὶ τῆς μὲν πρώτης ἡ ἀρχή· "Παῦλος ἀπόστολος Ἰησοῦ Χριστοῦ, κατ᾽ ἐπιταγὴν Θεοῦ Σωτῆρος ἡμῶν καὶ Χριστοῦ Ἰησοῦ τῆς ἐλπίδος ἡμῶν, Τιμοθέῳ γνησίῳ τέκνῳ ἐν πίστει". Τῆς δὲ δευτέρας ἡ ἀρχή· "Παῦλος ἀπόστολος Ἰησοῦ Χριστοῦ διὰ θελήματος Θεοῦ, κατ᾽ ἐπαγγελίαν ζωῆς τῆς ἐν Χριστῷ Ἰησοῦ, Τιμοθέῳ ἀγαπητῷ τέκνῳ". Τρισκαιδεκάτη, ἡ πρὸς Τίτον, ἧς ἀρχή· "Παῦλος δοῦλος Θεοῦ, ἀπόστολος δὲ Ἰησοῦ Χριστοῦ, κατὰ πίστιν ἐκλεκτῶν Θεοῦ, καὶ ἐπίγνωσιν ἀληθείας, τῆς κατ᾽ εὐσέβειαν ἐν ἐλπίδι ζωῆς αἰωνίου".

Timóteo, à igreja de Deus que está em Corinto"; a quarta é aos Gálatas, que começa assim: "Paulo, apóstolo não dos homens, nem pelos homens, mas por Jesus Cristo, e por Deus Pai"; a quinta é aos Efésios, que começa assim: "Paulo, apóstolo de Cristo Jesus pela vontade de Deus, aos santos que estão em Éfeso, e fiéis em Cristo Jesus"; a sexta é aos Filipenses, que começa assim: "Paulo e Timóteo, servos de Cristo Jesus, a todos os santos que estão em Filipos, com os bispos e diáconos"; a sétima é aos Colossenses, que começa assim: "Paulo, apóstolo de Cristo Jesus pela vontade de Deus, e o irmão Timóteo, aos santos e fiéis irmãos em Cristo que estão em Colossos";

aos Tessalonicenses há duas, e a primeira começa assim: "Paulo, Silvano e Timóteo, à igreja dos tessalonicenses, em Deus Pai e do Senhor Jesus Cristo"; e a segunda começa assim: "Paulo, Silvano e Timóteo, à igreja dos tessalonicenses, em Deus nosso Pai e do Senhor Jesus Cristo"; e a décima é aos Hebreus, que começa assim: "Deus, tendo, desde tempos antigos falado aos pais, pelos profetas antigos e de muitas maneiras, tem nos últimos tempos nos falado por seu Filho"; a Timóteo há duas, e a primeira começa assim: "Paulo, apóstolo de Jesus Cristo, segundo o mandado de Deus, nosso Salvador, e de Cristo Jesus nossa esperança, a Timóteo, meu verdadeiro filho na fé"; e a segunda começa assim: "Paulo, apóstolo de Jesus Cristo pela vontade de Deus, segundo a promessa da vida que está em Cristo Jesus, a Timóteo, amado filho"; a décima terceira é a Tito, que começa assim: "Paulo, servo de Deus, e apóstolo de Jesus Cristo, segundo a fé dos eleitos de Deus, e o conhecimento da verdade que há segundo a piedade, na esperança da

Τεσσαρεσκαιδεκάτη, ἡ πρὸς Φιλήμονα, ἧς ἡ ἀρχή· "Παῦλος δέσμιος Ἰησοῦ Χριστοῦ καὶ Τιμόθεος ὁ ἀδελφός, Φιλήμονι τῷ ἀγαπητῷ καὶ συνεργῷ ἡμῶν". Ἐπὶ τούτοις ἐστὶ καὶ ἡ Ἀποκάλυψις Ἰωάννου τοῦ θεολόγου, δεχθεῖσα ὡς ἐκείνου καὶ ἐγκριθεῖσα ὑπὸ πάλαι ἁγίων καὶ πνευματοφόρων Πατέρων, οὗ ἡ ἀρχή· "Ἀποκάλυψις Ἰησοῦ Χριστοῦ, ἣν ἔδωκεν αὐτῷ ὁ Θεὸς δεῖξαι τοῖς δούλοις αὐτοῦ ἃ δεῖ γενέσθαι ἐν τάχει, καὶ ἐσήμανεν, ἀποστείλας διὰ τοῦ ἀγγέλου αὐτοῦ τῷ δούλῳ αὐτοῦ Ἰωάννῃ".

vida eterna"; a décima quarta é a Filêmon, que começa assim: "Paulo, prisioneiro de Jesus Cristo, e o irmão Timóteo, ao amado Filêmon, nosso companheiro de trabalho e"; e depois disso há também o Apocalipse de João, o Divino, como recebido e aprovado pelos santos do passado e com o Espírito dos Pais, que começa assim: "Revelação de Jesus Cristo, que Deus lhe deu para mostrar aos seus servos as coisas que devem em breve vir a passar, e Ele enviou-as pelo seu anjo a seu servo João".

4. Τοσαῦτα καὶ τὰ τῆς Καινῆς Διαθήκης βιβλία τά γε κανονιζόμενα, καὶ τῆς πίστεως ἡμῶν οἱονεὶ ἀκροθίνια ἢ ἄγκυραι καὶ ἐρείσματα· ὡς παρ' αὐτῶν τῶν ἀποστόλων τοῦ Χριστοῦ, τῶν καὶ συγγενομένων ἐκείνῳ καὶ ὑπ' αὐτοῦ μαθητευθέντων, γραφέντα καὶ ἐκτεθέντα.

Esses, então, são os livros canônicos do Novo Testamento, que são as primícias e a âncora fixa de nossa fé; pois eles são escritos e estabelecidos pelos apóstolos de Cristo, que eram como a sua própria tribo e que foram ensinados por Ele.

74. Τὰ μὲν οὖν ἀντιλεγόμενα τῆς Παλαιᾶς προείπομεν μὲν καὶ πρότερον, ὥς ἐστι Σοφία Σολομῶντος, καὶ Σοφία Ἰησοῦ υἱοῦ Συρὰχ, καὶ Ἐσθὴρ, καὶ Ἰουδὶθ, καὶ Τωβίτ· σὺν ἐκείνοις δὲ καὶ ταῦτα ἠρίθμηνται· Μακκαβαϊκὰ βιβλία δ΄, Πτολεμαϊκά, Ψαλμοὶ καὶ Ὠδὴ Σολομῶντος, Σωσάννα. Ταῦτα τὰ ἀντιλεγόμενα τῆς Παλαιᾶς Διαθήκης.

Entre os livros disputados do Antigo [Testamento], de que falamos anteriormente, como a Sabedoria de Salomão, a Sabedoria de Jesus, filho de Sirac, e Ester e Judite e Tobias, também estes devem ser contados: os quatro livros dos Macabeus, livros de Ptolomeu, os Salmos e Odes de Salomão, Susana. Estes são contestados livros do Antigo Testamento.

27) O cânon da Esticometria de Célio Sedúlio – Anonymus (séc. V d.C.)

Célio Sedúlio, em latim *Coelius* ou *Caelius Sedulius*, é um poeta, formado em retórica, que se converteu ao cristianismo, da primeira metade do século V e que viveu na Itália. Pouco sabemos a seu respeito a não ser a partir de suas cartas enviadas a Macedônio e pelas informações transmitidas por outros autores. Convertido ao cristianismo, ele se dedica a Cristo e à Igreja, tornando-se inclusive sacerdote. Em suas poesias, ele também fala bem de vários cristãos de seu tempo, como: Macedônio, Ursino, Laurêncio, Galicano, Ursicino, Sinclética,

Perpétua etc. Após sua conversão, a sua literatura vai ser basicamente dedicada a contar aos pagãos das maravilhas do Evangelho, a exemplo do grande poema dedicado a Macedônio *Carmen Paschale*, em que ele compartilha a beleza do Evangelho de Cristo. Depois, este poema foi traduzido em prosa na *Opus Paschale*. Ao ler seus poemas e hinos, o que se percebe é um homem de muita humildade, de ternura e bondade de coração, de gratidão e aberto à crítica.

O Cânon *Anonymus*, que reproduzimos aqui, nós o encontramos publicado na obra de Faustino Arevalo, *Caelii Sedulii, Opera Omnia* (Roma, 1794, no Apêndice V, parte III, p. 429-433), que traz um texto *esticométrico*, como também encontramos em outros textos *esticométricos* do AT e do NT, como já indicamos antes e trazemos aqui em nossa obra, a saber: a *Lista de Mommsen* (360 d.C.), *Codex Claromontanus* (c. 390-400 d.C.), *Esticometria de Nicéforo de Constantinopla* (séc. V) e a *Esticometria Armeniana* (c. 615-690 d.C.), sempre do IV e VII séculos. Este tipo de literatura facilitava a confecção dos manuscritos, quando se ia encomendar uma cópia, e ajudava a manter a fidelidade do texto, visto que indicava o tanto de linhas (*estichoi*) que cada livro continha. O Cânon *Anonymus* traz a lista dos livros canônicos e deuterocanônicos do AT e do NT, e uma ampla lista de livros apócrifos. Ele cita a *esticometria* apenas para os livros *canônicos* e *deuterocanônicos*, mas não a cita para os livros *apócrifos*, visto serem recusados. O próprio autor traz uma nota de rodapé afirmando que este catálogo se encontra *"In codice Vaticano Reginae Suecorum 199. extat opus quoddam de numeris, ut indicavi Prolegom. num. 151 /* No Códice Vaticano 199 da Rainha dos Suecos, obra conhecida como um tipo fora dos números, como é indicada no número 151 de seu Proêmio".

Este é um *Manuscrito* dos primeiros séculos do cristianismo, que Faustino Arevalo cita no Apêndice da *Opera Omnia* de *Célio Sedúlio*, impressa em 1729. Mas é difícil determinar tanto a data certa como a autoria deste catálogo, por isso, ser considerado *anônimo*. Embora muita coisa de fato seja do Decreto Gelasiano. Porém, Sedúlio foi um poeta e presbítero cristão da primeira metade do século V e este catálogo se encontra em sua obra *Carmen Paschale*, que é um grande poema baseado nos quatro Evangelhos. Ele era um poeta e suas capacidades parecem ser realmente de grande talento, a ponto de que este poema se tornou muito popular em sua época (como os poemas de Virgílio). Aliás, entre seus poemas e hinos temos: um *hino abecedário*, em homenagem a Cristo, com 23 quartetos em estilo *iâmbico*; o hino *A solis ortus cardine*;

Hortis Herodes impie, um hino à Epifania; *Veteris et Novi Testamenti Collatio*, em dísticos *elegíacos*, bem como o Centão Virgiliano *De Verbi Incarnatione*. O grande poema *Carmen Paschale* e os demais foram também publicados na obra *Caelii Sedulii, Opus Paschale*, Caput VIII: *Libri canonici*. In: J.P. Migne. *Patrologia*, series Latina, Tomus XIX (Paris: Petit-Montrouge, 1846, p. 533-818), contendo inclusive o nosso catálogo dos textos bíblicos de Célio Sedúlio, às p. 788-794, porém, mais breve.

Outra coisa interessante nessa obra são os comentários que o autor traça a fim de indicar, para boa parte dos títulos, os respectivos nomes dos livros bíblicos nas três línguas: hebraico, grego e latim, bem como o número de linhas (*estichoi*) que cada livro tem. Célio Sedúlio foi chamado de "venerável" pelo Decreto Gelasiano: "Do mesmo modo, a obra pascal do venerável Sedúlio, que foi escrita em versos heroicos e merece um elogio significativo". Mas ele também foi chamado de *presbítero* tanto por Isidoro de Sevilha como pelo Decreto Gelasiano.

Enfim, esse mesmo catálogo dos textos bíblicos de Célio Sedúlio, nós o encontramos republicado na obra *Caelii Sedulii, Opus Paschale, Appendix ad Opera Coelii Sedulii, Carmen de Incarnatione*. In: J.P. Migne. *Patrologia*, series Latina, Tomus XIX (Paris: Petit-Montrouge, 1846, p. 788-794), porém, sem a *esticometria* e com um texto bem reduzido, sem citar os livros apócrifos. Pela obra de J.P. Migne, este catálogo também trata do catálogo do Decreto Gelasiano. Ademais, enquanto Faustino Arevalo traz apenas os títulos "As 7 Epístolas Canônicas dos Apóstolos, com número de 220" e "As 14 Epístolas do Apóstolo Paulo, com número de 5.101 linhas", com a *esticometria*, o texto de J.P. Migne traz os nomes de todas as cartas, mas sem a *esticometria*, com o título geral "*Decretum de libris recipientes et non recipientes* / Decreto dos livros recebidos e não recebidos". Além de que J.P. Migne inverte a ordem e coloca primeiro "*Epistolae Pauli numero XIV* / As Epístolas de Paulo em número 14" (Romanos, 1-2 Coríntios, Efésios, 1-2 Tessalonicenses, Gálatas, Filipenses, Colossenses, 1-2 Timóteo, Tito, Filêmon, Hebreus), para depois citar o livro do Apocalipse e, após, ele cita "*Item Epistolae Canonicae numero septem* / Também as Epístolas Canônicas, em número 7" (1-2 Pedro; Tiago, 1 João; 2-3 João, o presbítero; Judas, o Zelota). Mas o catálogo do NT é completo em ambos, inclusive com o Apocalipse de João.

Paraphrasis Decreti de libris recipiendis, et non recipiendis ex opere inedito Codicis Vaticani.	Interpretação do Decreto dos livros recebidos e não recebidos, a partir do trabalho inédito do Código Vaticano.
Duobus sine dubio modis tota scriptura intelligenda est. Primus itaque modus est intelligendi, ut qui sunt libri, qui escribendi, legendi, retinendi sunt, ecclesia catholica scribere, legere, recipere debet, secundum traditionem sanctorum virorum, et orthodoxorum Patrum, hoc est, Gelasii Papae cum LXX episcopis eruditissiis viris in sede apostolica urbis Romae, et secundum traditionem S. Athanasii episcopi Alexandriae civitatis.	Dois modos de interpretar todas as Escrituras sem dúvida: O primeiro modo é entender que são livros que foram escritos, lidos e retidos pela Igreja Católica, para escrever, ler e que se deve receber de acordo com a tradição dos santos homens e Padres ortodoxos, isto é, o Papa Gelásio com 70 bispos, homens eruditíssimos, na Sé Apostólica da cidade de Roma, e segundo a tradição de Santo Atanásio, bispo de Alexandria.

2. Hoc est, vetus testamentum, quod Thorath hebraice, Nomos graece, Lex Latine appellatur. Numero versuum IIII. CCC. VIIII.
Secundus liber, qui *Helismoth* hebraice, *Exodus* graece, *Exitus* latine vocatur, numero verum III. CCC.
Tertius liber, *Vaiechra* hebraice dicitur, et apud nos *Leviticus* appelatur, numero versuum II. D. II.

2. Este é o Antigo Testamento, que é chamado a *Thorath* em hebraico, *Nomos* em grego, *Lex* (*Lei*) em latim. Número de 4.309 linhas. O segundo livro, o que é chamado *Helimosth* em hebraico, *Exodus* em grego e *Exitus* em latim. Número de 3.300 linhas. O terceiro livro, dito *Vaiechra* em hebraico, e que nós chamamos *Levítico*, com número de 2.502 linhas.

3. Quartus liber, qui *Viciedaber* hebraice, *Rhytmos* graece, *Numerus* latine vocatur, numero versuum III. D. XXX. Quintus liber, qui *Abdabarim* hebraice, *Deuteronomium* graece, *Secunda Lex* latine, numero versuum III. C.

3. O quarto livro, que é chamado *Viciedaber* em hebraico, *Rhytmos* em grego, e *Numerus* em latim, com número de 3.530 linhas. O quinto livro, que é *Abdabarim* em hebraico, *Deuteronomium* em grego, *Secunda Lex* (*Segunda Lei*) em latim, com número de 3.500 linhas.

Hi sunt V. *Libri Moysi*, qui apud graecos *Pentateuchum* appellantur, quod latine sonat V. Livri, *Penta* enim graece V. Latine dicitur: *teuchus* autem graece *liber* latine intelligitur.

Estes são os 5 Livros de Moisés, que os gregos chamam *Pentateuchum*, o que em latim significa 5 Livros, dito *Penta* em grego, V em latim: e entendemos *teuchus* em grego e *liber* (*livro*) latim.

4. Sextus itaque liber, qui hebraice *Iosue ben Nun*, graece autem *Soter bar Nun*, latine vero *Salvator filius Nun* dicitur, numero versuum I. CC. LXXXI. Septimus autem liber, qui apud hebraeos

4. O sexto livro, portanto, que em hebraico é *Joshua ben Nun*, mas em grego é *Soter bar Num*, que em latim é dito *Salvator filius Nun*, com número de 1.281 linhas. Mas o sétimo livro, que em hebraico é

Sophin, et apud latinos *Iudicum* vocatur, numero versuum II. CLI.

5. Hi VII. libris legis, quos graeci *Heptateuchos* appellant: hepta enim graece VII. latine; *teuchos* graece libri, vel libros latine, quos latini corrupte, et stricte *Eptaticum* vocant. Post hos VII. livros IIII. libros *Regum* sequuntur, qui apud hebraeos appellantur duo libri *Samuehel*, et duo secundi *Malachim*. Ex nomine iudicis eorum *Samuehel* duos libros primos *Regum* appellaverunt, et secundum proprietatem linguae eorum duos alios libros *Malachim* vocaverunt. *Samuehel* pretium dei interpretatur, *Malachim* regum latine dicitur. Primus ergo regum liber numero versuum II. D. Secundus numero versuum CCCC. XLIII. Tertium vero numero versuum II. D. Quartus vero numero versuum II. D. C. Nomina itaque librorum, qui per istos XI. libros sequuntur, haec sunt.

6. *Dibre haiamin* hebraice, *Paralipomenon* graece, *Praetermissorum*, vel *Verba dierum* latine: qui dividitur in duos libros. Primus numero versuum II. CCLXX. Secundus numero versuum III. *Esdrae* libri duo sunt. Primus numero versuum I. CCXL. Secundus numero I. DCCC. *Psalmorum* liber, qui *Nabla* hebraice, graece, *Organum* latine dicitur numero versuum V. C.

7. Salomonis libri três. Primus *Masloth* hebraice, *Parabolae* graece, *Proverbia* latine dicitur, numero versuum I. DCCLX. Secundus, qui *Coeleth* hebraice, *Ecclesiastes* graece, *Concionator* latine vocatur, numero versuum I. D. CC. XL. Tertius, qui *Sirasirim* dicitur, latine autem *Canticum* Liber *Iob* numero versuum I.

Sophin, os latinos chamam de *Iudicum* (*Juízes*), com número de 2.151 linhas.

5. Estes 7 livros da lei, que os gregos chamavam *Heptateuchos*: a partir do *hepta* grego, VII em latim; *teuchos* livros gregos, ou os livros latinos, que foram danificados, e estritamente chamados *Eptaticum*. Após estes 7 livros, seguem 4 livros dos Reis, que os hebreus chamam de dois livros de *Samuehel*, e dois segundo *Malachim*.
De nome de seu juiz *Samuehel*, os dois primeiros livros são chamados dos Reis, e segundo a propriedade de sua língua os outros dois livros são chamados *Malachim*. *Samuehel*, interpretado o caminho de Deus, e *Malachim*, dito *Regum* (*Reino*) em latim. Protanto, o primeiro livro dos Reis com número de 2.500 linhas. O segundo com número de 443 linhas. O terceiro verdadeiramente com número de 2.500 linhas. O quarto verdadeiramente com número de 2.600 linhas. Os nomes dos livros, para estes 11 que seguem, são:

6. *Dibre haiamin* em hebraico, *Paralipomenon* em grego, *Praetermissorum*, ou *Verba dierum* (*Crônicas*) em latim: que são divididos em dois livros. O primeiro com número de 2.270 linhas. O segundo com número de 3.000 linhas. O livro de *Esdras* na verdade são dois. O primeiro com número de 1.240 linhas. O segundo com número de 1.800. O livro dos *Salmos*, que é *Nabla* em hebraico, em grego, em latim é dito *Organum* com número de 5.100 linhas.
7. Os três livros de Salomão. O primeiro *Masloth* em hebraico, *Parabolae* em grego, dito *Proverbia* (*Provérbios*) em latim, com número de 1.760 linhas. O segundo, que é *Coeleth* em hebraico, *Ecclesiastes* em grego, chamado *Concionator* (*Pregador*) em latim, com número de 1.740 linhas. O terceiro,

DCC., si autem cum asteriscis II. DCC.
Liber *Tobi*, qui inter agiographa ponitur,
numero versuum I.

8. Prophetae maiores quatuor sunt,
quórum libri nominatur nominibus eorum.
Esaias hebraice, *Salus Domini* latine
dicitur, numero versuum DCCC. XXX,
Hieremias hebraice, *Excelsus Domini* latine
vocatur, numero versuum III. DCCCX.
Ezechiel hebraice, *Fortitudo Domini* latine
nominatur, numero versuum IIII. *Daniel*
hebraice, *Iudicium Domini* latine appellatur,
numero versuum I. DCC.

9. *Baruch* hebraice, id est XII. *Prophetarum*
liber unus, numero versuum III. DCCC.
Prophetarum omnium libri simul cum
capitulis suis numero versuum XVIIII.
CLXXV.

10. *Hester* libri duo. Primus numero
versuum DCCL. Secundus numero
versuum II. *Machabaeroum* libri IIII. sunt.
Primus numero versuum D. XXV. Secundus
numero versuum DCCC. Tertius numero
versuum D. CI. Quartus numero versuum
I. CC.

11. *Iudith* liber numero versuum I. DCCC.
Veteris Testamenti libri simul numero
versuum LXXII. CCCXLVIII.

12. Novi Testamenti livri hi sunt: IIII.
evangelia, qui ex magistrorum nomine sunt
nominati:
Matthaeus hebraice, *donatus* latine dicitur,
numero versuum II. D. C.

que é dito *Sirasirim*, também chamado
Canticum Canticorum (Cântico dos
Cânticos) em latim, com número de
280 linhas, *Sabedoria*, que é dito de
Salomão, com número de 1.070 linhas.
Sabedoria de Jesus filho de Sirach, com
número de 2.800 linhas. O livro de *Jó,*
com número de 1.700 linhas, e também
com 2.700 asteríscos. O livro de *Tobias,*
que é posto entre os agiógrafos, com
número de 1.000 linhas.

8. Os Profetas maiores são quatro, cujos
livros são mencionados pelos nomes
deles. *Esaias* em hebraico, dito *Salus
Domini* em latim, com número de 830
linhas, *Hieremias* em hebraico, chamado
Excelsus Domini em latim, com número
de 3.810 linhas. *Ezechiel* em hebraico,
nomeado *Fortitudo Domini* em latim,
com número de 4.000 linhas. *Daniel* em
hebraico, chamado *Iudicium Domini* em
latim, com número de 1.700 linhas.

9. *Baruch* em hebraico, isto é 12.
Os *Profetas* em um livro, com número de
3.800 linhas. Todos os *Profetas* em um
livro semelhante a seus capítulos, com
número de 19.175 linhas.

10. *Ester*, em dois livros. O primeiro com
número de 750 linhas. O segundo com
número de 2.000 linhas. São 4 os livros
dos *Macabeus*. O primeiro com número
de 525 linhas. O segundo com número
de 800 linhas. O terceiro com número
de 601 linhas. O quarto com número de
1.200 linhas.

11. O livro de Judite, com número de
1.800 linhas. O número das linhas dos
livros do Antigo Testamento é de 72.348.

12. Os livros do Novo Testamento são:
4 Evangelhos, que são nomeados de
nomes magistrais:
Mateus, em hebraico, dito *donatus* em
latim, com número de 2.600 linhas.

Marcus excelsus interpretatur numero versuum I. DCC.
Lucas iste *consurgens* interpretatur numero versuum II. DCCC.
Ioannes gratia dei interpretatur numero versuum II. CCC.
Actus Apostolorum numero versuum II. DCCC.

13. *Espistolae Apostolorum canonicae* VII. numero versuum CCXX.
Epistolae Pauli Apostoli XIIII. Numero versuum V. C. I.
Apocalypsis Ioannis Apostoli, quae interpretatur *revelatio,* numero versuum I. DCCC. L.
Libri simul Novi Testamenti numero versuum XX. CCCXX.
Utriusque Testamenti simul libri numero versuum XCII. D. CLXVIII.

14. Post itaque hos libros canonicos veteris, et novi testamenti, quos breviter diximus, opuscula sancta sanctorum, et catholicorum, et beatorum virorum, quae ecclesia catholica ab ortu solis usque ad occasum ecribit, et legit, et recipit, dicamus.

15. Opuscula itaque, id est, libri beati Caecilii Cypriani martyris Carthaginensis episcopi.
16. Et opuscula Basilii Cappadociae episcopi: et opuscula beati Hilarii Pictaviensis episcopi.
17. Et opuscula beati Theophili Alexandrini episcopi: et opuscula beati Ambrosii Mediolanensis episcopi.
18. Et opuscula tam innumerabilia beati Augustini Hipponensis episcopi: et opuscula beatissimi Hieronymi presbyteri:
et opuscula beati Prosperi, viri religiosissimi: et opuscula beati Cyrilli Alexandrini episcopi.
19. Item opuscula beati Leonis Papae ad Flavianum Constantinopolitanum

Marcos, interpretado *excelsus*, com número de 1.700 linhas.
Lucas, este interpretado *consurgens*, com número de 2.800 linhas.
João, interpretado como *Gratia Dei*, com número de 2.300 linhas.
Atos dos Apóstolos, com número de 2800 linhas.

13. As *7 Epístolas Canônicas dos Apóstolos*, com número de 220 linhas.
As *14 Epístolas do Apóstolo Paulo*, com número de 5.101 linhas.
O *Apocalipse do Apóstolo João*, que é interpretado *revelatio*, com número de 1.850 linhas.
O livros do Novo Testamento com número de 20.320 linhas.
Os livros de ambos os Testamentos têm o número de 92.668 linhas.

14. Após termos mencionado brevemente sobre os livros canônicos do Antigo e do Novo Testamentos, dizemos: as obras dos santos dos santos, e dos católicos, e dos santos homens, que a Igreja Católica, desde o nascer ao pôr do sol escreve, lê e recebe.

15. Do mesmo modo, as obras, isto é, os livros de São Cecílio Cipriano, mártir e bispo de Cartago.
16. E as obras de São Basílio, bispo da Capadócia; e as obras de Santo Hilário, bispo de Poitiers.
17. E as obras de São Teófilo, bispo de Alexandria; e as obras de Santo Ambrósio, bispo de Milão.
18. E as inumeráveis obras de Santo Agostinho, bispo de Hipona; e as obras de São Jerônimo, presbítero; e as obras de São Próspero, um homem religiosíssimo; e as obras de São Cirilo, bispo de Alexandria.
19. Igualmente, as obras do santo Papa Leão destinadas a Flaviano, bispo

episcopum destinata, fide, et devotione recipienda sunt.

20. Item opuscula, atque tractatus omnium orthodoxorum Patrum, qui in ecclesia romana clare, et celebriter sine dubitatione, et sine errore retinentur, et usque hodie leguntur.

21. Item epistolae, quas beatissimi Papae diversis temporibus aba urbe Roma pro diversorum consolatione ediderunt, venerandas, suscipiendasque dicimus. Inter quos, quasi sol inter sidera, beatae memoriae Sanctus Gregorius Papa totius orbis ecclesiis refulsit: qui mellifluos libros, et luculentissimas homilias (non dico ipsum, sed Spiritum sanctum per ipsum locutum fuisse, et in digitis eius haec scripsisse) cunctis christianis celeberrime conscripsit. Haec omnia opuscula, quae supra diximus, tota fide, et tota devotione omnibus christianis legenda, scribenda sunt, atque recipienda.

22. Item sanctorum martyrum gesta, quae multiplicibus tormentorum cruciatibus, et mirabilibus confessionum triumphis irradiant. Quis ista catholicorum dubitet majora eos in agonibus fuisse perpessos, nec suis viribus, sed dei gratia, et adjutorio universa tolerasse?

23. Sed ideo secundum antiquam consuetudinem singulari cautela in sancta romana ecclesia non leguntur: quia eorum, qui conscripserunt, nomina penitus ignorantur, et ab infidelibus, et idiotis superflua, aut minus apta, quam rei ordo fuit, scripta esse putantur.

24. Sic Cyriaci, et Julitae, sic Georgii, et aliorum huiusmodi passiones, quae ab haereticis perhibentur conscriptae.

Constantinopolitano, recebidas com fé e devoção.

20. Igualmente, as obras e todos os tratados dos Padres ortodoxos, que permaneceram na Igreja Romana, e aceitos sem hesitação, e sem erros são mantidas, e até hoje são lidas.

21. Igualmente as espístolas que os santíssimos papas dos diversos tempos da cidade de Roma publicaram por diversas consolações, venerandas, e desprezam o que dizemos. Entre eles, como o sol entre as estrelas, a abençoada memória do Papa São Gregório brilha para as igrejas do mundo todo; que com livros e claríssimas homilias (não digo a ele, mas o Espírito Santo por si só tem agido em sua fala e em seus dedos para a redação destes textos) escritos a todos os cristãos que celebravam. Essas obras todas, que dissemos acima, toda a fé, e toda devoção, foram escritas para todos os cristãos lerem e igualmente receberem.

22. Igualmente os Atos dos Santos Mártires, que receberam as múltiplas torturas da crucificação e confessaram os maravilhosos triunfos de forma irradiante. Quem dos católicos duvida que a maioria deles tivera de suportar agonias e fosse duradouro, não pela força viril, mas pela graça de Deus e a ajuda de todos os demais?

23. Mas, segundo um antigo costume, por singular cautela, na Santa Igreja Romana, não se leem: aqueles cujos nomes de quem as escreveu são desconhecidos, dos infiéis, de supérfluos idiotas, ou porque o que declaram é de ordem inferior aos eventos ocorridos.

24. Os Atos de Quirício e Julita, assim como os de Jorge, e as outras paixões do mesmo modo, que parecem ter sido compostas por hereges.

25. Propter quod, ut dictum est, ne vel levis subsannandi oriretur occasio, in sancta romana ecclesia non leguntur. Nos tamen cum praedicta ecclesia omnes martyres, et eorum gloriosos agones, qui Domino magis noti sunt, quam hominibus, omni devotione veneramur.

26. Item Vitas Patrum, Pauli, Antonii, Hilarionis, et omnium Eremitarum, quas tamen vir beatissimus Hieronymus conscripsit, et recepit, cum omni honore suscipimus.

27. Item Actus beati Silvestri apostolicae sedis praesulis, licet scriptoris nomen ignoretur, a multis tamen in urbis Romanae catholicis legi novimus: et pro hoc quoque usu multae haec imitantur ecclesiae.

28. Item scriptura de inventione Dominicae crucis, et alia de inventione capitis Ioannis Baptistae, novellae quidem revelationes sunt, et nonnulli eas catholici legunt.

29. Sed quum haec ad catholicorum manus pervenerint, beati Pauli Apostoli praecedat sententia: *Omnia probate; quod bonum est, tenete.*

30. Item vir religiosus Ruffinus plurimos ecclesiastici operis edidit libros: nonnullas etiam scripturas interpretatus est. Sed quum beatus Hieronymus eum in aliquibus de arbitrii Libertate notavverit, illa sentimus, quae praedictum beatum Hieronymum sentire cognoscimus. Et non solum de Ruffino, sed etiam de universis, quos vir saepius memoratus zelo dei, et fidei religione reprehendit.

31. Item Origenis nonnulla opuscula, quae vir beatissimus Hieronymus recepit, legenda suscipimus. Reliqua autem cum auctore suo dicimus esse renuenda.

25. Por esta razão, tal como é dito, para não dar pretexto a casuais erros, eles não são lidos na Santa Igreja Romana. No entanto, com a mencionada Igreja, veneramos com toda a devoção todos os mártires e suas gloriosas agonias, que são mais conhecidos pelo Senhor e pelos homens.

26. Igualmente, as vidas dos Padres, de Paulo, de Antônio, de Hilário, e todos os eremitas, que são descritas pelo santíssimo varão Jerônimo, que com honra as recebemos.

27. Igualmente, os Atos de São Silvestre, bispo da Sé apostólica, que são permitidos, ainda que se desconheça o seu autor, já que sabemos que são lidos por muitos católicos inclusive da cidade de Roma, e também pelo uso antigo das gerações, que é imitado pela Igreja.

28. Igualmente as Escrituras sobre a descoberta da cruz do Senhor, e outras notícias sobre a descoberta da cabeça de João Batista, que são lendas e revelações, e algumas delas são lidas por católicos.

29. Mas quando estes cheguem às mãos de católicos, deve considerar-se primeiro o que disse o santo Apóstolo Paulo: *Examinai todas as coisas, retendo o que seja bom.*

30. Igualmente, Rufino, um homem muito religioso, que escreveu vários livros sobre as obras eclesiásticas e algumas interpretações das Escrituras. Mas, desde que São Jerônimo demonstrou que fez uso de certas Liberdades arbitrárias em alguns desses livros, consideramos como aceitáveis aqueles que São Jerônimo, anteriormente citados, considerava como aceitáveis. E não só os de Rufino, mas também aqueles de qualquer um que seja recordado pelo seu zelo por Deus e criticado pela fé na religião.

31. Igualmente, algumas obras de Orígenes, que o santíssimo varão Jerônimo recebeu, recebêmo-las para serem lidas. Mas dizemos que o restante, com sua autoria, deve recusar-se.

32. Item Chronica Eusebii Caesariensis, atque ejusdem historiae ecclesiasticae libri: quamvis in primo narrationis suae libro tepuerit, et post in laudibus, atque excusatione Origenis schismatici unum conscripserit librum reprehensibilem: propter rerum tamen subsequentium notitiam, quae ad instructionem pertinent, usquequaque non dicimus renuendos. De Origenis quoque conversatione sic vir plenus gratia dei beatissimus Martinus ait: In ea vero, qua iure reprehenditur, nemo deformius errasse doceatur.

33. Item Orosium virum eruditissimum collaudamus, quia valde nobis necessariam adversus paganorum calumnias ordinavit historiam, miraque brevitate contexuit.
34. Item venerandi viri Sedulii episcopi paschale opus, quod heroicis versibus descripsit, insigni laude praeferimus. Item Iuvenci nihilominus laboriosum opus non spernimus, sed miramur.

35. Hucusque primus modus, id est, primus ordo recipiendorum librorum. Nunc ergo secundus modus, id est, secundus ordo sequitur de libris non scribendis, nec legendis, nec recipiendis in ecclesia catholica.
36. Notitia itaque librorum apocryphorum incipit, qui non recipiuntur in ecclesia.

37. Ariminensium synodum a Constantio Caesare Constantini Augusti filio congregatam, mediante Tauro praefecto, ex tunc, et nunc, et usque in aeternum confitemur esse damnatam.
38. In primis Itinerarium nomine Petri apostoli, quod appellatur S. Clementis, libri numero XII, apocrypha. Actus nomine Andreae apostoli apocrypha.

32. Igualmente, as Crônicas de Eusébio de Cesareia e os livros de sua História Eclesiástica, e mesmo que ainda haja muitas coisas duvidosas no primeiro livro de sua narração e logo tenha escrito um livro elogiando e desculpando o cismático Orígenes, no entanto, considerando que na sua narração há coisas bem como notícias singulares, que são pertinentes para a instrução, não diremos a ninguém que devam recusar. Acerca de Orígenes, em suas conversações há um homem pela graça de Deus, São Martino, que disse: em verdade, que o direito seja rejeitado, a quem está num caminho deformado e comete um erro, a ele é ensinado.
33. Igualmente, elogiamos Osório, o varão eruditíssimo, que nos escreveu uma história muito necessária contra as calúnias dos pagãos e de uma brevidade maravilhosa.
34. Igualmente, a obra pascal do venerável Sedúlio, que foi escrita em versos heroicos e merece um elogio significativo. Igualmente, a incrível e laboriosa obra de Juvêncio, que não desprezamos, mas nos maravilhamos.
35. Aqui está o primeiro modo, isto é, a primeira ordem dos livros recebidos. Agora, portanto, o segundo modo, isto é, a segunda coleção segue a dos livros não escritos, nem lidos, nem recebidos na Igreja Católica.
36. Do mesmo modo, notícias dos livros apócrifos que não são recebidos (não são aceitos).
37. O Sínodo Riminiano, convocado por Constâncio, filho de César Augusto Constantino, por meio do prefeito Tauro, dever ser de agora em diante, e para sempre, firmemente condenado.
38. Igualmente, em primeiro lugar, as Viagens sob o nome do Apóstolo Pedro, que são chamadas de São Clemente, em número 12, apócrifos. Os Atos sob o nome do Apóstolo André, apócrifos.

39. Et Actus nomine Thomae apostoli apocrypha, libri numero X. Item Actus nomine Petri apostoli apocrypha. Actus nomine Philippi apostoli apocrypha.

40. Evangelium nomine Thaddaei, et Evangelium nomine Barnabae, et Evangelium nomine Jacobi minoris, et Evangelium nomine Petri apostoli.
41. Et Evangelium nomine Thomae apostoli, quo Manichaei utuntur: Evangelium nomine Bartholomaei apostoli, et Evangelium nomine Andreae apostoli, et Evangelium, quod falsavit Lucianus: haec omnia Evangelia apocrypha, excepit IIII., Mattaeus, Marcus, Lucas, Ioannes.

42. Liber de Infantia Salvatoris, et de Maria, vel obstetrice, apocrypha.
43. Liber, qui appellatur *Pastoris*, apocrypha. Libri omnes, quos fecit Lucianus, diaboli discipulus, apocrypha. Liber, qui appellatur *Fundamentum*, et Liber, qui appellatur *Thesaurus*.

44. Et liber de filiabus Adae, et liber, qui appellatur *Teclae, et Pauli apostoli*, hi omnes libri apocrypha sunt.
45. Liber, qui appellatur *Nepotis*, Proverbiorum, qui ab haereticis conscriptus est, et S. Syxti nomine praenotatur, apocrypha sunt. Revelatio, quae dicitur Thomae apostoli, et Revelatio, quae dicitur Pauli apostoli, et Revelatio, quae dicitur Pauli apostoli, et Revelatio, quae dicitur Stephani, apocrypha sunt.

46. Liber, qui appellatur *Assumptio sanctae Mariae*, et liber, qui appellatur *Poenitentia Adae*, apocrypha sunt. Liber, qui appellatur de Oza gigante, qui

39. Os Atos sob o nome do Apóstolo Tomé são apócrifos, livros em número 10. Igualmente os Atos sob o nome do Apóstolo Pedro, apócrifos. Os Atos sob o nome do Apóstolo, apócrifos.
40. O Evangelho sob o nome de Tadeu, e o Evangelho sob o nome de Barnabé, e o Evangelho sob o nome do Tiago menor, e o Evangelho sob o nome do Apóstolo Pedro.
41. E o Evangelho sob o nome do Apóstolo Tomé, usado pelos Maniqueus, o Evangelho sob o nome do Apóstolo Bartolomeu, e o Evangelho sob o nome do Apóstolo André, e o Evangelho falsificado por Luciano: todos estes são Evangelhos apócrifos, exceto 4: Mateus, Marcos, Lucas e João.

42. O livro da Infância do Salvador, e de Maria e ou da obstétrica, apócrifos.
43. O livro que é chamado do *Pastor*, apócrifo. Todos os livros que foram compostos por Luciano, discípulo do diabo, apócrifos. O livro que é chamado de *Fundamento*, e o livro que é chamado *Tesouro*.

44. E o livro das filhas de Adão, e o livro chamado de *Tecla e de Paulo Apóstolo*, todos estes livros são apócrifos.
45. O livro que é chamado de *Nepote*, dos *Provérbios*, é composto por heréticos, e conhecido com o nome de São Sixto, são apócrifos. A Revelação que é dita do Apóstolo Tomé, e a Revelação que é dita do Apóstolo Paulo[48], e a Revelação que é dita do Apóstolo Paulo[1], e a Revelação que é dita de Estêvão, são apócrifos.
46. O livro que é chamado de *Assunção da Santa Maria*, e o livro que é chamado *Penitência de Adão*, são apócrifos. O livro que é chamado de Oza, o

....
48 Esta repetição aqui ("e a Revelação que é dita do Apóstolo Paulo, e a Revelação que é dita do Apóstolo Paulo") deve ter acontecido por um erro de digitação do próprio J.-P. Migne.

cum dracone post diluvium ab haereticis pugnasse perhibetur.

47. Liber, qui appellatur *Testimonium Job*; et liber, qui dicitur *Poenitentia Origenis*; et liber, qui appellatur *Poenitentia S. Cypriani*.

48. Et liber, qui appellatur *Poenitentia Iamnis, et Mambris*; et liber, qui appellatur *Sors Apostolorum*, omnes apocrypha sunt. Liber, qui dicitur *Physiologus*, qui ab haereticis conscriptus est, et beati Ambrosii nomine praenotatur, apocrypha sunt. Historia Eusebii Pamphili, et liber, que appellatur *Canon Apostolorum*, apocrypha.

49. Opuscula Tertulliani, et opuscula Lactantii, et opuscula Africani, et opuscula Postumiani, et Galli, apocrypha sunt. Opuscula Montani, et Priscillae, et Maximillae, apocrypha.

50. Opuscula omnia Fausti Manichaei, et opuscula alterius Clementis Alexandrini, et opuscula Tascii Cypriani.

51. Et opuscula Arnobii, et opuscula Fausti Regensis Galliarum, omnia apocrypha sunt. Opuscula Frumentii caeci, et Anticonii, et Cassiani presbyteri Galliarum, et Victorini Pictaviensis.

52. Et Centones de Christo Virgilianis compaginati versibus, haec omnia apocrypha sunt. Epistola Jesu ad Abagarum regem, et epistola Abagari ad Iesum, apocrypha.

53. Scriptura, quae appellatur Salomonis contradictio, apocrypha. Passio Cyrilli, et Iulitae, et Passio Gergii aprocrypha. Phylacteria omnia, quae non angelorum, ut illi confingunt, sed daemonum magis arte conscripta sunt.

54. Haec, et his similia, quae Simon magus, Nicolaus, Cerinthus, Marcion, Basilides, Ebion, Paulus Samosatenus, Photinus, et Bonosus, et qui similiter eodem errore decepti sunt; Montanus quoque cum suis

gigante, que os heréticos creem que após o dilúvio combateu com o dragão.

47. O livro que é chamado *Testemunho de Jó*, e o livro que é chamado *Penitência de Orígenes*, e o livro que é chamado *Penitência de São Cipriano*.

48. E o livro que é chamado *Penitência de João e de Mambre*, e o livro que é chamado *Sorte dos Apóstolos*, todos são apócrifos. O livro que é dito *Fisiólogo*, que é escrito pelos heréticos, e o que é colocado sob o nome de São Ambrósio, são aprócrifos. A História de Eusébio de Panfílio, e o livro que é chamado *Cânon dos Apóstolos*, apócrifos.

49. As obras de Tertuliano, e as obras de Lactâncio, e as obras do Africano, e as obras de Postumiano e de Gallo, são apócrifas. As obras de Montano, de Priscila e de Maximilia, apócrifos.

50. Todas as obras de Fausto, o Maniqueu, e as obras do outro Clemente Alexandrino, e as obras de Tácio Cipriano.

51. E as obras de Arnóbio, e as obras de Fausto de Riez das Gálias, são todas apócrifas. As obras de Frumêncio, o Cego, e de Anticônio, e do presbítero Cassiano das Gálias, e de Vitorino de Poitiers.

52. Os Centões de Cristo Virgilianos, composto em versos, todos estes são apócrifos. A Epístola de Jesus ao rei Abagaro e a Epístola de Abagaro a Jesus, apócrifos.

53. A Escritura que é chamada Contradição de Salomão, apócrifo. A Paixão de Cirilo e de Julita, e a Paixão de Jorge, apócrifos. Todos os Filactérios, que não são dos anjos, para que eles executem, foram escritos pela arte da magia dos demônios.

54. Estes, e todos os seus semelhantes, aquilo que enviaram ou compuseram Simão Mago, Nicolau, Cerinto, Marcião, Basílide, Ebião, Paolo de Samosatra, Fotino e Bonoso, contaminados

obscoenissimis sequacibus, Apollinaris, Valentinus, Manichaeus, Faustus Africanus, Sabellius, Arius, Macedonius, Eunomius, Novatus, Sabetius, Caelestus, Donatus, Eustatius, Iovianus, Pelagius, Iulianus Eclanensis, Maximinus, Priscillianus ab Hispania, Nestorius Constantinopolitanus, Maximus Cynicus, Lampetius, Dioscorus, Eutyches, Petrus, et alius Petrus, e quibus unus Alexandriam, alius Antiochiam maculavit, Acacius Constantinopolitanus cum consortibus suis; necnon et omnes haereses, quas eorum discipuli, vel schismatici docuerunt, vel conscripserunt quorum nomina mimine retinentur, non solum repudiata, verum etiam ab omni romana ecclesia catholica, et apostolica eliminata, atque cum suis auctoribus. auctorumque sequacibus sub anathemate, et indissolubili vinculo in aeternum confitemur esse damnata.

pelo mesmo erro, e assim também Montano, com os seus obscenos seguidores, Apolinário, Valentino o Maniqueu, Fausto o Africano, Sabélio, Arião, Macedônio, Eunômio, Novato, Sabácio, Calisto, Donato, Eustásio, Joviano, Pelágio, Juliano Eclanense, Maximiano, Priscilano o Espânico, Nestório Constantinopolitano, Máximo o Cínico, Lampécio, Dióscoro, Eutíquio, Pedro e o outro Pedro, dos quais um contaminou Alexandria, o outro Antioquia, Acácio Constantinopolitano com os seus companheiros, não, e nem de todos os heresiarcas, seus discípulos e ou cismáticos que ensinaram, ou o que escreveram, cujos nomes nós nem minimamente conservamos, não sejam apenas rejeitados, mas verdadeiramente eliminados de toda a Igreja Romana, Católica e Apostólica, e igualmente seus autores e seus seguidores sejam condenados indissoluvelmente sob o vínculo de anátema para sempre

28) O cânon da Esticometria do Patriarca Nicéforo (séc. IX ou 550 d.C.)

Nicéforo, Patriarca de Constantinopla, de 806-815 d.C., em grego Νικηφόρος Βυζάντιου ou Νικηφόρος Κωνσταντινούπολις, elaborou um cronógrafo que vai desde Adão até o ano de sua morte (829), para a qual ele anexou um catálogo do cânon, cuja origem não foi claramente resolvida, mas que talvez possa ser localizada em Jerusalém. Se é mais velho que o ano 850 permanece uma questão em aberto. É surpreendente que na enumeração dos livros do NT o Apocalipse de João não esteja presente. O catálogo dos livros do Antigo e do Novo Testamentos é seguido pelo catálogo dos livros *antilegomena* (que contém o Apocalipse de São João) e dos *apócrifos*. Ao lado de cada livro está a contagem de seus *stichoi* (linhas).

A *Esticometria* ou *Estequiometria* se refere à prática de contagem de linhas em textos: antigos gregos e romanos mediam o comprimento de seus livros em linhas, assim como livros modernos são medidos em páginas. Esta prática foi redescoberta pelos estudiosos alemães e franceses no século XIX. *Stichos* (στοιχεῖον *stoicheion* "elemento") é a palavra grega para uma *"linha"* de prosa ou poesia e o sufixo *"metria"* é derivado da palavra grega para a *medição* (μέτρον *metron* "medida"). Medição de livros a partir do número de linhas que eles contêm.

A *Lista Esticométrica* que encontramos na recensão que traz a Cronografia de Nicéforo, em que temos um catálogo dos livros canônicos, dos livros *discutidos* e dos livros *apócrifos*, trata-se de um texto que foi acrescentado neste escrito de Nicéforo de Constantinopla, mas que na verdade é de um período anterior, provavelmente do século VI, por volta do ano 550, provavelmente de origem na cidade de Jerusalém, como afirmamos antes. O livro do Apocalipse não aparece na lista, como era comum em várias igrejas orientais, que normalmente trazem apenas 26 livros. Logo após a enumeração dos livros *canônicos*, nós temos os *"antilegomena"* e os *"apocrypha"*.

A lista de Nicéforo de Constantinopla é uma das várias listas *esticométricas* que temos e que demonstram um tipo de literatura que vai numa linha de assegurar a autenticidade do texto, sem nada acrescentar ou tirar, como também temos outras que trouxemos aqui em nossa obra: a *Lista de Mommsen* (360 d.C.), *Codex Claromontanus* (c. 390-400 d.C.) e *Célio Sedúlio* (séc. V). Esta também é uma das listas, como aquela do Concílio Romano de 382, que, além dos livros canônicos, apresenta igualmente um catálogo dos livros *duvidosos* ou *discutidos* e uma lista dos livros *apócrifos*. Isso nos ajuda a ver por onde caminhavam as discussões acerca do cânon das Escrituras Sagradas e o vasto número de livros apócrifos que também circulavam pelas comunidades cristãs, tanto no Ocidente como no Oriente. O texto que trazemos aqui foi extraído da obra NICEPHORI PATRIARCHAE, *Quae Scripturae Canonicae*. In: J.P. Migne. *Patrologia*, series Grega, Tomus C (Paris: Petit-Montrouge, 1860, p. 1.055-1.060). Também encontramos este texto na obra de B.F. Westcott, *A General Survey of the History of the Canon of the New Testament* (Londres, 1866, Apêndice D, p. 502-504); igualmente na obra de Theodor Zahn, *Geschichte des neutestamentliche Kanons*. Zweiter Band: Urkunden und Belege zum ersten und dritten Band. Erste Hälfte (Erlangern/Leipzig: Naschf, 1890, p. 297-301).

Nicéforo de Constantinopla inicia falando das Divinas Escrituras *canônicas* do AT, relatando seus livros, para depois citar os livros *canônicos* do NT, menos o Apocalipse, que ele coloca entre os contestados; em seguida ele apresenta das duas listas dos *contestados* ou *duvidosos* do AT e do NT, para, enfim, apresentar as duas listas dos *apócrifos* do AT e do NT, sempre separadamente.

I	I	I
Καὶ ὅσαι εἰσὶ θεῖαι γραφαὶ ἐκκλησιαζόμεναι καὶ κεκανονισμέναι καὶ ἡ τούτων στιχομετρία οὕτως.	Quae divinae Scripturae recipiuntur ab Ecclesia, et in canonem relatae sunt, earumque versuum numerus, ut subjicitur	Acerca das divinas Escrituras, recebidas pela Igreja, seus relatos canônicos são, contando o número de linhas delas:
α΄ Γένεσις στίχοι δτ΄.	1. Genesis versus habet 4300	1. Gênesis 4.300 linhas esticos/*stichoi*
β΄ Ἔξοδος στίχοι βω΄.	2. Exodus versus 2800	2. Êxodo 2.800
γ΄ Λευϊτικὸν στίχοι βψ΄.	3. Leviticus vers. 2700	3. Levítico 2.700
δ΄ Ἀριθμοὶ στίχοι γφλ΄.	4. Numeri vers. 3530	4. Números 3.530
ε΄ Δευτερονόμιον στίχοι γρ΄.	5. Deuteronomium vers. 3100	5. Deuteronômio 3.100
_΄ Ἰησοῦς στίχοι βρ΄.	6. Jesus vers. 2010	6. Jesus [*Josué*] 2.100
ζ΄ Κριταὶ καὶ Ῥοὺθ στίχοι βυν΄.	7. Judices et Ruth vers. 2050	7. Juízes e Rute 2.050
η΄ Βασιλειῶν α΄ καὶ β΄ στίχοι ασμ΄.	8. Regnorum primus et secundus vers. 4210	8. Primeiro e Segundo Reis: 4.210
θ΄ Βασιλειῶν γ΄ καὶ δ΄ στίχοι βογ΄.	9. Regnorum tertius et quartus vers. 2203 [2200]	9. Terceiro e Quarto Reis 2.003 [2.200]
ι΄ Παραλειπόμενα α΄ καὶ β΄ στίχοι εφ΄.	10. Paralipomenon primus et secundus vers. 5500	10. Primeiro e Segundo Crônicas 5.500
ια΄ Ἔσδρας α΄ καὶ β΄ στίχοι εφ΄.	11. Esdrae primus et secundus vers. 5500	11. Primeiro e Segundo Esdras 5.500
ιβ΄ Βίβλος ψαλμῶν στίχοι ερ΄.	12. Liber Psalmorum vers. 5100	12. Livros dos Salmos 5.100
ιγ΄ Παροιμίαι Σολομῶντος στίχοι αψ΄.	13. Paroemiae Salominis vers. 1700	13. Provérbios de Salomão 1.700
ιδ΄ Ἐκκλησιαστὴς στίχοι ζφ΄.	14. Ecclesiastes vers. 7500	14. Eclesiastes 7.500
ιε΄ Ἆισμα ᾀσμάτων στίχοι σπ΄.	15. Canticum canticorum vers. 280	15. Cânticos dos Cânticos 280
ι_΄ Ἰὼβ στίχοι αω΄.	16. Job vers. 1800	16. Jó 1.800
ιζ΄ Ἡσαίας προφήτης στίχοι γω΄.	17. Isaias profeta vers. 3800	17. Profeta Isaías 3.800
ιη΄ Ἰερεμίας προφήτης στίχοι δ.	18. Jeremias popheta vers. 4000	18. Profeta Jeremias 4.000
ιθ΄ Βαροὺχ στίχοι ψ΄.	19. Baruch vers. 700	19. Baruc 700
κ΄ Ἰεζεκιὴλ στίχοι δ.	20. Ezechiel vers. 4000	20. Ezequiel 4.000
κα΄ Δανιὴλ στίχοι β.	21. Daniel vers. 2000	21. Daniel 2.000
κβ΄ Οἱ δώδεκα προφῆται στίχοι γ.	22. Duodecim prophetae vers. 3000	22. Doze profetas 3.000

Ὁμοῦ τῆς παλαιᾶς διαθήκης βίβλοι κβ΄. Τῆς νέας διαθήκης. α΄ Εὐαγγέλιον κατὰ Ματθαῖον στίχοι βφ΄. β΄ Εὐαγγέλιον κατὰ Μάρκον στίχοι β. γ΄ Εὐαγγέλιον κατὰ Λουκᾶν στίχοι βχ΄. δ΄ Εὐαγγέλιον κατὰ Ἰωάννην στίχοι βτ΄. ε΄ Πράξεις τῶν ἀποστόλων στίχοι βω΄. _΄ Παύλου ἐπιστολαὶ ιδ΄ στίχοι ετ΄. ζ΄ Καθολικαὶ ἐπιστολαὶ Ἰακώβου α΄ Πέτρου β΄ Ἰωάννου γ΄ Ἰούδα α΄, ὁμοῦ ζ΄ .... Ὁμοῦ τῆς νέας διαθήκης βίβλοι κ_΄.	Veteris Testamentis librorum summa 22 Novi Testamenti 1. Evangelium secundum Mattaeum vers 2500 2. Evangelium secundum Marcum vers 2000 3. Evangelium secundum Lucam vers 2600 4. Evangelium secundum Joannem vers 2300 5. Actus Apostolorum vers. 2800 6. Pauli apostoli epist. 14, vers 5300 7. Catholicae Epistolae septem Jacobi uma, Petri duae, Joannis três, Judae una Novi Testamenti librorum summa 26	Soma dos livros do Antigo Testamento 22 Do Novo Testamento 1. Evangelho segundo Mateus 2.500 2. Evangelho segundo Marcos 2.000 3. Evangelho segundo Lucas 2.600 4. Evangelho segundo João 2.500 5. Atos dos Apóstolos 2.800 6. 14 Epístolas do Apóstolo Paulo 5.300 7. Sete Epístolas Católicas: uma de Tiago, duas de Pedro, três de João e uma de Judas Soma dos livros do Novo Testamento 26

II	II	II
Καὶ ὅσαι ἀντιλέγονται τῆς παλαιᾶς αὗταί εἰσιν. α΄ Μακκαβαϊκὰ γ΄ στίχοι ζτ΄. β΄ Σοφία Σολομῶντος στίχοι αρ΄. γ΄ Σοφία Ἰησοῦ τοῦ Σιρὰχ στίχοι βω΄. δ΄ Ψαλμοὶ καὶ ᾠδαὶ Σολομῶντος στίχοι βρ΄. ε΄ Ἐσθὴρ στίχοι τν΄. _΄ Ἰουδὶθ στίχοι αψ΄. ζ΄ Σωσάννα στίχοι φ΄. η΄ Τωβὴτ καὶ Τωβίας στίχοι ψ΄. Καὶ ὅσαι τῆς νέας ἀντιλέγονται.	Quae dubitantur Veteris Testamenti 1. Maccabaeorum libri tres vers. 7300 2. Sapientia Salomonis vers, 1100 3. Sapientia filii Sirach vers 2800 4. Psalmi et Cantica Salomonis vers. 2100 5. Esther (vers. 350) 6. Et Judith vers. 1700 7. Sosanna vers. 500 8. Tobit qui et Tobias vers. 700 Quae Novi Testamenti dubitantur	Do Antigo Testamento os duvidosos/contestados são: 1. Três livros dos Macabeus 7.300 2. Sabedoria de Salomão 1.100 3. Sabedoria de Jesus de Sirac 2.800 4. Salmos e Cânticos de Salomão 2.100 5. Ester (350) 6. E Judite 1.700 7. Susana 500 8. Tobit que é Tobias 700 Os do Novo Testamento que são duvidosos/ contestados

α´ Ἀποκάλυψις Ἰωάννου στίχοι αυ´.
β´ Ἀποκάλυψις Πέτρου στίχοι τ´.
γ´ Βαρνάβα ἐπιστολὴ στίχοι ατξ´.
δ´ Εὐαγγέλιον κατὰ Ἑβραίους στίχοι βϛ´.

III

Καὶ ὅσα ἀπόκρυφα τῆς παλαιᾶς.
α´ Ἐνὼχ στίχοι δω´.
β´ Πατριάρχαι στίχοι ερ´.
γ´ Προσευχὴ Ἰωσὴφ στίχοι αρ´.
δ´ Διαθήκη Μωϋσέως στίχοι αρ´.
ε´ Ἀνάληψις Μωϋσέως στίχοι αυ´.
_ Ἀβραὰμ στίχοι τ´.
ζ´ Ἐλὰδ καὶ Μωδὰδ στίχοι υ´.
η´ Ἠλία προφήτου στίχοι τι_´.
θ´ Σοφονίου προφήτου στίχοι χ´.
ι´ Ζαχαρίου πατρὸς Ἰωάννου στίχοι φ´.
ια´ Βαρούχ, Ἀμβακούμ, Ἰεζεκιὴλ καὶ Δανιὴλ ψευδεπίγραφα.
Καὶ ὅσα τῆς νέας εἰσὶν ἀπόκρυφα. ....
α´ Περίοδοι Παυλου στίχοι γβχ´.
α´ Περίοδοι Πέτρου στίχοι βψν´.
β´ Περίοδος Ἰωάννου στίχοι βχ´.
γ´ Περίοδος Θωμᾶ στίχοι αχ´.
δ´ Εὐαγγέλιον κατὰ Θωμᾶν στίχοι ατ´.
ε´ Διδαχὴ ἀποστόλων στίχοι ϛ´.

---

1. Apocalypsis Joannis vers 1400
2. Apocalypsis Petri vers 300
3. Barnaba epistola vers. 1360
4. Evangelium secundum Hebaeos vers. 2200

III

Quae apocrypha Veteris Testamenti
1. Enoch vers. 4800
2. Patriarchae vers. 5100
3. Oratio Josephi vers. 1100
4. Testamentum Mosis vers. 1100
5. Assumptio Mosis vers. 1400
6. Abraam vers. 300
7. Elad et Modad vers. 400
8. Aliae prophetae vers. 3016
9. Sophonae prophetae vers. 600
10. Zachariae patris Joannis vers. 500
11, Baruch, Habacuc, Ezechiel et Daniel falso inscripta
Quae Novi Testamenti apocrypha
1. Itinerarium Pauli vers. 3600
1. Itinerarium Petri vers. 2750
2. Itinerarium Joannis vers. 2600
3. Itinerarium Thomae vers. 1700
4. Evangelium sec. Thomam vers. 1300
5. Doctrina apostolorum vers. 200

---

1. Apocalipse de João 1.400
2. Apocalipse de Pedro 300
3. Epístola de Barnabé 1.360
4. Evangelho segundo Hebreus 2.200

III

Que são apócrifos do Antigo Testamento
1. Enoque 4.800
2. Dos Patriarcas 5.100
3. Oração de José 1.100
4. Testamento de Moisés 1.100
5. Assunção de Moisés 1.400
6. Abraão 300
7. Elade e Modade 400
8. Do Profeta Elias 3.016
9. Do Profeta Sofonias 600
10. De Zacarias, o pai de João 500
11. Livros falsos de Baruc, Habacuc, Ezequiel e Daniel
Que são apócrifos do Novo Testamento
1. Itinerário de Paulo 3.600
1. Itinerário de Pedro 2.750
2. Itinerário de João 2.600
3. Itinerário de Tomé 1.700
4. Evangelho seg. Tomé 1.300
5. Doutrina dos apóstolos 200

| _ ´ Κλήμεντος λβ´ στίχοι βχ´.

ζ´ Ἰγνατίου, Πολυκάρπου, Ποιμένος καὶ Ἑρμᾶ. | 6. Clementis prima et secunda vers 2600
7. Ignatti, Polycarpi, Pastoris [et] Hermae | 6. Primeira e segunda (32 livros) de Clemente 2.600
7. De Inácio, de Policarpo, do Pastor [e] de Hermas[49]. |

29) O cânon do Relatório de Junílio (c. 550 d.C.)

Junílio o Africano (527-565 d.C.), em grego Ἰούνιλιος, em latim *Junillus Africanus*, nasceu no norte da África, e foi um bispo africano do sexto século. Após visitar as Igrejas da Síria, ele escreve uma obra relatando suas práticas, na qual oferece também a sua lista dos livros bíblicos. Ou seja, o que ele faz após a sua visita é um *relatório* do que viu e presenciou, e neste *relatório* ele transmite várias coisas, inclusive o cânon das Sagradas Escrituras. O interessante é a forma com que ele faz isso, em forma de diálogo, como podemos conferir no texto que transcrevemos. Junílio, de fato, é muito mais conhecido por seus trabalhos na área da exegese bíblica, pois ele escreve o tratado *Instituta regularia divinae legis*, mais conhecido apenas como *De partibus divinae legis*, como o temos na obra *PL* 56, reportado aqui adiante.

O tratado *Instituta* é, na verdade, uma espécie de introdução aos estudos das Sagradas Escrituras, em que Junílio divide as Escrituras Sagradas em duas classes: a) livros de autoridade primária ou perfeita (*perfectæ*); e b) livros de autoridade secundária ou média (*mediæ*). Esta obra foi muito difundida e usada na Idade Média. Mas Junílio também é conhecido por outros escritos que muito influenciaram na formação de teólogos ocidentais, sobremaneira com os teólogos próximos da Escola Antioquena de Exegese. Além disso, é bom termos presente que ele era homem versado no grego e no latim e que trabalhou como *Quæstor Sacri Palatii* (*Questor do Sacro Palácio*) na corte do Imperador Justiniano I, imperador de Bizâncio (Constantinopla).

Em seu *relatório*, Junílio faz uma apresentação da literatura bíblica, colocando juntos os livros do AT e do NT, segundo o seu *gênero literário*. Ele inicia seu *relatório* pelo bloco dos livros históricos (*De historia*), depois sobre os livros proféticos (*De prophetia*), sobre os provérbios (*De Proverbiis*), sobre a doutrina simples (*De simplici doctrina*), sobre a autoridade das Escrituras (*De auctori-*

....

49 Este último item ("7. De Inácio, de Policarpo, do Pastor [e] de Hermas") não indica o número de linhas que o manuscrito teria.

tate Scripturarum), sobre os escritores dos livros divinos (*De scriptoribus Libro-rum*), sobre o modo das Escrituras (*De modis Scripturarum*), sobre a ordem das Escrituras (*De ordine Scripturarum*), num belíssimo texto construído em forma de perguntas e respostas, a fim de facilitar o estudo e aprendizado. Mas a sua lista, de fato, é bastante curiosa, visto ele que mistura os livros do AT com os livros do NT. Começa afirmando que são 17 os livros históricos e cita: Gê-nesis, Êxodo, Levítico, Número, Deuteronômio, Josué, Juízes, Rute, Samuel, Reis, [*aqui ele insere os 4 Evangelhos e Atos*], segue e acrescenta Crônicas, Jó, Esdras, Neemias, Judite, Ester, Macabeus. Em seguida, ele cita os 16 profetas, misturando os maiores e os menores, numa ordem bem diversa, além de iniciar a lista com o livro dos Salmos [150 Salmos, Oseias, Isaías, Joel, Amós, Abdias, Jonas, Miqueias, Naum, Sofonias, Habacuc, Jeremias (*Lamentações, Baruc e Carta?*), Ezequiel, Daniel, Ageu, Zacarias, Malaquias]. Por fim, ele acrescenta os livros: Provérbios, Eclesiástico, Sabedoria, Cântico dos Cânticos [todos do AT], e inicia a lista do NT com o livro do *Eclesiastes* [caso inédito nas listas], abrindo a lista e seguido pelas cartas do NT, aparecendo como o primeiro na sequência de 16, com as 14 cartas paulinas, uma de Pedro e uma de João.

O texto que apresentamos aqui, extraímos da obra JUNILII, *De partibus Di-vinæ Legis, Liber Primus*. In: J.P. Migne. *Patrologia*, series Latina, Tomus LXVIII (Paris: Petit-Montrouge, 1847, p. 15-26). Mas também encontramos o texto pu-blicado na obra de B.F. Westcott, *A General Survey of the History of the Canon of the New Testament* (Londres, 1866, Apêndice D, p. 485-487), e na obra de C. Wordsworth, *On the Canon of the Scriptures of the Old and New Testament, and on the Apocrypha* (Londres: Francis & John Rivington, 1848, p. 381-382).

CAPUT III. *De historia*	Capítulo III. *Sobre a História*
D. Historia quid est? *M.* Praeteritarum rerum praesentiumve narratio. *D.* In quibus libris divina continetur historia? *M.* In septemdecim: Gen. 1, Exod. 1, Levit. 1, Num. 1, Deuter. 1, Jesu Nave 1, Judicum 1, Ruth 1, Regum secundum nos 4, secundum Hebraeos 2, Evangeliorum 4, secundum Matthaeum, secundum Marcum, secundum Lucam, secundum Joannem, Actuum apostolorum 1. *D.* Nulli alii libri ad divinam historiam pertinent? *M.* Adjungunt plures: Paralipomenon 2, Job 1, Esdrae 2,	*D.* O que é História? *M.* A narração das coisas passadas e presentes. *D.* Em quais livros se guarda a História Divina? *M.* Em dezessete: Gênesis 1; Êxodo. 1; Levítico 1; Números 1; Deuteronômio 1; Jesus Nave 1 [*Josué*]; Juízes 1; Rute 1; Reis, segundo nós 4, e segundo os Hebreus 2; Evangelhos 4; segundo Mateus; segundo Marcos; segundo Lucas; segundo João; Atos dos Apóstolos 1. *D.* – Nenhum outro livro pertence à História Divina? *M.* Acrescentam vários: Paralipômenos 2; Jó

Judith 1, Esther 1, Macab. 2. *D.*
Quare hi libri non inter canonicas
Scripturas currunt? *M.* Quoniam apud
Hebraeos quoque super hac differentia
recipiebantur, sicut Hieronymus
caeterique testantur. *D.* Nulla in his
libris alia species invenitur? *M.* Incedunt
caeterae, sed non principaliter: quia etsi
personae a quibus dictae sunt primum,
secundum caeteras species sunt locutae;
tamen ab eo qui librum scripsit, ut historia
sunt relata. Sicut benedictiones Jacob
patriarchae, ab ipso quidem propheta
dictae sunt: sed Moyses qui refert, ordine
narrat historico. Et cum ipse Moyses
dicit: *In principio factum coelum et
terram* (Gen. I,1); prophetico quidem
dicit spiritu, sed specie narrat historica.
Similiter et proverbialiter nonnunquam
sonat historia, ut est: *Ambulantia
ambulaverunt ligna, ungere super se regem*
(Jud. IX,8). Aliquando simpliciter docet,
id est: *Audi, Israel, Dominus Deus tuus,
Deus unus est* (Deut. VI,4). Omnia tamen,
ut dixi, specie contexuntur historica. *D.*
Quid historica speciebus caeteris praestat?
M. Quod ipsi caeterae subjacent: ipsa,
nulli. *D.* Quid illi commune cum caeteris?
M. Habet commune cum simplici
doctrina, quod utraque superficie planae
videntur, cum sint intellectu plerumque
difficiles: nam aliae contra.

CAPUT IV. *De prophetia.*
D. Quid est prophetia? *M.* Rerum
latentium, praeteritarum, aut praesentium,
aut futurarum, ex divina inspiratione
manifestatio. *D.* Da in praeteritis
prophetiam. *M. Verbo Domini coeli firmati
sunt* (Psal. XXXII,6). Et: *Quoniam ipse
dixit, et facta sunt* (Psal. CXLVIII,5).

1, Esdras 2; Judite 1; Ester 1; Macabeus
2. *D.* Por que esses livros não estão
entre as Sagradas Escrituras? *M.* Porque
entre os hebreus também se estabelece
essa diferença, como Jerônimo e os
outros atestam. *D.* Não se descobrem
nesses livros outra forma? *M.* Sobrevêm
outras, mas não principalmente:
porque, em primeiro lugar, falam sobre
pessoas; segundo, falam de outra forma;
entretanto, aquele que escreveu o livro
trouxe de volta o modo como as histórias
se deram. Como as bênçãos do patriarca
Jacó, na verdade, são ditas pelo mesmo
profeta: mas Moisés, que as traz de volta,
narra na ordem histórica. E quando o
próprio Moisés diz: *No princípio, o céu e
a terra foram feitos* (*Gn* 1,1), na verdade,
disse com espírito profético, mas narra
no tipo histórico. Semelhantemente e
proverbialmente, algumas vezes, ressoa a
História, como está: *As lenhas de queimar
que andavam ungiram-no como um rei.*
(*Jz* 9,8). Finalmente, disse simplesmente:
*Ouve, Israel, o Senhor teu Deus é um Deus
uno* (*Dt* 6,4). Contudo, todas as coisas,
como eu disse, estão contextualizadas no
tipo histórico. *D.* O que de história está
presente nos outros tipos? *M.* Os mesmos
outros submergem nela; a mesma, em
nenhum. *D.* O que há de comum com os
outros [tipos] nela? *M.* Há em comum
com o simples a doutrina, porque parecem
uma superfície plana, enquanto são
difíceis para a maioria pelo intelecto, pois
está contra os outros.

Capítulo IV. *Sobre a profecia*
D. O que é a profecia? *M.* A manifestação,
por inspiração divina, das coisas ocultas,
passadas, presentes ou futuras. *D.* Dá-me
uma profecia no passado. *M. Pelo Verbo
do Senhor, os céus foram firmados* (*Sl*
32,6); *Porque ele disse, também foram
feitos* (*Sl* 148,5); *No princípio, Deus fez o*

Et: *In principio fecit Deus coelum et terram* (Gen. I,1). *D.* Da in praesentibus. *M.* Cognitionem futuri facti Giezi propheta in praesenti vidit (IV Reg. V, 26): et Ananiae ac Saphirae, Petrus apostolus (Act. V,3). *D.* Da in futuris. *M. Ecce virgo accipiet in utero* (Isa. VII,14) etc. *D.* Quare in definitione positum est *latentium? M.* Quia si quis jam cognita dicat, licet et futura sint, tamen propheta non est: sicut nos, cum resurrectionem praedicamus, prophetae non sumus. Si vero cujuscunque temporis latentia manifestat, tunc propheta est, sicut jam ostendimus. *D.* Proba hoc. *M.* Apostoli testimonio, in Epistola ad Corinthios, qui ait: *Si convenerit universa Ecclesia in unum, et linguis loquantur omnes, intrent autem idiotae, nonne dicent quia insanitis? Si autem omnes prophetent, intret autem infidelis aut idiota, convincitur ab omnibus, interrogatur ab omnibus, occulta etiam cordis ejus manifesta erunt: et tunc cadens in faciem, adorabit Deum, annuntians quod manifeste Deus in vobis est* (I Cor. XIV,23.25). Ecce Apostolus prophetiae vim in occultorum manifestatione signavit. Sed et sequentia in eadem Epistola et caeteris, multa sunt talia. *D.* Quare addidimus: *Ex divina inspiratione? M.* Quia illi qui aut daemonum instinctu, aut aliis modis latentia dicunt, licet prophetae dici possunt, tamen inter divinarum Scripturarum non numerantur auctores. *D.* In quibus libris prophetia suscipitur? *M.* In septemdecim: Psalmorum CL lib. 1, Osee lib. 1, Isaiae lib. 1, Joel lib. 1, Amos lib. 1, Abdiae lib. 1, Jonae lib. 1, Michaeae lib. 1, Nahum lib. 1, Sophoniae lib. 1, Habacuc lib. 1, Jeremiae lib. 1, Ezechiel lib. 1, Daniel lib. 1, Aggaei lib. 1, Zachariae lib. 1, Malachiae lib. 1.

céu e a terra. (*Gen* 1,1). *D.* Dá-me no presente. *M.* O Profeta Giezi teve o conhecimento dos fatos futuros no presente (*Rs* 5,26); O Apóstolo Pedro, de Ananias e Safira (*At* 5,3). *D.* Dá-me no futuro. *M. Eis que a virgem conceberá.* (*Is* 7,14) etc. *D.* Por que na definição foi colocado das coisas que estão ocultas? *M.* Porque, se alguém falar coisas que já são conhecidas, e é possível que sejam do futuro, não é profeta: como nós, quando prevemos a ressurreição, não somos profetas. Se, na verdade, desvela as coisas ocultas em qualquer tempo que for, então é profeta, como já demonstramos. *D.* Prova isso. *M.* Pelo testemunho do Apóstolo na Epístola aos Coríntios, que diz: *Se a Igreja inteira for da alçada de um, e se todos falarem em línguas, com efeito entrarão os tolos, porventura por que estais insanos? Se, com efeito, todos profetizarem, entrará ou o infiel ou o tolo, convencido de loucuras por todos, interrogado por todos, estarão ocultas do coração dele as coisas manifestas; e então, abaixando a cabeça, adorará a Deus, anunciando a Deus, o que manifestamente está em vós* (*1Cor* 14,23-25). Mas também há muitas sequências iguais em cada Epístola. Eis que o Apóstolo escreveu a força da profecia numa manifestação oculta. *D.* Por que adicionamos: *de inspiração divina? M.* Porque aqueles que, instigados pelo demônio, dizem outras coisas ocultas, podem facilmente ser chamados de profetas, entretanto não estão enumerados entre os autores da Divina Escritura. *D.* De que livros são aceitas as profecias? *M.* Em dezessete: *Os 150 Salmos,* 1 livro; *Oseias,* 1 livro; *Isaías,* 1 livro; *Joel,* 1 livro; *Amós,* 1 livro; *Abdias,* 1 livro; *Jonas,* 1 livro; *Miqueias,* 1 livro; *Naum,* 1 livro; *Sofonias,* 1 livro; *Habacuc,* 1 livro; *Jeremias,* 1 livro; *Ezequiel,* 1 livro; *Daniel,* 1 livro; *Ageu,* 1 livro; *Zacarias,* 1 livro; *Malaquias,* 1 livro. Tem-se uma dúvida

Caeterum de Joannis Apocalypsi apud
Orientales admodum dubitatur *D*. Nulla
in his libris alia species invenitur? *M*.
Accedunt caetera; sed non principaliter,
nisi ad probationem prophetiae: sicut in
Isaia cap. VII, XXXI, XXXVII, Achaz et
Ezechiae regum velut quaedam refertur
historia; sed prophetiae intentio est, non
gesta contexere, sed praedictorum exitum
comprobare. Jeremias cum dicit: *Terra,*
terra, audi verbum Domini (Jer. XXII,29),
terram, proverbialiter, habitantes in ea
homines nuncupat. Et cum Isaias dicit:
Non tale jejunium elegi, dicit Dominus:
sed solve omnem nodum iniquitatis (Isa.
LVIII, 6) etc., velut simpliciter docet,
sed ut prophetico spiritu jussus haec
praedicat. *D*. Quid prophetiae commune
cum caeteris? *M*. Habet commune
cum Proverbiis quod utraque superficie
difficilia sunt, sed pleraque intellectu non
ardua.

CAPUT V. *De Proverbiis.*
D. Quae est proverbialis species?
M. Quaedam figurata locutio, aliud
sonans, aliud sentiens, et in praesenti
commonens tempore. *D*. In quibus
haec libris accipitur? *M*. In duobus:
Salomonis Proverbiorum lib. 1, et Jesu
filii Sirach lib. 1. *D*. Nullus alius liber
huic speciei subditur? *M*. Adjungunt
quidam librum qui vocatur Sapientiae,
et Cantica canticorum. *D*. Acciduntne
his libris aliae species? *M*. Sola simplex
doctrina accidit, sed non principaliter, nisi
ad explanationem vel commendationem
Proverbiorum: ut, *Initium sapientiae*
timor Domini (Prov. I,7; IX,10). *D*. Quid
Proverbiis commune cum caeteris? *M*.
Habet cum prophetia commune, quod
superficie difficilis videtur, cum intellectu
plerumque non sit. *D*. Quid habet
proverbialis species proprium? *M*.

imensa sobre outro, entre os orientais, do
Apocalipse de João. *D*. Não se encontra
outro tipo nestes livros? *M*. Outras coisas
se aproximam; mas, não principalmente,
senão para testemunho da profecia: como
em *Isaías*, capítulos 7, 31, 37, dos reis
assim como se retoma a história Acaz
e Ezequias; mas a intenção da profecia
é, ao invés de retomar os feitos, mas
comprovar a conclusão das coisas do
que foi anunciado. Quando Jeremias diz:
Terra, terra, ouve a palavra do Senhor (*Jr*
22,29), proverbialmente, denomina terra
os homens que habitam nela, e quando
Isaías diz: *"Não escolhi prática religiosa*
igual", diz o Senhor, "mas dissolva todo
nó de iniquidade" (*Is* 58,6) etc., como
ensina igual e simplesmente, prega como
foi ordenado pelo espírito profético. *D*.
O que há de comum entre a profecia e as
outras coisas? *M*. Tem em comum com
os Provérbios que em um e outro há uma
aparência difícil, mas a maioria não é
árdua ao intelecto.

Capítulo V. *Sobre os Provérbios*
D. O que é o tipo proverbial? *M*. Certo
discurso enfeitado, que sempre soa
bem e sempre é compreendido, e [está]
no tempo presente comum. *D*. Em
quais livros é concebido? *M*. Em dois:
Provérbios de Salomão, 1 livro, e *de Jesus*
filho de Sirac, 1 livro. *D*. Nenhum outro
tipo é colocado abaixo deles? *M*. São
acrescentados, na verdade, o livro que é
chamado de *Sabedoria* e o *Cântico dos*
Cânticos. *D*. Surgem outros tipos desses
livros? *M*. Só aparece a doutrina simples,
mas não principalmente, a não ser na
explicação e no apreço aos *Provérbios*
como *o começo da sabedoria é o temor*
do Senhor (Pr 1,7; 9,10). *D*. O que os
Provérbios têm em comum com o resto?
M. Com a profecia tem em comum que
na aparência, parece difícil, mas para o
intelecto, a maioria não é. *D*. O que

210

Quod ei neque historia, neque prophetia miscentur; et sola est quae ita intelligitur, ut quodammodo verborum superficies auferatur. *D.* Quare in hoc tantum licitum nobis est, non textum Scripturae ipsius considerare, sed sensum, cum in caeteris tribus ita allegorias mysticas admittamus, ut narrationis fidem praesentare necesse sit? *M.* Quia si voluerimus proverbialem speciem ubique allegoriam sic recipere, ut narrationis veritas infirmetur, locum damus inimicis, prout voluerint, divinos libros interpretandi. *D.* Quot modis in divina lege allegoria cognoscitur? *M.* Quatuor: aut secundum translationem vel metaphoram, ut est: *Iratus est Dominus, et descendit* (Exod. IV,14), et similia quae ad insinuandas causas ex humanis moribus transferuntur ad Deum; aut secundum imaginationem vel hypotyposin, ut est in Evangelio: *Homo quidam descendebat ab Jerusalem in Jericho* (Luc. X,30); et rursus parabola vineae atque agricolarum (Matth. XX,XXI). Ordo enim eorum quae gerebantur a Christo, velut imagine personae et negotii alterius refertur impletus. Aut secundum comparationem vel similitudinem, sicut dicit: *Simile est regnum coelorum grano sinapis* (Luc. XIII,19) etc. Non enim narratio, sicut in superiore exemplo contexitur, sed causarum solum modo comparantur effectus. Aut secundum proverbialem modum, ut est: *Bibe aquam de tuis vasis, et de cisterna tua, et de tuis puteis* (Prov. V,15), cum velit Scriptura innuere, carnalem concupiscentiam intra licentiam conjugii refrenandam.

o tipo proverbial tem de próprio? *M.* Nem a profecia, nem a história são misturadas a ele, e só ele é compreendido tanto pela forma quanto pelo conteúdo das palavras. *D.* Por que somente nisso nos é permitido observar não somente o tecido das próprias Escrituras, mas o entendimento, visto que nos outros três admitimos que é necessário apresentar tanto as alegorias míticas quanto a honestidade das narrações? *M.* Porque se quisermos receber o tipo proverbial assim, como alegoria, do mesmo modo, a verdade da narração será destruída, damos lugar aos inimigos, em toda parte, de interpretar os livros divinos como quiserem. *D.* De quantos modos se conhece a alegoria na lei divina? *M.* Quatro: segundo a transferência ou a metáfora, como é: *"Deus está irado, e desceu"* (*Ex* 4,14), e coisas iguais que são transferidas a Deus para insinuar as causas das leis humanas, segundo a ideia ou a hipotipose, como está no Evangelho: *Um homem descia de Jerusalém para Jericó* (Lc 10,30); retrocedendo, a parábola da vinha e dos agricultores (Mt 20,21). Com efeito, foi implantada uma ordem daqueles que são geridos, ou seja, de outra forma, retoma--se a imagem de pessoa e negócio. Ou segundo a comparação ou semelhança, como se diz: na segunda comparação: *O reino dos céus é semelhante a um grão de mostarda* (Lc 13,19) etc. Com efeito, a narração não foi elaborada assim como no exemplo superior, mas não somente se comparam os efeitos das causas. Ou segundo o modo do provérbio, como é: *Bebe água de teus vasos, de tuas cisternas e de teus poços* (Pr 5,15), como a Escritura quereria indicar: a concupiscência carnal deve ser refreada dentro da licenciosidade do casamento.

CAPUT VI. De simplici doctrina.

D. Quae est simplex doctrina? M. Qua, de fide aut de moribus in praesenti tempore simpliciter docemur.

D. Quare hoc nomen accepit? M. Quia omnis quidem Scriptura aliquid docet, sed sub aliis speciebus quas supra diximus; sub quibus aliud etiam agitur. Haec autem neque historiam texit, neque prophetiam, neque proverbialiter loquitur; sed tantummodo simpliciter docet.

D. Qui libri ad simplicem doctrinam pertinent? M. Canonici sexdecim; id est, Eccles. lib. I. Et Epist. Pauli Apostoli ad Rom. 1, ad Corinth. 2, ad Gal. 1, ad Ephes. 1, ad Philip. 1, ad Coloss. 1, ad Thessal. 2, ad Timoth. 2, ad Titum 1, ad Philem. 1, ad Heb. 1; Beati Petri ad Gentes 1, et Beati Joannis prima. D. Nulli alii Libri ad simplicem doctrinam pertinent? M. Adjungunt quamplurimi quinque alias quae Apostolorum Canonicae nuncupantur: id est, Jacobi 1, Petri secundam, Judae unam, Joannis duas. D. Nulla in his Libris alia species invenitur? M. Accedunt caeterae, sed non principaliter, nisi ad probationem doctrinae. Nam cum dicit Apostolus: Et dum venissem Troadem, in Evangelio Christi ostium mihi apertum est (II Cor. II,12); et ubi Petro dicitur in faciem restitisse, velut historiam videtur texere. Rursus cum dicit: Ecce mysterium vobis dico: Omnes quidem resurgemus, sed non omnes immutabimur (I Cor. XV,51), prophetae opus aggreditur. Cum ait: Cretenses semper mendaces, malae bestiae, ventres pigri (Tit. I,12), proverbialibus utitur verbis: omnia tamen ad doctrinae probationem, ut diximus, inseruntur. D. Quid commune cum caeteris speciebus simplex doctrina habet? M. Habet cum historia commune, quod utraque, superficie faciles videntur, cum sint inspectione aut intellectu plerumque difficiles.

Capítulo VI. Sobre a doutrina simples

D. – Qual é a doutrina simples? M. A que nos ensinam sobre a fé ou os costumes no tempo presente. D. Por que recebe esse nome? M. Porque, na verdade, toda a Escritura ensina outra coisa, mas sob outros tipos, sobre os quais falamos acima; sob as quais ainda se trata de outas coisas. Este, na verdade, não se ocultou nem na História, nem na Profecia, nem foi dito em Provérbios, mas só ensina simplesmente. D. Que livros pertencem à doutrina simples? M. Dezesseis canônicos, isto é: Ecl, 1 livro; e as Epístolas do Apóstolo Paulo: aos Rm, 1 livro; aos Cor, 2; aos Gl, 1; aos Ef, 1; aos Fl, 1; aos Cl, 1; aos Ts, 2; a Tm, 2; a Tt, 1; a Fm, 1; aos Hb, 1; de São Pedro aos povos 1, e a primeira de São João. D. Nenhum outro livro pertence à doutrina simples? M. Unem-se a eles muitíssimos, cinco outras cartas que são chamadas Canônicas dos Apóstolos, isto é: de Tiago 1, de Pedro a segunda, de Judas uma, de João duas. D. Não se encontra nesses livros um tipo diferente do resto? M. Ajuntam-se outras, mas não principalmente, a não ser para a comprovação da doutrina. Pois quando o Apóstolo diz: E quando fui da Trôade, me foi aberta a porta para o Evangelho de Cristo (2Cor 2,12) e onde se diz que resistiu ante a face de Pedro, como a história parece contar. Antes, quando diz: Eis que vos conto um mistério: na verdade, todos ressuscitaremos, mas nem todos seremos transformados (1Cor 15,51), conversa com a obra do profeta. Quando diz: Os cretenses são sempre mentirosos, más bestas, ventres preguiçosos (Tt 1,12) usa provérbios, entretanto, como dissemos, está inserido para a comprovação da doutrina. D. O que a doutrina simples tem em comum com os outros tipos? M. Tem em comum com a história que uma e outra parecem fáceis na superfície, porquanto sejam difíceis ao exame e à intelecção.

CAPUT VII. De auctoritate Scripturarum. *D.* Quomodo divinorum Librorum consideratur auctoritas? *M.* Quia quidam perfectae auctoritatis Quinam libri in Scripturae canonem admittendi essent, nondum erat tam explicite quam nunc ab Ecclesia constitutum sunt, quidam mediae, quidam nullius. *D.* Qui sunt perfectae auctoritatis? *M.* Quos Canonicos in singulis speciebus absolute enumeravimus. *D.* Qui mediae? *M.* Quos adjungi a pluribus diximus. *D.* Qui nullius auctoritatis sunt? *M.* Reliqui omnes. *D.* In omnibus speciebus hae differentiae inveniuntur? *M.* In historia et simplici doctrina: omnes namque in prophetia mediae auctoritatis libri, non praeter Apocalypsin reperiuntur: neque in proverbiali specie omnino cessata

CAPUT VIII. De scriptoribus Librorum.

D. Scriptores divinorum Librorum qua ratione cognoscimus? M. Tribus modis. Aut ex titulis et prooemiis, ut Propheticos Libros, et Apostolorum Epistolas; aut ex titulis tantum, ut Evangelistas: aut ex traditione veterum, ut Moyses creditur scripsisse quinque primos libros historiae; cum non dicat hoc titulus, nec ipse referat, Dixit Dominus ad me: sed quasi de alio, Dixit Dominus ad Moysen. Similiter et Jesu Nave liber, ab eo quo nuncupatur, traditur scriptus. Et primum librum Regum Samuel scripsisse perhibetur. Sciendum praeterea quod quorumdam Librorum penitus ignorantur auctores, ut est Judicum, et Ruth, et Regum III et ultimus, et caetera similia: quod ideo credendum est divinitus dispensatum,

Capítulo VII. *Sobre a autoridade das Escrituras*
D. Como se reflete sobre a autoridade dos Livros Divinos? *M.* Porque eles são de perfeita autoridade. Quais livros deveriam ser admitidos no Cânon da Escritura ainda não estava tão explicitamente constituído pela Igreja como agora, alguns médios, alguns não são autoridades. *D.* Quais são os de perfeita autoridade? *M.* Já enumeramos de modo preciso os [Livros] Canônicos um a um, de cada tipo. *D.* Quais são os de média [autoridade]? Aqueles que dissemos que se unem a muitos. *D.* Quais não são de autoridade? *M.* Os que restam. *D.* Em todos os tipos se encontram essas diferenças? *M.* Na história e na doutrina simples, pois também todos na profecia são livros de média autoridade, não se encontram senão abaixo do Apocalipse; nem no tipo dos Provérbios parou inteiramente.

Capítulo VIII. Sobre os escritores dos Livros Divinos.

D. De que modo reconhecemos os escritores dos Livros Divinos? *M.* De três modos: Ou pelo título e pelo proêmio, como os Livros Proféticos, e a Epístola dos Apóstolos; ou somente pelo título, como os Evangelistas; ou pela tradição dos antigos, de modo que se crê que Moisés tenha escrito os cinco primeiros livros de história, quando não se diz isso no título, nem o mesmo o relata. "O Senhor me disse", mas como se fosse de outro: Disse o Senhor a Moisés. Igualmente, o livro de Jesus Nave [*Josué*], do qual se ocupa, [isso] é trazido escrito. E tem-se como certo que o Primeiro Livro dos Reis foi escrito por Samuel. Além disso, ignora-se completamente os autores de alguns livros, como acontece com *Juízes*,

213

ut alii quoque divini Libri non auctorum merito, sed sancti Spiritus gratia tantum culmen auctoritatis obtinuisse noscantur.	*Rute*, os III dos Reis e os últimos, e outras coisas semelhantes: por isso é que se deve crer que eles têm origem divina, como todos outros Livros divinos e que não importam seus autores, mas apenas que eles têm sua autoridade suprema por obra do Espírito Santo.
CAPUT IX. De modis Scripturarum.	Capítulo IX. *Sobre os modos das Escrituras*
D. Modi divinae Scripturae quot? M. Duo: nam aut metris Hebraicis in sua lingua conscribuntur, aut oratione simplici. D. Quae sunt metris conscripta? M. Ut Psalmi, et Job historia, et Ecclesiastes, et in Prophetis quaedam. D. Quae simplici oratione conscripta sunt? M. Reliqua omnia. D. Quare apud nos iisdem metris conscripta non sunt? M. Quia nulla dictio metrum in alia lingua conservat, si vim verborum ordinemque non mutet.	D. Quantos são os modos das Sagradas Escrituras? *M*. Dois: ou são escritos em métrica hebraica em sua língua, ou em oração simples. *D*. Quais estão escritos em métrica? *M*. Por exemplo, os Salmos, a história de Jó, o Eclesiastes e em alguns Profetas. *D*. Quais estão escritos em oração simples? *M*. Todos os outros. *D*. Por que entre nós aqueles não estão escritos em métrica? *M*. Porque nenhuma expressão conserva a métrica em outra língua, quando muda a força das palavras e sua ordem.
CAPUT X. De ordine Scripturarum. D. Quis est ordo divinorum voluminum? M. Quia quaedam Veteris Testamenti, quaedam Novi. D. Quae ad Novum Testamentum pertinent? M. Evangelia (ut supra dictum est) quatuor, Apostolicae Epistolae, et Actus. D. Quae ad Vetus Testamentum pertinent? M. Reliqua omnia. D. Quae Testamenti Veteris Novique sunt propria? M. Veteris intentio est, Novum figuris denuntiationibusque monstrare: Novi autem, ad aeternae beatitudinis gloriam humanas mentes accendere.	Capítulo X. *Sobre a ordem das Escrituras* D. Qual é a ordem dos livros divinos? *M*. Alguns são do Antigo Testamento, outros do Novo. *D*. Quais pertencem ao Novo Testamento? *M*. Os quatro Evangelhos (como dito acima), as Epístolas Apostólicas e os Atos. *D*. Quais pertencem ao Antigo Testamento? *M*. Todos os outros. *D*. Quais são as características do Antigo e do Novo Testamentos? *M*. A intenção do Antigo é mostrar o Novo através de figuras e anúncios: a do Novo, por outro lado, é elevar as mentes humanas à glória da eterna bem-aventurança.

30) O cânon de Cassiodoro (c. 560 d.C.)

Flávio Magno Aurélio Cassiodoro Senador (490-581 d.C.), em latim *Flavius Magnus Aurelius Cassiodorus Senator*, foi fundador de dois mosteiros perto de *Squillace*, no sul da Itália, onde ele permitiu a convivência das duas tradições monásticas: cenobítica e eremítica. No Mosteiro do Vivário (*Vivarium*), ele criou uma biblioteca e trabalhou para deixar manuscritos gregos e latinos para a posteridade; exemplo este que vai ser seguido depois pelos monges beneditinos. Neste sentido, Cassiodoro estabeleceu que o estudo na biblioteca e nos ofícios dos monges (*scriptorium*) fazia parte da vida monástica. Ele escreveu várias obras sobre os temas mais diversos possíveis, inclusive sobre História Natural e Medicina. E ele traz seu catálogo bíblico no texto *Iniciação às Sagradas Escrituras 8,1-3*. Em sua obra *Institutiones* ele elogia o Monge Dionísio Exíguo, por ter criado e introduzido um calendário que traz a contagem dos anos a partir do nascimento de Jesus Cristo, sistema que temos até hoje, também chamado de Ano do Senhor (*Anno Domini*). Ele também tem vários comentários a livros ou textos bíblicos, como: *Exposition psalmorum, Expositio epistulae ad romanos, Complexiones apostolorum, Psalterium archetypum;* também escreveu *Historia ecclesiastica* etc., e compôs o *Codex Grandi*, uma versão dos textos bíblicos.

Cassiodoro, além de ser um escritor e homem de vasta cultura, muito trabalhou pelo bem do Estado. A alcunha "senador", que encontramos em seu nome, não significa que de fato ele tenha sido um senador, mas é apenas um acréscimo que temos em seu nome (*antropônimo*), talvez porque tenha sido governador da província romana da Sicília. Porém, parece que chegou a ser *questor* e *consul* romano, mas nunca senador. Morou e trabalhou muito em Roma e até mesmo na corte de Ravena. Mas em 537 ele foi para Constantinopla, onde conheceu Junílio, que naquele momento era o *questor* do Imperador Justiniano I. As capacidades intelectuais de Cassiodoro eram muito difundidas na corte e no Império em geral. Este tempo em que ele passou em Constantinopla permitiu-lhe que tomasse muito mais conhecimento dos problemas religiosos do Império e pudesse trabalhar para o não rompimento do cristianismo ocidental e oriental, que já ia apresentando fraturas e feridas, além de todo o problema do arianismo que ainda assolava o cristianismo.

A lista dos livros bíblicos de Cassiodoro aparece na *Enciclopédia de Literatura Sagrada*, que ele compilou para seus monges, a fim de auxiliar na formação monástica de seus mosteiros. Embora ele não traga uma sua lista, Cassiodoro apresenta um texto bastante didático, que muito auxilia no ensino e aprendizagem, no qual ele apresenta os tópicos acerca do cânon bíblico, dos nomes e números dos livros do AT e do NT, colocando sempre a divisão do livro, mas a partir das listas deixadas por dois grandes Padres da Igreja: inicia por Jerônimo (*Divisio Scripturae divinae secundum Hieronymum*), e depois apresenta a lista de Agostinho (*Divisio Scripturae divinae secundum Augustinum*); em seguida, oferece a lista segundo a LXX (*Divisio Scripturae divinae secundum antiquam translationem et secundum Septuaginta*). As listas que ele traz estão assim distribuídas:

a) Jerônimo [Cassiodoro cita que Jerônimo aderiu ao princípio *hebraica veritas*]. Divide-se na Lei, isto é: Gênesis, Êxodo, Levítico, Números, Deuteronômio; nos Profetas, que são: Josué, Juízes, Ruth, Samuel, Isaías, Jeremias, Ezequiel, Daniel, Doze Profetas; os Hagiográficos, isto é: Jó, Davi, Salomão, Provérbios, Eclesiástico, Cântico dos Cânticos, Crônicas, Esdras e Ester. Em seguida, apresenta o cânon do NT: Mateus, Marcos, Lucas, João. Depois seguem as epístolas dos apóstolos, 2 de Pedro, 14 de Paulo, 3 de João, Tiago, Judas, Atos dos Apóstolos e Apocalipse de João.

b) Agostinho: 5 livros de Moisés, Josué, Juízes, Rute, Samuel, Reis, Crônicas, Jó, Tobias, Ester, Judite, Esdras [com Neemias], Macabeus. Seguem: Salmos, 4 livros de Salomão [Provérbios, Eclesiastes, Cântico dos Cânticos, Sabedoria], Eclesiástico. Seguem os 4 profetas maiores, isto é, Isaías, Jeremias, Ezequiel, Daniel, e, enfim, os 12 profetas menores, isto é, Oseias, Joel, Amós, Abdias, Jonas, Miqueias, Naum, Habacuc, Sofonias, Zacarias, Ageu, Malaquias. Em seguida, coloca o cânon do NT: as epístolas dos apóstolos vinte e uma, isto é: Romanos, 2 aos Coríntios, Gálatas, Efésios, Filipenses, 2 aos Tessalonicenses, Colossenses, 2 a Timóteo, Tito, Filêmon, Hebreus; 2 de Pedro, 3 de João, Judas, Tiago. Depois, é que coloca os 4 Evangelhos, isto é, Mateus, Marcos, Lucas e João. Finalmente, coloca Atos dos Apóstolos e Apocalipse.

c) Septuaginta: Gênesis, Êxodo, Levítico, Números, Deuteronômio, Josué, Juízes, Rute, 4 dos Reis, 2 de Crônicas, Saltério, 5 de Salomão, isto é, Provérbios, Sabedoria, Eclesiástico, Eclesiastes, Cântico dos Cânticos; os profetas, isto é, Isaías, Jeremias, Ezequiel, Daniel, Oseias, Amós, Miqueias, Joel, Abdias, Jonas, Naum, Habacuc, Sofonias, Ageu, Zacarias, Malaquias, que é o Anjo, Jó, Tobias, Ester, Judite, 2 de Esdras, 2 de Macabeus. Como se trata de uma versão da LXX cristã, esta, após os livros do AT, já tem também os livros do NT, na seguinte sequência: os 4 Evangelistas, isto é, Mateus, Marcos, Lucas e João, Atos dos Apóstolos, as Epístolas de Pedro aos povos, de Judas, de Tiago às doze tribos, de João aos Partos, Epístolas de Paulo: Romanos, 2 aos Coríntios, Gálatas, Filipenses, Colossenses, Hebreus, 2 aos Tessalonicenses, 2 a Timóteo, Tito, Filêmon e Apocalipse de João.

O texto que oferecemos aqui foi extraído da obra AURELII CASSIODORI SENATORIS, *De Institutione Literarum*. In: J.P. Migne. *Patrologia*, series Latina, Tomus LXX (Paris: Petit-Montrouge, 1847, p. 1.123-1.126). Ainda que de forma reduzida, também encontramos o mesmo texto reproduzido na obra de B.F. Westcott, *A General Survey of the History of the Canon of the New Testament* (Londres, Apêndice D, 1866, p. 514); e igualmente na obra de Theodor Zahn, *Geschichte des neutestamentliche Kanons*. Zweiter Band: Urkunden und Belege zum ersten und dritten Band. Erste Hälfte (Erlangern/Leipzig: Naschf, 1890, p. 269-273), e na obra de C. Wordsworth, *On the Canon of the Scriptures of the Old and New Testament, and on the Apocrypha* (Londres: Francis & John Rivington, 1848, p. 382-383).

CAPUT XII. Divisio Scripturae divinae secundum Hieronymum. Auctoritas divina secundum sanctum Hieronymum in Testamenta duo ita dividitur, id est, in Vetus et Novum. In Legem, id est, Genesim, Exodum, Leviticum, Numerorum, Deuteronomium. In Prophetas, qui sunt Jesu Nave, Judicum, Ruth, Samuel, Isaias, Jeremias, Ezechiel, Daniel, libri duodecim prophetarum. In Hagiographos, qui sunt Job, David, Salomon, Proverbia, Ecclesiasticus, Canticum canticorum. Verba dierum, id est, Paralipomenon, Esdras, Esther. In Evangelistas, qui sunt Matthaeus, Marcus, Lucas, Joannes. Post hos sequuntur Epistolae apostolorum, Petri duae, Pauli quatuordecim, Joannis tres, Jacobi una, Judae una, Actuum apostolorum Lucae	Capítulo XII. Divisão da Sagrada Escritura segundo Jerônimo A *Auctoritas divina* [Sagrada Escritura] segundo São Jerônimo se divide em dois Testamentos, isto é, no Antigo e no Novo. Divide-se ainda: na Lei, isto é, Gênesis, Êxodo, Levítico, Números, Deuteronômio; nos Profetas, que são *Jesus Nave* [Josué], Juízes, Rute, Samuel, Isaías, Jeremias, Ezequiel, Daniel, Doze livros de profetas; nos Hagiográficos, que são Jó, Davi, Salomão, Provérbios, Eclesiástico, Cântico dos Cânticos; nas Crônicas, isto é, Paralipômenos, Esdras e Ester; nos Evangelistas, que são Mateus, Marcos, Lucas, João. Depois seguem as Epístolas dos apóstolos, duas de Pedro, quatorze de Paulo, três de João, uma de Tiago, uma de Judas, um livro dos Atos

liber unus, et Apocalypsis Joannis liber unus.

Sciendum est plane sanctum Hieronymum ideo diversorum translationes legisse atque correxisse, eo quod auctoritati Hebraicae nequaquam eas perspiceret consonare. Unde factum est ut omnes libros Veteris Testamenti diligenti cura in Latinum sermonem de Hebraeo fonte transfunderet, et ad *viginti duarum litterarum* modum, qui apud Hebraeos manet, competenter adduceret; per quas omnis sapientia discitur, et memoria dictorum in aevum scripta servatur. Huic etiam adjecti sunt Novi Testamenti libri viginti septem, qui colliguntur simul quadraginta novem. Cui numero adde omnipotentem et indivisibilem Trinitatem, per quam haec facta, et propter quam ista praedicta sunt, et quinquagenarius numerus indubitanter efficitur; qui ad instar jubilaei anni magna pietate beneficii debita relaxat, et pure poenitentium peccata dissolvit. Hunc autem pandecten propter copiam lectionis minutiore manu in quaternionibus quinquaginta tribus aestimavimus conscribendum, ut quod lectio copiosa tetendit, scripturae densitas adunata contraheret. Meminisse autem debemus memoratum Hieronymum omnem translationem suam in auctoritate divina (sicut ipse testatur) propter simplicitatem fratrum colis et commatibus ordinasse; ut qui distinctiones saecularium litterarum comprehendere minime potuerunt, hoc remedio suffulti, inculpabiliter pronuntiarent sacratissimas lectiones.

dos Apóstolos de Lucas e um livro do Apocalipse de João.

É preciso notar que São Jerônimo leu e corrigiu diversas traduções, buscando obter a sua concordância da autoridade Hebraica[50]. Assim, ele transpôs cuidadosamente do hebraico para a língua latina todos os livros do Antigo Testamento e conservou o modo de escrever dos hebreus em vinte e duas letras; através delas aprende-se toda a sabedoria e conserva-se a memória dos ditos registrados antigamente. A essas obras também foram acrescidos os vinte e sete livros do Novo Testamento, totalizando quarenta e nove livros. A este número soma-se a onipotente e indivisível Trindade, pela qual isto foi feito, e pela qual estas coisas foram preditas, e pela qual indiscutivelmente este número quinquagenário se concretiza; que, pela piedade demonstrada por ocasião da instalação do ano do jubileu, perdoa as culpas (débitos) e absolve os pecados dos penitentes. Devido à grande quantidade de cópias das leituras [obras] escritas a mão, estimamos que a coleção tenha sido registrada em cinquenta e três cadernos, de modo que, quando a leitura tendia a se tornar excessivamente grande, ele condensava a escritura. Devemos lembrar que o memorável Jerônimo ordenou toda a sua tradução de acordo com a autoria divina (como ele mesmo declara), por causa da simplicidade dos irmãos, com a pontuação e as divisões; isto era feito para que aqueles que pudessem minimamente compreender as letras [obras] seculares, com o auxílio deste remédio, sem culpa pudessem proclamar as sacratíssimas leituras [lições].

....

50 Poderia ser interpretada como uma mensão ao critério da *Hebraica Veritas*, adotado por Jerônimo.

CAPUT XIII. Divisio Scripturae divinae secundum Augustinum.

Scriptura divina secundum beatum Augustinum in Testamenta duo ita dividitur, id est in Vetus et Novum. In historia sunt libri viginti duo, id est, Moysi libri quinque, Jesu Nave liber unus, Judicum liber unus, Ruth liber unus, Regum libri quatuor, Paralipomenon libri duo, Job liber unus, Tobiae liber unus, Esther liber unus, Judith liber unus, Esdrae libri duo, Machabaeorum libri duo. In Prophetis libri viginti duo, David Psalmorum [ms. AuD, Psalterium] liber unus, Salomonis libri quatuor, Jesu filii Sirach liber unus. Prophetae majores quatuor, id est, Isaias, Jeremias, Ezechiel, Daniel; et minores duodecim, id est, Osee, Joel, Amos, Abdias, Jonas, Michaeas, Nahum, Habacuc, Sophonias, Zacharias, Aggaeus, Malachias. In Epistolis apostolorum viginti una, id est, Pauli apostoli ad Romanos una, ad Corinthios duae, ad Galatas una, ad Ephesios una, ad Philippenses una, ad Thessalonicenses duae, ad Colossenses una, ad Timotheum duae, ad Titum una, ad Philemonem una, ad Hebraeos una; Petri duae, Joannis tres, Judae una, Jacobi una. In Evangeliis quatuor, id est, secundum Matthaeum, secundum Marcum, secundum Lucam, secundum Joannem. In Actibus apostolorum liber unus. In Apocalypsi liber unus. Beatus igitur Augustinus secundum praefatos novem codices, quos sancta meditatur Ecclesia, secundo libro (Cap. 8) de Doctrina Christiana, Scripturas divinas septuaginta unius librorum calculo comprehendit: quibus [eD, cui] cum sanctae Trinitatis addideris unitatem, fit totius libri competens et gloriosa perfectio.

CAPUT XIV. Divisio Scripturae divinae secundum antiquam translationem et secundum Septuaginta.

Scriptura sancta secundum antiquam

Capítulo XIII. Divisão das Escrituras divinas segundo Santo Agostinho.

A Escritura Divina, segundo Santo Agostinho, divide-se em dois Testamentos, isto é o Antigo e o Novo. Na história são vinte e dois livros, isto é, cinco livros de Moisés, um livro de Jesus Nave [*Josué*], um livro dos Juízes, um livro de Rute, quatro livros dos Reis, dois livros dos Paralipômenos, um livro de Jó, um livro de Tobias, um livro de Ester, um livro de Judite, dois livros de Esdras, dois livros dos Macabeus. Nos Profetas há vinte dois, um livro dos Salmos de Davi [ms AuD, Saltério], quatro livros de Salomão, um livro Jesus filho de Sirac. Quatro Profetas maiores, isto é, Isaías, Jeremias, Ezequiel, Daniel; e doze profetas menores, isto é, Oseias, Joel, Amós, Abdias, Jonas, Miqueias, Naum, Habacuc, Sofonias, Zacarias, Ageu, Malaquias. Nas Epístolas dos apóstolos vinte e uma, isto é, de Paulo Apóstolo aos Romanos uma, aos Coríntios duas, aos Gálatas uma, aos Efésios uma, aos Filipenses uma, aos Tessalonicenses duas, aos Colossenses uma, a Timóteo duas, a Tito uma, a Filêmon uma, aos Hebreus uma; duas de Pedro, três de João, uma de Judas, uma de Tiago. Nos Evangelhos quatro, isto é, segundo Mateus, segundo Marcos, segundo Lucas, segundo João. Nos Atos dos Apóstolos um livro. No Apocalipse um livro. Pelo exposto, no livro segundo (Capítulo 8) *Doutrina Cristã*, Santo Agostinho contempla *nove códices*, que são objeto de meditação da Santa Igreja, compreende as Sagradas Divinas Escrituras em setenta e um livros: com ele [ed. a quem], adiciona a unidade da Santa Trindade, todo livro tem uma perfeição competente e gloriosa.

Capítulo XIV. Divisão das Sagradas Escrituras segundo uma antiga tradução e segundo a Septuaginta.

Segundo a antiga tradução, a Santa

translationem in Testamenta duo ita dividitur, id est, in Vetus et Novum. In Genesim, Exodum, Leviticum, Numerorum, Deuteronomium, Jesu Nave, Judicum, Ruth, Regum libros quatuor, Paralipomenon libros duos, Psalterii librum unum, Salomonis libros quinque, id est, Proverbia, Sapientiam, Ecclesiasticum, Ecclesiasten, Canticum canticorum, Prophetas, id est, Isaiam, Jeremiam, Ezechielem, Danielem, Osee, Amos, Michaeam, Joel, Abdiam, Jonam, Nahum, Habacuc, Sophoniam, Aggaeum, Zachariam, Malachiam, qui et Angelus, Job, Tobiam, Esther, Judith, Esdrae duos, Machabaeorum duos. Post haec sequuntur Evangelistae quatuor, id est, Matthaeus, Marcus, Lucas, Joannes, Actus apostolorum, Epistolae Petri ad gentes, Judae, Jacobi ad duodecim tribus, Joannis ad Parthos, Epistolae Pauli ad Romanos una, ad Corinthios duae, ad Galatas una, ad Philippenses una, ad Colossenses una, ad Hebraeos una, ad Thessalonicenses duae, ad Timotheum duae, ad Titum una, ad Philemonem una, Apocalypsis Joannis. Tertia vero divisio est inter alias in codice grandiore, littera clariore [eD, grandiore] conscripto, qui habet quaterniones nonaginta quinque: in quo septuaginta Interpretum translatio Veteris Testamenti in libris quadraginta quatuor continetur. Cui subjuncti sunt Novi Testamenti libri viginti sex, fiuntque simul libri septuaginta: in illo palmarum numero fortasse praesagati, quas in mansione Elim invenit populus Hebraeorum (Exod. XV,27).

Escritura[51] se divide em dois Testamentos, a saber, em Antigo e em Novo: *em* Gênesis, Êxodo, Levítico, Números, Deuteronômio, Jesus Nave [*Josué*], Juízes, Rute, quatro livros dos Reis, dois livros de Paralipômenos, um livro do Saltério, cinco livros de Salomão, isto é, Provérbios, Sabedoria, Eclesiástico, Eclesiastes, Cântico dos Cânticos; Profetas, isto é, Isaías, Jeremias, Ezequiel, Daniel, Oseias, Amós, Miqueias, Joel, Abdias, Jonas, Naum, Habacuc, Sofonias, Ageu, Zacarias, Malaquias, que é o Anjo, Jó, Tobias, Ester, Judite, Esdras dois livros, Macabeus dois livros. Depois disso seguem quatro Evangelistas, isto é, Mateus, Marcos, Lucas e João, Atos dos Apóstolos, as Epístolas de Pedro aos povos, de Judas, de Tiago às doze tribos, de João aos Partos, Epístolas de Paulo aos Romanos uma, aos Coríntios duas, aos Gálatas uma, aos Filipenses uma, aos Colossenses uma, aos Hebreus uma, aos Tessalonicenses duas, a Timóteo duas, a Tito uma, a Filêmon uma, Apocalipse de João. Uma terceira divisão, escrita num códice maior, escrito em letras mais claras [ed, maiores], que contém noventa e cinco cadernos: que contém a tradução dos setenta Intérpretes do Antigo Testamento em quarenta e quatro livros. A eles se somam vinte e seis livros do Novo Testamento, formando então setenta livros: neste número talvez o povo hebreu se lembrasse das palmeiras encontradas na morada de Elim (Ex

....

51 É interessante observar a nota de rodapé (letra d) que a Bíblia de Jerusalém traz a respeito de 1Mc 12,9, no que tange à expressão "livros santos", presente já no AT: "Quanto a nós, embora não precisemos de tais coisas, pois temos por consolo os livros santos que estão em nossas mãos": "os 'livros santos' designam uma coleção mais ampla que 'os livros da Lei' (1Mc 3,48) ou o 'livro santo' (2Mc 8,23): são todos os livros aos quais se reconhece mais autoridade divina. O cânon do AT está sendo organizado: um salmo é citado como 'Escritura' em 1Mc 7,17 (Sl 79,2-3); e o prólogo do Eclesiástico (132 a.C.) conhece a divisão em Lei, Profetas e 'Outros Escritos' (cf. 2Mc 2,13), divisão que continuará sendo a da Bíblia Hebraica (cf. Rm 1,2 [Sagradas Escrituras]; 2Tm 3,15 [Sagradas Letras])".

Hic textus multorum translatione variatus (sicut in prologo Psalterii positum est) Patris Hieronymi diligenti cura emendatus, compositusque relictus est. Ubi nos omnia tria genera divisionum judicavimus affigenda, ut inspecta diligenter atque tractata, non impugnare, sed invicem se potius exponere videantur. Unde licet multi Patres, id est, sanctus Hilarius Pictaviensis urbis antistes, et Rufinus presbyter Aquileiensis, et Epiphanius episcopus Cypri, et synodus Nicaena, et Chalcedonensis non contraria dixerint, sed diversa; omnes tamen per divisiones suas libros divinos sacramentis competentibus aptaverunt. Sicut et in Evangelistarum Concordia probatur effectum: ubi una quidem est fides rerum, sed ratio diversa sermonum. Sed quoniam praedictus Pater Augustinus in libro secundo (cap. 15) memorati operis, id est de Doctrina Christiana commonet, ita dicens: Latini codices, id est, Veteris Novique Testamenti, si necesse fuerit, Graecorum auctoritate corrigendi sunt, unde ad nos post Hebraeum fontem translatio cuncta pervenit. Ideoque vobis et Graecum pandecten reliqui comprehensum in libris septuaginta quinque, qui continet quaterniones nonaginta in armario supra dicto octavo: ubi alios Graecos diversis opusculis necessarios congregavi, ne quid sanctissimae instructioni vestrae necessarium desse videretur.

Qui numerus duobus miraculis consecratur; nam et septuaginta quinque animae de terra Chanaan cum patriarca Jacob fines Aegyptios intraverunt (Gen. XLVI,26); et septuaginta quinque Abraham fuit annorum, quando promissionem Domini laetus accepit (Gen. XII,4). Restat nunc ut dicere festinemus quemadmodum in Scripturis divinis librariorum vitia corrigere

15,27). Nesta tradução de muitas pessoas, este texto é uma tradução variada de muitos (como está indicado no prólogo do Saltério) e foi cuidadosamente emendado e composto por Padre Jerônimo. Parece-nos que todos os três tipos de divisão não devem ser impugnados, mas analisados com cuidado e expostos, comparados uns com os outros. Daí ser permitido ver que muitos Padres, isto é, Santo Hilário mestre [bispo] da cidade de Poitiers, Rufino presbítero de Aquileia e Epifânio bispo, de Chipre, os sínodos de Niceia e de Calcedônia nada disseram em sentido contrário, mas diferente; mas todos, pelas suas divisões, adaptaram os livros sagrados aos sacramentos correspondentes. Assim, mostra-se o efeito da Concordância dos Evangelistas: neles há uma fé nas coisas, mas uma apresentação diversa em palavras. Mas como adverte o mencionado Padre Agostinho no livro segundo (cap. 15), isto é, na *Doutrina Cristã*, quando diz que os Códices Latinos, ou seja, o Antigo e o Novo Testamentos, se necessário for, devem ser corrigidos pela autoridade dos gregos, pois a nós tudo chegou por tradução de fonte hebraica. E por isso deixei para vós também a coleção grega composta de setenta e cinco livros, que contém os noventa cadernos mencionados no capítulo oitavo acima: nela reuni outros necessários diversos opúsculos gregos, para que não faltasse o necessário para vossa santíssima instrução. Este número é consagrado por dois milagres: pois setenta e cinco almas da terra de Canaã entraram com o patriarca Jacó no território dos egípcios (Gn 46,26); e setenta e cinco anos tinha Abraão quando aceitou prazerosamente a promessa do Senhor (Gn 12,4). Basta então dizer que nos apressemos como se tivéssemos de corrigir os erros dos *copistas nas*

debeamus; nam quid prodest multas transcurrere lectiones, et ea quae sunt probabiliter corrigenda nescire?	*Escrituras Divinas*; mas que adianta percorrer muitas leituras e provavelmente ignorar aquilo que deve ser corrigido?

31) O cânon de Leôncio de Bizâncio (c. 590 d.C.)

Leôncio de Bizâncio, em grego Λεόντιος Βυζάντιος (Λεόντιος Βυζάντιου / Leôncio de Bizâncio), em latim *Leontios Byzantios*, também chamado de *Leôncio Hierosolimitano*, pelo fato de que ele residiu também em Jerusalém, foi um monge do século VI[52]. Homem estudioso, de vasta cultura, o que lhe mereceu o alcunha de "Leôncio Escolástico", embora tivesse nascido e vivido muito antes da Escolástica. Ele residiu primeiro em Constantinopla (*Byzantium*) e depois transferiu-se para um mosteiro perto de Jerusalém (São Sabas), o que faz com que haja uma certa confusão de nomes e às vezes falem dele como de "um monge de Constantinopla" e outras vezes como de "um monge de Jerusalém". Ele elaborou vários escritos, sobretudo contra as heresias de seu tempo. Inicialmente ele se ajuntou aos nestorianos, mas depois ele professou o Credo de Éfeso e se tornou antinestoriano. Sua atuação e seus escritos vão influenciar e muito a formação medieval. Entre suas obras podemos citar: três livros contra os nestorianos e os eutiquianos (*Libri tres contra nestorianos et eutychianos*); contra os monofisistas (*Contra Monophysitas*); contra Severo, o Patriarca de Antioquia, que constitui uma defesa de duas naturezas de Cristo (*Contra Severum,* também *Triginta capita*); sobre as seitas (*De Sectis*); contra os apolinaristas (*Contra Apollinaristarum*); discussões acerca das coisas sagradas (*Discussions sacrarum rerum* e *De rebus sacris*), muitas *homilias* etc.

Sua lista dos livros bíblicos inclui os livros do AT e do NT, que encontramos na obra "Atos II" (Πραξεις β'), em seus *Dez Capítulos* contra todas as heresias conhecidas na época, incluindo judeus e samaritanos. Leôncio fala de "84 seitas enumeradas pelo bispo Epifânio, de Chipre", que também trazemos aqui em nossa obra, com seu catálogo bíblico. Após citar os "22 livros da Antiga Escritura", ele cita os "6 livros da Nova Escritura", visto que ele divide o NT em Evangelhos I e II, Atos, Paulo, Católicas e Apocalipse. Mas, no final, Leôncio afirma que: "Todos os livros aqui enumerados são reconhecidos na Igreja

....

52 MORESCHINI, C. & NORELLI, E. *Manual de literatura cristã antiga, grega e latina*. Op. cit., p. 649-651.

como canônicos, os Antigos e os Novos. Todos os Antigos são admitidos pelos hebreus". Leôncio inicia seu texto dizendo:

> "Agora, nesta segunda parte, tratemos de algumas seitas. São 84 as seitas enumeradas pelo Bispo Epifânio, de Chipre. Mas, antes de tratar das seitas, examinemos os livros aprovados pela Igreja. Dos livros eclesiásticos, uns são da Antiga Escritura e outros, da Nova Escritura. Por Antiga Escritura entendemos a que é transmitida por escrito antes da vinda de Cristo e por Nova Escritura entendemos a que se propagou depois da vinda de Cristo. A Antiga contém 22 livros históricos, proféticos, didáticos e hinológicos [... depois, antes de falar dos livros do NT, ele afirma: São 22 os livros da Antiga [Escritura] e seis os livros da Nova [Escritura], livros dos quais Mateus e Marcos, Lucas e João, Atos, Cartas Católicas, Cartas Paulinas e Apocalipse]".

Leôncio traz uma arranjo diverso para o Pentateuco, invertendo a ordem entre Levítico e Números (Gênesis, Êxodo, Números, Levítico, Deuteronômio), não cita *Ester* e nem *Lamentações*; tampouco traz os *deuterocanônicos* do AT. Outro dado interessante é que ele vai fazendo a sua descrição procurando classificar os livros segundo o gênero literário e indicando o conteúdo dos livros, embora indique isso apenas para os textos do AT.

O texto que reproduzimos aqui foi extraído da obra LEONTII BYZANTINI, *De Sectis – Actione II*. In: J.P. Migne. *Patrologia*, series Grega, Tomus LXXXVI, Petit-Montrouge, Paris, 1860, p. 1.199-1.204. O mesmo texto, embora de forma reduzida, também pode ser encontrado na obra de B.F. Westcott, *A General Survey of the History of the Canon of the New Testament* (Londres, Apêndice D, 1866, p. 501); igualmente na obra de Theodor Zahn, *Geschichte des neutestamentliche Kanons*. Zweiter Band: Urkunden und Belege zum ersten und dritten Band. Erste Hälfte (Erlangern/Leipzig: Naschf, 1890, p. 293-295).

Πραξεις β'	Atos II
Ἀκόλουθόν ἐστι μετὰ τὰ προλαβόντα, περὶ αἱρέσεών τινων διαλαβεῖν. Εἰσὶ δὲ αἱ πᾶσαι πδ', ἅς ἀπαριθμεῖται. Ἐπιφάνιος ὁ Κύπρου ἐπίσκοπος. Ἀλλὰ πρὸ τοῦ ἅψασθαι ἡμᾶς αὐτῶν, τέως ἀπαριθμηιώμεθα τὰ ἐκκλησιαστικὰ βιβλία. Τῶν τοίνυν ἐκκλησιαστικῶν βιβλίων, τά μὲν τῆς Παλαιᾶς εἰσι Γραφῆς τά δὲ, τῆς Νέας. Παλαιὰν δέ λέγομεν Γραφὴν, τὴν πρὸ τῆς παρουσίας τοῦ Χριστοῦ Νέαν δὲ, τὴν μετὰ τὴν παρουσίαν. Τῆς μὲν οὖν Παλαιᾶς βιβλία εἰσὶν χβ', ὧν τὰ μέν εἰσιν ἱστοριχά	Agora, nesta segunda parte, tratemos de algumas seitas. São 84 as seitas enumeradas pelo Bispo Epifânio de, Chipre. Mas, antes de tratar das seitas, examinemos os livros aprovados pela Igreja. Dos livros eclesiásticos, uns são da Antiga Escritura e outros, da Nova Escritura. Por Antiga Escritura entendemos a que é transmitida por escrito antes da vinda de Cristo e por Nova Escritura entendemos a que se propagou depois da vinda de Cristo. A Antiga

τὰ δὲ, προφητικά τὰ δὲ, παραινετικά τὰ δὲ, πρὸς τὸ ψάλλειν γενόμενα. Εἰ δὲ καὶ ἔχαστον ἐν ἐκάστῳ εὐρίσκεται, ἀλλ' οὖν ἀπὸ τοῦ πλεονάζοντος ἔκαστον κέχληται. Τά τοίνυν ἱστορικά βιβλία εἰσὶ ιβ', ὧν πρῶτόν ἐστιν ἡ Γένεσις, περιέχει δὲ τοῦτο τὸ βιβλὶον τὰ ἀπὸ τῆς ποιήσεως τοῦ οὐρανοῦ καὶ τῆς γῆς, ἕως τῆς τελευτῆς τοῦ Ἰωσὴφ. Δεύτερόν ἐστιν ἡ Ἔξοδος περιέχει δὲ καὶ τοῦτο ἀπὸ τῆς τελευτῆς τοῦ Ἰωσὴφ, καὶ τῆς ἐξόδου τῶν Ἰσραηλιτῶν, ἕως τῶν γενομένων ἄχρι τοῦ φθάσα: αὐτοῦς τὸ ὄ ρος τοῦ Σινᾶ. Ταῦτα δὲ ἐστι πῶς τὴν Ἐρυθρὰν θάλασσαν διεπέρασαν, καὶ τί ἐν τῷ μεταξὺ γέγονε, καὶ πῶς τὸν νόμον διὰ Μωσέως ἔλαβον ἀπὸ τοῦ θεο τοῦ. Τρίτον ἐστὶ βιβλίον, οἱ λεγόμενοι Ἀριθμοὶ, ἐν οἷς ἀπαριθμεῖται τὰς φυλὰς τῶν Ἰσραηλιτῶν, καὶ τοὺς ἄρχοντας αυτῶν. Τέταρτόν ἐστι τὸ Λευῒτικὸν, ἐν ᾧ προστάττει, πῶς δεῖ λατρεύειν τοῦς ἱερεῖς ὅθεν καὶ ἐχλήθη Λευῒτικόν ἀπὸ γὰρ τῆς φυλῆς τῶν Αευῒτῶν ἐγίνοντο οἱ ἱερεῖς. Πέμπτον ἐστὶ, τὸ Δευτερονόμιον, ἐν ᾧ ὡς ἐν συνόψει διηγεῖται τὰ ἀπὸ τῆς Ἔξοδου γενόμενα, μέχρι τοῦ ὅρους τοῦ Σινᾶ, καὶ ὅτι, τὸν νόμον πλατέως ἐκτίθεται, ὅθεν καὶ Δευτερονόμιον ἐκλήθη. "Α γὰρ ἐν τῇ Ἔξόδῳ ὡς ἐν συντόμῳ γέγραπται περὶ τοῦ νόμου, ταῦτα πλατῦτερον ἐν τῷ Δευτερονομίῳ παραοίδοται μετὰ καὶ ἐτέρων ἄλλων. Ταῦτα δὲ τὰ πέντε βιβλία, πάντες τοῦ Μωσέως μαρτυροῦσιν εἶναι τὰ γὰρ ἐφεξῆς, οὐδεὶς οἶδε τίνος εἰσί. Λέγονται δὲ ταῦτα, ἡ Πεντάτευχος. "Εκτον μετὰ τὸ Δευτερονόμιόν ἐστιν, Ἰησοῦς τοῦ Ναυῆ, ἐν ᾧ λέγεται, πῶς ἐξήγαγε τοὺς Ἰσραηλίτας ἀπὸ τῆς ἐρήμου εἰς τὴν γῆν τῆς ἐπαγγελίας ὁ Ἰησοῦς, μαθητὴς γενόμενος τοῦ Μωσέως καὶ ἰσοδύναμος αὐτῷ. Ἐβδομόν ἐστιν, οἱ λεγόμενοι Κριταί. Ἐλθόντες γὰρ οἱ Ἰσραηλῖται εἰς τὴν τὴν τῆς ἐπαγγελίας, ἐποίησαν ἑαυτοῖς κριτὰς, ἵνα κρίνωσι τὸν λαόν. Βασιλεῖς γὰρ οὐκ εἶχον, μόνον τὸν θεὸν βασιλέα ὀνομάζοντες. Ἐπειδὴ οὖν ἐν τούτῳ τῷ

contém 22 livros históricos, proféticos, didáticos e hinológicos. Se houver mescla de um gênero com outro em alguma parte, a obra é classificada no gênero predominante.

Os livros históricos são 12: o primeiro é o Gênesis que contém a história desde a criação do céu e da terra até a morte de José.

O Segundo é o Êxodo que abrange o período desde a morte de José e saída dos israelitas do Egito até a chegada ao Monte Sinai. Este livro contém os seguintes acontecimentos: travessia do Mar Vermelho, aceitação pelo povo da lei que Deus doou por Moisés.

O terceiro livro é o dos Números que narra o recenseamento dos israelitas com seus dirigentes. O quarto livro é o Levítico que estabelece as rubricas que os sacerdotes devem observar na celebração do culto divino. Do nome deste livro provém o nome dos levitas, sacerdotes assim chamados por serem escolhidos da tribo de Levi. O quinto livro é o Deuteronômio que contém uma sinopse do período desde o Êxodo até a chegada ao Monte Sinai. Este livro contém também uma exposição mais ampla da Lei, de onde se originou o nome Deuteronômio, que significa repetição da exposição da Lei, pois as prescrições brevemente descritas no Êxodo são mais detalhadas no Deuteronômio. Estes cinco livros são universalmente atribuídos a Moisés, mas a autoria dos que vêm depois é desconhecida. Os cinco livros são chamados Pentateuco. Depois do Deuteronômio vem o sexto livro, o Livro de Jesus de Nun [Josué]. Nesse livro se narra como Josué, que foi discípulo de Moisés a quem sucedeu com igual poder, conduziu os israelitas do deserto à Terra Prometida. O sétimo livro é o dos Juízes, porque quando chegaram à Terra Prometida, os israelitas constituíram os juízes para administrarem a justiça ao

βιβλίῳ διηγεῖται, ὅσα ἐποίησαν οἱ κριταί μέχρι τῶν βασιλέων. Διὰ τοῦτο ἐκλήθη, οἱ Κριταί. Ὄγδοόν ἐστι βιβλίον ἡ Ῥοὺθ. Ῥοὺθ δὲ λέγεται, ἐπειδὴ ἐν αὐτῷ δηγεῖται, πῶς ἡ Ῥοὺθ γυνὴ οὖσα Μωαβῖτις, εἰς τοὺς Ἰσραηλίτας μετέστη. Ἦν δὲ αὕτη γυνὴ τοῦ προπάτορος, Δαβίδ. Μετὰ ταῦτά ἐστι δύο βιβλία, καὶ περιέχει τὰς βασιλείας. Τέσσαρες γάρ εἰσι λόγοι τῶν Βασιλειῶν, ἐν δύο Βιβλίοις φερόμενοι.

Ἐβασίλευσαν δὲ οἱ Ἰουδαῖοι, ἀπὸ τοιαύτης αἰτίας. Ὁ Σαμουὴλ, ὃς ἐγένετο ὕστερος τῶν κριτῶν, ἀνὴρ ἐγένετο προφήτης καὶ μέγας, ὅστις μετὰ πάσης δικαιοσύνης ἔκρινε τὸν λαὸν Ἰσραήλ. Οὗτος ἔσχε δύο παῖδας, οἵτινες γηράσαντος τοῦ Σαμουὴλ γενόμενοι κριταί, οὐκ ἔκριναν τὸν λαὸν κατὰ τὰ δικαιώματα τοῦ Ηατρός ἀλλά δῶρα λαμβάνοντες, προεδίδουν τὰς κρίσεις. Γέροντος οὖν ὄντος τοῦ Πατρὸς αὐτῶν, συνήχθησαν οἱ Ἰσραηλῖται, αἰτοῦντες αὐτὸν μεταστῖλαι αὐτοῖς βασιλέα. Ὁ δὲ εὐχόμενος τῷ θεῷ περὶ τούτου, ἤκουσεν, ὅτι *Ποίησον* αὐτοῖς βασιλέα. *Οὐ γὰρ σὲ ἰξουδένωσαν, ἀλλ᾽ἐμέ, αἰτήσαντες, ἑαυτοῖς βασιλέα.* Ὁ δὲ ἀκούσας τοῦ θεοῦ, ἐποίησεν αὐτοῖς βασιλέα τὸν Σαούλ, ἄνδρα ἐκ φυλῆς Βενιαμίν ὅστις ἄρξας ἔτη μ᾽, οὐκ ἐφύλαξε τὰς ἐντολὰς τοῦ Θεοῦ. Καὶ τότε ὁ Θεὸς ἀντ᾽ αὐτοῦ τὸν Δαβὶδ ἐποίησε βασιλέα τῆς φυλῆς τοῦ Ἰούδα.

Καὶ ἀπ᾽ ἐκείνου ἔμεινεν ἡ φυλὴ τοῦ Ἰούδα βασιλεύουσα, παῖς παρὰ πατρὸς ἐκδεχόμενοι τὴν βασιλείαν ἕως οὖ Ναβουχοδονόσορ ἐλθὼν ἠνδραποδίσατο τὰ Ἱεροσόλυμα. Τὸ οὖν ἔννατον καὶ δέκατον βιβλίον περιέχει τὰς Βασιλείας. Ἑνδέκατόν ἐστιν, αἱ Παραλειπόμεναι. Παραλειπόμεναι δὲ ἐκλήθησαν, ἠπειδὴ ἐν αὐταῖς διεξέρχεται, ἃ παρέλιπον οἱ συγγραψάμενοι τὰς Βασιλείας. Δωδέκατόν ἐστι τῶν ἱστορικῶν βιβλίων ὁ Ἔσδρας ἐν ᾧ ἐστι τὰ μετὰ τὴν αἰχμαλωσίαν τῶν

povo. Eles não tinham reis e só a Deus reconheciam como seu rei. Daí o nome de juízes dado a este livro que narra os feitos dos juízes até o regime dos reis.
O oitavo livro é o de Rute, no qual se narra como Rute, uma jovem moabita tinha sido admitida entre os israelitas. Rute era esposa do avô de Davi. Dois livros contêm a história dos reinos; são quatro os livros sobre os reinos, reunidos em dois livros.

Origem do Reino dos Judeus. Samuel, o último juiz foi um grande homem e poeta que com grande justiça governou o povo israelita como juiz. Ele tinha dois filhos que já na velhice avançada de Samuel, como juízes não imitavam o exemplo de justiça e equidade do pai no exercício do direito, mas administravam mal suas funções, pondo em risco as causas judiciárias. Por esta razão, o povo israelita se reuniu e pediu que Samuel já muito idoso designasse um rei para governá-lo. Ele, então, depois de elevar súplicas a Deus, recebeu a resposta com a ordem de constituírem um rei. *Porque não é a ti que estão rejeitando, mas a mim, são contra o meu reinado [o próprio rei].* Recebida a resposta de Deus, Samuel deu ao povo um rei, Saul, homem da tribo de Benjamim, o qual reinou dez anos, mas não obedecia aos mandamentos de Deus; por isto Deus o substituiu por Davi, da tribo de Judá.

E a partir de então a tribo de Judá assumiu o reino, com os filhos sucedendo aos pais no poder até a invasão de Jerusalém e cativeiro imposto por Nabucodonosor com seus exércitos. O nono e o décimo livros descrevem os reinos. O décimo primeiro são os Paralipômenos. Chama-se Paralipômenos porque o nome provém da recordação dos fatos que os autores dos livros sobre os reinos tinham omitido. O décimo segundo livro histórico é o de Esdras que narra os acontecimentos

Ἰουδαίων γενόμενα, ἕως τῆς ἐπανόδου αὐτῶν, τῆς ἀπὸ τῶν Ἀσσυρίων, ἐπὶ Κύρου γενομένης. Καὶ ταῦτα μέν ἱστορικά.

Προφητικὰ δὲ εἰσι πέντε. Ὧν πρῶτόν ἐστιν ὁ Ἡσαΐας, δεύτερον ὁ Ἰερεμίας, τρίτον ὁ Ἰεζεκιήλ, τέταρτον ὁ Δανιήλ, πέμπτον τὸ Δωδεκαπρόφητον λεγόμενον, ἐν ᾧ δώδεκα προφητῶν κεῖται προφητεία. Παραινετικά εἰσι βιβλία δ'. Ὧν πρῶτον ὁ Ἰώβ τοῦτο δὲ τινες ἐνόμισαν Ἰωσήπου εἶναι σύγγραμμα, Δεύτερόν ἐστιν αἱ Παροιμίαι Σολομῶντος, τρίτον ὁ Ἐκκλησιαστής, τέταρτον τὸ Ἄσμα τῶν ἀσμάτων· Τετάχθαι δὲ νῦν μετὰ τὰ παραινετικὰ τὸ Ἄσμα τῶν ἀσμάτων λέγω, ἐπειδὴ ἡ τούτων θεωρία ὑψηλοτέρα ἐστίν. Εἰσὶ δὲ ταῦτα τὰ τρία βιβλία τοῦ Σολομῶντος· Μετὰ ταῦτά ἐστι τὸ Ψαλτήριον·

Καὶ ταῦτα μέν εἰσι τά χβ' βιβλία τῆς Παλαιᾶς τῆς δὲ Νέας, ἕξ εἰσι βιβλία, ὧν δύο περιέχει τοὺς τέσσαρας εὐαγγελιστὰς τὸ μὲν γὰρ ἔχει Ματθαῖον καὶ Μάρκον, τὸ δὲ ἔτερον, Λουκᾶν καὶ Ἰωάννην· τρίτον ἐστιν, αἱ Πράξεις τῶν ἀποστόλων· τέταρτον, αἱ καθολικαὶ Ἐπιστολαί, οὖσαι ἑπτά· ὧν πρώτη τοῦ Ἰακώβου ἐστί· ἡ β' καὶ ἡ γ', Πέτρου· ἡ δ', καὶ ε', καὶ ς', τοῦ Ἰωάννου· ἡ δὲ ζ', τοῦ Ἰούδα. Καθολικαὶ δὲ ἐκλήθησαν, ἐπειδὴ οὐ πρὸς ἕν ἔθνος ἐγράφησαν, ὡς αἱ τοῦ Παύλου, ἀλλὰ καθόλου πρὸς πάντα. Πέμπτον βιβλίον, αἱ ιδ' τοῦ ἁγίου Παύλου ἐπιστολαί. Ἕκτον ἐστιν, ἡ Ἀποκάλυψις τοῦ ἁγίου Ἰωάννου. Ταῦτά ἐστι τὰ κανονιζόμενα βιβλία ἐν τῇ Ἐκκλησίᾳ, καὶ παλαιὰ καὶ νέα· ὧν τὰ παλαιὰ πάντα δέχονται οἱ Ἑβραῖοι·

ocorridos depois do cativeiro dos judeus até o regresso do reino dos assírios, no tempo de Ciro. Até aqui, os doze livros históricos.

Mas são cinco os livros proféticos: O primeiro é o Isaías, o segundo é o Jeremias, o terceiro é o Ezequiel, o quarto é o Daniel, o quinto é o Doze Profetas, nos doze profetas temos a profecia.

Os livros didáticos são cinco, a saber: o primeiro é o de Jó, cuja autoria alguns exegetas atribuíam a José; o segundo são os Provérbios de Salomão; o terceiro o Eclesiastes; o quarto o Cântico dos Cânticos. Digo que o Cântico dos Cânticos segue por ordem depois dos didáticos, por tratar de assuntos mais sublimes. São estes, na verdade, três livros de Salomão. O seguinte é o Saltério.

São 22 os livros da Antiga [Escritura] e seis os livros da Nova [Escritura], livros dos quais, dois contêm os quatro evangelhos: o primeiro contém Mateus e Marcos; o segundo contém Lucas e João. O terceiro é o Atos dos Apóstolos; o quarto contém as sete epístolas católicas: a primeira é a de Tiago; a segunda e terceira são as duas de Pedro; a quarta, a quinta e a sexta, as três de João, a sétima é a de Judas. Porém, são chamadas católicas por serem gerais, não escritas para uma nação [povo], como as epístolas paulinas, mas destinadas a todos de modo geral. O quinto livro: as catorze epístolas de São Paulo. O sexto é o Apocalipse de São João. Todos os livros aqui enumerados são reconhecidos na Igreja como canônicos, os Antigos e os Novos. Todos os Antigos são admitidos pelos hebreus.

32) O cânon do Liber Sacramentorum Ecclesiae Gallicanae (séc. VI-VII)

O Cânon que temos no *Liber Sacramentorum ecclesiæ Gallicanæ*, um manuscrito que encontramos na obra *Museum italicum, Tomus I,* Paris, 1687, p. 396-397, é uma lista dos livros canônicos e deuterocanônicos do AT e do NT, presente em um manuscrito junto a um livro do Mosteiro de Bobbio, dos monges Beneditinos, perto de Milão, no norte da Itália, possivelmente do século VI ou século VII, e que chegou até nós por meio dos *Livros Litúrgicos* dos *Sacramentos* dos monges Beneditinos, publicado no século XVII. Porém, segundo T. Zhan, o manuscrito é anterior ao ano mil, possivelmente entre os anos 585-612, e que foi transmitido nos livros litúrgicos da Igreja e, posteriormente, pelos livros monásticos. Além de todos os livros que temos no cânon bíblico, que esta lista traz em uma divisão um pouco diferente, o interessante é o fato de que nesta lista nós também encontremos um livro intitulado dos *Sacramentos,* contado entre os livros canônicos do Novo Testamento.

No cânon do AT esta lista tem algumas curiosidades. Traz uma divisão por grupos: os 7 primeiros livros (Pentateuco, Js e Jz), os 3 livros dedicados às 3 mulheres (Rt, Est e Jt), os 2 dos Macabeus, Jó e Tb, os 4 dos Reis, os 16 profetas (maiores e menores), os 5 Davídicos, os 3 de Salomão (Pr, Ecl e Ct) e Esd, totalizando 44 livros para o AT. Para o NT, ele também traz um arranjo e divisão diferentes: 14 Epístolas Paulinas, 7 cartas católicas, Ap, At, os 4 Evangelhos e um livro chamado *Sacramentos*, totalizando 28 livros para o NT. Assim, com 44 livros do AT e mais os 28 livros do NT, temos um total de 72 livros para o todo das Sagradas Escrituras.

O texto que oferecemos aqui foi extraído da obra de D. Joannes Mabillon & D. Michaele Germain, *Museum Italicum, seu Collectio Veterum Scriptorum ex Bibliothecis Italicis,* inter quos *Liber Sacramentorum Ecclesiæ Gallicanæ,* Tomus I, em duas partes distintas (Paris, 1687, p. 396-397), sendo que os dois autores eram *presbyteris & monachis Benedictine Cong. S. Mauri.* Posteriormente, esta lista em latim também foi publicada na obra de Theodor Zahn, *Geschichte des neutestamentliche Kanons.* Zweiter Band: Urkunden und Belege zum ersten und dritten Band. Erste Hälfte (Erlangern/Leipzig: Naschf, 1890, p. 285), indicando sua fonte: *Museum italicum tom. I (Paris 1687) pars II p. 273-397; p. 275 scriptus est codex ante annos mille, p. 276 Facsimile.*

Incipt Capitulus de Vetere [Testamento] Canonizatus	Início do Capítulo sobre o Antigo [Testamento] Canonizado
Liber Genesis, Exodum, Leviticum, Numeri, Deuteronomium, Josue, Judicum	Livro de Gênesis, Êxodo, Levítico, Números, Deuteronômio, Josué, Juízes.
Libri milierum: Ruth, Sterh et Judith; Maccabeorum libri duo, Job et Thobias libri singuli; Regum quatuor; Prophetarum libri sexdecim; Daviticum quinque; Salomon tres: Proverbiorum, Ecclesiastes et Cantica canticorum; Esdra unus. Fiunt libri veteris numero quadraginta quatuor.	Livros das Mulheres: Rute, Ester e Judite; dois livros dos Macabeus, Jó e Tobias, livros singulares; quatro dos Reis; dezesseis livros dos Profetas; cinco Davídicos; três de Salomão: Provérbios, Eclesiastes e Cânticos dos Cânticos; um de Esdra. Formam quarenta e quatro livros do Antigo Testamento.
De novo apostolorum libri: [Pauli] quatuordecim Epistole, Petri dueo, Johannes tres, Jacobi et Jadae singule, Apocalipsis uno, Actus apostolorum uno, Evangelia libri quatuor, Sacramentorum uno. De novo sunt libri viginti octo. Fiunt in summa libri septuaginta duo.	Livros dos Apóstolos do Novo: [de Paulo] quatorze Epístolas, duas de Pedro, três de João, Tiago e Judas, uma cada, um do Apocalipse, um dos Atos dos Apóstolos, quatro livros dos Evangelhos, um dos *Sacramentos*. São vinte e oito livros do Novo. Formam uma soma de setenta e dois livros.

33) O cânon de Isidoro de Sevilha (c. 625 d.C.)

Isidoro de Sevilha (560-633 d.C.), em latim *Isidoro Hispanensis*, foi arcebispo de Sevilha, Espanha, e fundador de uma escola naquela mesma cidade. Ele era filho de família romano-hispânica nobre e isso proporcionou a ele bons estudos. A sua família era de uma tradição cristã muito forte. A vida religiosa da família era algo tão acentuado que seus irmãos e irmã, bem como ele, são todos considerados santos pela Igreja Católica, sendo uma família de bispos e religiosa. Ele não foi monge, mas amava e protegia bastante os monges. O seu tempo ainda foi marcado muito pelo arianismo e ele teve que lutar muito contra seus seguidores para erradicar essa prática entre os cristãos, bem como para criar a paz entre os visigodos e o restante da população. Era homem capaz no latim e no grego, fato este que lhe proporcionou uma certa projeção entre os bispos hispânicos, a ponto de ter sido o redator de muitos documentos conciliares de sua época, como dos concílios de Toledo e Sevilha, em que ele participou ativamente.

A lista dos livros bíblicos de Isidoro de Sevilha aparece em uma enciclopédia que ele compilou para seus estudantes, tentando facilitar os estudos e aprendizado em sua escola, sendo considerado um dos últimos acadêmicos do Mundo Antigo. Ele foi bastante influente em seu tempo, inclusive junto ao governo espanhol. Escreveu várias obras, entre as quais: a respeito da fé católica contra os judeus (*De fide catholica contra Iudaeos*); um breve tratado sobre a doutrina da Trindade, a natureza de Cristo, do Paraíso, anjos e homens (*De differentiis verborum*); sobre os ofícios eclesiásticos (*De ecclesiasticis officiis*); sobre a essência, a natureza e a sabedoria de Deus (*Sententiae libri três*); sobre os homens ilustres (*De viris illustribus*); sobre a história universal (*Chronica Majora*); sobre a história dos reis góticos, vândalos e suevos (*Historia de regibus Gothorum, Vandalorum et Suevorum*). Mais ainda, com a sua enciclopédia intitulada *Etymologiae*, parece ter sido o primeiro escritor cristão a tentar compilar uma *Summa* do pensamento e do conhecimento universal. Nela encontramos o *Codex Inemendatus*.

Mas o que nos interessa, de fato, é a obra que Isidoro escreveu sobre os livros do AT e do NT, em que ele traça uma lista dos livros canônicos e deuterocanônicos, no texto intitulado *Introdução sobre os livros do AT e do NT* (*In Libros Veteris ac Novi Testamenti Proœmia, Prologus*). Nele, após discorrer sobre os livros bíblicos, Isidoro traz um ítem intitulado *Incídio do Prêmbulo* (*Incipiunt Proœmia*), em que encontramos um pequeno comentário de cada livro, constituindo como que uma introdução a cada um dos textos das Sagradas Escrituras, como que fazendo, já, naquela época, uma "Teologia Bíblica" do AT e do NT. Ele recorda que os hebreus não aceitam os livros deuterocanônicos do AT, mas afirma que a Igreja os aceita. Ele afirma que, no cânon das Sagradas Escrituras, nós temos "setenta e dois livros de ambos os Testamentos". Provavelmente porque ele cita apenas o livro de Esdras, que deveria conter também o livro de Neemias (Esdras-Neemias), como é comum em outros catálogos também ou porque Jeremias contém Baruc, o que também encontramos em outros catálogos. Mas ele traz todos os livros deuterocanônicos do AT e do NT, citando-os como canônicos para a Igreja.

O texto que reproduzimos abaixo, foi extraído da obra ISIDORI, HISPALENSIS EPICOPI, *In Libros Veteris ac Novi Testamenti Proœmia*. In: J.P. Migne. *Patrologia*, series Latina, Tomus LXXXIII (Paris: Petit-Montrouge, 1850, p.

155-180), e em B.F. Westcott, *A General Survey of the History of the Canon of the New Testament* (Londres, 1866, Apêndice D, p. 515-516).

SANCTI ISIDORI HISPALENSIS EPISCOPI IN LIBROS VETERIS AC NOVI TESTAMENTI PROOEMIA. (C)	PREÂMBULO DE SANTO ISIDORO, BISPO ESPANHOL, SOBRE OS LIVROS DO ANTIGO E DO NOVO TESTAMENTOS (C)
Prologus.	Prólogo.
1. Plenitudo Novi et Veteris Testamenti, quam in canone catholica recipit Ecclesia, juxta vetustam priorum traditionem ista est.	1. Esta é a totalidade do Novo e do Antigo testamentos, que a Igreja Católica recebe em seu cânone, de acordo com as tradições antigas.
2. In principio videlicet, quinque libri Moysi, Genesis, Exodus, Leviticus, Numeri, Deuteronomium, id est, recapitulatio legis et quasi secunda lex.	2. No início, aparecem os cinco livros de Moisés: Gênesis, Êxodo, Levítico, Números, Deuteronômio, isto é, a recapitulação da lei e quase uma segunda lei.
3. Huic succedunt libri Jesu Nave, Judicum, et libellus cujus est titulus Ruth, qui non ad historiam Judicum, ut Hebraei asserunt, sed magis ad principium Regum pertinere videtur.	3. A estes sucedem os livros de *Jesus Nave* [*Josué*], dos Juízes, e um livrinho cujo título é Rute, que parece não pertencer à história dos Juízes, como afirmam os hebreus, mas mais provavelmente ao início dos Reis.
4. Hos sequuntur quatuor libri Regum. Quorum quidem Paralipomenon libri duo e latere annectuntur, quia earumdem gestarum rerum continent causas quae in libris Regum esse noscuntur,	4. A estes seguem quatro livros dos Reis. A estes se ligam literalmente, os dois livros dos Paralipômenos, pois contêm os feitos dos mesmos, cujas causas se conhecem nos livros dos Reis.
5. Quanquam et alia sunt volumina quae in consequentibus diversorum inter se temporum texunt historias, ut Job liber, et Tobiae, et Esther, et Judith, et Esdrae, et Machabaeorum libri duo.	5. Há ainda outros volumes que unem entre si histórias pertencentes a várias épocas, como o livro de Jó, de Tobias, de Ester, de Judite, de Esdras e os dois livros dos Macabeus.
6. Sed hi omnes, praeter librum Job, Regum sequuntur historiam, deinceps Judaeorum annales suis quibusque temporibus persequuntur, continentes tristia, sive laeta, quae post excidium Jerusalem judaico populo acciderunt.	6. Mas estes todos, exceto o livro de Jó, continuam a história dos Reis, seguindo depois os anais dos judeus daqueles tempos, contendo tristezas e alegrias que atingiram o povo judaico depois da destruição de Jerusalém.
7. Ex quibus quidem Tobiae, Judith, et Machabaeorum Hebraei non recipiunt. Ecclesia tamen eosdem inter canonicas scripturas enumerat.	7. Desses, porém, os hebreus não aceitam os livros de Tobias, Judite e dos Macabeus. A Igreja, porém, os enumera entre as escrituras canônicas.
8. Occurrunt dehinc Prophetae, in quibus est Psalmorum liber unus, et Salomonis libri tres, Proverbiorum scilicet, Ecclesiastes, et Cantica canticorum. Duo	8. Depois vêm os Profetas, nos quais se encontram um livro dos Salmos, três livros de Salomão: o dos Provérbios, o do Eclesiastes e o Cântico dos Cânticos. Há

quoque illi egregii, et sanctae institutionis libelli, Sapientiam dico, et alium qui vocatur Ecclesiasticus; qui dum dicantur a Jesu filio Sirach editi, tamen propter quamdam eloquii similitudinem Salomonis titulo sunt praenotati.

Qui tamen in Ecclesia parem cum reliquis canonicis libris tenere noscuntur auctoritatem.

9. Supersunt libri sedecim prophetarum, ex quibus quatuor sunt, qui majora volumina condiderunt, id est, Isaias, Jeremias, Ezechiel et Daniel.

10. Reliqui vero duodecim breves sunt, et contigui, et ob hoc uno volumine coarctati, quorum nomina haec sunt: Osee, Joel, Amos, Abdias, Jonas, Michaeas, Nahum, Habacuc, Sophonias, Aggaeus, Zacharias et Malachias. Quidam autem Jeremiae Lamenta segregantes, de volumine ejus resecuerunt, sicque quadraginta quinque libros Veteris Testamenti suscipiunt.

11. Hinc occurrit Testamentum Novum, cujus primum Evangeliorum libri sunt quatuor, scilicet, Matthaeus, Marcus, Lucas et Joannes. Sequuntur deinde Epistolae Pauli apostoli quatuordecim, id est, ad Romanos, ad Corinthios duae, ad Galatas, ad Ephesios, ad Philippenses, ad Thessalonicenses duae, ad Colossenses, ad Timotheum duae, ad Titum vero, et ad Philemonem, et ad Hebraeos singulae.

12. Epistolae quoque Joannis apostoli tres, Petri duae, Judae, et Jacobi singulae.

13. Actus etiam apostolorum, et Apocalypsis Joannis. Fiunt ergo in ordine utriusque Testamenti libri septuaginta et duo.

14. Haec sunt enim nova et vetera, quae de thesauro Domini proferuntur, e quibus cuncta sacramentorum mysteria revelantur. Hi sunt duo Seraphim, qui in confessione sanctae Trinitatis jugiter decantantes Τρὶς ἅγιος hymnum erumpunt.

também outros dois notáveis: o folheto da instituição dos santos, digo a *Sabedoria*, e outro que é chamado *Eclesiástico*; que se diz que foram editados por *Jesus filho de Sirac*, porque tem uma certa semelhança de discurso, no entanto são indicados no título como sendo de Salomão. De qualquer modo, para a Igreja possuem a mesma autoridade dos demais livros canônicos.

9. Restam os livros dos dezesseis profetas, dos quais há quatro que formaram os volumes maiores, isto é, Isaías, Jeremias, Ezequiel e Daniel.

Os restantes doze são breves, e contíguos, e, por isso, agrupados em um volume, cujos nomes são: Oseias, Joel, Amós, Abdias, Jonas, Miqueias, Naum, Habacuc, Sofonias, Ageu, Zacarias e Malaquias. Alguns, porém, separando as Lamentações de Jeremias, o destacaram de seu livro, e assim aceitam quarenta e cinco livros do Antigo Testamento.

11. Então vem o Novo Testamento, cujos primeiros são os quatro livros dos Evangelhos, a saber, Mateus, Marcos, Lucas e João. Seguem então quatorze Epístolas de Paulo apóstolo, isto é, aos Romanos, aos Coríntios duas, aos Gálatas, aos Efésios, aos Filipenses, aos Tessalonicenses duas, aos Colossenses, a Timóteo duas, a Tito e a Filêmon e aos Hebreus, uma cada.

12. Epístolas também há três do Apóstolo João, duas de Pedro, e uma cada de Judas e Tiago.

13. Também os Atos dos Apóstolos e o Apocalipse de João. Formam-se assim os setenta e dois livros de ambos os testamentos.

14. Estas são, portanto, as coisas novas e velhas, que se tiram do tesouro do Senhor, e pelas quais se revelam todos os mistérios dos sacramentos. Aqui estão dois *Serafins*, que, cantando ininterruptamente em confissão da Santíssima Trindade, entoam o hino Τρὶς ἅγιος (*três vezes santo*).

231

15. Haec [*Forte* hae] etiam duae olivae in Zacharia, quae a dextris, et sinistris lampadis astant, atque pinguedine et splendore Spiritus sancti totum orbem doctrinae claritate illuminant.	15. Aqui estão também duas oliveiras em Zacarias, que estão à direita e à esquerda da lâmpada, e que com sua chama e com o esplendor do Espírito Santo iluminam toda a terra com a clareza da doutrina.
16. Hae litterae sacrae, hi libri integri numero et auctoritate: aliud cum istis nihil est comparandum. Quidquid extra hos fuerit, inter haec sancta et divina nullatenus est recipiendum.	16. Eis as sagradas letras, aqui os livros em número e autoridade total: nada se compara com estes. O que quer que esteja fora deles não deve ser aceito de forma alguma como santo e divino.
17. Disposito igitur Veteris ac Novi Testamenti ordine librorum et numero, nunc cursim breviterque in eos parva prooemia narrationum subjiciamus.	17. Organizados, assim, a ordem e o número dos livros do Antigo e do Novo Testamentos, apresentamos agora rápida e brevemente um pequeno preâmbulo das narrações.
INCIPIUNT PROOEMIA. Segue-se um pequeno comentário de cada livro, constituindo uma introdução a cada um deles, já fazendo uma "Teologia Bíblica" do AT e do NT.	INÍCIO DO PREÂMBULO. Segue-se um pequeno comentário de cada livro, constituindo uma introdução a cada um deles, já fazendo uma "Teologia Bíblica" do AT e do NT.

34) O cânon da Lista dos Sessenta Livros (c. 650 d.C.)

A lista dos *Sessenta Livros* é uma lista que pode ser encontrada junto a alguns *Manuscritos* sobre as *Questões* (επωτησις) e as *Respostas* (αποκωισις) de *Anastásio Sinaíta*, em latim *Anastasius Sinaita*, em que ele responde a 154 questões e nelas cita os livros canônicos do AT e do NT, bem como os não canônicos. No catálogo dos "60 livros" temos 34 do AT e 26 do NT, faltando o livro do Apocalipse. Não é uma lista separada e sim uma lista que encontramos nas 154 repostas que o autor oferece a seus interlocutores e que pode ser encontrada abundantemente, pois ele chega a repetir um mesmo livro várias vezes. Esta lista parece ser um *catálogo* muito difundido na Igreja Grega, e deve ser do século VII. Por exemplo, ela se parece muito com a *Synopsis Scripturae Sacrae*, atribuída a Atanásio de Alexandria, que encontramos na *PG* 28, e que também trazemos aqui entre as nossas várias listas dos livros das Sagradas Escrituras. Ademais, a lista dos "apócrifos" concorda com a lista *Esticométrica* de Nicéforo de Constantinopla, presente na *PG* 100, que também apresentamos aqui entre as várias listas, com a diferença de que o catálogo dos "60 Livros" não traz o número de linhas e, por isso mesmo, não se encaixa no estilo da literatura *Esticométrica*.

A lista dos *Sessenta Livros* começa por enumerar escritores e livros bíblicos do AT e do NT e, além dos 60 livros canônicos, ela nos fornece uma lista dos escritos não compreendidos entre os "60 livros", que coloca entre os livros discutidos (*antilegomena*), compreendendo os deuterocanônicos, citadondo *4 livros dos Macabeus*, e o livro do *Eclesiástico* é citado com o título de *Sabedoria de Sirac*, coisa comum em algumas listas antigas, e traz, como última lista, os escritos "apócrifos", como podemos conferir adiante.

A lista que oferecemos aqui foi tirada da obra ANASTASIUS SINAITA, *Interrogationes et Responsiones, Catalogus Scriptorum*. In: J.P. Migne. *Patrologia*, series Grega, Tomus LXXXIX (Paris: Petit-Montrouge, 1886, p. 311-824). É necessário correr os olhos em cada uma das 154 respostas para se chegar à lista dos "60 livros", que oferecemos aqui adiante, com um catálogo dos canônicos, deuterocanônicos e apócrifos. Um cânon parecido encontramos na obra *Fragmenta*, presente no texto de CLEMENTIS I, PONTEFICIS ROMANI. In: J.P. Migne. *Constitutiones Apostolicæ, Proœmia*, Tomus I (Paris: Petit-Montrouge, 1857, p. 515-518), também reportado como sendo aproximadamente do ano 650 d.C, que reproduzimos aqui. Além disso, também podemos encontrar texto grego na obra de B.F. Westcott, *A General Survey of the History of the Canon of the New Testament* (Londres, Apêndice D, 1866, p. 499-500); igualmente na obra de Theodor Zahn, *Geschichte des neutestamentliche Kanons*. Zweiter Band: Urkunden und Belege zum ersten und dritten Band. Erste Hälfte (Erlangern/Leipzig: Naschf, 1890, p. 290-292).

Τῆς Παλαιᾶς διαθήκης	Do Antigo Testamento
Γένεσις	Gênesis
Ἔξοδος	Êxodo
Λευϊτικὸν	Levítico
Ἀριθμοὶ	Números
Δευτερονόμιον	Deuteronômio
Ἰησοῦς	Jesus [*Josué*]
Κριταὶ	Juízes
Ῥοὺθ	Rute
Βασιλειῶν α΄ καὶ β΄	Reis 1 e 2
Βασιλειῶν γ΄ καὶ δ΄	Reis 3 e 4
Παραλειπόμενα α΄ καὶ β΄	Crônicas dois livros
Ἔσδρας α΄ καὶ β΄	Esdras dois livros
Βίβλος ψαλμῶν	Livro dos Salmos
Παροιμίαι Σολομῶντος	Provérbios de Salomão

Ἐκκλησιαστὴς	Eclesiastes
Ἆισμα ᾀσμάτων	Cântico dos cânticos
Ἰὼβ	Jó
Ἡσαίας	Isaías
Ἱερεμίας	Jeremias
Βαροὺχ	Lamentações
Ἰεζεκιὴλ	Ezequiel
Δανιὴλ	Daniel
Οἱ δώδεκα προφῆται	Os Doze Profetas
Ὡσηὲ	Oseias
Ἀμὼς	Amós
Μιχαίας	Miqueias
Ἰωὴλ	Joel
Ἰωνᾶς	Abdias
Ἀβδίας	Jonas
Ναούμ	Naum
Ἀββακούμ	Habacuc
Σοφονίας	Sofonias
Ἀγγαῖος	Ageu
Ζαχαρίας	Zacarias
Μαλαχίας	Malaquias
Τῆς νέας διαθήκης.	Do Novo Testamento
Εὐαγγέλιον κατὰ Ματθαῖον	Evangelho segundo Mateus
Εὐαγγέλιον κατὰ Μάρκον	Evangelho segundo Marcos
Εὐαγγέλιον κατὰ Λουκᾶν	Evangelho segundo Lucas
Εὐαγγέλιον κατὰ Ἰωάννην	Evangelho segundo João
Πράξεις τῶν ἀποστόλων	Atos dos Apóstolos
Παύλου ἐπιστολαὶ	Epístolas de Paulo
πρὸς Ῥωμαίους	aos Romanos
πρὸς Κορινθίους α´	aos Coríntios I
πρὸς Κορινθίους β´	aos Coríntios II
πρὸς Γαλάτας	aos Gálatas
πρὸς Ἐφεσίους	aos Efésios
πρὸς Φιλίππησίους	aos Filipenses
πρὸς Κολοσσαεῖς	aos Colossenses
πρὸς Θεσσαλονικεῖς α´	aos Tessalonicenses I
πρὸς Θεσσαλονικεῖς β´	aos Tessalonicenses II
πρὸς Φιλήμονα	a Filêmon
πρὸς Τιμόθεον α´	a Timóteo I
πρὸς Τιμόθεον β´	a Timóteo II
πρὸς Τίτον	a Tito
πρὸς Ἑβραίους	aos Hebreus

Καθολικαὶ ἐπιστολαὶ	Epístolas Católicas
Ἰακώβου	de Tiago
Πέτρου α´	de Pedro I
Πέτρου β´	de Pedro II
Ἰωάννου α´	de João I
Ἰωάννου β´	de João II
Ἰωάννου γ´	de João III
Ἰούδα	de Judas
(*Como nos Orientais, não cita Apocalipse*)	(*Como nos Orientais, não cita Apocalipse*)
Fora dos Sessenta:	Fora dos Sessenta
Σοφία Σολομῶντος	1. Sabedoria de Salomão
Σοφία τοῦ Σιρὰχ	2. Sabedoria de Sirac
Μακκαβαϊκὰ α´	3. I Macabeus
Μακκαβαϊκὰ β´	4. II Macabeus
Μακκαβαϊκὰ γ´	5. III Macabeus
Μακκαβαϊκὰ δ´	6. IV Macabeus
Ἐσθὴρ	7. Ester
Ἰουδὶθ	8. Judite
Τωβίας	9. Tobias
Καὶ ὅσα ἀπόκρυφα.	E aqui os apócrifos:
Ἀδὰμ	1. Adão
Ἐνὼχ	2. Enoque
Λάμεχ	3. Lamec
Πατριάρχαι	4. Patriarcas
Προσευχὴ Ἰωσὴφ	5. Oração de José
Ἐλὰδ καὶ Μωδὰδ	6. Elad e Modad
Διαθήκη Μωϋσέως	7. Testamento de Moisés
Ἀνάληψις Μωϋσέως	8. Assunção de Moisés
Ψαλμοὶ Σολομῶντος	9. Salmos de Salomão
Ἀποκάλυψις Ἡσαΐου	10. Apocalipse de Elias
Ἡλεί ὅρασις	11. Visão de Elias
Ἀποκάλυψις Σοφονίου	12. Apocalipse de Sofonias
Ἀποκάλυψις Ζαχαρίου	13. Apocalipse de Zacarias
Ἀποκάλυψις Ἔσδρας	14. Apocalipse de Esdras
Ἰακώβου Ἱστορία	15. História de Tiago (= Protoevangelho)
Ἀποκάλυψις Πέτρου	16. Apocalipse de Pedro
Περίοδοι καὶ Διδαχὴ τῶν ἀποστόλων	17. Viagens e Doutrina dos Apóstolos[53]
Βαρνάβα ἐπιστολὴ	18. Epístola de Barnabé
Πράξεις Παύλου	19. Atos de Paulo
Ἀποκάλυψις Παύλου	20. Apocalipse de Paulo
Διδαχὴ Κλήμεντος	21. Doutrina de Clemente
Διδαχὴ Ἰγνατίου	22. Doutrina de Inácio

---

53 A expressão grega "Περίοδοι καὶ Διδαχὴ τῶν ἀποστόλων" pode ser traduzida tanto por *Viagens e doutrina dos apóstolos*, como também poderia ter a ideia de *Escola e ensinamento dos apóstolos*.

Διδαχὴ Πολυκάρπου,	23. Doutrina de Policarpo
Εὐαγγέλιον κατὰ Βαρνάβα	24. Evangelho segundo Barnabé
Εὐαγγέλιον κατὰ Ματθια	25. Evangelho segundo Matias

35) O cânon do Catálogo Anônimo in notis (c. 650 d.C.)

O Catálogo Anônimo *in notis* (que aparece *em uma nota*) é um texto que se encontra registrado no texto da *Patrologia Grega*, atribuído a São Clemente I, Romano Pontífice, em sua *Opera Dubia*, em que temos uma lista de 60 livros, entre os livros do AT e do NT, mas não traz o livro do Apocalipse. Além dos 60 livros canônicos, essa nota traz uma lista de oito deuterocanônicos e uma lista de vinte e cinco livros apócrifos. Nessa obra, temos um texto dos *Fragmenta*, presente no texto de CLEMENTIS I, PONTEFICIS ROMANI. In: J.P. Migne. *Constitutiones Apostolicæ, Prœmia,* Tomus I (Paris: Petit-Montrouge, 1857, p. 515-518).

Este Cânon *in notis* é idêntico ao que temos na Lista dos Sessenta Livros (c. 650 d.C.), encontrado em alguns Manuscritos sob o título: *Questões e respostas de Anastásio Sinaita*, que provavelmente é da mesma época (c. 650 d.C.) e que encontramos na obra ANASTASIUS SINAITA. In: J.P. Migne. *Interrogationes et Responsiones, Catalogus Scriptorum,* Tomus LXXXIX (Paris: Petit-Montrouge, 1886, p. 311-824), conforme reproduzimos aqui em nossa obra. Além disso, este parece ser um catálogo muito difundido na Igreja Grega, e deve ser do século VII. Um cânon parecido encontramos na obra de B.F. Westcott, *A General Survey of the History of the Canon of the New Testament* (Londres, 1866, Apêndice D, p. 499-500), que corresponde ao cânon dos Sessenta Livros, que também encontramos na obra de Theodor Zahn, *Geschichte des neutestamentliche Kanons*. Zweiter Band: Urkunden und Belege zum ersten und dritten Band. Erste Hälfte (Erlangern/Leipzig: Naschf, 1890, p. 290-292).

O autor do Cânon *in notis* trata dos "acerca dos 60 Livros, e daqueles que estão fora", ou seja, sobre os livros canônicos, deuterocanônicos e apócrifos. Após falar dos 60 livros canônicos do AT e do NT, ele fala dos deuterocanônicos do AT, sob o título: "além dos LX temos", indicando uma relação de 8 ao todo, para depois falar dos apócrifos do AT e do NT, sob o título: "e aqui os apócrifos", e indica uma relação de 25 livros ao todo.

Περί τῶν ξ΄ βιβλίων, καὶ ὅσα τούντων ἐχτός	De LX Libris, et quinam extra illos sint	Acerca dos 60 Livros, e daqueles que estão fora.
α΄, Γένεσις	1. Genesis	1. Gênesis
β΄, Ἔξοδος	2. Exodus	2. Êxodo
γ΄, Λευῒτικὸν	3. Leviticus	3. Levítico
δ΄, Ἀριθμοὶ	4. Numeri	4. Números
ε΄, Δευτερονόμιον	5. Deuteronomium	5. Deuteronômio
ζ΄, Ἰησοῦς	6. Joue	6. Josué
ζ΄, Κριταὶ καὶ Ῥοὺθ	7. Judices, et Ruth	7. Juízes e Rute
η΄, Βασιλειῶν α΄	8. Regnorum (seu Regnum) primus	8. Primeiro dos Reis (ou Reino)
θ΄, Βασιλειῶν β΄	9. Regnorum secundus	9. Segundo dos Reis
ι΄, Βασιλειῶν γ΄	10. Regnorum tertius	10. Terceiro dos Reis
αι΄, Βασιλειῶν δ΄	11. Tegnorum quartor	11. Quarto dos Reis
ιδ΄, Παραλειπόμενα, ε΄.	12. Paralipomena, quintus	12. Paralipômenos, cinco
ιγ΄, Ἰὼβ	13. Job	13. Jó
ιδ΄, Ψαλτήριον	14. Psalterium	14. Saltério
ιε΄, Παροιμίαι	15. Proverbia	15. Provérbios
ις΄, Ἐκκλησιαστὴς	16. Ecclesiastes	16. Eclesiastes
ιζ΄, Ἄσματα ἀσμάτων ε΄	17. Canticum sive canticorum	17. Cântico dos Cânticos
ιή΄, Ἔσδρας	18. Esdras	18. Esdras
ιθ΄, Ὡσηὲ	19. Osee	19. Oseias
χ΄, Ἀμὼς	20. Amos	20. Amós
χα΄, Μιχαίας	21. Michaeas	21. Miqueias
χβ΄, Ἰωὴλ	22. Joel	22. Joel
χγ΄, Ἰωνᾶς	23. Jonas.	23. Jonas
χδ΄, Ἀβδίας	24. Abdias	24. Abdias
χε΄, Ναούμ	25. Nahum	25. Naum
χς΄, Ἀββακούμ	26. Habacuc	26. Habacuc
χζ΄, Σοφονίας	27. Soponias	27. Sofonias
χη΄, Ἀγγαῖος	28. Aggaeus	28. Ageu
χθ΄, Ζαχαρίας	29. Zacharias	29. Zacarias
λ΄, Μαλαχίας	30. Malachias	30. Malaquias
λα΄, Ἡσαΐας	31. Isaias	31. Isaías
λβ΄, Ἰερεμίας	32. Jeremias	32. Jeremias
λγ΄, Ἰεζεκιὴλ	33. Ezechiel	33. Ezequiel
λδ΄, Δανιὴλ	34. Daniel	34. Daniel
λε΄, Εὐαγγέλιον κατὰ Ματθαῖον	35. Evangelium secundum Matt	35. Evangelho segundo Mateus
λς΄, κατὰ Μάρκον	36. secundum Marcum	36. segundo Marcos
λζ΄, κατὰ Λουκᾶν	37. secundum Lucam	37. segundo Lucas
λη΄, κατὰ Ἰωάννην	38. secundum Joannem	38. segundo João
λθ΄, Πράξεις τῶν ἀποστόλων	39. Acta Apostolorum	39. Atos dos Apóstolos

237

μ΄, Ἰακώβου ἐπιστολή	40. Jacobi Epistola	40. Epístola de Tiago
μα΄, Πέτρου	41. Petri	41. de Pedro
μβ΄, Πέτρου	42. Petri	42. de Pedro
μγ΄, Ἰωάννου	43. Joannis	43. de João
μδ΄, Ἰωάννου	44. Joannis	44. de João
με΄, Ἰωάννου	45. Joannis	45. de João
μς΄, Ἰούδα	46. Judae	46. de Judas
μζ΄, Παύλου πρὸς Ῥωμαίους	47. Pauli ad Romanos	47. De Paulo ao Romanos
μη΄, πρὸς Κορινθίους	48. ad Corinthios	48. aos Coríntios
μθ΄, πρὸς Κορινθίους	49. ad Corinthios	49. aos Coríntios
ν΄, πρὸς Γαλάτας	50. ad Galatas	50. aos Gálatas
να΄, πρὸς Ἐφεσῖους	51. ad Ephesios	51. aos Efésios
νβ΄, πρὸς Φιλίππησίους	52. ad Philippenses	52. aos Filipenses
νγ΄, πρὸς Κολοσσαεῖς	53. ad Colossenses	53. aos Colossenses
νδ΄, πρὸς Θεσσαλονικεῖς	54. ad Thessalonicenses	54. aos Tessalonicenses
νε΄, πρὸς Θεσσαλονικεῖς	55. ad Thessalonicenses	55. aos Tessalonicenses
νς΄, πρὸς Τιμόθεον	56. ad Timotheum	56. a Timóteo
νζ΄, πρὸς Τιμόθεον	57. ad Timotheum	57. a Timóteo
νη΄, πρὸς Τίτον	58. ad Titum	58. a Tito
νξ΄, πρὸς Ἑβραίους	59. ad Philemonem	59. a Filêmon
	60. ad Hebraeos	60. aos Hebreus
Καὶ ὅσα ἔξω τῶν ξ΄,	Et qui extra LX sunt	E além dos LX são:
α΄ Σοφία Σολομῶντος	1. Sapientia Salomonis	1. Sabedoria de Salomão
β΄ Σοφία Σιρὰχ	2. Sapientia Sirach	2. Sabedoria de Sirac
γ΄ Μακκαβαιων	3. Maccabaeorum	3. Dos Macabeus
δ΄ Μακκαβαιων	4. Maccabaeorum	4. Dos Macabeus
ε΄ Μακκαβαιων	5. Maccabaeorum	5. Dos Macabeus
ζ΄, Ἐσθὴρ	6. Esther	6. Ester
η΄, Ἰουδὶθ	7. Judith	7. Judite
θ΄, Τωβίας	8. Tobias	8. Tobias
Καὶ ὅσα ἀπόκρυφα	Et qui apocryphi	E aqui os apócrifos
α΄, Ἀδὰμ	1. Adam	1. Adão
β΄, Ἐνὼχ	2. Enoch	2. Enoque
γ΄, Λάμεχ	3. Lamech	3. Lamec
δ΄, Πατριάρχαι	4. Patriarchae	4. Dos Patriarcas
ε΄, Ἰωσῆφ Προσευχὴ	5. Josephi Oratio	5. Oração de José
ς΄, Ἐλδὰμ καὶ Μωδὰμ	6. Eldam et Medam	6. Eldam e Medam
ζ΄, Διαθήκη Μωσέως	7. Testamentum Mosis	7. Testamento de Moisés
-----------------------	....	....
θ΄, Ψαλμοί Σολομῶντος	9. Psalmi Salomonis	9. Salmos de Salomão
ι΄, Ἡλιοῦ Ἀποκάλυψις	10. Eliae Revelatio seu Apocalypsis	10. Revelação ou Apocalipse de Elias
ια΄, Ἡσαΐου ὅρασις	11. Esaiae visio	11. Visão de Isaías
ιβ΄, Σοφονίου Ἀποκάλυψις	12. Sophoniae Revelatio	12. Revelação de Sofonias
ιγ΄, Ζαχαρίου Ἀποκάλυψις		

ιδ´, Ἔσδρα Ἀποκάλυψις	13. Zachariae Revelatio	13. Revelação de Zacarias
ιε´, Ἰακώβου Ἱστορία	14. Esdrae Revelatio	14. Revelação de Esdras
ις´, Πέτρου Ἀποκάλυψις	15. Jacobi Historia	15. História de Tiago
ιζ´, Περίοδοι καὶ Διδαχαὶ	16. Petri Apocalypsis	16. Apocalipse de Pedro
τῶν ἀποστόλων	17. Periodi aut Circuitus et	17. Período ou Circuito e
ιη´, Βαρνάβα ἐπιστολὴ	Doctrina Apostolorum	Doutrina dos Apóstolos
μθ´, Παύλου Πράξις	18. Barnabae Epistola	18. Epístola de Barnabé
χ´, Παύλου Ἀποκάλυψις	19. Pauli Actus	19. Atos de Paulo
χα´, Διδασχαλία	20. Pauli Apocalypsis	20. Apocalipse de Paulo
Κλήμεντος	21. Doctrinae Clementis	21. Doutrina de Clemente
χβ´, Ἰγνατίου Διδασχαλία	22. Ignatii Doctrina	22. Doutrina de Inácio
χγ´, Πολυκάρπου	23. Polycarpi Doctrina	23. Doutrina de Policarpo
Διδασχαλία		
χδ´, Εὐαγγέλιον κατὰ	24. Evangelium secundum	24. Evangelho segundo
Βαρνάβα	Barnabam	Barnabé
χε´, Εὐαγγέλιον κατὰ	25. Evangelium secundun	25. Evangelho segundo
Ματθαῖον	Matthaeum	Mateus

36) O cânon de João Damasceno (c. 730 d.C.)

João Damasceno, em grego Ἰωάννης ὁ Δαμασκηνός, em latim *Iohannes Damascenus,* nasceu em Damasco, na Síria, em 675, e faleceu em Mar Saba, em 749. Ele foi um eminente teólogo e Padre da Igreja Oriental, além de também ter sido um monge em Jerusalém durante boa parte de sua vida adulta, vivendo no Mosteiro de São Sabas, em Jerusalém, onde dedicou-se, após sua ordenação sacerdotal, à pregação. Para isso, ele também compôs um Manual de Teologia, intitulado *Fonte do Conhecimento,* que se tornou clássico na Idade Média.

Sua lista dos livros canônicos é dada em uma instrução "Acerca da Escritura", em sua *Exposição da Fé Ortodoxa,* que ele escreve com a intenção de instruir os fiéis sobre a verdadeira fé e contra as heresias. Ele teve formação em Direito, Teologia e Música. Entre suas muitas obras, encontramos textos sobre a fé cristã, homilias, comentários bíblicos, sobre o culto das imagens e hinos litúrgicos, que são usados sobretudo na liturgia oriental, além de ter escrito bastante sobre a Virgem Maria, e entre suas obras encontra-se: "Assunção de Maria". Ele também travou uma luta acirrada contra a iconoclastia, muito forte em sua época. Neste sentido, ele é muito conhecido por sua heroica defesa do culto e veneração aos ícones. Ele é contra a latria, mas defende a *veneratio* ou δουλια, que têm o sentido de venerar, que é diferente de *latria* ou λατρεια, que é o culto de adoração prestado tão unicamente a Deus. Do contrário se cai em *idolatria*, ou seja, culto prestado aos ídolos. João Damasceno é considerado o último dos Padres da Igreja Oriental[54].

Em sua lista dos livros canônicos, intitulada "Acerca da Escritura", na obra *Exposição da Fé Ortodoxa*, que tem como intenção instruir os fiéis sobre os verdadeiros e os não verdadeiros livros das Sagradas Escrituras, João Damasceno começa por citar os livros do At de 5 em 5, intitulando-os "Quatro Pentateucos": o primeiro: da lei; o segundo: da história; o terceiro: dos poéticos; e, o quarto: dos profetas, afirmando que o AT é formado por 22 livros, pelo fato de que alguns são duplos; coloca como proféticos os livros de Esdras, Neemias e Ester. Dos deuterocanônicos do AT, ele cita apenas "Sabedoria e Eclesiástico", afirma que são tidos como virtuosos e nobres, mas não canônicos. Em seguida, ele trata dos livros do Novo Testamento, que contém todos os livros de nosso NT canônico: quatro Evangelhos, Atos dos Apóstolos, as sete epístolas católicas, as quatorze cartas do Apóstolo Paulo e o Apocalipse de São João. Mas ele também cita entre os canônicos, os Cânones dos Santos Apóstolos, que ele afirma ter sido escrito por Clemente.

O texto grego aqui apresentado foi extraído da obra JOANNIS DAMASCENI, *De Fide Orthodoxa,* Liber IV. In: J.P. Migne. *Patrologia*, series Grega, Tomus XCIV Paris: Petit-Montrouge, 1860, p. 1.173-1.180). Mas também podemos encontrar o seu catálogo bíblico no texto JOURNEL, M.J.R. *Enchiridion Patristicum* (Barcelona: Herder, 1951, n. 2.373, p. 749), e igualmente na obra de B.F. Westcott, *A General Survey of the History of the Canon of the New Testament* (Londres, 1866, Apêndice D, p. 487-488); Também podemos encontrar o texto referente ao NT na obra de Theodor Zahn, *Geschichte des neutestamentliche Kanons*. Zweiter Band: Urkunden und Belege zum ersten und dritten Band. Erste Hälfte (Erlangern/Leipzig: Naschf, 1890, p. 295).

Περὶ γραφῆς / Acerca da Escritura

Εἷς ἐστιν ὁ θεὸς ὑπό τε παλαιᾶς διαθήκης καὶ καινῆς κηρυττόμενος, ὁ ἐν τριάδι ὑμνούμενός τε καὶ δοξαζόμενος, τοῦ κυρίου φήσαντος· "Οὐκ ἦλθον καταλῦσαι τὸν νόμον, ἀλλὰ πληρῶσαι" (αὐτὸς γὰρ τὴν ἡμῶν σωτηρίαν εἰργάσατο, ὑπὲρ ἧς	Um só é Deus anunciado pelo Antigo Testamento e pelo Novo, louvado e glorificado na Trindade, porque o Senhor disse: "Não vim para abolir a Lei, mas para dar-lhe pleno cumprimento" (de fato Ele operou a nossa Salvação, à qual está

---

54 Cf. GOMES, C.F. *Antologia dos Santos Padres*. São Paulo: Paulinas, 1973, p. 443.

πᾶσα γραφὴ καὶ ἅπαν μυστήριον), καὶ πάλιν· "Ἐρευνᾶτε τὰς γραφάς· αὗται γὰρ μαρτυροῦσι περὶ ἐμοῦ", καὶ τοῦ ἀποστόλου εἰπόντος· "Πολυμερῶς καὶ πολυτρόπως πάλαι ὁ θεὸς λαλήσας τοῖς πατράσιν ἡμῶν ἐν τοῖς προφήταις, ἐπ᾽ ἐσχάτων τῶν ἡμερῶν τούτων ἐλάλησεν ἡμῖν ἐν υἱῷ". Διὰ πνεύματος τοίνυν ἁγίου ὅ τε νόμος καὶ οἱ προφῆται, εὐαγγελισταὶ καὶ ἀπόστολοι καὶ ποιμένες ἐλάλησαν καὶ διδάσκαλοι.

"Πᾶσα τοίνυν γραφὴ θεόπνευστος πάντως ὠφέλιμος". Ὥστε κάλλιστον καὶ ψυχωφελέστατον ἐρευνᾶν τὰς θείας γραφάς. Ὥσπερ γὰρ δένδρον παρὰ τὰς διεξόδους τῶν ὑδάτων πεφυτευμένον, οὕτω καὶ ψυχὴ τῇ θείᾳ ἀρδευομένη γραφῇ πιαίνεται καὶ καρπὸν ὥριμον δίδωσι, πίστιν ὀρθόδοξον, καὶ ἀειθαλέσι τοῖς φύλλοις, ταῖς θεαρέστοις φημὶ ὡραΐζεται πράξεσι· πρός τε γὰρ πρᾶξιν ἐνάρετον καὶ θεωρίαν ἀθόλωτον ἐκ τῶν ἁγίων γραφῶν ῥυθμιζόμεθα. Πάσης γὰρ ἀρετῆς παράκλησιν καὶ κακίας ἁπάσης ἀποτροπὴν ἐν ταύταις εὑρίσκομεν. Ἐὰν οὖν ἐσόμεθα φιλομαθεῖς, ἐσόμεθα καὶ πολυμαθεῖς· ἐπιμελείᾳ γὰρ καὶ πόνῳ καὶ τῇ τοῦ διδόντος χάριτι κατορθοῦνται ἅπαντα.

"Ὁ γὰρ αἰτῶν λαμβάνει καὶ ὁ ζητῶν εὑρίσκει καὶ τῷ κρούοντι ἀνοιγήσεται? Κρούσωμεν τοίνυν εἰς τὸν κάλλιστον παράδεισον τῶν γραφῶν, τὸν εὐώδη, τὸν γλυκύτατον, τὸν ὡραιότατον, τὸν παντοίοις νοερῶν θεοφόρων ὀρνέων κελαδήμασι περιηχοῦντα ἡμῶν τὰ ὦτα, τὸν ἁπτόμενον ἡμῶν τῆς καρδίας, καὶ λυπουμένην μὲν παρακαλοῦντα, θυμουμένην δὲ κατευνάζοντα καὶ χαρᾶς ἀιδίου ἐμπιπλῶντα, τὸν ἐπιβιβάζοντα ἡμῶν τὴν διάνοιαν ἐπὶ τὰ χρυσαυγῆ μετάφρενα τῆς θείας περιστερᾶς καὶ ὑπέρλαμπρα καὶ ταῖς φανωτάταις αὐτῆς πτέρυξι πρὸς τὸν μονογενῆ υἱὸν καὶ κληρονόμον τοῦ

voltada toda a Escritura e cada Mistério), E ainda: "Perscrutai as Escrituras: de fato estas me trazem testemunho". E o Apóstolo diz: "Deus, que tinha já falado nos tempos antigos muitas vezes e em modos diversos aos pais por meio dos profetas, ultimamente, nestes dias, Ele falou a nós por meio do Filho". E, então, por meio do Espírito Santo, falaram a lei e os profetas, os evangelistas e os apóstolos, os pastores e os mestres.

Portanto, "toda a Escritura é inspirada por Deus" e certamente útil. Assim que é belíssimo e utilíssimo à alma o escrutar as Divinas Escrituras. De fato, como uma árvore plantada junto ao curso da água, assim também a alma irrigada na Divina Escritura se firma e dá um fruto maduro, ou seja, a reta fé, e é ornada pelas folhas sempre verdes, ou seja, as ações que agradam a Deus. De fato, pelas santas Escrituras sejamos formados à ação virtuosa e à pura contemplação. Nessas nós encontramos a exortação a toda virtude e a dissuasão de toda malícia. E se seremos desejosos de aprender, nos tornaremos também muito instruídos: de fato, todas as coisas são levadas a bom fim com a diligência, com o trabalho e com a graça daquele que as doa.

"De fato, quem pede recebe, procura encontra, e quem bate será aberto". Portanto, busquemos o belíssimo paraíso das Escrituras, bem perfumado, dulcíssimo, esplendíssimo, que ressoa aos nossos ouvidos com os múltiplos cantos dos pássaros intelectuais inspirados por Deus, toca ao nosso coração, se sofre, o conforta, se é provocado, o acalma, o enche de alegria eterna: e faz subir o nosso pensamento sobre o dorso cintilante como ouro e superesplendente da pomba divina, a qual com as asas luminosíssimas dela a levanta até o Filho unigênito e herdeiro do semeador da vinha inteligível e, através deles, ao Pai das luzes.

φυτουργοῦ τοῦ νοητοῦ ἀμπελῶνος ἀνάγοντα καὶ δι' αὐτοῦ τῷ πατρὶ τῶν φώτων προσάγοντα.

Ἀλλὰ μὴ παρέργως κρούσωμεν, προθύμως δὲ μᾶλλον καὶ ἐπιμόνως· μὴ ἐκκακήσωμεν κρούοντες. Οὕτω γὰρ ἡμῖν ἀνοιγήσεται. Ἐὰν ἀναγνῶμεν ἅπαξ καὶ δὶς καὶ μὴ διαγνῶμεν, ἃ ἀναγινώσκομεν, μὴ ἐκκακήσωμεν, ἀλλ' ἐπιμείνωμεν, ἀδολεσχήσωμεν, ἐρωτήσωμεν· ἐπερώτησον γάρ, φησίν, τὸν "πατέρα σου, καὶ ἀναγγελεῖ σοι, τοὺς πρεσβυτέρους σου, καὶ ἐροῦσί σοι. Οὐ γὰρ πάντων ἡ γνῶσις. Ἀρυσώμεθα ἐκ τῆς τούτου τοῦ παραδείσου πηγῆς ἀέννaα καὶ καθαρώτατα νάματα ἁλλόμενα εἰς ζωὴν αἰώνιον, ἐντρυφήσωμεν, ἀπλήστως κατατρυφήσωμεν· τὴν γὰρ χάριν ἀδάπανον κέκτηνται.

Εἰ δέ τι καὶ παρὰ τῶν ἔξωθεν χρήσιμον καρπώσασθαι δυνηθείημεν, οὐ τῶν ἀπηγορευμένων ἐστί. Γενώμεθα δόκιμοι τραπεζῖται τὸ μὲν γνήσιον καὶ καθαρὸν χρυσίον σωρεύοντες, τὸ δὲ κίβδηλον παραιτούμενοι. Λάβωμεν λόγους καλλίστους, θεοὺς δὲ γελοίους καὶ μύθους ἀλλοτρίους τοῖς κυσὶν ἀπορρίψωμεν· πλείστην γὰρ ἐξ αὐτῶν ἰσχὺν κτήσασθαι δυνηθείημεν.

Ἰστέον δέ ὡς εἴκοσι καὶ δύο βίβλοι εἰσὶ τῆς παλαιᾶς διαθήκης κατὰ τὰ στοιχεῖα τῆς Ἑβραΐδος φωνῆς· εἴκοσι δύο γὰρ στοιχεῖα ἔχουσιν ἐξ ὧν πέντε διπλοῦνται ὡς γίνεσθαι αὐτὰ εἴκοσι ἑπτά. διπλοῦν γάρ ἐστι τὸ Χὰφ καὶ τὸ Μὲμ καὶ τὸ Νοῦν καὶ τὸ Φὲ καὶ τὸ Σαδί. διὸ καὶ αἱ βίβλοι κατὰ τοῦτον τὸν τρόπον εἴκοσι δύο μὲν ἀριθμοῦνται εἴκοσι ἑπτὰ δὲ εὑρίσκονται διὰ τὸ πέντε ἐξ αὐτῶν διπλοῦσθαι. Συνάπτεται γὰρ ἡ Ῥοὺθ τοῖς Κριταῖς καὶ ἀριθμεῖται παρ' Ἑβραίοις μία βίβλος· ἡ πρώτη καὶ ἡ δευτέρα τῶν Βασιλειῶν μία βίβλος· ἡ τρίτη καὶ ἡ τετάρτη τῶν Βασιλειῶν μία βίβλος· ἡ πρώτη καὶ ἡ δευτέρα τῶν Παραλειπομένων μία βίβλος·

Mas busquemos não com negligência, mas com ardor e com constância. E não cansemos de buscar. De fato, assim será aberto. E se lermos uma vez, e duas vezes, e não compreendemos aquilo que lemos, não cansemos, mas persistamos, meditemos, interroguemos. De fato, "interroga a teu pai, que te fará saber, aos seus avós e te dirão". De fato, nem todos têm ciência. Cheguemos à fonte do paraíso, às correntes que jorram sempre, que esguicham para a vida eterna. Deliciemo-nos, alegremo-nos com isso sem nos saciarmos: de fato, essa tem uma graça inesgotável.

Se somos capazes de tirar qualquer fruto útil de qualquer outra parte, não está entre as coisas proibidas. Sejamos hábeis banqueiros, acumulando as moedas genuínas e puras, mas rejeitando aquelas adulteradas. Tomemos também palavras belíssimas, mas joguemos aos cães os deuses ridículos e as narrações não convenientes. De fato, daquelas poderemos tirar muitíssima força.

Mas é preciso saber que há vinte e dois livros do Antigo Testamento, um para cada letra da língua hebraica. Porque há vinte e duas letras dos quais cinco se duplicam, e assim elas se tornam vinte e sete. Ou seja, se duplicam a Caph, a Mem, a Nun, a Pe e a Tsade. E, assim, o número de livros encontrados é de vinte e dois, mas encontramos vinte e sete por causa do caráter duplo de cinco. *Rute* se une com *Juízes*, e os hebreus lhes contam como um livro: o primeiro e segundo livros de *Reis* são contados como um; e por isso também para o terceiro e o quarto livros de *Reis*, um só livro; e também o primeiro e segundo de *Paralipômenos*, um só livro; e

ἡ πρώτη καὶ ἡ δευτέρα τοῦ Ἔσδρα μία βίβλος. Οὕτως οὖν σύγκεινται αἱ βίβλοι ἐν πεντατεύχοις τέτρασι, καὶ μένουσιν ἄλλαι δύο ὡς εἶναι τὰς ἐνδιαθέτους βίβλους οὕτως· πέντε νομικάς, Γένεσιν, Ἔξοδον, Λευιτικόν, Ἀριθμοί, Δευτερονόμιον· αὕτη πρώτη πεντάτευχος, ἢ καὶ νομοθεσία. Εἶτα ἄλλη πεντάτευχος, τὰ καλούμενα Γραφεῖα, παρά τισι δὲ Ἁγιόγραφα ἅτινά ἐστιν οὕτως· Ἰησοῦς ὁ τοῦ Ναυῆ, Κριταὶ μετὰ τῆς Ῥούθ, Βασιλειῶν πρώτη μετὰ τῆς δευτέρας βίβλος μία, ἡ τρίτη μετὰ τῆς τετάρτης βίβλος μία, καὶ αἱ δύο τῶν Παραλειπομένων βίβλος μία. αὕτη δευτέρα πεντάτευχος. Τρίτη πεντάτευχος αἱ στιχήρεις βίβλοι, τοῦ Ἰώβ, τὸ Ψαλτήριον, Παροιμίαι Σολομῶντος, Ἐκκλησιαστὴς τοῦ αὐτοῦ, τὰ Ἄισματα τῶν ᾀσμάτων τοῦ αὐτοῦ. Τετάρτη πεντάτευχος ἡ προφητική, τὸ δωδεκαπρόφητον βίβλος μία, Ἡσαΐας, Ἱερεμίας Ἰεζεκιήλ, Δανιήλ, εἶτα τοῦ Ἔσδρα αἱ δύο εἰς μίαν συναπτόμεναι βίβλον, καὶ ἡ Ἐσθήρ.

Ἡ δὲ Πανάρετος, τουτέστιν ἡ Σοφία τοῦ Σολομῶντος καὶ ἡ Σοφία τοῦ Ἰησοῦ, ἣν ὁ πατὴρ μὲν τοῦ Σιρὰχ ἐξέθετο Ἑβραϊστί Ἑλληνιστι δὲ ἡρμήνευσεν ὁ τούτου μὲν ἔγγονος Ἰησοῦς τοῦ δὲ Σιρὰχ υἱός· ἐνάρετοι μὲν καὶ καλαί ἀλλ' οὐκ ἀριθμοῦνται οὐδὲ ἔκειντο ἐν τῇ κιβωτῷ.

Τῆς δὲ νέας διαθήκης εὐαγγέλια τέσσαρα· τὸ κατὰ Ματθαῖον, τὸ κατὰ Μάρκον, τὸ κατὰ Λουκᾶν, τὸ κατὰ Ἰωάννην. Πράξεις τῶν ἁγίων ἀποστόλων διὰ Λουκᾶ τοῦ εὐαγγελιστοῦ. καθολικαὶ ἐπιστολαὶ ἑπτά· Ἰακώβου μία, Πέτρου δύο, Ἰωάννου τρεῖς, Ἰούδα μία. Παύλου ἀποστόλου ἐπιστολαὶ δεκατέσσαρες. Ἀποκάλυψις Ἰωάννου εὐαγγελιστοῦ. Κανόνες τῶν ἁγίων ἀποστόλων διὰ Κλήμεντος.

o primeiro e segundo de Esdra, um só livro. Desta forma, em seguida, os livros são reunidos juntos em quatro Pentateucos e dois outros permanecem juntos, de modo a formar, assim, os livros canônicos: cinco deles são da Lei, ou seja, Gênesis, Êxodo, Levítico, Números, Deuteronômio. Este, que é o código da Lei, constitui o primeiro Pentateuco. Em seguida, vem outro Pentateuco, o chamado *Grapheia*, ou como são chamados por alguns, o *Hagiographa*, que são os seguintes: Jesus, filho de Nave [*Josué*], Juízes, juntamente com Rute, primeiro e segundo dos Reis, que são um livro; o terceiro e o quarto, que são um livro; e os dois livros dos Paralipômenos, que são um livro. Este é o segundo Pentateuco. O terceiro Pentateuco é o dos poéticos: Jó, Salmos, Provérbios de Salomão, Eclesiastes dele, o Cântico dos Cânticos dele. O quarto Pentateuco é o dos proféticos: os doze profetas que constituem um livro, Isaías, Jeremias, Ezequiel, Daniel. Em seguida, vêm os dois livros de Esdras, que formam um, e o de Ester. Está também o Panaretos, isto é, a Sabedoria de Salomão, e a Sabedoria de Jesus, publicada em hebraico pelo pai de Sirá [= Eclesiástico] e posteriormente traduzido para o grego por seu neto, Jesus filho de Sirac. Estes são virtuosos e nobres, mas não são contados nem foram depositados na arca.

Mas do Novo Testamento: há quatro evangelhos, o segundo Mateus, o segundo Marcos, o segundo Lucas, o segundo João. Os Atos dos Santos Apóstolos escrito por Lucas Evangelista. Sete epístolas católicas: uma de Tiago, duas de Pedro, três de João, uma de Judas. Quatorze cartas do Apóstolo Paulo; o Apocalipse de São João, o Evangelista; os Cânones dos Santos Apóstolos, por Clemente.

37) O cânon de Jerusalém 54, fol. 76a (c. 1056)

O Cânon *Jerusalemitano*, em latim *Hierosolymitanus* 54 (c. 1056), com datação incerta, é um cânon bíblico do AT que encontramos reproduzido no artigo de Jean Paul Audet, Hebrew-Aramaic list of books of the Old Testament in Greek transcription, *Journal of Theological Studies*, n. 1.2 (out./1950, p. 135-154), especificamente à p. 136, onde o autor traz listas hebraicas e aramaicas dos livros do AT em sua transcrição para o grego. Este catálogo dos livros judaicos de nosso AT foi encontrado num Manuscrito da Biblioteca do Patriarcado Grego de Jerusalém, com o número 54, à folha 76a, datado do ano 6564 para os gregos, o que equivale a aproximadamente ao ano 1056 d.C. Ele conta com o título "ὀνόματα τῶν βίβλίων παρ' ἑβραίοις / *Nomes dos livros dos hebreus*" e, imediatamente após, ele traz a lista em um texto que compreende 11 linhas no Manuscrito, conforme reproduzimos aqui, no primeiro gráfico, e que, em seguida, no segundo gráfico, para facilitar, nós oferecemos em duas colunas a numeração e tradução do mesmo.

ὀνόματα τῶν βίβλίων παρ' ἑβραίοις

1. βρισίθ · Γένεσις. 2. ἐλσιμόθ · Ἔξοδος. 3. ὀδοικρα · Λευίτικόν
4. δυησοῦ · Ἰησοῦ υἱοῦ Ναυῆ. 5. ἐλεδεββαρί · Δευτερονόμιον. 6. οὐιδαβίρ · Ἀριθμοί. 7. δαρούθ · τῆς Ῥούθ. 8. διώβ · τοῦ Ἰώβ. 9. δάσοφιτιμ · τῶν Κριῶν. 10. σφερτελίμ · Ψαλτήριον. 11. διεμμουὴλ · Βασιλειῶν α´. 12. διαδδουδεμουὴλ · Βασιλειῶν β´. 13. δαμαλαχὴμ · Βασιλειῶν γ´. 14. ἀμαλαχὴμ · Βασιλειῶν δ´. 15. δεβριιαμίν · Παραλειπομένων α´. 16. δεριιαμίν · Παραλειπομένων β´. 17. δαμαλεώθ · Παροιμιῶν. 18. δακοὲλεθ · Ἐκκλησιαστής. 19. σιρὰ σιρίμ · Ἄσμα ἀσμάτων. 20. διερέμ · Ἰερεμίας. 21. δααθαρσιαρ · Δωδεκαπρόφητον. 22. δησαΐου · Ἡσαΐου. 23. διεεζεκιήλ · Ἰεζεκιήλ. 24. δαδανιήλ · Δανιήλ. 25. δέσδρα· Ἔσδρα α´. 26. δαδέσδρα · Ἔσδρα β´. 27. δεσθής · Εσθήρ.

ὀνόματα τῶν βίβλίων παρ' ἑβραίοις / Nomes dos livros dos Hebreus	
1. βρισίθ · Γένεσις	1. βρισίθ · Gênesis
2. ἐλσιμόθ · Ἔξοδος	2. ἐλσιμόθ · Êxodo
3. ὀδοικρα · Λευίτικόν	3. ὀδοικρα · Levítico
4. δυησοῦ · Ἰησοῦ υἱοῦ Ναυὴ	4. δυησοῦ · Jesus, filho de Nave [*Josué*]
5. ἐλεδεββαρί · Δευτερονόμιον	5. ἐλεδεββαρί · Deuteronômio
6. οὐιδαβίρ · Ἀριθμοί	6. οὐιδαβίρ · Números
7. δαρούθ · τῆς Ῥούθ	7. δαρούθ · de Rute
8. διώβ · τοῦ Ἰώβ	8. διώβ · de Jó
9. δάσοφιτιμ · τῶν Κριῶν	9. δάσοφιτιμ · dos Juízes

10. σφερτελὶμ · Ψαλτήριον	10. σφερτελὶμ · Saltério
11. διεμμουὴλ · Βασιλειῶν α´	11. διεμμουὴλ · 1° dos Reis (1° Samuel)
12. διαδδουδεμουὴλ · Βασιλειῶν β´	12. διαδδουδεμουὴλ · 2° dos Reis (2° Samuel)
13. δαμαλαχὴμ · Βασιλειῶν γ´	13. δαμαλαχὴμ · 3° dos Reis (1° Reis)
14. ἀμαλαχὴμ · Βασιλειῶν δ´	14. ἀμαλαχὴμ · 4° dos Reis (2° Reis)
15. δεβρὶιαμίν · Παραλειπομένων α´	15. δεβρὶιαμίν · 1° dos Paralipômenos (Crônicas)
16. δεριιαμίν · Παραλειπομένων β´	16. δεριιαμίν · 2° dos Paralipômenos (Crônicas)
17. δαμαλεώθ · Παροιμιῶν	17. δαμαλεώθ · dos Provérbios
18. δακοὲλεθ · Ἐκκλησιαστής	18. δακοὲλεθ · de Eclesiastes
19. σιρὰ σιρίμ · Ἄσμα ἀσμάτων	19. σιρὰ σιρίμ · Cântico dos Cânticos
20. διερέμ · Ἰερεμίας	20. διερέμ · Jeremias
21. δααθαρσιαρ · Δωδεκαπρόφητον	21. δααθαρσιαρ · Doze Profetas
22. δησαΐου · Ἡσαΐου	22. δησαΐου · de Isaías
23. διεεζεκιήλ · Ἰεζεκιήλ	23. διεεζεκιήλ · de Ezequiel
24. δαδανιήλ · Δανιήλ	24. δαδανιήλ · de Daniel
25. δέσδρα· Ἔσδρα α´	25. δέσδρα· 1° de Esdras (Esdras)
26. δαδέσδρα · Ἔσδρα β´	26. δαδέσδρα · 2° de Esdras (Neemias)
27. δεσθής · Εσθήρ.	27. δεσθής · Ester

J.P. Audet traz a lista conforme encontramos na obra de Philotheos Bryennios, Διδαχὴ τῶν δώδεκα Ἀποστόλων, 1885, Metropolita de Nicomédia, que cita primeiro os nomes dos livros em hebraico helenizado e, em seguida, traz os nomes em grego. Nós iremos traduzir apenas a transcrição grega, respeitando nas duas colunas os nomes em hebraico, ainda que escritos em caracteres gregos. Interessante é observar a ordem dos livros citados, que já é diferente no Pentateuco, coisa rara entre os catálogos, visto ser um conjunto de aceitação comum. Porém aqui ele cita a ordem: "1. βρισίθ · Gênesis, 2. ἐλσιμόθ · Êxodo, 3. ὀδοικρα · Levítico, 4. δυησοῦ · Josué, 5. ἐλεδεββαρί · Deuteronômio, 6. οὐιδαβίρ · Números", *chegando* a citar o livro de *Josué* como sendo o quarto livro do Pentateuco e inverte também a ordem entre os livros dos *Números* e de *Deuteronômio* (cf. tb. o cânon de Melitão de Sardes, aqui em nossa obra). Outro dado é que ele cita a ordem do cânon do AT contendo 27 livros, como encontramos em alguns manuscritos. Para tanto, sugerimos conferir a obra de *Sixto de Siena*, de 1556, em que o autor trabalha as várias divisões, inclusive com sua celebre divisão entre: livros *canônicos* e livros *deuterocanônicos* do AT e do NT, bem como cita o fato de que há ainda os livros considerados *apócrifos*.

Este catálogo *Hierosolymitanus* 54 (c. 1056), com 27 livros, assemelha-se à lista de Epifânio (cf. EPIPHANIUS, *Panarion*. In: J.P. Migne. *Patrologia*, series Grega, Tomus 41 (Paris: Petit-Montrouge, 1863, p. 213-214), que também enumera 27 livros para o AT, todavia na seguinte ordem: "1. Gênesis. 2. Êxodo. 3. Levítico. 4. Números. 5. Deuteronômio. 6. O Livro de Jesus, o de Nun [*Josué*]. 7. dos Juízes. 8. de Rute. 9. de Jó. 10. O Saltério. 11. Provérbios de Salomão. 12. Eclesiastes. 13. O Cântico dos Cânticos. 14. O Primeiro dos Reis. 15. O Segundo dos Reis. 16. O Terceiro dos Reis. 17. O Quarto dos Reis. 18. O Primeiro de Crônicas. 19. O Segundo de Crônicas. 20. dos Doze Profetas. 21. Primeiro o Profeta Isaías. 22. Segundo o Profeta Jeremias, com as Lamentações e as Epístolas dele e também de Baruc. 23. Terceiro o Profeta Ezequiel. 24. Quarto o Profeta Daniel. 25. O Primeiro Livro de Esdra. 26. O Segundo Livro. (*Neemias*). 27. O Livro de Ester", conforme encontramos em seu catálogo dos livros do AT, que trazemos, aqui em nossa obra, com a diferença de que a ordem é outra, especialmente do Pentateuco, que segue a ordem que encontramos na maioria absoluta dos catálogos bíblicos orientais e ocidentais.

Em seguida, à página 138, no mesmo artigo, após apresentar os dados iniciais do *Manuscrito,* a questão a ordem diferente e seus problemas linguísticos, como erros na escrita, o autor oferece uma reconstrução do cânon com algumas correções, baseando-se no catálogo de Epifânio, que também trazemos aqui em nossa obra. Embora o texto seja dos livros hebraicos, mas escritos em caracteres helênicos e com erros na grafia, o autor defende que "por mais corrupta que seja a forma em que o texto nos chegou, é melhor, nesta questão particular, ater-se ao grego"[55] e trabalhar a partir dele, visto ser o texto original que recebemos. Mas oferecemos igualmente o texto que J.P. Audet traz em seu artigo a partir da obra de K. Holl, *Die handschriftliche Ueberlieferung des Epiphanius* (T.U. xxxvi. 2) (Leipzig, 1920, p. 87-95), mas sem a tradução, visto que já a temos no quadro anterior.

....
55   AUDET, J.-P. Hebrew-Aramaic list of books of the Old Testament in Greek transcription. *Journal of Theological Studies*, n. 1/2 (1950), p. 138.

1. βρισὶθ, ἥ γένεσις καλεῖται κόσμου·
2. ἐλησιμὼθ, ἥ ἔξοδος τῶν υἱῶν ἐξ αἰγύπτου·
3. οὐδωϊκρὰ, ἥ ἑρμηνεύεται λευίτικόν·
4. οὐιδαβίρ, ἥ ἐστιν ἀριθμῶν·
5. ἐλλεδεββαρὶμ, τὸ δευτερονόμιον·
6. διησοῦ, ἡ τοῦ ἰησοῦ τοῦ ναυῆ·
7. διώβ, ἡ τοῦ ἰώβ·
8. διασωφτεὶμ, ἡ τῶν κριῶν·
9. διαρούθ, ἡ τῆς ῥούθ·
10. σφερτελεὶμ, τὸ ψαλτήριον·
11. δεβριϊαμεὶν, ἡ πρώτη τῶν παραλειπομένων·
12. δεβριϊαμεὶν, παραλειπομένων δευτέρα·
13. δεμουὴλ, βασιλειῶν πρώτη·
14. δαδουδεμουὴλ, βασιλειῶν δευτέρα·
15. δμαλαχεὶ, βασιλειῶν τρίτη·
16. δμαλαχεὶ, βασιλειῶν τετάρτη·
17. δμεαλώθ, ἡ παροιμιῶν·
18. δεκωέλεθ, ὁ ἐκκλησιαστής·
19. σιρασιρείμ, τὸ ᾆσμα τῶν ᾀσμάτων·
20. δαθαριασαρὰ, τὸ δωδεκαπρόφητον·
21. δησαΐου, τοῦ προφήτου ἡσαΐου·
22. διερέμ, ἡ τοῦ ἱερεμίου·
23. διεζεκιὴλ, ἡ τοῦ ἰεζεκιήλ·
24. δδαδανιὴλ, ἡ τοῦ δανιήλ·
25. δδέσδρα· ἡ τοῦ ἔσδρα πρώτη·
26. δδέσδρα, ἡ τοῦ ἔσδρα δευτέρα·
27. δεσθὴρ, ἡ τῆς ἐσθὴρ·

38) O cânon de Hugo de São Vitor (séc. XII d.C.)

Hugo de São Vitor, em francês *Hugues de Saint-Victor*, nasceu em 1096 e morreu em 1141. Homem de vasta cultura, sendo considerado um místico e escritor da Idade Média, especialmente com vasta formação nos campos filosófico e teológico. Ele atuou como professor na Abadia de São Vitor, em Paris, de onde recebeu o seu nome. Ele era descendente de família de condes e isso lhe proporcionou várias oportunidades de estudo, inclusive em Paris.

Em 1115, ainda bastante jovem, Hugo de São Vitor entrou para a vida monacal, no Mosteiro de Saint-Victor (Paris) e ali se estabeleceu e se impôs pelas suas capacidades acadêmicas, sendo o principal mestre da escola de São Vitor durante os anos de sua vida no mosteiro, a ponto de se tornar também o prior do Mosteiro de São Vitor, cargo que ele exerceu até a sua morte. Sua inteligência era tamanha que, entre os ocidentais, ele chegou a ser comparado com Agostinho de Hipona e Tomás de Aquino. E sua fama era tanta que ele chegou a ser criado cardeal, em 1139, pelo Papa Inocêncio II.

Ele se encontra num período importante para o nascimento das universidades, e o seu tratado *Didascalicon*, no qual classifica sistematicamente as formas de conhecimento, vai servir como referência tanto para professores como para alunos das nascentes escolas catedrais da Europa Medieval. É nessa obra que ele trata de vários assuntos relacionados à vida cristã, como sacramentos e dogmas, bem como das Escrituras e como fazer sua leitura a partir dos sentidos literal e alegórico. Aliás, Hugo de São Vitor escreveu muitos comentários bíblicos, tanto sobre livros do AT como do NT.

Olhando para os Tomos 175 e 176 da *Patrologia Latina*, que contêm a Opera Omnia de Hugo de São Vitor, vemos a vastidão das obras e a amplitude dos estudos dele, pois escreveu basicamente sobre todos os campos do saber humano, como, por exemplo: virtude e oração (*De virtute orandi, De meditatione, De laude caritatis*), homilia (*Homiliae in Ecclesiasten*), sobre os estudos (*De studio legendi,* De Modo Dicendi Et Meditandi Libellus), geometria (*Practica geometriae, Descriptio mappe mundi*), gramática (*De grammatica*), filosofia (*Epitome Dindimi in philosophiam*), teologia (*Didascalicon de studio legendi, Sententiae de divinitate, Eulogium sponsi et sponsae, De unione corporis et spiritu*), os vários livros ou personagens da Bíblia (*Annotationes in Pentateuchon, Expositio super Psalmos, Annotationes in libros Iudicum et Ruth, Annotationes in libros Regum, Quaestiones Et Decisiones In Epistolas Divini Pauli*), sobre o Verbo encarnado (*De verbo Dei, De Verbo incarnato collationes, De sapientia Christi*), os dons do Espírito Santo (*De septem donis Spiritus sancti*), a Virgem Maria (*In canticum beatae Mariae, De assumptione beatae Mariae; De beatae Mariae verginitate*), valor do domingo, como dia do Senhor (*De oratione dominica*), Sacramentos (*De sacramentis christianae fidei, Dialogus de sacramentis legis naturalis et scriptae*), sobre os Dez Mandamentos (*Institutiones in Decalogum*), entre outras.

Além de todos estes campos citados, Hugo de São Vitor também escreveu sobre o cânon bíblico (*De Scripturis et scriptoribus sacris*), que é o que nos interessa para o nosso trabalho. Ele divide o seu comentário sobre o cânon bíblico em alguns itens dos capítulos desta obra. Os capítulos I a V tratam sempre sobre a Escritura: I. Proêmio; II. Matéria e modo de tratar; III. Tríplice inteligência; IV. Tríplice interpelação; V. Sentidos histórico e literal da Escritura. A parte que traz os títulos dos livros bíblicos ocupa os capítulos VI a XII, a saber, que é a parte do texto que reproduzimos aqui adiante: Capítulo VI. *A ordem, o número e a autoridade dos livros da Sagrada Escritura*, trazendo os livros do AT (contendo uma divisão tripartite: "a lei, os profetas e os hagiógrafos") e do NT (também numa tríplice divisão: "o Evangelho, os apóstolos e os padres"), tanto os canônicos como os deuterocanônicos de ambos os testamentos; Capítulo VII. *Dos escritores dos livros sagrados* (sobre os possíveis autores de cada um dos livros); Capítulo VIII. *A reconstituição da biblioteca do Antigo Testamento*; Capítulo IX. *As diversas traduções da Sagrada Escritura* (orientais e ocidentais, incluindo a LXX e a Vulgata); Capítulo X. *Os escritores do Novo Testamento*; Capítulo XI. *Os escritos apócrifos*; Capítulo XII. *A interpretação de biblioteca e os nomes dos vários livros*. Porém, em relação aos deuterocanônicos do AT, ele cita os títulos: "Sabedoria, Eclesiástico, Judite, Tobias, Macabeus, como livros lidos em realidade, mas não registrados no cânone" e omite o livro de *Baruc*.

O texto que apresentamos aqui foi extraído da obra Hugonis de S. Victore, *In Scripturam Sacram, De Scripturis et Scriptoribus Sacris* In: J.P. Migne. *Patrologia*, series Latina, Tomus CLXXV (Paris: Petit-Montrouge, 1854, p. 15-20); um texto reduzido também podemos encontrar em B.F. Westcott, *A General Survey of the History of the Canon of the New Testament* (Londres, 1866, Apêndice D, p. 518-519).

CAP. VI. De ordine, numero et auctoritate librorum sacrae Scripturae.	Capítulo VI. *A ordem, o número e a autoridade dos livros da Sagrada Escritura*
Omnis divina Scriptura in duobus Testamentis continetur Veteri videlicet et Novo. Utrumque Testamentum tribus ordinibus distinguitur: Vetus Testamentum continet legem, prophetas, agiographos. Novum autem Evangelium, apostolos, patres. Primus ordo Veteris Testamenti, id est lex, quam Hebraei thorath nominant, pentateuchon habet, id est quinque libros Moysi. In hoc ordine primus est Beresith, qui est Genesis. Secundus Hellesmoth, qui est Exodus. Tertius Vagethra, qui est Leviticus. Quartus Vagedaber, qui est Numeri. Quintus Elleaddaberim, qui est Deuteronomius.	Toda a Escritura divina está contida em dois testamentos, a saber, o Antigo e o Novo. Em ambos os testamentos se distinguem três ordens: o Antigo Testamento contém a lei, os profetas e os hagiógrafos. O Novo, por sua vez, contém o Evangelho, os apóstolos e os padres. Na primeira ordem do Antigo Testamento está a lei, que os Hebreus chamam *thorath*, que contém o Pentateuco, ou seja, os cinco livros de Moisés. Nesta ordem, o primeiro é *Beresith*, que é o Gênesis. O segundo é *Hellesmoth*, que é o Êxodo. O terceiro é *Vagethra*, que é o Levítico. O quarto é *Vagedaber*, isto é, Números. O quinto é

Secundus ordo est prophetarum, hic continet octo volumi na. Primum est Bennum, id est filius Nun, qui et Josue et Jesus, et Jesus Nave nuncupatur. Secundum est Sothim, qui est liber Judicum. Tertium est Samuel, qui est primus et secundus Regum. Quartum Malachim, qui est tertius et quartus Regum. Quintum est Esaias. Sextum Jeremias, Septimum Ezechiel. Octavum Thereasra qui est duodecim prophetarum. Deinde tertius ordo novem habet libros.

Primus est Job. Secundus David. Tertius Masloth, quod graece Parabolae, latine Proverbia sonat, videlicet Salomonis. Quartus Coeleth, qui est Ecclesiastes. Quintus Sirasirim, id est Cantica canticorum. Sextus Daniel. Septimus Dabreiamin, qui est Paralipomenon. Octavus Esdras.
Nonus Esther. Omnes ergo fiunt numero viginti duo. Sunt praeterea alii quidam libri, ut Sapientia Salomonis, liber Jesu filii Sirach, et liber Judith, et Tobias, et libri Machabaeorum, qui leguntur quidem, sed non scribuntur in canone. His viginti duobus libris Veteris Testamenti, octo libri Novi Testamenti junguntur. In primo ordine Novi Testamenti sunt quatuor Evangelia: Matthaei, Marci, Lucae et Joannis. In secundo similiter sunt quatuor: Actus videlicet apostolorum, Epistolae Pauli numero quatuordecim sub uno volumine contextae. Canonicae Epistolae, Apocalypsis. In tertio ordine primum locum habent decretalia, quos canonicos, id est regulares appellamus. Deinde sanctorum Patrum scripta, id est, Hieronymi, Augustini, Ambrosii, Gregorii, Isidori, Origenis, Bedae et aliorum doctorum, quae infinita sunt. Haec tamen scripta Patrum in textu divinarum Scripturarum non computantur, quemadmodum in Veteri Testamento, ut diximus, quidam libri sunt qui non

Elleaddaberim, isto é, Deuteronômio. A segunda ordem é a dos profetas, que contém oito volumes. O primeiro é *Bennum*, isto é, fillho de Nun, que também é chamado Josué e Jesus, e Jesus Nave [*Josué*]. O segundo é *Sothim*, que é o livro dos Juízes. O terceiro é Samuel, que é o primeiro e o segundo livro dos Reis. O quarto *Malachim*, que é o terceiro e quarto dos Reis. O quinto é Isaías. O sexto é Jeremias. O sétimo, Ezequiel. O oitavo é *Thereasra*, que é dos doze profetas. Por sua vez, a terceira ordem contém nove livros. O primeiro é Jó. O segundo Davi. O terceiro *Masloth*, que em grego se chama *Parábolas*, em latim Provérbios, a saber, de Salomão. O quarto é *Coeleth*, que é Eclesiastes. O quinto é *Sirasirim*, isto é, Cântico dos Cânticos. O sexto é Daniel. O sétimo é *Dabreiamin*, que é Paralipômenos. O oitavo é Esdras. O nono, Ester. Todos juntos constituem o número vinte e dois. Há ainda outros livros, como a Sabedoria de Salomão, o livro de Jesus filho de Sirac, assim como o livro de Judite, e Tobias e os livros dos Macabeus, que são lidos em realidade, mas não estão registrados no cânone. A estes vinte e dois livros do Antigo Testamento juntam-se oito livros do Novo Testamento. Na primeira ordem do Novo Testamento estão os quatro Evangelhos: de Mateus, de Marcos, de Lucas e de João. Na segunda também estão quatro, a saber, os Atos dos Apóstolos, as quatorze Epístolas de Paulo, reunidas num volume, as Epístolas Canônicas, o Apocalipse. Na terceira ordem, primeiro têm lugar os decretais, que chamamos canônicos, isto é, regulares. Em seguida vêm os escritos dos Santos Padres, isto é, de Jerônimo, de Agostinho, de Ambrósio, de Gregório, de Isidoro, de Orígenes, de Beda e de outros doutores, que são infinitos. Mas esses escritos dos Padres não são computados no texto das divinas Escrituras, do mesmo modo que no

scribuntur in canone, et tamen leguntur, ut Sapientia Salomonis et caeteri. Textus igitur divinarum Scripturarum, quasi totum corpus principaliter triginta libris continetur. Horum viginti duo in Veteri, octo vero in Novo Testamento (sicut supra monstratum est) comprehenduntur. Caetera vero scripta quasi adjuncta sunt, et ex his praecedentibus manantia. In his autem ordinibus, maxime utriusque Testamenti, apparet convenientia: quia sicut post legem prophetae, et post prophetas agiographi, ita post Evangelium apostoli, et post apostolos doctores ordine successerunt. Et mira quadam divinae dispensationis ratione actum est, ut, cum in singulis Scripturis plena et perfecta veritas consistat, nulla tamen superflua sit.

CAP. VII. De sacrorum librorum scriptoribus

Quinque libros legis Moyses scripsit. Libri Josue idem Josue cujus nomine inscribitur, auctor fuisse creditur. Librum Judicum a Samuele editum fuisse credunt. Primam partem libri Samuelis ipse Samuel scripsit: sequentia vero usque ad calcem, David. Malachim Jeremias primum in volumen unum collegit; nam antea sparsus erat per singulorum regum historias. Isaias, Jeremias, Ezechiel, singuli suos libros fecerunt, qui inscripti sunt nominibus eorum. Liber etiam duodecim prophetarum auctorum suorum nominibus praenotatur, quorum nomina sunt. Osee, Joel, Amos, Abdias, Jonas, Micheas, Nahum, Habacuc, Sophonias, Aggeus, Zacharias et Malachias; qui propterea minores dicuntur, quia sermones eorum breves sunt, unde et uno volumine comprehenduntur. Isaias autem et Jeremias et Ezechiel et Daniel, hi quatuor majores sunt singulis suis

Antigo Testamento, como dissemos, há alguns livros que não estão inscritos no cânone, mas mesmo assim são lidos, como a Sabedoria de Salomão e outros. Portanto, o texto das divinas Escrituras, quase todo, está contido em trinta livros. Desses vinte e dois estão compreendidos no Antigo Testamento e oito no Novo Testamento (como foi mostrado acima). Os outros escritos são como que acrescentados e brotam da fonte dos precedentes. Nestas ordens, máxima nos dois testamentos, aparece a conveniência: pois, assim como depois da lei se sucedem os profetas e, depois dos profetas, os hagiógrafos, assim também depois do Evangelho vêm os apóstolos e, depois dos apóstolos, os doutores. E aconteceu, por um milagre da divina providência, que a plena e perfeita verdade se encontrasse unicamente nas escrituras, e que nelas não há nada de supérfluo.

Capítulo VII. *Dos escritores dos livros sagrados*

Os cinco livros da lei foram escritos por Moisés. Crê-se também que Josué foi o autor do livro de Josué. Acreditam que o livro dos Juízes foi editado por Samuel. A primeira parte do livro de Samuel foi escrita pelo próprio Samuel: a continuação até o fim foi escrita por Davi. *Malachim* Jeremias reuniu primeiro em um volume, pois antes estava disperso nas diversas histórias dos reis. Isaías, Jeremias, Ezequiel, cada um fez seus livros, que estão registrados em seus nomes. O livro dos dois profetas também é atribuído nomes de seus autores, cujos nomes são Oseias, Joel, Amós, Abdias, Jonas, Miqueias, Naum, Habacuc, Sofonias, Ageu, Zacarias e Malaquias; são chamados menores porque seus discursos são breves, razão porque estão reunidos em um só volume. Isaías, porém, e Jeremias e Ezequiel e Daniel, estes quatro maiores

251

voluminibus distincti. Librum Job, alii Moysen, alii unum ex prophetis, nonnulli ipsum Job scripsisse credunt. Librum psalmorum David edidit. Esdras autem postea psalmos ita ut nunc sunt ordinavit, et titulos addidit. Parabolas autem et Ecclesiastem, et Cantica canticorum Salomon composuit. Daniel sui libri auctor fuit. Liber Esdras auctoris sui titulo praenotatur, in cujus tectu ejusdem Esdrae Neemiaeque sermones pariter continentur. Librum Esther Esdras creditur conscripsisse. Liber Sapientiae apud Hebraeos nusquam est: unde et ipse titulus graecam magis eloquentiam redolet. Hunc quidam Judaei Philonis esse affirmant. Librum Ecclesiasticum certissime filius Sirach Hierosolymita nepos Jesu sacerdotis magni, cujus meminit Zacharias, composuit. Hic apud Hebraeos reperitur: sed inter apocryphos habetur. Judith vero et Tobias, et libri Machabaeorum, quorum ut testatur Hieronymus, secundus liber magis graecus esse probatur, quibus auctoribus scripti sunt minime constat.

estão separados cada um em seu volume. O Livro de Jó, alguns creem ter sido escrito por Moisés, outros por um dos profetas, e não poucos que teria sido escrito pelo próprio Jó. O Livro dos Salmos foi editado por Davi. Posteriormente, Esdras organizou os salmos como estão agora e acrescentou títulos. Por sua vez, as Parábolas (Provérbios), o Eclesiastes e o Cântico dos Cânticos foram compostos por Salomão. Daniel foi o autor de seu livro. Considera-se que Esdras foi o autor de seu título, em cujo texto estão contidos os sermões tanto de Esdras como os de Neemias. Crê-se que o livro de Ester foi escrito por Esdras. O livro da Sabedoria não aparece para os Hebreus: pois até o título cheira mais à eloquência grega. Esta, afirmam alguns, é do Judeu Fílon [de Alexandria]. O livro do Eclesiástico com certeza foi composto por Sirac de Jerusalém, neto do sumo sacerdote Jesus, do qual fala Zacarias. Este se encontra entre os Hebreus: mas é tido como apócrifo. Também não se conhecem os autores de Judite e Tobias e dos livros dos Macabeus, dos quais, como atesta Jerônimo, o segundo livro mais parece ser grego.

CAP. VIII. De bibliothecae Veteris Testamenti reparatione.
Bibliothecam Veteris Testamenti Esdras scriba, post incensam legem a Chaldaeis, dum Judaei ingressi sunt Jerusalem divino afflatus spiritu, reparavit; cunctaque legis ac prophetarum volumina, quae fuerant a gentilibus corrupta, correxit; totumque Vetus Testamentum in viginti duos libros constituit, ut tot libri essent in lege, quot habebantur et litterae.

Capítulo VIII. *A reconstituição da biblioteca do Antigo Testamento*
O escriba Esdras, inspirado pelo espírito divino, reparou a biblioteca do Antigo Testamento, depois que a lei tinha sido incendiada pelos Caldeus, quando do regresso dos judeus a Jerusalém; corrigiu todos os volumes da lei e dos profetas, que tinham sido corrompidos pelos gentios; e reuniu todo o Antigo Testamento em vinte e dois livros, para que houvesse tantos livros na lei quantos são as letras do alfabeto.

CAP. IX. De diversis Scripturae sacrae translationibus.

Capítulo IX. *As diversas traduções da Sagrada Escritura*

Scripturam Veteris Testamenti prius in hebraica lingua editam constat. Postea Ptolomaeus qui Philadelphus cognominatus est, et secundus post Alexandrum Magnum regem Aegypti obtinuit, per septuaginta interpretes, quos ab Eleazaro pontifice acceperat, bibliothecam Veteris Testamenti in graecam linguam ex hebraea interpretari fecit. Et, ut aiunt quidam, ne posset decipi ab eis falsitate translationis, divisit eos, ut singuli in singulis cellis separati essent. Illi vero ita omnia per Spiritum sanctum interpretati sunt, ut nihil in unius codice inventum esset, quod in alterius similiter non inveniretur. Propter quod una est eorum interpretatio. Sed Hieronymus dicit, huic rei non esse adhibendam fidem. Post ascensionem vero Domini, praedicantibus apostolis Evangelium, haec eadem translatio in gentibus reperta est, et secundum hanc ab Ecclesiis Christi primum sacrae Scripturae legi coeperunt. Postea vero, quia eidem translationi quaedam desse probata sunt, quae in hebraica veritate tam ipsius Christi quam apostolorum praedicantium auctoritas contineri promulgaverat, conati sunt et alii sacram Scripturam de hebraica lingua in graecum transferre sermonem. Secundam igitur et tertiam et quartam translationem fecerunt Aquila, Symmachus, Theodotion. Quorum primus videlicet Aquila, Judaeus; Symmachus vero et Theodotion Hebionitae haeretici fuerunt. Obtinuit tamen usus, ut post Septuaginta interpretes Ecclesiae graecorum eorum reciperent exemplaria et legerent. Post haec accessit quinta, quae Vulgaris dicitur; quae quodam tempore in Jericho reperta est. Sed quis auctor ejus fuerit, usque hodie ignoratur. Sextam et septimam Origenes fecit, cujus codices Eusebius et Pamphilus vulgaverunt. Octavo loco Hieronymus accessit, non jam de hebraeo in graecum sicut priores, sed de hebraeo in latinum transferens sermonem.

Inicialmente só se conhecia a Escritura do Antigo Testamento editada em língua hebraica. Depois Ptolomeu, que é cognominado Filadelfo, que governava como segundo rei do Egito depois de Alexandre Magno, mandou traduzir, pelos Setenta intérpretes, que recebera do pontífice Eleazar, da língua hebraica para a grega a biblioteca do Antigo Testamento. E, como dizem alguns, para que não pudesse passar despercebido deles erros de tradução, dividiu-os, de modo que cada um ficasse numa cela separada. Mas eles interpretaram tudo pelo Espírito Santo, de modo que nada se encontrasse num código, que não aparecesse do mesmo modo em outro. Por isso, sua interpretação é única. Mas, Jerônimo diz que não se deve dar fé a isso. Mas, após a ascensão do Senhor, quando os apóstolos pregavam o Evangelho, esta tradução foi novamente encontrada entre os gentios, e por ela inicialmente começaram a ser lidas as Sagradas Escrituras pelas Igrejas de Cristo. Mas depois, como se provou que a esta tradução faltam algumas partes, que na verdade hebraica havia sido promulgada pela autoridade tanto do próprio Cristo como da pregação dos apóstolos, esforçaram-se também outros para traduzir a Sagrada Escritura da língua hebraica para a grega. Assim, fizeram uma segunda, uma terceira e uma quarta tradução Áquila, Símaco e Teodósio (Teodoro). Desses o primeiro, isto é, Áquila, era judeu; Símaco e Teodósio heréticos ebionitas. Continuou, porém, o costume de as Igrejas gregas receberem e lerem exemplares da Septuaginta. Depois disso, chegou a quinta, chamada Vulgar [*Vetus Latina*?], que foi encontrada numa certa época em Jericó. Mas quem foi seu autor é ignorado até hoje. A sexta e a sétima foram feitas por Orígenes, cujos códigos Eusébio e Pânfilo divulgaram. No oitavo lugar aparece Jerônimo, que já não traduziu do

Cujus translatio, quia hebraicae veritati concordare magis probata est, idcirco Ecclesia Christi per universam latinitatem prae caeteris omnibus translationibus, quas vitiosa interpretatio, sive prima de hebraeo in graecum, sive secunda de graeco in latinum facta, corruperat, hanc solam legendam et in auctoritate habendam constituit. Usu autem pravo [primo] invalescente, qui nonnunquam solita magis quam vera appetit, factum est, ut diversas diversis sequentibus translationes ita tandem omnia confusa sint, ut pene nunc cui tribuendum sit, ignoretur.

CAP. X. De scriptoribus Novi Testamenti. Plures Evangelia scripserunt, sed quidam sine Spiritu sancto magis conati sunt ordinare narrationem, quam historiae texere veritatem. Unde sancti Patres, per Spiritum sanctum docti, quatuor tantum in auctoritatem receperunt Evangelia, id est, Matthaei, Marci, Lucae, Joannis, ad similitudinem quatuor fluminum paradisi, et quatuor vectium arcae, et quatuor animalium in Ezechiele (Ezeeh. I). Primus Matthaeus Evangelium suum scripsit hebraice. Secundus Marcus, graece scripsit. Tertius Lucas, inter omnes Evangelistas graeci sermonis eruditissimus, Evangelium suum scripsit, Theophilo archiepiscopo, ad quem etiam Actus apostolorum scripsit. Quartus et ultimus Joannes Evangelium suum scripsit. Paulus quatuordecim scripsit epistolas. Canonicae epistolae septem sunt, una Jacobi: duae Petri, tres Joannis, una Judae. Apocalypsim scripsit Joannes apostolus in Pathmo insula.

hebraico para o grego, mas traduziu os sermões do hebraico para o latim. Sua tradução, porque se demonstrou que concordava mais com a verdade hebraica, por isso a Igreja de Cristo definiu que em toda a latinidade (com preferência sobre todas as outras traduções corrompidas seja por interpretação defeituosa, seja porque as traduções foram feitas primeiro do hebraico para grego e depois do grego para o latim) só ela deveria ser lida e tida como tendo autoridade. Mas pelo mau costume, que muitas vezes mais buscava o que é costumeiro do que o que é verdadeiro, aconteceu que as diversas traduções que se seguiram eram todas tão confusas que hoje nem se sabe a quem devem ser atribuídas.

Capítulo X. *Os escritores do Novo Testamento*
Muitos escreveram Evangelhos, mas alguns, sem o Espírito Santo, se esforçaram mais em organizar uma narração do que expor a verdade. Daí os Santos Padres, orientados pelo Espírito Santo, aceitarem como autoridade apenas quatro Evangelhos, a saber, de Mateus, de Marcos, de Lucas e de João, à semelhança dos quatro rios do paraíso, dos quatro ferrolhos da arca e dos quatro animais em Ezequiel (Ez 1). Mateus escreveu em primeiro lugar seu Evangelho em hebraico. Em segundo lugar, Marcos escreveu em grego. Em terceiro lugar, Lucas, de todos os evangelistas que melhor conhecia a língua grega, escreveu seu evangelho para o Arcebispo Teófilo, a quem também endereçou os Atos dos Apóstolos. Em quarto e último lugar João escreveu seu Evangelho. Paulo escreveu quatorze epístolas. As epístolas Canônicas são sete, uma de Tiago, duas de Pedro, três de João e uma de Judas. O Apocalipse foi escrito por João apóstolo na Ilha de Patmos.

CAP. XI. De scriptis apocryphis.
Hi sunt scriptores sacrorum librorum, qui
per Spiritum sanctum loquentes, ad
eruditionem nostram praecepta vivendi
regulamque conscripserunt. Praeter haec,
alia volumina apocrypha nominantur;
apocrypha autem dicta, id est abscondita et
secreta, quia in dubium veniunt. Est enim
eorum origo occulta, nec patet sanctis
Patribus a quibus edita sint. In quibus etsi
aliqua veritas, tamen, propter multa falsa,
nulla est in eis canonica auctoritas: quod
recte non judicatur esse eorum quibus
ascribuntur: nam multa sub nominibus
prophetarum, et recentiora sub nominibus
apostolorum ab haereticis proferuntur;
quae omnia sub nomine apocryphorum a
divina auctoritate per examinationem
remota sunt.

CAP. XII. De bibliothecae interpretatione,
et variis librorum nominibus.
Bibliotheca a graeco nomen accepit, eo
quod ibi libri recondantur. Nam *biblion*
librorum, *theca* repositio interpretatur.
Codex multorum librorum est, liber unius
voluminis, et dictus *Codex* per
translationem a caudicibus arborum sive
vitium, quasi caudex quod in se
multitudinem librorum quasi ramorum
contineat. Volumen dicitur a volvendo.
Liber est interior cortex arboris, in quo
antiqui, ante usum membranae, solebant
scribere, unde scriptores librarios
vocabant, inde dictus est liber volumen.
Tractatus est unius rei multiplex expositio.
Testamentum dicitur sacra Scriptura,
humana consuetudine dante occasionem:
antiquitus enim qui carebant liberis
adoptabant sibi filios, et cum constituebant
illos haeredes, vocabant testes et scribebant
chirographum, non erat tamen ita ratum
quin posset mutari, nisi mortuo testatore.
Similiter Deus unum solum Filium habens

Capítulo XI. *Os escritos apócrifos*
Estes são os autores dos livros sagrados,
que, falando pelo Espírito Santo,
escreveram instruções e regras de vida para
nossa formação. Fora destes, os outros
volumes são chamados apócrifos; diz-se
apócrifos no sentido de escondidos e
secretos, porque causam dúvida. Por ser
oculta sua origem, esta não é conhecida
nem dos Santos Padres que os editaram.
Nestas obras, ainda que haja alguma
verdade, todavia, por causa de muita coisa
falsa, não há nenhuma autoridade
canônica: o que não parece correto é serem
daqueles a quem são atribuídas; pois
muitas são apresentadas pelos heréticos
como sendo de profetas, e as mais recentes
como sendo dos apóstolos; por isso, todos
aqueles sob o nome de apócrifos, após
exame, foram retirados da autoridade
divina.

Capítulo XII. *A interpretação de biblioteca
e os nomes dos vários livros*
Biblioteca recebe o nome do grego, pois
nela se guardam livros. Pois *biblion*
significa "de livros" e *theca*, repositório.
Códicé é constituído de muitos livros; *livro*
é um volume. Diz-se *Códice*
metaforicamente a partir dos caules das
árvores, especialmente das videiras, porque
ele se parece um caule com muitos livros,
como se fossem ramos. Diz-se volume a
partir de *volvere*, abrir, desenrolar. *Liber*
(livro) é o interior da casca da árvore, em
que os antigos, antes do uso do
pergaminho, costumavam escrever. Por
isso os escritores eram chamados livreiros.
Assim, um volume é livro. *Tratado* é a
exposição múltipla de um só assunto. O
Testamento chama-se Sagrada Escritura, a
partir de um costume humano: pois os
antigos, que não tinham livros, adotavam
filhos e, os instituía seus herdeiros,
chamavam testemunhas e escreviam um
texto de próprio punho. Mas este não era

ex natura, multos voluit adoptare ex gratia. Et primitus unum elegit Abraham; cui praecepit exire de cognatione sua, et promisit terram Palaestinam; nec tamen ipse legitur inde aliquid possedisse. Posthac filiis Israel eductis de Aegypto, eamdem terram Palaestinam repromisit, et ne dubitarent, fecit *Testamentum* in certitudinem promissae haereditatis scilicet legem quae per Moysen data est.

Sed quia Deus non poterat mori, et *testamentum* morte testatoris confirmandum erat, interfectus est pro eo *agnus mysticus*, cujus sanguine respersus est liber et totus populus, in confirmationem promissae haereditatis. Eodem modo Dominus Jesus Christus vocans ad aeternam haereditatem, non unum tantum hominem, sed omnes gentes, fecit *testamentum*, *Evangelium* videlicet. In cujus confirmationem non *agnus* ille antiquus occiditur; sed ipse (quia homo erat et mori potuit) mortem subiit. Et sicut Deus ad Vetus Testamentum dandum vocaverat testes, Aaron scilicet et Mariam sororem ejus et Ur; ita Christus, qui majora promisit, plures vocavit testes, apostolos, videlicet et martyres. Vetus dicitur *Testamentum primum*, vel quia prius datum, vel quia de rebus veterascentibus est institutum. *Novum* dicitur secundum, quia de immutabilibus et semper novis loquitur.

Propheta tripliciter dicitur, officio, gratia, missione. Officio, sicut quando eligebatur aliquis qui imminente bello de dubiis consuleret Dominum, sive per assumptum *ephot*; sive alio quolibet modo. Gratia, sicut ille cui Dominus per internam inspirationem dabat notitiam rerum, quam nec natura nec disciplina habere poterat

tão invariável que não pudesse ser mudado, salvo depois da morte do *testador*. Do mesmo modo Deus, tendo um só Filho por natureza, quis adotar muitos pela graça. E, em primeiro lugar, escolheu Abraão, a quem ordenou que deixasse seus parentes e lhe prometeu a terra da Palestina. Nem assim se leu que ele possuía alguma coisa. Depois disso, aos filhos de Israel saídos do Egito, Ele prometeu novamente a mesma terra da Palestina e, para que não duvidassem, fez um *Testamento* em confirmação da promessa de herança, a saber, a lei que foi dada por Moisés. Mas, como Deus não poderia morrer, e o *testamento* deveria ser confirmado pela morte do testador, foi morto por Ele um *cordeiro* místico, cujo sangue foi aspergido sobre o livro e sobre todo o povo, em confirmação da herança prometida. Do mesmo modo, o Senhor Jesus Cristo, referindo-se à eterna herança, fez um *testamento*, a saber, o *Evangelho*, não para um só homem, mas para todos os povos. Em confirmação do mesmo não foi morto um *cordeiro* como aquele antigo, mas o próprio (pois [Cristo] era homem e podia morrer) sofreu a morte. Assim como Deus, ao dar o Antigo Testamento, chamou testemunhas, a saber, Aarão e Maria sua irmã, e Ur; do mesmo modo, Cristo que prometeu muito mais, convocou muitas testemunhas, ou seja, os apóstolos e os mártires. O primeiro chama-se *Antigo Testamento*, seja por ser de data anterior, seja porque trata de coisas envelhecidas. O segundo chama-se *Novo* porque trata de coisas imutáveis e sempre novas. Distinguia-se o *Profeta* de três modos, pelo ofício, pela graça e pela missão. Pelo ofício, pois era eleito quando, diante de uma guerra eminente, na dúvida ele deveria consultar o Senhor, pegando o *ephot*, ou de outro modo qualquer. Pela graça, pois era por ela que o Senhor, por inspiração interna, dava informações sobre

sed sola gratia, sicut David et Daniel et Job.

Missione, sicut ille quem mittebat Dominus ad praedicandum ea quae ei inspiraverat, ut Jonas. Sed tamen sicut in istis diebus non dicuntur episcopi, nisi qui officii dignitatem et potestatem habent, licet meritum habeant et virtutem hujus nominis abundantius illis qui episcopi sunt, ita nec prophetae dicebantur, nisi qui officio aut missione prophetae essent. Unde David, Job, Daniel, licet contineant prophetias in libris suis: inter agiographos tamen positi sunt; et e contrario Josue, liber Judicum et libri Samuelis, et Regum, qui solam historiam texuerunt vel texere videntur, inter Prophetas connumerantur.

Quaeritur etiam, cur novem tantum dicantur agiographi, id est sancti scriptores, cum hoc nomen conveniat omnibus sacrae Scripturae auctoribus? Ad quod respondendum, quia quod nullam habet specialem proprietatem qua distinguatur a caeteris, commune nomen quasi proprium obtinet, non ex praerogativa, sed potius quasi ex quadam indignitate respectu aliorum; sicut in novem ordinibus angelorum minimus simpliciter obtinet commune nomen, et quaerenti quis sit, respondetur: angelus est, cum etiam principatus et potestates angeli sint. Apocryphus, id est dubius et absconditus liber duobus modis dicitur: vel quia auctor ejus incertus, vel quia communi assensu fidelis synagogae vel ecclesiae non est receptus et confirmatus, etsi etiam nihil in eo reperiatur. Unde et liber Job apocryphus est, quia dubii auctoris; in canone tamen confirmatus est auctoritate fidelis synagogae. Item Ecclesiasticus, liber Sapientiae Salomonis et duo libri Machabaeorum, Tobias, Judith, et liber Jesu filii Sirach apocryphi sunt;

coisas que ele não poderia conhecer nem pela natureza, nem pela ciência, mas somente pela graça, como Davi, Daniel e Jó. Pela missão, por ela o Senhor enviava alguém a pregar aquilo que ele inspirava, como Jonas. Do mesmo modo que naqueles dias, só são chamados *bispos* aqueles que têm a dignidade e o poder do ofício, ainda que outros tenham mais mérito e virtude do que aqueles que são bispos. Do mesmo modo também não se chamavam profetas senão aqueles que eram profetas por ofício e missão. Por isso Davi, Jó, Daniel, embora contenham profecias em seus livros, estão relacionados entre os *hagiógrafos*; e, ao contrário, Josué, o livro dos Juízes, os livros de Samuel e dos Reis, que só apresentaram, ou parecem só apresentar, história, são enumerados entre os Profetas. Pergunta-se, ainda, por que apenas nove são chamados hagiógrafos, isto é, de santos escritores, se este nome é aplicável a todos os autores das Sagradas Escrituras? Ao que se responde que é porque como não têm nenhuma propriedade especial que os distinga dos demais, recebem o nome comum como se fosse próprio, não por prerrogativa, mas antes por uma quase falta de dignidade em relação aos outros; assim, nas nove ordens de anjos, o menor recebe simplesmente o nome comum. A quem pergunta qual seja, responde-se: é *anjo*, embora também os *principados* e *potestades* sejam anjos. Diz-se que um livro é *apócrifo*, isto é, duvidoso, oculto, por duas razões: seja porque seu autor é incerto, seja porque não foi recepcionado e confirmado pelo senso comum dos fiéis da sinagoga ou da igreja, mesmo que nele nada se encontre de defeituoso. Assim, também o livro de Jó é apócrifo, porque o autor é duvidoso; mas, apesar disso, ele foi confirmado pela autoridade da sinagoga fiel. Do mesmo modo, o Eclesiástico, o livro da Sabedoria de Salomão e os dois

257

leguntur tamen et ad Vetus Testamentum pertinent, sed non sunt confirmati in canone.	livros dos Macabeus, Tobias, Judite e o livro de Jesus filho de Sirac são apócrifos; apesar disso são lidos e pertencem ao Antigo Testamento, mas não estão confirmados no cânone.

39) O cânon de João de Salisbury (séc. XII d.C.)

João de Salisbury, em latim *Joannes Saresberiensis*, foi bispo de Chartres, França. Ele nasceu por volta do ano 1120 na antiga *Sarum, Salisbúria*, na Inglaterra, e faleceu em Chartres, na França, aos 25/10/1180. Ele foi um dos mais brilhantes pensadores do seu tempo e ao longo da sua vida desempenhou importantes cargos no seio da Igreja. Mas também foi mentor de importante pensamento político em sua época, no século XII, registrado em obras como *Policraticus* e *Metalogicon*. Ele foi um filósofo e autor de livros, escreveu sobre vários assuntos como ética, lógica e teoria política; mas também trabalhou no campo da educação, foi diplomata e bispo de Chartres, na França, apesar de ter nascido em Salisbury, na Inglaterra. Embora ele tenha nascido em ambientes e contexto modestos, do qual temos poucas informações, o que sabemos é que ele iniciou seus estudos em Salisbury, mas depois ele partiu para a França, em 1136, onde estudou e entrou em contato com alguns dos grandes nomes da época e bebeu das fontes do início da Escolástica, como Pedro Abelardo e Guilherme de Conques, e descreveu-se a si mesmo com *Joannes Parvus* ("João o Pequeno"), sendo este também o momento nascedouro das escolas catedráticas e das universidades.

Pelo que sabemos da vida de João de Salisbury ele participou no Concílio de Reims de 1148, na França, quando e onde entrou em contato com Bernardo de Claraval, que também vai marcar bastante a sua vida e história. Em seguida, depois de regressar para a Inglaterra, ele vai servir como secretário dos arcebispos de Cantuária: *Teobaldo de Bec* (1150-1161) e de *Tomás Becket* (1161-1170). Em 1163, ele entrou em atrito com Henrique II, rei da Inglaterra, e aí tem que sair da Inglaterra e parte para França. Já na França, em 1176, João de Salisbury é bispo eleito de Chartres, cargo que ocupará até ao final dos seus dias. Foi neste cargo que ele exerceu funções eclesiásticas e serviços à Igreja da época e que escreveu também várias obras, em que ele vai colaborar inclusive com a história do *Canon Biblicum*, como a obra reproduzida aqui, datada nos

anos de 1165-1166. É bom termos presente que a Catedral de Chartres deu à Igreja e ao mundo uma grande escola no período medieval, que muito colaborou para o momento nascedouro das escolas e universidades no Ocidente.

O período histórico de João de Salisbury é um momento que antecede, inclusive, algumas divisões religiosas ocidentais, como o surgimento dos *Valdenses*, que têm a sua profissão de fé em 1220, como podemos conferir aqui nesta obra, mais à frente, em seu respectivo tópico sobre as confissões de fé protestantes. O catálogo bíblico de João de Salisbury nós o encontramos numa sua carta a Henrique, conde de Champanhe, datada do ano 1165-1166, em que ele procura esclarecer e instruir o conde sobre alguns pontos acerca das Sagradas Escrituras da Igreja, sobre o AT e o NT, inclusive reportando o parecer de vários Padres da Igreja sobre tal argumento, seja sobre os livros canônicos, seja sobre os deuterocanônicos. Ele tem um catálogo que segue de perto a lista de Jerônimo, a saber: Gênesis, Êxodo, Levítico, Números, Deuteronômio, Josué, Juízes, Rute, Samuel, Reis, Isaías, Jeremias [com Lamentações], Ezequiel, Doze Profetas, Jó, Saltério, Eclesiastes, Cântico dos Cânticos, Daniel, Crônicas, Esdras, Ester. No final, ele afirma que para Jerônimo os livros Sabedoria, Eclesiástico, Judite, Tobias, Pastor [Baruc?] e Macabeus não estão no Cânon Bíblico.

O texto de João de Salisbury que oferecemos a seguir nós o extraímos da obra JOANNES SARESBERIENSIS, CARNOTENSIS EPISCOPUS, *Epistola CXLIII ad Hericum Comitem Campaniae* (A.D. 1165-1166). In: J.P. Migne. *Patrologia,* series Latina, Tomus CXCIX (Paris: Petit-Montrouge, 1855, p. 123-130). Também podemos encontrar um texto reduzido em B.F. Westcott, *A General Survey of the History of the Canon of the New Testament* (Londres, 1866, Apêndice D, p. 516-518).

EPISTOLA CXLIII. AD HENRICUM COMITEM CAMPANIAE (A. D. 1165-1166)	CARTA 143 A HENRIQUE CONDE DE CHAMPANHE (A. D. 1165-1166)
Quod proscriptus et exsul, tantam alloquor majestatem, et publicis incumbentem utilitatibus, ad philosophantium exercitia, inculto praesertim stylo, et exsangui genere dictionis, vel ad momentum revocare ausus sum, temeritati posset ascribi, nisi parvitatem meam supereminentis bonitatis	Como proscrito e exilado, dirijo-me a tão grande majestade, tão ocupado com os negócios públicos, e ouso convocá-lo a um momento de exercícios da filosofia, com estilo inculto, modo seco de expressão. Minha ousadia poderia ser atribuída à temeridade, se vossa bondade, que

vestrae exigeret contemplatio, et me ad scribendum non tam invitaret, quam cogeret mandati vestri auctoritas, cui corde, magno animo et volenti desidero in omnibus obtemperare, quae fieri possunt in Domino. Et quidem eo me vobis obnoxium fateor, quo tam mihi, quam multis aliis, certum est me in terra vestra plurium bonorum cepisse profectum, et sub beato patre vestro, cujus memoria in benedictione est, eo quod eleemosynas ejus enarrat omnis ecclesia sanctorum, et plurimarum virtutum ejus praeconia celebrat, me prae omnibus coaetaneis meis, eo patrocinante, cum adhuc adolescentior essem, floruisse in Francia; et praeeunte gratia, sine qua nullus boni potest esse processus, id assecutus sum unde mihi exinde post Deum et bonorum notitia, et mundi prospera, quibus in patria mea supra et conterraneis meis abundavi, ut publice notum est, praevenerunt: mihique facile persuaserim, quoniam credibile est tanti Patris meritis acquisitum, ut haeredem relinqueret, qui ipsum, licet optimus fuerit, in virtutum cultu et magnificentia operum anteiret. Sed quid haeredem dico relictum, cum omnes liberos tales reliquerit, ut quilibet eorum merito probitatis, non tam optimi comitis decedentis repraesentare videatur imaginem, quam regis instar esse; verum juxta constitutionem Altissimi in primogenito bona duplicia resederunt, et qui fratres praecessit tempore, eos bis antecessit, sicut amplitudine rerum, ita et eximiarum splendore virtutum. Inter alias vero duae prae caeteris radiant, liberalitas insignis, quam totus mundus praedicat, et excellens humilitas, quam ago *divinarum litterarum* propositis quaestionibus ad recreationem in angustiis exsilii mei laetus experior; quas cum mihi Albericus Remensis, quem cognominant de Porta Veneris, quae vulgo Valesia dicitur, nomine vestro, adhibitis aliquot litteratis viris proposuisset, ut verum, domine, fatear, obstupui, nec quaerenti potui habere fidem,

ultrapassa minha pequenez, em vez de convidar, não me mandasse escrever. Sou, por isso, coagido pelo mandado de vossa autoridade, à qual de boa vontade desejo obedecer em tudo o que possa ser feito no Senhor. E a tal ponto me confesso submisso a vós, que estou certo de que tanto eu, como muitos outros, recebemos muitos bens na vossa terra, e sob o governo de vosso pai, cuja memória é bendita, uma vez que toda a Igreja dos santos fala de suas esmolas e anuncia publicamente suas muitas virtudes. E eu, antes de todos os meus contemporâneos, sob o patrocínio dele, como ainda era muito jovem, pude me desenvolver na França; e precedido pela graça, sem a qual nada de bom pode se desenvolver, pude assim me destacar e dessa forma recebi, depois de Deus, notoriedade, bens do mundo, que me elevaram no meu país acima de meus conterrâneos: e convenci-me facilmente, uma vez que recebi tantos benefícios do Pai, que Ele me constituiria herdeiro, pois Ele, que fora tão bom, se destacava no culto das virtudes e na grandeza das obras. Mas o que digo por que digo herdeiro constituído se Ele deixou tantos filhos, dos quais qualquer um deles poderia, pela prova de suas virtudes, não apenas representar bem a descendência do conde, mas ser um rei. Todavia, de acordo com a constituição do *Altíssimo*, se atribuem ao *primogênito o dobro de bens*, o qual, ao anteceder os irmãos no tempo, os antecedeu duas vezes, tanto na quantidade de bens como no maior esplendor de suas virtudes. Entre outras, duas virtudes brilham mais que as outras, a grande liberalidade, que todo o mundo reconhece, e a excelente humildade, à qual dirijo questões sobre os *escritos divinos* com as quais me alegro nas angústias de meu exílio. Estas questões me foram propostas, em vosso nome, por Alberico de Reims, a quem cognominam Porta de Vênus, que vulgarmente se diz Valésia, como tendo sido discutidas em

260

donec venerabilem virum fidelissimum et devotissimum vobis abbatem Sancti Remigii adduceret, qui et ipsas proponeret quaestiones, et ad eas cum multa precum instantia, pro amore vestro et suo, peteret responderi, pro certo asserens vobis in vita nihil esse jucundius, quam cum litteratis viris, et de litteris habere sermonem, adjecitque in aure familiariter, vos inde saepissime imperitae multitudinis offensam contrahere, quia vos a studendi exercitio nequeunt revocare, et pro arbitrio suo negotiorum et tumultuum procellis immergere. Opinantur enim omne tempus effluxisse superflue, quod non aut in curialibus nugis, aut in tumultuantis malitiae voragine, aut causarum turbinibus exercetur. Nesciunt quod philosophia paucis est contenta judicibus, officiique sui sinceritatem vulgari arbitrio committere dedignatur.

Mihi itaque pro vobis complacuit, ut propositas exciperem quaestiones, et eis, habita ratione temporis et inevitabilium necessitatum, responderem, etsi non pro voto, certe pro tempore. Quaesitum vero est quem credam numerum esse librorum Veteris et Novi Testamenti, et quos auctores eorum, quid Hieronymus in epistola ad Paulinum presbyterum de omnibus libris divinae pagellae ascripta dicat mensam solis a philosopho Apollonio litteras persequente visam in sabulo: quid item Virgilii centonas, et Homeri centonas in eadem dicat epistola: postremo ubi scriptum sit, et quo tendat, quod legitur, et usurpatur, a plurimis, quia deiformiora sunt ea quae non sunt, quam ea quae sunt: hoc quoque precibus insertum est, ut haec omnia rationum suarum subnixa fundamentis auctoritatumque testimoniis diligenter et cito in schedula vobis transmittenda, omni occasione postposita, explanarem: quod quam difficile sit, aut potius impossibile, facile perpendit

reuniões de varões letrados. Na verdade senhor, confesso que, estupefato, não consegui ter certeza sobre quem fez as perguntas, até que apareceu o venerável e a vós dedicadíssimo abade de São Remígio, que propõe ele mesmo essas questões e que, por amor a vós e a ele, pediu com insistência que fossem respondidas, afirmando que para vós na vida nada é mais agradável do que discutir com varões letrados e sobre escritos. Acrescentou, confidencialmente, que muitas vezes vos incomoda a ofensa da multidão ignorante, porque não quer deixar-vos voltar ao exercício dos estudos, e vos faz mergulhar nas tempestades dos negócios e dos tumultos. Opinam que o tempo passa inutilmente, quando não é usado nas tarefas da corte ou na malícia que tumultua, ou nas turbulências das reclamações. Ignoram que a filosofia se restringe a poucos juízes, e ousam desdenhar, com arbítrio vulgar, a sinceridade de sua dedicação.

Assim, pois, agradei-me muito de vós, de modo a aceitar as questões propostas por vós e, tendo tido a razão do tempo e das necessidades inevitáveis, respondê-las, embora não pelo pedido, certamente por causa do tempo. Foi perguntado, verdadeiramente, qual é o número que creio que seja o dos livros do Antigo e do Novo Testamentos, e quais os autores deles, o que, unido à pequena página divina, Jerônimo diz, na epístola ao presbítero Paulino, sobre todos os livros; perseguindo a mesa do sol, as cartas do filósofo Apolônio, vista na areia grossa: o que do mesmo modo se viu nos florilégios de Virgílio e nos florilégios de Homero, dir-se-á o mesmo na epístola. Finalmente, onde estiver escrito, onde continuar, onde se ler, e for usurpado, por grande parte de pessoas, porque há mais coisas com o formato de Deus que não o são do que os que o têm e são: isso também foi inserido a pedido, de modo que tudo tenha suas razões apoiadas nos fundamentos das

prudentia vestra, cujus acutissimum ingenium, linguam ad dicenda omnia expeditam, capacissimam et tenacissimam memoriam aetas nostra stupet et veneratur.

Nam, ut ait Apuleius in libro De Deo Socratis, laudem celeritatis et diligentiae nullus assequitur, sed et grandium librorum graves materiae in eamdem schedulam nulla unquam diligentia compinguntur.
Nam de primis duabus quaestionibus, de numero scilicet librorum et auctoribus eorum, Cassiodorus elegantem composuit librum; sed quia in hac parte fides mea discutitur, mea vel aliorum non multum interesse arbitror, quid credatur: sic enim hoc credatur, an aliter, nullum salutis affert dispendium. In eo autem quod nec obest, nec prodest, aut in alterutro parum momenti affert acrius litigare: nonne idem est ac si de lana caprina inter amicos acerbius contendatur? Proinde magis fidem arbitror impugnare, si quis id de quo non constat, pervicacius statuat, quam si a temeraria definitione abstinens, id unde Patres dissentire videt, et quod plene investigare non potest, relinquat incertum. Opinio tamen in alteram partem potest et debet esse proclivior, ut quod omnibus, aut pluribus, aut maxime notis atque praecipuis, aut unicuique probato artifici secundum propriam videtur facultatem, facilius admittatur, nisi ratio manifesta, aut probabilior in his quae rationi subjecta sunt, oppositum doceat esse verum: rationi vero subjecta inserui, propter illos articulos, qui omnem omnino transcendunt rationem, in quibus stulta esse praeelegit Ecclesia, ut in insipientia fidei apprehenderet Christum, Dei virtutem et Dei sapientiam, quam cum

autoridades e dos testemunhos que vos devem ser transmitidos diligentemente e na página, logo, em toda a ocasião posterior, explicarei: porque o que for difícil, ou antes, impossível, facilmente será julgado com exatidão como tal pela vossa prudência, cujas inteligência agudíssima, língua expedita para falar tudo, capacíssima e tenacíssima memória estupefazem nossa idade e são por nós veneradas.

Pois, como diz Apuleio, no livro *Sobre o Deus Sócrates*, ninguém vence o louvor da celeridade e da diligência, mas nunca nenhuma diligência, nem sobre os assuntos graves dos grandes livros, foi reunida numa única página.
Assim, pois, sobre a primeira das duas perguntas, isto é, sobre o número dos livros e os autores deles, Cassiodoro compôs um livro elegante, mas porque nesta parte se discute sobre a minha fé, minha ou de outros, não julgo estar em meio a muitos, porque se cria: assim, pois, cria-se nisto, ou diferentemente, crer não acarretava nenhum dano. Nisso, com efeito, não causava prejuízo, nem lucro; não seria o mesmo se dois amigos discutissem acerbamente sobre lã caprina? Assim, o que se abstinha mais da fé, o que parece sob os anciãos discordar, e que não pode investigar plenamente permanecerá crítico. Com efeito, a opinião, por outro lado, parece, pode e deve ser inclinada, de modo que, parece, seja provada por todos, ou por muitos, ou, no máximo, conhecidos e tomados de antemão, ou por cada um dos autores, segundo a própria faculdade, mais facilmente será admitida, se a razão não for manifesta, ou, mais provável, nas coisas que estão sujeitas à razão, ensinar-se-á que o oposto é verdadeiro: verdadeiramente, semeou-se com a razão manietada, por causa daqueles artigos que transcendem totalmente toda a razão; nos quais a Igreja foi classificada de antemão como estúpida, de modo que, na

philosophis gentium, qui dicentes se esse sapientes stulti facti sunt, et evanuerunt in cogitationibus suis, ut darentur in sensum reprobum, per superbam professionem sapientiae Dei sapientia et virtute destitui. Quia ergo de numero librorum diversas et multiplices Patrum lego sententias, catholicae Ecclesiae doctorem Hieronymum sequens, quem in construendo litterae fundamento probatissimum habeo, sicut constat esse XXII litteras Hebraeorum, sic XXII libros Veteris Testamenti in tribus distinctos ordinibus indubitanter credo. Et primus quidem ordo Pentateuchum continet, quinque scilicet libros Moysi sic pro sacramentorum varietate divisos, et si continuam de historia constet esse materiam. Hi sunt Genesis, Exodus, Leviticus, liber Numerorum, Deuteronomium. Secundus ordo continet prophetias, et octo libris expletur, qui quare prae caeteris dicantur prophetiae, cum aliqui eorum nudam referre videantur historiam, et alii prophetiam texentes, sicut Daniel, liberque Psalmorum, in propheticis non censeantur operibus, nec in quaestione propositum est, nec temporis, aut schedae angustia nunc patitur explicare, sed nec instantia portitoris. In his ergo numerantur, Josue, liber Judicum, cui compingitur et Ruth, quoniam in diebus Judicum, facta narratur historia, itemque Samuel, qui in duobus primis Regum voluminibus, et Malachim, qui in duobus sequentibus expletur, quos sequuntur voluminibus singulis, Isaias, Jeremias, Ezechiel, liber XII prophetarum in hagiographis consistit. Tertius ordo continens Job, Psalterium, Eccles. Cantica canticorum, Danielem, Paralipomenon, Esdram et Esther. Et sic colliguntur in summa XXII libri Veteris Testamenti, licet nonnulli librum Ruth et Lamentationes Jeremiae, in hagiographorum numero censeant supputandos, ut in XXIV summa omnium dilatetur. Et haec quidem inveniuntur in prologo libri Regum, quem

tolice da fé, compreenderam Cristo, a virtude de Deus e a sabedoria de Deus, que, quando os filósofos dos gentios, que se dizem sábios, tornaram-se estultos, e jogaram fora, com suas considerações, como se fosse dado, num juízo errôneo, abandonara suprema manifestação da sabedoria de Deus por sabedoria e virtude. Porque, pois, há diversas e múltiplas opiniões sobre o número dos livros, leio os Padres, ao que se segue o doutor da Igreja Católica Jerônimo, que tenho como o mais experiente na construção dos fundamentos das Cartas, creio indubitavelmente, porque consta nele, que são 22 as letras [do alfabeto] dos Hebreus, assim são 22 os livros do Antigo Testamento, divididos em três ordens. A primeira ordem contém o Pentateuco, a saber, cinco livros e Moisés, divididos pela variedade dos sacramentos, e se constam de história contínua, consta que esse é o assunto. Estes são Gênesis, Êxodo, Levítico, Livro dos Números, Deuteronômio. A segunda ordem contém profecias, e se completa com oito livros, que por causa dos outros chamaremos profecias, quando alguns deles parecem referir-se à história nua, e os outros entretecem Profecias como Daniel, o livro dos Salmos, não são julgados proféticos pelas obras, e não estão relatados na questão, nem no tempo, mas agora, ou se sofre explicar a angústia da página, mas também não a veemência do mensageiro. Entre estes, pois, enumeram-se Josué, o livro dos Juízes, ao qual se une também Rute, porque, nos dias dos Juízes, os fatos são narrados pela história; igualmente Samuel, que vazou em dois volumes os primeiros Livros dos Reis, e *Melachim*, que exarou os dois seguintes, aos quais se seguiu um volume único; Isaías, Jeremias, Ezequiel, o livro dos Doze Profetas consiste em hagiografias. A terceira ordem, que contém Jó, Saltério, Eclesiastes, Cântico dos Cânticos, Daniel, Paralipômenos, Esdras e Ester. E assim se

beatus Hieronymus vocat galeatum principem omnium Scripturarum, quae ab ipso de fonte Hebraeorum manaverunt ad intelligentiam Latinorum. Liber vero Sapientiae, et Ecclesiasticus, Judith, Tobias et Pastor, ut idem Pater asserit, non reputantur in Canone, sed neque Machabaeorum liber, qui in duo volumina scinditur, quorum primum Hebraeam redolet eloquentiam, alterum Graecam, quod stylus ipse convincit, ille autem qui Pastor inscribitur, an alicubi sit nescio, sed certum est quod Hieronymus et Beda illum se vidisse et legisse testantur.

His adduntur Novi Testamenti octo volumina, scilicet Evangelium Matthaei, Marci, Lucae, Joannis, Epistolae Pauli XV uno volumine comprehensae, licet sit vulgata, et fere omnium communis opinio non esse nisi XIV, decem ad Ecclesias, quatuor ad personas: si tamen illa quae ad Hebraeos est, connumeranda est Epistolis Pauli, quod in praefatione ejus astruere videtur doctorum doctor Hieronymus, illorum dissolvens argutias, qui eam Pauli non esse contendebant. Caeterum, quinta decima est illa quae Ecclesiae Laodicensium scribitur, et licet, ut ait Hieronymus, ab omnibus explodatur, tamen ab Apostolo scripta est: neque sententia haec de aliorum praesumitur opinione, sed ipsius Apostoli testimonio roboratur. Meminit enim ipsius in Epistola ad Colossenses his verbis: Cum lecta fuerit apud vos haec epistola, facite ut in Laodicensium Ecclesia legatur, et ea quae Laodicensium est legatur vobis (Col. IV).

unem, em síntese, os 22 livros do Antigo Testamento, conquanto alguns julguem que o livro de Rute e as Lamentações de Jeremias devam ser calculados entre os livros santos, de modo que a soma de todos se aumente para 24. E estes, na verdade, se encontram no prólogo do Livro dos Reis, que São Jerônimo chama de prólogo principal de todas as Escrituras, que da mesma fonte dos hebreus emanou para o entendimento dos latinos. Na verdade, reputa-se que o livro da Sabedoria, Eclesiástico, Judite, Tobias e Pastor, como o mesmo Padre asseverou, não estão no Cânone, mas nem o livro dos Macabeus, que se divide em dois volumes, o primeiro dos quais tem o perfume da eloquência hebreia, o outro, da grega, porque somente o estilo convence; na verdade, aquele em que está inscrito Pastor ou que esteja em qualquer parte, não sei, mas é certo que Jerônimo e Beda atestaram aquilo que viram e leram.

A isso se acrescentam os oito volumes do Novo Testamento, a saber, os Evangelhos de Mateus, de Marcos, de Lucas e de João, as 15 Epístolas de Paulo, compreendidas em um único volume, convém que sejam divulgadas, e ordinariamente a opinião comum é de que são somente 14, dez às Igrejas, quatro às pessoas: se, todavia, aquela que é aos Hebreus, for enumerada entre as Epístolas de Paulo, o que o Doutor dos Doutores Jerônimo parece asseverar em seu prefácio, dissolvendo sutilezas daqueles que sustentavam que ela não era de Paulo. De resto, a décima quinta é aquela que se escreve à Igreja dos Laodicenses, e conquanto, como diz Jerônimo, seja rejeitada por todos, foi escrita pelo Apóstolo: e esta decisão não se presume pelo parecer de outros, mas é corroborada pelo testemunho do próprio Apóstolo. Com efeito, lembra-se da mesma na Epístola aos Colossenses nestas palavras: Quando esta epístola for escolhida por vós, fazei com

Sequuntur Epistolae Canonicae VII in uno volumine, deinde Actus apostolorum in alio, et tandem Apocalypsis. Et hunc quidem numerum esse librorum, qui in sacrarum Scripturarum canonem admittuntur, celebris apud Ecclesiam, et indubitata traditio est, quae tanta apud omnes vigent auctoritate ut contradictionis aut dubietatis locum sanis mentibus non relinquant, quia conscriptae sunt digito Dei. Jure ergo et merito cavetur, et condemnatur ut reprobus, qui in morum verborumque commercio, praesertim in foro fidelium, hujus divini eloquii passim et publico non admittit argentum, quod igne Spiritus sancti examinatum est, purgatum ab omni faec e terrena et macula purgatur septuplum. Istis ergo secure fides incumbat et illis, quae hinc probatum et debitum accipiunt firmamentum, quoniam infidelis et haereticus est, qui eis ausus fuerit refragari.

De librorum vero auctoribus variantur opiniones, licet ista praevaluerit apud Ecclesiam eos ab illis esse praescriptos, qui in singulorum titulis praenotantur. Isidorus sexto Etymologiarum libro, cap. 2, rationem nominum quae libris indita sunt, a fonte litterarum Hieronymus mutuatus exponit, et auctores eorum. Rabanus quoque in libro De ecclesiasticis officiis, quem nonnulli de sacramentis dicunt, et Cassiodorus in libro De institutione divinarum litterarum quae ad hunc articulum pertinent, latius exsequitur. Cassiodorus enim non modo de Scripturis Canonicis et earum auctoribus disserit, sed a quibus exponantur, eleganti, ut solet, describit eloquio.

Praeterea singuli Patrum librum aliquem exposituri, sicut ratio exigit, de auctore et

que seja lida na Igreja dos Laodicenses, e a que é dos Laodicenses seja lida por vós. (Cl 4). Seguem as 7 Epístolas Canônicas em um único volume, em seguida os Atos dos Apóstolos em outro, e finalmente o Apocalipse. E a tradição indubitável é que este, na verdade, é o número dos livros que são admitidos no Cânon das Sagradas Escrituras, célebre na Igreja, que tantos [livros] vigem ao pé da autoridade de todos, de modo que não deixem lugar nas mentes sadias para a contradição e a dúvida, porque foram alistados pelo dedo de Deus. Deve-se cuidar, pois, com a lei e o mérito, e se deve condenar como réprobo o que não comercia com costumes e palavras, principalmente na reunião dos fiéis, que não admite dinheiro, desta palavra divina em público sem regra, que foi examinado pelo fogo do Espírito Santo, purgado por toda a lama e mácula terrena sete vezes. Logo, tranquilamente persiga a fé destes, e aqueles que daqui recebem o sustentáculo provado e devido, porque são infiéis e hereges, combatam os que tiverem ousado [fazer] isso.

Na verdade, sobre os autores dos livros, as opiniões variam, conquanto tenha prevalecido na Igreja que aqueles que se encontram no início do livro o sejam, os que estão marcados no frontispício como título único. Isidoro, no sexto livro das Etimologias, no capítulo 2, expõe a razão que põe nos livros dos nomes, empréstimo de Jerônimo, fonte dos textos, e os autores deles. Rábano também, no livro Sobre os ofícios eclesiásticos, que em algum lugar fala de sacramentos, e Cassiodoro, no livro *Sobre os Ofícios Eclesiásticos*, ao qual este artigo pertence, desenvolve mais vigorosamente. Com efeito, Cassiodoro, no livro *Sobre a Instituição das Divinas Letras*, de modo algum discorre sobre as Escrituras Canônicas e seus autores, mas sobre o que se exporá, elegantemente, como deve ser, descreve pelo discurso.

Além disso, aos que vierem a expor um livro único dos Padres, como a razão exige,

265

materia ejus, intentione et causa, et titulo, et si qua alia sunt quae auditoribus, et lectoribus faciliorem intelligentiam sequentis operis praeparent, in tractatibus suis praemittere consueverunt, et haec quidem habita ratione loci, et temporis, et eorum ad quos sermo dirigitur, ut ad formam evangelicae institutionis, familiae Domini mensuram cibi salutaris opportune dispensent. "Nam, ut ait Palladius, magna pars prudentiae est, consulta ratione personam illius qui scribit permetiri". Unde ab exsecutione vulgatae opinionis de industria stylum suspendo, ad alia transiturus, nisi forte dignatio vestra praeceperit, ut et hanc diligentius exsequar.

Interim certum habeat vestra discretio, quoniam Philo, cujus meminit Hieronymus, undecimo capitulo libri De viris illustribus, ab aliis dissentit in libro qui inscribitur: Quare quorumdam in Scripturis mutata sint nomina. Hunc sequuntur Theophilus Alexandrinus in Chronicis suis, et Epiphanius Constantiae Cypri episcopus in libro De viris illustribus, quod et Theodorus, qui urbano sermone libros eorum de Graeco transtulit in Latinum, attestatur. Dicit enim quod et Gamaliel, ad cujus pedes Apostolus se gloriatur didicisse legem, et publica assertio Hebraeorum, qui de littera legis rectius sapiunt, cum Philonis opinione concordant.

Sed ne protendam verbum, cum ad reliqua properandum sit, et istorum proponatur opinio. Ea autem est quod Moyses Pentateuchum scripsit, etsi de fine Deuteronomii, ubi de morte ejus agitur, non conveniat, aliis asserentibus, etiam hanc particulam prophetali certitudine, sicut et illam quam de mundi creatione praemisit in capite, et quam in benedictionibus

que se prepare sobre o autor e seu assunto, sua intenção e a causa, o título, e para maior facilidade de entendimento de seus ouvintes e leitores das obras que se seguem, costumaram em seus tratados colocar à frente de seus tratados, e isto, certamente, por causa do lugar e do tempo, e daqueles aos quais o discurso se dirige, do modo da semelhança das instituições evangélicas: para a família do Senhor, dispense oportunamente a medida salutar de alimento. "Pois, como diz Paládio, grande parte da prudência é, consultada a razão, a pessoa medir inteiramente aquilo que vai escrever." De onde, pela conclusão da opinião divulgada, difiro o estilo pela indústria, para, no futuro, passar a outra, senão será tomada de antemão fortemente por vossa consideração, e como acompanharei diligentemente.

Entretanto, tenho certeza do vosso discernimento, porque Fílon, do qual Jerônimo se lembra, no décimo primeiro capítulo do livro *Sobre os homens ilustres*, discorda dos outros no livro cujo título é: *Porque alguns nomes das Escrituras foram mudados*. Teófilo de Alexandria segue-o nas suas Crônicas, e o bispo Epifânio de Constância em Chipre, no livro *Sobre os homens ilustres*, que também, que no falar urbano traduziu seus livros do grego para o latim, dá testemunho. Diz, com efeito, que também Gamaliel, a cujos pés o Apóstolo se gloriava de ter aprendido Direito, do livramento público dos hebreus, que da letra da lei sabiam mais retamente, concordam com a opinião de Fílon. Mas não se deve estender a palavra, quando se deve pender para as coisas que foram deixadas para trás, e se propõe a opinião desses. É com ela, com efeito, que Moisés escreveu o Pentateuco, também do fim do Deuteronômio, onde se trata de sua morte: não convirá, o que é afirmado por outros, até esta pequena partícula de certeza profética, assim como também aquela da

patriarcharum de futuro vaticinatus est, ab ipso Moyse fuisse conscriptam, aliis autem a Josue, aliis ab Esdra dicentibus eam fuisse appositam. Josue librum scripsit, qui denominatur ab eo. Sophithim vero, id est Judices, item librum Ruth, et partem libri Regum, qui denominantur ab ipso, scripsit Samuel, reliqua excepit David, sed tandem a Jeremia scriptus est Malachim, id est duo posteriores libri Regum. Idem librum suum cum Lamentationibus edidit. His autem omnibus vulgata non contradicit opinio. Ezechias et viri sapientes, quos in scholam virtutum et litterarum sociaverat sibi annis XV, quibus Deus prorogaverat vitam ejus, divinis de caetero vacans, in unum volumen compegerunt vaticinia Isaiae, quae ille in populo declamasse (quod ex verbis ejus apparet) visus est potius quam scripsisse: nec repugnat quod in grandi libro scribere jussus est stylo hominis, quia liber ille jam scriptus erat, et grandis, nec ad ipsius prophetia s, ut aiunt, pertinent colligendas, quae exceptae sunt ab auditoribus, et a praefato rege dispositae. Iidem et Parabolas compilaverunt, ante quidem a Salomone dictatas, et silenter ab excipientibus, ut sit, usu vulgatas. Unde in iisdem parabolis hae quoque sunt parabolae Salomonis, quas transtulerunt viri Ezechiae regis Juda. Transtulisse autem dicuntur, quia quasi de loco ad locum, ab usu vulgari, et privatis fortasse schedulis singulorum, publica auctoritate traduxerunt in Canonem Scripturarum.

Inde etiam roboratur haec traditio, quod in III Regum scriptum est (cap. VI): Locutus

criação do mundo, que foi enviada antes, no prólogo; e nas bênçãos dos patriarcas, o futuro foi vaticinado; com efeito, o recrutamento de Moisés, outras a Josué, outras a Esdras, dizendo que tinham sido acrescentadas. Josué escreveu o livro que leva seu nome. *Sopfitim*, na verdade, isto é, Juízes, assim como o livro de Rute, e parte do Livro dos Reis, que são denominados pelo mesmo, Samuel escreveu, o restante Davi recolheu, mas finalmente *Malachim* foi escrito por Jeremias, isto é, os dois livros posteriores dos Reis. Igualmente, editou seu livro com Lamentações. Com efeito, a opinião popular não contradiz todos. Ezequias e os sábios, que se reuniam na escola de virtudes e letras por 15 anos, pelos quais Deus prorrogou sua vida, em que existia só para as coisas divinas e estava ausente do resto, em um só volume reuniram os vaticínios de Isaías, que ele tinha vociferado para o povo (o que aparece em suas palavras), sua visão é mais forte do que aquilo que tinha escrito: e não reluta quando [Deus] lhe ordena escrever no estilo do homem, porque aquele livro já estava escrito, e grande, e não para as profecias que lhe pertencem, como dizem, serem coligidas, as quais foram ouvidas pelos ouvintes, e foram dispostas pelo rei invocado no início. Os mesmos também compilaram as *Parábolas* (Provérbios), certamente ditadas diante de Salomão, e silenciosamente, pelos que recebiam, quando, do modo que fosse, fossem divulgadas pelo uso. De onde, naquelas mesmas *parábolas* há também as *parábolas* de Salomão, que os homens de Ezequias, rei de Judá, traduziram. Com efeito, dizem que tinham traduzido, porque, como se fosse de um lugar para outro, do uso vulgar, e talvez para páginas privadas de um a um, mas pela autoridade pública traduziram no cânon das Escrituras. De lá, ainda, foi corroborada esta tradição, que está escrita em 3Reis (Cap. 6):

est Salomon tria millia parabolas, et fuerunt carmina ejus quinque millia, et disputavit a cedro Libani usque ad hyssopum etc. Hoc enim dixisse potius creditur, quam scripsisse. Sunt qui carmina ejus referant ad Cantica canticorum: disputationem naturalium a maximis ad minima procedentem, ad significationem eorum quae Ecclesiastes in totius mundi concionatur auditu. Sed de his alias. Nam et Ecclesiasticum, et Cantica canticorum Canoni Scripturarum rex Jerusalem Ezechias et conscholares sui dicuntur adjecisse. Salomonis tamen auctoritate prolata, quem in his conscribendis inventorem, et quasi publicae utilitatis praeconem habuerant. Hoc tamen contra vulgatam opinionem, sed an contra veritatem dictum sit, diffiniat ille qui novit. Aggaeus, Zacharias et Malachias, adhibitis XV viris, maxime fideliter Synagogae Ezechielis oracula composuerunt. Ipse enim praedicavit visiones, et infixit memoriae auditorum quas in terra polluta scribere noluit, ne sancta profanaret, sed praecepit ut scriberentur in terra Domini. Hic autem suspensioni alludit Psalmus, dicens: In salicibus in medio ejus suspendimus organa nostra etc. (Psal. CXXXVI.).
Et ab hac quidem opinione, vulgata non dissentit, sicut Isidorus attestatur. Iidem prophetae scripserunt Danielem. Nam Daniel et propter causam, quae in Ezechiele reddita est, se a scriptitatione suspendit: et quia praepediebatur administrationibus publicis. Iidem quoque tres prophetae, et conscholares eorum conscripserunt librum Esther, quem vulgata opinio ab Esdra compositum asserit, librum quoque XII Prophetarum, quem vulgus ab ipsis XII prophetis compositum tenet. Praefatus autem Philo cum sequentibus suis superius nominatis, memoratos tres prophetas hujus libri et praecedentium, ut dictum est, laudat auctores. Quia enim breves erant

"Salomão disse três mil *parábolas*, e houve cinco mil poemas dele, e disputava o cedro do Líbano com o hissopo etc." Acredita-se que disse mais coisas do que escreveu. Há os que dizem que os poemas se referem a ele no *Cântico dos Cânticos*: disputa dos naturais que precede dos mínimos aos máximos, para o significado de que o Eclesiastes reúne em maior medida a assembleia do mundo como ouvinte. Mas sobre isso, outras. Pois diz-se que o rei de Jerusalém Ezequias e seus colegas literatos também ajuntaram ao cânon das Escrituras o Eclesiástico e o Cântico dos Cânticos. Pela autoridade de Salomão, ainda foi proferido o que o descobridor do que devia ser redigido, e como se tivera utilidade. Isto, contudo, é contra a opinião divulgada, mas se foi dito contra a verdade, defina aquele que sabe. Ageu, Zacarias e Malaquias, unidos aos 15 homens, muito fielmente compuseram os oráculos da Sinagoga de Ezequiel. Com efeito, este proclamou visões, e inculcou memórias dos ouvintes que não quis escrever na terra corrompida, para não profanar as coisas santas, mas decidiu de antemão que escreveria na terra do Senhor. Com efeito, os Salmos aludem a esta suspensão, dizendo: "Nos salgueiros no meio dele, penduramos nossos instrumentos" etc. (*Sl* 136). E, com efeito, desta opinião o povo não discorda, assim como Isidoro atesta. Os mesmos profetas escreveram Daniel. Pois Daniel e por causa disso, que foi trazido de volta por Ezequiel, foi pendurada uma inscrição: e porque era impedido pela administração pública. Igualmente também, três profetas e colegas de estudos deles e escreveram juntos o livro de Ester, que a opinião do povo sobre a composição de Esdras afirmara, e também o livro dos 12 Profetas, que o povo tem como composto pelos mesmos 12 Profetas. Com efeito, o supradito Fílon, com seus seguidores supracitados, tendo-se lembrado

singulorum visiones, satis visum est ipsis prophetis eas praedicando publicare, et sic aliis demandare scriptoribus, praesertim cum quidam eorum rustici fuerint, et pastores, aut aliis officiis dediti, litterarum fuisse credantur ignari.

Librum Psalmorum composuit David, utens interdum ministerio virorum, qui in quorumdam psalmorum titulis ascribuntur. Fuerunt autem hi viri X, qui licet aliquos psalmos composuerint, quod et vulgata, quam Isidorus refert, non negat opinio, attamen omnes psalmi dicuntur esse Davidis, qui eis suam accommodavit auctoritatem, juxta quod Justinianus docet in Codice, dicens: "Omnia merita nostra facimus, quibus nostram impertimur auctoritatem, quia ex nobis eis omnis impertitur auctoritas". Nam qui non subtiliter factum emendat, laudabilior est eo qui primus invenit. Esdras librum composuit, qui praenotatur ab ipso, et Paralipomenon, usque ad dies suos. Reliquum vero scripserunt sapientissimi fideliter Synagogae, quae templum reaedificavit in Hierosolymis. Moyses scripsit Job secundum istos, de quo nihil definire praesumit vulgata opinio, licet in eam partem videatur esse proclivior, ut ipse beatus Job subactis tentationibus proprium scripserit librum. De Tobia, Judith, et libro Machabaeorum, qui non sunt recepti in canone, a quibus auctoribus scripti sint, nec vulgata docet opinio, nec de his sequaces Philonis faciunt mentionem; quia tamen fidem et religionem aedificant, pie admissi sunt. Librum Sapientiae composuit Philo, diciturque Pseudographus, non quia male scripserit, sed quia male inscripsit. Inscriptus enim est Sapientia Salomonis, cum a Salomone non sit editus, sed propter stylum quem induerit, et elegantiam morum, quam ei similiter informat, dicitur

de três profetas de seu livro e dos precedentes, como foi dito, louva os autores. Porque, com efeito, eram breves as visões de cada um, o suficiente ter visto e o mesmo profeta, pregando-as, publicá-las, e assim, alguns demandavam escritores, particularmente quando alguns eram camponeses e pastores, ou dedicados a outros ofícios, e criam-se analfabetos. Davi compôs o Livro dos Salmos, ou, entregue a outros trabalhos, a alguns homens a quem alguns salmos atribuem o nome. Com efeito, foram dez homens que provavelmente escreveram alguns salmos, porque a Vulgata, à qual Isidoro se refere, não nega a opinião, entretanto, de que todos os salmos fossem de Davi, que acomodou sua autoridade sobre eles, assim como Justiniano ensina no Códice, dizendo: "Fazemos nossos todos os méritos, dos quais repartimos nossa autoridade, porque de nós a autoridade de tudo é repartida entre eles". Pois os que não estão feitos sutilmente, emenda, mais louvável é o que primeiro descobriu isto. Esdras compôs o livro, ao qual dá seu nome, e os Paralipômenos, até o fim de seus dias. Na verdade, o resto os sapientíssimos da Sinagoga escreveram fielmente; a qual reedificou o templo em Jerusalém. Moisés escreveu Jó segundo esses, sobre o qual a opinião divulgada presume que não pode definir nada, contanto que nesta parte pareça mais árdua, de modo que o próprio santo Jó, subjugado pelas tentações, tivesse escrito o seu livro. Sobre Tobias, Judite e o Livro dos Macabeus, que não foram recebidos pelo Cânone, por quais autores foram escritos, nem a Vulgata ensina uma opinião, nem Fílon ou seus sequazes fazem menção; porque, portanto, a fé e a religião edificam, piamente são admitidos. Fílon compôs o Livro da Sabedoria, dito *Pseudoepígrafo*, não porque escrevesse mal, mas porque pôs nome falso no frontispício. Com efeito, escreveu a Sabedoria de Salomão, quando

Salomonis. Ecclesiasticum scripsit Jesus filius Sirach, qui et ipse, styli conformitate et morum, Salomonis dicitur, sicut econtra a Latinis usu vulgato dicuntur esse quaedam de libro Sapientiae quae non ibi, sed in Parabolis inveniri haud dubium est. Unde in Ecclesia, periocha Parabolarum quae sic incipit: Mulierem fortem quis inveniet? (Prov. XXXI) titulo Sapientiae praenotatur. Haec de numero et auctoribus librorum Veteris Testamenti, in quibus pro parte praefati auctores a vulgata opinione dissentiunt.

Numerus librorum Novi Testamenti certus est, et auctores, et fere nulla est altercationis quaestio. Siquidem singuli evangelistae sua volumina ediderunt. Paulus suas Epistolas texuit, etsi illam quae ad Hebraeos est suspicentur aliqui fuisse Barnabae vel Clementis. Epistolas Canonicas illi scripserunt quorum nominibus inscribuntur. De duabus tamen Epistolis Joannis novissimis quaestio est. Actus apostolorum tam fideli et salubri, quam dulci stylo, Lucas dignoscitur exarasse. Apocalypsim alii a Joanne apostolo, alii a quodam sanctissimo sacerdote Ephesino Joanne, sicut litteratorum Pater beatus Hieronymus refert, descriptam opinantur: sed apud credulitatem Ecclesiae vincit apostolus. Haec interim de numero et auctoribus librorum Novi Testamenti dicta sint, quorum conceptionem si quis nosse desiderat, epistolam beati Hieronymi ad Paulinum de divinis libris legat, quia, ut de conscientia mea loquar, nusquam melius invenietur aut planius.

não foi editado por Salomão, mas por causa do estilo que revestia a elegância dos costumes, que igualmente informa, diz-se ser de Salomão. Eclesiástico, chamado de Jesus Filho de Sirac, da parte contrária, em conformidade de estilo e costumes, se diz de Salomão, como se encontra divulgado entre os latinos, se disse ser o Livro da Sabedoria, que, não lá, mas nas *Parábolas* (Provérbios) com certeza se encontraria. De onde, na Igreja, o resumo das *Parábolas* (Provérbios) que assim começam: Quem encontrará uma mulher forte? (Pr 31) vem em cima do título da Sabedoria. Isto é certo sobre o número e os autores dos livros do Antigo Testamento, nos quais a parte do título e dos autores discute-se com o povo pela opinião.

O número de livros do Novo Testamento é certo, e dos autores, é quase nula a questão das discussões. Cada *Evangelista* editou seus volumes. *Paulo* escreveu as suas Epístolas, mesmo que suspeitem que a carta aos Hebreus seja de Barnabé ou de Clemente. As *Epístolas Canônicas* têm a inscrição dos nomes de seus escritores. No entanto, sobre duas epístolas de João é colocada de novo a questão. Os Atos dos Apóstolos são distintamente de Lucas, pelo estilo tão fiel e salubre como doce em que os exarou. O Apocalipse, ou do Apóstolo João, ou do santíssimo sacerdote João de Éfeso, assim como refere o Padre dos literatos, São Jerônimo, opinam as cópias, mas junto à crença da Igreja, vence o Apóstolo. Isso, entretanto, sobre o número e os autores do Novo Testamento, seja dito, se alguém desejar conhecer, leia a epístola de São Jerônimo a Paulino sobre os livros divinos, porque, de acordo com o que minha consciência diz, em nenhum lugar encontrará melhor ou mais fácil.

40) O cânon de Ebed Jesu († 1318)

A Igreja Siríaca teve um cânon bastante próximo ao da Igreja Católica, no que se refere aos livros *deuterocanônicos* do Antigo Testamento. Pelo que sabemos, a maior parte de seus escritores considerava também os *deuterocanônicos* como inspirados e canônicos. Um exemplo disso temos em Ebed Jesu († 1318), que, em seu catálogo dos livros sagrados, enumera a maioria dos *deuterocanônicos*. Ebed Jesu ou *Abdisho bar Berika* (siríaco ortodoxo), nasceu em 1250 e morreu em 1318. Ele foi o primeiro bispo de *Shiggar* (Sinjar) e da província de *Bet'Arbaye* (Arbayestan) por volta de 1285 e antes de 1291, bem como Metropolitano de Nisibis e Armênia.

Ebed Jesu escreveu várias obras e comentários bíblicos siríacos, tratados contra a heresia, textos dogmáticos e normativos, de leis. Uma obra importante que ele escreveu foi o *Catálogo dos livros, Paraíso do Édem*. Mas, sem sombra de dúvidas, a sua obra principal foi o *Livro de Marganitha* (1298), em português: *Livro da Pérola da Verdade da Fé*, sobre a verdade do cristianismo, em que deixou uma espécie de manual conciso para a Igreja Assíria do Oriente, uma das obras eclesiásticas mais importantes da Igreja Assíria do Oriente, subdividida em quatro parte: *Em Deus, Na Criação, Sobre a Dispensação Cristã e Sobre os Sacramentos da Igreja*. Para o que diz respeito aos textos citados no final de seu *Catalogus Librorum*, Ebed Jesu dividiu entre os escritores e o que eles escreveram, subdividindo em quatro partes: 1) O Antigo Testamento e vários apócrifos; 2) O Novo Testamento; 3) Os Padres Gregos que foram traduzidos para o Syriac; 4) E os Padres Siríacos, principalmente dos Nestorianos, trazendo a lista dos nomes e títulos.

O texto do cânon bíblico de Ebed Jesu nós o encontramos na obra BIBLIOTHECAE ORIENTALIS, Clementino-Vaticanæ, Tomi Tertii, Pars Prima, *De Scriptoribus Ryri Nestorianis* (Roma, 1725, p. 43-56), com o texto bilíngue, latim e siríaco. Esta é uma obra que reúne textos de vários autores orientais, entre os quais os siríacos nestorianos, arábicos, persas, turcos, hebraicos, samaritanos, armenos, etiópicos, gregos, egípcios, ibéricos e malabáricos. É uma obra monumental, que traz apêndices e, entre eles, um é intitulado: *Appendix ad Catalogum, Ebedjesu Sobensis de Scriptoribus Syris Nestorianis*, subdividido em 63 capítulos, indicando muitos livros canônicos e muitos apócrifos. Os que mais nos interessam são o proêmio e os primeiros cinco capítulos, visto que eles trazem os livros *bíblicos* e *extrabíblicos*, e os demais avançam em outras obras já fora do período bíblico. O autor traz a seguinte sequência: para o Antigo Testamento, ele cita os livros canônicos e deuterocanônicos: após o *proêmio*, ele cita os livros do Pentateuco, e, depois, vai citando de forma mesclada os históricos, os sapienciais, os profetas maiores e menores, e não na ordem que temos e conhecemos na Vulgata; além de que ele também cita textos apócrifos; para o Novo Testamento, ele traz os quatro *Evangelhos*, *Atos*, as cartas *Católicas* (Tiago, Pedro e João, omite *Judas*), as quatorze *Paulinas*, com *Hebreus* como sendo paulina, e omite o *Apocalipse*, o que é normal entre os orientais. O autor cita todos os textos pelo seu título e oferece os dados de possível autoria e local de escrita, ou de quem transmitiu.

Este mesmo texto o encontramos publicado na obra de B.F. Westcott, *A General Survey of the History of the Canon of the New Testament,* Londres, 1866, Apêndice D, p. 488-490, indicando apenas o ano da morte de Ebed Jesu, em 1318, e trazendo o título e as referências de onde o autor teria encontrado e tirado este cânon bíblico: *Catal. Lebr. omn. Ecclesiasticorum* (Assemani, Bibl. Or. III. p. 3ss.), mas cita apenas o texto em latim. Ele cita todos os textos, mas quando chega em Paulo o autor traz apenas a afirmação "Epistolæ quatordecim... / Quatorze Epístolas...", sem nominá-las e nem sequer colocar os dados de autoria e local de escrita, conforme temos no texto da obra *Bibliothecæ Orientalis, Clementino-Vaticanæ*. Aqui oferecemos apenas o texto em latim, conforme encontramos nas duas obras citadas. Porém o texto é o da obra *Bibliothecæ Orientalis, Clementino-Vaticanæ*, por ser mais amplo e completo que o texto de B.F. Westcott.

Procemium.	*Proêmio.*
Virtute auxilii tui Deus	Deus, o poder do teu auxílio
Et precibus omnis justi insignis,	E a oração de todos os notáveis justos,
Ac matris celeberrimæ,	De mãe belíssima,
Scribere aggredior Carmen admirabile	Escreve a admirável Canção
In quo Libros Divinos,	Nestes Livros Divinos,
Et omnes Compositiones Ecclesiasticas,	E todas as Composições Eclesiásticas,
Omnium priorum et posteriorum	Todos dos anteriores e dos posteriores
Proponam Lectoribus.	Propõem os Leitores.
Nomen Scriptorum commemorabo,	Repetindo o Nome dos Escritores,
Et quænam scripsere, et qua ratione,	E o que está escrito, e que pela razão,
In Deo autem confidens,	Depois, confiando em Deus,
En a Moyse initium duco.	Em Moisés temos o início.

Caput I. Testamentum Vetus, & quædam
Hebæorum scripta
  Lex in cinque libri,
  Genesis, Liber Exodi,
  Liber Sacerdotum, Numeri,
  Et liber Deuteronomii,
Dein Liber Josue filii Nun
  Post hunc Liber Judicum
  Et Liber Dabarjamin et Ruth,
 Et Psalmi David Regis:
  Et Proverbia Salomonis et Cohelet:
  Et Sirah Sirin et Bar-Sira:
  Et Sapientia magna, et Job
Isaias, Hosee, Joel,
  Amos, Abdias, Jonas,
  Michæas, Nahum, Habacuc,
  Sophonias, Aggæus, Zacharias,
Malachias, et Hieremias,
  Ezechiel, et Daniel:
  Judith, Esther, Susanna,
  Esdras, et Daniel minor,
Epistola Baruch: et liber
  Traditionis Seniorum.
  Josephi autem scribæ exstant
  Proverbia, et Historia Filiorum Samonæ

Liber etiam Machabeorum,
  Et Historia Herodis Regis
  Et liber postremæ desolationis
  Hierosolymæ per titum
Et liber Asiathæ uxoris
  Josephi justi filii Jacob
  Et liber Tobias et Tobith
  Justorum Israelitarum

Caput II. Testamentum Novum
  Nunc absoluto Veteri
Aggrediamur jam Novum *Testamentum*:
  Cujus caput est Mattæus, qui Hebraice
  In Palestina scripsit.
  Post hunc Marcus, qui Romane
  Loquutus est in celeberrima Roma:
 Et Lucas, qui Alexandriæ

Capítulo I. Antigo Testamento e alguns
escritos dos Hebreus
  A Lei em cinco livros,
  Gênesis, Livro do Êxodo,
  Livro do Sacerdote (Levítico), Números,
  E o livro do Deuteronômio,
Em seguida, o Livro de Josué filho de Nun
  Depois deste, o Livro dos Juízes
  E o Livro *Dabarjamin* e Rute,
 E Salmos do Rei Davi:
  E Provérbios de Salomão e Cohelet:
  E Cântico dos Cânticos e Eclesiástico:
  E a grande Sabedoria, e Jó
Isaías, Oseias, Joel,
  Amós, Abdias, Jonas,
  Miqueias, Naum, Habacuc,
  Sofonias, Ageu, Zacarias,
Malaquias, e Jeremias,
  Ezequiel, e Daniel:
  Judite, Ester, Susana,
  Esdras, e Daniel, o menor,
Epístola de Baruc: e o livro
  Das Tradições dos Antigos.
  E de José, escrito aos elevados
  Provérbios[56], e História dos Filhos de
Samona
Também o Livro do Macabeus,
  E a História do Rei Herodes
  E o livro da desolação final
  De Jerusalém para Tito
E o livro da esposa de Asiate
  José o justo, filho de Jacó
  E o livro de Tobias e Tobith
  Dos Justos Israelitas

Capítulo II. Novo Testamento
  Agora com o Antigo completo
Vamos começar pelo Novo *Testamento*:
  Cujo início é Mateus, que em hebraico
  Foi escrito na Palestina.
  Depois temos Marcos, o Romano
  O qual diz: foi na belíssima Roma:
 E Lucas, o qual de Alexandria

---

56 Seria interessante confrontar este catálogo com a lista de Melitão, presente aqui em nossa obra, que tem uma afirmação parecida de que o Livro de Provérbios também pode ser chamado de Livros da Sabedoria, ou vice-versa.

Græce dixit scripsitque:
Et Joannes, qui Ephesi
Græco sermone exaravit Evangelium.
Actus quoque Apostolorum,
Quos Lucas Theophilo inscripsit.
Tres etiam Epistolæ quæ inscribuntur

Apostolis in omni códice et lingua,

Jacobo scilicet et Petro et Joanni;
Et Catholicæ nuncupantur.
Apostoli autem Pauli magni
Epistolæ quatordecim
Epistola ad Romanos,
Quæ ex Corintho scripta est

Epistola ad Corinthios
Prima ex Epheso
Scripta & missa
Per manus Timothei.

Ad Corinthios verò secunda
Scripta Philippis
In Macedonia magna,
Et missa per manus Titi.

Epistolam autem ad Galatas
Ex urbe Roma scripsit Paulus,
Eamque misit per manusTiti
Vasis electi ac probati.

Epistola ad Ephesios
Romæ conscripta est,
Et per manus Tychici
Ab ipso Paulo transmissa.

Ad Philippenses etiam epistola
Romæ scripta fuit,
Et per Epaphroditum
Pratrem dilectum missa.

Epistola quoque ad Colossenses
Romae scripta est,
Et per discipulum veritatis
Tychicum transmissa.

Se diz que foi escrito em grego:
E João, que é de Éfeso,
Evangelho escrito em idioma grego.
Atos, o que é dos Apóstolos,
O qual Lucas escreveu a Teófilo.
Também de três Epístolas que foram escritas

Pelos apóstolos em todos os códices e línguas,

A saber: Tiago, Pedro e João;
E chamadas de Católicas.
Depois do grande Apóstolo Paulo
Quatorze Epístolas
Epístola aos Romanos,
Que foi escrita desde Corinto

Epístola aos Coríntios
A primeira foi escrita
desde Éfeso, e enviada
Pelas mãos de Timóteo.

De fato, a segunda aos Coríntios
Escrita desde Filipo
Na grande Macedônia,
E enviada pelas mãos de Tito.

Também a Epístola aos Gálatas
Paulo escreveu desde a cidade de Roma,
Também dada pelas mãos de Tito
Do Vaso eleito e aprovado.

Epístola aos Efésios
Foi escrita desde Roma,
E pelas mãos de Tíquico
Por Paulo foi transmitida.

Também a Epístola aos Filipenses
Foi escrita desde Roma,
E por Epafrodito,
Enviada ao dileto Pai.

Igualmente a Epístola aos Colossenses
Foi escrita desde Roma,
E pelo discípulo da verdade
Transmitida a Tíquico.

Epistola verò ad Thessalonicenses
   Prima ex urbe Athenis
   Scripta fuit, missaque
   Per manusTimothei.
	De fato, a Epístola aos Tessalonicenses
	   A primeira desde a cidade de Atenas
	   Foi escrita e enviada
	   Pelas mãos de Timóteo.

Ad Thessalonicenses autem
   Secunda scripta fuit
   Laodiceæ Pisidiæ,
   Et missa cum Timotheo.
	Também aos Tessalonicenses
	   A segunda foi escrita
	   De Laodiceia da Pisídia,
	   E enviada com Timóteo.

Epistola ad Timotheum
   Prima ex Laodicæa
   Pisidiæ urbe scripta est,
   Perque Lucam transmissa.
	Epístola a Timóteo
	   A primeira desde Laodiceia
	   Da cidade de Pisídia foi escrita,
	   E transmitida por Lucas.

Ad Timotheum verò secunda
   Romæ scripta fuit,
   Missaque per eundem Lucam
   Medicum & Evangelistam.
	De fato, a segunda a Timóteo
	   Foi escrita desde Roma,
	   E transmitida também por Lucas
	   Médico e Evangelista.

Epistola ad Titum
   Scripta fuit Nicopoli,
   Missaque & delata
   Per Epaphroditum.
	Epístola a Tito
	   Foi escrita de Nicópolis,
	   E transmitida e contestada
	   Por Epafrodito.

Epistola ad Philêmonem scripta fuit
   Romae, transmissaque
   Per Onesimum,
   Philemonis ipsius servum.
	Epístola a Filêmon foi escrita
	   desde Roma, transmitida
	   Por Onésimo,
	   Servo de Filêmon.

Epistola ad Hebræos
   Scripta fuit in Italia,
   Perque Timotheum
   Filium spiritualem transmissa.
	Epístola aos Hebreus
	   Foi escrita na Itália,
	   Também por meio de Timóteo,
	   Filho espiritual, foi transmitida.

Caput III. Tatiani & Ammonii Diatessaron
  Evangelium, quod compilavit
   Vir Alexandrinus
   Ammonius qui et Tatianus
   Illudque Diatessaron appellavit.
	Cap. III. Diatessaron de Taciano e Amônio
	  Evangelho, que compilou
	   O personagem Alexandrino
	   Que é Amônio, e Taciano
	   Um texto chamado *Diatessaron*.

Caput IV. Dionysius Areopagita
   Libri quoque quorum Auctores sunt
	Capítulo IV. Dionísio Areopagita
	   Livros que dizem que são dos Autores

Discipuli Apostolorum	Discípulos dos apóstolos
Liber Dionysii	Livro de Dionísio
Philosophi cælestis.	Dos Filósofos celestes.
Caput V. Clemens Romanus	Capítulo V. Clemente Romano
Et Clementis unius ex septuaginta...	E Clemente, um dos setenta...

41) O cânon da Tanak (Massorético)

A *TaNaK* é um *acrônimo* formado pelas letras iniciais dos nomes dos três conjuntos da Bíblia Hebraica (*Torah, Nebi´îm* e *Ketubîm*), e formando uma "expressão": *TaNaK*. Os judeus dividem suas Escrituras Sagradas em três grupos e classificam os livros em: a) *Torah* ou Lei, que contém os 5 livros do Pentateuco; b) *Nebi´îm* ou Profetas, contendo os 8 livros proféticos, divididos entre profetas anteriores e profetas posteriores; c) *Ketubîm* ou Escritos, trazendo os 11 livros do conjunto dos escritos em geral.

A Tanak corresponde ao AT da Bíblia cristã, menos os livros *deuterocanônicos* presentes em algumas tradições, como a Católica e a Ortodoxa (*Tobias, Judite, 1º e 2º Macabeus, Sabedoria, Eclesiástico e Baruc; além destes, temos alguns capítulos e versículos a mais em Daniel [3,24-90; 13 e 14] e em Ester [10,4–16,24]*). São textos dos mais variados gêneros literários, escritos em épocas e por pessoas diferentes, que nem sempre é possível conhecer; aliás, muitos são tidos apenas como redatores finais, enquanto os textos lhe foram atribuídos. Mas muitos dos autores bíblicos de fato nos são desconhecidos. Mas este é um fenômeno presente também no NT. Outra forma de se referir à *Bíblia Hebraica*, com seus três conjuntos de livros, é usando o termo *Mikra* (מקרא), que parece dar um tom mais formal do que o termo Tanak.

O cânon da Tanak é composto por 24 livros, que na verdade são 39, visto que temos alguns que são duplos (Samuel, Reis, Crônicas, Esdras e Neemias) e os Doze profetas menores são contados com sendo um livro apenas. Além do número ser diferente, ela também tem uma ordem diferente da Bíblia das tradições cristãs, que seguem a ordem da Vulgata de Jerônimo. O Cânon e a ordem dos textos abaixo foram retirados da obra de K. Elliger – W. Rudolph (eds.), *Bíblia Hebraica Stuttgartensia,* Deutsche Bibelgesellschaft, Stuttgart, 1994, sendo o texto-base para as traduções da Bíblia para o AT desde que os Massoretas vocalizaram o texto[57], entre os séculos VI e VIII de nossa era, e o têm transmitido desta forma. Este cânon está no Codex de Allepo, do ano 1008, também chamado *Codex Leningradensis*, por estar na Bibliotreca de Leningrado[58].

Hebraico da Tanak	Português da Tanak
Torah	Lei/Ensinamento
B^erē'šît[59] / בְּרֵאשִׁית	Gênesis
Š^emôt / שְׁמוֹת	Êxodo
Vayyikrā' / וַיִּקְרָא	Levítico
B^emidbar / בְּמִדְבַּר	Números
D^evarîm / דְּבָרִים	Deuteronômio
Nebi´îm Rišônîm	Profetas Anteriores
Y^ehôšua' / יְהוֹשֻׁעַ	Josué
Šoptîm / שֹׁפְטִים	Juízes
Š^emû'ēl / שְׁמוּאֵל א	1º Samuel
Š^emû'ēl / שְׁמוּאֵל ב	2º Samuel
M^elakîm / מְלָכִים א	1º Reis
M^elakîm / מְלָכִים ב	2º Reis
Nebi´îm Aharônîm	Profetas Posteriores
Yša'ǎyāhû / יְשַׁעְיָהוּ	Isaías
Yir^emyāhû / יִרְמְיָהוּ	Jeremias
Y^ehez^eqiēl / יְחֶזְקֵאל	Ezequiel
Hôšēa' / הוֹשֵׁעַ	Oseias
Yô'ēl / יוֹאֵל	Joel
'Āmôs / עָמוֹס	Amós
'Ōvadyāh / עֹבַדְיָה	Abdias
Yônāh / יוֹנָה	Jonas
Mîkāh / מִיכָה	Miqueias
Naḥûm / נַחוּם	Naum
Hăbakûk / חֲבַקּוּק	Habacuc
S^efanyâ / צְפַנְיָה	Sofonias
Haggâ / חַגַּי	Ageu

....

57 FRANCISCO, E.F. *Manual da Bíblia Hebraica: introdução ao Texto Massorético* – Guia introdutório para a Bíblia Hebraica Stuttgartensia. São Paulo: Vida Nova, 2008, p. 221-223.

58 HAAG, H. *A formação da Sagrada Escritura*. Op. cit., p. 130-132.

59 Para ajudar na leitura para que uma maioria possível possa ler, a nossa opção foi por fazer a transliteração de cada termo hebraico (alfabeto, e não de *fonemas* – sons). Também conservamos os sinais vocálicos, indicando as *vogais* e *semivogais*, sempre para facilitar a leitura dos títulos na Tanak.

Z^ekaryāh / זְכַרְיָה	Zacarias
Mal'ākî / מַלְאָכִי	Malaquias
Ketubîm / Escritos	*Ketubîm / Escritos*
Os 3 livros poéticos (*Sifrei Emet*)	Os 3 livros poéticos (*Sifrei Emet*)
Tehillîm / תְּהִלִּים	Salmos
Î'yyôb / אִיּוֹב	Jó
Mišlei / מִשְׁלֵי	Provérbios
Os 5 *Megillot* (*Hamesh Megillot*)	Os 5 *Megillot* (*Hamesh Megillot*)
Rūth / רוּת	Rute
Šīr Hašīrīm / שִׁיר הַשִּׁירִים	Cântico
Qōhelet / קֹהֶלֶת	Ecclesiastes
Eikah / אֵיכָה	Lamentações
Estēr / אֶסְתֵּר	Ester
Dānîyyē'l / דָּנִיֵּאל	Daniel
'Ezrā / עֶזְרָא	Esdras
N^ehemyah / נְחֶמְיָה	Neemias
Divrei ha-Yyamim / דִּבְרֵי־הַיָּמִים א	1° Crônicas
Divrei ha-Yyamim / דִּבְרֵי־הַיָּמִים ב	2° Crônicas

42) O cânon do Pentateuco Samaritano (séc. IV a.C.)

O *Pentateuco Samaritano* (*Pentateuchus Samaritanus*), também chamado de *Torá Samaritana ou Pentateuco Samaritano de Nablus*, é o nome que se dá à Torá própria dos samaritanos e por eles usada. Eles sobrevivem até hoje na região de Siquém, em Israel, embora constituam uma comunidade religiosa bastante pequena. Os samaritanos recusaram (e recusam até hoje) o restante dos livros do Tanak e aceitaram apenas a Torá como sendo "livro" inspirado e canônico, o único texto que contém a revelação de Deus. Para eles o *cânon bíblico* é formando tão somente pelos cinco livros do Pentateuco, pois, segundo eles, os demais livros da Bíblia Hebraica (Profeta e Escritos) não foram dados por Deus e sim pelos homens. Assim sendo, os samaritanos rejeitaram todos os demais livros da Bíblia Hebraica e ficaram apenas com os cinco primeiros livros, igualmente comuns aos judeus e aos cristãos, a saber:

1) Gênesis
2) Êxodo
3) Levítico
4) Números
5) Deuteronômio

O *Pentateuco Samaritano* foi escrito no alfabeto samaritano e assim conservado em seus caracteres arcaicos, tido como a língua original que Deus teria entregue o texto a Moisés, que é diferente do hebraico, língua usada pelos hebreus para a escrita antes do cativeiro da Babilônia (587/6 a.C.). Ele conservou a sua forma consonantal de escrita, embora no início da Idade Média tenha havido uma tentativa de vocalizá-lo, e, para tanto, foram criados os sinais vocálicos, a exemplo dos massoretas para o texto hebraico. Mas não é só na questão linguística que repousa a diferença entre o texto do Pentateuco Samaritano e o texto do Pentateuco Hebraico (Massorético). Há outras diferenças como, por exemplo: na versão samaritana dos Dez Mandamentos, logo após o texto de Ex 20,17, há um 11º Mandamento, onde Deus ordena ao povo que construa um templo no Monte Garizim, diferentemente do texto massorético, que, é óbvio, não traz isso. Basicamente as diferenças se encontram numa forte tendência em três campos: *harmonização* (eliminação de tensões e contradições), *simplificação* (correções gráficas em questões gramaticais, como os sufixos) e *alterações de conteúdo* (alterações dogmáticas, com interesses religiosos e cultuais dos samaritanos)[60].

O Pentateuco Samaritano era basicamente desconhecido no mundo, até que *Pietro della Valle*, um explorador italiano viajou pela Ásia e, em 1616, trouxe uma cópia do texto de Damasco e a tornou conhecida no Ocidente. O Manuscrito mais antigo é o *Codex Zubil*, da Biblioteca da Universidade de Cambrige (Ms. Add. 1864) e duas traduções recentes para o aramaico, transmitida como *targum*, são: 1) *Manuscrito J* (British Library Or. 7562) e *Manuscrito A* (Nablus Ms. 3)[61]. Entre as possíveis fontes mais recentes para consultas, nós encontramos as obras de J.H. Petermann. *Pentateuchus Samaritanus*. Berlim: Moeser 1872, e de L.-F. Girón Blanc. *Pentateuco hebreo-samaritanus: Génesis. Edición crítica sobre la base de manuscritos inéditos*. Madri: C.S.I.C., 1976. Importante também vermos a afirmação de H. Simian-Yofre acerca do Pentateuco Samaritano:

> "O Pentateuco Samaritano é a Bíblia da comunidade samaritana antes e depois do cisma dos judeus (séc. IV a.C.). Os samaritanos conservaram o Pentateuco como o único corpo de Escritura inspirada, enquanto os judeus

....

60 FISCHER, A.A. *O texto do Antigo Testamento*. Barueri: Sociedade Bíblica do Brasil, 2013, p. 80 [Edição reformulada da Introdução à Bíblia Hebraica de Ernst Würthwein].

61 FISCHER, A.A. *O texto do Antigo Testamento*. Op. cit., p. 82.

acrescentaram os livros dos profetas e os hagiográficos. Confrontando o Pentateuco Samaritano com o TM, encontram-se mais ou menos 6.000 variantes, das quais cerca de 1.600 concordam com a LXX. Em geral as variantes são de tipo ortográfico (p. ex., *matres lectiones*) ou morfológico. Há, todavia, algumas que indicam os interesses teológicos dos samaritanos (p. ex., em Ex 20,17 e Dt 5,21 econtramos uma longa interpolação de Dt 11,29s.; 27,2-7, que traz as palavras do povo depois da entrega dos Dez Mandamentos). A construção de um altar sobre o Monte Garizim torna-se uma parte do Decálogo. Às vezes a forma do texto é diversa em comparação com a do TM e da LXX (p. ex., as cronologias e Gn 5 e 11 existem em três formas: TM, LXX, Pentateuco Samaritano)" [62].

43) O cânon da Versão Septuaginta (LXX: 250 a 150 a.C.)

A *Versão Septuaginta*, em português *Versão dos Setenta* (indicada também pelos algarismos romanos: LXX), é a tradução mais antiga da Bíblia Hebraica de que temos notícias. Foi traduzida do hebraico e do aramaico para o grego entre 250 a 150 a.C., aos poucos, em Alexandria[63], Egito, e contém todos os livros da Tanak (Bíblia Hebraica, escrita em hebraico e aramaico) e mais os livros deuterocanônicos do AT, escritos diretamente em grego, a saber: Tobias, Judite, 1° e 2° Macabeus, Sabedoria, Eclesiástico e Baruc; temos ainda alguns capítulos e versículos a mais em Daniel [3,24-90; 13 e 14] e em Ester [10,4–16,24][64]. Este foi o momento, segundo T.M. Law, "quando Deus falou em grego", como encontramos no título de sua obra[65]. Mas é sempre bom termos presente que os mais antigos manuscritos que temos da versão LXX são da versão LXX cristã e não da versão LXX judaica, e os manuscritos cristãos são do século IV d.C. e podem ter diferenças que desconhecemos até então[66], embora o cristianismo nascente tenha recusado alguns livros, como os *apócrifos* e conservados tanto os *protocanônicos* como os *deuterocanônicos*.

....

62 SIMIAN-YOFRE, H. (Coord.). *Metodologia do Antigo Testamento*. São Paulo: Loyola, 2000, p. 49. Cf. tb. FISCHER. A.A. *O texto do Antigo Testamento*. Op. cit., p. 80-82.

63 TILLY, M. *Introdução à Septuaginta*. São Paulo: Loyola, 2009, p. 45-54.

64 HARL, M.; DORIVAL, G. & MUNNICH, O. *A Bíblia Grega dos Setenta*: do judaísmo helenístico ao cristianismo antigo. São Paulo: Loyola, 2007, p. 43-53.

65 LAW, T. M. *Quando Dios habló en griego* – La Septuaginta y la formación de la Biblia Cristiana. Salamanca: Sígueme, 2014.

66 HAAG, H. *A formação da Sagrada Escritura*. Op. cit., p. 136, 138.

Além dos livros *deuterocanônicos*, a *Septuaginta* também contém outros livros (considerados apócrifos pelo cristianismo), que encontramos em formato de *Apêndice* na *Vulgata* (*Apêndice*: Oração de Manassés, Livro de Esdras 3º, Livro de Esdras 4º, Salmo 151, Epístola aos Laodicenses [este último texto é um apócrifo do NT]), na *Bíblia de Lutero*, colocados entre os AT e o NT (*Apocrypha*: Judite, Sabedoria, Tobias, Eclesiástico, Baruc e Carta de Jeremias, 1º Macabeus, 2º Macabeus, Acréscimos para Ester, Acréscimos para Daniel, Oração de Manassés) e na *King James Version*, também dispostos entre os AT e o NT (*Apocrypha*: 1 Esdras, 2 Esdras, Tobias, Judite, Adição de Ester, Sabedoria, Eclesiástico, Baruc com a Epístola de Jeremias, Cântico dos três jovens, A História de Susana, O ídolo Bel e o Dragão, Oração de Manassés, 1 Macabeus, 2 Macabeus).

Segundo a *Carta de Aristeia* (um texto apócrifo do AT), a tradução da LXX foi uma obra encomendada pelo Rei Ptolomeu II Filadelfo, do Egito, para que ele pudesse ter uma cópia dos textos sagrados em grego na Biblioteca de Alexandria. Segundo a *lenda*, presente nesta carta, a obra teria sido executada por 72 judeus, sendo 6 de cada uma das 12 tribos de Israel, que teriam trabalhado nela e completado a tradução em 72 dias. Mas a crítica em geral a tem como *lenda* e crê que a tradução foi realizada entre os anos 250 a 150 a.C. Desde o século I a *Septuaginta* foi adotado pelo cristianismo de língua grega e foi usada como base para muitas das traduções da Bíblia. Ele foi tida em alta estima nos tempos antigos, a ponto de Fílon de Alexandria e Flávio Josefo a considerarem divinamente inspirada[67]. Ela foi usada como base para muitas traduções antigas, como as versões latinas, eslavas, armenas, georgianas, coptas, para a Héxapla de Orígenes, e tantas outras que vieram depois. No que diz respeito ao cristianismo ela tem um valor muito grande, pois é, de longe, a Bíblia mais citada no NT (de 350 citações do AT no NT, 300 são da LXX e apenas 50 da Tanak) e igualmente pelos Padres da Igreja, tanto orientais como ocidentais. Os mais antigos Códices da LXX datam dos séculos. IV-V, a saber: *Vaticanus*, *Sinaiticus* e *Alexandrinus*.

A *Septuaginta* contém um vastíssimo número de *Manuscritos*, desde o século I a.C ao período cristão. Ela não acompanha a Bíblia Hebraica para a denominação dos livros nem para a sua ordem ou classificação, que obedece a um critério próprio, e que vai ser seguido pela Vulgata e pelos cristãos em geral,

....

67 TILLY, M. *Introdução à Septuaginta*. Op. cit., p. 33-42.

no que diz respeito à ordem das bíblias modernas. O cânon e a ordem dos textos aqui apresentados foram retirados da obra de A. Rahlfs (ed.), *Septuaginta,* Deutsche Bibelgesellschaft, Stuttgart, 1979.

Grego da LXX	Tradução da LXX
Περιεχόμενα Πρώτου Τόμου	Conteúdo do Primeiro Tomo
Πεντάτευκος καί Ἱστορικὰ βιβλία	Pentateuco e Livros Históricos
Γένεσις	Gênesis
Ἔξοδος	Êxodo
Λευϊτικὸν	Levítico
Ἀριθμοὶ	Números
Δευτερονόμιον	Deuteronômio
Ἰησοῦς	Jesus [*Josué*]
Κριταὶ	Juízes
Ῥοὺθ	Rute
Βασιλειῶν α΄ (Σαμ. α΄)	1º dos Reinados (*1º Samuel*)
Βασιλειῶν β΄ (Σαμ. β΄)	2º dos Reinados (*2º Samuel*)
Βασιλειῶν γ΄ (Βασιλειῶν α΄)	3º dos Reinados (*1º Reis*)
Βασιλειῶν δ΄ (Βασιλειῶν β΄)	4º dos Reinados (*2º Reis*)
Παραλειπόμενων α΄	1º Paralipômenos (*1º Crônicas*)
Παραλειπόμενων β΄	2º Paralipômenos (*2º Crônicas*)
Ἔσδρας α΄ (Δευτεροκανονικόν)	1º Esdras (Deuterocanônico)
Ἔσδρας β΄ (Ἔσδρας – Νεεμίας)	2º Esdras (Esdras e Neemias)
Ἐσθὴρ	Ester
Ἰουδὶθ	Judith
Τωβὶτ	Tobias
Μακκαβαιων α΄	1º Macabeus
Μακκαβαιων β΄	2º Macabeus
Μακκαβαιων γ΄	3º Macabeus
Μακκαβαιων δ΄	4º Macabeus
Περιεχόμενα Δευτέρο Τόμου	Conteúdo do Segundo Tomo
Ποιητικὰ καί Προφητικὰ βιβλία	Livros Poéticos e Proféticos
Ψαλμοὶ	Salmos (*151 Salmos*)
Ὠδαὶ	Odes
Παροιμίαι	Provérbios
Ἐκκλησιαστὴς	Ecclesiastes
Ἆσμα	Cântico (*Cântico dos Cânticos*)
Ἰὼβ	Jó
Σοφία Σολομῶνος	Sabedoria de Salomão (*Sabedoria*)
Σοφία Σιρὰχ	Sabedoria de Sirac (*Eclesiástico*)
Ψαλμοὶ Σολομῶντος	Salmos de Salomão (*18 Salmos*)
Ὡσηὲ	Oseias
Ἀμὼς	Amós

Μιχαίας	Miqueias
Ἰωὴλ	Joel
Ἀβδιου	Abdias
Ἰωνᾶς	Jonas
Ναούμ	Naum
Ἀβακούμ	Habacuc
Σοφονίας	Sofonias
Ἀγγαῖος	Ageu
Ζαχαρίας	Zacarias
Μαλαχίας	Malaquias
Ἡσαΐας	Isaías
Ἰερεμίας	Jeremias
Βαρούχ	Baruc
θρῆνοι	Lamentações
Ἐπιστολὴ Ἰερεμίου	Epístola de Jeremias
Ἰεζεκιὴλ	Ezequiel
Σουσάννα	Suzana
Δανιὴλ	Daniel
Βὴλ καί Δράκων	Bel e Dragão

44) O cânon de Marcião de Sinope (c. 85-160 d.C.)

Marcião de Sinope, em grego Μαρκίων Σινώπης (c. 85-160 d.C.), foi um dos mais proeminentes heresiarcas do cristianismo nascente e primitivo, que teve seguidores e teologia própria desembocando no movimento marcionita. Ele defendeu e propôs uma teologia que propunha dois deuses distintos, a saber, um do AT e outro do NT. Os Padres da Igreja lutaram muito para combater as ideias de Marcião, além de excomungá-lo. Entre os Padres da Igreja, nós temos Tertuliano que procurou combater Marcião e o marcionismo presente naquele momento da Igreja Primitiva.

Infelizmente os textos de Marcião não chegaram até nós e só conhecemos o seu Cânon graças aos textos de Tertuliano, especialmente de sua apologia contra Marcião, onde vemos quais livros ele aceitou e quais ele recusou. Segundo Tertuliano, do texto *Antítese* de Marcião nós vemos que ele recusou totalmente o AT, visto retratar um Deus judaico diverso do Deus sumamente bom dos cristãos, revelado por Jesus Cristo. É a partir desta mesma visão que Marcião afronta os livros do NT. Dos 4 evangelhos, Marcião aceita apenas o de Lucas e, assim mesmo, cancelando vários textos considerados muito judaicos, como textos do AT citados no Evangelho de Lucas; neste sentido, o que vemos é que ele basicamente recusa os primeiros capítulos de Lucas, começando em

Lc 3,1 e pulando para Lc 4,31 e, no final, não cita a ressurreição. Em relação às cartas, Marcião aceita apenas 10 das cartas paulinas, recusa todas as católicas, Atos do Apóstolos e Apocalipse. Além disso, o que percebemos é a ordem de valor que Marcião dá às cartas paulinas, colocando a carta aos *Gálatas* como a base de análise para os demais textos. Por isso a ordem de Marcião é: *Lucas, Gálatas, Coríntios, Romanos, 1-2 Tessalonicenses, Efésios* (chamada *Laodicenses*), *Colossenses, Filêmon, Filipenses*. Com isso, o que temos são as 7 cartas enviadas às 7 igrejas e aquele a Filêmon. Para Marcião, os outros evangelhos (Mateus, Marcos e João) são muito judaicos e igualmente o texto de Atos do Apóstolos.

Outra característica de Marcião é o fato de que ele só aceita cartas tidas por ele como autenticamente seguras. Mas o mais interessante é que esta indicação de um Cânon assim reduzido por parte de Marcião ajudou a provocar a Igreja Primitiva a uma forte reação e a uma afirmação de um cânon longo do NT, reconhecendo os 4 evangelhos, Atos, todas as cartas paulinas e católicas, bem como Apocalipse. O texto aqui indicado foi retirado da obra de S. Cingolani, *Dizionario di Critica Testuale del Nuovo Testamento. Storia, canone, aprocrifi, paleografia*. Torino: San Paolo, 2008, p. 56-57.

Texto Italiano do cânon de Marcião de Sinope	Texto Português do cânon de Marcião de Sinope

Del Nuovo Testamento:
 Vangelo di Luca
 	
 10 Epistole di San Paolo:
 Galati,
 1 Corinzi,
 2 Corinzi,
 Romani,
 1 Tessalonicesi,
 1 Tessalonicesi,
 Efesini (chiamata *Laodicesi*),
 Colossesi,
 Filemone,
 Filippesi
    Ficaram fora do Cânon de Marcião os
       seguintes textos:
        Vangelo di Matteo
        Vangelo di Marco
       Vangelo di Giovanni
        Atti degli Apostoli,
	Do Novo Testamento:
	 Evangelho de Lucas
	
	 10 Epístolas de São Paulo:
	 Gálatas,
	 1 Coríntios,
	 2 Coríntios,
	 Romanos,
	 1 Tessalonicenses,
	 2 Tessalonicenses,
	 Efésios (chamada *Laodicenses*),
	 Colossenses,
	 Filêmon,
	 Filipenses,
	    Ficaram fora do cânon de Marcião os
	       seguintes textos:
	        Evangelho de Mateus
	        Evangelho de Marcos
	        Evangelho de João
	        Atos dos Apóstolos,

1 Timoteo,	1 Timóteo,
2 Timoteo,	2 Timóteo,
Tito,	Tito,
Ebrei,	Hebreus,
Giacomo,	Tiago,
1 Pietro,	1 Pedro,
2 Pietro,	2 Pedro,
1 Giovanni,	1 João,
2 Giovanni,	2 João,
3 Giovanni,	3 João,
Giuda	Judas
Apocalisse	Apocalipse

45) O cânon de Irineu de Lyon (c. 130-202 d.C.)

O cânon de Irineu é um dos mais antigos e importantes Padres da Igreja na história do cânon do NT, pois com Irineu de Lyon já se fecha o *Evangeliário Quaternário*, ou seja, com ele os evangelhos já assumem a forma quaternário que temos até hoje. O que fica para depois são os conjuntos dos Atos dos Apóstolos, o Apocalipse, as Cartas Paulinas e as Católicas, que vão se formando pouco a pouco. Irineu vive em um período já tenso para a Igreja, que começa a atravessar embates com algumas heresias. Por isso a sua luta será aquela de lutar pela defesa da ortodoxia da fé, juntamente com Justino de Roma, que vão definindo os critérios da *regula fidei* ou *regula veritatis*, e outros Padres da Igreja antes e depois deles.

Os escritos de Irineu nos revelam que ele tinha uma familiaridade muito grande com os escritos do NT, a ponto de encontrarmos uma enorme quantidade de citações dos textos dos 4 evangelhos, da maioria absoluta das cartas paulinas (só não de Filêmon), de Atos dos Apóstolos, do Apocalipse e de algumas das cartas católicas (só não da 2 Pedro, 3 João e de Judas). O texto que reproduzimos aqui, nós o indicamos a partir da obra de S. Cingolani, *Dizionario di Critica Testuale del Nuovo Testamento. Storia, canone, aprocrifi, paleografia* (Turim: San Paolo, 2008, p. 56).

Texto Italiano do Cânon de Irineu de Lyon	Texto Português do cânon de Irineu de Lyon
Nuovo Testamento:	**Novo Testamento:**
Quattro Vangeli:	Quatro Evangelhos:
secondo Matteo	segundo Mateus
secondo Marco	segundo Marcos
secondo Luca	segundo Lucas
secondo Giovanni	segundo João
Atti degli Apostoli,	Atos dos Apóstolos,
Epistole di San Paolo:	Epístolas de São Paulo:
una ai Romani,	uma aos Romanos,
due ai Corinzi,	duas aos Coríntios,
una ai Galati,	uma aos Gálatas,
una agli Efesini,	uma aos Efésios,
una ai Filippesi,	uma aos Filipenses,
una ai Colossesi,	uma aos Colossenses,
due ai Tessalonicesi,	duas aos Tessalonicenses,
due a Timoteo,	duas a Timóteo,
una a Tito,	uma a Tito,
una a Filemone,	_uma a Filêmon,_
Epistola agli Ebrei,	Epístola aos Hebreus,
I di Giacomo,	I de Tiago,
I di Pietro,	I de Pedro,
II di Pietro,	_II de Pedro,_
I di Giovanni,	I de João,
II di Giovanni,	II de João,
III di Giovanni,	_III de João,_
I di Giuda	_I de Judas_
Apocalisse	Apocalipse

46) O cânon de Clemente de Alexandria (c. 150-215 d.C.)

Clemente de Alexandria para falar de Livros Canônicos também usa o termo "Cânon da Verdade" ou "Cânon Eclesiástico", mesmo que não aponte isso a uma lista de livros. Seu discurso vai muito mais na linha de se falar de textos aceitos e textos recusados, a partir dos quais é possível se chegar a um cânon dos livros canônicos. O texto aqui indicado foi extraído da obra de S. Cingolani, _Dizionario di Critica Testuale del Nuovo Testamento. Storia, canone, apocrifi, paleografia_ (Turim: San Paolo, 2008, p. 54), em que o autor afirma que além dos quatro evangelhos canônicos Clemente também cita o _Evangelho aos Hebreus_ e o _Evangelho dos Egípcios_. Das cartas paulinas ele apenas não cita _Fi-_

lêmon e das cartas católicas ele não cita *Tiago, 2 Pedro, 2-3 João* e, além destas, também encontramos a Carta de *Barnabé*, aceita como sendo texto canônico.

Texto italiano do cânon de Irineu de Lyon	Texto português do cânon de Irineu de Lyon
Nuovo Testamento:	**Novo Testamento:**
Quattro Vangeli:	Quatro Evangelhos:
secondo Matteo	segundo Mateus
secondo Marco	segundo Marcos
secondo Luca	segundo Lucas
secondo Giovanni	segundo João
Atti degli Apostoli,	Atos dos Apóstolos,
Epistole di San Paolo:	Epístolas de São Paulo:
una ai Romani,	uma aos Romanos,
due ai Corinzi,	duas aos Coríntios,
una ai Galati,	uma aos Gálatas,
una agli Efesini,	uma aos Efésios,
una ai Filippesi,	uma aos Filipenses,
una ai Colossesi,	uma aos Colossenses,
due ai Tessalonicesi,	duas aos Tessalonicenses,
due a Timoteo,	duas a Timóteo,
una a Tito,	uma a Tito,
una a Filemone,	*uma a Filêmon,*
Epistola agli Ebrei,	Epístola aos Hebreus,
I Giacomo,	I de Tiago,
I Pietro,	I de Pedro,
II di Pietro,	*II de Pedro,*
I di Giovanni,	I de João,
II di Giovanni,	*II de João,*
III di Giovanni,	*III de João,*
I di Giuda	I de Judas
Apocalisse	Apocalipse
Vangelo agli Ebrei	*Evangelho aos Hebreus*
Vangelo degli Egipziani	*Evangelho dos Egípcios*
Lettera di Barnaba	Carta de *Barnabé*

47) O cânon de Tertuliano (c. 160-220 d.C.)

Tertuliano é quem vai rebater e responder às provocações de Marcião (85-160) sobre um cânon reduzido do NT e sem o AT. Ele concebe o NT como *regula fidei*, recebida dos apóstolos e manifestada nos textos das Sagradas Escrituras. Os textos de Tertuliano são aqueles que nos revela o seu cânon bíblico em oposição àquele cânon reduzido proposto por Marcião. Tertuliano, além de rebater Marcião, também aceitou os 4 evangelhos, as cartas paulinas, algumas católicas e o Apocalipse. O texto aqui reproduzido, nós o indicamos a partir da obra de S. Cingolani, *Dizionario di Critica Testuale del Nuovo Testamento. Storia, canone, aprocrifi, paleografia* (Turim: San Paolo, 2008, p. 58).

Texto italiano do cânon de Irineu de Lyon	Texto português do cânon de Irineu de Lyon
Nuovo Testamento:	**Novo Testamento:**
Quattro Vangeli:	Quatro Evangelhos:
secondo Matteo	segundo Mateus
secondo Marco	segundo Marcos
secondo Luca	segundo Lucas
secondo Giovanni	segundo João
Atti degli Apostoli,	Atos dos Apóstolos,
Epistole di San Paolo:	Epístolas de São Paulo:
una ai Romani,	uma aos Romanos,
due ai Corinzi,	duas aos Coríntios,
una ai Galati,	uma aos Gálatas,
una agli Efesini,	uma aos Efésios,
una ai Filippesi,	uma aos Filipenses,
una ai Colossesi,	uma aos Colossenses,
due ai Tessalonicesi,	duas aos Tessalonicenses,
due a Timoteo,	duas a Timóteo,
una a Tito,	uma a Tito,
una a Filemone,	uma a Filêmon,
Epistola agli Ebrei, atribuita a Barnaba	Epístola aos Hebreus, atribuída a Barnabé
I di Giacomo,	I de Tiago,
I di Pietro,	I de Pedro,
II di Pietro,	*II de Pedro,*
I di Giovanni,	I de João,
II di Giovanni,	*II de João,*
III di Giovanni,	*III de João,*
I di Giuda	*I de Judas*
Apocalisse	Apocalipse
Pastore di Erme	*Pastor de Hermas*

48) O cânon de Cipriano de Cartago (c. 210-258 d.C.)

Cipriano foi bispo de Cartago, no norte da África. Seu cânon pode ser tirado de seus textos, em que podemos ver os livros que Cipriano citou ou que ele omitiu. O texto aqui citado foi extraído da obra de S. Cingolani, *Dizionario di Critica Testuale del Nuovo Testamento. Storia, canone, aprocrifi, paleografia.* Torino: San Paolo, 2008, p. 53-54, que nos diz que ele excluiu os textos das cartas a *Filêmon, Hebreus, Tiago, 2Pedro, 1-2 João e Judas*. Por outro lado, é interessante observar o valor que ele dá aos textos dos Evangelhos de *Mateus* e de *Lucas*, da carta aos *Romanos* e a *1Coríntios*, bem como ao livro do *Apocalipse*, que, aliás, é aceito e valorizado na Igreja Ocidental.

Texto italiano do cânon de Irineu de Lyon		Texto português do cânon de Irineu de Lyon	
Nuovo Testamento:		**Novo Testamento:**	
Quattro Vangeli:		Quatro Evangelhos:	
secondo Matteo		segundo Mateus	
secondo Marco		segundo Marcos	
secondo Luca		segundo Lucas	
secondo Giovanni		segundo João	
Atti degli Apostoli,		Atos dos Apóstolos,	
Epistole di San Paolo:		Epístolas de São Paulo:	
una ai Romani,		uma aos Romanos,	
due ai Corinzi,		duas aos Coríntios,	
una ai Galati,		uma aos Gálatas,	
una agli Efesini,		uma aos Efésios,	
una ai Filippesi,		uma aos Filipenses,	
una ai Colossesi,		uma aos Colossenses,	
due ai Tessalonicesi,		duas aos Tessalonicenses,	
due a Timoteo,		duas a Timóteo,	
una a Tito,		uma a Tito,	
	una a Filemone,		*uma a Filêmon,*
	Epistola agli Ebrei,	Epístola aos Hebreus,	
	I di Giacomo,		*I de Tiago,*
I di Pietro,		I de Pedro,	
	II di Pietro,		*II de Pedro,*
	I di Giovanni,		*I de João,*
	Iidi Giovanni,		*II de João,*
III di Giovanni,		III de João,	
	I di Giuda		*I de Judas*
Apocalisse		Apocalipse	

49) O cânon de Dídimo o Cego (c. 313-398 d.C.)

O cânon de Dídimo o Cego, pode ser encontrado em seus comentários às Sagradas Escrituras, onde são citados os livros tanto do AT como do NT. Neste caso, após a descoberta dos livros da biblioteca de Nag Hammadi, perto do Cairo, no Egito, foram encontrados ainda mais comentários de Dídimo o Cego. Pelo que se vê, ele não citou a carta a Filêmon, nem a 2-3 João, e tampouco a 2 Pedro. Por outro lado, ele cita outros textos considerados apócrifos, como: *Pastor de Hermas, Didaqué, Carta de Barnabé* e *Primeira Carta de Clemente*, que Dídimo o Cego, cita como fazendo parte do cânon, a exemplo de outros ilustrados aqui em nosso texto. Para se verificar isso, basta correr os olhos nas várias listas aqui elencadas. Esta lista aqui foi extraída da obra de S. Cingolani, *Dizionario di Critica Testuale del Nuovo Testamento. Storia, canone, aprocrifi, paleografia* (Turim: San Paolo, 2008, p. 54-55).

Texto italiano do cânon de Dídimo o Cego	Texto português do cânon de Dídimo o Cego
Nuovo Testamento:	**Novo Testamento:**
Quattro Vangeli:	Quatro Evangelhos:
secondo Matteo	segundo Mateus
secondo Marco	segundo Marcos
secondo Luca	segundo Lucas
secondo Giovanni	segundo João
Atti degli Apostoli,	Atos dos Apóstolos,
Epistole di San Paolo:	Epístolas de São Paulo:
una ai Romani,	uma aos Romanos,
due ai Corinzi,	duas aos Coríntios,
una ai Galati,	uma aos Gálatas,
una agli Efesini,	uma aos Efésios,
una ai Filippesi,	uma aos Filipenses,
una ai Colossesi,	uma aos Colossenses,
due ai Tessalonicesi,	duas aos Tessalonicenses,
due a Timoteo,	duas a Timóteo,
una a Tito,	uma a Tito,
una a Filemone,	*uma a Filêmon,*
Epistola agli Ebrei,	Epístola aos Hebreus,
I di Giacomo,	I de Tiago,
I di Pietro,	I de Pedro,
II di Pietro,	*II de Pedro,*
I di Giovanni,	I de João,
II di Giovanni,	*II de João,*

III di Giovanni, I di Giuda	III de João, I de Judas
Apocalisse	Apocalipse
Pastore di Erma *Didachè* *Lettera di Barnaba* *Prima Lettera di Clemente*	*Pastor de Hermas* *Didaqué* *Carta de Barnabé* *Primeira Carta de Clemente*

50) O cânon dos mais importantes Manuscritos Unciais (séc. IV-V d.C.)

As listas dos cânones dos três mais importantes Manuscritos Unciais que temos tanto do AT como do NT, reportadas aqui, são-nos fornecidas pelos textos de L.M. Mcdonald e J.A. Sanders (ed.). *The Canon Debate* (Massachusetts: Hendrickson Publishers, 2008, p. 585-597) e L.M. Mcdonald, *The Biblical Canon: Its Origin, Transmission, and Authority* (Baker Academic, 2011, p. 438-451), que apresentam as mesmas listas nos dois textos. O que temos no quadro aqui apresentado é a reprodução dos textos que encontramos nestes 3 Códices Unciais, que não contam com todos os textos, visto que parte provavelmente se perdeu. Nós reproduzimos o texto em inglês, que é a língua original dos dois livros, seguindo, inclusive, a forma abreviada de citar os textos no inglês, mas também oferecemos a tradução em português, com os nomes por extenso, a fim de facilitar a compreensão, como temos feito com todos os catálogos oferecidos aqui em nossa obra.

Vaticanus (B), séc. IV		*Sinaiticus* (א) séc. IV		*Alexandrinus* (A) séc. V	
Old Testament:	Antigo Testamento:	**Old Testament:**	Antigo Testamento:	**Old Testament:**	Antigo Testamento:
Gen	Gênesis	Gen...	Gênesis...	Gen	Gênesis
Exod	Êxodo	...	...	Exod	Êxodo
Lev	Levítico	...	...	Lev	Levítico
Num	Números	Num	Números	Num	Números
Deut	Deuteronômio	...	...	Deut	Deuteronômio
Josh	Josué	...	...	Josh	Josué
Judg	Juízes	...	...	Judg	Juízes
Ruth	Rute	...	...	Ruth	Rute
1-2 Kgs	1-2 Reis	1 Chron...	1 Crônicas...	1-4 Kgs	1-4 Reis
1-2 Chron	1-2 Crônicas	... 2 Esd	... 2 Esdras	1-2 Chron	1-2 Crônicas

1-2 Esd	1-2 Esdras	Esth	Ester		
		Tob	Tobias	Hos	Oseias
Ps	Salmos	Jdt	Judite	Amos	Amós
Prov	Provérbios	1+4 Macc	1+4 Macabeus	Mic	Miqueias
Eccl	Eclesiastes	Isa	Isaías	Joel	Joel
Song	Cântico	Jer	Jeremias	Obad	Abdias
Job	Jó	Lam...	Lamentações	Jon	Jonas
Wis	Sabedoria			Nah	Naum
Sir	Eclesiástico	Joel	Joel	Hab	Habacuc
Esth	Ester	Obad	Abdias	Zeph	Sofonias
Jdt	Judite	Jon	Jonas	Hag	Ageu
Tob	Tobias	Nah	Naum	Zech	Zacarias
		Hab	Habacuc	Mal	Malaquias
Hos	Oseias	Zeph	Sofonias		
Amos	Amós	Hag	Ageu	Isa	Isaías
Mic	Miqueias	Zech	Zacarias	Jer	Jeremias
Joel	Joel	Mal	Malaquias	Bar	Baruc
Obad	Abdias			Lam	Lamentações
Jon	Jonas	Ps	Salmos	Ep Jer	Epíst. Jeremias
Nah	Naum	Prov	Provérbios	Ezek	Ezequiel
Hab	Habacuc	Eccl	Eclesiastes	Dan	Daniel
Zeph	Sofonias	Song	Cântico		
Hag	Ageu	Wis	Sabedoria	Esth	Ester
Zech	Zacarias	Sir	Eclesiástico	Tob	Tobias
Mal	Malaquias	Job	Jó	Jdt	Judite
				1-2 Esd	1-2 Esdras
Isa	Isaías			1-4 Macc	1-4 Macabeus
Jer	Jeremias			Ps	Salmos
Bar	Baruc			Ps 151	Salmo 151
Lam	Lamentações			Job	Jó
Ep Jer	Epístola de			Prov	Provérbios
Ezek	Jeremias			Song	Cântico
Dan	Ezequiel			Wis	Sabedoria
	Daniel			Sir	Eclesiástico
New Testament:	Novo Testamento:	**New Testament:**	Novo Testamento:	**New Testament:**	Novo Testamento:
Matt	Mateus	Matt	Mateus	Matt	Mateus
Mark	Marcos	Mark	Marcos	Mark	Marcos
Luke	Lucas	Luke	Lucas	Luke	Lucas
John	João	John	João	John	João
Acts	Atos	Acts	Atos	Acts	Atos
Jas	Tiago	Rom	Romanos	Jas	Tiago
1 Pet	1 Pedro	1 Cor	1 Coríntios	1 Pet	1 Pedro

2 Pet	2 Pedro	2 Cor	2 Coríntios	2 Pet	2 Pedro
1 John	1 João	Gal	Gálatas	1 John	1 João
2 John	2 João	Eph	Efésios	2 John	2 João
3 John	3 João	Phil	Filipenses	3 John	3 João
Jude	Judas	Col	Colossenses	Jude	Judas
		1 Thess	I Tessalonic.		
Rom	Romanos	2 Thess	II Tessalonic.	Rom	Romanos
1 Cor	1 Coríntios	Heb	Hebreus	1 Cor	1 Coríntios
2 Cor	2 Coríntios	1 Tim	I Timóteo	2 Cor	2 Coríntios
Gal	Gálatas	2 Tim	II Timóteo	Gal	Gálatas
Eph	Efésios	Titus	Tito	Eph	Efésios
Phil	Filipenses	Philm	Filêmon	Phil	Filipenses
Col	Colossenses			Col	Colossenses
1 Thess	I Tessalonic.	Jas	Tiago	1 Thess	1 Tessalonic.
2 Thess	II Tessalonic.	1 Pet	1 Pedro	2 Thess	2 Tessalonic.
Heb	Hebreus	2 Pet	2 Pedro	Heb	Hebreus
		1 John	1 João	1 Tim	I Timóteo
Omitted	*Omitidos*	2 John	2 João	2 Tim	II Timóteo
(1 Tim)	(I Timóteo)	3 John	3 João	Titus	Tito
(2 Tim)	(II Timóteo)	Jude	Judas	Philm	Filêmon
(Titus)	(Tito)	Rev	Apocalipse	Rev	Apocalipse
(Philm)	(Filêmon)				
(Rev)	(Apocalipse)	*Barn*	*Barnabé*	*1 Clem.*	*1 Clemente*
		Herm	*Hermas*	*2 Clem.*	*2 Clemente*
		...	....	*Pass. Sol*	*Pass. Sol*

51) O cânon do Codex Alexandrinus *(T. Zhan e B.F. Westcott)*

Esta primeira lista do *Codex Alexandrinus*, oriental, nós a encontramos publicada no texto de Theodor Zahn, *Geschichte des neutestamentliche Kanons*. Zweiter Band: Urkunden und Belege zum ersten und dritten Band. Erste Hälfte (Erlangern/Leipzig: Naschf, 1890, p. 288-299). Esta lista de Zhan é numerada de 5 em 5 linhas e tem uma cifra de 62 linhas, contando o fato de que os conjuntos dos Novo Testamento são citados apenas pelo seu título (7 Católicas e 14 Epístolas de Paulo), não trazendo os títulos de cada uma das cartas. Mas nós fizemos a opção de trazer os títulos de todas as cartas, mas colocando-os à margem esquerda e em itálico, justamente para diferenciar do texto que o autor apresenta, sem nominá-las. Este mesmo *Codex Alexandrinus*, nós o encontramos na obra de J.B. Cotelerius, *SS. Patrum qui temporibus Apostolicis*, Vol. II (Amsterdã: Wetstenios, 1974, p. 116).

Codex Alexandrinus (séc. IV)	Códice Alexandrino (séc. IV)
Γένεσις κοσμου	Origem do Mundo (Gênesis)
Ἔξοδος Ἀιγυτου	Saída do Egito (Êxodo)
Λευῖτικὸν	Levítico
Ἀριθμοὶ	Números
5 Δευτερονόμιον	Deuteronômio
Ἰησοῦς Ναυῆ	Jesus Nave [*Josué*]
Κριταὶ	Juízes
Ῥοὺθ, Ὁμοῦ Βίβλια η´.	Rute, igual 8 livros
Βασιλειῶν α´	Reis 1
10 Βασιλειῶν β´	Reis 2
Βασιλειῶν γ´	Reis 3
Βασιλειῶν δ´	Reis 4
Παραλειπόμενῶν α´	Crônicas 1
Παραλειπόμενῶν β´	Crônicas 2
15 Ὁμοῦ Βίβλια ς´	Igual 7 Livros
Προφῆται ις´	Dezesseis Profetas
Ὡσηὲ α´	1. Oseias
Ἀμὼς β´	2. Amós
Μιχαίας γ´	3. Miqueias
20 Ἰωὴλ δ´	4. Joel
Ἀβδίου ε´	5. Abdias
Ἰωνᾶς ς´	6. Jonas
Ναούμ ζ´	7. Naum
Ἀββακούμ η´	8. Habacuc
25 Σοφονίας θ´	9. Sofonias
Ἀγγαῖος ι´	10. Ageu
Ζαχαρίας ια´	11. Zacarias
Μαλαχίας ιβ´	12. Malaquias
Ἡσαίας ιγ´	13. Isaías
30 Ἰερεμίας ιδ´	14. Jeremias
Ἰεζεκιὴλ ιε´	15. Ezequiel
Δανιὴλ ις´	16. Daniel
Ἐσθὴρ	Ester
Τωβίας	Tobias
35 Ἰουδὶθ	Judite
Ἔσδρας α´ ιερευς	1 Esdras, o sacerdote
Ἔσδρας β´ ιερευς	2 Esdras, o sacerdote
Μακκαβαικῶν λογος α´	1 Palavra dos Macabeus
Μακκαβαικῶν λογος β´	2 Palavra dos Macabeus
40 Μακκαβαικῶν λογος γ´	3 Palavra dos Macabeus
Μακκαβαικῶν λογος δ´	4 Palavra dos Macabeus

Ψαλτήριον μετ' ωδων	Saltério segundo os Odes
Ἰὼβ	Jó
Παροιμίαι	Provérbios
45 Ἐκκλησιαστὴς	Eclesiastes
Ἄσματα ᾀσμάτων	Cântico dos Cânticos
Σοφία ἡ Πανάρετος	Sabedoria, a Virtude
Σοφία Ἰησοῦ τοῦ Σιρὰχ	Sabedoria de Jesus de Sirac
Ἡ Καινὴ διαθήκης	O Novo Testamento
50 Εὐαγγέλια [δ']	4 Evangelhos
Κατὰ Ματθα[ῖον]	Segundo Mateus
Κατὰ Μάρκ[ον]	Segundo Marcos
Κατὰ Λουκᾶν	Segundo Lucas
Κατὰ Ἰωάννην	Segundo João
55 Πράξεις ἀποστόλων	Atos dos Apóstolos

Καθολικαὶ ζ' (sem mencionar os nomes. Por isso trazemos alinhados à direita)	Católicas 7[68] (sem mencionar os nomes. Por isso trazemos alinhados à direita)
Ἰακώβου	de Tiago
Πέτρου α'	de Pedro I
Πέτρου β'	de Pedro II
Ἰωάννου α'	de João I
Ἰωάννου β'	de João II
Ἰωάννου γ'	de João III
Ἰούδα	de Judas I

Ἐπιστολαὶ Παύλου ιδ' (sem mencionar os nomes. Por isso trazemos alinhados à direita)	Epístolas de Paulo 14 (sem mencionar os nomes. Por isso trazemos alinhados à direita)
πρὸς Ῥωμαίους	aos Romanos
πρὸς Κορινθίους α'	aos Coríntios I
πρὸς Κορινθίους β'	aos Coríntios II
πρὸς Γαλάτας	aos Gálatas
πρὸς Ἐφεσῖους	aos Efésios
πρὸς Φιλίππησίους	aos Filipenses
πρὸς Κολοσσαεῖς	aos Colossenses
πρὸς Θεσσαλονικεῖς α'β'	aos Tessalonicenses I
πρὸς Θεσσαλονικεῖς β'	aos Tessalonicenses II
πρὸς Ἑβραίους	aos Hebreus
πρὸς Τιμόθεον α'	a Timóteo I

....

68 O texto não traz a lista das Cartas Católicas e nem das Cartas Paulinas. Nós acreditamos que elas se encontram na mesma ordem mencionada na tabela acima, extraída de McDONALD, L.M. & SANDERS, J.A. (eds.). *The Canon Debate*. Massachussetts: Hendrickson. 2008, p. 597. • McDONALD, L.M. *The Biblical Canon*: Its Origin, Transmission, and Authority. Michigan: Baker Academic, 2011, p. 451. A fim de facilitar a identificação das mesmas, oferecemos a lista destacada em itálico e à direita, pois é acréscimo nosso.

πρὸς Τιμόθεον β΄ πρὸς Τίτον πρὸς Φιλήμονα	a Timóteo II a Tito ao Filêmon
Ἀποκάλυψις [Ἰωα]ννου Κ[λή]μεντος Ἐ[πιστο]λη α΄ 60 [Κλήμ]εντος Ἐ[πιστολ]η β΄ Ομοῦ Βίβλια [...] Ψ[αλ]μ[ο]ὶ Σολομῶντος ιη΄ [...]	Apocalipse de João 1 Epístola de Clemente 2 Epístola de Clemente Livros iguais a [...] Salmos de Salomão 18 [...]

Esta segunda lista, com o mesmo texto, podemos encontrar na obra de B.F. Westcott, *A General Survey of the History of the Canon of the New Testament,* Londres, 1866, Apêndice D, p. 493-494, que, porém, conta com algumas observações em latim sobre o conteúdo de livros que contém na LXX, com seus acréscimos, como podemos conferir abaixo. Diferentemente da lista de T. Zhan a lista de Westcott não é numerada segundo suas linhas, mas o texto é o mesmo, inclusive pelo fato de que os conjuntos das cartas do Novo Testamento são citados apenas pelo seu título (7 Católicas e 14 Epístolas de Paulo), não trazendo os títulos de cada uma das cartas. Mas, também aqui, a nossa opção foi a de trazer os títulos de todas as cartas, mas sempre os colocando à margem esquerda e em itálico, justamente para diferenciar do texto que o autor apresenta, sem nominá-las.

Codex Alexandrinus (séc. IV)	Códice Alexandrino (séc. IV)
Γένεσις κοσμου	Origem do Mundo (Gênesis)
Ἔξοδος Ἀιγυτου	Saída do Egito (Êxodo)
Λευϊτικὸν	Levítico
Ἀριθμοὶ	Números
Δευτερονόμιον	Deuteronômio
Ἰησοῦς Ναυῆ	Jesus Nave [*Josué*]
Κριταὶ	Juízes
Ῥοὺθ	Rute
ὁμοῦ Βίβλια η΄.	igual 8 livros
Βασιλειῶν α΄	Reis 1
Βασιλειῶν β΄	Reis 2
Βασιλειῶν γ΄	Reis 3
Βασιλειῶν δ΄	Reis 4
Παραλειπόμενῶν α΄	Crônicas 1

296

Παραλειπόμενῶν β΄	Crônicas 2
ὁμοῦ Βίβλια ς΄	Igual 7 livros
Προφῆται ις΄	Dezesseis Profetas
Ὡσηὲ α΄...... (não cita os demais profetas	1. Oseias...... (não cita os demais profetas
menores abaixo, apenas indica pelas linhas	menores abaixo, apenas indica pelas linhas
pontilhadas)	pontilhadas)
Ἀμὼς β΄	2. Amós
Μιχαίας γ΄	3. Miqueias
Ἰωὴλ δ΄	4. Joel
Ἀβδίου ε΄	5. Abdias
Ἰωνᾶς ς΄	6. Jonas
Ναούμ ζ΄	7. Naum
Ἀββακούμ η΄	8. Habacuc
Σοφονίας θ΄	9. Sofonias
Ἀγγαῖος ι΄	10. Ageu
Ζαχαρίας ια΄	11. Zacarias
Μαλαχίας ιβ΄	12. Malaquias
Ἡσαίας ιγ΄	13. Isaías
Ἰερεμίας ιδ΄(Add. *Baruch, Lament. Epist.*)	14. Jeremias (com *Baruc, Lamentações e*
	Espístola de Jeremias, textos da LXX)
Ἰεζεκιὴλ ιε΄	15. Ezequiel
Δανιὴλ ις΄ (cum additamentis),	Daniel (com adição da LXX)
Ἐσθὴρ (cum additamentis),	Ester (com adição da LXX)
Τωβίας	Tobias
Ἰουδὶθ	Judite
Ἔσδρας α΄ ιερευς (I Esdras)	1 Esdras, o sacerdote
Ἔσδρας β΄ ιερευς (Esdras Canonicus,	2 Esdras, o sacerdote
Neemias)	
Μακκαβαικῶν λογος α΄	1 Palavra dos Macabeus
Μακκαβαικῶν λογος β΄	2 Palavra dos Macabeus
Μακκαβαικῶν λογος γ΄	3 Palavra dos Macabeus
Μακκαβαικῶν λογος δ΄	4 Palavra dos Macabeus
Ψαλτήριον μετ᾽ ωδων	Saltério segundo os Odes
Ἰὼβ	Jó
Παροιμίαι	Provérbios
Ἐκκλησιαστὴς	Eclesiastes
Ἄσματα ᾀσμάτων	Cântico dos Cânticos
Σοφία ἡ Πανάρετος	Sabedoria, a Virtude
Σοφία Ἰησοῦ υἱοῦ Σιρὰχ	Sabedoria de Jesus, filho de Sirac
Ἡ Καινὴ διαθήκης	O Novo Testamento
Εὐαγγέλια [δ΄]	4 Evangelhos
Κατὰ Ματθαῖον	Segundo Mateus
Κατὰ Μάρκον	Segundo Marcos

Κατὰ Λουκᾶν	Segundo Lucas
Κατὰ Ἰωάννην	Segundo João
Πράξεις ἀποστόλων	Atos dos Apóstolos
Καθολικαὶ ζ´ (sem mencionar os nomes. Por isso trazemos alinhados à direita)	Católicas 7[69] (sem mencionar os nomes. Por isso trazemos alinhados à direita)
Ἰακώβου	de Tiago
Πέτρου α´	de Pedro I
Πέτρου β´	de Pedro II
Ἰωάννου α´	de João I
Ἰωάννου β´	de João II
Ἰωάννου γ´	de João III
Ἰούδα	de Judas I
Ἐπιστολαὶ Παύλου ιδ´ (sem mencionar os nomes. Por isso trazemos alinhados à direita)	Epístolas de Paulo 14 (sem mencionar os nomes. Por isso trazemos alinhados à direita)
πρὸς Ῥωμαίους	aos Romanos
πρὸς Κορινθίους α´	aos Coríntios I
πρὸς Κορινθίους β´	aos Coríntios II
πρὸς Γαλάτας	aos Gálatas
πρὸς Ἐφεσίους	aos Efésios
πρὸς Φιλίππησίους	aos Filipenses
πρὸς Κολοσσαεῖς	aos Colossenses
πρὸς Θεσσαλονικεῖς α´ β´	aos Tessalonicenses I
πρὸς Θεσσαλονικεῖς β´	aos Tessalonicenses II
πρὸς Ἑβραίους	aos Hebreus
πρὸς Τιμόθεον α´	a Timóteo I
πρὸς Τιμόθεον β´	a Timóteo II
πρὸς Τίτον	a Tito
πρὸς Φιλήμονα	ao Filêmon
Ἀποκάλυψις Ἰωάννου	Apocalipse de João
Κλήμεντος Ἐπιστολὴ α´	1 Epístola de Clemente
Κλήμεντος Ἐπιστολὴ β´	2 Epístola de Clemente
ὁμοῦ Βίβλια......	Livros iguais a......
Ψαλμοὶ Σολομῶντος ιη´	Salmos de Salomão 18

....

69 Como no texto apresentado por T. Zhan, este texto também não traz a lista das Cartas Católicas e nem das Cartas Paulinas. Nós acreditamos que elas se encontram na mesma ordem mencionada no quadro acima, extraída de McDONALD, L.M. & SANDERS J.A. (eds.). *The Canon Debate*. Op. cit., p. 597. • McDONALD, L.M. *The Biblical Canon...* Op. cit., p. 451. A fim de facilitar a identificação das mesmas, nós oferecemos a lista destacada em itálico e à direita, pois é acréscimo nosso.

52) O cânon da Versão Peshita – Syriaca (séc. IV d.C.)

A versão siríaca é uma das versões mais antigas, sendo posterior à versão da *Vetus Latina* e um pouco antes ou contemporânea à versão da *Vulgata Latina*; aliás, normalmente se colocam as duas no final do século IV d.C. A palavra "peshita" significa "simples" ou "comum"; por isso, a "versão peshita" significa literalmente "a versão simples". Várias traduções foram feitas, que circularam inclusive na Índia e na China. A Igreja Siríaca usou a *Diatessaron* e, com isso, tinha certas ressalvas às cartas paulinas e católicas, bem como ao Apocalipse. Mas, posteriormente, até mesmo por certa recusa que a obra de Taciano (*Diatessaron*) foi encontrando, a opção foi por ler os quatro evangelhos separadamente, mas sem aceitar Filêmon e aceitando a terceira carta de Paulo aos Coríntios, que, na prática, era o livro dos Atos de Paulo.

Com a versão da *Peshita Syriaca*, chamada a mais famosa de todas as versões siríacas, foi feita uma montagem do cânon do NT sem a 3 Coríntios e com 22 dos livros do *Canon Biblicum* do NT, deixando de lado *a Segunda Epístola de Pedro, Segunda e a Terceira Epístolas de João, a Epístola de Judas e o Apocalipse de João*, ou seja, 5 livros ficaram fora do cânon da *Siríaca Peshita*. Aliás, estes geralmente não foram recebidos como Escrituras por todas as Igrejas Siríacas. Só começaram a ser integrados na *Versão Filosseniana*, em 508, pelo Bispo Filosseno de Mabbug. Este é um problema que vamos encontrar ainda em outras igrejas como a Monofisita Ocidental e a Nestoriana, bem como as Igrejas Siríaca Caldeia e a Siríaca Ortodoxa.

Texto Italiano da versão Siríaca	Texto Português da versão Siríaca
Nuovo Testamento:	**Novo Testamento:**
Quattro Vangeli:	Quatro Evangelhos:
secondo Matteo	segundo Mateus
secondo Marco	segundo Marcos
secondo Luca	segundo Lucas
secondo Giovanni	segundo João
Atti degli Apostoli,	Atos dos Apóstolos,
Epistole di San Paolo:	Epístolas de São Paulo:
I ai Romani,	I aos Romanos,
I ai Corinzi,	I aos Coríntios,
II ai Corinzi,	II aos Coríntios,
I ai Galati,	I aos Gálatas,

I agli Efesini,		I aos Efésios,	
I ai Filippesi,		I aos Filipenses,	
I ai Colossesi,		I aos Colossenses,	
I ai Tessalonicesi,		I aos Tessalonicenses,	
II ai Tessalonicesi,		II aos Tessalonicenses,	
I a Timoteo,		I a Timóteo,	
II a Timoteo,		II a Timóteo,	
I a Tito,		I a Tito,	
I a Filemone,		I a Filêmon,	
Epistola agli Ebrei,		Epístola aos Hebreus,	
I di Giacomo,		I de Tiago,	
I di Pietro,		I de Pedro,	
	II di Pietro,		*II de Pedro,*
I di Giovanni,		I de João,	
	II di Giovanni,		*II de João,*
	III di Giovanni,		*III de João,*
	I di Giuda		*I de Judas*
	Apocalisse		*Apocalipse*

53) O cânon da Versão Vulgata Latina (séc. IV d.C.)

A *Vulgata* foi traduzida por Jerônimo, no final do século IV, a pedido do Papa Dâmaso. Ela contém todos os livros canônicos e os deuterocanônicos do AT e do NT, bem como um *Apêndice* final (*Apêndice*: Oração de Manassés, Livro de Esdras 3º, Livro de Esdras 4º, Salmo 151, Epístola aos Laodicenses [este último texto é um apócrifo do NT]), com alguns livros que foram deixados de fora pelo Concílio de Trento, mas mantidos na *Bíblia de Lutero* (*Apocrypha*: Judite, Sabedoria, Tobias, Eclesiástico, Baruc e Carta de Jeremias, 1º Macabeus, 2º Macabeus, Acréscimos para Ester, Acréscimos para Daniel, Oração de Manassés) e na *King James Version*, também dispostos entre os AT e o NT (*Apocrypha*: 1 Esdras, 2 Esdras, Tobias, Judite, Adição de Ester, Sabedoria, Eclesiástico, Baruc com a Epístola de Jeremias, Cântico dos três jovens, A História de Susana, O ídolo Bel e o Dragão, Oração de Manassés, 1 Macabeus, 2 Macabeus), além de ter uma ordem diversa e manter os dois livros dos Macabeus (1º e 2º) encerrando o conjunto dos livros proféticos, coisa que foi mudada na tradição católica, que traz ambos no conjunto dos livros históricos.

A *Vulgata* continua sendo a Bíblia referencial para a Igreja Católica Romana, juridicamente falando, em termos de paradigma para se resolver, inclusive, problemas de *crux interpretum*, quando surgirem dificuldades de interpretação ou de tradução. O cânon e a ordem dos textos aqui apresentados foram retirados da obra de R. Gryson (ed.), *Biblia Sacra Iuxta Vulgatam Versionem* (Stuttgart: Deutsche Bibelgesellschaft, 1994).

LATIM	PORTUGUÊS
Vetus Testamentum	Antigo Testamento
Ordo legis:	*Livros da Lei*
Liber Bresith id est Genesis	Livro *Bresith,* isto é, Gênesis
Liber Ellesmoth id est Exodus	Livro *Ellesmoth,* isto é, Êxodo
Liber Vaiecra id est Leviticus	Livro *Vaiecra,* isto é, Levítico
Liber Vaiadabber id est Numeri	Livro *Vaiadabber,* isto é, Números
Liber Helleaddabarim id est Deuteronomium	Livro *Helleaddabarim,* isto é, Deuteronômio
Ordo historiarum:	*Livros históricos:*
Liber Iosue Bennum id est Iesu Nave	Livro de Josué Beno, isto é, Jesus Nave
Liber Sophthim id est Judicum	Livro *Sophthim,* isto é, Juízes
Liber Ruth	Livro de Rute
Liber Samuhelis id est Regum primus et secundus	Livro *Samuhelis,* isto é, 1º e 2º dos Reis
Liber Malachim id est Regum tertius et quatuus	Livro Malachim, isto é, 3º e 4º dos Reis
Liber Dabreiamin id est Verba Dierum qui graece dicitur Paralipomenon	Livro *Dabreiamin,* isto é, Palavras de Deus que carinhosamente se diz Paralipômenos
Liber Ezrae	Livro de *Esdras* [e Neemias]
Liber Tobiae	Livro de Tobias
Liber Iudith	Livro de Judite
Liber Hester	Livro de Ester
Liber Iob	Livro de Jó
Liber Psalmorum iuxta Septuaginta emendatus	Livro dos Salmos segundo a emenda da Septuaginta
Liber Psalmorum iuxta Hebraicum translatus	Livro dos Salmos segundo a tradução Hebraica
Liber Proverbiorum Salomonis	Livro dos Provérbios de Salomão
Liber Ecclesiastes Salomonis	Livro do Eclesiastes de Salomão
Liber Canticum canticorum.	Livro do Cântico dos Cânticos
Liber Sapientiae Salomonis	Livro da Sabedoria de Salomão
Liber Iesu Filii Sirach	Livro de Jesus Filho de Sirac
Ordo Prophetarum	Livros dos Profetas
Liber Isaiae Prophetae	Livro do Profeta Isaías
Liber Hieremiae Prophetae	Livro do Profeta Jeremias
Liber Lamentationibus	Livro das Lamentações

Liber Baruch	Livro de Baruc
Liber Ezechielis Prophetae	Livro do Profeta Ezequiel
Liber Danielis Prophetae	Livro do Profeta Daniel
Duodecim Prophetarum	Doze Profetas
Osee Propheta	Profeta Oseias
Ioel Propheta	Profeta Joel
Amos Propheta	Profeta Amós
Abdiae Propheta	Profeta Abdias
Iona Propheta	Profeta Jonas
Micha Propheta	Profeta Miqueias
Naum Propheta	Profeta Naum
Habacuc Propheta	Profeta Habacuc
Sophonias Propheta	Profeta Sofonias
Aggeus Propheta	Profeta Ageu
Zacharias Propheta	Profeta Zacarias
Malachias Propheta	Profeta Malaquias
Liber primus Machabaeorum	Primeiro livro dos Macabeus
Liber secundus Machabaeorum	Segundo livro dos Macabeus
Novum Testamentum	Novo Testamento
Canones Evangeliorum	Evangelhos Canônicos
Secundum Matthaeum	Segundo Mateus
Secundum Marcum	Segundo Marcos
Secundum Lucam	Segundo Lucas
Secundum Joannem	Segundo João
Actuum apostolorum	Atos dos Apóstolos
Epistolae Pauli apostoli	Epístolas do Apóstolo Paulo
Ad Romanos	Aos Romanos
Ad Corinthios I	Aos Coríntios I
Ad Corinthios II	Aos Coríntios II
Ad Galatas	Aos Gálatas
Ad Thessalonicenses I	Aos Tessalonicenses I
Ad Thessalonicenses II	Aos Tessalonissences II
Ad Ephesios	Aos Efésios
Ad Philippenses	Aos Filipenses
Ad Colossenses	Aos Colossenses
Ad Timotheum I	A Timóteo I
Ad Timotheum II	A Timóteo II
Ad Titum	A Tito
Ad Philemonem	A Filêmon
Ad Hebraeos	Aos Hebreus
Epistolae Catholicae	Epístolas Católicas
Epistola Jacobi	Epístola de Tiago

Epistola Epistola Petri I	Epístola de Pedro I
Epistola Epistola Petri II	Epístola de Pedro II
Epistola Joannis I	Epístola de João I
Epistola Joannis II	Epístola de João II
Epistola Joannis III	Epístola de João III
Epistola Judae	Epístola de Judas
Apocalypsis Johannis	Apocalipse de João
Appendix	Apêndice
Oratio Manasse	Oração de Manassés
Liber Ezrae III	Livro de Esdras 3º
Liber Ezrae IIII	Livro de Esdras 4º
Psalmus CLI	Salmo 151
Epistola ad Laodicenses	Epístola aos Laodicenses

54) O cânon da Versão Armena (séc. III d.C.)

O cristianismo se difundiu em território armeno desde a metade do século III, tornando-se, inclusive, religião oficial do país. Seus primeiros textos foram retirados da *Diatessaron*, traduzido do siríaco, com todo o *corpus biblicum*, AT e NT. Porém, inicialmente o NT não continha o livro do Apocalipse, mas continha um texto apócrifo, a saber, o *Atos de João*. Mas, a partir do século XII, em um Sínodo da Igreja Armena, o texto do Apocalipse foi integrado ao *canon biblicum* do NT e hoje ele é como o das demais Igrejas que aceitam os 27 livros do NT. A versão Armena tem um especial título entre todas as versões antigas, que retrata bem a sua beleza literária e poética, ou seja, ela é chamada de "a rainha de todas as versões", quer pela elegância linguística quer pela bela tradução. Aqui nós reproduzimos o texto indicado pela obra de S. Cingolani, *Dizionario di Critica Testuale del Nuovo Testamento. Storia, canone, aprocrifi, paleografia*. Torino: San Paolo, 2008, p. 50.

Texto Italiano da versão Armena	Texto Português da versão Armena
Nuovo Testamento:	**Novo Testamento:**
Quattro Vangeli:	Quatro Evangelhos:
secondo Matteo	segundo Mateus
secondo Marco	segundo Marcos
secondo Luca	segundo Lucas
secondo Giovanni	segundo João
Atti degli Apostoli,	Atos dos Apóstolos,

Epistole di San Paolo: una ai Romani, due ai Corinzi, una ai Galati, una agli Efesini, una ai Filippesi, una ai Colossesi, due ai Tessalonicesi, due a Timoteo, una a Tito, una a Filemone, Epistola agli Ebrei, una di Giacomo, due di Pietro, tre di Giovanni, una di Giuda *Apocalisse* *Atti di Giovanni*	Epístolas de São Paulo: uma aos Romanos, duas aos Coríntios, uma aos Gálatas, uma aos Efésios, uma aos Filipenses, uma aos Colossenses, duas aos Tessalonicenses, duas a Timóteo, uma a Tito, uma a Filêmon, Epístola aos Hebreus, uma de Tiago, duas de Pedro, três de João, uma de Judas *Apocalipse* *Atos de João*

55) O cânon da Versão Copta (séc. IV d.C)

O Cânon Copta tradicionalmente está ligado ao *cânon de Atanásio*, até mesmo porque ele se dá no Egito e Atanásio era de Alexandria, embora numa língua copta com derivação do egípcio. A diferença está na estruturação do mesmo, que não repoduz a montagem que temos no NT de Atanásio. O texto que reportamos aqui o tiramos da obra de S. Cingolani, *Dizionario di Critica Testuale del Nuovo Testamento. Storia, canone, aprocrifi, paleografia* (Turim: San Paolo, 2008, p. 51), que também coloca a influência do texto da tradução *bohairica*.

Texto Italiano da versão Copta	Texto Português da versão Copta
Nuovo Testamento: Quattro Vangeli: secondo Matteo secondo Marco secondo Luca secondo Giovanni Atti degli Apostoli, 14 Epistole di San Paolo: una ai Romani,	**Novo Testamento**: Quatro Evangelhos: segundo Mateus segundo Marcos segundo Lucas segundo João Atos dos Apóstolos, 14 Epístolas de São Paulo: uma aos Romanos,

due ai Corinzi,	duas aos Coríntios,
una ai Galati,	uma aos Gálatas,
una agli Efesini,	uma aos Efésios,
una ai Filippesi,	uma aos Filipenses,
una ai Colossesi,	uma aos Colossenses,
due ai Tessalonicesi,	duas aos Tessalonicenses,
due a Timoteo,	duas a Timóteo,
una a Tito,	uma a Tito,
una a Filemone,	uma a Filêmon,
Epistola agli Ebrei,	a Epístola aos Hebreus,
due di Pietro,	duas de Pedro,
tre di Giovanni,	três de João,
una di Giuda	uma de Judas,
una di Giacomo,	uma de Tiago
Apocalisse	Apocalipse
due lettere di Clemente	*duas cartas de Clemente*

56) O cânon da Versão Etiópica (séc. IV d.C.)

A Igreja Etiópica esteve em estreita ligação e dependência da Igreja Copta. Isso fez com que o seu *canon biblicum* do NT oscilasse entre um texto mais amplo com 35 livros e, ou, um reduzido com 27 livros, como o cânon romano. Além dos 27 livros do NT, é bom ressaltar que o cânon da Versão Etiópica conta com outros textos, a saber: *O livro eclesiástico Sinodos (em 4 seções), O livro de Clemente (em 7 partes), O livro do Pacto (em 2 seções) e A Didascália Etiópica, livro eclesiástico dividido em 43 capítulos.* O texto que reportamos aqui foi extraído da obra de S. Cingolani, *Dizionario di Critica Testuale del Nuovo Testamento. Storia, canone, aprocrifi, paleografia* (Turim: San Paolo, 2008, p. 58).

Texto Italiano da versão Etiopica	Texto Português da versão Etiópica
Nuovo Testamento:	**Novo Testamento:**
Quattro Vangeli:	Quatro Evangelhos:
secondo Matteo	segundo Mateus
secondo Marco	segundo Marcos
secondo Luca	segundo Lucas
secondo Giovanni	segundo João
Atti degli Apostoli,	Atos dos Apóstolos,
14 Epistole di San Paolo:	14 Epístolas de São Paulo:
una ai Romani,	uma aos Romanos,

due ai Corinzi,	duas aos Coríntios,
una ai Galati,	uma aos Gálatas,
una agli Efesini,	uma aos Efésios,
una ai Filippesi,	uma aos Filipenses,
una ai Colossesi,	uma aos Colossenses,
due ai Tessalonicesi,	duas aos Tessalonicenses,
due a Timoteo,	duas a Timóteo,
una a Tito,	uma a Tito,
una a Filemone,	uma a Filêmon,
Epistola agli Ebrei,	Epístola aos Hebreus,
due di Pietro,	duas de Pedro,
tre di Giovanni,	três de João,
una di Giuda	uma de Judas
una di Giacomo,	uma de Tiago,
Apocalisse	Apocalipse
Il libro ecclesiastico Sinodos (in 4 sezione)	*O livro eclesiástico Sinodos (em 4 seções)*
Il libro di Clemente (in 7 parti)	*O livro de Clemente (em 7 partes)*
Il libro del Patto (in 2 sezioni)	*O livro do Pacto (em 2 seções)*
La Didascalia Etiopica, libro ecclesiastico diviso in 43 capitoli	*A Didascália Etiópica, livro eclesiástico dividido em 43 capítulos*

57) O cânon da Versão Georgiana (séc. V d.C.)

A versão Georgiana data do início do século V e foi feita tendo como base a versão Armena, que é aquela que é chamada de "a rainha de todas as versões", pela sua beleza literária e poética. Inicialmente, o livro do Apocalipse também não tinha encontrado aceitação na versão Georgiana, que veio apenas depois do século X, assim mesmo não em todas as versões, e sim em apenas algumas. Mas parece nunca ter chegado a conseguir um *status* de livro canônico para a Igreja Georgiana. O texto que reportamos aqui foi extraído da obra de S. Cingolani, *Dizionario di Critica Testuale del Nuovo Testamento. Storia, canone, aprocrifi, paleografia* (Turim: San Paolo, 2008, p. 59-60).

Texto Italiano da versão Georgiana	Texto Português da versão Georgiana
Nuovo Testamento:	**Novo Testamento:**
Quattro Vangeli:	Quatro Evangelhos:
secondo Matteo	segundo Mateus
secondo Marco	segundo Marcos

secondo Luca	segundo Lucas
secondo Giovanni	segundo João
Atti degli Apostoli,	Atos dos Apóstolos,
Epistole di San Paolo:	Epístolas de São Paulo:
una ai Romani,	uma aos Romanos,
due ai Corinzi,	duas aos Coríntios,
una ai Galati,	uma aos Gálatas,
una agli Efesini,	uma aos Efésios,
una ai Filippesi,	uma aos Filipenses,
una ai Colossesi,	uma aos Colossenses,
due ai Tessalonicesi,	duas aos Tessalonicenses,
due a Timoteo,	duas a Timóteo,
una a Tito,	uma a Tito,
una a Filemone,	uma a Filêmon,
Epistola agli Ebrei,	Epístola aos Hebreus,
una di Giacomo,	uma de Tiago,
due di Pietro,	duas de Pedro,
tre di Giovanni,	três de João,
una di Giuda	uma de Judas
Apocalisse	*Apocalipse*

58) O cânon da Esticometria Armeniana (c. 615-690 d.C.)

Michael E. Stone publicou quatro artigos sobre a lista do cânon bíblico armeniano, denominadas Listas I, II, III e IV, com seus catálogos bilíngues, original armeno e tradução para o inglês. A segunda lista é um *catálogo esticométrico*, sempre próximo do período das demais listas esticométricas que temos à disposição e que reproduzimos aqui ao longo de nossa obra, a saber: *Lista de Mommsen* (360 d.C.), o *Codex Claromontanus* (390-400 d.C.), *Célio Sedúlio* (séc. V) e a *Esticometria de Nicéforo de Constantinopla* (séc. V). Porém, aqui na lista esticométrica armeniana, o que temos é apenas a lista dos livros do AT: canônicos, deuterocanônicos e apócrifos, embora cite a existência do NT, também em lista esticométrica. Embora M.E. Stone traga a lista bilíngue (armeno e inglês), por desconhecermos o armeno, nós reproduzimos apenas a tradução inglesa e dela fazemos a nossa tradução para o português, não causando prejuízo, visto que se trata apenas dos títulos dos livros bíblicos e extrabíblicos. No quarto artigo, em que Stone apresenta a quarta lista, à página 242, é que o autor traz a esticometria geral do AT e do NT, a partir do manuscrito que ele consultou, que afirma ter sido compilado por *Gregório de Ta'em* (1346-1410 d.C.). O curioso é que esta esticometria, para ambos os testamentos, é bastante inferior ao que encontramos nas listas esticométricas em geral: "The whole Old Testament (has) 9,129 stichoi and the whole New Testament (has) 8,591 stichoi. Together Old and New Testaments are 18,720 stichoi / *Todo o Antigo Testamento tem 9.129 linhas e todo o Novo Testamento tem 8.591 linhas. Juntos Antigo e Novo Testamentos têm 18.720 linhas*".

Michael E. Stone afirma que esta *Lista II*, que ele apresenta em seu artigo e que oferecemos aqui adiante, é basicamente desconhecida no meio ocidental, mas é conhecida no meio armeno. Ela tem muitas características da esticometria grega em geral, que encontramos nas listas esticométricas, como já indicamos. Ele também afirma que foram consultados vários manuscritos para se chegar a esta lista, a saber: "A edição de Ter Movsessian baseou-se em um manuscrito – Olim etc.hmiadzin 154, uma bíblia datada de 1308, e a de Fehrat'ian, em dois – Viena n. 30 e n. 130. Murad baseou sua edição em quatro manuscritos de Jerusalém, n. 773 (1359 d.C.), que serviram como seu texto, n. 343 (1450 d.C.), n. 835 (1640 d.C.) e n. 936 (1703 d.C.), que ele listou em seu aparato. O texto foi publicado mais recentemente por A.G. Abrahamyan. Ele não consultou a edição de Murad, mas baseou seu trabalho em dois manuscritos de Erevan, n. 2.180 (1644 d.C.) e n. 699 (século XVI). Ele listou todas as variantes de Ter Movsessian e de Fehrat'ian em seu aparato. O texto da edição de Murad foi reimpresso por Samlian em 1966" [70].

Os referidos artigos de Michael E. Stone, que foram publicados na década de 1970 são: M.E. Stone, Armenian Canon Lists I: The Council of Partaw (768 C.E.), *The Harvard Theological Review,* Vol. 66, n. 4 (out./1973), p. 479-486; M.E. Stone, Armenian Canon Lists II – The Stichometry of Anania of Shirak (c. 615-c. 690 C.E.). *The Harvard Theological Review*, Vol. 68, n.3-4 (1975), 253-260; M.E. Stone, Armenian Canon Lists III: The Lists of Mechitar of AYRIVANKc (c. 1285 C.E.), *The Harvard Theological Review*, Vol. 69, n. 3/4 (jul.-out./1976), p. 289-300; M.E. Stone, Armenian Canon Lists IV – The List

....

70 STONE, M.E. Armenian Canon Lists II – The Stichometry of Anania of Shirak (c. 615-c. 690 C.E.). *The Harvard Theological Review*, vol. 68, n. 3-4, 1975, p. 253 (a tradução é nossa).

of Gregory of Tat'ew (14th century), *The Harvard Theological Review*, Vol. 72, n. 3/4 (jul.-out./1979), p. 237-244, sendo que o texto que reproduzimos aqui é da Segunda Lista, que temos em seu segundo artigo (1975).

The numbers of the Quantities of the Old Testament by Anania of Shirak the Mathematician. / *Os números das quantidades do Antigo Testamento segundo Anania de Shirak, o Matemático.*

I. Books of Moses the Lawgier:		I. Livros de Moisés, o Legislador:	
1. Of Genesis, the stichoi are	4307	1. Gênesis, as linhas são	4.307
2. Of Exodus, it has, stichoi	3400	2. Êxodo, ele tem linhas	3.400
3. Of Leviticus, stichoi	2700	3. Levítico, linhas	2.700
4. Of Numbers, stichoi	3533	4. Número, linhas	3.533
5. Of Deuteronomy, stichoi	3100	5. Deuteronômio, linhas	3.100
II Joshua, the son of Nun has-stichoi	2100	II. Josué, o filho de Nun – linhas	2.100
Of Judges, stichoi	2150	Juízes, linhas	2.150
Of Ruth, stichoi	300	Rute, linhas	300
III Of 1 Kindom	2500	III. 1 Reino (*Samuel*)	2.500
Of 2 Kindom	2432	2 Reino (*Samuel*)	2.432
Of 3 Kindom	2500	3 Reino (*Reis*)	2.500
Of 4 Kindom	1600	4 Reino (*Reis*)	1.600
IV Of 1 Paralipomena	2150	IV. 1 Paralipômenos (*Crônicas*)	2.150
Of 2 Paralipomena	3000	2 Paralipômenos (*Crônicas*)	3.000
V Of First Maccabees	2525	V. Primeiro Macabeus	2.525
Of Second Maccabees	2008	Segundo Macabeus	2.008
Of Third Maccabees	750	Terceiro Macabeus	750
Of Fourth Maccabees	1100	Quarto Macabeus	1.100
VI Of the Twelve Prophets	3301	VI. Doze Profetas	3.301
VII Of Isaiah, stichoi	3820	VII. Isaías, linhas	3.820
VIII Of Jeremiah, stichoi	3800	VIII. Jeremias, linhas	3.800
Of Baruch, stichoi	350	Baruc, linhas	350
Lamentations of Jeremiah, stichoi	360	Lamentações de Jeremias, linhas	360
Epistle of the same, stichoi	350	Epístola do mesmo, linhas	350
IX Of Ezekiel, stichoi	4000	IX. Ezequiel, linhas	4.000
X Of Daniel, stichoi	1750	X. Daniel, linhas	1.750
XI Of the Psalter, stichoi	5100	XI. Saltério, linhas	5.100
XII The Proverbs of Salomon, stichoi	1750	XII. Provérbios de Salomão, linhas	1.750
Ecclesiastes, stichoi	707	Eclesiastes, linhas	707
The Song of Songs	286	Cântico dos Cânticos	286
The Wisdom of Salomon, stichoi	[10]20	Sabedoria de Salomão, linhas	[10]20
XIII Of Job, stichoi	1600	XIII. Jó, linhas	1.600
Of Sirach, stichoi	2800	Sirácida, linhas	2.800
XIV Of First Ezra, stichoi	1300	XIV. Primeiro de Esdra, linhas	1.300

XV	Of Second Ezra, stichoi	1800	XV.	Segundo de Esdra, linhas	1.800
	[The Discourse of Nehemiah]			[O Discurso de Neemias]	
XVI	Of Esther, stichoi	750	XVI.	Ester, linhas	750
XVII	Of Tobit, stichoi	750	XVII.	Tobias, linhas	750
XVIII	Of Judith, stichoi	1300	XVIII.	Judite, linhas	1.300
	The total of Old Testament is 79,129			O total do Antigo Testamento é de 79.129	

A genealogia das traduções da Bíblia[71]

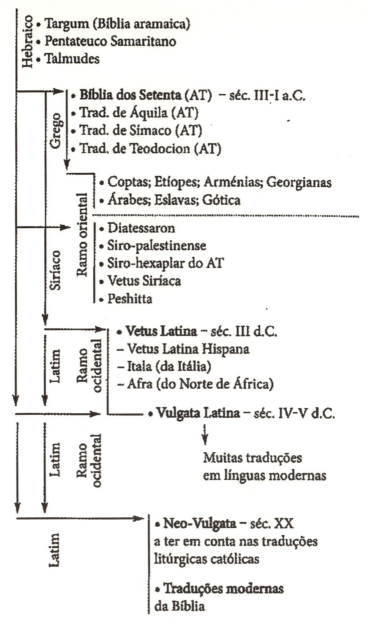

---
71 ALVES, H. *História da Bíblia em Portugal*. Vol. I: As línguas da Bíblia, 23 séculos de traduções. Lisboa: Esfera do Caos, 2016, p. 312.

2.2 Da Baixa Idade Média até o Vaticano II

1) O cânon do Concílio de Florença (1431-1445)

O Concílio de Florença, Itália, que se realizou de 1431 a 1445, aconteceu num momento histórico complicado para a Igreja em toda a Europa e que tem que se reconstruir no retorno a Roma após o chamado período do "Cativeiro de Avinhão", com seus quase 70 anos de exílio, entre os anos de 1309 e 1377, e ainda está com a figura papal enfraquecida diante das várias ameaças que a Igreja Ocidental vinha enfrentando na relação com as Igrejas Ortodoxas, que vai culminar com a "Queda de Constantinopla", aos 29 de maio de 1453, sucumbida sob o Império Otomano, sob o comando do Sultão Maomé II.

O Concílio de Florença, em seu texto final, além de todo o vasto material que oferece, também deu uma resposta às questões levantadas pelo movimento dualista dos Maniqueus, que dividia o mundo entre bom e mau, Deus e o diabo, matéria e espírito etc. Desde o seu surgimento, no século III d.C., a partir de seu fundador, o filósofo cristão Maniqueu, o Maniqueísmo propugnava e defendia que o Deus do AT era diferente do Deus do NT, como já havia defendido Marcião no século II do cristianismo, recusando todo o AT e boa parte do NT, como podemos conferir em seu cânon bíblico aqui em nossa obra. Juntamente com esta questão, o Concílio de Florença oferece uma lista completa dos livros das Sagradas Escrituras, inclusive com todos os livros deuterocanônicos tanto do AT como do NT.

Aqui, nós reproduzimos o texto bilíngue que diz respeito diretamente ao catálogo completo dos livros das Sagradas Escrituras do AT e do NT e a sentença final contra os maniqueus, segundo a obra de H. Denzinger e P. Hünermann, *Compêndio dos Símbolos, definições e declarações de fé e moral* (São Paulo: Paulus/Loyola, 2007, n. 1.335-1.336). Mas este texto do Concílio de Florença também pode ser encontrado na obra ENCHIRIDION BIBLICUM. *Documenti della Chiesa sulla sacra Scrittura, Edizione Bilingue* (Bolonha: EDB, 1994, n. 47-49). ENQUIRIDION BÍBLICO. *Documentos de la Iglesia sobre la sagrada Escritura* (Madri: BAC, 2010, sempre n. 47-49); DOCTRINA PONTIFICIA, *DOCUMENTOS BÍBLICOS*, Vol. I, *por Salvador Muñoz Iglesias* (Madri: BAC, 1955, p. 173-175); também podemos encontrar uma tradução em português na obra de H. Alves, *Documentos da Igreja sobre a Bíblia*, de 160 a 2010 (Fátima: Difusora, 2011, p. 123-124).

DZ 1335. Quinque Moysi, id est	Os cinco {livros} de Moisés, isto é:
Genesi	Gênesis
Exodo	Êxodo
Levitico	Levítico
Numeris	Números
Deuteronomio	Deuteronômio
Josue	Josué
Judicum	Juízes
Ruth	Rute
Quatuor Regum	Quatro dos Reis
Duobus Paralipomenon	Dois dos Paralipômenos
Esdra	Esdras
Neemia	Neemias
Tobia	Tobias
Judith	Judite
Hester	Ester
Job	Jó
Psalmis David	Salmos de Davi
Parabolis	Provérbios
Ecclesiaste	Eclesiastes
Canticis Canticorum	Cântico dos Cânticos
Sapientia	Sabedoria
Ecclesiastico	Eclesiástico
Isaya	Isaías
Jeremia	Jeremias
Baruch	Baruc
Ezechiele	Ezequiel
Daniele	Daniel
Duodecim Prophetis Minoribus id est	Doze Profetas Menores, isto é:
Osee	Oseias
Johele	Joel
Amos	Amós
Abdia	Abdias
Jona	Jonas
Michea	Miqueias
Naum	Naum
Abachuc	Habacuc
Sophonia	Sofonias
Ageo	Ageu
Zacharia	Zacarias
Malachia	Malaquias

Duobus Machabeorum,	Os dois dos Macabeus
Quatuor Evangeliis	Os quatro Evangelhos:
Mathaei	de Mateus
Marci	de Marcos
Lucae	de Lucas
Johannis	de João
Quatuordecim Epistolis Pauli	as quatorze epístolas de Paulo:
Ad Romanos	aos Romanos
Duabus ad Corinthios	duas aos Coríntios
Ad Galatas	aos Gálatas
Ad Ephesios	aos Efésios
Ad Philipenses	aos Filipenses
Duabus ad Thesalonicense	duas aos Tessalonicenses
Ad Colossenses	aos Colossenses
Duabus ad Timotheum	duas a Timóteo
Ad Titum	a Tito
Ad Philomenon	a Filêmon
Ad Hebraeos	aos Hebreus
Petri duabus	as duas de Pedro
Tribus Johannis	as três de João
Una Jacobi	uma de Tiago
Una Judae	uma de Judas
Actibus Apostolorum	os Atos dos Apóstolos
et Apocalypsi Johannis	e o Apocalipse de João
DZ 1336. Propterea Manichaeorum anathematizat insaniam, qui duo prima principia posuerunt, unum visibilium, aliud invisibilium; et alium Novi Testamenti Deum, alium Veteris esse dixerunt.	{A Igreja} condena com anátema o delírio dos maniqueus, que admitem dois princípios primordiais, uma das coisas visíveis, o outro das invisíveis, e dizem que um é o Deus do Novo Testamento, outro o do Antigo.

2) O cânon do Concílio de Trento (1545-1563)

O Concílio de Trento, Itália, que se deu de 1545 a 1563, aconteceu no contexto em resposta à questão de todo o movimento da Reforma Protestante que teve início com Lutero, em 1517, e vai se alastrando pouco a pouco com a adesão de outros reformadores, até que se chegou ao que abordaremos aqui no final de nossas listas de catálogos dos livros das Sagradas Escrituras, que é a tradução de João Ferreira Annes D'Almeida, a mais usada no meio protestante, evangélico, pentecostal e neopentecostal no Brasil. Por isso nossa opção em abordar alguns dos Reformadores e chegar até o Cânon adotado por Almeida, que segue o *Cânon Palestinense*, como os demais protestantes, em recusa ao *Cânon Alexandrino*, que continua sendo o Cânon Católico e o Cânon Ortodoxo, adotado desde a Versão da Vulgata Latina, do final do século IV, bem como por outras versões antigas.

O texto que reproduzimos aqui foi extraído da obra de H. Denzinger e P. Hünermann, *Compêndio dos Símbolos, definições e declarações de fé e moral* (São Paulo: Paulus/Loyola, 2007, n. 1.502-1.504). E o que nós reproduzimos é o texto bilíngue que diz respeito diretamente ao catálogo completo dos livros das Sagradas Escrituras do AT e do NT. Este texto também pode ser encontrado em outras obras, como ENCHIRIDION BIBLICUM. *Documenti della Chiesa sulla sacra Scrittura, Edizione Bilingue* (Bolonha: EDB, 1994, n. 57-60); ENQUIRIDION BÍBLICO. *Documentos de la Iglesia sobre la sagrada Escritura* (Madri: BAC, 2010, sempre n. 57-60); DOCTRINA PONTIFICIA, *DOCUMENTOS BÍBLICOS*, Vol. I, *por Salvador Muñoz Iglesias* (Madri: BAC, 1955, p.179-181); B.F. Westcott, *A General Survey of the History of the Canon of the New Testament* (Londres, 1866, Apêndice D, p. 519-520). Também podemos encontrar uma tradução em português na obra de ALVES, H. *Documentos da Igreja sobre a Bíblia*, de 160 a 2010 (Fátima: Difusora, 2011, p. 128-129).

DZ 1502 Testamenti Veteris:	**Do Antigo Testamento:**
Quinque Moisis, id est Genesis	Cinco de Moisés, isto é: Gênesis
Exodus	Êxodo
Leviticus	Levítico
Numeri	Números
Deuteronomium	Deuteronômio
Iosue	Josué
Iudicum	Juízes
Ruth	Rute
quatuor Regum	quatro dos Reis
duo Paralipomenon	dois dos Paralipômenos
Esdrae primus	de Esdras o primeiro
et secundus, qui dicitur Nehemias	e o segundo, que é chamado de Neemias
Tobias	Tobias
Iudith	Judite
Esther	Ester

Iob	Jó
Psalterium Davidicum centum quinquaginta psalmorum	O Saltério de Davi com cento e cinquenta Salmos
Parabolae	Provérbios
Ecclesiastes	Eclesiastes
Canticum Canticorum	Cântico dos Cânticos
Sapientia	Sabedoria
Ecclesiasticus	Eclesiástico
Isaias	Isaías
Ieremias cum Baruch	Jeremias com Baruc
Ezechiel	Ezequiel
Daniel	Daniel
duodecim Prophetae minores	Os Doze Profetas menores
id est Osea	isto é: Oseias
Ioel	Joel
Amos	Amós
Abdias	Abdias
Ionas	Jonas
Michaeas	Miqueias
Nahum	Naum
Habacuc	Habacuc
Sophonias	Sofonias
Aggaeus	Ageu
Zacharias	Zacarias
Malachias	Malaquias
duo Machabaeorum primus et secundus	dois dos Macabeus, primeiro e segundo

DZ 1503 Testamenti Novi:	**Do Novo Testamento:**
Quatuor Evangelia	Quatro Evangelhos
secundum Matthaeum	segundo Mateus
Marcum	Marcos
Lucam	Lucas
Ioannem	João
Actus Apostolorum a Luca Evangelista conscripti	os Atos dos Apóstolos, escrito pelo evangelista Lucas
quatuordecim epistolae Pauli Apostoli	quatorze epístolas do Apóstolo Paulo:
ad Romanos	aos Romanos
duae ad Corinthios	duas aos Coríntios
ad Galatas	aos Gálatas
ad Ephesios	aos Efésios
ad Philippenses	aos Filipenses
ad Colossenses	aos Colossenses
duae ad Thessalonicenses	duas aos Tessalonicenses

duae ad Timotheum	duas a Timóteo
ad Titum	a Tito
ad Philemonem	a Filêmon
ad Hebraeos	aos Hebreus
Petri Apostoli duae	duas do Apóstolo Pedro
Ioannis Apostoli tres,	três do Apóstolo João
Jacobi Apostoli una,	uma do Apóstolo Tiago
Judae Apostoli una,	uma do Apóstolo Judas
et Apocalypsis Joannis Apostoli.	e o Apocalipse do Apóstolo João
DZ 1504 Si quis autem libros ipsos integros cum omnibus suis partibus, prout in Ecclesia catholica legi consueverunt et in veteri vulgata latina editione habentur, pro sacris et canonicis non susceperit, et traditiones praedictas sciens et prudens contempserit: anathema sit.	Se, porém, alguém não receber como sagrados e canônicos esses livros em sua integridade, com todas as suas partes, tal como costumavam ser lidos na Igreja católica e estão contidos na antiga edição latina da Vulgata, e desprezar, ciente e propositadamente, as tradições antes mencionadas: seja anátema.

3) O Cânon Bíblico e Sixto de Siena (1566)

O termo *deuterocanônico* foi usado pela primeira vez por *Sixto de Siena* em 1566 (Frei *Sixtus Senensis*, Itália: 1520-1569) para descrever textos do AT e do NT, que a Igreja Católica sempre usou como canônicos e reforçou sua posição, durante o Concílio de Trento (1545-1563), e que Lutero e outros Reformadores recusaram inicialmente durante a Reforma Protestante do século XVI, tanto do AT como do NT. Sendo que os deuterocanônicos do NT foram retomados pelos protestantes no século XVII e os deuterocanônicos do AT ainda não, embora várias Igrejas já começassem a usar, visto o Lecionário Comum para as leituras. E a Igreja Católica nunca deixou de usar, sejam os deuterocanônicos do AT, sejam os deuterocanônicos do NT.

Sixto era filho de pais judeus e se converteu ao cristianismo; ele entrou para a Ordem Franciscana e, mais tarde, passou para a Ordem Dominicana, deixando uma obra importante, intitulada *Bibliotheca Sancta*, em que tratou dos textos sagrados. O termo deuterocanônicos significa *segundo cânon* ou *segunda lista* dos livros sagrados, em oposição àqueles chamados *canônicos* e que nunca foram colocados em cheque desde a Antiguidade. Os protestantes os chamam e os têm como apócrifos (não canônicos). A ideia de Sixto de Siena foi a de identificar os livros que foram inseridos num primeiro momento no

Cânon (proto-canônicos) e os que foram inseridos num segundo momento no Cânon (deuterocanônicos), indicando uma ordem cronológica e não de valor ou autoridade em termos de inspiração ou revelação, que ele aceitava.

Todo o material de Sixto, nós podemos encontrar em sua obra: SIXTO SENENSI, *Bibliotheca Sancta, Liber Primus: De Scripturis, et Scriptoribus Divinis*, Venetiis, Apud Franciscum Franciscum Senensem, 1576, especialmente o primeiro Livro, p. 1-41. Nós traduzimos a primeira parte e disponibilizamos algumas listas que o texto apresenta.

Segundo o *Dizionario di Critica Testuale del Nuovo Testamento*, que registra no verbete deuterocanônico: "o termo indica os escritos que entraram num segundo momento para fazer parte do cânon do Antigo Testamento e do Novo Testamento, por causa das dúvidas que surgiram em algumas comunidades da Igreja Primitiva em mérito à origem apostólica". Os livros discutidos e aceitos como deuterocanônicos do AT são: Tobias, Judite, 1º e 2º Macabeus, Sabedoria, Eclesiástico e Baruc; além destes, temos alguns capítulos e versículos a mais em Daniel (3,24-90; 13 e 14) e em Ester (10,4–16,24); e do NT são: Hebreus, Tiago, Judas, 1ª e 2ª João, 2ª Pedro e Apocalipse. Outros, como os ortodoxos siríacos, aceitam apenas 22 livros do NT e, inicialmente, os Pais da Reforma também haviam recusado 7 livros do NT, uns mais e outros menos, como se pode ver a seguir, no item dedicado aos Reformadores e Profissões de Fé Reformadas.

Fr. Sixti Senensis Ordinis Praedicatorum, De Divinis Voluminibus Bibliothecæ Sanctæ. Liber Primus	Frei Sixto de Siena, da Ordem dos Pregadores. Acerca dos Volumes Divinos da Biblioteca Santa. Primeiro Livro
Primum sacrosanctae huius Bibliothecae librum, in quo divinorum omnium voluminum enumerationem, ordinem, partitionem, autoritatem, autores, argumenta, rerumque in ipsis comprehensarum tempora, tanquam prima totius futuri Operis fundamenta, posuimus distinctum esse volumus in sectiones tres: quarum prima Scripturas, et Scriptores sanctos, tam veteris, quam novi Testamenti in primo sacri Canonis ordini collocatos continebit. Secunda Scripturas, et Scriptores sanctos utriusque Testamenti, pertinentes ad	O primeiro livro da Sagrada Biblioteca, no qual encontramos a enumeração de todos os volumes divinos, a ordem, a divisão em partes, a autoridade, os autores, os argumentos, e as etapas das coisas compreendidas neles, assim como os primeiros fundamentos de toda a futura Obra, podemos dividir esse volume em três seções: dessas seções, a primeira conterá as Escrituras e os Escritores Santos, tanto do Antigo como do Novo Testamento, colocados na primeira ordem do Cânon sagrado. A segunda seção fará recensão das

secundum Canonis ordinem, recensebit. In tertiam et ultimam Sectionem Scripturas, et Scriptores aprocryphos, variis tam veteris, quam novi Testamenti locis insertas, relegabimus, universa ex ipsis divinae Scripturae testimoniis, tum ex veterum patrum monumentis, tum ex verisimilibus argumentis, summa fide ac brevitate ostendentes. Sed antequam propositae partitionis ordinem exponamus, docendi ratio exigere videtur, ut primum omnium explicemus, quid sint et Canonicae, et Apocryphae scripturae, et quomodo inter se differant Canonica tam primi, quam secundi ordinis scripta.

De Scripturis, et Scriptoribus Divinis Primi Ordinis, Sectio Prima

Canonicae, et Apocryphae Scripturae, et Scriptores quid sint

Divinae sive Canonicae scripturae (quas Graeci διαθηκόγραφα, hoc est, Testamentariae scripta vacant) illae sunt, quae secundum maiorum traditionem perpsum Spiritum sanctum, ad eruditionem nostram divinitus inspiratae creduntur: quarum autoritas tanta est, ut de fide earum nephas fit dubitare. DIVINI autem et Canonici scriptores illi sunt, qui, spiritu divino dictante, scripturas Canonicas tanta fidei constantia scripserunt, ut eis non firmissime credere impium fit: de quórum veneranda autoritate Augustinus ad Hieronymum scribens, haecinquit: Ego solis eis scriptoribus, qui canonici appellantur, didici hunc timorem honoremque; deferre, ut nullum eorum scribendo errasse firmissime teneam. At si aliquid in eis offendero, quod videatur contratium veritati, nihil aliud existimem, quam

Escrituras e dos Escritores santos de ambos os Testamentos, pertinentes à segunda ordem do Cânon. Na terceira e última Seção recolheremos as Escrituras, e os Escritores Apócrifos, inseridas em vários lugares tanto do Antigo quanto do Novo Testamento, já que essas declaram com grande fé e brevidade uma série de testemunhos das mesmas Escrituras divinas, tanto pelas recordações a partir dos antigos Padres quanto pela veracidade dos argumentos, demostrando brevemente a soma da fé. Mas, antes que possamos expor a ordem da divisão oferecida, do ensino, que a razão parece exigir, para que expliquemos a primeira de todas, que seja das Canônicas, e dos Escritos Apócrifos, e como se diferenciam entre si as escrituras Canônicas, tanto da primeira quanto da segunda ordem.

Acerca dos Escritos e dos Escritores Divinos de Primeira Ordem, Seção Primeira

Acerca do que são as Escrituras Canônicas, as Apócrifas e os Escritores

As Divinas, ou melhor, as Escrituras Canônicas (que os gregos chamavam διαθηκόγραφα, isto é, chamavam de Escrituras Testamentárias) são aquelas que, segundo a tradição dos antigos, crê-se inspiradas pelo próprio Espírito Santo à nossa erudição por dom divino: a autoridade delas é tanta que duvidar delas, pela fé, é nefasto. DIVINOS igualmente são aqueles escritores que escreveram as Escrituras Canônicas com tanta constância de fé por meio do Espírito Divino, que lhes ditava, que fosse considerado ímpio não crer nelas firmissimamente: a respeito deles com veneranda autoridade escreveu Agostinho a Jerônimo: "Eu, somente dos escritores que chamamos canônicos, aprendi destes temor e honra; ao traduzir deles, eu, forma alguma, errei escrevendo, para não ofender aqueles que escreveram aquilo que é contrário à

319

mendosum esse condicem, vel non esse affecutum interpretem, quod dictum est, vel me minime intellexisse non ambigam. alios autem ita lego, ut quantaliber sanctitate, doctrinave polleant, non ideo verum putem, quia ita senserunt, sed quia mihi per illos autores canônicos, vel probabiles rationes, quod a vero non abhorreat, persuadere potuerunt. Haec Augustinus.

Porro libi canonici tam veteris, quam novi Testamenti, duobus inter se ordinibus distinguuntur: quórum alter prior est, alter posterior; prior, inquam, ac posterior non autoritate, aut certitudine, aut dignitate (nam uterque praestantiam maiestatem que suam ab eodem Spiritu santo accipit) sed cognitione, ac tempore: quibus duabus rebus fit, ut ordo alter praecedat, alter sequatur.

Canonici primi ordinis, quos Protocanonicos appellare libet, sunt indubitatae fidei libris, hoc est, de quorum autoritate nulla unquam in Ecclesia Catholica suit dubitatio, aut controversia; sed statim ab initio nacentis Ecclesiae communi omnium orthodoxorum Patrum consensu fuerunt recepti, et ad confirmandum fidei nostrae autoritatem assumpti: quales sunt in veteri Testamento quinque libri Moisis, et in novo Testamento quaturo Evangelia, atque alii his similes sua loco numerandi.
Canonici secondo ordinis (qui olim Ecclesiastici vocabantur, et nuc à nobis Deuterocaninici dicuntur) illi sunt, de quibus, quia non statim sub ipsis Apostolorum temporibus, sed longe post ab notitiam totius Ecclesiae pervenerunt, inter Catholicos fuit aliquando sententia anceps, velut sunt in veteri Testamento libri Esther, Tobias, Iudith, et Baruch, espistola

verdade, que nada existe quanto menos ofender o Códice, ou então não procurar uma boa intenção, assim como foi dito, ou eu não ter intendido o que seja e não a torne ambígua. Outros assim eu leio, para quanto menos prejudicá-los na santidade, falsificar a doutrina, que eles não pensem desta forma, que sempre foram escritos corretamente, mas que nada para os seus autores canônicos, ou provável raciocínio, desde que não prejudique a verdade, que parece infantil". Este é Agostinho.
Continuando, os livros canônicos tanto do Antigo quanto do Novo Testamento, distinguidos entre si em duas ordens: deles um é o primeiro, e outro o segundo; o primeiro – digo – e o segundo não pela autoridade, nem pela certificação nem pela dignidade (na verdade, cada um deles recebe do mesmo Espírito Santo tanto a sua superioridade como sua majestade), mas por conhecimento e tempo [época]: por aquelas duas coisas ocorre que uma ordem preceda outra, e outra suceda.
Os Canônicos de primeira ordem, os quais eu quero chamar de Protocanônicos, que são os livros de fé indubitável, dos quais nenhuma autoridade a Igreja Católica jamais colocou em dúvida, ou controvérsia; mas desde o início da Igreja Nascente foram recebidos pelo consenso comum dos Padres ortodoxos, e assumidos para a confirmação da autoridade de nossa fé: os quais são, no Antigo Testamento, os cinco livros de Moisés, e, no Novo Testamento, os quatro Evangelhos, e sobre outros semelhantes enumerados em seu lugar.
Os Canônicos de segunda ordem (que já foram chamados de Eclesiásticos, e agora nós dizemos Deuterocanônicos) são aqueles que não foram escritos nos tempos dos Apóstolos, mas que só depois do conhecimento de toda a Igreja, para os quais foi dada uma sentença aceitando entre os Católicos; no **Antigo Testamento** são os livros chamados: Ester, Tobias, Judite,

Ieremiae, sapientia Salomonis, Ecclesiasticus, oratio Azariae, Hymnus trium puerum, Susannae historia, Belis historia, Maccabeorum liber primus, et secundus. Similiter et in novo Testamento, Marci caput ultimo, Lucae historia de Sudore Christi sanguineo, et apparitionem angeli, Ioannis historia de muliere adultera, epistola ad Hebraeos, Iacobi espistola, Petri espistola secunda, Ioannis epistola secunda et tertia, Iudae epistola, Ioannis Apocalypis, atque alii eiusdem generis libri, quos olim prisci Ecclesiae Patres, tanquam Apocryphos, et non Canonicos, habuerunt; eosque apud solos catechumenos, nondum canonicae lectionis capaces, ut in Synopsi testatur Athanasius, primum legi permiserut, deinde procedente tempore, ut Ruffinus in Symbolo scribit, apud omnes fideles recitari conscesserunt, non ad dogmatum confirmationem, sed ad solam populi instructionem: et quia publice in Ecclesia legeruntur, Ecclesiasticos nuncupa[ve]runt: demum vero inter Scripturas irrefragabilis autoritatis assumi voluerunt.

Apocrypae autem, id est absconditae, occultae, vel dubiae scripturae, duabus modis dicuntur, vel quia ipsarum autor incertus est, quo sane modo contingere potest etiam aliquos ex Canonicis libris esse Apocryphos; quia non omnino Ecclesiae certum est, et compertum, quis hominum fuerit illorum scriptor; cum tamem ipsa certissime credat illorum autorem fuisse Epiritum sanctum. Vel alia ratione dicuntur Apocryphae, hoc est absconditae, ignotae, incertae, et obscurae autoritatis, quia non certe sciverint, nec definire auferint Ecclesiastici Patres, an essent a scriptoribus suis affiatu Spiritus Sancti conscriptae: et ob id noluerunt eas vel ad confirmationem dogmatum Christiane fidei proferri, vel ad plebis aedificationem publice in Ecclesia legi, et in templis pronunciari, sed privatim, et domi tantum legi permisserunt. Tales

Baruc, Epístola de Jeremias, Sabedoria de Salomão, a Oração de Azarias, o Cântico dos três jovens, a história de Susana, a história de Bel, o primeiro e o segundo livros dos Macabeus. Semelhantemente no **Novo Testamento**, o último capítulo de Marcos, a história de Cristo suando sangue em Lucas, a história da mulher adúltera em João, a Epístola aos Hebreus, a Epístola de Tiago, a segunda Epístola de Pedro, a segunda e a terceira Epístolas de João, o Apocalipse de João, e outros livros do mesmo gênero, que, em tempos passados dos antigos Padres da Igreja, já eram tidos como Apócrifos, e não Canônicos; apenas aos catecúmenos, mas não são de leitura canônica, atestados em Sinopse por Atanásio, que permitiu como primeira leitura, desde o tempo precedente, que Rufino escreveu no Símbolo, para que todos os fiéis conhecessem e recitassem, não por confirmação dogmática, mas apenas para instrução dos povos: e porque foram lidos publicamente na Igreja, foram chamados Eclesiásticos: eles foram assumidos entre as Escrituras de autoridade irrefutável.

Também os Apócrifos, isto é, os de conteúdo escondido, oculto, ou de dúbia escritura, dizemos dos dois modos, ou porque o seu autor é incerto, o que é plenamente possível tanto para os livros Canônicos como para os Apócrifos; pois nem tudo é certo para a Igreja, qualquer um deles, saber quem foi o seu escritor; porém, ela acredita que certamente seus autores foram inspirados pelo Espírito Santo. Ou, de outra forma, disse acerca do Apócrifo, isto é, do oculto, do desconhecido, do incerto e do obscuro de autoridade, pois, não sabia quem tinha escrito, nem temos a definição dos Padres Eclesiásticos [da Igreja], se eles foram escritos por escritores sob inspiração do Espírito Santo: e porque eles não possuem ou não confirmam os ensinamentos dogmáticos da fé cristã, são dados à edificação das pessoas, podem ser

sunt tertius et quartus Esdrae libri, Maccabaeorum tertius et quartus liber, item Appendix libri Esther, Appendix libri Iob, Appendix Psalterii, Appendix paralipomenon, atque his affines Scripturae, quas in tertiam Sectionem reiecimus. Solet etiam in Decretis Pontificum Apocryphi nomen ad interdicta, prorsusque damnata haereticorum scripta interdum transferri: qua quidem significatione idcirco in praesentia non utimur, quia in vulgaris Catholicorum Bibliis nullam credamus partem esse, quam Apostolica Ecclesia vel haereticam pronunciaverit, vel Christianis interdixerit. Cum igitur universum quod nunc apud Catholicos extat, Bibliorum corpus triplici librorum discrimine distinguatur, videlicet Canonicis primi ordinis, Canonicis secundi ordinis, et Apocryphis: incipiemus ab enumeratione, ac multiplici partitione Canonicorum voluminum primi ordinis, quae in veteri Testamento tam apud nos, quam apud Hebraeos continentur, itidem postea facturi de libris primi ordinis, quos novi Testamenti Scriptura complectitur.

lidos oficialmente na Igreja, mas em particular [privado], pois eles são permitidos apenas em casa. Tais são o terceiro e o quarto livros de Esdras, o terceiro e o quarto livros dos Macabeus, também o Apêndice do livro de Ester, o Apêndice do Saltério, o Apêndice dos Paralipômenos [Crônicas], que se assemelham aos da Escritura, que na terceira Seção temos como rejeitados. Também é comum nos Decretos Pontifícios os que têm o nome de Apócrifos serem proibidos, escritos como heréticos e condenados, proibidos e que devem ser removidos: o que significa, na verdade, não se use nas traduções das Bíblias dos Católicos, em nenhuma parte, o que a Igreja Apostólica declarou como herético ou proibido aos cristãos. Desde então, os católicos de todo o universo têm um tríplice corpo bíblico dos livros distinguidos e discriminados, a saber: Canônicos de primeira ordem, Canônicos de segunda ordem e os Apócrifos: iniciemos pela enumeração, pelas várias partes dos volumes dos Canônicos de primeira ordem, os quais estão contidos no Antigo Testamento tanto para nós como para os Hebreus, também vale para os livros da primeira ordem que vieram depois, que inclui as Escrituras do Novo Testamento.

Primeira (22 livros) e segunda (24 livros) somas dos livros do AT[72]

Liber Primus.

ᴬSVPPVTATIO PRIMA, LI=
BROS VIGINTI DVOS VETERIS TE⸱
STAMENTI, IVXTA NVMERVM VIGINTI DVA-
rum literarum Hebraici alphabeti enumerans, adiectis Iu-
daicis librorum inscriptionibus.

1	א	Genesis בראשית Berefcith, id eft, in principio.
2	ב	Exodus ואלה שמות Ve elle fcemoth. i. Et hæc funt nomina.
3	ג	Leuiticus ויקרא Va ijkra.i.Et vocauit.
4	ד	Numeri וידבר Va iedaber.i. Et locutus.
5	ה	Deuteronomion אלה הדברים Elle addeuarim.i.Hæc funt verba.
6	ו	Iofue יהושע Ieofcua.
7	ז	Iudicum & Ruth שופטים ורות Sciopthim, ve Ruth.
8	ח	Regum 1. & 2. שמואל Scemuel.
9	ט	Regum 3.& 4. מלכים Melachim.
10	י	Efaias ישעיהו Iefcahiiau.
11	כ	Ieremias ירמיהו Irmeiau.
12	ל	Ezechiel יחזקאל Iechezkel.
13	מ	XII. Prophetæ min. תריעשר Thirehefler.
14	נ	Liber Pfalmorum ספר תהלים Sepher Theillim.
15	ס	Prouerbia משלי Mifcle.
16	ע	Iob איוב Iiob.
17	פ	Daniel דניאל Daniel.
18	צ	Ezra עזרא Ezra.
19	ק	Paralipomenon דבריהימים Diurehaiamim.
20	ר	Efther אסתר Efther.
21	ש	Ecclefiaftes קהלת Koeleth.
22	ת	Canticum Canticorum שיר השירים Scir ha fcirim.

Ofcea	חושע
Ioel	יואל
Amos	עמוס
Obadia	עבדיה
Iona	יונה
Micha	מיכה
Nachum	נחום
Chauakkuk	חבקוק
Zephania	צפניה
Chaggi	חגי
Zecharia	זכריה
Malachi	מלאכי

B
C

SVPPVTATIO SECVNDA, IVXTA VI⸱
GINTI QVATVOR HEBRAICA ELEMENTA, QVAE
EX VNO AC VIGINTI CHARACTERIBVS IVDAICIS, ET EX LITERA IOD
ter propter venerentiam diuini nominis repetita, refultant. continet autem libros vet. teftamenti viginti quatuor:
quorum quidem numerus refpondet etiam viginti quatuor literis alphabeti Græcorum, apud quos
Græcanica librorum inscriptionibus funt.

1	א	A	Genefis Γένεσις, id eft, Generatio
2	ב	B	Exodus ʒοⷣ@·. i. Exitus. fiue profectio.
3	ג	Γ	Leuiticus Λευϊτικόν. i. Leuiticus.
4	ד	Δ	Numeri Ἀριθμοί.
5	ה	E	Deuteronomion Δευτερονόμιον. i. fecunda lex.
6	ו	Z	Iefus Naue Ἰησοῦς Ναυῆ.
7	ז	H	Iudices Κριταί.
8	ח	Θ	Regum 1. & 2. Βασιλειῶν α. καὶ β.
9	ט	I	Regum 3. & 4. Βασιλειῶν γ. καὶ δ.
10	י	K	Efaias Ἡσαΐας.
11	כ	Λ	Ieremias Ἰερεμίας.
12	ל	M	Ezechiel Ἰεζεκιήλ.
13	מ	N	Prophetæ XII. προφῆται ιβ.
14	נ	Ξ	Pfalterium Ψαλτήριον.
15	ס	O	Prouerbia Salom. Παροιμίαι Σαλομ.
16	ע	Π	Iob Ἰώβ.
17	פ	P	Daniel Δανιήλ.
18	צ	Σ	Efdras Ἐσδρας.
19	ק	T	Paralipomenon Παραλειπομένων, id eft, prætermifforum.
20	ר	Υ	Efther Ἐσθήρ.
21	ש	Φ	Ruth Ῥούθ.
22	ת	X	Ecclefiaftes Ἐκκλησιαστής.
23	—	Ψ	Canticum Canticorum Ἄσμα ἀσμάτων.
24	—	Ω	Lamentationes Ieremiæ Θρῆνοι Ἰερεμίου.

Ofee Ὠσηέ.
Ioel Ἰωήλ.
Amos Ἀμώς.
Abdiu Ἀβδιΰ.
Ionas Ἰωνᾶς.
Michæas Μιχαίας.
Naum Ναούμ.
Abbacum Ἀββακούμ.
Sophonias Σοφονίας.
Aggæus Ἀγγαῖος.
Zacharias Ζαχαρίας.
Malachias Μαλαχίας.

A 2   SVPPV⸱

....

72 **Supputatio Prima**, *Libros viginti duos Veteris Testamenti, iuxta numerum viginti duarum literarum Hebraici alphabeti enumerans, adiectis Iudaicis librorum inscriptionibus* / Primeira Soma dos vinte e dois livros do Antigo Testamento, segundo o número das vinte e duas letras enumeradas do alfabeto hebraico, presentes nas inscrições dos livros judaicos. **Supputatio Secunda**, *Libros viginti quatuor Hebraica elementa, quae ex uno ac viginti characteribus iudaicis, et ex litera iod* / Segunda soma, segundo os vinte e quatro elementos hebraicos, do qual um dos 21 caracteres judaicos, e da letra *iod*.

Terceira soma dos livros do AT (27 livros) [73]

4   Bibliothecæ fanctæ

SVPPVTATIO TERTIA IVXTA VIGIN-
TI SEPTEM LITERAS HEBRAEAS, NIMIRVM VI-
GINTIDVAS SIMPLICES LITERAS, QVAE ALPHABETVM HE-
braicum conficiunt, & quinq; duplicu seu repetitas literas, continens libros veteris Testamenti viginti septem.

1	א	Genesis
2	ב	Exodus
3	ג	Leuiticus
4	ד	Numeri
5	ה	Deuteronomion
6	ו	Iosue
7	ז	Iudicum
8	ח	Ruth
9	ט	Regum primus
10	י	Regum secundus
11	כ	Regum tertius
12	ל	Regum quartus
13	מ	Paralipomenon primus
14	נ	Paralipomenon secundus
15	ס	Esdras
16	ע	Nehemias
17	פ	Esther
18	צ	Iob
19	ק	Psalterium
20	ר	Prouerbia
21	ש	Ecclesiastes
22	ת	Canticum canticorum
23	ך	Esaias
24	ם	Ieremias cum Threnis
25	ן	Ezechiel
26	ף	Daniel
27	ץ	Duodecim Prophetæ minores.

B

Atque hæc de supputationibus librorum veteris Testamenti, qui in primo ordine sacri canonis ponuntur, dicta sint. Nunc in quot, & quales partitiones eadem sancta volumina tam à Græcis, quàm à Latinis & Hebræis autoribus distribui soleant, breuiter dicamus.

DE VARIA PARTITIONE LIBRORVM CANO-   **C**
nicorum veteris Testamenti, qui in primo sacri Ca-nonis ordine collocantur.

RES, vt iam ostendimus, sunt modi supputandi sancta veteris pacti volumina apud sacros expositores:ex quibus illi, qui tertiam sequuntur supputationem,nul-la,vt arbitror,ad distinguendos diuinos libros partitione vtuntur. At, qui primam supputationem amplectuntur,duo & viginti iam enumeratos libros quatuorinter se diuersis partitionibus discernunt.Illi verò,quibus secundum enumerationis ge-nus magis placet,quatuor & viginti libros distribuunt in tres partitiones,alteram ab altera differentes: quarum prima tres classes librorum habet, secunda verò classes quatuor & tertia similiter quatuor. quarum coordinationes hîc per or-dinem subnectuntur.

PAR.

....

73 **Supputatio Tertia**, *iuxta viginti septem litteras hebreas nimirum vigintiduas semplices literas, quae alphabetum hebraicum.* / Terceira soma, segundo as vinte e sete letras hebraicas, certamente tiradas das vinte e duas letras simples, que compõem o alfabeto hebraico... *De varia partitione librorum canonicorum veteris testamenti, qui in primo sacri Canonicis ordine collocantur* / Sobre as várias partes dos livros canônicos do Antigo Testamento, que são colocados na primeira ordem dos livros sagrados.

Primeira, segunda e terceira divisões dos 22 livros do AT

Liber primus.

A **PARTITIO PRIMA**
DVORVM ET VIGINTI VOLVMI.
num veteris Teſtamenti in tres claſſes, hoc eſt
in libros Legis, Prophetarum, & Pſalmorum
ſeu Carminum: qua quidem*(vt refert Lucas)
vſus eſt Dominus noſter Ieſus Chriſtus poſt re
ſurrectionem ſuam, cùm aperiens diſcipulis
ſenſum ſcripturarũ, interpretatus eſt eis, quæ-
cunque de ipſo ſcripta erant in Lege, Prophetis, & Pſalmis. Ioſephus quoq; in primo libro
aduerſus Apionem grammaticum
eandem partitionem ſe-
quutus eſt.

Legis libri quinque.

1	Geneſis.
2	Exodus.
3	Leuiticus.
4	Numeri.
5	Deuteronomion.

Prophetarum libri tredecim.

6	Ioſue.
7	Iudicum & Ruth.
8	Samuel.
9	Melachim.
10	Paralipomenon.
11	Ezdras.
12	Eſther.
13	Iob.
14	Eſaias.
15	Ieremias & Threni.
16	Ezechiel.
17	Daniel.
18	XII. Prophetæ minores.

B

*Pſalmorum, ſeu Hymnorum, vel Carminum,
libri quatuor.*

19	Dauid.
20	Prouerbia.
21	Eccleſiaſtes.
22	Canticum canticorum.

C **PARTITIO SECVNDA**
DVORVM ET VIGINTI HEBRAI-
corum voluminum, quam Epiphanius Salami
næ Epiſc. in libro, cui titulus eſt, De partib. diuinæ ſcripturę, & Ioan. Damaſcenus in 4. libro
De orthodoxa fide digeſſerũt in quatuor Qui
narios, videlicet Legalem, Agiographum, Car
mineum, Propheticum, & præter hos
in Binarium vnum.

Legalium Quinarius primus.

1	Geneſis.
2	Exodus.
3	Leuiticus.

4	Numeri.
5	Deuteronomion.

Agiographōn Quinarius ſecundus.

6	Ioſue.	
7	Iudicum, & Ruth.	*Luc.2
8	Regnorum primus cum ſecundo.	
9	Regnorum tertius cum quarto.	
10	Paralipomenōn duo.	

Carminum. Quinarius tertius.

11	Iob.
12	Pſalterium.
13	Prouerbia.
14	Eccleſiaſtes.
15	Cantica.

Prophetarum Quinarius quartus.

16	Prophetæ minores duodecim.
17	Eſaias.
18	Ieremias.
19	Ezechiel.
20	Daniel.

Binarius.

21	Eſdras.
22	Eſther.

PARTITIO TERTIA
DVORVM ET VIGINTI LIBRO.
rum veterũ primi ordinis, in tres claſſes à Gre-
goriō Theologo diſtributa, hoc eſt, in libros
Hiſtoricos, Poëticos, & Propheticos.

Hiſtorici libri duodecim.

1	Geneſis.
2	Exodus.
3	Leuiticus.
4	Numeri.
5	Deuteronomium.
6	Ioſue.
7	Iudicum.
8	Ruth.
9	Regum primus, & ſecundus.
10	Regum tertius, & quartus.
11	Paralipomenon.
12	Eſdras.

Poetici, ſeu carminei libri quinque.

13	Iob.
14	Dauid.
15	Prouerbia.
16	Eccleſiaſtes.
17	Cantica.

Prophetici libri quinque.

18	Prophetæ duodecim minores.
19	Eſaias.
20	Ieremias.
21	Ezechiel.
22	Daniel.

Hanc librorum ſeriem Gregorius Theologus in libro ſuorum
carminum his Græcis hexametris, ac pentametris
aliquot breuiter complexus eſt.

A 3 *Ἀϊχτύεῖ*

Quarta (22) e quinta (24) divisões do Livros do AT

6 — Bibliothecæ sanctæ

[Greek text, left column]

Δίχνυτο τύτορ ἱμᾶστὸρ ἐγκοῖορ ὰ φὶλ᾽ ἀχθμὸρ
ἱϛορικὰ μὲν ἑαιι βίβλοι Δυωπκίδεκα ϖᾶσεπ,
τῦς ἀχχωρτίεμτ ἱϑϛατυὰς εσφἱπς.
πρωίϛη γούϛειπ,ἀτ᾽ ἔξοδοι, λευτιπίοπτε
ἔπαϛ᾽ ἀριϑμοί, ἄτα Δόιτέροπ νόμοπ.
ἔπαϛ᾽ ἰοσὸτ, καὶ κριτὰι σὺὸ ὀχλίῳ,
καὶ οὐάτυ Δικάτισε βίβλοι, πρῶϛαι Ἑασιλάωρ,
καὶ ϖαραλειπόμουαι, ἐχ᾽ ᾦϛορ ἰσΑϛαι ἴχαι
ἀλ᾽ᾖ γρεκϛὰ ἄπτα,ὰρ ϖῶτετ γ᾽ Ἰωβ.
ἑπῖϛα Δαυίδ. ἄτα τρῖς σολομῶρτ ᾶια
Δωπλοσιεγὸς. κοεμα,καὶ ϖαροιμίαι,
καὶ πωῖς ᾽ὁμολος ϖτοὶμαϛος πρεφρτικῶ.
φίλι μὲν ὰσιρ ἐπ χαρίὐ οἱ Διόδικα
ἀσικὶ, ὰ αἰμὸρ,καὶ μιχαίαι ὁ τέπτος.
ἔπαϛ᾽ Ἰωὴλ. ἀπ᾽ ἰωνᾶς,ἀβΔίαι.
νεἰρπΐς,ἀββακεύμπτε,καὶ σοφοπίαι.
ὰγγαῖος,ἄτα σαχαρίαι, μαλαχίαι.
μίαι μὲν ὄιδι,λουτὶρα᾽ἦ ἀσαίαε,
ἔπαϛ᾽ ὶ κλωδεὶ Ἱϛρμίαιε ἱπ Γρῖφρτ,
ἀρ᾽ Ἱγγϛεὶ. καὶ Δανιὰλς χρίϛεπ.
ἀρχαῖμε μὲν ὁδμα Δίοι καὶ ἀποεπ βίβλοπ,
τῦς τῦρ ἰσϛαίωρ χἁμμασιρ ἀριθμῶτηπ.

[Latin text, right column] **A**

Quæ nos, vtcunque sic
vertimus.

Suscipe sanctorum numerum, nomeng, librorum,
Et primum historicos bis senos ordine: quorum
Primus adest Genesis, dein Exodus, atque Leuitis,
Et Numeri, Legisg, iterum repetita voluntas.
Hos Iesus, Criteg, & Ruth Moabitis sequuntur.
Hinc nonus, decimusg, tenet gesta inclyta Regum.
Vndecimo Annalis veniunt: est vltimus Esdra.
Sunt quoque carminei quinque, horum primus Iob est.
Proximus est huic Dauid rex, & tres Salomonis,
Scilicet Ecclesiastes, & Prouerbia, Cantus.
Post hos sanctorum mox quinque volumina Vatum.
Ex quibus bis sex libro retinentur in vno,
Oseas, & Amos, Michas, Ioelg, Ionaisg,
Abdias, & Naum, Abacuch, & Sophonias,
Aggaus latus, Zacharias, & Malachias.
His primum librum, tenet Esaia secundum.
Post hos Irmeias matris de ventre vocatus.
Ex chiel domini robur, Danielg, supremus.
Hac veteris septem, ac ter quinque volumina pacti
Bina & viginti Solymorum elementa figurant.

Nec mirum tibi videatur optime Lector, nullam à Gregorio fieri in hac partitione mentio- **B**
nem libri Esther, quem Hebræi in suo canone suscipiunt. nam & hunc Melito Sardensis Episcopus, in epistola ad Onesimum, canonicos libros enumerans, prætermittit; & D. Athanasius in
Synopsi diuinæ scripturæ à canonicis voluminibus nominatim resecat, quòd nondum tempo
ribus illis firma esset apud omnes ecclesias libri huius autoritas, quam additiones quædam, te-
merè (vt postea indicabimus) libro insertæ, suspectam fecerant.

PARTITIO QVARTA

DVORVM ET VIGINTI HEBRAI-
corum voluminum, à veteribus Iudæis in tres
classes distributa, hoc est, in Legalia, Prophetica, & Agiographa; quam Hieronymus in Præfatione libri Regum, & Isidorus in sexto
Etymologiarum ample
ctuntur.

Legalis libri quinque.

1	Genesis.
2	Exodus.
3	Leuiticus.
4	Numeri.
5	Deuteronomion.

Prophetici libri octo.

6	Iosue.
7	Iudicum & Ruth.
8	Samuel.
9	Melachim.
10	Esaias.
11	Ieremias cum Threnis.
12	Ezechiel.
13	Prophetæ XII. minores.

Agiographi libri nouem.

14	Iob.
15	Psalterium.
16	Prouerbia.
17	Ecclesiastes.
18	Cantica.
19	Daniel.
20	Paralipomenon, siue Chronicon.
21	Esdras, & Nehemias.
22	Esther.

PARTITIO QVINTA

QVATVOR ET VIGINTI LIBRO-
rum veteris Testamenti in tres classes, videlicet Legalem, Propheticam, & Agiographam,
vsitata apud priscos Latinos; cuius meminit
Hieronymus in Præfatione libri
Regum & Danielis.

Legalis libri quinque.

1	Genesis.
2	Exodus.
3	Leuiticus.
4	Numeri.
5	Deuteronomion.

Prophetici libri octo. **C**

6	Iosue.
7	Iudicum.
8	Samuel.
9	Melachim.
10	Esaias.
11	Ieremias.
12	Ezechiel.
13	Prophetæ duodecim minores.

Agiographōn libri vndecim.

14	Iob.
15	Psalmi.
16	Prouerbia.
17	Ecclesiastes.
18	Cantica.
19	Daniel.
20	Paralipomenon.
21	Esdræ duo.
22	Esther.
23	Ruth.
24	Cinoth, siue Lamentationes.

PARTI-

Sexta e sétima divisões dos 24 livros do AT

Liber primus. 7

A PARTITIO SEXTA,
QVA RECENTIORES IVDAEI
עשרים ו ארבע Hefrim ve Arba, hoc eſt, viginti
quatuor veteris Teſtamenti libros in quatuor
feries partiuntur, fcilicet in תורה Thora, id eſt,
Legem; in נביאים ראשונים Neuiim Rifonim,
id eſt, Prophetas priores; in נביאיםאחרנים Neuiim Acharonim, id eſt, Prophetas poſterio-
res; & in כתובים Chetuuim, id eſt, Scripturas,
vel, vt Græci dicunt, *ἀγιόγραφα*, id eſt,
Sancta fcripta.

תורה *Thora, hoc eſt, Legis, qua & חומשי Cho-
mefci, id eſt, Quinarius, à numero
voluminum dicitur,
libri quinque.*

1	Genefis.
2	Exodus.
3	Leuiticus.
4	Numeri.
5	Deuteronomium.

B נביאים ראשונים *Neuiim Rifonim, id eſt,
Prophetarum priorum,
libri quatuor.*

6	Iofue.
7	Iudicum.
8	Samuel.
9	Melachim.

נביאים אחרנים *Neuiim Acharonim, id
eſt, Prophetarum poſteriorum,
libri quatuor.*

10	Efaias.
11	Ieremias.
12	Ezechiel.
13	תרי עשר Thire Haffer, hoc eſt, Duo-
	decim Prophetæ minores.

C כתובים *Chethunim, id eſt, Scripturarum,
libri vndecim.*

14	Pfalterium.
15	Prouerbia.
16	Iob.
17	Daniel.
18	Ezra.

19	Paralipomenon.
20	Ruth.
21	Efther.
22	Ecclefiaftes.
23	Canticum canticorum.
24	Lamentationes.

PARTITIO SEPTIMA
QVATVOR ET VIGINTI SAN-
ctorum veteris Teſtamenti librorum, à recen-
tioribus Latinis, in claſſes quatuor digeſta, nimirum in Legalem, Hiſtoricam, Pa-
ræneticam, & Prophe-
ticam.

Legales libri quinque.

1	Genefis.
2	Exodus.
3	Leuiticus.
4	Numeri.
5	Deuteronomion.

Hiſtorici libri nouem.

6	Iofue.
7	Iudicum.
8	Ruth.
9	Regum primus, cum fecundo.
10	Regum tertius, cum quarto.
11	Paralipomenon duo.
12	Efdras.
13	Efther.
14	Iob.

Parænetici libri tres.

15	Prouerbia.
16	Ecclefiaftes.
17	Cantica.

Prophetici libri feptem.

18	Dauid.
19	Efaias.
20	Ieremias.
21	Threni.
22	Ezechiel.
23	Daniel.
24	Prophetæ duodecim minores.

327

A respeito dos escritos e escritores do Novo Testamento, que são listados na primeira ordem dos Livros Canônicos (20)

20 Bibliothecæ sanctæ
DE SCRIPTVRIS ET SCRIPTORIBVS
NOVI TESTAMENTI, QVI IN PRIMO
CANONIS ORDINE NVMERANTVR.

 EXPLETIS variis supputationibus, ac diuersis partitionibus scripturarum, ac scriptorum veteris Testamenti Protocanonicorum, qui in primo Canonis ordine collocantur; nunc pergendum est ad libros eiusdem ordinis, qui in nouo Testamento habentur, quorum certissimus, & per omnes Catholicorum patrum successiones indubitatus & approbatissimus index hic est,

1	Ματθαῖος.	Matthæus.
2	Μαρκος.	Marcus.
3	Λουκᾶ.	Lucas.
4	Ἰωάννης.	Ioannes.
5	Πράξεις τῶν ἀποστόλων.	Acta Apostolorum.
	Παύλου ἐπιστολαί ιγ.	Pauli epistolæ XIIIL videlicet,
6	πρὸς τοὺς Ῥωμαίους.	Ad Romanos,
7	πρὸς τοὺς Κορινθίους α.	Ad Corinthios prima,
8	πρὸς τοὺς Κορινθίους β.	Ad Corinthios secunda,
9	πρὸς τοὺς Γαλάτας.	Ad Galatas,
10	πρὸς τοὺς Ἐφεσίους.	Ad Ephesios,
11	πρὸς τοὺς Φιλιππησίους.	Ad Philippenses,
12	πρὸς τοὺς Κολοσσαεῖς.	Ad Colossenses,
13	πρὸς τοὺς Θεσσαλονικεῖς α.	Ad Thessalonicenses prima,
14	πρὸς τοὺς Θεσσαλονικεῖς β.	Ad Thessalonicenses secunda,
15	πρὸς τὸν Τιμόθεον α.	Ad Timotheum prima,
16	πρὸς τὸν Τιμόθεον β.	Ad Timotheum secunda,
17	πρὸς τὸν Τίτον.	Ad Titum,
18	πρὸς τὸν Φιλήμονα.	Ad Philemonem,
19	Πέτρου ἐπιστολή α.	Petri epistola prima.
20	Ἰωάννου ἐπιστολή α.	Ioannis epistola prima.

A respeito dos Escritos e Escritores divinos de ambos os Testamentos, que pertencem à segunda ordem dos Livros Canônicos (10)

24 Bibliothecæ sanctæ
DE SCRIPTVRIS ET SCRIPTORIBVS
DIVINIS VTRIVSQVE TESTAMENTI, AD
SECVNDVM CANONIS ORDINEM
pertinentibus,

SECTIO SECVNDA.

 VM in prima huius Operis Sectione autores Protocanonicos librorum vtriusque Testamenti, qui ad Primum sacri Canonis ordinem pertinent, enumerauerimus; consequens est, vt in hac secunda Sectione scriptores Deuterocanonicos, librorum tam veteris, quàm noui Testamenti, qui in Secundo eiusdem Canonis ordine collocantur, breuiter designemus, incipientes à libris veteris Testamenti, de quibus olim orthodoxi Patres addubitarunt, & quos Hebræi, excepto libro Esther, inter diuina scripta non recipiunt. horum index hic est.

1	אסתר	Esther,
2	טוביה	Tobias,
3	יהודית	Iudith,
4	ברוך	Baruch,
5	Ἐπιστολὴ Ἱερεμίου,	Epistola Ieremiæ,
6	Σοφία Σαλομῶντος,	Sapientia Salomonis,
7	Σοφία Σειράχ,	Sapientia Sirach, siue Ecclesiasticus,
8	Danielis supplementum, hoc est	Προσευχὴ Ἀζαρίου, Ὠδὴ τριῶν παίδων, Σωσάννης ἱστορία, περὶ Δράκοντος τοῦ Βήλ.	Oratio Azariæ, Hymnus trium puerorum, Sosannæ historia, De Dracone Belis,
9	Μακκαβαίων α.	Maccabæorum primus,
10	Μακκαβαίων β.	Maccabæorum secundus.

A respeito da segunda ordem dos escritos do Novo Testamento

DE SECVNDO ORDINE SCRIPTV∙
RARVM NOVI TESTAMENTI.

HACTENVS de secundo ordine Scripturarum veteris Testamenti, quas Iudæi reiiciunt; sequitur nunc Secundus ordo Scripturarum noui Testamenti, de quibus aliquando inter orthodoxos Christianos controuersia fuit. harum catalogus hic est,

1	Marci caput vltimum.
2	Lucæ historia de sudore Christi sanguineo,& angelica ad ipsum consolatione;quę vigesimo secundo eiusdem Euangelij capite continetur.
3	Ioannis historia de muliere in adulterio comprehensa; quæ octauo eiusdem Euangelij capite legitur.
4	Pauli epistola ad Hebræos.
5	Iacobi epistola.
6	Petri epistola secunda.
7	Ioannis epistola secunda.
8	Ioannis epistola tertia.
9	Iudæ epistola.
10	Apocalypsis,id est,Reuelatio Ioannis.

C

A respeito dos Escritos Apócrifos inseridos na Sagrada Escritura

DE SCRIPTIS APOCRYPHIS,
DIVINAE SCRIPTVRAE INSERTIS,
SECTIO TERTIA.

PERSTRINXIMVS duabus præcedentibus Sectionibus omnia, tam primi,quàm secundi ordinis Canonica scripta, quæ Græci *Ἀνδιαθή-ρευμα*, hoc est, Testamentaria appellant, quæque omnes Catholici Doctores vera,natiua,ac germana esse profitentur: reliquum est,vt in tertia & vltima huius libri Sectione percurram scripturas quasdam Apocryphas,id est,obscuri autoris,& ambiguæ autoritatis; quas,ceu illegitimas,& ab incertis Scriptoribus inter Sacra volumina permistas,multi ex antiquis Patribus reprobarunt. harum catalogus hic est,

B

1	Libri secundi Paralipomenon Accessio.
2	Esdræ liber tertius.
3	Esdræ liber quartus.
4	Libri Esther Appendix.
5	Libri Iob Appendix.
6	Psalterij Auctarium.
7	Libri Ecclesiastici Additamentum.
8	Lamentationum Ieremiæ Præfatiuncula.
9	Maccabæorum liber tertius.
10	Maccabæorum liber quartus.

C

Bibliothecæ sanctæ

RECAPITVLATIO OMNIVM VO: LVMINVM VTRIVSQVE TESTAMENTI.

PERACTO hoc primo libro, quem de Diuinis voluminibus, siue de Scripturis, & Scriptoribus sanctis, scribendum assumpsimus, tandem exhibemus tibi tres Partitiones omnium scripturarum vtriusq; Testamenti & ordinis, primam D.Augustini, secundam recentium Scholasticorum, tertiam verò, quæ nostra est.

PARTITIO PRIMA LIBRORVM OMNIVM DIVINAE
SCRIPTVRAE, TAM AD PRIMVM, QVAM AD SECVNDVM ORDINEM
sacri Canonis pertinentium, à diuo Augustino, libro secundo, De doctrina Christiana, in duas Sectiones dissecta, alteram veteris, alteram noui Testamenti: quarum prior continet quatuor & quadraginta libros veteris, duabus classibus, hoc est, Historica, & Prophetica, distinctos; posterior continet libros octo noui Testamenti.

LIBRORVM VETERIS TESTAMENTI
SECTIO PRIMA.

	Historici libri XXII.			*Prophetici, id est, eorum, qui propriè Propheta sunt appellati, libri XXII.*
1	Genesis.		23	Dauid.
2	Exodus.		24	Prouerbia.
3	Leuiticus.		25	Ecclesiastes.
4	Numeri.		26	Cantica.
5	Deuteronomion.		27	Sapientia.
6	Iosue.		28	Ecclesiasticus.
7	Iudicum.		29	Esaïas.
8	Ruth.		30	Ieremias cum Threnis.
9	Regum primus.		31	Ezechiel.
10	Regum secundus.		32	Daniel.
11	Regum tertius.		33	Osee.
12	Regum quartus.		34	Ioel.
13	Paralipomenon primus.		35	Amos.
14	Paralipomenon secundus.		36	Abdias.
15	Iob.		37	Ionas.
16	Tobias.		38	Michæas.
17	Esther.		39	Nahum.
18	Iudith.		40	Abacuch.
19	Esdræ primus.		41	Sophonias.
20	Esdræ secundus.		42	Aggæus.
21	Maccabæorum primus.		43	Zacharias.
22	Maccabæorum secundus.		44	Malachias.

LIBRORVM NOVI TESTAMENTI
SECTIO SECVNDA.

EVANGELIORVM, Matthæi, Marci, Lucæ, & Ioannis, libri quatuor.
EPISTOLARVM Pauli quatuordecim, liber vnus.
APOSTOLICORVM actuum, liber vnus.
CATHOLICARVM epistolarum, hoc est, II. Petri, III. Ioannis, Iacobi I. & Iudæ I. liber vnus.
APOCALYPSEOS Ioannis Euangelistæ, liber vnus.

QVOS quidem noui Testamenti libros, omisso Apocalypseos volumine, Gregorius Theologus aliquot annis ante Augustinum eodem, quem suprà citauimus, loco non ineleganter his carminibus cecinit:

ἤδη ἀριθμὸν δ' ἂν ἐγὼ μυήσεις.	Iam verò perenure noua mysteria legis.
ματθαῖος μὲν ἔγραψεν Ἑβραίοις θαύματα χριστᾶ.	Matthæus dedit Hebræis miracula Christi,
μάρκος δ' Ἰταλίη, λουκᾶς ἀχαΐδᾳ.	Italia Marcus scripsit tibi, Græcia, Lucas:
πᾶσι δ' ἰωάννη λάρυξ μέγας, ὀρανοφοίτας,	Cælinagus sparsit cunctis sua scripta Joannes.
ἐνεῖα ηχεῖσαι τὰρ σοφὼν ἀπεχίλιγο.	Iuncta & Apostolica his mox cernes inclyta facta.
δίνα ᾗ πᾶσαι νίσπαντι τ' ἐπιγολαί.	Deinceps bis septem Pauli numerato libellos,
ἑπ δελῆι δισδολωναι, ἀρ' ἰακώβε μία.	Catholicas septem: inter quas est prima Iacobi,
δύω ᾗ πέτρα, τρεῖς ᾗ ἰωαγγε ὑδλωρ.	Et geminæ Petri: subeunt tres deinde Ioannis:
ἰώδα δ' ἰσὺ ἰσδλίμα. ωδο ας ἐχας.	Septima post istas succedit epistola Iuda.
ἔτι ᾗ τέτωρ ἱκτὸς ἐπ ἐρ γρατίεσ.	Legitima haud fuerint, si qua extra hæc scripta ferantur.
quæ sic verti possunt:	

PART.I.

Segunda divisão de todos os livros da Sagrada Escritura, tanto da primeira quanto da segunda ordem dos livros que pertencem aos Sagrados Cânones

Liber primus.

^PARTITIO SECVNDA OMNIVM LI-
BRORVM S. SCRIPTVRAE, TAM AD PRIMVM, QVAM
AD SECVNDVM ORDINEM SACRI CANONIS PERTINENTIVM, A SCHO-
*lasticis in duas Sectiones, alteram veteris, alteram noui Testamenti di-
stincta: quarum vtraque in quatuor voluminum classes
digeritur, hoc est, in libros Legales, Historiales,
Sapientiales, & Prophetales.*

LIBRORVM VETERIS TESTAMENTI
SECTIO PRIMA.

		Legales libri quinque.		*Sapientiales libri quinque.*
B	1	Genesis.	23	Prouerbia.
	2	Exodus.	24	Ecclesiastes.
	3	Leuiticus.	25	Cantica.
	4	Numeri.	26	Sapientia.
	5	Deuteronomion.	27	Ecclesiasticus.
		Historiales libri XVII.		*Prophetales libri XVII.*
	6	Iosue.	28	Dauid.
	7	Iudicum.	29	Esaïas.
	8	Ruth.	30	Ieremias cum Threnis, & Baruch.
	9	Regum primus.	31	Ezechiel.
	10	Regum secundus.	32	Daniel.
	11	Regum tertius.	33	Oseas.
	12	Regum quartus.	34	Ioel.
	13	Paralipomenon primus.	35	Amos.
	14	Paralipomenon secundus.	36	Abdias.
C	15	Esdras primus.	37	Ionas.
	16	Esdras secundus.	38	Michæas.
	17	Tobias.	• 39	Nahum.
	18	Iudith.	40	Abacuch.
	19	Esther.	41	Sophonias.
	20	Iob.	42	Aggæus.
	21	Maccabæorum primus.	43	Zacharias.
	22	Maccabæorum secundus.	44	Malachias.

SECTIO SECVNDA OMNIVM LIBRORVM
NOVI TESTAMENTI, IN EASDEM
quatuor Classes digesta.

LEGALES, LIBRI QVATVOR, id est
Matthæus.
Marcus.
Lucas.
Ioannes.

HISTORIALES, LIBER VNVS, id est
Actus Apostolorum.

SAPIENTIALES, LIBRI DVO, id est
Pauli Apostoli epistolæ quatuordecim.
Catholicæ epistolæ septem.

PROPHETALES, LIBER VNVS, id est
Apocalypsis Ioannis.

·D 2   PARTI.

Terceira divisão dos *Bibliografon*, ou seja, dos Escritos Bíblicos em 3 seções: Livros Protocanônicos, Livros Deuterocanônicos e Livros Apócrifos

40 Bibliothecæ sanctæ

PARTITIO TERTIA BIBΛIOΓPAΦΩN, A
HOC EST, BIBLICARVM SCRIPTVRARVM, IN TRES
SECTIONES A NOBIS DISTRIBVTA; QVARVM PRIMA CONTINET
πρωτοκανονικα, id est, Canonica primi Ordinis scripta: secunda δευτεροκανονικα, id est, Canonicas secundi Ordinis scripturas: tertia ἀπόκρυφα, sive omnia incerta autoritatis Scripturarum additamenta.

ΓΡΩTOKANONIKΩN, ID EST, SCRIPTVRA-
RVM CANONICARVM PRIMI ORDINIS,
SECTIO PRIMA.

Ex veteri Testamento. | *Ex nouo Testamento.*

	Ex veteri Testamento.		*Ex nouo Testamento.*	
1	Genesis.	1	Matthæus.	B
2	Exodus.	2	Marcus.	
3	Leuiticus.	3	Lucas.	
4	Numeri.	4	Ioannes.	
5	Deuteronomion,	5	Actus Apostolorum.	
6	Iosue.	6	Ad Romanos.	
7	Iudicum,& Ruth.	7	Ad Corinthios prima.	
8	Samuelis primus,& secundus.	8	Ad Corinthiòs secunda.	
9	Melachim primus & secundus.	9	Ad Galatas.	
10	Paralipomenon libri duo.	10	Ad Ephesios.	
11	Esdræ duo libri.	11	Ad Philippenses.	
12	Iob.	12	Ad Colossenses.	
13	Psalterium.	13	Ad Thessalonicenses prima.	
14	Prouerbia.	14	Ad Thessalonicenses secunda.	
15	Ecclesiastes.	15	Ad Timotheum prima.	
16	Cantica.	16	Ad Timotheum secunda.	C
17	Esaïas.	17	Ad Titum.	
18	Ieremias cum Threnis.	18	Ad Philemonem.	
19	Ezechiel.	19	Petri epistola prima.	
20	Daniel.	20	Ioannis epistola prima.	
21	Prophetæ duodecim.			

ΔEYTEPOKANONIKΩN, ID EST, CANONICARVM
SECVNDI ORDINIS SCRIPTVRARVM,
SECTIO SECVNDA.

	Ex veteri Testamento.		*Ex nouo Testamento.*	
1	Esther.	1	Marci caput vltimum.	
2	Tobias.	2	Historia de Christi agonia,& Angeli con-solatione.	D
3	Iudith.			
4	Baruch.	3	Ioannis de muliere adultera historia.	
5	Ieremiæ epistola.	4	Epistola ad Hebræos.	
6	Sapientia.	5	Epistola Iacobi.	
7	Ecclesiasticus.	6	Epistola Petri secunda.	
8	Additio Danielis, id est { Oratio Azariæ. Hymnus triũ puerorũ. Susannæ historia. Belis historia.	7	Epistola Ioannis secunda.	
9	Maccabæorum primus.	8	Epistola Ioannis tertia.	
10	Maccabæorum secundus.	9	Epistola Iudæ.	
		10	Apocalypsis.	

ΑΓΟΚΡΥ-

Livros apócrifos, ou seja, ocultos, e geralmente inseridos nas Escrituras

Liber primus.

A ΑΓΟΚΡΥΦΩΝ, HOC EST, OCCVLTI ET INCERTI GENERIS SCRIPTVRARVM, SECTIO TERTIA.

1. Libri secundi Paralipomenon Appendix.
2. Esdrae liber tertius.
3. Esdrae liber quartus.
4. Libri Esther Appendix.
5. Libri Iob Accessio.
6. Psalterij Appendix.
7. Lamentationum Praefatio.
8. Ecclesiastici Appendix.
9. Maccabaeorum tertius.
10. Maccabaeorum quartus.

B HAEC in vniuersum habuimus, quae de Scripturis sanctis, vulgato Bibliorum Codice comprehensis, diceremus: deinceps in sequenti libro narrabimus, Scriptores & scripta, quae à diuinis Sacrorum voluminum autoribus citantur: de quibus Origenes Homilia prima in Canticum Canticorum sic scribit: OPEROSVM est, si velimus inquirere, quàm multorum librorum Comemoratio fiat in Scripturis diuinis, quorum lectio nulla vobis omnino est tradita, sed neque apud Iudaeos quidem vsum huiusmodi reperimus lectionum, quae siue propterea, quòd aliqua supra humanam intelligentiam continebant, placuit spiritui Sancto ferre de medio, siue quòd essent de scripturis his, quae vocantur Apocrypha, pro eo quòd multa in eis corrupta, & contra fidem veram inueniuntur à maioribus tradita, non placuit eis dari locum, nec admitti ad autoritatem. supra nos est pronunciare de talibus. Illud tamen palàm est, multa vel ab Apostolis, vel ab Euan-
C gelistis, exempla esse prolata, & nouo Testamento inserta, quae in his Scripturis, quas Canonicas habemus, nunquam legimus: in Apocryphis tamen inueniuntur, & euidenter ex ipsis ostenduntur assumpta. Hactenus Origenis verba, in quibus praesenti libro finem libet imponere.

PRIMI LIBRI FINIS.

D 3 F. SIXTI.

D

4) O cânon do Concílio Vaticano II (1962-1965)

O Concílio Vaticano II (1962-1965), na Constituição Dogmática *Dei Verbum*, sobre a Revelação Divina, item III. *Inspiração Divina da Bíblia e Sua Interpretação*, em seu tópico *Inspiração e verdade na Sagrada Escritura*, número 11, não nos traz uma lista do cânon do AT e do NT, mas faz uma afirmação categórica no sentido de estabelecer que tem todos os livros sagrados como canônicos e divinamente inspirados, quer do AT quer do NT. O momento não pede afirmação de uma lista dos livros bíblicos e sim confirmação de toda a Sagrada Escritura que a Igreja já tinha solenemente assumido nos Concílios de Florença (séc. XV) e Trento (séc. XVI).

O texto que reproduzimos aqui foi extraído da obra de H. Denzinger e P. Hünermann, *Compêndio dos Símbolos, definições e declarações de fé e moral* (São Paulo: Paulus/Loyola, 2007, n. 4.215-4.216), com texto bilíngue, latim e português. Uma tradução em português também podemos encontrar na obra de F. Vier (coord.). *Compêndio do Vaticano II. Constituições, Decretos, Declarações* (Petrópolis: Vozes, 1986), no texto da Constituição Dogmática "Dei Verbum", p. 128-129. Também podemos encontrar o texto original na obra ENCHIRIDION BIBLICUM. *Documenti della Chiesa sulla sacra Scrittura, Edizione Bilingue* (Bolonha: EDB, 1994, n. 686-687), com texto bilíngue latim-italiano; ENQUIRIDION BÍBLICO. *Documentos de la Iglesia sobre la sagrada Escritura* (Madri: BAC, 2010, sempre n. 686-687), com texto bilíngue latim-espanhol.

DE SACRAE SCRIPTURAE DIVINA INSPIRATIONE ET DE EIUS INTERPRETATIONE	A INSPIRAÇÃO DIVINA DA SAGRADA ESCRITURA E A SUA INTERPRETAÇÃO
11. Divinitus revelata, quae in Sacra Scriptura litteris continentur et prostant, Spiritu Sancto afflante consignata sunt. Libros enim integros tam Veteris quam Novi Testamenti, cum omnibus eorum partibus, sancta Mater Ecclesia ex apostolica fide pro sacris et canonicis habet, propterea quod, Spiritu Sancto inspirante conscripti (cf. *Io* 20,31; 2 *Tim* 3,16; 2 *Pt* 1,19-21; 3,15-16), Deum habent auctorem, atque ut tales ipsi Ecclesiae traditi sunt. In sacris vero libris	11. As coisas Divinamente reveladas, contidas e manifestadas na Sagrada Escritura, foram escritas por inspiração do Espírito Santo. Com efeito, a santa Mãe Igreja, segundo a fé apostólica, considera como santos e canônicos os livros inteiros do Antigo e do Novo Testamento com todas as suas partes, porque, escritos por inspiração do Espírito Santo (cf. Jo 20,31; 2Tm 3,16; 2Pd 1,19-21; 3,15-16), têm Deus por autor, e como tais foram confiados à própria Igreja. Todavia, para

conficiendis Deus homines elegit, quos facultatibus ac viribus suis utentes adhibuit, ut Ipso in illis et per illos agente, ea omnia eaque sola, quae Ipse vellet, ut veri auctores scripto traderent. Cum ergo omne id, quod auctores inspirati seu hagiographi asserunt, retineri debeat assertum a Spiritu Sancto, inde Scripturae libri veritatem, quam Deus nostrae salutis causa Litteris Sacris consignari voluit, firmiter, fideliter et sine errore docere profitendi sunt. Itaque "omnis Scriptura divinitus inspirata et utilis ad docendum, ad arguendum, ad corripiendum, ad erudiendum in iustitia: ut perfectus sit homo Dei, ad omne opus bonum instructus" (2 *Tim* 3,16-17, gr.).	escrever os livros sagrados, Deus escolheu e serviu-se de homens na posse das suas faculdades e capacidades, para que, agindo Ele neles e por eles, pusessem por escrito, como verdadeiros autores, tudo aquilo e só aquilo que Ele queria. Portanto, como tudo quanto afirmam os autores inspirados ou hagiógrafos deve ser tido como afirmado pelo Espírito Santo, por isso mesmo se deve acreditar que os livros da Escritura ensinam com certeza, fielmente e sem erro a verdade que Deus, para nossa salvação, quis que fosse consignada nas Sagradas Letras. Por isso, "toda a Escritura é divinamente inspirada e útil para ensinar, para corrigir, para instruir na justiça: para que o homem de Deus seja perfeito, experimentado em todas as obras boas" (2Tm 3,7-17, gr.).

Também é sempre bom e salutar recordar que foi no final do Concílio Vaticano II (1965) que o Papa Paulo VI pediu a uma *Comissão* de estudiosos para que a *Vulgata* fosse revisada de acordo com os estudos textuais e linguísticos modernos e se deveria manter um refinado latim. Tenhamos presente ainda que a Igreja Católica já tinha estabelecido que a tradução da Vulgata, feita por Jerônimo, no século IV, era o seu texto oficial, permitindo sempre o seu uso para estudo e como *texto jurídico* para dirimir dúvidas nas traduções (cf. *AAS 26 [30-04-1934] 315*). Trabalho este que foi completado em 1975 e promulgado em 1979 pelo Papa João Paulo II. Além disso, em 2001 o Vaticano liberou a instrução *Liturgiam Autheticam*, que estabeleceu a *Nova Vulgata* como *ponto de referência* para todas a traduções da liturgia do rito romano católico nas línguas locais, embora as traduções devam ser feitas sempre a partir dos textos originais e não da Vulgata. De tal forma que foi o Papa João Paulo II quem reafirmou o seu uso para a Liturgia, bem como para os documentos oficiais da Igreja Católica. Pela complicada história que se percebe nos primórdios da Igreja, em relação à elaboração do cânon do NT, se vê que não foi tão simples o caminho até que o cânon do NT fosse constituído e aceito amorosamente pela Igreja, juntamente com os textos do AT, como Palavra de Deus, pois, como nos recorda Bento XVI, na *Verbum Domini* 7: "apesar da fé cristã não ser uma 'religião do Livro': o cristianismo é a 'religião da Palavra de Deus', não de 'uma palavra escrita e muda, mas do Verbo encarnado e vivo'".

Inoltre, se al centro della Rivelazione divina c'è l'evento di Cristo, occorre anche riconoscere che la stessa creazione, il *liber naturae*, è anche essenzialmente parte di questa sinfonia a più voci in cui l'unico Verbo si esprime. Allo stesso modo confessiamo che Dio ha comunicato la sua Parola nella storia della salvezza, ha fatto udire la sua voce; con la potenza del suo Spirito "ha parlato per mezzo dei profeti". La divina Parola, pertanto, si esprime lungo tutta la storia della salvezza ed ha la sua pienezza nel mistero dell'incarnazione, morte e risurrezione del Figlio di Dio. E ancora, Parola di Dio è quella predicata dagli Apostoli, in obbedienza al comando di Gesù Risorto: "Andate in tutto il mondo e proclamate il Vangelo a ogni creatura" (*Mc* 16,15). Pertanto, la Parola di Dio è trasmessa nella Tradizione viva della Chiesa. Infine, la Parola di Dio attestata e divinamente ispirata è la sacra Scrittura, Antico e Nuovo Testamento. Tutto questo ci fa comprendere perché nella Chiesa veneriamo grandemente le sacre Scritture, pur non essendo la fede cristiana una "religione del Libro": il cristianesimo è la "religione della Parola di Dio", non di "una parola scritta e muta, ma del Verbo incarnato e vivente". Pertanto la Scrittura va proclamata, ascoltata, letta, accolta e vissuta come Parola di Dio, nel solco della Tradizione apostolica dalla quale è inseparabile.

Além disso, se no centro da revelação divina está o acontecimento de Cristo, é preciso reconhecer que a própria criação, o *liber naturae*, constitui também essencialmente parte desta sinfonia a diversas vozes na qual se exprime o único Verbo. Do mesmo modo confessamos que Deus comunicou a sua Palavra na história da salvação, fez ouvir a sua voz; com a força do seu Espírito, "falou pelos profetas". Por conseguinte, a Palavra divina exprime-se ao longo de toda a história da salvação e tem a sua plenitude no mistério da encarnação, morte e ressurreição do Filho de Deus. E Palavra de Deus é ainda aquela pregada pelos apóstolos, em obediência ao mandato de Jesus Ressuscitado: "Ide pelo mundo inteiro e anunciai a Boa-Nova a toda a criatura" (Mc 16,15). Assim a Palavra de Deus é transmitida na Tradição viva da Igreja. Enfim, é Palavra de Deus, atestada e divinamente inspirada, a Sagrada Escritura, Antigo e Novo Testamento. Tudo isto nos faz compreender por que motivo, na Igreja, veneramos extremamente as Sagradas Escrituras, apesar da fé cristã não ser uma "religião do Livro": o cristianismo é a "religião da Palavra de Deus", não de "uma palavra escrita e muda, mas do Verbo encarnado e vivo". Por conseguinte a Sagrada Escritura deve ser proclamada, escutada, lida, acolhida e vivida como Palavra de Deus, no sulco da Tradição Apostólica de que é inseparável.

3
Da Reforma Protestante a João Ferreira de Almeida

1) O cânon de Karlstadt (1520)

Andreas Rudolph Bodenstein von Karlstadt[74] (Alemão: 1486-1541) era contemporâneo e amigo pessoal de Lutero, seu auxiliar como subdiácono; também ele da cidade de Wittenberg. Em 1520, Karlstadt escreveu um pequeno tratado sobre o cânon: *De canonicis libris libellus*, quando ainda estava ligado a Lutero (porque depois eles se separam), criticando as decisões conciliares e invocando a autoridade autônoma das Sagradas Escrituras, sem a necessidade de confirmações eclesiásticas. No ano seguinte, em 1521, ele traduziu e publicou a mesma obra em língua alemã, com o título de: *Welche Bücher heilig und biblisch seind*, sempre em Wittenberg, Alemanha. Nesta obra, Karlstadt apresenta a sua visão e classificação dos livros do cânon bíblico, bem como o parecer de Agostinho e Jerônimo. A visão do cânon do AT e do NT de Karlstadt, em que ele distingue o cânon segundo três categorias de importâncias diversas, apresenta as 3 listas dos livros canônicos e tece comentários sobre os livros canônicos, os deuterocanônicos e os apócrifos:

1) No que diz respeito ao AT: a) A primeira classe compreende os cinco livros do Pentateuco; b) A segunda classe compreende os livros dos profetas anteriores e dos profetas posteriores, maiores e menores; c) A terceira classe compreende os livros da coleção dos Escritos, com a maioria de nossos livros históricos e sapienciais.

....
74   Cf. BRUCE, F.F. *O cânon das Escrituras*. São Paulo: Hagnos, 2013, p. 222. • METZGER, B.M. *The Canon of the New Testament* – Its Origin, Development, and Significance. Oxford: Clarendon Press, 2009, p. 241-242.

2) No que diz respeito ao NT: a) A primeira classe compreende os Evangelhos e Atos; b) A segunda classe compreende as cartas paulinas não duvidosas junto com 1Pedro e 1João; c) A terceira classe compreende os sete livros controversos ainda no período antigo: Hebreus, Tiago, 2Pedro, 2 e 3 João, Judas e Apocalipse.

O catálogo dos livros bíblicos do AT e do NT de Andreas Karlstadt é basicamente igual ao de Martinho Lutero, com pequenas diferenças. O tratado de Karlstadt: *De canonicis libris libellus*, escrito em latim, em 1520, nós podemos encontrar reproduzido na obra de Karl August Credner, *Zur Gechichte des Kanons* (Halle, 1847, p. 316-412), de onde tiramos e reproduzimos aqui em nosso texto. Como é comum no meio protestante, ele também traz a *esticometria* indicando os capítulos de cada um dos livros.

O período anterior e o período da Reforma em si conheceram e se beneficiaram muito do início da invenção e descoberta da "Imprensa" pelo alemão Johannes Gutemberg, que em 1455 criou a *Prensa* tipográfica, dando ao mundo moderno uma de suas maiores contribuições. A partir de então a "Imprensa" passou a usar letras e tipos móveis produzidos em cobre e alcunhados em base de chumbo, onde recebiam a tinta e eram prensadas em papel, material já em uso em larga escala desde os inícios da Idade Média, mas que então passou de manuscrito para impresso tipográfico. Neste sentido, a "Imprensa", como ficou conhecida, começou a ser usada para a impressão de textos que antes só tínhamos em manuscritos, incluindo a Bíblia. Isso possibilitou a produção e divulgação de conhecimentos em todos os campos e rincões, inclusive abrindo as portas para panfletos de divulgação de novas ideias, como no caso de Reforma.

De canonicis libris libellus, Wittenberg, 1520, original em latim	
Ordo Veteris Testamenti	Lista do Antigo Testamento
Primus Ordo Canonis	Primeira Lista dos Canônicos
1. Genesin	Gênesis
2. Exodum	Êxodo
3. Leviticum	Levítico
4. Numerum	Números
5. Deuteronomium	Deuteronômio
Secundus Ordo Canonis	Segunda Lista dos Canônicos
1. Iosuae	1. Josué
2. Iudicum et Ruth	2. Juízes e Rute

3. Samuel 1 Regum 2	3. 1 Samuel e 2 Reis
4. 3 e 4 Regum	4. 3 e 4 Reis
5. Esaiae	5. Isaías
6. Hieremiae	6. Jeremias
7. Ezechielis	7. Ezequiel
8. duodecim prophetarum, minores, qui vocantur Thereasor (Oseae, Amos, Micheae, Iohel, Abdiae, Ionae, Naum, Abbacuc, Sophoniae, Aggei, Zachariae, Malachiae)	8. Doze Profetas menores, que são chamados *Thereasor* (*musical*) (Oseias, Amós, Miqueias, Joel, Abdias, Jonas, Naum, Habacuc, Sofonias, Ageu, Zacarias, Malaquias)

Tertius Ordo Canonis	Terceira Lista dos Canônicos
1. Iob	1. Jó
2. David (*Psalmorum*)	2. Davi (*Salmos de Davi*)
3. Proverbia Salomonis	3. Provérbios de Salomão
4. Ecclesiastes eiusdem	4. Eclesiastes
5. Canticum eiusdem	5. Cântico (*dos Cânticos*)
6. Daniel	6. Daniel
7. Dibre hajomim i. e. verba dierum	7. *Dibre hajomim* i. e. Crônicas
8. Esdrae duos priores	8. Dois primeiros de Esdras
9. Hester	9. Ester

In summa quinque Moysi volumina, pentateuchum; deinde octo Prophetas; postremos novem agiographos i. e. 22 scriptores seu libros canônicos continet canon veteris instrumenti.	**Em suma**: cinco volumes de Moisés, Pentateuco; em seguida, oito Profetas; depois, nove agiógrafos, isto é, o cânon do Antigo Instrumento contém 22 escritores ou livros.

Apocrypha	Apócrifos
1. Sapientiae	1. Sabedoria
2. Ecclesiastici	2. Eclesiástico
3. Iudith	3. Judite
4. Tobiae	4. Tobias
5. 6. Duo Machabeorum	5. 6. Dois dos Macabeus
Hi sunt apocryphi, i. e. Extra canonem hebraeorum, tamen agiographi.	Estes são apócrifos, isto é, fora do cânon dos hebreus, porém são hagiográficos.

1. 2. Posteriores duo Esdrae inscripti	1. 2. Dois livros posteriores de Esdras
3. Baruch	3. Baruc
4. Oratio Manasse	4. Oração de Manassés
5. Bona pars tertii capitis Danielis	5. Boa parte do 3º capítulo de Daniel
6. Duo postrema capita Danielis	6. Dois últimos capítulos de Daniel
Hi libri sunt place apocryphi, virgis censoriis animadvertendi.	Estes livros estão em lugar de apócrifos, colocados sob censores de punição.

Ordo Scripturarum Novi Testamenti	Lista das Escrituras do Novo Testamento
Primus Ordo Canonis	Primeira Lista dos Canônicos
Evangelium Matthaei	Evangelho de Mateus
Evangelium Marci	Evangelho de Marcos
Evangelium Lucae	Evangelho de Lucas
Evangelium Iohannis	Evangelho de João
Actuum apostolorum	Atos dos Apóstolos
Secundus Ordo Canonis	Segunda Lista dos Canônicos
1. Epistula 1 ad Romanos	1. Epístola 1 aos Romanos
2. 3. Epistulae 2 ad Corinthios	2. 3. Epístolas 2 aos Coríntios
4. Epistula 1 ad Galatas	4. Epístola 1 aos Gálatas
5. Epistula 1 ad Ephesios	5. Epístola 1 aos Efésios
6. Epistula 1 ad Colosenses	6. Epístola 1 aos Filipenses
7. Epistula 1 ad Philippenses	7. Epístola 1 aos Colossenses
8. 9. Epistula 2 ad Thesalonicenses	8. 9. Epístolas 2 aos Tessalonicenses
10. 11. Epistula 2 Timotheo	10. 11. Epístola 2 a Timóteo
12. Epistula 1 Tito	12. Epístola 1 a Tito
13. Epistula 1 Philemoni, omnes Pauli Apostoli	13. Epístola 1 a Filêmon, todas do Apóstolo Paulo.
14. Prima Petri epistola	14. Primeira Epístola de Pedro
15. Prima Ioannis	15. Primeira de João
Tertius Ordo Canonis	Terceira Lista dos Canônicos
1. Epistula ad Hebreos	1. Epístola aos Hebreus
2. Epistula Iacobi	2. Epístola de Tiago
3. Epistula secunda Petri	3. Segunda Epístola de Pedro
4. Due senioris, presbyteri	4. Duas do ancião, o Presbítero
5. Unica Iudae	5. Uma única de Judas
6. Apocalypsis	6. Apocalipse
Epistolae Iacobi, Posterior Petri, Duae postremae Ioannis, Iudae Autoritatem Apostolocam et divinam habuerunt a proximis Apostolorum temporibus.	**Acerca da Epístola de Tiago**, da segunda de Pedro, das duas posteriores de João e a de Judas. Elas têm a Autoridade Apostólica e Divina próxima dos tempos dos apóstolos.
Epistola ad Hebraeos et Aposcalypsis Multus annos post decessum Apostolorum, praesertim apud Rhomanos autoritatem sanctam demeruerunt.	A Epístola aos Hebreus e o Apocalipse Muitos anos após a morte dos apóstolos, especialmente com a santa autoridade confirmada pelos Romanos.

2) O cânon de Martinho Lutero (1522)

A Bíblia de Martinho Lutero é fruto de uma tradução dos textos originais para a língua alemã, realizada por ele entre os anos de 1522 (NT) a 1534 (AT), sendo publicada em 1545 como sua primeira edição integral, no alemão usado na época, como reproduzimos. Martinho Lutero publicou uma tradução do NT, pela primeira vez, em setembro de 1522 e em 1534 ele publicou a sua tradução do AT, contando com a ajuda de outras pessoas, especialmente de Philipp Melanchthon, Caspar Creuziger, Justus Jonas e Johannes Bugenhagen, entre outros, sempre buscando fazer novas correções e melhorias no texto, enquanto ele era vivo, vindo a falecer em 1546. No que diz respeito ao cânon bíblico de Martinho Lutero (Alemão: 1483-1546)[75]:

a) Para o AT, ele colocou os 24 livros da Bíblia Hebraica, sempre lembrando que alguns são duplos e os Doze Profetas Menores são contados como sendo um livro apenas, sendo enumerados de 1 a 24, e deixou todos os deuterocanônicos do AT num *Apêndice* entre o AT e o NT, sem numeração e sem um título para o conjunto, apenas os separou, mas os deixou no conjunto do AT: *Judite; Livro da Sabedoria; Tobias; Eclesiástico; Baruc; Macabeus; Acréscimos para Ester e Daniel*. Lutero também era da opinião de que os livros de "Ester, Crônicas e Eclesiastes" não deviam constar entre os canônicos do AT. Mas, em sua edição do AT, já em 1534, aderindo à opinião de Karlstadt, ele os deixa entre os livros protocanônicos[76].

b) No que diz respeito ao NT, seu cânon contém 23 livros canônicos capitais e são enumerados de 1 a 23, que compreendem os livros de Mateus a 3João. Em seguida temos os demais 4 livros não capitais, deuterocanônicos do NT, sem numeração e colocados na seguinte ordem: *Hebreus* (texto erudito, mas não de capital valor), *Tiago* ("carta de palha"), *Judas* ("inútil, pois é um resumo de 2Pedro", embora hoje em dia prevaleça uma opinião inversa) e *Apocalipse* ("falta-lhe tudo que considero apostólico ou profético").

Ademais, em um texto intitulado "Quais são os autênticos e mais nobres livros do NT", Lutero dividiu os livros do NT em três tipos: 1) o primeiro grupo compreende o Evangelho de João e sua primeira carta, as cartas paulinas,

....

75 Cf. BRUCE, F.F. *O cânon das Escrituras*. Op. cit., p. 220-222. • METZGER, B.M. *The Canon of the New Testament...* Op. cit., p. 242-243.

76 HAAG, H. *A formação da Sagrada Escritura*. Op. cit., p. 140.

especialmente Romanos, Gálatas e Efésios, e 1Pedro; 2) o segundo grupo compreende os Evangelhos Sinóticos, as outras cartas de Paulo, os Atos, 2Pedro e 2 e 3 João; 3) o terceiro grupo compreende os quatro escritos que Lutero colocou no final de sua tradução: Hebreus, Tiago, Judas e Apocalipse.

Passado um tempo, "os Luteranos voltaram ao cânon tradicional do NT no século XVII, em conformidade com as outras Igrejas Reformadas que tinham optado pelo cânon inteiro do Novo Testamento e na ordem tradicional"[77]. O catálogo do AT de Martinho Lutero que reproduzimos aqui foi extraído da tradução da Bíblia de Martin Luthers, *Biblia Das ist die gantze Heilige Schrifft Deutsch*. Wittemberg, MDXXXIV (1534). Para o catálogo do NT de Martinho Lutero, reproduzimos o índice de sua primeira tradução, intitulada *Die Septemberbibel. Das Neue Testament* von Martin Luther, Wittemberg, 1522, reproduzida em Berlin, em 1883. Para impressão completa com AT e NT, em um único volume, podemos conferir igualmente a sua mesma tradução publicada em 1545: *Biblia Das ist die gantze Heilige Schrifft Deutsch, des Alten und Neuen Testaments*. Wittenberg, MDXLV (1545).

Como podemos constatar pelos índices aqui reproduzidos, Martinho Lutero deixou todos os livros canônicos e deuterocanônicos em sua tradução e edição da Bíblia, tanto para o AT como para o NT. O que ele fez foi indicar quais eram tidos como canônicos e aceitos pelos judeus e pela Igreja, e quais não eram canônicos, porém, deixando-os na Bíblia, ainda que sem colocá-los na sequência tradicional que temos ainda hoje e sem enumerá-los. Após a morte de Martinho Lutero, seus seguidores continuaram a imprimir a sua tradução da Bíblia, mas retomando os deuterocanônicos do NT e indicando *esticometria* por capítulos, como foi se tornando comum no meio protestante e o é até hoje, especialmente a partir das traduções *King James Version* (1611) e *João Ferreira de Almeida* (1681). Por estar ainda muito imbuído de sua experiência religiosa católica agostiniana, ele ainda conserva os títulos dos livros em latim também.

....

77 MANNUCCI, V. Il Canone delle Scritture. In: R. FABRIS e colabs. *Introduzione generale alla Bibbia*. Turim: Elledici, 1999, p. 390.

Lutherbibel (1534)	A Bíblia de Lutero (1534)	Cap.
Bucher des Alten Testaments (XXIV)	**Livros do Antigo Testamento (XXIV)**	
1. Das erst buch Mose (Genesis)	1. O 1º livro de Moisés (Gênesis)	50
2. Das ander buch Mose (Exodus)	2. O 2º livro de Moisés (Êxodo)	40
3. Das dritte buch Mose (Leviticus)	3. O 3º livro de Moisés (Levítico)	27
4. Das vierde buch Mose (Numeri)	4. O 4º livro de Moisés (Números)	36
5. Das funfft buch Mose (Deuteronomios)	5. O 5º livro de Moisés (Deuteronômio)	34
6. Das buch Josua	6. O livro de Josué	24
7. Das buch der Richter (Judicum)	7. O livro dos Juízes	21
8. Das buch Rut	8. O livro de Rute	4
9. Samuel (Regum, 1 et 2)	9. 1º Samuel (1º Reino)	31
	2º Samuel (2º Reino)	24
10. Der Könige (Regum, 3 et 4)	10. Reino (3º Reino)	22
	Reino (4º Reino)	25
11. Chronica (Paralipomenon, 1 et 2)	11. 1º Crônicas	30
	2º Crônicas	36
12. Esra	12. Esdras	10
13. Nehemia	13. Neemias	13
14. Esther	14. Ester	10
15. Hiob	15. Jó	42
16. Psalter	16. Saltério (*Salmos*)	150
17. Sprüche Salomonis (Proverbiorum)	17. Provérbios de Salomão	31
18. Prediger Salomonis (*Ecclesiastes*)	18. O Pregador Salomão (*Eclesiastes*)	12
19. Hohelied Salomonis (Canticum Canticorum)	19. Cânticos de Salomão (Cântico dos Cânticos)	8
20. Jesaia	20. Isaías	66
21. Jeremia	21. Jeremias	52
(*Klagelieder Jeremias*)	(*Lamentações de Jeremias*)	5
22. Esekiel	22. Ezequiel	48
23. Daniel	23. Daniel	12
24. Zwolff kleine Propheten, mit namen	24. Doze pequenos profetas, com nomes	
1. Hosea	1. Oseias	14
2. Joel	2. Joel	3
3. Amos	3. Amós	9
4. Obadia	4. Abdias	1
5. Jona	5. Jonas	4
6. Micha	6. Miqueias	7
7. Nahum	7. Naum	3
8. Habakuk	8. Habacuc	4
9. Sophonia	9. Sofonias	3
10. Haggai	10. Ageu	2

11. Sacharia	11. Zacarias	14
12. Malachia	12. Malaquias	4
Judith	Judite	16
Das buch der Weisheit	O Livro da Sabedoria	19
Tobita	Tobias	14
Jesus Sirach	Jesus Sirac (Eclesiástico)	51
Baruch	Baruc (*com a carta de Jeremias*)	6
Maccabeorum	Macabeus (1º)	16
	Macabeus (2º)	15
Stucte inn Esther und Daniel	Acréscimos em Ester e Daniel	*cada*

Die Bucher des neuen testaments	**Os livros do Novo Testamento**	
1. Evangelion Sanct Matthes	1. Evangelho de São Mateus	28
2. Evangelion Sanct Marcus	2. Evangelho de São Marcos	16
3. Evangelion Sanct Lucas	3. Evangelho de São Lucas	21
4. Evangelion Sanct Johannis	4. Evangelho de São João	24
5. Der Apostel geschicht geschrieben von Sanct Lucas	5. Os Atos dos Apóstolos escrito por São Lucas	28
6. Epistel Sanct Paulus zu den Romern	6. A Carta de São Paulo aos Romanos	16
7. Die erste Epistel Sanct Paulus zu den Korinthern	7. A Primeira Carta de São Paulo aos Coríntios	16
8. Die ander Epistel Sanct Paulus zu den Korinthern	8. A segunda Carta de São Paulo aos Coríntios	13
9. Epistel Sanct Paulus zu den Galatern	9. Carta de São Paulo aos Gálatas	6
10. Epistel Sanct Paulus zu den Ephesern	10. Carta de São Paulo aos Efésios	6
11. Epistel Sanct Paulus zu den Philippern	11. Carta de São Paulo aos Filipenses	4
12. Epistel Sanct Paulus zu den Colossern	12. Carta de São Paulo aos Colossenses	4
13. Die erste Epistel Sanct Paulus zu den Thessalonichern	13. A primeira Carta de São Paulo aos Tessalonicenses	5
14. Die ander Epistel Sanct Paulus zu den Thessalonichern	14. A segunda Carta de São Paulo aos Tessalonicenses	3
15. Die erste Epistel Sanct Paulus an Timotheon	15. A primeira Carta de São Paulo a Timóteo	6
16. Die ander Epistel Sanct Paulus an Timotheon	16. A segunda Carta de São Paulo a Timóteo	4
17. Epistel Sanct Paulus an Titon	17. Carta de São Paulo a Tito	3
18. Epistel Sanct Paulus an Philemon	18. Carta de São Paulo a Filêmon	1
19. Die erste Epistel Sanct Peters	19. A primeira Carta de São Pedro	5
20. Die ander Epistel Sanct Peters	20. A segunda Carta de São Pedro	3
21. Die erste Epistel Sanct Johannis	21. A primeira Carta de São João	3
22. Die ander Epistel Sanct Johannis	22. A segunda Carta de São João	1

23. Die drit Epistel Sanct Johannis	23. A terceira Carta de São João	1
Die Epistel zu den Ebreern	A Carta aos Hebreus	13
Die Epistel Jacobus	A Carta de Tiago	5
Die Epistel Judas	A Carta de Judas	1
Die Offinbarung Johannis	O Apocalipse de João	22

3) O cânon de Tyndale (1525)

O cânon de William Tyndale[78] (Inglês: 1484-1536; publicado em 1525) é contemporâneo do Martinho Lutero e segue o cânon de Lutero, tanto para o AT como para o NT. No que tange ao AT, ele também deixa os livros deuterocanônicos e apócrifos do AT em seu final, antes do NT. Já no que diz respeito ao NT, como Lutero, também Tyndale aceita apenas 23 livros canônicos, enumerando-os de 1 a 23, e indica os 4 deuterocanônicos do NT em seu final, porém, sem enumerá-los e na seguinte ordem: a epístola aos Hebreus, a epístola de São Tiago, a epístola de Judas e o Apocalipse de João. Como é comum no meio protestante, Tyndale também traz a *esticometria* indicando os capítulos de cada um dos livros.

O cânon de William Tyndale (1525)	O cânon de William Tyndale (1525)	Cap.
Of the Old Testament:	**Do Antigo Testamento:**	
Genesis	Gênesis	50
Exodus	Êxodo	40
Leviticus	Levítico	27
Numbers	Números	36
Deuteronomy	Deuteronômio	34
Joshua	Josué	24
Judges	Juízes	21
Ruth	Rute	4
I Samuel	I Samuel	31
II Samuel	II Samuel	24
I Kings	I Reis	22
II Kings	II Reis	25
I Chronicles	I Crônicas	29
II Chronicles	II Crônicas	36

....

78   Cf. BRUCE, F.F. *O cânon das Escrituras*. Op. cit., p. 222-224. Sobre a pessoa e a Bíblia de William Tyndale, sugerimos a leitura de DANIELL, D. *William Tyndale*: A Biography. Londres: Yale University Press, 1994.

Ezra	Esdras	10
Nehemiah	Neemias	13
Esther	Ester	10
Job	Jó	42
Psalms	Salmos	150
Proverbs	Provérbios	31
Ecclesiastes	Eclesiastes	12
The Song of Songs	Cântico dos Cânticos	8
Isaiah	Isaías	66
Jeremiah	Jeremias	52
Lamentations	Lamentações	5
Ezekiel	Ezequiel	48
Daniel	Daniel	12
Hosea	Oseias	14
Joel	Joel	3
Amos	Amós	9
Obadiah	Obadias	1
Jonah	Jonas	4
Micah	Miqueias	7
Nahum	Naum	3
Habakkuk	Habacuc	3
Zephaniah,	Sofonias	3
Haggai	Ageu	2
Zechariah	Zacarias	14
Malachi.	Malaquias	3

The Books colled Apocrypha	**Os livros chamados Apócrifos**	
1. Esdras	1 Esdras	9
2. Esdras	2 Esdras	16
Tobit	Tobias	14
Judeth	Judite	16
The rest of Esther	A Adição de Ester	6
Wisedome	Sabedoria	19
Ecclesiasticus	Eclesiástico	51
Baruch with the Epistle of Jeremiah	Baruc com a Epístola de Jeremias	6
Song of the three Childrens	Cântico dos três jovens	
The story of Susanna	A história de Susana	
The idole Bel and Dragon	O ídolo Bel e o Dragão	
The Prayer of Manasseh	Oração de Manassés	
1. Maccabees	1 Macabeus	16
2. Maccabees	2 Macabeus	15

Of the New Testament	Do Novo Testamento	
The Gospels according to	O Evangelho segundo	
Matthew	Mateus	28
Mark	Marcos	16
Luke	Lucas	21
John	João	24
The Acts of the Apostles	Atos dos Apóstolos	28
Paul's Letters	**Cartas de Paulo**	
Romans,	Romanos	16
1-2 Corinthians,	1-2 Coríntios	16/13
Galatians,	Gálatas	6
Ephesians,	Efésios	6
Philippians,	Filipenses	4
Colossians,	Colossenses	4
1-2 Thessalonians,	1-2 Tessalonicenses	5/3
1-2 Timothy	1-2 Timóteo	6/4
Titus	Tito	3
Philemon	Filêmon	1
Catholic Epistles	**Epístolas Católicas**	
1-2 Peter,	1-2 Pedro	5/3
1-2-3 John,	1-2-3 João	5/1/1
Hebrews	Hebreus	13
James	Tiago	5
Jude	Judas	1
Revelation	Apocalipse	22

4) O cânon de Zuínglio (1531)

O cânon de Ulrico Zuínglio (Suíço, 1484-1531)[79] compreende 39 livros para o AT e 26 livros para o NT. É importante que tenhamos presente que Zuínglio traduziu e publicou a Bíblia antes de Lutero. Ele publicou a sua tradução em 1531, iniciada em 1524, dois anos após Lutero ter publicado o seu NT, em 1522, e sua Bíblia completa em 1534. A tradução da Bíblia de Zuínglio foi publicada em Zurique, na Suíça, e foi chamada de "Bíblia de Froschau" (nome do bairro de Zurique) ou "Bíblia de Zurique" (cidade), e que tem o título alemão:

....

79 Cf. CHAMPLIN, R.N. *O Novo Testamento interpretado versículo por versículo* – Vol. 1: Mateus/ Marcos. Nova edição revisada. São Paulo: Hagnos, 2014, p. 137.

Die Gantze Bibel, Froschauer, Zurique, 1531, ou *Zürcher Bibel,* Froschauer, Zurique, 1534.

Zuínglio também traduziu todos os livros deuterocanônicos do AT (Judite, Tobias, Sabedoria, Eclesiástico, Baruc e 1º e 2º Macabeus, além dos acréscimos de Ester 10,4–16,24 e de Daniel 3,24-90; 13 e 14) e do NT (*Hebreus, Tiago, 2Pedro, 2João, 3João, Judas e Apocalipse*), deixando-os em meio aos demais livros, conforme ele foi traduzindo. Porém, levando em consideração que os Pais da Reforma deixaram os deuterocanônicos do AT dispostos entre o AT e o NT, provavelmente Zuínglio deve ter seguido a mesma dinâmica posteriormente.

No que diz respeito ao NT, parece que Zuínglio de fato rejeitou apenas o livro do Apocalipse de João, muito debatido e recusado na Igreja Oriental. O que vemos é que ele teceu alguns comentários acerca de outros livros do NT, dizendo que os mesmos eram criticados e negados por vários, especialmente os mesmos quatro negados por Martinho Lutero: as cartas *aos Hebreus, de Tiago, de Judas e o Apocalipse de João*, que ele também deixou todos para o final, dispostos na mesma ordem que Lutero vai deixar depois. Zuínglio, na edição da Bíblia de 1531, já apresenta a *esticometria capitular,* indicando quantos capítulos tem cada um dos livros, inclusive para os deuterocanônicos e para os apócrifos.

Se Zuínglio traduziu a Bíblia antes de Lutero, a sua ordem e disposição do cânon poderia ter influenciado Lutero na disposição de seu cânon bíblico, e não o contrário, ou seja, não foi Lutero quem influenciou Zuínglio e sim Zuínglio que teria influenciado Lutero. Zuínglio separou os livros em dois grandes blocos, não respeitando a tradição entre AT e NT, mas sim em "Livros da Primeira Parte", com os livros do Pentateuco e os Históricos, e "Livros da Segunda Parte", onde ele situou os livros Sapienciais e os Proféticos do AT, e colocou todos os livros do NT, sempre deixando os quatro que ele julgava duvidosos deslocados para o final, fora da ordem do cânon do NT. Ele não fez nenhum corte entre os livros do AT e do NT, nesta segunda parte. O recorte é nosso, apenas para indicar onde começa o NT, na intenção de facilitar a visualização na tabela.

Nesse quadro, podemos obervar que Zuínglio não separou os livros canônicos dos livros deuterocanônicos, especialmente os do AT. Por isso, a nossa opção foi a de indicar os deuterocanônicos do AT e os quatro criticados do NT, sempre na ordem deixada pelo próprio Zuínglio. Enfim, é bom lembrar que em sua Confissão de Fé de 1523, que contém *Sessenta e Sete Artigos,* também podemos conferir outros dados da fé defendida por Zuínglio.

Zürich Bibel (1531)	Bíblia de Zurique (1531)	Cap.
Bücher des ersten teyls	**Livros da Primeira Parte**	
Genesis/das erste buch Mose	Gênesis/o 1° livro de Moisés	50
Exodus/das zweite buch Mose	Êxodo/o 2° livro de Moisés	40
Leviticus/das dritte buch Mose	Levítico/o 3° livro de Moisés	27
Numeri/das vierte buch Mose	Números/o 4° livro de Moisés	36
Deuteronomiom/das fünfte buch Mose	Deuteronômio/o 5° livro de Moisés	34
Josue/das buch Josuea	Josué/o livro de Josué	24
Judicum/das buch der Richter	Juízes/o livro dos Juízes	21
Ruth/das buch Rut	Rute/o livro de Rute	4
1. Regum/das erst König buch	1. Reino/o 1° livro do Reino (*1Sm*)	31
2. Regum/das ander König buch	2. Reino/o 2° livro do Reino (*2Sm*)	24
3. Regum/das drite könig buch	3. Reino/o 1° livro dos Reis	22
4. Regum/das vierte König buch	4. Reino/o 2° livro dos Reis	25
1. Paralipomenon/das erste buch der Chronik	1. Paralipômenos/o 1° livro das Crônicas	30
1. Paralipomenon/das ander buch der Chronik	1. Paralipômenos/o 2° livro das Crônicas	36
Esdre/das erst buch Esdre	1. Esdras/o 1° livro de Esdras	10
Esdre/das ander buch Esdre	2. Esdras/o 2° livro de Esdras (*Ne*)	13
Esdre/das drite buch Esdre	3. Esdras/o 3° livro de Esdras	9
Esdre/das vierte buch Esdre	4. Esdras/o 4° livro de Esdras	16
1. Hesther/das erst büch Hester	1. Ester/o livro de Ester	10
2. Hesther/das ander büch Hester	2. Ester/o livro de Ester	7
Sapiencie/das büch der Mosen.	Livro da Sabedoria	31
Ecclesiastici / das büch der Mosen sprüch	Eclesiástico/o livro dos ditos de Moisés	51
Tobias/ das büch Tobie	Tobias/Livro de Tobias	14
Baruch/das büch Baruch	Baruc/Livro de Baruc	6
Judith/ das büch Judith	Judite/Livro de Judite	16
Susanna/die histori von der Susann	Susana/a história de Susana	1
Beel/die histori von Beel	Bel/a história de Bel	1
1. Das erst büch der Machabeern	1. O 1° Livro dos Macabeus	16
2. Das ander büch der Machabeern	2. O 2° Livro dos Macabeus	15
3. Das dritt büch der Machabeern	3. O 3° Livro dos Macabeus	10
Bücher des andzen teyls	**Livros da Segunda Parte**	
Das büch Job	O livro de Jó	42
Der bücher der Psalmen	O livro dos Salmos	150
Proverbiorum/die Mosen sprüch Salo.	As Sentenças de Salomão (*Provérbios*)	31
Ecclesiastes/der prediger Salomons	O Pregador Salomão (*Eclesiastes*)	12
Canticorum/die hohen lieder Salomons	Cântico dos Cânticos de Salomão	8
Esaias der prophet	O Profeta Isaías	66
Jeremias der prophet	O Profeta Jeremias	52
Die Klaglieder Jeremie	As Lamentações de Jeremias	5

Ezechiel der prophet	O Profeta Ezequiel	48
Daniel der prophet	O Profeta Daniel	12
Hoseas der prophet	O Profeta Oseias	14
Johel der prophet	O Profeta Joel	3
Amos der prophet	O Profeta Amós	9
Abdias der prophet	O Profeta Abdias	1
Jonas der prophet	O Profeta Jonas	4
Micheas der prophet	O Profeta Miqueias	7
Nahum der prophet	O Profeta Naum	3
Habakuk der prophet	O Profeta Habacuc	3
Zephonias der prophet	O Profeta Sofonias	3
Haggeus der prophet	O Profeta Ageu	2
Zacharias der prophet	O Profeta Zacarias	14
Malachias der prophet	O Profeta Malaquias	3
Mattheus der Evangelist	O Evangelho segundo Mateus	28
Marcus der Evangelist	O Evangelho segundo Marcos	16
Lucas der Evangelist	O Evangelho segundo Lucas	21
Joannes der Evangelist	O Evangelho segundo João	24
Die Geschichte der Apostles	Os Atos dos Apóstolos	28
Die Epistel zun Römern	A Carta aos Romanos	16
Die erste Epistel zun Corinthern	A Primeira Carta aos Coríntios	16
Die ander Epistel zun Corinthern	A Segunda Carta aos Coríntios	13
Die Epistel zun Galateen	A Carta aos Gálatas	6
Die Epistel zun Epheseern	A Carta aos Efésios	6
Die Epistel zun Philippern	A Carta aos Filipenses	4
Die Epistel zun Colossern	A Carta aos Colossenses	4
Die erste Epistel zun Thessalonichen	A Primeira Carta aos Tessalonicenses	5
Die ander Epistel zun Thessalonichen	A Segunda Carta aos Tessalonicenses	3
Die erste Epistel zü Timotheo	A Primeira Carta de Paulo a Timóteo	6
Die ander Epistel zü Timotheo	A Segunda Carta de Paulo a Timóteo	4
Die Epistel zun Tito	A Carta de Paulo a Tito	3
Die Epistel zun Philemon	A Carta de Paulo a Filêmon	1
Die erste Epistel Petri	A Primeira Carta de Pedro	5
Die ander Epistel Petri	A Segunda Carta de Pedro	3
Die erste Epistel Johannis	A Primeira Carta de João	3
Die ander Epistel Johannis	A Segunda Carta de João	1
Die drite Epistel Johannis	A Terceira Carta de João	1
Die Epistel zun Hebreern	A Carta aos Hebreus	13
Die Epistel Jacobs	A Carta de Tiago	5
Die Epistel Jude	A Carta de Judas	1
Die Offenbarung Johannes	O Apocalipse de João	22

5) O cânon de Calvino (1551)

João Calvino (Francês: 1509-1564)[80], em francês *Jean Calvin*, editou a sua Bíblia em francês, chamada *Bible de l'Épée*, Geneve, 1551, com os textos traduzidos das línguas originais para a língua francesa. Ele já tinha acompanhado e revisto uma tradução anterior para a língua francesa, feita por Pierre Robert Olivétan, seu primo, em 1535, que foi reimpressa em 1546, após a morte de Pierre, que faleceu em 1538. Mas a sua Bíblia é considerada aquela editada em 1551 (*Bible de l'Épée*, Geneve, 1551). João Calvino tornou-se conhecido em português sobretudo pelo sobrenome "Calvino". Ele influenciou enormemente as Confissões de Fé Reformadas e as igrejas da Reforma em geral. Sua principal obra teológica e que muito impactou as igrejas reformadas foi o texto "A Instituição da Religião Cristã", editado pela primeira vez em 1536, em latim, com o título de *Christianae religionis institutio*. Muitos se referem a este texto apenas como "As Institutas de Calvino". Seu texto foi revisto e editado novamente em 1559.

Ao que tudo indica, João Calvino seguiu um cânon bíblico próximo ao cânon de Lutero, trazendo o cânon breve hebraico para o AT, deixando os deuterocanônicos e apócrifos num apêndice, e para o NT ele rejeitou *2-3João* e *Apocalipse*, apresentou suas dúvidas em relação à *2Pedro*, além de realçar que outros teciam dúvidas em relação a *Judas* e *Tiago*. Fato é que ele não escreveu nenhum comentário específico sobre *2-3João* e *Apocalipse*, tendo apenas referências sobre os mesmos. A Bíblia Francesa (1551)[81] de João Calvino, como a de Lutero, também trazia os livros deuterocanônicos e os apócrifos, mas que foram retirados posteriormente pelos Calvinistas, no século XIX:

....

80 Cf. BRUCE, F.F. *O cânon das Escrituras.* Op. cit., p. 224. • METZGER, B.M. *The Canon of the New Testament...* Op. cit., p. 245-246. • CHAMPLIN, R.N. *O Novo Testamento interpretado versículo por versículo...* Op. cit., 137.

81 *La Bible Française De Calvin* – Livres de Santies Scritures. Paris: Librairie Fischbacher, 1897.

La Bible de Calvin de 1551 dite aussi **Bible de l'Épée**. AVERTISSEMENT AU LECTEUR: Dans cette édition de la Bible de l'Épée de 1551 par Jean Calvin, nous avons enlevé les livres Apocryphes contenu dans l'originale, du au fait qu'ils ne sont pas reconnus comme étant cannonique et aussi pour alléger le fardeau de notre travail afin qu'il soit réaliser le plus rapidement que possible. Puisque le français du temps de Calvin diffère légèrement du nôtre, nous avons aussi mit les noms des livres en français actuel pour éviter toute confusion[82].	A Bíblia de Calvino de 1551, assim chamada de Bíblia da Espada. ADVERTÊNCIA AO LEITOR: Nesta edição da Bíblia da Espada de 1551 por João Calvino nós retiramos os livros Apócrifos, contidos na Bíblia original, pelo fato de que eles não são reconhecidos como canônicos e também para aliviar o fardo de nosso trabalho a fim de que seja realizado o mais rapidamente possível. Porque o francês do tempo de Calvino difere ligeiramente do nosso, nós também colocamos os títulos dos livros em francês atual para evitar toda confusão.

O que era comum entre os Pais da Reforma, nós também encontramos no cânon original de João Calvino, ou seja, todos os livros canônicos e deutero-canônicos do AT e do NT, bem como os apócrifos do AT, dispostos no final de cada um dos catálogos bíblicos: AT e NT. A fim de poder indicar estes textos de modo que todos possam saber quais são, a nossa opção foi a de colocar estes títulos em itálicos e margeados à direita. Como é comum no meio protestante, ele também traz a *esticometria* indicando os capítulos de cada um dos livros.

Le vieil Testament	O Antigo Testamento	Cap.
i. de Moise, au Genese	1º de Moisés, ou Gênesis	50
ii. de Moise, ou Exode	2º de Moisés, ou Êxodo	40
iii. de Moise, ou Lévitique	3º de Moisés, ou Levítico	27
iiii. de Moise, ou Nombres	4º de Moisés, ou Números	36
v. de Moise, ou Deuteronome	5º de Moisés, ou Deuteronômio	34
Iosué	Josué	24
Iuges	Juízes	21
Ruth	Rute	4
i. Samuel	1º Samuel	31
ii. Samuel	2º Samuel	24
i. Rois	1º Reis	22
ii. Rois	2º Reis	25
i. Chroniques, ou Paralipomenon	1º Crônicas, ou Paralipômenos	29
ii. Chroniques, ou Paralipomenon	2º Crônicas, ou Paralipômenos	36
i. Esdras	1º Esdras	10
Nehemie, ou ii. Esdras	Neemias, ou 2º Esdras	13

82 Texto disponível em https://levigilant.com/bible_vaudoise/bible_calvin.html

Esther	Ester	10
Iob	Jó	42
Psaumes	Salmos	150
Proverbes, ou Sentences de Salomon	Provérbios, ou Sentenças de Salomão	31
Prescher, ou Ecclesiaste	Pregador, ou Eclesiastes	12
Cantiques de Salomon	Cânticos de Salomão (dos Cânticos)	8

Les Prophetes	**Os Profetas**	
Isaie	Isaías	66
Ieremie	Jeremias	52
Les Lamentations de Ieremie	As Lamentações de Jeremias	5
Ezechiel	Ezequiel	48
Daniel	Daniel	12
Osée	Oseias	14
Ioel	Joel	3
Amos	Amós	9
Abdias	Abdias	1
Ionas	Jonas	4
Michée	Miqueias	7
Nahum	Naum	3
Habacuch	Habacuc	3
Sophonias	Sofonias	3
Aggée	Ageu	2
Zacharie	Zacarias	14
Malachie	Malaquias	4

Les Apocryphes	**Os Apócrifos**	
III. Esdras	III. Esdras	9
IIII. Esdras	IV. Esdras	16
Tobie	Tobias	14
Judith	Judite	16
Sapience	Sabedoria	51
Ecclesiastique	Eclesiástico	6
Baruc, avec l'Epistre de Ieremie	Baruc, com a Epístola de Jeremias	6
I. des Macchabées	I. dos Macabeus	16
II. des Macchabées	II. dos Macabeus	15
Restes de L'histoire d'Esther	Adição da história de Ester	7
Le Cantique des trois enfans en la fornaile	O Cântico dos três jovens na fornalha	1
L'histoire de Susanne	A história de Susana	1
L'histoire de l'idole Bel e du Dragon	A história do ídolo Bel e do Dragão	1
L'oraison de Manassé	A Oração de Manassés	1

Le Nouveau Testament	**O Novo Testamento**	
L'Evangile selon sainct Matthieu	O Evangelho Segundo São Mateus	28
L'Evangile selon sainct Marc	O Evangelho Segundo São Marcos	16
L'Evangile selon sainct Luc	O Evangelho Segundo São Lucas	24

L'Evangile selon sainct Iehan	O Evangelho Segundo São João	21
Actes, ou faicts des Apostres	Atos, ou feitos dos apóstolos	28
Les Epistres	**As Epístolas**	
Les Epistres de sanct Paul Apostre:	As Cartas de São Paulo Apóstolo:	
Aux Romains	Aos Romanos	16
I. aux Corinthiens	I. aos Coríntios	16
II. aux Corinthiens	II. aos Coríntios	13
Aux Galatiens	Aos Gálatas	6
Aux Ephesiens	Aos Efésios	6
Aux Philippiens	Aos Filipenses	4
Aux Colossiens	Aos Colossenses	4
I. aux Thessaloniciens	I. aos Tessalonicenses	5
II. aux Thessaloniciens	II. aos Tessalonicenses	3
I. à Timothée	I. a Timóteo	6
II. à Timothée	II. Carta a Timóteo	4
À Tite	A Tito	3
À Philémon	A Filêmon	1
Aux Ebrieux	Aos Hebreus	13
L'Epistre de sanct Iacques Apostre	A Epístola de São Tiago, Apóstolo	5
La I Epistre de sanct Pierre Apostre	A I Epístola de São Pedro, Apóstolo	5
La II Epistre de sanct Pierre Apostre	A II Epístola de São Pedro, Apóstolo	3
La I Epistre de sanct Jean Apostre	A I Epístola de São João, Apóstolo	5
La II Epistre de sanct Iehan Apostre	A II Epístola de São João, Apóstolo	1
La III Epistre de sanct Iehan, Theologien	A III Epístola de São João, Teólogo	1
L' Epistre de sanct Iude, l'Apostre	A Epístola de são Judas, Apóstolo	1
Revelation, ou Apocalypse de sainct Iean, Theologien	Revelação, ou Apocalipse de São João, Teólogo	22

6) O cânon das Confissões de Fé dos Valdenses

Tendo em vista a própria diversidade entres as Igrejas da Reforma, já no período inicial começaram a surgir vários documentos confessionais, a partir de cada uma das visões das igrejas nascentes do movimento inicial da Reforma, sinais também das próprias divergências e diferenças na compreensão das Escrituras, da fé, da salvação, da Igreja, da política, do Estado, e outras questões.

Entre os mais significativos documentos de confessionalização da Fé Reformada, temos desde os *Sessenta e Sete Artigos* de Zuínglio (1523), passando pelas decisões da *Assembleia de Westminster* (1643-1649), até a *Confissão de Fé Londrina* (1689), cobrindo um período de 166 anos (1523-1689), sempre dentro dos sécs. XVI e XVII. Por exemplo, *Breve Introdução Cristã* (1523),

Confissão dos Pregadores da Frísia Oriental (1528), *Confissão de Fé de Augsburgo* (1530), *Exposição da Fé Cristã* (1531), *Pequeno Catecismo de Leo Jud* (1535), os *Dez Artigos de Lausanne* (1536), *Confissão Helvética Prior* (1536), *Confissão Rética* (1552), *Quarenta e Dois Artigos* (1553), *Confissão da Congregação Inglesa de Genebra* (1556), *Confissão de Fé Francesa* (*Galicana* ou de *Rochelle*, 1559), *Fórmula da Concórdia* (1577/1580), *Confissão de Fé Escocesa* (1560), *Confissão de Fé Belga* (1561), *Confissão de Debreczen* e a *Confissão de Tarczal-Torda* (1562), *Catecismo de Heidelberg* (1563), *Trinta e Nove Artigos* (1563), *Confissão de Fé Helvética Posterior* (1566), *Consenso de Sendomir* (1570), *Confissão de Nassau* (1578), *Consenso de Bremen* (1595), *Artigos de Lambeth* (1595), *Confissão de Anhalt* (1597), *Confissão e Catecismo de Hesse* (1607), *Confissão da Boêmia* (1609), *Confissão de Bentheim* (1613), *Confissão de Sigismundo* (1614), *Artigos Irlandeses de Religião* (1615), *Cânones de Dort* (1618-1619), *Confissão de Fé do Patriarca Cirilo Lucar* (1631), *Confissão de Fé Menonita de Dordrecht* (1632), *Declaração de Thorn* (1645), *Confissão de Fé de Westminster* (1647), *Declaração de Savoy* (1658), *Trinta e Nove Artigos da Confissão Anglicana* (1563), *Confissão Valdense* (1655), *Fórmula Helvética de Consenso* (1675), *Segunda Confissão Batista* (1677) e *Confissão de Fé Londrina* (1689), entre muitas. Esta relação de alguns títulos de *Profissões de Fé* nos dá uma ideia dos impactos da Reforma Protestante nos séculos XVI e XVII.

Mas, antes destas *Confissões de Fé Reformadas*, nós tivemos a *Confissão de Fé dos Valdenses*, com várias edições desde sua primeira, em 1220, até o encontro e adequação às ideias da Reforma Protestante dos sécs. XVI e XVII, culminando com a *Confissão de Fé dos Valdenses* do Piemonte, no norte da Itália, em 1655, citada anteriormente.

a) Confissão de Fé Valdense de 1220

Tendo presente que a *Confissão de Fé dos Valdenses de 1220* apenas afirma em seu item 3: "Reconhecemos como Escrituras Sagradas e canônicas os livros da Bíblia Sagrada" e que neste período a Bíblia em circulação era a *Vulgata Latina*, com todos os seus Livros canônicos e deuterocanônicos, é de se admitir que, inicialmente, os Valdenses aceitaram todos os livros, inclusive os deuterocanônicos do AT e do NT, sem fazer ressalvas a eles, coisa que só vai surgir com a Reforma, no século XVI. Essa afirmação será mudada com a *Confissão de Fé Valdense em 1655*, no Piemonte, no norte da Itália, quando os livros do AT serão limitados aos "recebidos apenas pela Igreja Hebraica". Isso pode ser visto na sequência, no segundo quadro expositivo.

Confissão de Fé dos Valdenses 1220

1. Cremos e mantemos firmemente tudo o que está contido nos doze artigos do símbolo comumente chamado de *Credo Apostólico*, e consideramos herética qualquer inconsistência com eles.
2. Cremos que há um só Deus – o Pai, Filho e Espírito Santo.
3. Reconhecemos como *Escrituras Sagradas* e canônicas os livros da *Bíblia Sagrada*.
4. Os livros acima mencionados nos ensinam: que há um DEUS, todo-poderoso, ilimitado em sabedoria, infinito em bondade, e que, em Sua bondade, fez todas as coisas. Porque Ele criou Adão à Sua própria imagem e semelhança. No entanto, por causa da inimizade do diabo e sua própria desobediência, Adão caiu, o pecado entrou no mundo, e nos tornamos transgressores em e por Adão.

---

b) Confissão de Fé Valdense de 1544

A Confissão de Fé Valdense de 1544 também não apresentou uma lista dos livros das Sagradas Escrituras, nem do AT nem do NT. Ela apenas citou o termo "Sagradas Escrituras" a fim de afirmar que a Fé Valdense nasceu e é sustentada pelas Sagradas Escrituras, como vemos no quadro. Novamente podemos deduzir que o encontro dos Valdenses com os Protestantes ainda não tinha ocorrido a ponto de mudar a afirmação da Confissão de Fé Valdense de 1220. Este é um passo que foi dado no século seguinte, quando o movimento da Reforma foi tomando corpo na Europa e o cânon Protestante se foi definindo melhor com a retomada dos deutero-canônicos do NT e a recusa dos deuterocanônicos do AT, se bem que deixando-os no final da Bíblia e retirando-os definitivamente ao longo do século XVIII.

Cremos que Jesus Cristo é o Filho e a imagem do Pai – que nEle habita toda a plenitude da Deidade, e que por Ele somente conhecemos ao Pai. Ele é o nosso Mediador e advogado; e não há outro nome dado debaixo do céu em que possamos ser salvos. Em Seu nome somente nos achegamos ao Pai; não nos utilizamos de orações além daquelas contidas nas *Sagradas Escrituras*, ou das que estão em concordância com elas...

Mantemos que a ceia do Senhor é uma comemoração dos (e em agradecimento pelos) benefícios que temos recebido por Seus sofrimentos e morte – e que deve ser recebida em fé e amor – examinando-nos a nós mesmos, de forma que possamos comer o pão e beber do vinho, como está escrito nas *Sagradas Escrituras*...

Asseguramos que todos aqueles em que habita o temor de Deus serão guiados a agradá--lo, e a abundar em boas obras [do Evangelho], as quais Deus preparou de antemão para que andássemos nelas – amor, gozo, paz, paciência, benignidade, bondade, mansidão, sobriedade, e todas as demais boas obras a que se exorta nas Sagradas Escrituras.

c) Confissão de Fé Valdense de 1560

A Confissão de Fé Valdense de 1560 também ainda não citava os títulos dos livros das Sagradas Escrituras do AT e do NT, mas tão somente o termo "os livros de sua Santa Escritura do Antigo e do Novo Testamentos". Cremos que o contato com todo o mundo Protestante ainda era muito incipiente e que os passos estavam sendo dados nesta direção. Tanto que, como já afirmamos em nossa introdução ao texto da Confissão de Fé Valdense de 1220 que o que temos é apenas o termo "Reconhecemos como Escrituras Sagradas e canônicas os livros da Bíblia Sagrada", e que a lista dos livros do AT e do NT apareceu na Confissão de Fé Valdense de 1655, como podemos conferir no quadro a ser apresentado. O que podemos deduzir é que o encontro se deu pouco a pouco, fazendo com que a Igreja Valdense, que é muito mais antiga que a Reforma, pois tem sua primeira Confissão de Fé em 1220, portanto, no século XIII, só viesse a citar os livros em sua Confissão de Fé no século XVII. Lutero e todo o movimento da Reforma Protestante só apareceram três séculos depois, ou seja, em 1517 (séc. XVI). Ademais, creio seja interessante ainda observar que quando os Valdenses citaram os livros do AT e do NT (Confissão de Fé Valdense de 1655), a problemática dos 7 deuterocanônicos do NT já tinha sido resolvida e os Luteranos já tinham retornado todos os 27 livros do NT para as suas bíblias, ficando apenas a problemática dos 7 deuterocanônicos do AT para ser dirimida.

Confessione di fede dei Valdesi del 1560	Confissão de fé dos Valdenses de 1560
1. Della Sacra Scrittura	**1. Sobre a Sagrada Escritura**
E perché, come dice S. Paolo, il fondamento della fede è la Parola di Dio: noi crediamo che lo Iddio vivente essersi manifestato nella sua legge, e nei Profeti e finalmente nell'Evangelo: e quivi haver reso testimonio della sua volontà, quanto era espediente per la salute degli huomini. Et così teniamo i libri della sua santa Scrittura del vecchio e nuovo Testamento, come la somma della sola verità infallibile, proceduta da Dio, alla quale non è lecito in conto alcuno di contradire. Anzi percioché quivi si contiene la regola perfetta di ogni sapientia, Noi crediamo, che non sia lecito di aggiungervi, né	E porque, como diz São Paulo, o fundamento da fé é a Palavra de Deus: nós cremos que o Deus vivente é manifestado em sua Lei, nos Profetas e, finalmente, no Evangelho: e ali deu testemunho de sua vontade, quanto era útil para a salvação dos homens. E assim temos os livros de sua *Santa Escritura do Antigo e do Novo Testamentos*, como a suma da única verdade infalível, procedida de Deus, à qual não é lícito contradizer de modo algum. Antes, por isso que ali se contém a regra perfeita de toda a sabedoria. Nós cremos que não seja lícito acrescentar, nem diminuir coisa alguma; mas que é

diminuirvi cosa alcuna; ma che bisogni starsene in tutto e per tutto a quello, che in essa ci è insegnato. Et sicome questa dottrina non piglia la sua autorità da gli huomini, né ancho da gli Angeli, ma da Dio solo: Noi crediamo parimente (percioche il discernere, che Iddio sia quello, che parla, è una cosa, che trapassa ogni sentimento humano), ch'egli solo dia la certezza di essa ai suoi eletti, e che con lo spirito suo la sigilli ne i lor cuori.	necessário ater-se em tudo e por tudo aquilo que nela nos é ensinado. E assim como esta doutrina não toma a sua autoridade dos homens, nem de algum dos Anjos, mas de Deus somente: Nós cremos igualmente (por isso que o discernimento que Deus seja aquele que fala, é uma coisa que ultrapassa todo sentimento humano), que ele apenas dá a certeza desta a seus eleitos, e que com o seu Espírito a sele em seus corações.

d) Confissão de Fé Valdense em 1655

Se em cada Confissão de Fé Valdense mencionada anteriormente, seja naquela de 1220, seja na de 1544, seja na de 1560, nós ainda não temos os livros das Sagradas Escrituras listados em forma de um catálogo dos livros aceitos, tanto do AT como do NT, agora na Confissão de Fé Valdense de 1655, Piemonte, norte da Itália, nós já encontramos uma lista detalhada de todos os livros do cânon bíblico cristão. Como já afirmamos antes, é bem provável que isso tenha feito parte de um processo de contato normal com o mundo da Reforma Protestante e que os Valdenses foram pouco a pouco realizando seu discernimento e que só depois de mais de um século de contato é que foram assumindo a forma do cânon abreviado Protestante, seguindo não o *cânon Alexandrino* e sim o *cânon Palestinense*, chamado o cânon breve, contendo apenas os livros do texto hebraico para o AT. Porém, mantiveram todos os 20 livros canônicos e 7 deuterocanônicos do NT.

Entre os vários dados a serem observados, vale a pena notar que pela primeira vez encontramos a expressão: "que no Antigo Testamento devem estar contidos apenas os livros que Deus confiou à Igreja Israelita", ou seja, há um corte entre o *cânon Alexandrino* e o *cânon Palestinense*, além de afirmar que o cânon válido é aquele recebido tão somente pela "Igreja Israelita", ficando de fora a "Igreja Grega", a fim de fazer jus à mesma expressão para identificar a igreja de língua hebraica e diferenciá-la da igreja de língua grega.

Também é importante termos presente que esta Confissão de Fé Valdense de 1655 foi redigida na região do Piemonte, no norte da Itália, num momento difícil em que os valdenses foram perseguidos e massacrados, e é bem provável que ela tenha sido baseada na Confissão Galicana de 1559. Provavelmente o seu texto foi publicado primeiro em francês e sem indicar o autor e o lugar, sob a forma de "Relation véritable de ce qui s'esta passeé dans la persecution et massacres, faites cette années, aux eglises reformés de Piedmont etc." Como temos notícias de que Antonio Leger[83] é que teria publicado algumas notas deste manifesto em Genebra, nos anos 1661 e 1662, oferecendo tanto a versão italiana como a francesa, é bem provável que seja ele a ter publicado o texto pela primeira vez. Tendo em vista que o texto inicial deve ter sido publicado em francês e em seguida em forma bilíngue italiano-francês, então optamos por trazer tanto o texto francês como o texto italiano, e depois a sua tradução para o português.

Enfim, interessante ainda é observar os títulos que temos nas duas versões italiana e francesa. Na língua francesa simplesmente encontramos "Briéve Confession de Foy des Eglises Reformées de Piémont / *Breve Confissão de Fé das Igrejas Reformadas de Piemonte*", enquanto que em italiano o título é muito mais amplo e significativo, até mesmo porque deve ter sido a língua original da redação do texto, que depois foi traduzido e publicado em francês: "Confessione di fede dele Chiese Riformate, Cattoliche et Apostoloche del Piemonte, confermata per testimonianze expresse dalla Santa Scrittura / *Confissão de fé das Igrejas Reformadas, Católicas e Apostólicas, confirmada pelos testemunhos expressos na Sagrada Escritura*". Ou as igrejas Valdenses inicialmente se identificavam como "católicas e apostólicas", o que faz sentido para a época em que elas surgiram, ou ali tínhamos outras igrejas também, o que não é provável, pois a "perseguição e o massacre" teriam ocorrido justamente contra as igrejas reformadas da região do Piemonte e não contra as demais. Então a omissão dos termos "católicas e apostólicas" do original da redação em italiano para a tradução e publicação em língua francesa deve ter sido algo intencional e proposital no francês, em que a Reforma já tinha dado passos muito mais amplos e pode ser que não quiseram confundir a cabeça dos fiéis neoconvertidos do catolicismo ao protestantismo com os termos "católicas e apostólicas", visto que são da linguagem corrente e poderiam mais atrapalhar que ajudar naquele momento histórico do século XVII, um século apenas após a Reforma, que se deu no século XVI.

....

83   Cf. o texto "Confessione di fede del 1655" no artigo que leva o mesmo título e que pode ser encontrado em nossa bibliografia final.

Confession de foi Valdoise de 1655	Confessione di fede Valdese del 1655	Confissão de Fé Valdense em 1655
Nous Croyaons:	Noi crediamo:	Nós cremos:
1. Qu'il y a un seul Dieu, qui est une essence spirituelle, eternelle, infinie, toute sage, toute misericordiose, toute juste, en un mot toute perfaitte, et qu'il y a trois personnes en cette seule et simple essence, le Pere, le Files et le S. Esprit.	1. Che vi è un solo Iddio, il quale è una Essenza spirituale, eterna, infinita, del tutto sapiente, misericordiosa, giusta – in somma, del tutto perfetta – e che vi sono tre Persone in quella sola e semplice essenza, il Padre, il Figliuolo e lo Spirito Santo.	1. Que existe um só Deus, o qual é uma Essência espiritual, eterna, infinita, de tudo sapiente, misericordiosa, justa – em suma, de tudo perfeita – e que existem três Pessoas naquele só e simples essência, o Pai, o Filho e o Espírito Santo.
2. Que ce Dieu s' est manifeste aux hommes pars ses oeuvres, tant de la Création que de la Providence, et par sa Parole, reveleé au commencement par Oracles em diverses sortes, puis redigée par ecrit en livres que on appelle l'Ecriture Sainte.	2. Che quell'Iddio s'è manifestato agli uomini nelle sue opere della Creazione e della Provvidenza, di più nella sua Parola rivelata dal principio con oracoli in diverse maniere, poi messa in iscritto nei libri chiamati la Scrittura Santa.	2. Que Deus se manifestou aos homens em suas obras da Criação e da Providência, e também em sua Palavra revelada desde o princípio com oráculos em diversas maneiras, e depois colocada por escrito nos livros chamados Escritura Santa.
3. Qu'il faut recevoir, comme nous recevons, cette Sainte Écriture pour Divine et Canonique, c'est à dire pour règle de nôtre foi et de nôtre vie, et quelle est contenue plainement aux livres de l'Ancien et du Nouveau Testament; que dans l'Ancien Testament doivent etre compri seulement les livres que Dieu à commis a l'Eglise Judaique et qu'elle a tousjours approuvés et reconu pour divins, assavoir les cinq livres de Moïse, Josué, des Juges, Ruth, 1° et 2° de Samuël, 1° et 2° de Rois, 1° et 2° des Chroniques (c'est à dire Paralipomènes), le premier d'Esdras, Néhémie, Ester,	3. Che conviene ricevere, come riceviamo, questa Santa Scrittura per Divina e Canonica, ciò è per regola della nostra fede e vita; e che ella è pienamente contenuta nei libri del Vecchio e Nuovo Testamento; che nel Vecchio Testamento devono esser solo compresi i libri Che Iddio affidò alla Chiesa israelitica, da lei sempre approvati e riconosciuti per divini, cioè i cinque libri di Mosè, Giosuè, i Giudici, Ruth, 1° e 2° Samuele, 1° e 2° Re, 1° e 2° Cronache (ossia Paralipomeni), il 1° Esdra, Neemia, Ester, Job, i Salmi,	3. Que convém receber, como recebemos, esta Santa Escritura como Divina e Canônica, ou seja, ela é regra para a nossa fé e vida; e que ela está plenamente contida nos livros do Antigo e do Novo Testamentos; que no Antigo Testamento devem estar contidos apenas os livros que Deus confiou à Igreja Israelita, da Lei sempre aprovados e reconhecidos como divinos, ou seja, os cinco livros de Moisés, Josué, os Juízes, Rute, 1° e 2° de Samuel, 1° e 2° dos Reis, 1° e 2° das Crônicas (ou seja, Paralipômenos), o 1° de Esdras, Neemias, Ester, Jó,

Job, les Psaumes, les Proverbes, l'Écclésiaste, et le Cantique des Cantiques; les quatre grands Prophètes: les douze petits; et dans le Nouveau: les quatre Évangiles, les Actes des Apôtres, les Épîtres de S. Paul: une aux Romains, deux aux Corinthiens, une aux Galates, une aux Éphésiens, une aux Philippiens, une aux Colossiens, deux aux Thessaloniciens, deux à Timothée, une à Tite, une à Philémon, l'Épître aux Hébreux; une de S. Jacques, deux de S. Pierre, trois de S. Jean, et une de S. Jude; enfin l'Apocalypse de S. Jean Apôtre.	i Proverbi di Salomone, l'Ecclesiaste, il Cantico dei Cantici, i quattro gran Profeti, i dodici piccoli; e nel Nuovo i quattro Evangeli, gli Atti degli Apostoli, le Epistole di San Paolo, una ai Romani, due ai Corinzi, una ai Galati, una agli Efesini, una ai Filippesi, una ai Colossesi, due ai Tessalonicesi, due a Timoteo, una a Tito, una a Filemone, l'Epistola agli Ebrei, una di Santo Giacomo, due di San Pietro, tre di San Giovanni, una di San Giuda e l'Apocalisse.	os Salmos, os Provérbios de Salomão, o Eclesiastes, o Cântico dos Cânticos, os quatro grandes Profetas, os doze pequenos; e no Novo os quatro Evangelhos, os Atos dos Apóstolos, as Epístolas de São Paulo, uma aos Romanos, duas aos Coríntios, uma aos Gálatas, uma aos Efésios, uma aos Filipenses, uma aos Colossenses, duas aos Tessalonicenses, duas a Timóteo, uma a Tito, uma a Filêmon, a Epístola aos Hebreus, uma de São Tiago, duas de São Pedro, três de São João, uma de São Judas e o Apocalipse.

7) O cânon da Confissão de Fé Francesa (1559)

A Confissão de Fé Francesa, também chamada de Profissão de Fé *Gaulesa* ou de *Rochelle* (nome da cidade), é uma confissão de fé Reformada (1559) [84], que em 1559 elaborou os seus artigos de fé. Ela nasceu ligada a Jean Calvin, que contou também com a colaboração de seu aluno Saint Pierre de Chandieu e do francês François de Morel, que ajudaram na redação dos artigos, que inicialmente eram 35 e depois se expandiram para 41, confirmados no Sínodo na cidade francesa chamada *La Rochelle*, em 1571. Por isso, ela também leva este nome.

O cânon das Escrituras se encontra em seu Primeiro Artigo, item 3, que traz o cânon bíblico do AT e do NT. Ele contém apenas os canônicos do AT e os canônicos e deuterocanônicos do NT. A lista tem em comum o fato de que os livros duplos do AT são apresentados como "primeiro e segundo dos...", e

....

84 METZGER, B.M. *The Canon of the New Testament...* Op. cit., 247 [Disponível em http://erei. free.fr/referens/la_rochelle.htm – Acesso em 01/01/2016].

não separadamente, e o fato de que os autores dos livros do NT são chamados todos de *santos* (Ex.: "São Mateus, São Marcos..."). O arranjo e ordem do cânon seguem o texto hebraico para o AT e para o NT é comum ao cânon dos católicos e das demais igrejas reformadas hoje, sempre indicando o número de cada livro, mesmo que único.

I. DIEU ET SA REVELATION, 3.	Em seu Artigo I. DEUS E SUA
L'Ecriture Sainte: Toute l'Ecriture sainte est contenue dans les livres canoniques de l'Ancien et du Nouveau Testaments dont voici le détail.	REVELAÇÃO, item 3. A Santa Escritura: Toda a Escritura está contida nos livros canônicos do Antigo e Novo Testamentos, os quais são detalhados aqui.
L'Ancien Testament	**O Antigo Testamento**
Les cinq livres de Moïse: à savoir:	Os cinco livros de Moisés, a saber:
la Genèse	Gênesis
l'Exode	Êxodo
le Lévitique	Levítico
les Nombres	Números
le Deutéronome	Deuteronômio
Josué	Josué
les Juges	Juízes
Ruth	Rute
le premier et le second livre de Samuel	O primeiro e o segundo livro de Samuel
le premier et le second livre des Rois	O primeiro e o segundo livro dos Reis
le premier et le second livre des Chroniques	O primeiro e o segundo livro das Crônicas
les livres d'Esdras et de Néhémie	Os livros de Esdras e de Neemias
le livre d'Esther	O livro de Ester
Job,	Jó
les Psaumes	Salmos
les Proverbes de Salomon	Os Provérbios de Salomão
le livre de l'Ecclésiaste	O livro de Eclesiastes
le Cantique des Cantiques	O Cântico dos Cânticos
Les livres d'Esaïe	Os livros de Isaías
de Jérémie	Jeremias
les Lamentations de Jérémie	Das Lamentações de Jeremias
les livres d'Ezéchiel	Os livros de Ezequiel
Daniel	Daniel
Osée	Oseias
Joël	Joel

Amos	Amós
Abdias	Obadias
Jonas	Jonas
Michée	Miqueias
Nahum	Naum
Habaquq	Habacuc
Sophonie	Sofonias
Aggée	Ageu
Zacharie	Zacarias
Malachie	Malaquias
Le Nouveau Testament	**O Novo Testamento**
Le saint Evangile selon saint Matthieu	O santo Evangelho segundo São Mateus
selon saint Marc	segundo São Marcos
selon saint Luc	segundo São Lucas
et selon saint Jean	e segundo São João
Le second livre de saint Luc, autrement dit	O segundo livro de São Lucas, chamado
les Actes des Apôtres	de Atos dos Apóstolos
Les Epîtres de saint Paul:	As epístolas de São Paulo:
une aux Romains	uma aos Romanos
deux aux Corinthiens	duas aos Coríntios
une aux Galates	uma aos Gálatas
une aux Ephésiens	uma aos Efésios
une aux Philippiens	uma aos Filipenses
une aux Colossiens	uma aos Colossenses
deux aux Thessaloniciens	duas aos Tessalonicenses
deux à Timothée	duas a Timóteo
une à Tite	uma a Tito
une à Philémon	uma a Filêmon
L'Epître aux Hébreux	A epístola aos Hebreus
l'Epître de saint Jacques	a epístola de São Tiago
la première et la deuxième Epître de saint Pierre	a primeira e a segunda epístolas de São Pedro
la première, la deuxième et la troisième Epître de saint Jean	a primeira, a segunda e a terceira epístolas de São João
l'Epître de saint Jude	a epístola de São Judas
et l'Apocalypse	e o Apocalipse

8) O cânon da Bíblia de Genebra (1560)

A Bíblia de Genebra, em inglês *The Geneva Bible*, é uma tradução e edição da Bíblia em língua inglesa, primeiro com os livros do NT (1557) e depois com os livros do AT (1560), na cidade de Genebra, na Suíça, com a chamada edição completa em 1560, realizada por alguns protestantes ingleses que se trasferiram para esta cidade da Suíça, que foi como que um reduto de protestantes no início da Reforma.

The Geneva Bible foi publicada 51 anos antes da *King James Version* (1611), e é muito difundida no meio protestante, especialmente no meio calvinista, de quem recebeu muito apoio. Mas, antes de sua publicação também tivemos a edição inglesa de William Tyndale (1525), a alemã de Zuínglio (1531) e a alemã de Martinho Lutero (1534). Os trabalhos de tradução foram divididos entre alguns estudiosos como William Whittingham, que supervisionou a tradução do NT, e Gilby Anthony, que supervisionou a tradução do AT, além dos demais colaboradores nesta obra monumental. No século XVIII, as edições foram multiplicadas já tanto na Escócia como na Inglaterra. Entre as suas características, está o fato de que ela trouxe muitas *anotações* laterais a fim de facilitar o estudo, além de mapas, tabelas e introduções para cada livro. Mas, ela também provocou muita recusa, a ponto de a *King James Version* (1611) vir como uma forte reação a ela e à opção feita pela sua tradução.

Em 1560, nós também tivemos a *Confissão de Fé Escocesa*, adotada pelo Parlamento Escocês em 17/08/1560, sob a liderança de John Knox (1505-1572), do mundo Presbiteriano, que tem o cânon das Igrejas Reformadas, e que, em 1647, adotou a *Confissão de Westminster*. A *Confissão de Fé Escocesa* não traz um cânon em seu texto e sim apenas reforça a "autoridade das Escrituras" em seu 19° Capítulo: "Cremos e confessamos que as Escrituras de Deus são suficientes para instruir e aperfeiçoar o homem de Deus, e assim afirmamos e declaramos que a sua autoridade vem de Deus e não depende de homem ou de anjo".

Como é comum entre as traduções protestantes da época, *The Geneva Bible* também faz a sua tradução do NT a partir do *Textus Receptus* e traz todos os livros canônicos e deuterocanônicos do AT e do NT, colocando os deuterocanônicos e os apócrifos do AT no final do cânon, antes dos livros do NT, sob o título de *Apogrypha* (Apócrifos), na seguinte ordem: *1 Esdras, 2 de Esdras, Tobias, Judite, Ester, Sabedoria de Salomão, Eclesiástico, Baruc, O Cântico dos três jovens, A História de Susana, A História de Bel e do Dragão, 1 Macabeus* e *2 Macabeus*. No que tange aos deuterocanônicos do NT, ela os apresenta na ordem comum dos 27 livros que temos nas traduções católicas e protestantes hoje.

Enfim, outro dado a ser observado, é que *The Geneva Bible* também traz a *esticometria* por capítulos, deixando sem apenas os textos dos acréscimos ou que são capítulos de outros livros, e que a *Oração de Manassés* é colocada logo após o segundo livro das Crônicas, indicando-o como um texto apócrifo, e não entre os deuterocanônicos e os apócrifos do AT, separadamente, no final do cânon, como se pode ver no quadro que se segue.

The Geneva Bible (1560)	A Bíblia de Genebra (1560)	Cap.
The Bookes of the Old Testament	**Os Livros do Antigo Testamento**	
Genesis	Gênesis	50
Exodus	Êxodo	40
Leviticus	Levítico	27
Numbers	Números	36
Deuteronomy	Deuteronômio	34
Joshua	Josué	24
Judges	Juízes	21
Ruth	Rute	4
I Samuel	I Samuel	31
II Samuel	II Samuel	24
I Kings	I Reis	22
II Kings	II Reis	25
I Chronicles	I Crônicas	29
II Chronicles	II Crônicas	36
The prayer of Manasseh, aprocrype	A oração de Manassés, aprócrifo	
Ezra	Esdras	10
Nehemiah	Neemias	13
Esther	Ester	10
Job	Jó	42
Psalms	Salmos	150
Proverbs	Provérbios	31
Ecclesiastes	Eclesiastes	12
The Song of Salomon	Cântico de Salomão (*dos Cânticos*)	8
Isaiah	Isaías	66
Jeremiah	Jeremias	52
Lamentations	Lamentações	5
Ezekiel	Ezequiel	48
Daniel	Daniel	12
Hosea	Oseias	14
Joel	Joel	3
Amos	Amós	9
Obadiah	Obadias	1

Jonah	Jonas	4
Micah	Miqueias	7
Nahum	Naum	3
Habakkuk	Habacuc	3
Zephaniah	Sofonias	3
Haggai	Ageu	2
Zechariah	Zacarias	14
Malachi	Malaquias	4
Apocrypha	**Apócrifos**	
1 Esdras	1 Esdras	9
2 Esdras	2 Esdras	16
Tobit	Tobias	14
Iudeth	Judite	16
The rest of Esther	A Adição de Ester	6
The Wisdome of Salomon	A Sabedoria de Salomão	19
The Wisdome of Iesus the sono of	A sabedoria de Jesus, o filho de	
Sirach, colled Ecclesiasticus	Sirach, chamado Eclesiástico	51
Baruch with the epistle of Jeremiah	Baruc com a Epístola de Jeremias	6
The Song of the thre holie children	O Cântico dos três santos jovens	
The history of Susanna	A história de Susana	
The history of Bel and of the Dragon	A história de Bel e do Dragão	
The first boke of the Maccabees	O primeiro livro dos Macabeus	16
The seconde boke of the Maccabees	O segundo livro dos Macabeus	15
The New Testament	O Novo Testamento	
The Holy Gospels according to	Os Evangelhos segundo	
St. Matthew	São Mateus	28
St. Mark	São Marcos	16
St. Luke	São Lucas	24
St. John	São João	21
The Actes of the holie Apostles (*Luke*)	Os Atos dos Santos Apóstolos	28
The Epistles of the Apostle Paul	As Epístolas de Paulo Apóstolo	
To the Romans	Romanos	16
To the 1 Corinthians	I Coríntios	16
To the 2 Corinthians	II Coríntios	13
To the Galatians	Gálatas	6
To the Ephesians	Efésios	6
To the Philippians	Filipenses	4
To the Colossians	Colossenses	4
To the 1 Thessalonians	1 Tessalonicenses	5
To the 2 Thessalonians	2 Tessalonicenses	3
To 1 Timothy	1 Timóteo	6
To 2 Timothy	2 Timóteo	4

To Titus	Tito	3
To Philemon	Filêmon	1
To the Hebrews	Aos Hebreus	13
The General Epistles	As Epístolas Gerais	
of James	Tiago	5
of 1 Peter	1 Pedro	5
of 2 Peter	2 Pedro	3
of 1 John	1 João	5
of 2 John	2 João (sem o título de geral)	1
of 3 John	3 João (sem o título de geral)	1
of Jude	Judas	1
The Revelation of John the Divine	O Apocalipse de João, o Divino	22

9) O cânon da Confissão de Fé Belga (1561)

A Confissão de Fé Belga (*Confessio Belgica*, 1561)[85], escrita em francês e depois traduzida para outros idiomas, também nasceu ligada às Igrejas Reformadas de tradição calvinista (sendo considerada uma singular expressão da fé calvinista), tendo como seu líder o holandês Guido de Brès (1522-1567), que veio a falecer poucos anos após a proclamação da Confissão de Fé Belga, ou seja, em 1567. Ela teve forte impacto sobre todos os Países Baixos e foi incorporada nos sínodos de Antuérpia (1566), Wesel (1568) e Emden (1571), sendo considerado como que o sínodo da fundação da Igreja Reformada da Holanda. Por fim, a Confissão de Fé Belga foi adotada no sínodo nacional de Dort (1618). Seu texto, em sua estrutura e temática, sofre forte influência da Confissão de Fé Galicana (Francesa, *Gaulesa* ou *La Rochelle*), que foi elaborada apenas dois anos antes (1559).

A Confissão de Fé Belga contém *Trinta e Sete Artigos* em seu texto e apresenta o cânon das Escrituras em seu Quarto Artigo, intitulado "Livros Canônicos", seguindo o cânon hebraico para o AT e trazendo todos os 27 livros do NT, na ordem comum aos católicos e protestantes hoje, ou seja, ela traz todos os deuterocanônicos do NT, mas não traz os deuterocanônicos do AT. O arranjo e nomenclatura é basicamente o mesmo que temos na Confissão Francesa, que

....

85 Ibid. No Brasil já temos publicado os textos que contêm a Profissão de Fé Belga: *As três formas de unidade das Igrejas Reformadas: Confissão Belga – Catecismo de Heidelberg: cânones de Dort* (Recife: Os Puritanos, 2009), *Confissão Belga e Catecismo de Heidelberg* (São Paulo: Cultura Cristã, 2011) e no site http://www.cprf.co.uk/languages/belgic_french.htm#. VocUSBUrLIU [Acesso em 01/01/2016].

apresenta seus livros duplos do AT em conjunto e cita os autores do NT com o título de "santos" (Ex.: "São Mateus, São Marcos...") e todos os livros são indicados por seu número, mesmo que unitários. Ela se dá um ano após a publicação da Bíblia de Genebra, contando o seu texto completo: AT e NT (1560).

Article 4: Nous comprenons l'Écriture Sainte aux deux volumes du Vieux et du Nouveau Testament, qui sont livres canoniques, auxquels il n'y a rien à répliquer. Le nombre en est tel en l'Église de Dieu.	Artigo 4: Nós compreendemos que a Sagrada Escritura consiste nos dois volumes do Antigo e o do Novo Testamento, que são livros canônicos, aos quais não tem nada a objetar. Na Igreja de Deus os nomes são tais:
Dans l'Ancien Testament: Les cinq livres de Moïse,	Os livros do Antigo Testamento: Os cinco livros de Moisés (Gênesis, Êxodo, Levítico, Números, Deuteronômio)
le livre de Josué des Juges Ruth les deux livres de Samuël et deux des Rois les deux livres des Chroniques dits Paralipomènes le premier d'Esdras Néhémie Ester	O livro de Josué Dos Juízes Rute Os dois livros de Samuel Os dois dos Reis Os dois livros das Crônicas, chamados Paralipômenos O primeiro de Esdras Neemias Ester
Job les Psaumes de David les trois livres de Salomon, savoir: les Proverbes l'Écclésiaste et le Cantique	Jó Os Salmos de Davi Os três livros de Salomão, a saber: Provérbios Eclesiastes Cantares
les quatre grands Prophètes: Ésaïe Jérémie Ézéchiel et Daniel	os quatro profetas maiores: Isaías Jeremias (com Lamentações) Ezequiel Daniel
Puis les autres douze petits Prophètes: Osée Joël Amos Abdias	Depois, os outros doze profetas menores: Oseias Joel Amós Obadias

368

Jonas	Jonas
Michée	Miqueias
Nahum	Naum
Habacuc	Habacuc
Sophonie	Sofonias
Aggée	Ageu
Zacharie	Zacarias
Malachie	Malaquias
Dans le Nouveau Testament:	No Novo Testamento:
les quatre Évangélistes, saint Matthieu	os quatro evangelistas: São Mateus
saint Marc	São Marcos
saint Luc	São Lucas
saint Jean	São João
les Actes des Apôtres	os Atos dos Apóstolos
les quatorze Épîtres de saint Paul:	as quatorze epístolas do Apóstolo São
aux Romains	Paulo:
deux aux Corinthiens	aos Romanos
aux Galates	duas aos Coríntios
Éphésiens	aos Gálatas
Philippiens	Efésios
Colossiens	Filipenses
deux aux Thessaloniciens,	Colossenses
deux à Timothée	duas aos Tessalonicenses
à Tite	duas a Timóteo
Philémon	a Tito
aux Hébreux	a Filêmon
	aos Hebreus
et les sept Épîtres des autres Apôtres	as outras epístolas dos outros apóstolos
savoir une de saint Jacques	a saber, uma de são Tiago
deux de saint Pierre	duas de São Pedro
trois de saint Jean	três de São João
et une de saint Jude	e uma de São Judas
enfin l'Apocalypse de saint Jean Apôtre	enfim, o Apocalipse de São João Apóstolo

10) O cânon da Confissão Anglicana (1563)

O cânon da Confissão Anglicana encontra-se no texto dos *Trinta e Nove Artigos da Confissão Anglicana*, de 1563[86], que inicialmente eram os *Quarenta*

....

86 Cf. BRUCE, F.F. *O cânon das Escrituras*. Op. cit., p. 225-226. • METZGER, B.M. *The Canon of the New Testament*... Op. cit., p. 247. Cf. tb. https://www.churchofengland.org/prayer-worship/worship/book-of-common-prayer/articles-of-religion.aspx#VII [Acessado em 01/01/16].

e Dois Artigos da Religião (1553) e só chegaram a *Trinta e Nove Artigos* na reforma de 1563.

A Igreja Anglicana, em inglês *The Church of England*, é uma Igreja cristã nacional, no sentido de que está estabelecida oficialmente na Inglaterra, tendo o seu ponto de referência na pessoa do rei ou rainha da Inglaterra (figura civil) e do bispo Primaz da Sé de Cantuária (figura religiosa). Ela também está presente fora da Inglaterra e em alguns lugares leva o nome de Igreja Episcopal, pois conservou a estrutura episcopal, como os católicos. Aliás, a Igreja Anglicana é uma igreja que conserva um misto entre o Catolicismo e a Reforma Protestante. Sua proximidade com a Igreja Católica é bastante grande.

Tendo em vista que a Igreja Anglicana usa basicamente a Bíblia a partir da *King James Version* (1611) ou outras traduções do período da Reforma Protestante, então é mais que certo que inicialmente ela tinha os livros deuterocanônicos e apócrifos do AT em seu texto, como podemos conferir no cânon da *King James Version* e outras traduções protestantes que indicamos aqui nas várias Confissões de Fé. Porém, para os profetas, ele cita apenas "Quatro Profetas maiores" e os "Doze Profetas menores", sem indicar o nome de cada livro, que nós acrescentamos e colocamos em itálico, para facilitar a leitura e identificação.

No que tange ao cânon do NT, o cânon da Confissão Anglicana deve ter tido todos os 27 livros e na ordem que temos hoje, até mesmo porque a *King James Version* (1611) já os trazia nesta ordem e a problemática em relação aos deuterocanônicos do NT já estava basicamente resolvida; outro exemplo disso é o cânon da tradução de João Ferreira Annes D'Almeida (1681). O cânon das Escrituras encontra-se no Sexto Artigo do texto dos *39 Artigos da Confissão Anglicana*. Ele segue o texto da Bíblia hebraica para o AT e o cânon do NT é idêntico ao que temos em nossas bíblias católicas e protestantes hoje.

| VI. Of THE SUFFICIENCY OF THE HOLY SCRIPTURES FOR SALVATION: HOLY Scripture containeth all things necessary to salvation: so that whatsoever is not read therein, nor may be proved thereby, is not to be required of any man, that it should be believed as an article of the Faith, or be thought requisite or necessary to salvation. In the name of the holy Scripture we do understand those | Artigo VI. Da suficiência das Sagradas Escrituras para a Salvação: A ESCRITURA Sagrada contém todas as coisas necessárias para a salvação: de maneira que tudo aquilo que nela não se lê, nem com ela se pode provar, não deve exigir-se de pessoa alguma que o creia como artigo de fé, nem deve ser julgado como requisito ou necessário para a salvação. Pelo nome de Escritura Sagrada |

Canonical Books of the Old and New Testament, of whose authority was never any doubt in the Church.

Of the Names and Number of the Canonical Books:
Genesis
Exodus
Leviticus
Numbers
Deuteronomy

Joshua
Judges
Ruth
The First Book of Samuel
The Second Book of Samuel
The First Book of Kings
The Second Book of Kings
The First Book of Chronicles
The Second Book of Chronicles
The First Book of Esdras
The Second Book of Esdras
The Book of Esther

The Book of Job
The Psalms
The Proverbs
Ecclesiastes or Preacher
Cantica, or Songs of Solomon

Four Prophets the greater

Twelve Prophets the less

And the other Books (as *Hierome* saith) the Church doth read for example of life and instruction of manners; but yet doth it not apply them to establish any doctrine; such are these following:
The Third Book of Esdras
The Fourth Book of Esdras
The Book of Tobias

entendemos aqueles livros canônicos do Antigo e do Novo Testamentos, de cuja autoridade nunca houve qualquer dúvida na Igreja.

Dos nomes e número dos livros canônicos:
Gênesis
Êxodo
Levítico
Números
Deuteronômio

Josué
Juízes
Rute
O primeiro livro de Samuel
O segundo livro de Samuel
O primeiro livro dos Reis
O segundo livro dos Reis
O primeiro livro das Crônicas
O segundo livro das Crônicas
O primeiro livro de Esdras
O segundo livro de Esdras (*Neemias*)
O livro de Ester

O livro de Jó
Os Salmos
Os Provérbios
Eclesiastes ou Pregador
Cantares, ou Cânticos de Salomão

Quatro Profetas maiores (*Isaías, Jeremias, Lamentações de Jeremias, Ezequiel, Daniel*)

Doze Profetas menores (*Oseias, Joel, Amós, Obadias, Jonas, Miqueias, Naum, Habacuc, Sofonias, Ageu, Zacarias, Malaquias*)

E os outros (como diz Jerônimo) a Igreja os lê para exemplo de vida e instrução de boas maneiras; mas ainda não os aplica para estabelecer alguma doutrina; tais são os seguintes:
O terceiro livro de Esdras
O quarto livro de Esdras
O livro de Tobias

The Book of Judith	O livro de Judite
The rest of the Book of Esther	O resto do livro de Ester
The Book of Wisdom	O livro da Sabedoria
Jesus the Son of Sirach	Jesus, o filho de Sirac (Eclesiástico)
Baruch the Prophet	O Profeta Baruc
The Song of the Three Children	O Cântico dos Três Jovens
The Story of Susanna	O História de Susana
Of Bel and the Dragon	De Bel e o Dragão
The Prayer of Manasses	A Oração de Manassés
The First Book of Maccabees	O primeiro livro dos Macabeus
The Second Book of Maccabees	O segundo livro dos Macabeus
All the Books of the New Testament, as they are commonly received, we do receive, and account them Canonical.	Recebemos e contamos por canônicos todos os Livros do Novo Testamento, segundo comumente são recebidos.
The Gospels according to Matthew	Os Evangelhos segundo Mateus
Mark	Marcos
Luke	Lucas
John	João
The Acts of the Apostles	Os Atos dos Apóstolos
Paul's Epistles	As Epístolas de Paulo
to the Romans	aos Romanos
Corinthians I	I Coríntios
Corinthians II	II Coríntios
Galatians	Gálatas
Ephesians	Efésios
Philippians	Filipenses
Colossians	Colossenses
Thessalonians I	I Tessalonicenses
Thessalonians II	II Tessalonicenses
to Timothy I	I Timóteo
To Timothy II	II Timóteo
to Titus	Tito
to Philemon	Filêmon
the Epistle to the Hebrews	a Epístola aos Hebreus
the Epistle of James	a Epístola a Tiago
the first and second Epistles of Peter	a primeira e a segunda Epístolas de Pedro
the first, second, and third Epistles of John	a primeira, segunda e terceira Epístolas de João
the Epistle of Jude	a Epístola de Judas
The Revelation of John	O Apocalipse de João

11) O cânon da Versão King James (1611)

A *King James Bible* é uma tradução de toda a Bíblia (At e NT) realizada em l611, como que a uma reação à *The Geneva Bible*, que foi publicada 51 anos antes da *King James Version*, também precedida pelas publicações da edição inglesa de William Tyndale (1525), a alemã de Zuínglio (1531) e a alemã de Martinho Lutero (1534). Tendo em vista que *The Geneva Bible* trouxe muitas *anotações* laterais, além de mapas, tabelas e introduções para cada livro, ela sofreu muitas críticas e também provocou muita recusa, a ponto de a *King James Version* (1611) vir como uma forte reação a ela e à opção feita pela sua tradução.

Na edição original de 1611 da *King James Bible*, os livros deuterocanônicos e os apócrifos foram colocados entre o AT e o NT: *1 Esdras, 2 Esdras, Tobias, Judith, Adição de Esther, Sabedoria, Eclesiástico, Baruc, Carta de Jeremias, Oração de Azarias, Susana, Bel e o Dragão, Oração de Manassés, 1 Macabeus e 2 Macabeus.* Este é um período em que a questão dos deuterocanônicos do NT (*Hebreus, Tiago, 2Pedro, 2João, 3João, Judas e Apocalipse*) já estava sendo resolvida entre os protestantes em geral, que estavam retomando-os e, inclusive, devolvendo-os na mesma ordem que temos até hoje, visto ser aquela que tínhamos antes da Reforma, como encontramos na Vulgata, edição bíblica ratificada pela Igreja Católica no Concílio de Trento, porém sem os livros do *Apêndice* final. Mais tarde, João Ferreira Annes D'Almeida (1628-1691) já vai conhecer um cânon bíblico do NT com todos os seus 27 livros. O catálogo que reproduzimos abaixo foi extraído da obra *The Holy Bible, Conteyning the Old Testament, and The New*, Londres: Barker, Printer to the King, Anno Domini, 1611, conhecida como *King James Version*, contendo sempre a *esticometria* por capítulos, como é comum no meio protestante.

Enfim, outro dado a ser observado, é que *King James Version* (1611), a exemplo das outras traduções do período da Reforma Protestante, também traz a *esticometria* por capítulos, indicando quantos capítulos traz cada um dos livros do AT e do NT, inclusive dos deuterocanônicos e dos Apócrifos, deixando sem indicação apenas os textos dos acréscimos ou que são capítulos de outros livros, como se pode ver no quadro adiante. Para uma ideia sobre a *esticometria capitular* (capítulos), sugerimos conferir nossos comentários a partir da tradução de João Ferreira Annes D'Almeida (1681). No que tange à *esticometria* por linhas (*stichoi*) sugerimos conferir nossos comentários às listas *esticométricas* que trazemos aqui em nosso texto, a saber: a *Lista de Mommsen* (360 d.C.), o

Codex Claromontanus (390-400 d.C.), *Célio Sedúlio* (séc. V), *Esticometria de Nicéforo de Constantinopla* (séc. V) e a *Esticometria Armeniana* (c. 615-690 d.C.).

The Bookes of the Old Testament:	Os Livros do Antigo Testamento:	Cap.
Genesis	Gênesis	50
Exodus	Êxodo	40
Leviticus	Levítico	27
Numbers	Números	36
Deuteronomie	Deuteronômio	34
Joshua	Josué	24
Judges	Juízes	21
Ruth	Rute	4
I Samuel	I Samuel	31
II Samuel	II Samuel	24
I Kings	I Reis	22
II Kings	II Reis	25
I Chronicles	I Crônicas	29
II Chronicles	II Crônicas	36
Ezrah	Esdras	10
Nehemiah	Neemias	13
Ester	Ester	10
Job	Jó	42
Psalmes	Salmos	150
Proverbs	Provérbios	31
Ecclesiastes	Eclesiastes	12
The Song of Salomon	Cântico de Salomão (dos Cânticos)	8
Isaiah	Isaías	66
Jeremiah	Jeremias	52
Lamentations	Lamentações	5
Ezekiel	Ezequiel	48
Daniel	Daniel	12
Hosea	Oseias	14
Joel	Joel	3
Amos	Amós	9
Obadiah	Obadias	1
Jonah	Jonas	4
Micah	Miqueias	7
Nahum	Naum	5
Habakkuk	Habacuc	3
Zephaniah	Sofonias	3
Haggai	Ageu	2

Zechariah	Zacarias	14
Malachi	Malaquias	4

The Books colled Apocrypha:	Os livros chamados Apócrifos:	
1. Esdras	1 Esdras	9
2. Esdras	2 Esdras	16
Tobit	Tobias	14
Judeth	Judite	16
The rest of Esther	A Adição de Ester	6
Wisedome	Sabedoria	19
Ecclesiasticus	Eclesiástico	51
Baruch with the Epistle of Jeremiah	Baruc com a Epístola de Jeremias	6
Song of the three Children	Cântico dos três jovens	
The story of Susanna	A história de Susana	
The idole Bel and Dragon	O ídolo Bel e o Dragão	
The Prayer of Manasseh	Oração de Manassés	
1. Maccabees	1 Macabeus	16
2. Maccabees	2 Macabeus	15

The Books of the New Testament:	Os livros do Novo Testamento:	
The Gospels according to Matthew	Os Evangelhos segundo Mateus	28
Mark	Marcos	16
Luke	Lucas	24
John	João	21
The Acts	Os Atos	26

The Epistle to the Romans	A Epístola aos Romanos	16
1 Corinthians	I Coríntios	16
2 Corinthians	II Coríntios	13
Galatians	Gálatas	6
Ephesians	Efésios	6
Philippians	Filipenses	4
Colossians	Colossenses	4
1 Thessalonians	1 Tessalonicenses	5
2 Thessalonians	2 Tessalonicenses	3
1Timothy	1 Timóteo	6
2 Timothy	2 Timóteo	4
Titus	Tito	3
Philemon	Filêmon	1
To the Hebrews	Aos Hebreus	13
The Epistle of James	A Epístola de Tiago	5
1 Peter	1 Pedro	5
2 Peter	2 Pedro	3
1 John	1 João	5
2 John	2 João	1
3 John	3 João	1

| Jude | Judas | 1 |
| Revelation | Apocalipse | 22 |

12) O cânon da Confissão de Westminster (1647)

A Confissão de Fé de Westminster (1647)[87], em seu Artigo I,2, "Da Sagrada Escritura", traz o cânon das Sagradas Escrituras do AT e do NT, que corresponde ao cânon da Bíblia *King James Version* (1611). Ela é uma Confissão de Fé Reformada que sofreu muita influência calvinista, que foi adotada pelas Igrejas Presbiterianas[88] e Reformadas espalhadas pelo mundo, com a esperança de dar uma certa unidade à Igreja. A Assembleia de Westminster (1643-1649) elaborou vários documentos teológicos, tendo como os mais importantes e históricos: a *Confissão de Fé, Catecismo Maior* e *Catecismo Breve*, todos já publicados também em português, no Brasil, sendo que o cânon bíblico nós o encontramos no texto da *Confissão de Fé*, em seu Artigo I,2, inclusive afirmando que todos os livros bíblicos foram "dados por inspiração de Deus para serem a regra de fé e prática"[89]. Levando-se em consideração que a Confissão de Fé de Westminster (1647) também assumiu a *King James Version* (1611)[90], então podemos acreditar que ela continha os livros canônicos e deuterocanônicos do AT, deixando os deuterocanônicos e os apócrifos no final do texto do AT e antes dos livros do NT, que já estavam voltando para o cânon bíblico, com seus 27 livros e na ordem que temos em nossas bíblias católicas e protestantes ainda hoje, seguindo a ordem do cânon da Vulgata, a exemplo do cânon da tradução de João Ferreira Annes D'Almeida (1681).

....

87 Cf. BRUCE, F.F. *O cânon das Escrituras*. Op. cit., p. 226. • METZGER, B.M. *The Canon of the New Testament...* Op. cit., p. 247.

88 Cf. *Confissão de Fé e Catecismo Maior da Igreja Presbiteriana*. São Paulo: Presbiteriana, 1975.

89 *A Confissão de fé de Westminster*. São Paulo: Cultura Cristã, 2011, p. 17.

90 MacMAHON, C.M. & MacMAHON, T.B. (eds.). *The 1647 Westminster Confession of Faith – KJV, with Scripture Proofs and Texts from the 1611 King James Bible*. Croosville: Puritans, 2011.

Under the name of Holy Scripture, or the Word of God written, are now contained all the books of the Old and New Testament, which are these:
Of the Old Testament:
Genesis
Exodus
Leviticus
Numbers
Deuteronomy

Joshua
Judges
Ruth
I Samuel
II Samuel
I Kings
II Kings
I Chronicles
II Chronicles
Ezra
Nehemiah
Esther

Job
Psalms
Proverbs
Ecclesiastes
The Song of Songs

Isaiah
Jeremiah
Lamentations
Ezekiel
Daniel

Hosea
Joel
Amos
Obadiah
Jonah
Micah
Nahum
Habakkuk
Zephaniah

Sob o nome de Escritura Sagrada, ou a Palavra de Deus escrita, agora são incluídos todos os livros do Antigo e do Novo Testamentos, que são estes:
Do Antigo Testamento:
Gênesis
Êxodo
Levítico
Números
Deuteronômio

Josué
Juízes
Rute
I Samuel
II Samuel
I Reis
II Reis
I Crônicas
II Crônicas
Esdras
Neemias
Ester

Jó
Salmos
Provérbios
Eclesiastes
Cântico dos Cânticos

Isaías
Jeremias
Lamentações
Ezequiel
Daniel

Oseias
Joel
Amós
Obadias
Jonas
Miqueias
Naum
Habacuc
Sofonias

Haggai	Ageu
Zechariah	Zacarias
Malachi	Malaquias
Of the New Testament:	Do Novo Testamento:
The Gospels according to Matthew	Os Evangelhos segundo Mateus
Mark	Marcos
Luke	Lucas
John	João
The Acts of the Apostles	Os Atos dos Apóstolos
Paul's Epistles	As Epístolas de Paulo
to the Romans	aos Romanos
Corinthians I	I Coríntios
Corinthians II	II Coríntios
Galatians	Gálatas
Ephesians	Efésios
Philippians	Filipenses
Colossians	Colossenses
Thessalonians I	I Tessalonicenses
Thessalonians II	II Tessalonicenses
to Timothy I	I Timóteo
To Timothy II	II Timóteo
to Titus	Tito
to Philemon	Filêmon
the Epistle to the Hebrews	a Epístola aos Hebreus
the Epistle of James	a Epístola de Tiago
the first and second Epistles of Peter	a primeira e a segunda Epístolas de Pedro
the first, second, and third Epistles of John	a primeira, a segunda e a terceira Epístolas de João
the Epistle of Jude	a Epístola de Judas
The Revelation of John	o Apocalipse de João
All which are given by inspiration of God to be the rule of faith and life.[91]	Todos são dados por inspiração de Deus para serem a regra de fé e de vida.

13) O cânon de João Ferreira de Almeida (1681)

O cânon de João Ferreira Annes D'Almeida (1628-1691)[92], impresso e lançado em português, em Amsterdã, na Holanda, em 1681, traz os 27 livros

....

91 Cf. http://www.reformed.org/documents/wcf_with_proofs/ [Acesso em 31/12/2015].

92 Cf. *Manual do Seminário de Ciências Bíblicas*. Barueri: Sociedade Bíblica do Brasil, 2011, p. 54-55.

do NT, ou seja, ele aceitou o cânon do NT completo e na ordem clássica que temos em nossas bíblias ainda hoje, ou seja, os 27 livros do NT. Ele também seguiu as demais Igrejas reformadas no que diz respeito aos livros do cânon do AT, deixando de fora os 7 livros deuterocanônicos do AT, mas assumiu os 7 livros deuterocanônicos do NT. Se bem que as Igrejas Protestantes, em geral, não retiraram os 7 livros deuterocanônicos do AT de suas bíblias até o século XIX, apenas apresentando-os numa seção separada da Bíblia[93]. Na prática, Almeida seguiu o cânon dos calvinistas holandeses, visto ser assessorado por eles, que rejeitavam os deuterocanônicos do AT; diferentemente de algumas bíblias da época, inclusive de Lutero e de Tyndale, que os colocavam em *Apêndice* no meio das bíblias, com o título de *Apogrypha*. De qualquer modo, Almeida não teve tempo de concluir a tradução dos livros canônicos do AT da Bíblia[94], muito menos tempo teve para traduzir os livros deuterocanônicos; de fato, não os traduziu, mas não sabemos se tinha intenção de o fazer, visto que morreu antes de concluir a tradução dos livros do AT.

Os títulos dos livros canônicos da Bíblia de Almeida para o AT basicamente concordam com os católicos. Quanto ao Novo Testamento, não houve problemas, ou pelo menos não se fizeram sentir no próprio texto. Por isso, o NT de Almeida é igual ao das bíblias católicas. Algumas diferenças temos em relação à nomenclatura, seja na língua portuguesa da época, seja pelos títulos em que eram reconhecidos os apóstolos chamando-os todos de Santos. Para Almeida, a Carta aos Hebreus é uma carta paulina, por isso ele a cita como: "Epístola de São Paulo aos Hebreus". A única coisa que fizemos foi elencar os livros segundo os blocos dos livros, tanto do AT como do NT, para facilitar a visualização.

Para o Antigo Testamento, João Ferreira Annes D'Almeida seguiu o cânon dos Reformadores, contendo 39 livros, segundo o cânon breve Hebraico. O quadro que apresentamos nos ilustra bem o cânon da Bíblia de Almeida, com a facilidade de que nem precisamos de tradução, visto que a sua tradução bíblica é em português. Aliás, este é o livro mais vendido em língua portuguesa[95].

....

93 Cf. *Manual do Seminário de Ciências Bíblicas*. Op. cit., p. 21.

94 Para tanto, cf. o texto da tese doutoral de Herculano Alves: *A Bíblia de João Ferreira Annes d'Almeida*, citado em nossa bibliografia final.

95 Sugerimos cf. a tese doutoral de Herculano Alves, *A Bíblia de João Ferreira Annes d'Almeida*, Op. cit., uma obra referencial sobre esta temática.

Estre os aspectos curiosos, temos o fato de que Almeida se encontrava num período em que a problemática em relação aos livros deuterocanônicos do NT já tinha sido resolvida (séc. XVII). Além disso ele deu o título de todos os autores do NT de "santos". Permanecem fora os deuterocanônicos do AT, visto que a questão ainda estava em plena discussão, embora os Reformadores os tenham deixado no texto bíblico, colocando-os em discussão com *status* inferior, como mencionamos acima, mas não recusando-os totalmente, fato que vai acontecer apenas no século XIX[96] e por motivos econômicos no momento da impressão, tentando reduzir o custo da mesma, além de serem colocados em dúvida, é óbvio[97]. Aqui adiante oferecemos os textos de sua primeira edição completa de 1819, uma sua edição após o Concílio Vaticano II (Almeida de 1969) e uma outra sua edição do início deste Milênio (Almeida de 2014), separando-as em três colunas e conservando a nomenclatura de cada edição, citando os números das cartas por indicativos numerais (I e II) e não escritos por extenso (Primeira e Segunda), para facilitar na tabela.

É interessante observar que para a 1ª Edição do NT de João Ferreira Annes D'Almeida, em 1681 (*A BÍBLIA SAGRADA. O Novo Testamento*, traduzido por João Ferreira D'Almeida, por Viúva de J.V. Someren, Amsterdam, 1681, traduzido integralmente e publicado dez anos antes de sua morte, que se deu aos 06/09/1691), em relação às *Cartas Católicas*, ele tinha traduzido o título como *Cartas Universais*: "*Epístola Universal do Apóstolo São Tiago, Primeira Epístola Universal do Apóstolo São Pedro, Segunda Epístola Universal do Apóstolo São Pedro, Primeira Epístola Universal do Apóstolo São João, Segunda Epístola do Apóstolo São João, Terceira Epístola do Apóstolo São João e Epístola Universal do Apóstolo São Judas*" e o último livro ele o chama de "*Apocalipse ou Revelação de São João, o Theologo*". Depois, em 1819, quando saiu a 1ª edição completa da tradução da Bíblia de Almeida em um único volume, ele já tinha morrido e nem tinha conseguido participar da tradução de todo o AT (ele tinha traduzido

....

96 Sugerimos a leitura de MANNUCCI, V. Il Canone delle Scritture. In: R. FABRIS e colabs. *Introduzione generale alla Bibbia*. Op. cit., p. 381. Cf. tb. *Manual das Ciências Bíblicas*, p. 22-23.

97 O cânon da Bíblia de Almeida aqui referido e a nomenclatura aqui mencionada foram retirados de uma edição de 1919, a saber: "*A Biblia Sagrada*, contendo o *Novo* e o *Velho Testamento*, traduzida em portuguez pelo Padre João Ferreira D'Almeida, ministro e pregador do Sancto Evangelho em Batavia, Londres, Impresso na Officina de R. e A. Taylor, 1819". Fizemos a opção por conservar inclusive a grafia portuguesa da época, por ser a original, acreditando não ser necessário fazer uma adaptação para a grafia portuguesa atual, visto ser a mesma língua, apenas com algumas sutilezas ou pequenas diferenças.

até Ez 48,21), o que vemos, como indicamos em nosso quadro, é que os títulos foram mudados para *"Epistolas Catholicas"*; porém a 2 e 3 de João ficam sem o título de "universais". O título "epístolas universais" vai voltar e marcar basicamente quase todo o século XX e vai desaparecer no final do mesmo século, não mais aparecendo nas bíblias nas traduções de João Ferreira de Almeida editadas no século XXI, que apresentam apenas o título "Epístolas", tanto para as cartas paulinas como para as cartas católicas, sem fazer distinções.

Um dado interessante, e presente no mundo Protestante em geral, é que a Bíblia da tradução de João Ferreira de Almeida também relaciona a quantidade de capítulos de cada um dos livros (*esticometria capitular*) e não a quantidade das linhas, como temos nos *Manuscritos Esticométricos*, mencionados anteriormente, como a *Lista de Mommsen* (360 d.C.), o *Codex Claromontanus* (390-400 d.C.), *Célio Sedúlio* (séc. V), *Esticometria de Nicéforo de Constantinopla* (séc. V) e a *Esticometria Armeniana* (c. 615-690 d.C.). Cremos que esta preocupação tenha sido para se evitar a questão da presença dos fragmentos próprios dos textos da LXX Grega, que foram adotados nas bíblias católicas, como em Ester 10,4–16,24 e Daniel 3,24–90; 13 e 14, além dos textos deuterocanônicos do AT: Judite, Tobias, Sabedoria, Eclesiástico, Baruc e 1° e 2° Macabeus.

Os catálogos reproduzidos aqui foram tirados das edições de: *A BÍBLIA SAGRADA. O Velho e o Novo Testamento*, traduzida por João Ferreira D'Almeida. Londres: R. e A. Taylor, 1819, conforme colocamos na primeira coluna, sendo que João Ferreira de Almeida não concluiu a tradução de todo o AT, levada a cabo por outros e publicada mais de um século após a sua morte; *A BÍBLIA SAGRADA. O Velho e o Novo Testamento*, traduzida por João Ferreira D'Almeida. Edição revista e corrigida. Brasília: Sociedade Bíblica do Brasil, 1969, conforme colocamos na segunda coluna, para termos uma edição da segunda metade do século XX; *A BÍBLIA SAGRADA. O Velho e o Novo Testamento*, traduzida por João Ferreira D'Almeida. Edição revisada e corrigida. São Paulo: Sociedade Bíblica Trinitariana do Brasil, 1994, conforme colocamos na terceira coluna, para termos uma edição do final do século XX, visto que a nomenclatura vai mudando sempre.

JFD'Almeira 1819/ Londres	JF D'Almeira 1969/ Brasil	JF D'Almeira 1994/ Brasil	Cap.
Antigo Testamento **Os cinco livros de Moyses**	**Antigo Testamento** **Os cinco livros de Moisés**	**Antigo Testamento** **Os cinco livros de Moisés**	
O I chamado Genesis	O I chamado Gênesis	O I chamado Gênesis	50
O II chamado Exodo	O II chamado Êxodo	O II chamado Êxodo	40
O II chamado Levitico	O III chamado Levítico	O III chamado Levítico	27
O IV chamado Numeros	O IV chamado Números	O IV chamado Números	36
O V chamado Deuteronomio	O V chamado Deuteronômio	O V chamado Deuteronômio	34
Livros Históricos	**Livros Históricos**	**Livros Históricos**	
O livro de Josua	O livro de Josué	O livro de Josué	24
O livro dos Juizes	O livro dos Juízes	O livro dos Juízes	21
O livro de Ruth	O livro de Rute	O livro de Rute	4
O I livro de Samuel	O I livro de Samuel	O I livro de Samuel	31
O II livro de Samuel	O II livro de Samuel	O II livro de Samuel	24
O I livro de Reys	O I livro de Reis	O I livro de Reis	22
O II livro de Reys	O II livro de Reis	O II livro de Reis	25
O I livro de Chronicas	O I livro de Crônicas	O I livro de Crônicas	29
O II livro de Chronicas	O II livro de Crônicas	O II livro de Crônicas	36
O livro de Esra [*Esdras*]	O livro de Esdras	O livro de Esdras	10
O livro de Nehemias	O livro de Neemias	O livro de Neemias	13
O livro de Esther	O livro de Ester	O livro de Ester	10
Livros Poéticos	**Livros Poéticos**	**Livros Poéticos**	
O livro de Job	O livro de Jó	O livro de Jó	42
O livro dos Salmos	O livro dos Salmos	O livro dos Salmos	150
Provérbios, ou Sentenças de Salomão	Provérbios, ou Sentenças de Salomão	Provérbios de Salomão	31
O Livro do Eclesiastes, ou Pregador	O Livro do Eclesiastes, ou Pregador	O Livro do Eclesiastes, ou Pregador	12
Cantares de Salomão	Cantares de Salomão	Cântico dos Cânticos de Salomão	8
Profetas maiores	**Profetas maiores**	**Livros Proféticos**	
A Prophecia de Isaias	A Profecia de Isaías	Isaías	66
A Prophecia de Jeremias	A Profecia de Jeremias	Jeremias	52
Lamentaçoens de Jeremias	Lamentações de Jeremias	Lamentações de Jeremias	5
A Prophecia de Ezechiel	A Profecia de Ezequiel	Ezequiel	48
A Prophecia de Daniel	A Profecia de Daniel	Daniel	12
Profetas menores	**Profetas menores**	**Profetas menores**	
A Prophecia de Hoseas	A Profecia de Oseias	Oseias	14
A Prophecia de Joel	A Profecia de Joel	Joel	3
A Prophecia de Amos	A Profecia de Amós	Amós	9

A Prophecia de Obadias	A Profecia de Obadias	Obadias	1
A Prophecia de Jonas	A Profecia de Jonas	Jonas	4
A Prophecia de Micheias	A Profecia de Miqueias	Miqueias	7
A Prophecia de Nahum	A Profecia de Naum	Naum	3
A Prophecia de Habacuc	A Profecia de Habacuque	Habacuque	3
Zephanias	Sofonias	Sofonias	3
A Prophecia de Haggeo	A Profecia de Ageu	Ageu	2
A Prophecia de Zacharias	A Profecia de Zacarias	Zacarias	14
A Prophecia de Malachias	A Profecia de Malaquias	Malaquias	4

Novo Testamento	**Novo Testamento**	**Novo Testamento**	
Evangelhos e Actos	**Evangelhos e Atos**	**Evangelhos e Atos**	
O Evangelho segundo São Mattheus	O Evangelho segundo São Mateus	O Evangelho segundo Mateus	28
O Evangelho segundo São Marcos	O Evangelho segundo São Marcos	O Evangelho segundo Marcos	16
O Evangelho segundo São Lucas	O Evangelho segundo São Lucas	O Evangelho segundo Lucas	21
O Evangelho segundo São João	O Evangelho segundo São João	O Evangelho segundo João	24
Actos dos Apóstolos de São Lucas	Atos dos Apóstolos de São Lucas	Atos dos Apóstolos	28

Epístolas Paulinas	**Epístolas Paulinas**	**Epístolas**	
Epístola do Apóstolo São Paulo aos Romanos	Epístola de São Paulo aos Romanos	Epístola de Paulo aos Romanos	16
I Epístola do Apóstolo São Paulo aos Corinthios	I Epístola de São Paulo aos Coríntios	I Epístola de Paulo aos Coríntios	16
II Epístola do Apóstolo São Paulo aos Corinthios	II Epístola de São Paulo aos Coríntios	II Epístola de Paulo aos Coríntios	13
Epístola do Apóstolo São Paulo aos Galatas	Epístola de São Paulo aos Gálatas	Epístola de Paulo aos Gálatas	6
Epístola do Apóstolo São Paulo aos Efesios	Epístola de São Paulo aos Efésios	Epístola de São Paulo aos Efésios	6
Epístola do Apóstolo São Paulo aos Filippenses	Epístola de São Paulo aos Filipenses	Epístola de Paulo aos Filipenses	4
Epístola do Apóstolo São Paulo aos Colossenses	Epístola de São Paulo aos Colossenses	Epístola de Paulo aos Colossenses	4
I Epístola do Apóstolo São Paulo aos Thessalonicenses	I Epístola de São Paulo aos Tessalonicenses	I Epístola de Paulo aos Tessalonicenses	5
II Epístola do Apóstolo São Paulo aos Thessalonicenses	II Epístola de São Paulo aos Tessalonicenses	II Epístola de Paulo aos Tessalonicenses	3
I Epístola do Apóstolo São Paulo a Timotheo	I Epístola de São Paulo a Timóteo	I Epístola de Paulo a Timóteo	6
II Epístola do Apóstolo São Paulo a Timotheo	II Epístola de São Paulo a Timóteo	II Epístola de Paulo a Timóteo	4

Epístola do Apóstolo São Paulo a Tito	Epístola de São Paulo a Tito	Epístola de Paulo a Tito	3
Epístola do Apóstolo São Paulo a Filemon	Epístola de São Paulo a Filêmon	Epístola de Paulo a Filêmon	1
Epístola do Apóstolo São Paulo aos Hebreus	Epístola de São Paulo aos Hebreus	Epístola aos Hebreus	13
Epistolas Catholicas	**Epístolas Universais**		
Epistola Catholica do Apóstolo São Jacó	Epístola Universal do Apóstolo São Tiago	Epístola de Tiago	5
Primeira Epistola Catholica do Apóstolo São Pedro	Primeira Epístola Universal do Apóstolo São Pedro	I Epístola de Pedro	5
Segunda Epistola Catholica do Apóstolo São Pedro	Segunda Epístola Universal do Apóstolo São Pedro	II Epístola de Pedro	3
Primeira Epistola Catholica do Apóstolo São João	Primeira Epístola Universal do Apóstolo São João	I Epístola de João	5
Segunda Epístola do Apóstolo São João	Segunda Epístola do Apóstolo São João	II Epístola de João	1
Terceira Epístola do Apóstolo São João	Terceira Epístola do Apóstolo São João	III Epístola de João	1
Epistola Catholica do Apóstolo São Judas	Epístola Universal do Apóstolo São Judas	Epístola de Judas	1
Apocalipse do Apóstolo São João	Apocalipse de São João	Apocalipse de João	22

4
Apêndice

Tabelas ilustrativas

1) O cânon do AT em Marcião e nos Padres da Igreja

Os Livros do Antigo Testamento tratados como Escrituras Canônicas pelos primeiros escritores cristãos, sendo que o *tipo itálico* indica que o escritor expressou alguma dúvida sobre o seu *status* ou então colocou como na categoria de livros de literatura edificantes, nos quais os neoconvertidos deveriam ser instruídos, como é o caso de Atanásio, embora não os considerasse entre os canônicos, mas também não os considerou apócrifos. Os espaços deixados no vazio signfica que o autor não citou tais livros ou que os considerou como apócrifos, como é o caso de Marcião que recusa todo o AT, aceitando apenas parte do NT.

Marcião (140)	Orígenes (185)	Atanásio (367)	Gregório (380)	Jerônimo (393)	Agostinho (397)
Pentateuco	**Pentateuco**	**Pentateuco**	**Pentateuco**	**Pentateuco**	**Pentateuco**
	Gênesis	Gênesis	Gênesis	Gênesis	Gênesis
	Êxodo	Êxodo	Êxodo	Êxodo	Êxodo
	Levítico	Levítico	Levítico	Levítico	Levítico
	Números	Números	Números	Números	Números
	Deuteronômio	Deuteronômio	Deuteronômio	Deuteronômio	Deuteronômio
Históricos	**Históricos**	**Históricos**	**Históricos**	**Históricos**	**Históricos**
	Josué	Josué	Josué	Josué	Josué
	Juízes	Juízes	Juízes	Juízes	Juízes
	Rute	Rute	Rute	Rute	Rute
	I Samuel	I Samuel	I Samuel	I Samuel	I Samuel
	II Samuel	II Samuel	II Samuel	II Samuel	II Samuel
	I Reis	I Reis	I Reis	I Reis	I Reis
	II Reis	II Reis	II Reis	II Reis	II Reis
	I Crônicas	I Crônicas	I Crônicas	I Crônicas	I Crônicas
	II Crônicas	II Crônicas	II Crônicas	II Crônicas	II Crônicas
	Esdras	Esdras	Esdras	Esdras	Esdras
	Neemias	Neemias	Neemias	Neemias	Neemias
		Tobias		*Tobias*	Tobias

		Judite		*Judite*	Judite
	Ester		Ester	Ester	Ester
	Macabeus	I Macabeus		*I Macabeus*	I Macabeus
	Macabeus	II Macabeus		*II Macabeus*	II Macabeus
Sapienciais	**Sapienciais**	**Sapienciais**	**Sapienciais**	**Sapienciais**	**Sapienciais**
	Jó	Jó	Jó	Jó	Jó
	Salmos	Salmos	Salmos	Salmos	Salmos
	Provérbios	Provérbios	Provérbios	Provérbios	Provérbios
	Eclesiastes	Eclesiastes	Eclesiastes	Eclesiastes	Eclesiastes
	C. dos Cânticos	C. dos Cânticos	C. dos Cânticos	C. dos Cânticos	C. dos Cânticos
		Sabedoria		*Sabedoria*	Sabedoria
		Eclesiástico		*Eclesiástico*	Eclesiástico
P. Maiores	**P. Maiores**	**P. Maiores**	**P. Maiores**	**P. Maiores**	**P. Maiores**
	Isaías	Isaías	Isaías	Isaías	Isaías
	Jeremias	Jeremias	Jeremias	Jeremias	Jeremias
	Lamentações	Lamentações		Lamentações	Lamentações
	Carta (Bar 6)	Baruc		*Baruc (1-6)*	Baruc (1-6)
	Daniel	Daniel	Daniel	Daniel	Daniel
	Ezequiel	Ezequiel	Ezequiel	Ezequiel	Ezequiel
P. Menores	**P. Menores**	**P. Menores**	**P. Menores**	**P. Menores**	**P. Menores**
		Oseias	Oseias	Oseias	Oseias
		Joel	Joel	Joel	Joel
		Amós	Amós	Amós	Amós
		Abdias	Abdias	Abdias	Abdias
		Miqueias	Miqueias	Miqueias	Miqueias
		Naum	Naum	Naum	Naum
		Habacuc	Habacuc	Habacuc	Habacuc
		Sofonias	Sofonias	Sofonias	Sofonias
		Ageu	Ageu	Ageu	Ageu
		Zacarias	Zacarias	Zacarias	Zacarias
		Malaquias	Malaquias	Malaquias	Malaquias

2) O cânon do NT em Marcião e nos Padres da Igreja

Os Livros do Novo Testamento tratados como Escrituras Canônicas pelos primeiros escritores. O *tipo itálico* indica que o escritor não quis mencionar o livro ou expressou alguma dúvida sobre o seus *status*.

Marcião (140)	Orígenes (185)	Atanásio (367)	Gregório (380)	Jerônimo (393)	Agostinho (397)
	Mateus	Mateus	Mateus	Mateus	Mateus
	Marcos	Marcos	Marcos	Marcos	Marcos
Lucas	Lucas	Lucas	Lucas	Lucas	Lucas
	João	João	João	João	João
	Atos	Atos	Atos	Atos	Atos
Romanos	Romanos	Romanos	Romanos	Romanos	Romanos
1 Coríntios	1 Coríntios	1 Coríntios	1 Coríntios	1 Coríntios	1 Coríntios
2 Coríntios	2 Coríntios	2 Coríntios	2 Coríntios	2 Coríntios	2 Coríntios

Gálatas	Gálatas	Gálatas	Gálatas	Gálatas	Gálatas
Laodiceia (Efésios)	Efésios	Efésios	Efésios	Efésios	Efésios
Filipenses	Filipenses	Filipenses	Filipenses	Filipenses	Filipenses
Colossenses	Colossenses	Colossenses	Colossenses	Colossenses	Colossenses
1 Tessalonicenses	1 Tessalonicenses	1 Tessalonicenses	1 Tessalonicenses	1 Tessalonicenses	1 Tessalonicenses
2 Tessalonicenses	2 Tessalonicenses	2 Tessalonicenses	2 Tessalonicenses	2 Tessalonicenses	2 Tessalonicenses
	1 Timótes	1 Timóteo	1 Timóteo	1 Timóteo	1 Timóteo
	2 Timóteo	2 Timóteo	2 Timóteo	2 Timóteo	2 Timóteo
	Tito	Tito	Tito	Tito	Tito
Filêmon	Filêmon	Filêmon	Filêmon	Filêmon	Filêmon
	Hebreus	Hebreus	Hebreus	Hebreus	Hebreus
	Tiago	Tiago	Tiago	Tiago	Tiago
	1 Pedro	1 Pedro	1 Pedro	1 Pedro	1 Pedro
	2 Pedro	2 Pedro	2 Pedro	2 Pedro	2 Pedro
	1 João	1 João	1 João	1 João	1 João
	2 João	2 João	2 João	2 João	2 João
	3 João	3 João	3 João	3 João	3 João
	Judas	Judas	Judas	Judas	Judas
	Apocalipse	Apocalipse		Apocalipse	Apocalipse

3) Livros do TM, da LXX, do Concílio Romano e da Vulgata

Os livros do Antigo Testamento tratados como Escritura Tradicional pelos primeiros escritores cristãos, sendo que o *tipo itálico* indica que o escritor não quis mencionar o livro ou expressou alguma dúvida sobre o *status* do livro, ou então o considerou apócrifo do AT. Também trazemos os "títulos" dos blocos em *itálico*, para diferenciá-los dos títulos dos livros bíblicos.

TM (24 livros) Cânon Palestino	LXX (53 livros) Cânon Alexandrino	Concílio de Roma (AD 382; 73 livros)	Versão da Vulgata (Final séc. IV, 73 livros)
Torah/Lei	*Pentateuco/Lei*	*Pentateuco*	*Pentateuco*
Gênesis	Gênesis	Gênesis	Gênesis
Êxodo	Êxodo	Êxodo	Êxodo
Levítico	Levítico	Levítico	Levítico
Números	Números	Números	Números
Deuteronômio	Deuteronômio	Deuteronômio	Deuteronômio
Nebiîm/Profetas			
Profetas Anteriores	*Históricos*	*Históricos*	*Históricos*
Josué	Josué	Josué	Josué
Juízes	Juízes	Juízes	Juízes
1º Samuel	Rute	Rute	Rute
2º Samuel	1º Reis/1º Sam	1º Samuel	1º Samuel

1º Reis	2º Reis/2º Sam	2º Samuel	2º Samuel
2º Reis	3º Reis	1º Reis	1º Reis
Profetas Posteriores	4º Reis	2º Reis	2º Reis
Isaías	1º Paralipômenos	1º Paralipômenos	1º Paralipômenos
Jeremias	2º Paralipômenos	2º Paralipômenos	2º Paralipômenos
Ezequiel	1º Esdras (Apóc.)	Saltério	Esdras [com Neemias]
Os Doze Profetas	2º Esdras (Esd/Neem)	Provérbios	Tobias
Oseias	Ester [com fragmentos do grego]	Eclesiastes	Judite
Joel	Judite	Cântico dos Cânticos	Ester
Amós	Tobias	Sabedoria	Jó
Abdias	1º Macabeus	Eclesiástico	Salmos
Jonas	2º Macabeus	Profetas Maiores	Provérbios
Miqueias	3º Macabeus (Apóc.)	Isaías	Eclesiastes
Naum	4º Macabeus (Apóc.)	Jeremias	Cântico dos Cânticos
Habacuc	Poéticos	Lamentações	Sabedoria
Sofonias	Salmos (com o Sl 151)	Baruc	Eclesiástico
Ageu	Odes (Apóc.)	Ezequiel	Profetas Maiores
Zacarias	Provérbios	Daniel	Isaías
Malaquias	Eclesiastes	Profetas Menores	Jeremias
Ketubin/Escritos	Cântico dos Cânticos	Joel	Lamentações
Salmos	Jó	Abdias	Baruc
Jó	Sabedoria	Oseias	Ezequiel
Provérbios	Siracida (Eclo)	Amós	Daniel
Rute	Salmos de Salomão (Apóc.)	Miqueias	Profetas Menores
Cântico dos Cânticos	Profetas Menores	Jonas	Oseias
Eclesiastes (Coélet)	Oseias	Naum	Joel
Lamentações	Amós	Habacuc	Amós
Ester	Miqueias	Sofonias	Abdias
Daniel	Joel	Ageu	Jonas
Esdras-Neemias	Abdias	Zacarias	Miqueias
1º Crônicas	Jonas	Malaquias	Naum
2º Crônicas	Naum	Históricos	Habacuc
	Habacuc	Jó	Sofonias
	Sofonias	Tobias	Ageu
	Ageu	Judite	Zacarias
	Zacarias	Ester	Malaquias
	Malaquias	Esdras [com Neemias]	Histórias
	Profetas Maiores	1º Macabeus	1º Macabeus
	Isaías	2º Macabeus	2º Macabeus
	Jeremias		
	Baruc [1-5]		
	Lamentações		
	Carta de Jeremias (Baruc 6)		
	Ezequiel		
	Susana [Dn 13]		
	Daniel 1-12 [3,24-90 que é próprio do grego]		
	Bel e o Dragão [Dn 14]		

		Novo Testamento	Novo Testamento
		4 Evangelhos	4 Evangelhos e Atos
		Mateus	Mateus
		Marcos	Marcos
		Lucas	Lucas
		João	João
		14 Cartas de Paulo	Atos dos Apóstolos
		Romanos	14 Cartas de Paulo
		1 Coríntios	Romanos
		2 Coríntios	1 Coríntios
		Efésios	2 Coríntios
		1 Tessalonicenses	Gálatas
		2 Tessalonicenses	Efésios
		Gálatas	Filipenses
		Filipenses	Colossenses
		Colossenses	1 Tessalonicenses
		1 Timóteo	2 Tessalonicenses
		2 Timóteo	1 Timóteo
		Tito	2 Timóteo
		Filêmon	Tito
		Hebreus	Filêmon
		Apocalipse	Hebreus
		Atos dos Apóstolos	7 Epístolas Católicas
		7 Cartas Canônicas	Tiago
		Tiago	1 Pedro
		1 Pedro	2 Pedro
		2 Pedro	1 João
		1 João	2 João
		2 João	3 João
		3 João	Judas
		Judas	Apocalipse

4) Livros do AT mais discutidos na Igreja Primitiva

Além dos livros do cânon Hebraico (*Palestinense*), também existem outros livros que acabaram sendo recebidos como Escritura canônica tanto pela Igreja Ortodoxa Grega, que pegou todos os livros presentes no cânon Grego da LXX (*Alexandrino*), como pela Igreja Católica Romana, que, seguindo a Versão da Vulgata, pegou os deuterocanônicos, deixando os apócrifos de fora. O mundo Protestante traz uma lista de livros chamados apócrifos, que exclui todos os livros que se encontrarm apenas na LXX Grega e, por consequência, aqueles que os cristãos dos primeiros séculos incluíram na Versão da *Vulgata Latina* de Jerônimo, traduzida por ele a pedido do Papa Dâmaso. Portanto, alguns livros da LXX Grega ficaram fora ou em Apêndice final na *Vulgata Latina*, já no final do século IV do cristianismo, a saber: *1º Esdras, 3 e 4 Macabeus, Salmo 151, Ode de Salomão, 18 Salmos de Salomão, Oração de Manassés.*

No século XVI, portanto, depois de muito caminho já trilhado pelo cristianismo, quando o Concílio de Trento reafirmou o cânon católico romano diante de toda a problemática protestante, em seu "Decreto relativo às Escrituras Canônicas", a Igreja Católica especificou que os livros deviam ser recebidos "como eles estão contidos na antiga *Vulgata Latina*". É normal que apenas e tão somente os livros que já estavam contidos na *Vulgata* e que ela vinha utilizando em sua Liturgia e Doutrina é que deviam permanecer no Catálogo das Escrituras Canônicas. Com isso, ficava claro que nenhum livro deveria ser tirado, como pretendiam os Protestantes, e que nenhum livro deveria ser acrescentado, como pretendiam os Ortodoxos, com a adoção da *Septuaginta* por inteiro. Com isso, as Igrejas Ortodoxas Orientais (p. ex.: a grega, a russa, a ucraniana, a búlgara, a sérvia, a armênia, entre outras) receberam alguns livros que estavam presentes em *vários manuscritos da Septuaginta*, mas não na *Vulgata*, e os Protestantes recusaram todos os livros que estavam na LXX Grega ou mesmo na *Vulgata Latina*.

Ter presente a situação da diferença e ver o momento histórico em que textos foram incluídos ou excluídos, ajuda-nos a entender a diferença que cada tradição foi tomando ao longo dos séculos de história do cristianismo, sendo que as Igrejas Ortodoxas Orientais seguiram com o *cânon Alexandrino* (mais longo), a Igreja Católica Romana seguiu e reafirmou o *cânon da Vulgata* (médio) e os Protestantes adotaram o *cânon Palestinense* Hebraico (mais curto). Vejamos esta direferença no quadro a seguir, em que elencamos apenas os livros que fazem parte do *cânon Alexandrino* e, a partir daí, vejamos o que temos ou não em cada uma das tradições religiosas com relação ao cânon Escriturístico e seus livros mais *disputados*, que, porém, entraram no cânon do AT. Mas se vê, de imediato, que o cristianismo já nasceu e se desenvolveu com o *cânon Alexandrino* da LXX Grega e não com o *cânon Palestinense* Hebraico.

Cânon Hebraico	Cânon Ortodoxo Grego	Cânon Católico	Cânon Protestante
	1 Esdras		
	Adições de Ester	Adições de Ester	
	(Est 10,4–16,24)	(Est 10,4–16,24)	
	Judite	Judite	
	Tobias	Tobias	
	1 Macabeus	1 Macabeus	
	2 Macabeus	2 Macabeus	
	3 Macabeus		
	4 Macabeus		
	Salmo 151		
	Odes de Salomão		
	Sabedoria de Salomão	Sabedoria de Salomão	
	Sabedoria de Sirac (Eclo)	Eclesiástico	
	18 Salmos de Salomão		
	Baruc 1-5	Baruc (1-6)	
	Epístola de Jeremias (Bar 6)		
	História de Susana (Dn 13)		
	Cântico dos 3 jovens		
	(Dn 3,24-90)		
	Bel e o Dragão (Dn 14)		
	Oração de Manassés[98]		

5) Livros do NT mais discutidos na Igreja Primitiva

A lista e a tabela que ora apresentamos têm como intento mostrar quais dos livros do NT eram mais *disputados*, quais entraram no cânon e quais foram os outros escritos que ficaram incluídos em alguns catálogos de livros como sendo canônicos até o século VIII, tendo como último Padre da Igreja Oriental deste período João Damasceno. Nós procuramos oferecer alguns dos vários catálogos, já que reportar todos seria delongar bastante a temática. Mas cremos que a partir desta tabela se poderá realizar outras com os demais catálogos existentes nesta obra, seja em relação aos livros canônicos, seja em relação aos deuterocanônicos do AT e do NT, e, por fim, seja em relação aos apócrifos ou pseudoepígrafos, como são chamados no meio protestante e evangélico.

....

98 O texto de 2Cr 33,11-20 menciona a Oração de Manassés no Cativeiro da Babilônia, quando, angustiado e arrependido de seus pecados, fez a Deus sua oração pedindo perdão de seus erros. Além disso, tenhamos presente que alguns desses livros aparecem em poucos manuscritos e cópias da LXX.

Nesse quadro aqui adiante, a primeira coisa que oferecemos é uma lista dos livros mais disputados nos primeiros séculos da Igreja no que diz respeito ao NT, sendo que entre eles temos 5 Epístolas Católicas (*Tiago, 2 Pedro, 1 e 2 de João e Judas*), mais *Hebreus* e *Apocalipse*, que entraram no cânon do NT, hoje comum às grandes Igrejas, e outros que não entraram (*Pastor de Hermas, Apocalipse de Pedro, Epístola de Barnabé, Didaqué e Epístola de Clemente*). A letra **S** indica que o livro é **Sim** listado como Sagrada Escritura; a letra **D** indica que o autor enumera aquele livro em uma classe de livros em **Disputa**. A letra **P** indica que a lista **Pode** ser interpretada de forma a incluir o livro como Sagrada Escritura. A letra **N** indica que o livro definitivamente **Não** entrou naquela lista, ou seja, ele é expressamente rejeitado por aquele autor. A letra **A** significa que o livro está **Ausente**, isto é, que o autor não menciona o livro, logo, implica a sua rejeição.

Aqui no primeiro quadro, na coluna à esquerda, trazemos os títulos dos livros deuterocanônicos do NT, discutidos, mas que entraram e fazem parte do cânon do NT; já na coluna à direita, nós trazemos uma outra lista de livros bastante *disputados*, mas que não entraram no cânon do NT, embora vários Padres da Igreja os recomendassem. Cremos ser importante não esquecer que a opinião de um autor individualmente falando não tem o peso e nem conta como a decisão de um Sínodo ou de Concílo da Igreja, seja local, seja universal, como vamos tendo a partir do século IV, que vai definindo cada vez mais a lista dos livros tanto do AT como do NT para o cristianismo como um todo, em que o AT vai seguindo seus caminhos a partir do *cânon Alexandrino* (LXX, longo) e não do *cânon Palestinense* (TM, breve), e o NT vai construindo o seu próprio cânon de 27 livros a partir de suas várias decisões eclesiásticas, tanto orientais como ocidentais.

Deuterocanônicos do NT	Apócrifos do NT
1. Epístola aos Hebreus 2. Epístola de Tiago 3. Segunda Epístola de Pedro 4. Segunda Epístola de João 5. Terceira Epístola de João 6. Epístola de Judas 7. Apocalipse de João	8. Pastor de Hermas 9. Apocalipse de Pedro 10. Epístola de Barnabé 11. Didaqué (*Doutrina dos Apóstolos*) 12. Epístola de Clemente

Livros mais disputados do NT: deuterocanônicos e apócrifos

Grego/Latim/Siríaco	Data	Heb	Tg	Pd	Jo	Jd	Ap	Past	ApP	Barn	Did	Clem
Frag. *Muratorianum*	170	A	A	A	P	S	S	N	D	A	A	A
Orígenes	225	S	D	D	D	D	S	A	A	A	A	A
Eusébio de Cesareia	324	S	D	D	D	D	D	N	N	N	N	A
Crirlo de Jerusalém	348	S	S	S	S	S	A	A	A	A	A	A
Lista de *Cheltenham*	360	A	A	S	S	A	S	A	A	A	A	A
Concílio de Laodiceia	363	S	S	S	S	S	A	A	A	A	A	A
Atanásio de Alexandria	367	S	S	S	S	S	S	A	A	A	A	A
Gregório de Nazianzo	380	S	S	S	S	S	A	A	A	A	A	A
Anfilóquio de Icônio	380	S	D	D	D	D	D	A	A	A	A	A
Rufino de Aquileia	380	S	S	S	S	S	S	N	A	A	A	A
Cânon Apostólico	380	S	S	S	S	S	A	A	A	A	A	S
Epifânio	385	S	S	S	S	S	S	A	A	A	A	A
Jerônimo	390	S	S	S	S	S	S	A	A	A	A	A
Agostinho	397	S	S	S	S	S	S	A	A	A	A	A
3° Concílio de Cartago	397	S	S	S	S	S	S	A	A	A	A	A
Codex *Claromontanus*	400	S	S	S	S	S	S	S	S	S	S	A
Versão Peshita-Siríaca	400	S	S	A	A	A	A	A	A	A	A	A
Versão Latina Vulgata	400	S	S	S	S	S	S	N	N	N	N	N
Carta de Inocente I	405	S	S	S	S	S	S	A	N	A	A	A
Relatório de Junílio	550	S	D	D	D	D	D	A	A	A	A	A
Decreto de Gelásio	550	S	S	S	S	S	S	N	A	A	A	A
Isidoro de Sevilha	625	S	S	S	S	S	S	A	A	A	A	A
João Damasceno	730	S	S	S	S	S	S	A	A	A	A	A

Um dos melhores trabalhos que temos em inglês sobre o *cânon do NT* da Igreja é o texto de B.M. Metzger, *The Canon of the New Testament: its Origin, Development, and Significance* (Oxford: Clarendon Press, 2009). Seu estudo retoma o belo trabalho de: B.F. Westcott, *A General Survey of the History of the Canon of the New Testament* (Londres: MacMillan, 1855, 6th edition 1889, reprinted, Grand Rapids, 1980). Para um trabalho mais popular sugerimos conferir: Norman Geisler and William Nix, *General Introduction to the Bible*. Chicago: Moody Press, 1986.

6) O arranjo/sequência dos textos do cânon do AT

O arranjo ou sequência dos livros no cânon bíblico do AT, segundo o que temos em nossas bíblias hoje, é resultado de um longo processo de caminhada na vida do povo judeu, dentro (Tanak) e fora da Palestina (LXX). Este processo, que teve início nos tempos de Davi, o grande rei de Israel, foi sendo decidido

e foi se impondo sobretudo a partir do *Exílio Babilônico* (*Pentateuco*), passando pelo período do Império Grego (*Profetas*) indo até a discutida Assembleia de Jamnia (*Escritos*), no tempo do Império Romano, acontecida entre o final do século I d.C. e o início do século II d.C., provavelmente entre os anos 90-110 d.C., sendo de vertente farisaica e sob a liderança do rabino *Yochanan ben Zakai*, quando fora fechado o cânon bíblico em seu arranjo na forma *tripartide* da Tanak (Torá, Profetas e Escritos), enquanto que os Samaritanos ficaram apenas com o Pentateuco (Torá), recusando todos os demais livros do AT, declarando-
-os não inspirados.

No período do Império Grego foi realizada a tradução do texto hebraico para a língua grega, entre o século III a.C. e século II a.C., possivelmente entre os anos 250-150 a.C., quando tivemos a tradução chamada *Septuaginta*, adotando um arranjo em uma forma *quadripartita* (LXX, 4 blocos: Pentateuco, Históricos, Poéticos e Proféticos) e a escrita de outros livros em língua grega, como os deuterocanônicos do AT e, inclusive, alguns apócrifos. Aqui iremos trabalhar apenas com o aparecimento e arranjo dos textos *protocanônicos* e *deuterocanônicos* no cânon do AT.

Enfim, de alguns textos não trazemos o arranjo em relação ao AT, porque aqui em nossa obra nós trazemos apenas o seu cânon do NT. Quem sabe numa próxima edição, quando conseguiremos ter acesso aos textos nas línguas originais ou a uma outra língua antiga. São eles: Peshita Syriaca, Armena, Copta, Etiópica, Georgiana, Clemente de Alexandria, Tertuliano, Dídimo (o Cego), Cipriano de Cartago e Irineu de Lyon, como podemos conferir no item sobre o arranjo dos textos do cânon do NT.

a) Arranjo geral dos *Corpora* do AT

• Septuaginta, Melitão de Sardes, Orígenes, Vulgata, Códice Vaticano, Cirilo de Jerusalém, cânon de Cheltenham/Mommsen, Concílio de Laodiceia, Cânon Apostólico, Célio Sedúlio – *Anonymus*, Jerusalemitano, Gregório de Nazianzo, Anfilóquio de Icônio, Hilário de Poitiers, Códice Claromontano, Atanásio, Agostinho, Concílio Plenário de Hipona, III Concílio de Cartago, IV Concílio de Cartago, Epifânio, Anônimo *in notis*, Sessenta Livros, Isidoro, João Damasceno, João Crisóstomo, *Synopsis Scripturae Sacrae*, 4 blocos: Pentateuco, Históricos, Sapienciais (Poéticos) e Proféticos.

- Samaritanos: aceitaram apenas o Pentateuco e recusaram todo o resto do AT.
- Marcião: recusou todo o AT.
- Fragmento Muratoriano: traz o catálogo a partir de Lucas, tendo perdido o restante.
- Massorético, Jerônimo [*hebraica veritas*], João de Salisbury, 3 blocos: Pentateuco, Proféticos e Escritos.
- *Liber Sacramentorum,* Códice Sinaítico, Esticometria Armeniana, Rufino, Leôncio de Bizâncio, Hugo de São Vitor, Junílio, 4 blocos: Pentateuco, Históricos, Proféticos e Sapienciais.
- *Ebed Jesu*, Concílio de Antioquia, Concílio Romano e Decreto Gelasiano, 4 blocos: Pentateuco, Históricos, Sapienciais, Proféticos e o restante dos Históricos.
- Códice Alexandrino, 4 blocos: Pentateuco, Históricos, Proféticos, e o restante dos Históricos, Sapienciais.
- Inocente I, 4 blocos: Pentateuco, Históricos, Proféticos, Sapienciais e o restante dos Históricos.
- Filastro: traz um comentário geral dos *corpora* do AT, sem especificar os livros.
- Cassiodoro: não tem uma lista própria. Ele traz uma recensão das listas de Jerônimo, Agostinho e da Septuaginta [com o NT].
- Eusébio de Cesareia: o texto que temos dele traz apenas a lista do NT, dividindo os livros entre recebidos, contestados, espúrios e hereges.

b) Arranjo do *Corpus Pentateucum*

- Pentateuco Samaritano, Massorético, Septuaginta, Vulgata, Peshita Syriaca, Armena, Copta, Etiópica, Georgiana, Códice Vaticano, Códice Alexandrino, Códice Sinaítico, Esticometria Armeniana, Fragmento Muratoriano, Orígenes, Concílio de Antioquia, Cirilo de Jerusalém, Hilário de Poitiers, cânon de Cheltenham/Mommsen, Concílio de Laodiceia, Atanásio, Cânon Apostólico, Anfilóquio de Icônio, Concílio Romano e Decreto Gelasiano, Gregório de Nazianzo, Epifânio, Filastro, Códice Claromontano, Jerônimo, Concílio Plenário de Hipona, Agostinho, III Concílio de Cartago (Norte da África), IV Concílio de Cartago (Norte da África),

Rufino, João Crisóstomo, Inocente I, Célio Sedúlio – *Anonymus, Synopsis Scripturae Sacrae*, Junílio, Leôncio, Isidoro, *Liber Sacramentorum*, Sessenta Livros, Anônimo *in notis*, João Damasceno, Jerusalemitano, Hugo de São Vitor, João de Salisbury, *Ebed Jesu*, Irineu, Clemente de Alexandria, Tertuliano, Cipriano, Dídimo (o Cego): Gênesis, Êxodo, Levítico, Números e Deuteronômio.

• Melitão de Sardes, Leôncio de Bizâncio: Gênesis, Êxodo, *Números, Levítico*, Deuteronômio, Josué...

• Jerusalemitano: Gênesis, Êxodo, Levítico, *Josué*, Deuteronômio, Números...

• Cassiodoro: não tem uma lista própria. Ele traz uma recensão das listas de Jerônimo, Agostinho e da Septuaginta [com o NT].

• Eusébio de Cesareia: o texto que temos dele traz apenas a lista do NT, dividindo os livros entre recebidos, contestados, espúrios e hereges.

c) Arranjo do *Corpus Historicum*

• Pentateuco Samaritano: nega este *corpus*.

• Marcião: recusou todo o AT.

• Melitão de Sardes: Josué, Juízes, Rute, Samuel, Reis, Crônicas.

• Fragmento Muratoriano: traz o catálogo a partir do Evangelho de Lucas, tendo perdido o que precede.

• *Liber Sacramentorum*: Josué, Juízes, Rute, Ester, Judite, Macabeus, Jó, Tobias, Samuel, Reis.

• *Ebed Jesu*: Josué, Juízes, Rute, Judite, Ester, Susana, Esdras, Daniel, Epístola de Baruc, *Provérbios* (Sabedoria), Macabeus, Tobias.

• Orígenes: Josué, Juízes, Rute, Samuel, Reis, Crônicas, Esdras, Ester, Macabeus.

• Códice Vaticano, Vulgata: Josué, Juízes, Rute, Samuel, Reis, Crônicas, Esdras [com Neemias], Tobias, Judite, Ester.

• Cirilo de Jerusalém, Rufino: Josué, Juízes, Rute, Samuel, Reis, Crônicas, Esdras, Neemias, Ester.

• Códice Sinaítico: [faltam no Códice] Crônicas, Esdras, Ester, Tobias, Judite, Macabeus.

- Esticometria Armeniana: Josué, Juízes, Rute, Samuel, Reis, Crônicas, Macabeus, [após os Sapienciais] Esdras [com Neemias], Ester, Tobias, Judite.
- Concílio de Antioquia: Josué, Juízes, Rute, Samuel, Reis, Crônicas, Esdras [com Neemias].
- Cânon de Cheltenham/Mommsen: Josué, Juízes, Rute, Samuel, Reis, Crônicas, Macabeus, Tobias, Ester, Judite.
- Concílio de Laodiceia: Josué, Juízes, Rute, Ester, Samuel, Reis, Crônicas, Esdras, Neemias.
- Cânon Apostólico: Josué, Juízes, Rute, Samuel, Reis, Crônicas, Esdras [com Neemias], Ester, Judite, Macabeus.
- Jerusalemitano: Rute, Jó, Juízes, Saltério, Samuel, Reis, Crônicas [Esdras, Neemias, Ester, junto com os proféticos].
- Atanásio: Josué, Juízes, Rute, Samuel, Reis, Crônicas, Esdras, Neemias [Ester não é canônico para Atanásio].
- Jerônimo: [antes do *hebraica veritas*] Jó, Josué, Juízes, Rute, Saltério, Crônicas, Reis, Esdras, Neemias, Lamentações de Jeremias e sua Oração, Provérbios de Salomão, [seguindo a *hebraica veritas*]: Jó, Salmos, Provérbios, Eclesiastes, Cântico dos Cânticos, Daniel, Crônicas, Esdras, Ester.
- Célio Sedúlio – *Anonymus*: Josué, Juízes, Samuel, Reis, Crônicas, Esdras, [após os proféticos] Ester, Macabeus, Judite, Tobias.
- Códice Alexandrino: Josué, Juízes, Rute, Samuel, Reis, Crônicas [após os proféticos cita...] Ester, Tobias, Judite, Esdras, Macabeus.
- Concílio Romano e Decreto Gelasiano: Josué, Juízes, Rute, Samuel, Reis, Crônicas, [após os proféticos] Tobias, Esdras, Neemias, Ester, Judite, Macabeus.
- Concílio Plenário de Hipona, III Concílio de Cartago, IV Concílio de Cartago: Josué, Juízes, Rute, Samuel, Reis, Crônicas, [após os proféticos] Tobias, Judite, Ester, Esdras, Neemias, Macabeus.
- Agostinho: Josué, Juízes, Rute, Samuel, Reis, Crônicas, Jó, Tobias, Ester, Judite, Macabeus, Esdras, Neemias.
- Inocente I: Josué, Juízes, Samuel, Reis, Rute, tido como históricos: Tobias, Ester, Judite, Macabeus, Esdras, Neemias, Crônicas.
- Hilário de Poitiers: Josué, Juízes, Rute, Samuel, Reis, Crônicas, Esdras com Neemias, [após os proféticos] Jó, Ester, Tobias, Judite.

• Códice Claromontano: Josué, Juízes, Rute, Samuel, Reis, [após os proféticos] Macabeus, Judite, Esdras, Ester, Tobias.

• Anfilóquio de Icônio: Josué, Juízes, Rute, Samuel, Reis, Crônicas, Esdras, Neemias, [após os proféticos] Ester.

• Epifânio: Josué, Juízes, Rute, [após os Sapienciais] Samuel, Reis, Crônicas, [após os proféticos] Ester.

• Gregório de Nazianzo: Josué, Juízes, Rute, Samuel, Reis, Crônicas, Esdras [omite Ester].

• Filastro: traz um comentário geral dos *corpora* do AT, sem especificar os livros.

• Anônimo *in notis*: Josué, Juízes, Rute, Samuel, Reis, Crônicas.

• Sessenta Livros: Josué, Juízes, Rute, Samuel, Reis, Crônicas, Esdras, Neemias, [fora dos Sessenta: Sabedoria, Eclesiástico, Macabeus, Ester, Judite, Tobias]

• Isidoro: Josué, Juízes, Rute, Samuel, Reis, Crônicas, Jó, Tobias, Ester, Judite, Esdras [com Neemias], Macabeus.

• Hugo de São Vitor: Josué, Juízes, Samuel, Reis, [após os Sapienciais] Esdras, Neemias, Ester, [cita Macabeus, como livro lido em realidade, mas não registrado no cânon].

• Leôncio: Josué, Juízes, Rute, Samuel, Reis, Crônicas, Esdras [com Neemias? Não traz Ester].

• João Damasceno: Josué, Juízes, Rute, Samuel, Reis, Crônicas, [após os proféticos] Esdras, Neemias, Ester.

• João de Salisbury: Josué, Juízes, Rute, Samuel, Reis, [após os proféticos], Crônicas, Esdras, Ester.

• Cassiodoro: não tem uma lista própria. Ele traz uma recensão das listas de Jerônimo, Agostinho e da Septuaginta.

• Eusébio de Cesareia: o texto que temos dele traz apenas a lista do NT, dividindo os livros entre recebidos, contestados, espúrios e hereges.

• João Crisóstomo: Josué, Juízes, Rute, Samuel, Reis, Esdras [com Neemias], [omite Ester e Crônicas].

• *Synopsis Scripturae Sacrae*: Josué, Juízes, Rute, Samuel, Reis, Crônicas, Esdras, Neemias [coloca *Ester* como não canônico].

• Junílio: Josué, Juízes, Rute, Samuel, Reis [insere os 4 Evangelhos e Atos], Crônicas, Jó, Esdras, Neemias, Judite, Ester, Macabeus.

d) Arranjo do *Corpus Sapienziale*

- Pentateuco Samaritano: nega este *corpus*.
- Marcião: recusou todo o AT.
- Melitão de Sardes: Salmos, Provérbios ou Sabedoria, Eclesiastes, Cântico dos Cânticos, Jó.
- Fragmento Muratoriano: traz o catálogo a partir de Lucas, tendo perdido o restante.
- *Liber Sacramentorum*: 5 Davídicos, 3 Salomão: Provérbios, Eclesiastes, Cântico dos Cânticos, Esdras.
- *Ebed Jesu*: Salmos, Provérbios, Cohelet, Cântico dos Cânticos, Eclesiástico, Sabedoria, Jó.
- Orígenes: Salmos, Provérbios, Eclesiastes, Cântico dos Cânticos, Jó.
- Vulgata: Jó, Salmos, Provérbios, Eclesiastes, Cântico dos Cânticos, Sabedoria, Eclesiástico.
- Códice Vaticano: Salmos, Provérbios, Eclesiastes, Cântico dos Cânticos, Jó, Sabedoria, Eclesiástico, Ester, Judite, Tobias.
- Códice Alexandrino: Salmos, Jó, Provérbios, Cântico, Sabedoria, Eclesiástico.
- Códice Sinaítico: Salmos, Provérbios, Eclesiastes, Cântico, Sabedoria, Eclesiástico, Jó.
- Esticometria Armeniana: Saltério, Provérbios, Eclesiastes, Cântico dos Cânticos, Sabedoria, Jó, Sirácida.
- Concílio de Antioquia, Concílio de Laodiceia: Salmos, Provérbios, Eclesiastes, Cântico dos Cânticos, Jó.
- Cirilo de Jerusalém: Jó, Salmos, Provérbios, Eclesiastes, Cântico dos Cânticos.
- Cânon de Cheltenham/Mommsen: Jó, Salmos de Davi, os livros de Salomão.
- Cânon Apostólico, Concílio Plenário de Hipona, III Concílio de Cartago, IV Concílio de Cartago: Jó, Salmos, 5 livros de Salomão [Provérbios, Cântico dos Cânticos, Eclesiastes, Sabedoria, Eclesiástico].
- Inocente I: 5 livros de Salomão [Provérbios, Eclesiastes, Cântico dos Cânticos, Sabedoria, Eclesiástico], Saltério, Jó [tido como histórico].

• Célio Sedúlio – *Anonymus*: Salmos, Provérbios, Eclesiastes, Cântico dos Cânticos, Sabedoria, Eclesiástico, Jó.

• Jerusalemitano: Provérbios, Eclesiastes, Cântico dos Cânticos, [Jó e Salmos, junto com os históricos].

• Jerônimo: Sabedoria de Salomão, Eclesiástico, Judite, Tobias, Pastor, Macabeus [não são canônicos].

• Hilário de Poitiers: Salmos, Provérbios, Eclesiastes, Cântico dos Cânticos, [após os proféticos] Jó.

• Códice Claromontano, Concílio Romano e Decreto Gelasiano: Salmos, Provérbios, Eclesiastes, Cântico dos Cânticos, Sabedoria, Eclesiástico, [após os proféticos] Jó.

• Agostinho: Salmos, Provérbios, Cântico dos Cânticos, Eclesiastes, Sabedoria, Eclesiástico, [entre os históricos] Jó.

• Isidoro: Salmos, Provérbios, Eclesiastes, Cântico dos Cânticos, Sabedoria, Eclesiástico, [entre os históricos] Jó.

• Atanásio: Salmos, Provérbios, Eclesiastes, Cântico dos Cânticos, Jó [indicados pelos Pais como leitura edificante: Sabedoria, Eclesiástico, Ester, Judite, Tobias, Didaqué e Pastor de Hermas].

• Anfilóquio de Icônio, Anônimo *in notis*: Jó, Salmos, Provérbios, Eclesiastes, Cântico dos Cânticos.

• Leôncio: Jó, Provérbios, Eclesiastes, Cântico dos Cânticos, Saltério.

• Gregório de Nazianzo: Jó, Salmos, Eclesiastes, Cânticos, Provérbios.

• Epifânio: Jó, Saltério, Provérbios, Eclesiastes, Cântico dos Cânticos, Samuel, Reis, Crônicas.

• Filastro: traz um comentário geral dos *corpora* do AT, sem especificar os livros.

• Rufino: Jó, Salmos, Provérbios, Eclesiastes, Cântico dos Cânticos, [traz como não Canônicos, mas como Eclesiásticos: Sabedoria, Sirach, Eclesiástico, Tobias, Judite, Macabeus].

• Sessenta Livros: Salmos, Provérbios, Eclesiastes, Cântico dos Cânticos, Jó, [fora dos Sessenta: Sabedoria, Eclesiástico, Macabeus, Ester, Judite, Tobias].

• Hugo de São Vitor: Jó, Salmos, Provérbios, Eclesiastes, Cântico dos Cânticos [cita Sabedoria, Eclesiástico, Judite, Tobias, Macabeus, como livros lidos em realidade, mas não estão registrados no cânon].

• João Damasceno: Jó, Salmos, Provérbios, Eclesiastes, Cântico dos Cânticos, [dos deuterocanônicos, ele cita apenas Sabedoria e Eclesiástico, e diz que "são tidos como virtuosos e nobres, mas não canônicos"].

• Cassiodoro: não tem uma lista própria. Ele traz uma recensão das listas de Jerônimo, Agostinho e da Septuaginta.

• Eusébio de Cesareia: o texto que temos dele traz apenas a lista do NT, dividindo os livros entre recebidos, contestados, espúrios e hereges.

• João Crisóstomo: Provérbios, Eclesiástico, Eclesiastes, Cântico dos Cânticos, [omite Jó, Salmos e Sabedoria].

• *Synopsis Scripturae Sacrae*: Salmos, Provérbios, Eclesiastes, Cântico dos Cânticos, Jó.

• Junílio: Provérbios, Eclesiástico, Sabedoria, Cântico dos Cânticos, Eclesiastes [incluído entre as cartas do NT], [entre os históricos] Jó.

• João de Salisbury: Jó, Saltério, Eclesiastes, Cântico dos Cânticos, [cita Daniel, Crônicas, Esdras, Ester], Provérbios (e afirma que para Jerônimo: Sabedoria, Eclesiástico, Judite, Tobias, Pastor [Baruc?], Macabeus, não estão no cânon).

e) Arranjo do *Corpus Propheticum*

• Pentateuco Samaritano: nega este *corpus*.

• Marcião: recusou todo o AT.

• Melitão de Sardes: Isaías, Jeremias, os Doze menores, Daniel, Ezequiel, Esdras.

• Fragmento Muratoriano: traz o catálogo a partir de Lucas, tendo perdido o restante.

• *Liber Sacramentorum*: 16 Profetas [os 4 maiores e os 12 menores].

• *Ebed Jesu*: Isaías, Oseias, Joel, Amós, Abdias, Jonas, Miqueias, Naum, Habacuc, Sofonias, Ageu, Zacarias, Malaquias, Jeremias, Ezequiel, Daniel

• Orígenes: Isaías, Jeremias, com as Lamentações e a Carta em um só livro, Daniel, Ezequiel.

• Vulgata: Isaías, Jeremias, Lamentações, Baruc, Ezequiel, Daniel, Oseias, Joel, Amós, Abdias, Jonas, Miqueias, Naum, Habacuc, Sofonias, Ageu, Zacarias, Malaquias, Macabeus.

• Códice Vaticano, Códice Alexandrino: Oseias, Amós, Miqueias, Joel, Abdias, Jonas, Naum, Habacuc, Sofonias, Ageu, Zacarias, Malaquias, Isaías, Jeremias, Baruc, Lamentações, Epístola de Jeremias, Jeremias, Ezequiel, Daniel.

• Códice Sinaítico: Isaías, Jeremias, Lamentações, Joel, Abdias, Jonas, Naum, Habacuc, Sofonias, Ageu, Zacarias, Malaquias.

• Esticometria Armeniana, Cirilo de Jerusalém, Concílio de Laodiceia: Doze Profetas menores, Isaías, Jeremias, Baruc, Lamentações, Epístola de Jeremias, Ezequiel, Daniel.

• Concílio de Antioquia: Oseias, Amós, Miqueias, Joel, Obadias, Jonas, Naum, Habacuc, Sofonias, Ageu, Zacarias, Malaquias, Isaías, Jeremias, Ezequiel, Daniel.

• Cânon de Cheltenham/Mommsen: Profetas Maiores, Isaías, Jeremias, Daniel, Ezequiel, Doze Profetas menores.

• Cânon Apostólico: 16 Profetas, Sabedoria de Sirac.

• Célio Sedúlio – *Anonymus*: Isaías, Jeremias, Ezequiel, Daniel, Baruc, 12 Profetas menores.

• Jerusalemitano: Jeremias, Doze Profetas, Isaías, Ezequiel, Daniel, Esdras, Neemias, Ester.

• Jerônimo: (antes da hebraica véritas): Doze Profetas, Oseias, Joel, Amós, Abdias, Jonas, Miqueias, Naum, Habacuc, Sofonias, Ageu, Zacarias, Malaquias, Isaías, Jeremias [com Lamentações], Ezequiel, Daniel, depois da *hebraica veritas*: Josué, Juízes, Rute, Samuel, Reis, Isaías, Jeremias [com Lamentações], Ezequiel, Doze Profetas.

• Hilário de Poitiers: Doze Profetas, Isaías, Jeremias com Lamentações e Epístola, Daniel, Ezequiel, Jó, Ester, Tobias, Judite.

• Códice Claromontano: Oseias, Amós, Miqueias, Joel, Abdias, Jonas, Naum, Habacuc, Sofonias, Ageu, Zacarias, Malaquias, Isaías, Jeremias, Ezequiel, Daniel, Macabeus, Judite, Esdras, Ester, Jó, Tobias.

• Concílio Romano e Decreto Gelasiano: Isaías, Jeremias, Lamentações, Ezequiel, Daniel, Oseias, Amós, Miqueias, Joel, Abdias, Jonas, Naum, Habacuc, Sofonias, Ageu, Zacarias, Malaquias, [após os proféticos, tidos como históricos] Jó, Tobias, Esdras, Neemias, Ester, Judite, Macabeus.

• Atanásio: Doze Profetas, Isaías, Jeremias, Baruc [é canônico para Atanásio], Lamentações, Carta de Jeremias, Ezequiel, Daniel.

• Concílio Plenário de Hipona: Doze Profetas, Isaías, Jeremias, Daniel, Ezequiel, Tobias, Judite, Ester, Esdras, Neemias, Macabeus.

• Agostinho: Doze dos Profetas: Oseias, Joel, Amós, Abdias, Miqueias, Naum, Habacuc, Sofonias, Ageu, Zacarias, Malaquias, Isaías, Jeremias, Daniel, Ezequiel.

• III Concílio de Cartago, IV Concílio de Cartago: Doze Profetas, Isaías, Jeremias, Ezequiel, Daniel, Tobias, Judite, Ester, Esdras, Neemias, Macabeus.

• Inocente I: Dezesseis Profetas, tido como proféticos: Josué, Juízes, Samuel, Reis, Rute.

• Anfilóquio de Icônio: Oseias, Amós, Miqueias, Joel, Abdias, Jonas, Naum, Habacuc, Sofonias, Ageu, Zacarias, Malaquias, Isaías, Jeremias, Ezequiel, Daniel, Ester.

• Gregório de Nazianzo: Oseias, Amós, Miqueias, Joel, Jonas, Abdias, Naum, Habacuc, Sofonias, Ageu, Zacarias, Malaquias, Isaías, Jeremias, Ezequiel, Daniel.

• Epifânio: Doze Profetas, Isaías, Jeremias, Lamentações, Epístolas de Jeremias e também de Baruc, Ezequiel, Daniel, Esdras, Neemias, Ester.

• Filastro: traz um comentário geral dos *corpora* do AT, sem especificar os livros.

• Leôncio, Rufino: Isaías, Jeremias [com Lamentações?], Ezequiel, Daniel, Doze Profetas.

• Anônimo *in notis*: Esdras, Oseias, Amós, Miqueias, Joel, Jonas, Abdias, Naum, Habacuc, Sofonias, Ageu, Zacarias, Malaquias, Isaías, Jeremias, Ezequiel, Daniel.

• Sessenta Livros: Isaías, Jeremias, Lamentações, Ezequiel, Daniel, Oseias, Amós, Miqueias, Joel, Abdias, Jonas, Naum, Habacuc, Sofonias, Ageu, Zacarias, Malaquias.

• Isidoro: Isaías, Jeremias [com Lamentações], Ezequiel, Daniel, Oseias, Joel, Amós, Abdias, Jonas, Miqueias, Naum, Habacuc, Sofonias, Ageu, Zacarias, Malaquias.

• Hugo de São Vitor: Isaías, Jeremias, Ezequiel, Daniel, Doze Profetas [Oseias, Joel, Amós, Abdias, Jonas, Miqueias, Naum, Habacuc, Sofonias, Ageu, Zacarias, Malaquias].

• João Damasceno: Doze Profetas, Isaías, Jeremias, Ezequiel, Daniel, Esdras, Neemias, Ester.

• Cassiodoro: não tem uma lista própria. Ele traz uma recensão das listas de Jerônimo, de Agostinho e da Septuaginta.

• Eusébio de Cesareia: o texto que temos dele traz apenas a lista do NT, dividindo os livros entre recebidos, contestados, espúrios e hereges.

• João Crisóstomo: Dezesseis Profetas [maiores e menores].

• *Synopsis Scripturae Sacrae*: Doze Profetas, Oseias, Amós, Miqueias, Joel, Abdias, Jonas, Naum, Habacuc, Sofonias, Ageu, Zacarias, Malaquias, e os outros 4: Isaías, Jeremias [com Lamentações?], Ezequiel, Daniel.

• Junílio: Dezessete Profetas [misturando Salmos, profetas maiores e menores]: Salmos [1º na lista], Oseias, Isaías, Joel, Amós, Abdias, Jonas, Miqueias, Naum, Sofonias, Habacuc, Jeremias (Lamentações, Baruc e Carta?), Ezequiel, Daniel, Ageu, Zacarias, Malaquias.

• João de Salisbury: [após os profetas anteriores], Isaías, Jeremias [com Lamentações], Ezequiel, Doze Profetas [Daniel encontra-se entre os *Escritos*].

7) O arranjo/sequência dos textos do cânon do NT

O arranjo ou sequência dos livros no cânon bíblico do NT, como o temos hoje, é consquência de um longo processo, que foi sendo decidido e que se impôs a partir da tradução da *Vulgata* Latina, tanto para o Ocidente como para o Oriente. Por isso, é importante vermos como encontramos o arranjo do cânon bíblico pelo menos em alguns dos *Padres da Igreja* (Orientais e Ocidentais), bem como em alguns *Códices* e algumas *Versões* bíblicas antigas. É muito oportuno conferir como cada Padre da Igreja e cada decisão de uma Igreja local ou de um Sínodo foi ajudando a definir a ordem para os livros do NT, a partir do *uso litúrgico* e da *vida catequética* de cada comunidade da época, seja no Oriente seja no Ocidente.

Importante também é conferir como os manuscritos vão colocando a ordem dos livros, como os vários *Códices* (*Vaticanus, Sinaiticus, Alexandrinus*, por exemplo) e ainda as *Versões* antigas (*Peshita, Vulgata, Copta, Etiópica, Armena, Georgiana*, por exemplo). Isso tudo vai nos mostrando a riqueza da diversidade de cada comunidade que vai dando o seu valor aos escritos bíblicos a partir da *apostolicidade* e da *pregação apostólica*, da *regula fidei* (regra de fé / ortodoxia), da *catolicidade*, e do *uso litúrgico-catequético*, com a sua adaptabilidade nas igrejas locais, critérios que vão colaborar e influenciar na aceitação ou recusa de cada livro disputado na Igreja Primitiva, tanto do AT como do NT.

Enfim, o leitor vai ver que nós optamos por não separar o *Corpus Ioanneum*, tendo em vista que ele se encontra espalhado em meio dos diversos *corpora* do *Corpus Biblicum do NT*: no *Corpus Evangelicorum*, temos o Evangelho de João, no *Corpus Catholicum*, temos as três cartas de João, e, finalmente, o Apocalipse de João, em sua ordem normal, no final da sequência dos livros do NT.

a) Arranjo geral dos *Corpora* do NT

- Cânon Muratoriano, Irineu, Clemente de Alexandria, Tertuliano, Cipriano, Dídimo (o Cego), III Concílio de Cartago (Norte da África), Eusébio de Cesareia, Códice Sinaítico, Vulgata, Versão Copta, Versão Etiópica, Anfilóquio, Rufino, Hugo de São Vitor: Evangelhos, Atos, Paulo, Católicas e Apocalipse.
- Jerônimo, Epifânio: Evangelhos, Paulo, Atos, Católicas e Apocalipse.
- Agostinho, Inocente I, Cassiodoro, Isidoro, João de Salisbury: Evangelhos, Paulo, Católicas, Atos e Apocalipse.
- Cânon Apostólico: Evangelhos, Paulo, Católicas e Atos.
- Códice Alexandrino, Atanásio, *Synopsis Scripturae Sacrae*, Leôncio, João Damasceno, Célio Sedúlio – *Anonymus*: Evangelhos, Atos, Católicas, Paulo e Apocalipse.
- Códice Vaticano, Concílio de Laodiceia: Evangelhos, Atos, Católicas e Paulo.
- João Crisóstomo: Paulo, Evangelhos, Atos e Católicas.
- Marcião: Lucas e Paulo.
- Orígenes, Irineu: Evangelhos, Apocalipse, Católicas e Paulo.
- Versão Peshita: Evangelhos, Atos, Paulo e Católicas.
- Concílio de Antioquia: Evangelhos, Católicas e Paulo.
- Cânon de Cheltenham/Mommsen: Evangelhos, Paulo, Atos, Apocalipse e Católicas.
- Gregório de Nazianzo, Versão Georgiana: Evangelhos, Atos, Paulo e Católicas.

• Cânon Syriaco, Versão Armena: Evangelhos, Atos, Paulo e Católicas.

• Concílio Romano e Decreto Gelasiano: Evangelhos, Atos, Paulo, Apocalipse e Católicas.

• Junílio: Evangelhos, Atos, Apocalipse, Paulo e Católicas.

• Códice Claromontano: Evangelhos, Paulo, Católicas, Apocalipse e Atos.

• Cirilo de Jerusalém, Anônimo *in notis, Ebed Jesu*: Evangelhos, Atos, Católicas e Paulo.

• Filastro, Patriarca Nicéforo, Sessenta Livros: Evangelhos, Atos, Paulo e Católicas.

• *Liber Sacramentorum*: Paulo, Católicas, Apocalipse, Atos dos Apóstolos, Evangelhos e *Sacramentos*.

b) Arranjo do *Corpus Evangelicorum*

• Cânon Muratoriano, Orígenes, Eusébio, Cirilo, Irineu, Clemente de Alexandria, Tertuliano, Cipriano, Dídimo (o Cego), Concílio de Laodiceia, Atanásio, Gregório de Nazianzo, Anfilóquio, Cânon Apostólico, Concílio de Antioquia, Concílio Romano, Decreto Gelasiano, Epifânio, Jerônimo, Agostinho, III Concílio de Cartago, Rufino, Inocente I, Filastro, Códice Vaticano, Códice Sinaítico, Códice Alexandrino, *Synopsis Scripturae Sacrae*, Patriarca Nicéforo, Junílio, Cassiodoro, Isidoro, Leôncio, Sessenta Livros, João Damasceno, Hugo de São Vitor, João de Salisbury, Anônimo *in notis, Liber Sacramentorum, Ebed Jesu*, Célio Sedúlio – *Anonymus*, Versões Peshita/Syriaca, Vulgata, Armena, Copta, Etiópica e Georgiana: Mateus, Marcos, Lucas e João.

• Cânon de Cheltenham/Mommsen: Mateus, Marcos, João e Lucas.

• Cânon Claromontano: Mateus, João, Marcos e Lucas.

• João Crisóstomo: João, Mateus, Lucas e Marcos.

• Marcião: Lucas

c) Arranjo do *Corpus Paulinum*

• Marcião: Gálatas, Coríntios, Romanos, Tessalonicenses, Laodicenses (Efésios), Colossenses, Filipenses e Filêmon.

• Cânon Muratoriano: Coríntios, Efésios, Filipenses, Colossenses, Gálatas, Tessalonicenses, Romanos, Filêmon, Tito e Timóteo.

• Concílio de Laodiceia, Atanásio, Jerônimo, *Synopsis Scripturae Sacrae*, Códice Sinaítico, Códice Alexandrino: Romanos, Coríntios, Gálatas, Efésios, Filipenses, Colossenses, Tessalonicenses, Hebreus, Timóteo, Tito e Filêmon.

• Agostinho, Cassiodoro: Romanos, Coríntios, Gálatas, Efésios, Filipenses, Tessalonicenses, Colossenses, Timóteo, Tito, Filêmon e Hebreus.

• Tertuliano, Anfilóquio, Junílio, Anônimo *in notis, Ebed Jesu,* Versão Peshita-Syriaca, Copta, Etiópica, Georgiana: Romanos, Coríntios, Gálatas, Efésios, Filipenses, Colossenses, Tessalonicenses, Timóteo, Tito, Filêmon, Hebreus.

• Cânon Claromontano: Romanos, Coríntios, Gálatas, Efésios, Timóteo, Tito, Colossenses e Filêmon.

• Concílio Romano e Decreto Gelasiano: Romanos, Coríntios, Efésios, Tessalonicenses, Gálatas, Filipenses, Colossenses, Timóteo, Tito, Filêmon e Hebreus.

• Orígenes, Eusébio de Cesareia: Cartas de Paulo, mas não as cita e nem as enumera.

• Cheltenham/Mommsen, Filastro: 13 Epístolas de Paulo (sem Hebreus).

• Cirilo de Jerusalém, Gregório de Nazianzo, Cânon Apostólico, Epifânio, III Concílio de Cartago, Rufino, Inocente I, João Crisóstomo, Patriarca Nicéforo, Leôncio, João Damasceno, Hugo de São Vitor, João de Salisbury, *Liber Sacramentorum,* Célio Sedúlio – *Anonymus*: 14 Epístolas de Paulo (13 + Hebreus).

• Sessenta Livros: Romanos, Coríntios, Gálatas, Efésios, Filipenses, Colossenses, Tessalonicenses, Filêmon, Timóteo, Tito, Hebreus.

• João de Salisbury: 15 Epístolas de Paulo (13 + Hebreus e Laodicenses).

• Irineu, Clemente de Alexandria, Cipriano, Dídimo (o Cego): Romanos, Coríntios, Gálatas, Efésios, Filipenses, Colossenses, Tessalonicenses, Timóteo, Tito e Hebreus.

• Concílio de Antioquia: Romanos, Coríntios, Gálatas, Efésios, Filipenses, Colossenses, Hebreus, Tessalonicenses, Timóteo, Tito e Filêmon.

• Códice Vaticano: Romanos, Coríntios, Gálatas, Efésios, Filipenses, Colossenses, Tessalonicenses, Hebreus (omite Timóteo, Tito e Filêmon).

• Versão Vulgata: Romanos, Coríntios, Gálatas, Tessalonicenses, Efésios, Filipenses, Colossenses, Timóteo, Tito, Filêmon, Hebreus.

d) Arranjo do *Corpus Catholicum*

- Cirilo de Jerusalém, Concílio de Laodiceia, Concílio de Antioquia, Atanásio, Gregório de Nazianzo, Epifânio, Jerônimo, *Synopsis Scripturae Sacrae*, Patriarca Nicéforo, Leôncio, Sessenta Livros, João Damasceno, Hugo de São Vitor, Anônimo *in notis*, Códice Sinaítico, Códice Alexandrino, Códice Vaticano, Versões Vulgata, Armena e Georgiana: Tiago, 1 e 2 de Pedro, 1, 2 e 3 de João e Judas.
- Concílio de Cartago *Liber Sacramentorum*: 1 e 2 de Pedro, 1, 2 e 3 de João, Tiago e Judas.
- Concílio Romano, Decreto Gelasiano, Cânon Claromontano: 1 e 2 de Pedro, Tiago, 1, 2 e 3 de João e Judas.
- Agostinho, Rufino: 1 e 2 de Pedro, Tiago, Judas, 1, 2 e 3 de João.
- Inocêncio I, Isidoro: 1, 2 e 3 de João, 1 e 2 de Pedro, Judas e Tiago.
- Filastro, Versões Copta e Etiópica: 1 e 2 de Pedro, 1, 2 e 3 de João, Judas e Tiago.
- Cânon Muratoriano: Judas, duas de João.
- Orígenes: Pedro, João.
- Eusébio: 1 João, 1 Pedro, Tiago, Judas, 2 Pedro, 2 e 3 João.
- Cheltenham/Mommsen: três de João, duas de Pedro.
- Anfilóquio: Tiago, três de João, duas de Pedro e uma de Judas.
- Cânon Apostólico: Tiago, três de João, Judas e duas de Pedro.
- João Crisóstomo: "das Epístolas católicas há três" (Tiago, 1 Pedro, 1 João).
- Junílio: 1 Pedro, 1 João, Tiago, 2 Pedro, Judas, duas de João.
- Cassiodoro oferece duas listas, uma como sendo de Jerônimo, na seguinte ordem: 1 e 2 de Pedro, 1, 2 e 3 de João, Tiago, Judas, e outra como sendo de Agostinho, na seguinte ordem: 1 e 2 de Pedro, 1, 2 e 3 de João, Judas e Tiago.
- João de Salisbury, Célio Sedúlio – *Anonymus*: citam apenas o título: "as 7 Epístolas Canônicas".
- Marcião: recusa todas as cartas católicas.
- Irineu, Cipriano de Cartago: Tiago, 1 Pedro, 1-2 João.
- Clemente de Alexandria, Dídimo (o Cego): Tiago, 1 Pedro, 1 João, Judas.

- Tertuliano, Versão Peshita: Tiago, 1 Pedro, 1 João.
- *Ebed Jesu*: Tiago, Pedro e João (omite Judas).

e) Arranjo do *Corpus Johannicum*

O *corpus* joanino constitui um *corpus* à parte, no que diz a ter característcas próprias e diversas dos demais *corpora* do NT, no sentido de que seus 5 textos não estão compactados numa sequência e sim espalhados pelos diversos *corpora*. Neste sentido, o arranjo do *corpus* joanino precisa ser "montado" pegando livros dos outros *corpora*, a saber: Evangelho de João [presente no *corpus evangelicorum*], as três cartas de João [presente no *corpus catholicum*] e o Apocalipse de João [independente, colocado como último livro no arranjo do NT]. Assim sendo, temos 5 livros no *corpus* joaninos, ou seja: um *Evangelho de João*, três *cartas de João* e um *Apocalipse de João*. Para se ter uma ideia da presença destes 5 livros joaninos nos demais *corpora*, sugerimos conferir os arranjos do NT aqui em nossa obra.

5
Conclusão geral

Ao concluirmos este nosso trabalho, ficamos felizes em poder disponibilizar estas muitas listas dos catálogos dos livros [proto]canônicos, [deutero] canônicos e apócrifos a todos os interessados em continuar estudando e pesquisando sobre este vasto e belo mundo que é o dos textos *bíblicos* e *extrabíblicos*. Colocar isso em forma bilíngue nas mãos de todos possibilita uma abertura de muitas portas de estudo, sobretudo porque são oferecidos textos em suas línguas originais e com traduções para o português. Muitos mais que as traduções, o valor recai sobre o acesso aos textos nas línguas originais. Este é um mundo desconhecido para muitos e esta lacuna é preenchida com este *Compêndio do Cânon Bíblico, Listas Bilíngues dos Catálogos Bíblicos: Antigo Testamento, Novo Testamento e Apócrifos.*

Ter trabalhado estes catálogos todos nos permitiu ver o quanto a Igreja sempre teve um grande relacionamento com as *Sagradas Letras* ao longo destes 2.000 anos de história. Mas o que se percebe é que, nos primeiros quatro séculos de cristianismo, a Igreja realmente se nutriu profundamente da Palavra de Deus. Ela era a ciência dos Padres da Igreja, que dela se alimentavam dia e noite, seja em sua catequese seja em sua liturgia. Foi deste fértil terreno que nasceu o *Canon Biblicum* como o temos ainda hoje, separando os textos protocanônicos, os deuterocanônicos e os apócrifos. Processo longo e doloroso em sua decisão. Os pressupostos ou princípios teológicos foram sendo gerados e fortalecidos até que de fato a Igreja adquirisse a consciência de que "A Sagrada Escritura é a Alma da Teologia"[99]. Mas foram necessários séculos para que este longo e ardoroso processo fosse se completando e amadurecendo até que se

....

99 GONZAGA, W. "A Sagrada Escritura, a alma da Sagrada Teologia". In: Isidoro, M.; Agostini Fernandes, L. & Corrêa Lima, M.L. *Exegese, teologia e pastoral*: relações, tensões e desafios. Rio de Janeiro/Santo André: PUC-Rio/Academia Cristã, 2015, p. 201-235.

chegasse ao atual cânon, com todas as suas diferenças entre as várias Igrejas cristãs do Oriente e do Ocidente: entre católicos, ortodoxos e protestantes. Oxalá um dia possamos ver esta fratura superada por uma maior unidade ao redor do cânon das Sagradas Escrituras.

Na história do cânon das Sagradas Escrituras muito colaboraram as amplas opiniões e discussões dos Padres Orientais e Ocidentais. Mas, sem sombra de dúvidas, as decisões eclesiásticas foram aquelas que foram dando corpo ao cânon, especialmente os sínodos locais e regionais, e, sobretudo, os Concílios Eclesiásticos. É muito interessante ver que a Igreja nasceu em meio judaico e se expandiu para o mundo helênico. No que diz respeito ao uso e aceitação do Antigo Testamento, ela conheceu e reconheceu o *cânon curto* (*Palestinense*: Hebraico), mas, de fato, foi se desenvolvendo e crescendo com o uso do *cânon longo* (*Alexandrino*: LXX), sobremaneira em sua expansão missionária. Porém, estes textos do AT não foram gerados pela Igreja e sim acolhidos por ela, quando o cristianismo foi se delineando e se separando do judaísmo. Mas, ao mesmo tempo, a Igreja também foi gestando seus próprios escritos ligados ao mundo do *proprium* do cristianismo. Lado a lado, as coisas foram sendo geradas pela e para a Igreja Nascente: ela foi delineando e decidindo pelo cânon do Antigo Testamento, que recebera do judaísmo helênico, e por um cânon que tinha recebido a partir da pregação dos apóstolos, herdeiros e testemunhas oculares da pregação do próprio Cristo.

No que diz respeito aos critérios para a formação do cânon do Novo Testamento, os principais foram a pessoa de Jesus, como norma suprema, e a pregação oral dos apóstolos, juntamente com a vida da comunidade e seu uso litúrgico, como pontos de referência, no que diz respeito aos critérios que foram sendo levados em consideração para a aceitação dos livros que temos hoje no cânon do Novo Testamento. Por outro lado, percebemos que houve uma progressão nos mesmos até que se chegasse a fechar o cânon como o temos hoje, já no final do século IV. Aliás, devemos supor que sucedeu algo bem normal: quando a tradição oral começou a se tornar suspeita e incontrolável, impôs-se a necessidade de escritos que transmitissem fielmente essa mesma tradição, que antes era regida pela oralidade e confirmada por aqueles que foram testemunhas oculares do Mestre.

Não se pode falar de aceitação de um livro apenas a partir de um critério e sim do conjunto de critérios, pois um critério apenas poderia gerar graves erros. A confirmação do cânon não se deu a partir de um critério apenas e sim a partir do conjunto dos critérios que foi dando base para se chegar às escolhas que foram sendo feitas, passo a passo e ao longo dos quatro primeiros séculos do cristianismo. No que diz respeito aos textos adotados pelos cristãos, que aceitaram o cânon longo da LXX para o AT, estes critérios para a aceitação de textos a serem incluídos em um novo conjunto (NT), podem ser resumidos na seguinte sequência:

a) **Apostolicidade e pregação apostólica**: significa dizer que o texto devia ser escrito por um apóstolo ou atribuído a um apóstolo, como fruto da pregação de um apóstolo, e que entrou como garantia de autenticidade dos escritos que circulavam pelas comunidades cristãs primitivas, visto terem sido testemunhas oculares do Mestre, dando ao texto o que hoje chamamos de *imprimatur* apostólico. Interessante perceber os passos nesta direção e ver que se foi formando uma espécie de núcleo de escritos apostólicos, como que uma seleção de obras que continham o "coração" do ensinamento apostólico, revelando e confirmando cada vez mais o conteúdo da fé apostólica. Em seguida, podemos falar que o passo foi a elaboração da categoria teológica de *sucessão apostólica*, que fundamenta teologicamente a razão de ser da hierarquia eclesiástica (cf. 1ª Clemente). O passo seguinte foi a reflexão sobre a outra categoria teológica de *tradição apostólica* que se tornou autoridade: os bispos, por serem sucessores dos apóstolos, são a garantia do ensinamento autêntico deles, isso pelo fato de estarem em linha de sucessão e alinhados com os ensinamentos dos apóstolos, que de fato são uma das bases de apoio do cânon das Escrituras Sagradas. Mas, é importante que também tenhamos presente que este critério não foi tão simples de ser praticado, pois muitos apócrifos eram obras pseudoepígrafas e isso gerava problemas no discernimento. Estes últimos eram textos atribuídos a apóstolos, como, por exemplo, o Evangelho e o Apocalipse de Pedro. Os diversos grupos se pautavam por isso e geravam discussões e divisões na Igreja, que acabou fazendo com que algumas Igrejas aceitassem alguns livros (canônicos) e recusassem outros (apócrifos), que alguns livros não fossem aceitos num primeiro momento ([proto]canônicos), que outros fossem aceitos num segundo momento ([deutero]canônicos) e que outros fossem recusados definitivamente e por todas as igrejas (apócrifos).

b) **Regra de Fé** (*Regula fidei* / Ortodoxia): a partir da problemática do *cânon reduzido* ou *mutilado* de Marcião, que não hesitou em usar a faca para cortar e tirar tudo o que considerava alheio à mensagem cristã, criando um cânon próprio do Novo Testamento, com apenas Lucas e 10 cartas paulinas (144 d.C.) e do Movimento Montanista (172 d.C.)[100], a Igreja foi delineando o valor de uma *reta ortodoxia* na transmissão dos textos e de seus conteúdos, bem como no conjunto de todos os livros já aceitos ou não pelas chamadas Igrejas locais. Não estamos com isso afirmando que o *cânon* seja consequência apenas da ação de Marcião e dos Montanistas, como algo que tenha sido decisivo. Mas tão somente que a ação deles pressionou e acelerou o processo em vista do Cânon Bíblico, processo este que já vinha desde o final do século I e que foi amadurecendo até o final do século IV, atingindo uma confirmação entre fé apostólica e fé canônica. Mas, por exemplo, no século II, em reação a Marcião temos Justino de Roma e sua defesa da *regula fidei* (100-165 d.C.). A *Diatéssaron* de Taciano (120-180 d.C.) reconstrói a vida de Cristo a partir dos 4 Evangelhos, tendo como base o Evangelho de João. Irineu de Lyon (130-202 d.C.) defendeu que o Evangelho é *Tetramorfo*, além de defender o cânon longo do Novo Testamento. Clemente de Alexandria (150-217) vai contra Marcião e defende os 4 Evangelhos e um cânon longo do Novo Testamento. Tertuliano, no norte da África (160-220), foi contra o cânon mutilado de Marcião e defende os 4 Evangelhos e o cânon amplo. O cânon do *Fragmento Muratoriano* (170 d.C.) defende igualmente os 4 Evangelhos e o cânon amplo do Novo Testamento. Isso, levando em consideração que nem todos já citem todos os livros do Novo Testamento, como teremos a partir do século IV, de Atanásio de Alexandria para frente, com a sua famosa Carta Pascal de 367 d.C. ou na obra de Eusébio de Cesareia, que atendendo a um pedido do Imperador Constantino para reproduzir 50 cópias integrais das Sagradas Escrituras, já teria citado os 27 livros que temos no Novo Testamento. Todos os passos foram sendo dados no sentido de garantir a verdade acerca de Jesus Cristo, como fundamento maior dos textos sagrados e, a partir daí, foram sendo escolhidos textos que dessem base a isso, assegurando a unidade em meio à diversidade das comunidades cristãs.

c) **Antiguidade**: o tempo foi passando e foram surgindo novos escritos, muitos dos quais foram considerados apócrifos (ou *pseudoepígrafos*). Com isso, juntamente com os critérios de "apostolicidade" e de "regra da fé", havia

....

100   Sobre o Movimento dos Montanistas ou também chamado dos Catafrígios, na Frígia Superior, Ásia, cf. EUSÉBIO DE CESAREIA. *História eclesiástica*, vol. 14.1-18,14.

um outro critério necessário para garantir que um texto fosse ou não canônico, ou seja, a "antiguidade", pois tinha que ser apostólico e do período dos apóstolos, ainda que alguns tenham escapado à regra e são apenas de atribuição, pois foram escritos após a morte do Apóstolo, ao qual foi atribuído, como é o caso da 2 Pedro, hoje datada por volta do ano 130 d.C. Aliás, os dois primeiros séculos parecem ter sido realmente um período de "furiosa" atividade literária, em que alguns textos entraram para o cânon bíblico (canônicos) e outros não (apócrifos), como é o caso dos muitos textos do AT e do NT. Como a autoridade devia ser depositada sob um dos apóstolos e eles já tinham morrido, é óbvio que se foi estabelecendo o *critério da antiguidade* como forma de autenticidade, visto que os textos se iam multiplicando e sendo falsificados. Assim se levou em conta se um texto era mais antigo ou mais recente para também ser aceito ou recusado. Mesmo assim, alguns textos que contavam com a atribuição apostólica acabaram entrando no cânon, mesmo tendo sido escrito após a morte do referido Apóstolo (*proto* e *deutero* canônicos) e um grande número ficou de fora do cânon (apócrifos).

d) **Uso litúrgico e adaptabilidade nas Igrejas locais**: por fim, visto que os textos foram escritos para comunidades específicas, mas que começaram a circular pelas diversas comunidades cristãs orientais e ocidentais, é óbvio que o *uso litúrgico* e o *uso catequético* nas diversas comunidades tiveram forte impacto na aceitação ou não dos textos que foram entrando no cânon (*proto* e *deutero* canônicos) ou sendo recusados e deixados de fora (apócrifos), pois contava muito se o texto era capaz de alimentar ou não a vida pessoal e eclesial do cristianismo nascente, como que equacionando eficiência e fidelidade à proclamação cristã primordial. Podemos dizer que as primeiras gerações de fiéis foram lendo e encontrando nos escritos do AT e do NT "uma fonte de força espiritual", que depois foi ratificada pela autoridade eclesiástica, ao confirmar a escolha tradicional do uso dos textos nas várias comunidades cristãs, alimentando tanto a vida pessoal como a vida comunitária dos fiéis. Se a aprovação dos textos contou com o *imprimatur apostólico* também contou com o *imprimatur da própria comunidade* daquela Igreja que ia usando o texto. Igualmente contaram as *distâncias geográficas e culturais* das diversas Igrejas bem como as *diferentes orientações teológicas* dos grandes centros cristãos de pensamento da época (principalmente Roma, Antioquia da Síria, Éfeso e Alexandria), e inclusive *certas rivalidades políticas* deixaram sua marca na história da formação do cânon. Neste sentido, tiveram muito peso as *decisões eclesiásticas oficiais*, visto ser fruto da Igreja e de sua intuição religiosa, ainda que as *decisões eclesiásticas oficiais* apareçam somente no final do século IV, momento em que, de fato, temos o fechamento do cânon do NT. Até a *história da manufatura dos códices* vai influenciar sobre o processo de formação e de reconhecimento do cânon bíblico: não é pura casualidade que somente no século IV se conseguiu o aperfeiçoamento técnico suficiente para fabricar *Grandes Códices*, com muitas folhas, tornando assim possível colecionar juntos vários livros, até então copiados em *pequenos códices* soltos.

Enfim, é uma alegria muito grande poder oferecer este *Compêndio do Cânon Bíblico*, com todas estas listas bilíngues dos catálogos bíblicos e extrabíblicos [com os livros protocanônicos, deuterocanônicos e apócrifos], antecipadas por uma pequena introdução e indicação das fontes pesquisadas, colocando nas mãos de todos os textos nas línguas originais e mais a tradução em língua portuguesa. Este é um ganho realmente valioso para o mundo acadêmico teológico-bíblico. Cremos que o escopo aqui foi alcançado, a saber, oferecer a *Lista/Catálogo* de cada Padre da Igreja, Oriental e Ocidental, de cada Sínodo ou Concílio, bem como de cada Reformador, que encontramos ou escolhemos, a fim de que todos possam ter acesso às fontes e continuemos nossas pesquisas. Neste sentido, temos aqui uma obra de sublime valor e de superlativa beleza, visto que ela realmente vem preencher uma lacuna em nossa língua portuguesa: ausência destas fontes. *Alea iacta est*! Agora é continuar nossas pesquisas e ir aprimorando nossos resultados aqui alcançados, que, por sua vez, já indicam e pedem mais pesquisas e novos caminhos a serem trilhados.

6
Bibliografia

1) Fontes das listas dos livros do Cânon Bíblico

A Confissão de fé de Westminster. São Paulo: Cultura Cristã, 2011.

AGOSTINHO DE HIPONA. In: MARTÍN, B. *Obras de San Agustin,* Edición Bilingue, Tomo XV. Madri: BAC, 1957, p. 124-127.

_____. *De Doctrina Christiana*, Caput VIII: *Libri canonici*. In: J.P. MIGNE. *Patrologia*, series Latina, Tomus XXXIV. Paris: Petit-Montrouge, 1841, p. 40-41.

ANASTÁSIO SINAÍTA. *Interrogationes et Responsiones, Catalogus Scriptorum*. In: J.P. MIGNE. *Patrologia*, series Grega, Tomus LXXXIX. Paris: Petit-Montrouge, 1886, p. 311-824.

ANFILÓQUIO DE ICÔNIO. *Iambi ad Seleucum*. Editado por E. Oberg. Berlim: Walter de Gruyter, 1969.

_____. In: JOANNOU, P.-P. *Discipline Générale Antique (IVᵉ-IXᵉ)* – T. II, Saint Amphiloque, Eveque D'Iconium, Extrait des Iambes a Seleucos. Fonti I, Fascicolo IX. Grotaferrata: Italo-orientale "S. Nilo", 1963, p. 233-237.

_____. *Sectio II. Poemata quae spectant ad Alios. Ad Seleucum.* In: J.P. MIGNE. *Patrologia*, series Grega, Tomus XXVIII. Paris: Petit-Montrouge, 1857, p. 1.577-1.600.

As três formas de unidade das Igrejas Reformadas, Confissão Belga – Catecismo de Heidelberg – *Cânones de Dort.* Recife: Os Puritanos, 2009.

ATANÁSIO DE ALEXANDRIA. In: JOANNOU, P.-P. *Discipline Générale Antique (IVᵉ-I-Xᵉ)* – T. II, Du meme Extrait de la 39ᵉ Lettre Pascale. Fonti I, Fascicolo IX. Grotaferrata: Italo-orientale "S. Nilo", 1963, p. 71-76.

_____. *Dubia, Synopsis Scripturæ Sacræ.* In: J.P. MIGNE. *Patrologia*, series Grega, Tomus XXVI. Paris: Petit-Montrouge, 1857, p. 1.175-1.180 e 1.435-1.440.

_____. *Dubia, Synopsis Scripturæ Sacræ.* In: J.P. MIGNE. *Patrologia*, series Grega, Tomus XXVIII. Paris: Petit-Montrouge, 1857, p. 283-296 e 431-432.

BIBLIOTHECAE ORIENTALIS. Clementino-Vaticanæ, Tomi Tertii, Pars Prima. *De Scriptoribus Ryri Nestorianis*, Romae, 1725, p. 43-56 (cânon de *Ebed Jesu*).

CÂNON APOSTÓLICO. In: METZGER, M. *Les Constitutiones apostoliques,* Sources Chrétiennes, n. 336. Paris: CERF, 1987, p. 306-309.

_____. In: JOANNOU, P.-P. *Discipline Générale Antique (IVe-IXe), Les Canons des Synodes Particuliers,* Fonti I, Fascicolo IX. Grotaferrata: Italo-orientale "S. Nilo", 1962, p. 51-52.

CÂNON DE CARTAGO III. In: MUNIER, C. *Concilia Africae, A. 345-A. 525.* Turnholti: Brepols Editoris Pontificii, 1974, p. 340-341.

_____. In: J.P. MIGNE. *Patrologia,* series Latina, Tomus LVI. Paris: Petit-Montrouge, 1865, p. 428-429.

CÂNON DE CARTAGO IV. In: J.P. MIGNE. *Patrologia,* series Latina, Tomus LVI. Paris: Petit-Montrouge, 1865, p. 871.

CÂNON DE LAODICEIA. In: JOANNOU, P.-P. *Discipline Générale Antique (IVe-IXe)* – T. I,2, Synode de Laodicèe (fin. IVe s.). Fonti I, Fascicolo IX. Grotaferrata: Tipografia Italo-orientale "S. Nilo", 1962, p. 154-155.

CÂNON JERUSALEMINTANO. In: AUDET, J.-P. A Hebrew-Aramaic List of Books of tye Old Testament in Greek Transcription, *JThS* 1 (1950), p. 135-154.

CASSIODORO. *De Institutione Literarum.* In: J.P. MIGNE. *Patrologia,* series Latina, Tomus LXX. Paris: Petit-Montrouge, 1847, p. 1.123-1.126.

CÉLIO CEDÚLIO. Opus Paschale, Appendix ad Opera Coelii Sedulii, Carmen de Incarnatione. In: J.P. Migne. *Patrologia,* series Latina, Tomus XIX. Paris: Petit-Montrouge, 1846, p. 788-794.

CINGOLANI, S. *Dizionario di Critica Testuale del Nuovo Testamento. Storia, canone, aprocrifi, paleografia.* Turim: San Paolo, 2008.

CIRILO DE JERUSALÉM. *Catequeses Pré-Batismais.* Tradução de Frei Frederico Vier e Frei Fernando Figueiredo. Petrópolis: Vozes, 1978.

_____. Catechesisis IV, De Decem Dogmatibus. In: J.P. MIGNE. *Patrologia,* series Grega, Tomus XXXIII. Paris: Petit-Montrouge, 1857, p. 493-504.

CLEMENTE ROMANO. Constitutiones Apostolicæ. In: J.P. MIGNE. *Patrologia,* series Grega, Tomus I. Paris: Petit-Montrouge, 1857, p. 509-520.

_____. Veterum Testimonia de Constitutionibus Apostolocis. In: J.P. MIGNE. *Patrologia,* series Grega, Tomus I. Paris: Petit-Montrouge, 1857, p. 543-554.

CONCÍLIO ROMANO SOB DÂMASO. Appendix ad Opera Coelii Sedulii, Decretum de Libris recipiendis, et non recipiendis. In: J.P. MIGNE. *Patrologia,* series Latina, Tomus XIX. Paris: Petit-Montrouge, 1846, p. 787-794.

CONCÍLIO ROMANO I SOB GELÁRIO. Appendix Tertia, Concilia quædam a Gesalio Celebrata. In: J.P. MIGNE. *Patrologia,* series Latina, Tomus LIX. Paris: Petit-Montrouge, 1847, p. 157-166.

COTELERIUS, B. *SS. Patrum qui temporibus Apostolicis*, vol. II, Amsterdã, Wetstenios, 1974.

DIATESSARON. In: ARAMAS, E. (ed.). *Diatessaron – El Evangelio de Taciano*. Miami: Emmanuel, 2015.

_____. In: ÁLVAREZ MAESTRO, J. (ed.). *Taciano – La más antigua vida de Jesús: Diatessaron*. Madri: Edibessa, 2002.

Confissão Belga e Catecismo de Heidelberg. São Paulo: Cultura Cristã, 2011.

Confissão de Fé e Catecismo Maior da Igreja Presbiteriana. São Paulo: Presbiteriana, 1975.

EPIFÂNIO. In: BAND, E. *Die Griechischen, Christlichem Schriftsteller, Der Easten Drei Jahrhunderte, EPIPHANIUS, Panarion*. Leipzig: J.C. Hinrichs'sche Buchhandlung, 1915, p. 185-197.

_____. In: EPIPHANIUS. De Mensuris et Ponderibus. In: J.P. MIGNE. *Patrologia*, series Grega, Tomus 43. Paris: Petit-Montrouge, 1864, vol. 43, p. 237-246.

_____. In: *EPIPHANIUS. Panarion* (Πανάριον). In: J.P. MIGNE. *Patrologia*, series Grega, Tomus 41. Paris: Petit-Montrouge, 1863, p. 213-214.

_____. In: EPIPHANIUS. Lib. III tom I. Haeres. LXXVI, Confutatio V. In: J.P. MIGNE. *Patrologia*, series Grega, Tomus 42. Paris: Petit-Montrouge, 1863, p. 559-562.

EUSEBIO DI CESAREA. *Vita di Constantino* (a cura di Lauro Franco, testo greco a fronte, Cassici greci e latini). Milão: Rizzoli, 2009.

_____. *História eclesiástica*. Texto bilíngue. Madri: BAC, 2008.

_____. *História eclesiástica*. São Paulo: Paulus, 2000.

_____. Historiæ ecclesiasticæ. In: J.P. MIGNE. *Patrologia*, series Grega, Tomus XX. Paris: Petit-Montrouge, 1857, p. 239-246, 263-272, 337-398, 577-586.

FRAGMENTO MURATORIANO. Fragmenta. In: J.P. MIGNE. *Patrologia*, series Latina, Tomus X. Paris: Petit-Montrouge, 1857, p. 33-36.

GREGÓRIO DE NAZIANZO. In: JOANNOU, P.-P. *Discipline Générale Antique (IVᵉ--IXᵉ)* – T. II, Saint Gregoire Le Theologien, Extrait de ses oeuvres. Fonti I, Fascicolo IX. Grotaferrata: Italo-orientale "S. Nilo", 1963, p. 227-232.

_____. Carminum Liber I, Theologica. In: J.P. MIGNE. *Patrologia*, series Grega, Tomus XXVIII. Paris: Petit-Montrouge, 1862, p. 471-474.

HILÁRIO DE POITIERS. Tratactus super Psalmos. In: J.P. MIGNE. *Patrologia*, series Latina, Tomus IX. Paris: Petit-Montrouge, 1844, p. 231-247.

HUGO DE SÃO VITOR. In: Scripturam Sacram, De Scripturis et Scriptoribus Sacris In: J.P. MIGNE. *Patrologia*, series Latina, Tomus CLXXV. Paris: Petit-Montrouge, 1854, p. 9-28.

INOCÊNCIO I. Epistolæ et Decreta (Epístola VI, Cp. VII, 13). In: J.P. MIGNE. *Patrologia*, series Latina, Tomus XX. Paris, Petit-Montrouge, 1845, p. 495-502.

ISIDORO DE SEVILHA. In Libros Veteris ac Novi Testamenti Proæmia. In: J.P. MIGNE. *Patrologia*, series Latina, Tomus LXXXIII. Paris: Petit-Montrouge, 1850, p. 155-180.

JERÔNIMO. In: VALERO, J.B. *San Jerónimo, Epistolario*, Edición Bilingue, Xb, II. Madri: BAC, 1945, p. 489-545. (*in Epistola* 120) e *Ad Dardanum*, n. 129 § 3, p. 753-769.

_____. In: VALERO, J.B. *San Jerónimo, Epistolario*. Edición Bilingue, Xa, I. Madri: BAC, 1943, p. 484-504.

_____. Elenchus Operum. In: J.P. MIGNE. *Patrologia*, series Latina, Tomus XXIII. Paris: Petit-Montrouge, 1845, p. 1.595-1.596.

_____. Epístola LIII. In: J.P. MIGNE. *Patrologia*, series Latina, Tomus XXII. Paris: Petit-Montrouge, 1845, p. 540-549.

JOÃO CRISÓSTOMO. Synopsis Scripturæ Sacræ. In: J.P. MIGNE. *Patrologia*, series Grega, Tomus LVI. Paris: Petit-Montrouge, 1859, p. 313-317.

JOÃO DAMASCENO. De Fide Orthodoxa, Liber IV. In: J.P. MIGNE. *Patrologia*, series Grega, Tomus XCIV. Paris: Petit-Montrouge, 1860, p. 1.173-1.180.

JOÃO DE SALISBURGO. Epístola CXLIII ad Hericum Comitem *Campaniae* (A.D. 1165-1166). In: J.P. MIGNE. *Patrologia*, series Latina, Tomus CXCIX. Paris: Petit--Montrouge, 1855, p. 123-131.

LEÔNCIO DE BIZÂNCIO. De Sectis – Actione II. In: J.P. MIGNE. *Patrologia*, series Grega, Tomus LXXXVI. Paris: Petit-Montrouge, 1860, p. 1.199-1.204.

MELITÃO DE SARDES. In: BARDY, G. *Eusèbe de Césarée* – Histoire Ecclésiastique. Sources Chrétiennes, n. 41. Paris: Cerf, 1952, p. 211ss.

_____. Notitia et Fragmenta (II: De Scriptis Sanctis Melitonis). In: J.P. MIGNE. SUCCESSORES. *Patrologia*, series Grega, Tomus V. Paris: Petit-Montrouge, 1889, p. 1.145-1.226.

NICÉFORO DE CONSTANTINOPLA. Quae Scripturae Canonicae. In: J.P. MIGNE. *Patrologia*, series Grega, Tomus C. Paris: Petit-Montrouge, 1860, p. 1.055-1.060.

ORÍGENES. *Homilias sobre o Evangelho de Lucas*. São Paulo: Paulus, 2016.

_____. In: BARDY, G. *Eusèbe de Césarée* – Histoire Ecclésiastique. Sources Chrétiennes, n. 41. Paris: Cerf, 1955, p. 125ss.

ORIGENIS. *Hexaplorum quae Supersunt* – Sive Veterum Interpretum Graecorum in Totum Vetus Testamentum, Fragmenta. Post Flaminium Nobilium, Drusium, Et Montefalconium, *Adhibita etiam versione Syro-Hexaplari*, Concinnavit, Emendavit, et multis partibus auxit Fridericus Field, A.A.M. Colleqii SS. Trin. Cantab. Olim Socius – Tomus I. Prologomena. *Genesis – Esther*. Oxonii: Clarendoniano, MDCCCLXXV.

_____. *Hexaplorum quae Supersunt* – Sive Veterum Interpretum Graecorum in Totum Vetus Testamentum, Fragmenta. Post Flaminium Nobilium, Drusium, Et Montefalconium, *Adhibita etiam versione Syro-Hexaplari*, Concinnavit, Emendavit, et multis partibus auxit Fridericus Field, A.A.M. Colleqii SS. Trin. Cantab. Olim Socius – Tomus II. *Jobus – Malachias*. Auctarium et Indices. Oxonii: Clarendoniano. MDCCCLXXV.

QUASTEN, J. *Patrologia II* – La edad de oro de la literatra patrítica griega. Madri: BAC, 2001.

_____. *Patrologia I* – Hasta el Concilio de Nicea. Madri: BAC,1995.

RUFINO DE AQUILEIA. In: SIMONETTI, M. *Tyranii Rufini Opera*. Turnholti: Brepols Editoris Pontificii, 1961, p. 170-171.

_____. Comentarius in Symbulum Apostolorum, n. 37-38. In: J.P. MIGNE. *Patrologia*, series Latina, Tomus XXI. Paris: Petit-Montrouge, 1848, p. 373-374.

RELATÓRIO DE JUNÍLIO. De partibus Divinæ Legis, Liber Primus. In: J.P. MIGNE. *Patrologia*, series Latina, Tomus LXVIII. Paris: Petit-Montrouge, 1847, p. 15-26.

SÃO CIRILO DE JERUSALÉM. *Catequeses batismais*. Petrópolis: Vozes, 1978.

SÃO FILASTRO. Liber de Hæresibus. In: J.P. MIGNE. *Patrologia*, series Latina, Tomus XII. Paris: Petit-Montrouge, 1845, p. 1.199-1.202.

SIXTO DE SIENA. *Bibliotheca Sancta, Liber Primus*: De Scripturis, et Scriptoribus Divinis. Venetiis: Franciscum Senensem, 1575, p. 1-41.

TERTULIANO. *Opere dottrinali* – Scrittoria Cristiani dell'Africa romana, 3/1.b. Roma: Cittá Nuova, 2016.

_____. *Opere dottrinali* – Scrittoria Cristiani dell'Africa romana, 3/1.a. Roma: Cittá Nuova, 2014.

TERTULLIEN. *Contre Marcion*. Tome V (Livre V). Sources chrétiennes 483. Paris: Cerf, 2004.

_____. *Contre Marcion*. Tome V (Livre IV). Sources chrétiennes 456. Paris: Cerf, 2001.

_____. *Contre Marcion*. Tome V (Livre III). Sources chrétiennes 399. Paris: Cerf, 1994.

_____. *Contre Marcion*. Tome V (Livre II). Sources chrétiennes 368. Paris: Cerf, 1991.

_____. *Contre Marcion*. Tome V (Livre I). Sources chrétiennes 365. Paris: Cerf, 1990.

The 1647 Westminster Confession of Faith – KJV, with Scripture Proofs and Texts from the 1611 King James Bible. Edited by C. Matthew MacMahon and Therese B MacMahon. Croosville: Puritans, 2011.

2) Fontes bíblicas

A BÍBLIA SAGRADA. O Novo Testamento, traduzida por João Ferreira D'Almeida, por Viúva de J.V. Someren. Amsterdam, 1681.

A BÍBLIA SAGRADA. O Velho e o Novo Testamento, traduzida por João Ferreira D'Almeida. Londres: R. e A. Taylor, 1819.

A BÍBLIA SAGRADA. O Velho e o Novo Testamento, traduzida por João Ferreira D'Almeida. Nova York: Sociedade Americana da Bíblia, 1850.

A BÍBLIA SAGRADA. O Velho e o Novo Testamento, traduzida por João Ferreira D'Almeida. Edição revista e corrigida. Brasília: Sociedade Bíblica do Brasil, 1969.

A BÍBLIA SAGRADA. O Velho e o Novo Testamento, traduzida por João Ferreira D'Almeida. Edição revista e corrigida. Rio de Janeiro: Imprensa Bíblica Brasileira, 1983.

A BÍBLIA SAGRADA. O Velho e o Novo Testamento, traduzida por João Ferreira D'Almeida. Edição revista e corrigida. São Paulo: Sociedade Bíblica Trinitariana do Brasil, 1994.

ANTIGO TESTAMENTO POLIGLOTA. Hebraico, grego, português, inglês. São Paulo: Vida Nova e Sociedade Bíblica do Brasil, 2003.

BÍBLIA de Jerusalém. Nova edição, revista e ampliada. São Paulo: Paulus, 2012.

BÍBLIA do Peregrino. São Paulo: Paulus, 2002.

BIBLIA HEBRAICA Kittel. Stuttgart: Wurttembergische Bibelanstalt, 1937.

BIBLIA HEBRAICA Stuttgartensia. Stuttgart: Deutsche Bibelgesellschaft, 1990.

BÍBLIA. Mensagem de Deus. São Paulo: Loyola, 1983.

BIBLIA SACRA Iuxta Vulgatam Versionem. Stuttgart: Deutsche Bibelgesellschaft, 1994.

BIBLIA SACRA. Vulgatae Editionis. Sixti V Pontificis Maximi et Clementis VIII. Paris: Bibliopolas, 1869.

BIBLIA SACRA. Utriusque Testamenti. Editio hebraica et graeca. Stuttgart: Deutsche Bibelgesellschaft, 1988.

BIBLIA SACRA Iuxta Vulgatam Clementinam. Madri: BAC, 1946.

BÍBLIA SAGRADA. Antigo e Novo Testamentos, traduzida por João Ferreira D'Almeida. Barueri: Sociedade Bíblica do Brasil, 2011.

BÍBLIA SAGRADA. Ave-Maria. São Paulo: Claretiana, 2003.

BÍBLIA SAGRADA. Edição Pastoral. São Paulo: Paulus, 1990.

BÍBLIA SAGRADA. Nova Tradução na Linguagem de Hoje – Método da Lectio Divina. São Paulo: Sociedades Bíblicas Unidas, 2012.

BÍBLIA SAGRADA. Nova Tradução na Linguagem de Hoje. São Paulo: Paulinas, 2007.

BÍBLIA SAGRADA. São Paulo: Santuário, 1992.

BÍBLIA SAGRADA. Tradução da CNBB. São Paulo/Petrópolis: Ave Maria/Vozes/Salesiana/Paulus/Santuário/Paulinas/Loyola, 2001.

BÍBLIA. Tradução Ecumênica. São Paulo: Loyola, 1994.

King, Anno Domini, 1611.

La Bible Française De Calvin – Livres de Santies Scritures. Paris: Librairie Fischbacher, 1897.

MARTIN LUTHERS. *Die Bibel oder die ganze Heilige Schrift des Alten und Neuen Testaments*. Stuttgart: Verlag, 1929.

NESTLE-ALAND. *Novum Testamentum Graece*. Ed. XXVIII. Stuttgart: Deutsche Bibelgesellschaft, 2012.

NESTLE-NESTLE. *Novum Testamentum Graece-Latine*. Ed. X. Stuttgart: Deutsche Bibelgesellschaft, 1930.

NOVA VULGATA. Bibliorum Sacrorum Editio – Editio Typica Altera. Cittá del Vaticano: Editrice Vaticana, 1986.

O Novo Testamento Grego. 4a. edição revista, com introdução em português e dicionário grego-português. Barueri: Sociedade Bíblica do Brasil, 2009.

O Novo Testamento Interlinear Grego – Português. Incluindo o texto da tradução de João Ferreira D'Almeida, revista e atualizada no Brasil, 2a. edição, e da Nova Tradução na Linguagem de Hoje. Barueri: Sociedade Bíblica do Brasil, 2004.

SEPTUAGINTA. Stuttgart: Deutsche Bibelgesellschaft, 1979.

The Greek New Testament. Fourth Revised Edition, con introducción en Castellano y Diccionario. Stuttgart: Deutsche Bibelgesellschaft and Unidet Bible Societies, 2000.

The Greek New Testament. 3a. edição corrigida. Stuttgart: Unidet Bible Societies, 1988.

The Holy Bible, Conteyning the Old Testament, and The New. Londres: Barker, Printer to the *The New Testament in The Original Greek*. Londres: Macmillan and Co. Limited, 1906.

WESTCOTT, B.F. & HORT, F.J.A. *The New Testament in The Original Greek*. Londres: Macmillan, 1906.

3) Enquiridions e fontes

ALVES, H. *Documentos da Igreja sobre a Bíblia*, de 160 a 2010. Fátima (Portugal): Difusora, 2011.

DENZINGER, H. & HÜNERMANN, P. *Compêndio dos símbolos, definições e declarações de fé e moral*. São Paulo: Paulus/Loyola, 2007.

Documentos sobre a Bíblia. Documentos da Igreja, n. 10. São Paulo: Paulus, 2005.

DOCTRINA PONTIFICIA, *Documentos Bíblicos*. Vol. I, por Salvador Muñoz Iglesias. Madri: BAC, 1955.

ENQUIRIDION BÍBLICO. *Documentos de la Iglesia sobre la Sagrada Escritura*. Madri: BAC, 2010.

ENCHIRIDION BIBLICUM. *Documenti della Chiesa sulla sacra Scrittura* – Edizione Bilingue. Bolonha: EDB, 1994.

JOURNEL, M.J.R. *Enchiridion Patristicum*. Barcelona: Herder, 1951.

4) Textos diversos sobre o cânon do AT e do NT

ALAND, K. & ALAND, B. *O Texto do Novo Testamento* – Introdução às edições científicas do NT grego bem como à teoria e prática da moderna crítica textual. Barueri: Sociedade Bíblica do Brasil, 2013.

ALEXANDER, A. *The Canon of the Old and New Testaments Ascertained, Or the Bible, Complete, Without the Apocrypha and Unwritten Tradition*. Filadélfia: Presbiterian Board of Publication, 1851.

ALVES, H. *História da Bíblia em Portugal* – Vol. II: A Bíblia na Idade Média. Lisboa: Esfera do Caos, 2017.

_____. *História da Bíblia em Portugal* – Vol. I: As línguas da Bíblia: 23 séculos de traduções. Lisboa: Esfera do Caos, 2016.

_____. *História da Bíblia em Portugal* – II: A Bíblia de João Ferreira Annes d'Almeida. Fátima: Difusora, 2006.

ALSTRUP, D.N. Welche Ordnung der Paulusbriefe wird vom Muratorischen Kanon vorausgesetzt? – *Zeitschrift für die neutestamentliche Wissenschaft und die Kunde der älteren Kirche*, vol. 52, 1961, p. 39-53.

AMPHOUX, C.-B. Le canon du Nouveau Testament avant le IVe siècle. *Filología Neotestamentaria*, vol. 21, n. 41, 2008, p. 9-25.

AMPHOUX, C.-B. (dir.). *Manuel de Critique Textuelle du Nouveau Testament* – Introduction générale. Bruxelas: Safran, 2014.

ANDERSON, C.P. The epistle to the Hebrews and the Pauline letters collection, *HTR* 59, 1966, p. 429-438.

Apócrifos e Pseudoepígrafos da Bíblia. Vol. 1. São Paulo: Fonte, 2010.

Apócrifos e Pseudoepígrafos da Bíblia. Vol. 2. São Paulo: Fonte, 2010.

Apócrifos e Pseudoepígrafos da Bíblia. São Paulo: Novo Século, 2004.

ARAGIONE, G.; JUNOD, E. & NORELLI, E. (dirs.). *Le Canon du Nouveau Testament* – Regards nouveaux sur l'histoire de la formation. Genebra: Labor et Fides, 2005.

AREN, E. *A Bíblia sem mitos*. São Paulo: Paulus, 2012.

ARTOLA, A.M. La inspiracion de la Sacrada Escritura. In: L.A. *Schökel* (dir.). *Comentarios a la Constituición Dei Verbum sobre la divina revelación*. Madri: BAC, 2012, p. 371-391.

ARMSTRONG, J.J. Victorinus of Pettau as the Author of the Canon Muratori. *Vigilae Christianae*, 62, 2008, p. 1-34.

ASSOCIAÇÃO LAICAL DE CULTURA BÍBLICA. *Vademecum para o estudo da Bíblia*. São Paulo. Paulinas, 2000.

AUGUSTO, C. *Dissertatio Historico-Critica, Iscriptoris incerti de Canone Librorum Sacrorum Fragmentum Muratorianum*. Ienae: Litteris Goepferdtii, 1805.

AUWERS, J.-M. & JONGE, H.J. *The Biblical Canons*. Leuven: Leuven University Press, 2003.

AZEVEDO, C.M. Teólogos que marcaram a história da Bíblia. In: *Biblica* – Série Científica n. 18. Lisboa/Fátima: Difusora Bíblica, 2009, p. 89-93.

BÁEZ-CAMARGO, G. *Breve historia del Canon Biblico*. México: Luminar, 1982.

BAGOT, J.-P. & DUBS, J.-CL. *Pour lire la Bible*. Paris: Les Bergers & Les Mages, 1983.

BALLARINI, T. As Epístolas Católicas em Geral. In: T. BALLARINI. *Introdução à Bíblia*. Vol. V/2. Petrópolis: Vozes, 1969, p. 281-456.

BARNWELL, K. *Tradução bíblica* – Um curso introdutório aos princípios básicos da tradução. Barueri. Sociedade Bíblica do Brasil, 2012.

BARONE, F.P. Pour une édition critique de la *Synopsis Scripturae Sacrae* du Pseudo-Jean Chrysostome. *RFLHA*, 2009/1, p. 7-19.

BARRERA, J.T. *A Bíblia Judaica e a Bíblia Cristã* – Introdução à história da Bíblia. Petrópolis: Vozes, 1999.

BARTHÉLEMY, D. *Découvrir l'Ecriture* – Lectio Divina, Hors Série. Paris: Cerf. 2000.

_____. *Critique textuelle de l'Ancien Testament*. Friburgo/Göttingen: Éditions Universitaires/Vandenhoeck & Ruprecht: Vol. 1 (1982); Vol. 2 (1986) e Vol. 3 (1992).

_____. *Études d'histoire du texte de l'Ancien Testament*. OBO, 21. Friburgo/Göttingen: Éditions Universitaires/Vandenhoeck & Ruprecht, 1978.

_____. Redécouverte d'un chaînon manquant de l´histoire de la Septante. *Revue Biblique*, 60, 1953, p. 18-29.

BASTA, P. *Che cosa è il canone biblico?* Pádova: Messaggero, 2017.

BAZYLINSKI, S. *Guida alla ricerca biblica*. Roma: San Paolo/Gregorian Biblical Press, 2009.

BEALE, K. & CARSON, D.A. *Comentário ao uso do Antigo Testamento no Novo Testamento*. São Paulo: Vida Nova, 2014.

BECKWITH, R.T. *The Old Testament Canon of the New Testament Church and its background in Early Judaism*. Oregon: Wipf & Stock, 1985.

BELLI, F. et al. *Vetus in Novo* – El recurso a la Escritura en el Nuevo Testamento. Madri: Encuentro, 2006.

BERGER, K. *Hermenêutica do Novo Testamento*. São Leopoldo: IEPG-Sinodal, 1999.

_____. *Formas literárias do Novo Testamento*. Bíblica 23. São Paulo: Loyola, 1998.

BETTENCOURT, E. A formação do catálogo bíblico. *Pergunte e Responderemos*. Ano XLII, n. 465, fev./2001, p. 50-60.

_____. Onde está a verdade? – A Igreja Católica acrescentou livros à Bíblia. *Pergunte e Responderemos*. Ano XXXIX, n. 432, mai./1998, p. 194-202.

_____. O cânon dos cristãos orientais separados, *Pergunte e Responderemos*. Ano XXXIX, n. 432, mai./1998, p. 234.

BETTENSON, H. *Documentos da igreja cristã*. São Paulo: Aste, 2011.

BEUMER, J. Das Fragmentum Muratori und seine Rätsel. *Theologie und Philosophie*, vol. 48, 1973, p. 534-550.

BITTENCOURT, B.P. *O Novo Testamento*: cânon, língua e texto. São Paulo: Aste, 1965.

BLANCHARD, Y-M. *Aux sources du canon, le témoignage d'Irénée*. Paris: Cerf, 1993.

BOGAERT, P-M. Aux origines de la fixation du canon: Scriptoria, listes et titres – Le Vaticanus et la stichométrie de Mommsen. In: J.-M. AUWERS & H.J. JONGE. *The Biblical Canons*. Leuven: Leuven University Press, 2003, p. 153-176.

BOKEDAL, T. *The Formation and Significance of the Christian Biblical Canon* – A Study in Text, Ritual and Interpretation. Londres: Bloomsbury, 2014.

BOLGIANI, F. Sulla data del Frammento Muratoriano – A proposito di uno studio recente. *Rivista di Storia e Letteratura Religiosa*, vol. 31, 1995, p. 461-471.

BONACCORSI, G. (org.). *I Vangeli Apocrifi*. Firenze: Fiorentina, 2006.

BORING, M.E. *Uma introdução ao Novo Testamento*: história, literatura, teologia – Questões Introdutórias do Novo Testamento e Escritos Paulinos. Vol. I. Santo André: Academia Cristã/Paulus, 2016.

_____. *Uma introdução ao Novo Testamento*: história, literatura, teologia – Cartas Católicas, Sinóticos e Joaninos. Vol. II. Santo André: Academia Cristã/Paulus, 2016.

BOSCOLO, G. *La Biblia em la Historia* – Introdución general a la Sagrada Escritura. Bogotá: Javeriana/San Paplo, 2012.

BOVATI, P. & MEYNET, R. (dir.). *Ouvrir les Écritures* – Mélanges offerts à Paul Beauchamp. Lectio Divine 162. Paris: Cerf, 1995.

BROWN, R.E. *Introdução ao Novo Testamento.* São Paulo: Paulinas, 2004.

_____. *As recentes descobertas e o mundo bíblico.* São Paulo: Loyola, 1986.

BRUCE, F.F. *O Cânon das Escrituras.* São Paulo: Hagnos, 2013.

_____. *Merece confiança o Novo Testamento.* São Paulo. Vida Nova, 2010.

_____ *Estudos do cristianismo não paulino:* Pedro, Estevão, Tiago e João. São Paulo: Shedd, 2005.

BRUYNE, D. Les plus anciens prologues latins des Evangiles. *Revue Bénédictine* 40, 1928, p. 193-214.

BUCHANAN, E.S. The Codex Muratorianus. *Journal of Theological Studies*, vol. 8, 1907, p. 537-545.

BUCUR, B.G. The Place of the Hypotyposeis in the Clementine Corpus: An Apology "The Other Clement of Alexandria". *Journal of Early Christian Studies*, 2009, p. 313-335.

BUHL, F. *Canon and Text of the Old Testament.* Edimburgo: T. & T. Clark, 1892.

BUNSEN, C.C.J. *Christianity and Mankind, Their Beginnings and Prospects.* Vol. I. Londres: Longman/Brown/Green/Longmans, 1854.

BURNET, R. *Épîtres et lettres Ier-IIe siècle* – De Paul de Tarse à Polycape de Smyrne. Lectio Divina. Paris: Cerf, 2003.

BURKITT, F.C. The exordium of Marcion's antitheses. *JTS* 30, 1929, p. 279s.

CABALLERO, J.L. El Canon paulino – Consideraciones en torno a la naturaliza y la formación del canon del Nuevo Testamento. *Scripta Theologica*, 41, 2009/3, p. 899-923.

CALDUCH-BENAGES, N. L'inspirazione: il problema del *corpus* deuterocanonico. In: P. DUBOVSKÝ & J-P SONNET (eds.). *Ogni Scrittura è ispirata* – Nuone prospettive sull'ispirazione biblica. Milão/Roma: San Paolo/G&BP, 2013, p. 241-244.

CAMPENHAUSEN, H.F. *La formation de la Bible chrétienne.* Neuchatel: Delachaux & Niestlé, 1971.

CAMPOS, J. Epoca del Fragmento Muratoriano. *Helmantica* 11, 1960, p. 485-496.

CANTINAT, J. As Epistolas Católicas. In: A. ROBERT & A. FEUILLET. *Introdução à Bíblia*, Vol. IV. Petrópolis: Vozes, 1968, p. 171-223.

CARMODY, T.R. *Como ler a Bíblia.* São Paulo: Loyola, 2008.

CARROL, K.L. The expansion of the Pauline Corpus, *JBL* 59, 1953, p. 230-237.

CENTRE SÈVRES. *Le canon des Écritures* – Études Historiques, Exégétiques et Systematiques. Lectio Divina 140. Paris: Cerf, 1990.

CHAMPLIN, R.N. *O Novo Testamento interpretado versículo por versículo* – Vol. 1: Mateus/Marcos. Nova edição revisada. São Paulo: Hagnos, 2014.

CHAPMAN, S.B. The Canon Debate: What it is and why it Matters. *Journal of Theological Interpretation* 4.2, 2010, p. 273-294.

_____. L'auteur du Canon muratorien. *Revue Bénédictine*, vol. 21, 1904, p. 240-264.

_____. Clément d'Alexandrie sur les Évangiles et encore le fragment de Muratori. *Revue Bénédictine*, vol. 21, 1904, p. 369-374.

CHARLESWORTH, J.H.; MCDONALD, L.M. & JURGENS B.A. *Sacra Scripture, How "Non-Canonical" Texts Functioned in Early Judaism and Early Christianity*. Londres: Bloomsbury, 2015.

CHARLIER, C. *A origem e a interpretação da Bíblia*. São Paulo: Flamboyant, 1959.

CHARPENTIER, E. *Para ler o Novo Testamento*. São Paulo: Loyola, 1992.

CHILDS, B.S. *Introduction to the Old Testament as Scripture*. Filadélfia: Fortress, 2011.

_____. *The Canonical Shaping of the Pauline Corpus*. Eerdmans: Grand Rapids, 2008.

_____. The Canon in recent Biblical Studies. Reflections on an Era. *Pro Ecclesia*, vol, XIV, n. 1, p. 26-208.

COMBLIN, J. *A força da Palavra* – "No princípio havia a Palavra". Petrópolis: Vozes, 1986.

COSGROVE, C.H. Justin martyr and the emerging Christian Canon – Observations on the purpose and destination of the dialogue with Trypho. *Vigiale Christianae*, 36, 1982, p. 209-232.

COSIN, J. *A Scholastical History of the Canon of the Holy Scripture Or the Certain and Indubitate Books There of as They are Received in the Church of England*. Londres: R. Norton, 1657.

COTELEIUS, J.B. *SS. Patrum qui temporibus Apostolicis, Codicis Canonum, Ecclesiae Primitivae*. Liber Secundus. Amsterdã: Wetstenios, 1974.

COTHENET, E. *Exégèse et liturgie*. Lectio Divina 133. Paris: Cerf, 1988.

CREDNER, K.A. *Zur Gechichte des Kanons*. Halle: 1847.

CREDNER, K.A. & VOLKMAR, G. *Gechichte des Neutestamentlichen Kanon*. Berlim, 1860.

CRÜSEMANN, F. *Cânon e história social*. São Paulo: Loyola, 2009.

CULDAT, F. (org.). *La de la parole chrétienne* – Tradition et Écritires au deuxième siècle. Suplement au Cahier Evangile 77. Paris: Cerf, 1991.

CULLMANN, O. As Cartas Católicas. In: O. CULLMANN. *A formação do Novo Testamento*. São Leopoldo: Sinodal/Est, 2012, p. 69-83.

DAHL, N.A. The origin of the earliest prologues to the pauline letters. *Semeia*, 12, 1978, p. 233-277.

_____. Welche Ordnung der Paulusbriefe wird vom Muratorischen Kanon vorausgesetzt? *Zeitschrift für die neutestamentliche Wissenschaft und die Kunde der älteren Kirche*, vol. 52, 1961, p. 39-53.

DANIELL, D. *William Tyndale*: A Biography. Londres: Yale University Press, 1994.

DAVIDSON, S. *The Canon of the Bible*: Its Formation, History and Fluctuations. Londres: Kegal Paul, 1878.

DAVIDS, P.H. The Catholic Epistoles as a Canonical Janus: A New Testament Glimpse into Old and New Testament Canon Formation. *Bulletin for Biblical Research*, 19.3, 2009, p. 403-416.

DELITZSCH, F. et al. *Zeitschrift fur die Gesammte Lutherische Theologie und Kirche...* Leipzig: Dorffling/Franke, 1878.

DIEZ MACHO, A. *Apócrifos del Antiguo Testamento*. Vol. I. Madri: Cristiandad, 1984.

DIEZ MACHO, A. (ed.). *Apócrifos del Antiguo Testamento*. Vol. V. Madri: Cristiandad, 1987.

_____. *Apócrifos del Antiguo Testamento*. Vol. IV. Madri: Cristiandad, 1984.

_____. *Apócrifos del Antiguo Testamento*. Vol. II. Madri: Cristiandad, 1983.

DIEZ MACHO, A. & PIÑERO SÁENZ, A. (eds.), *Apócrifos del Antiguo Testamento*. Vol. III. Madri: Cristiandad, 2002.

DUPONT-ROC, R. & MERCIER, F. *Les manuscrits de la Bible et la critique textuelle*. Cahiers n. 102. Paris: Cerf, 1998.

EHRMAN, B.D. *The New Testament* – A Historical Introduction to the Early Christian Writings. Nova York/Oxford: Oxford University Press, 2000.

_____. The New Testament Canon of Didymuys the Blind. *Vigilae Christianae*, 37, 1983, p. 1-21.

EHRMAN, B.D. & MICHAEL, W.H. (eds.). *The Text of the New Testament, in Contemporary Research*. Boston: Brill, 2013.

EGGER, W. *Metodologia do Novo Testamento*. Bíblica Loyola 12. São Paulo: Loyola, 1994.

ELCHINGER, A. *Leituras bíblicas* – "História da Salvação". São Paulo: Agir, 1966.

ELLIS, E.E. *The Old Testament in Early Christianity, Canon and interpretation in the Light on Modern Research*. Michigan: Baker Book House/Grand Rapids, 1992.

ERBETTA, M. (org.). *Gli Apocrifi del Nuovo Testamento, Atti e leggende,* III. Casale Monferrato: Marietti, 2015.

_____. *Gli Apocrifi del Nuovo Testamento* – Vangeli, Infanza, Passione, Assunzione di Maria. I/2. Casale Monferrato: Marietti, 2003.

_____. *Gli Apocrifi del Nuovo Testamento* – Vangeli, Testi giudeo-cristiani e gnostici. I/1. Casale Monferrato: Marietti, 1999.

_____. *Gli Apocrifi del Nuovo Testamento, Lettere e apocalissi,* II. Casale Monferrato: Marietti, 1998.

FARIA, J.F. Bíblia Apócrifa, a outra face do cristianismo. *Cadernos Patrísticos,* vol. IV, n. 7, mai./2009, p. 63-80.

_____. *Apócrifos aberrantes, complementares e cristianismos alternativos: poder e heresias!* – Introdução crítica e histórica à Bíblia Apócrifa do Segundo Testamento. Petrópolis: Vozes, 2009.

FERGUSON, E. Canon Muratori: Date and provenance. *Studia Patristica,* 17, 1982, p. 677-683.

_____. The Redaction of the Pauline Letters and the Formation of the Pauline Corpus. *JBL,* 94, 1975, p. 403-418.

FERNANDES, L.A. *A Bíblia e a sua mensagem* – Introdução à leitura e ao estudo. Rio de Janeiro/São Paulo: PUC-Rio/Reflexão, 2010.

_____. O Cânon Bíblico Católico: significado teológico, momentos históricos e questões atuais. *Coletânea,* n. 10, 2006, p. 236-261.

FERRARI, M. Il Codex Muratorianus e il suo ultimo inédito. *Italia Medioevale e Umanistica,* vol. 32, 1989, p. 1-51.

FINEGAN, J. The Original Form of the Pauline Collection. *HTR,* 49, 1956, p. 85-103.

FINLEY, T.J. The Book of Daniel in the Canon of Scripture. *Bibliotheca Sacra,* 165, abr.-jun./2008, p. 195-208.

FISCHER, A.A. *O texto do Antigo Testamento* – Edição reformulada da Introdução à Bíblia Hebraica de Ernst Würthwein. Barueri: Sociedade Bíblica do Brasil, 2013.

FITZMYER, J.A. *A interpretação da Bíblia na Igreja.* Bíblica 58. São Paulo: Loyola, 2011.

_____. Introdução às Epístolas do Novo Testamento. In: *Novo Comentário Bíblico do Novo Testamento.* Santo André: Academia Cristã, 2011, p. 399-405.

_____. *A Bíblia na Igreja.* Bíblica 21. São Paulo: Loyola, 1997.

FOSTER, L. The Earliest Collection of Paul's Epistles. *Bets,* 1956, p. 44-55.

FRANCISCO, E. de F. *Manual da Bíblia Hebraica: introdução ao texto massorético –* Guia introdutório para a Bíblia Hebraica Stuttgartensia. São Paulo: Vida Nova, 2008.

GABEL, J.B. & WHEELER, C.B. *A Bíblia como literatura*. Bíblica 10. São Paulo: Loyola, 1993.

GAGNÉ, A. & RACINE, J-F. (dir.). *En marge du Canon* – Études sur les écrits apocryphes juifs et chrétiens. Paris: Cerf, 2012.

GALLAGHER, E.L. The Jerusalem Temple Library and its implications for the Canon of Scripture. *Restoration Quarterly*, 57 (1), 2005, p. 39-52.

GALLAGHER, E.L. & MEADE, J.D. *The Biblical Canon Lists from Early Christianity* – Texts and Analysis. Oxford: Oxford University Press, 2017.

GAMBLE, H.Y. *The New Testament Canon, Its Making and Meaning*. Oregon: Wipf/ Stock, 2002.

_____. The redaction of the Pauline Letters and the Formation of the Pauline Corpus. *JBL*, 49, 1975, p. 403-418.

GARCIA DEL MORAL, A. *Carta a los Hebreus y Cartas Católicas*. Madri: PPC, 1973.

GELIN, A. *Les idées maîtresses de l'Ancien Testament*. Lectio Divina 2. Paris: Cerf, 1959.

GIBERT, P. & THEOBALD, C. (dirs.). *La réception des Écritures inspirées*: éxégese, histoire et théologie. Paris: Bayard, 2007.

GIRÓN BLANC, L.-F. *Pentateuco hebreo-samaritanus*: Génesis. Edición crítica sobre la base de manuscritos inéditos. Madri: Csic, 1976.

GOMES, C.F. *Antologia dos Santos Padres*. São Paulo, Paulinas, 1973.

GONZAGA, W. As Cartas Católicas no cânon do Novo Testamento. *Perspectiva Teológica*, vol. 49, n. 2, 2017, p. 421-444.

_____. O *Corpus Paulinum* no Cânon do Novo Testamento. *Atualidade Teológica*, n. 54, 2017, p. 19-41.

_____. "A Sagrada Escritura, a alma da Sagrada Teologia". In: *Isidoro*, M.; *Agostini Fernandes*, L. & *Corrêa Lima*, M.L. *Exegese, teologia e pastoral*: relações, tensões e desafios. Rio de Janeiro/Santo André: PUC-Rio/Academia Cristã, 2015, p. 201-235.

GOSWELL, G. The Order of the Books of the New Testament. *Jets*, 53/2, 2010, p. 225-241.

_____. The Order of the Books in the Greek of the Old Testament. *Jets*, 52/3, 2009, p. 449-466.

_____. The Order of the Books in the Hebrew Bible. *Jets*, 51/4, 2008, p. 673-688.

GOUNELLE, R. (dir.). *Los apócrifos cristianos en sus textos*. Documentos en torno de La Biblia 38. Navarra: Verbo Divino, 2010.

GRANT, R.M. *Le Dieu des premiers chrétiens*. Paris: Seuil, 1971.

_____. *La formation du Nouveau Testament*. Paris: Seuil, 1969.

_____. *L´Interpretation de La Bible des origines chrétiennes à nos jours*. Paris: Seuil, 1967.

_____. *La gnose et les origins chrétiennes*. Paris: Seuil, 1964.

GREEN, J.B. *Hearing the New Testament* – Strategies for Interpretation. Cambridge: Grand Rapids, 2010.

GREGORY, C.R. *Canon and Text of the New Testament*. Londres: Charles Scribners's Sons, 1907.

GRELOT, P. *Introdução à Bíblia*. Coleção Bíblica 11. São Paulo: Paulinas, 1971.

GUERICKE, H.E.F. *Gesammtgeschichte des Neuen Testaments* – Oder Neutstamentliche Isagogik. Leipzig: Adolph Einter, 1854.

_____. *Zeitschrift für die gesammte Lutherische Theologie und Kirche*. Leipzig: Dorffling/Franke, 1854.

_____. *Historich-Kritische Einleitung in das Neue Testament*. Leipzig: K.F. Kohler, 1843.

GUNDRY, R.H. The use of the Old Testament in St. Matthew's Gospel. *NovTSup*, 18, 1967, p. 110-116.

GWATKIN, H.M. *Selections from Early Writers illustrative of Church History to the time of Constantine*. Londres: Macmillan, 1897.

HAAG, H. A formação da Sagrada Escritura. In: J. FEINER & M. LOEHRER. *Mysterium Salutis*. Vol. 1/2. Petrópolis: Vozes, 1971, p. 119-156.

HAHNEMAN, G.M. The Muratorian Fragment and the Origins of the New Testament Canon. In: M.L. MARTIN. *The Canon Debate*. Massachusetts: Hendrickson, 2002, p. 405-415.

_____. *The Muratorian Fragment and the development of the Canon*. Oxford: Clarendon, 1992.

HANNAH, D.D. The Four-Gospel "Canon" in the *Epistula Apostolorum. Journal of Teeological Studies*, vol. 59, 2, out./2008, p. 598-633.

HARL, M.; DORIVAL, G. & MUNNICH, O. *A Bíblia Grega dos Setenta* – Do judaísmo helenístico ao cristianismo antigo. São Paulo: Loyola, 2007.

HARNACK, A. *Marcion, l'Evangeile du dieu étranger*. Paris: Cerf, 2005.

_____. *Mission et expansion du christianisme dans les trois premiers siècles*. Paris: Cerf, 2004.

HARNACK, A. & SCHURER, E. *Excerpte aus dem Muratorischen Fragment (saec. XI et XII)* – Theologische Literaturzeitung, 1898, p. 131-134.

HARRINGTON, W. J. *Chave para a Bíblia: a revelação, a promessa, a realização*. São Paulo: Paulus, 2002.

HATCH, W.H.P. The position of Hebrews in the Canon of the New Testament. *HTR*, 29, 1966, p. 133-135.

HAYS, R.B. *Echoes of Scripture in the Letteres of Paul*. New Haven: Yale University Press, 1989.

HEFELE, K.J. *A History of the Councils of the Church*: from the Original Documents. Edimburgo: T. & T. Clark, 1872.

HENDERSON, M.H. *The Canon of Holy Scripture, With remarks upon King James's Version, the Latin Vulgate and Douay Bible (1868)*. Nova York: Port & Amery, 1868.

HENNE, P. La datation du canon de Muratori. *Revue Biblique*, vol. 100/1, 1993, p. 54-75.

_____. Le canon de Muratori, orthographe et datation. *Archivum Bobiense*, vol. 12/13, 1990/1991, p. 289-304.

HESSE, F.H. *Das Muratorische Fragment, Neu Untersucht und Erklärt*. Giefsen: J. Rickersche Buchhandlung, 1873.

HILGENFELD, A. *Historisch-Kritische Einleitung in das Neue Testament*. Leipzig: Fues's/R. Reiisland, 1875.

HOFFMANN, R.J. *Marcion: on the restitution of Christianity* – An Essay on the Developmente of Radical Paulinist Theology in the Second Century. Oregon: Wipf & Stock, 2016.

HORBURY, W. The Wisdom of Solomon in the Muratorian Fragment. *Journal of Theological Studies* (New Series, vol. 45/1, 1994), p.149-159.

JAY, P. Saint Jérôe et "L'un et l'autre Testament". In. P. BOVATI & R. Meynet (dirs.). *Ouvir les Écritures*. Paris: Cerf, 1995, p. 361-379.

JENSON, R.W. *Canon and Creed*. Louisville: John Knox, 2010.

JONGE, H.J. The New Testament Canon. In: J.-M. AUWERS & H.J. JONGE. *The Biblical Canons*. Leuven: Leuven University Press, 2003, p. 309-319.

JOSIPOVICI, G. A Epístola aos Hebreus e as Epístolas Católicas. In: R. ALTER & F. KERMODE. *Guia literário da Bíblia*. São Paulo: Unesp, 1997, p. 540-561.

KAESTLI, J.-D. La place du "Fragment de Muratori" dans l'histoire du canon: A propos de la thèse de Sundberg et Hahneman. *Cristianesimo nella Storia*, vol. 15/3, 1994, p. 609-634.

KAESTLI, J.-D. & VERMELINGER, O. (eds.). *Le canon de l'Ancien Testament, sa formation et son histoire*. Genebra: Labor et Fidei, 1984.

KÄSEMANN, E. Il Canone Neotestamentario fonda l'unità dela Chiesa? In: E. KÄSEMANN. *Saggi Esegetici*. Casale Monferrato: Marietti, 1985, p. 58-68.

KATZ, P. The Old Testament Canon in Palestine and Alexandria. *ZNW*, 47, 1956, p. 191-217.

KELBER, W. *Tradition orale et Écriture*. Lectio Divina 145. Paris: Cerf, 1991.

KIRCHHOFER, J. *Quellensammlung zur Geschichte des Neutestamentlichen Kanons bis auf Hieronymus*. Zurique: Meyer/Zeller, 1844.

KLAUCK, H-J. *Evangelhos Apócrifos*. São Paulo: Loyola, 2007.

KLEIN, C.J. O cânon do Antigo Testamento nas igrejas cristãs. *Revista Eletrônica Correlatio*, vol. 11, n. 21, jun./2012, p. 165-181.

KNOX, J. A note ond the format of the Pauline Corpus. *HTR*, 50, 1957, p. 311-314.

KONINGS, J. *A Bíblia, sua origem e sua leitura*. Petrópolis: Vozes, 2011.

KOOREVAAR, H. The Torah Model as original Macrostruture of the Hebrew Canon: a Critical Evaluation. *ZAW*, 122, 2010, p. 64-80.

KRUGER, M.J. The definition of the term "Canon". Exclusive or Multi-Dimentional? *Tyndale Bulletin*, 63.1, 2012, p. 1-20.

KUHN, G. *Das Muratorische Fragment über die Bücher des Neuen Testaments*. Zurique: S. Höhr, 1892.

KUHN, G. et al. *Theologische Quartalschrift*. Vol. 40. Tübingen: P. Laupp, 1858.

KUMMEL, W.G. *Introdução ao Novo Testamento*. São Paulo: Paulinas, 1982.

KUNTZMANN, R. & DUBOIS, J.D. *NAG HAMMADI* – O Evangelho de Tomé. São Paulo: Paulinas, 1990.

LAGRANGE, M.-J. *Critique textuelle*, 2 vols. Paris: J. Gabalda, 1935.

_____. Le Canon d'Hippolyte et le fragment de Muratori. *Revue Biblique*, vol. 42/14, 1933, p. 161-186.

_____. *Histoire ancienne du Canon du Nouveau Testament*. Paris: Lecoffre, 1933.

_____. Mélanges: I. L'auteur du canon de Muratori. *Revue Biblique*, vol. 35/14, 1926, p. 83-88.

LÄPPLE, A. *A Bíblia hoje, documentação de história, geografia e arqueologia*. São Paulo: Paulinas, 1984.

LAW, T.M. *Quando Dios habló en griego* – La Septuaginta y la formación de la Biblia Cristiana. Salamanca: Sígueme, 2014.

LEVINSON, B.M. *L'Herméneutique de l'innovation* – Canon et exégèse dans l'Israël biblique. Bruxelas: Lessius, 2005.

LIEU, J.M. *Marcion and the Making of a Heretic* – God and Scripture in the Second Century. Cambridge: Cambridge University Press, 2015.

LIMA, A. *O Cânon Bíblico* – A origem da lista dos Livros Sagrados. São José dos Campos: ComDeus, 2007.

LITWAK, K.D. *Echoes of Scripture in Luke-Acts* – Telling the History of God's People Intertextually. Londres: T&T Clark, 2005.

LUGO RODRÍGUEZ, R.H.; LÓPEZ ROSA, R. *Hebreus y Cartas Católicas*: Santiago, 1 y 2 Pedro, Judas, 1, 2 y 3 Juan. Navarra: Verbo Divino, 2008.

LÜHRMANN, D. Gal. 2,9 und die Katholischen Briefe, Bemerkungen zum Kanon und zur *regola fidei*. *Zeitschrift für dier neutestamentliche Wissenschaft*, 72, 1981, p. 65-87.

MALZONI, C.V. *As edições da Bíblia no Brasil*: São Paulo: Paulinas, 2016.

MANNUCCI, V. *Bíblia, Palavra de Deus* – Curso de introdução à Sagrada Escritura. São Paulo: Paulus, 2008.

_____. Il canone delle Scritture. In: FABRIS, R. et colabs. *Introduzione generale alla Bibbia*. Turim: Elledici, 1999, p. 375-395.

MANSON, T.W. The Johannine Epistles and the Canon of the New Testament. *JTS*, 48, 1947, p. 32-33.

Manual do Seminário de Ciências Bíblicas. Barueri: Sociedade Bíblica do Brasil, 2011.

McDONALD, L.M. *The Formation of the Biblical Canon* – Vol. 1: The Old Testament its Authority and Canonicity. Londres: Bloomsbury T&T Clark, 2017.

_____. *The Formation of the Biblical Canon* – Vol. 2. The New Testament its Authority and Canonicity. Londres: Bloomsbury T&T Clark, 2017.

_____. *Formation of the Bible*: the Story of the Church's Canon. Massachusetts: Hendrickson, 2013.

_____. *A origem da Bíblia*. São Paulo: Paulus, 2013.

_____. *The Formation of the Christian Biblical Canon*. Ed. revista e ampliada. Massachusetts: Hendrickson, 2012.

_____. *The Biblical Canon*: Its Origin, Transmission, and Authority. Michigan: Baker Academic, 2011.

_____. *A Bíblia em suas mãos*. Porto Alegre: Mazzarolo, 2000.

McDONALD, L.M. & SANDERS J.A. (eds.). *The Canon Debate*. Massachusetts: Hendrickson, 2008.

McKENZIE, S.L. *Como ler a Bíblia* – História, profecia ou literatura. São Paulo: Rosari, 2007.

MEALAND, D.L. *The extend of the Pauline Corpus* – A multivariate approach. *JSNT*, 59, 1995, p. 61-92.

METZGER, B.M. *The Canon of the New Testament* – Its Origin, Development, and Significance. Oxford: Clarendon, 2009.

_____. *The New Testament, Its Background, Growth, &Content.* 3a. ed. revista e ampliada. Nashville: Abingdon, 2003.

_____. *The Early Versions of the New Testament* – Its Origen, Transmission and Limitations. Oxford: Clarendon, 2001.

_____. *An Introduction to the Aprocrypha.* Oxford: Oxford University Press, 1977.

METZGER, B.M. & EHRMAN, B.D. *The Text of the New Testament* – Its Transmission, Corruption, and Restoration. Oxford: Oxford University Press, 2005.

MILLER, J.W. *As origens da Bíblia.* Bíblica 41. São Paulo: Loyola, 2004.

MIRANDA, E.E. *Bíblia:* história, curiosidades e contradições. Petrópolis: Vozes, 2015.

MITTON, C.L. *The of the Pauline Corpus of Letters.* Londres: Epworth, 1955.

MODA, A. *Per una biografia paolina*: la lettera di Clemente, il Canone Muratoriano, la letteratura Apocrifa. In: DUPONT, J. *Testimonium Christi.* Bréscia: Paideia, 1985, p. 289-315.

MOFFATT, J. *An Introduction to the Literature of the New Testament.* Edimburgo: T.&T. Clark, 1949.

MOLL, S. *Marción, el primer hereje.* Salamanca: Sígueme, 2014.

MORALDI, L. *Evangelhos Apócrifos.* São Paulo: Paulus, 1999.

MORESCHINI, C. & NORELLI, E. *Manual de literatura cristã antiga, grega e latina.* Aparecida: Santuário, 2009.

MOWRY, L. The Early Circulation of Paul's Letters. *JBL*, 63, 1944, p. 73-86.

MURAD, F. *L'Ancienne tradution arménienne de l'Apocalypse de Jean.* Jerusalém: St. Jacques, 1905/1911.

OTERO, A.S. *Los Evangelios Apócrifos* – Edición crítica y bilíngue. Madri: BAC, 1999.

OWENS, D. The Concept of Canon in Psalms Interpretation. *Trinity Journal*, 2013, p. 155-169.

PARMENTIER, E. *A Escritura viva* – Interpretações cristãs da Bíblia. *Bíblica* 55. São Paulo: Loyola, 2009.

PAROSCHI, W. *Origem e transmissão do texto do NT.* Barueri: Sociedade Bíblica do Brasil, 2012.

_____. *Crítica textual do NT.* São Paulo: Vida Nova, 1999.

PAUL, A. *L'inspiration et le canon des Écritures* – Histoire et théologie. Cahiers n. 49. Paris: Cerf, 2009.

PENNA, R. *A formação do Novo Testamento em suas três dimensões*. São Paulo: Loyola, 2014.

PETERMANN, J.H. *Pentateuchus Samaritanus*. Berlim: Moeser, 1872.

PIAZZA, W.O. *A revelação cristã na Constituição Dogmática "Dei Verbum"*. São Paulo: Loyola, 1986.

PIÑERO, A. *La formación del Canon del Nuevo Testamento*. Madri: Trotta, 1989.

PIÑERO, A. & DEL CERRO, G. (orgs.). *Hechos Apócrifos de los Apóstoles* III – Hechos de vários autores. Edición crítica y bilíngue. Madri: BAC, 2011.

_____. *Hechos Apócrifos de los Apóstoles* II – Hechos de Pablo y Tomás. Edición crítica y bilíngue. Madri: BAC, 2005.

_____. *Hechos Apócrifos de los Apóstoles* I – Hechos de Andrés, Juan y Pedro. Edición crítica y bilíngue. Madri: BAC, 2004.

PIÑERO, A.; TORRENTS, J.M. & BAZÁN, F.G. (eds.). *Textos gnósticos* – Biblioteca de Nag Hammadi I: Tatados filosóficos y cosmológicos. Madri: Trotta, 2007.

_____. *Textos gnósticos* – Biblioteca de Nag Hammadi II: Evangelios, Hechos y Cartas. Madri: Trotta, 2007.

POFFET, J.-M. *L'autorité de l'Écriture*. Lectio Divina. Paris: Cerf, 2002.

POIRIER, J.C. The Order and Essence of Canon in Brevard Childs's Book on Paul. *BBR*, 20.4, 2010, p. 503-516.

PONTIFÍCIA COMISSÃO BÍBLICA. *A interpretação da Bíblia na Igreja*. São Paulo: Paulinas, 1994.

PORTER, S.E. *The Pauline Canon*. Atlanta: Society of Biblical Literature, 2009.

PREUS, J.A.O. The New Testament Canon in the Lutherian Dogmaticians. *Concordia Journal/Spring*, 2010, p. 133-153.

PREUSCHEN, E. *Analecta: Kürzere texte zur Geschichte der Alten Kirche und des Kanons, zusammengestellt von Erwin Preuschen*. Leipzig: Mohr, 1893.

RAMOS, L. (Ed.). *Bíblia Apócrifa* – Morte e assunção de Maria. Petrópolis: Vozes, 2001.

_____. *Bíblia Apócrifa* – Fragmentos dos Evangelhos Apócrifos. Petrópolis: Vozes, 1992.

_____. *Bíblia Apócrifa* – São José e o Menimo Jesus. Petrópolis: Vozes, 1991.

_____. *Bíblia Apócrifa* – A Paixão de Jesus nos escritos secretos. Petrópolis: Vozes, 1991.

_____. *Bíblia Apócrifa* – O drama de Pilatos. Petrópolis: Vozes, 1991.

_____. *Bíblia Apócrifa* – A história do nascimento de Maria. Petrópolis: Vozes, 1988.

REUSS, E.W.E. *History of the Canon of the Holy Scriptures in the Christian Church*. Edimburgo: T.&T. Clark, 1887.

RITTER, S. Il Frammento Muratoriano. *Rivista di Archeologia Cristiana*. Vol. 3, 1926, p. 215-268.

RIVAS, L.H. (org.). *Os Evangelhos Apócrifos*. São Paulo: Ave Maria, 2012.

RYLE, H.E. *The Canon of the Old Testament, An essay on the gradual growth and formation of the Hebrew Canon of Scripture*. Londres: Macmillan, 1892.

ROBERTSON, A.W. *El Antiguo Testamento en el Nuevo*. Buenos Aires: Nueva Creación, 1996.

RODRIGUES, R. *Manual de defesa dos Livros Deuterocanônicos*. Salvador: Sã Doutrina, 2012.

ROST, L. *Introdução aos Livros Apócrifos e Pseudepígrafos do Antigo Testamento e aos Manuscritos de Qumran*. São Paulo: Paulus, 2004.

RUWER, J. Le Canon alexandrin des écritures: Saint Athanase. *Biblica*, 33, 1952, p. 1-29.

_____. Les Apocryphes dans l'oeuvre d'Origène. *Biblica*, 23, 1942, p. 18-42; 24, 1943, p. 18-58; 25, 1944, p. 143-166.

SACHI, A. e Colabs. *Lettere Paoline e Altre Lettere*. Turim: Elle Di Ci, 1995.

SÁNCHEZ CARO, J.M. Sobre la fecha del Canon Muratoriano. In: *J.J.F. SANGRADOR & S.G. Oporto (eds.). Plenitudo Temporis – miscelánea, homenaje al Prof. Dr. Ramón Trevijano...* Salamanca: Publicaciones Universidad Pontificia, 2002, p. 296-314.

_____. El canón del nuevo Testamento: problemas y planteamientos. *Salmanticensis*, 29/3, 1982, p. 309-339.

SANDAY, W. The Cheltenham list of the canonical books of the New Testament and of the Writings of Cyprian. *Studia Biblica et Ecclesiastica* III. Oxford, 1891, p. 217-303.

SANDERS, J.A. *Identité de la Bible*: Thorah & Canon. Paris: Cerf, 2011.

SCAER, D.P. Matthew as the Foundation for the New Testament. *Concordia Theological Quarterly*, 2015, p. 233-244.

SCHÖKEL, L.A. *A Palavra inspirada*. Bíblica 9. São Paulo: Loyola, 1992.

SCHMID, K. The Canon and the Cult: The Emergence of Book Religion in Ancient Israel and the Gradual Sublimation of the Temple Cult. *Journal of Biblical Literature*, 131 (2), 2012, 289-305.

SCHNABEL, E. The Muratorian Fragment: The State of Researche. *Journal of the Evangelical Theological Society*, 57 (2), 2014, p. 231-264.

SCHNEEMELCHER, W. *New Testament Apocrypha* – Vol. I: Gospels and Related Writings. Londres: Westminster John Knox, 2003.

_____. *New Testament Apocrypha* – Vol. II: Writings Relating to the Apostles: Apocalypses and related subjects. Londres: Westminster John Knox, 2003.

SIKER, J.S. The canonical status of the catholic epistles in the syriac New Testament. *JTS*, 38, 1987, p. 311-340.

SIMIAN-YOFRE, H. (coord.). *Metodologia do Antigo Testamento*. Bíblica Loyola 28. São Paulo: Loyola, 2000.

SMALLEY, B. *Lo studio della Biblia nel Medioevo*. Bolonha: EDB, 2008.

STONE, M.E. Armenian Canon Lists IV – The List of Gregory of Tat'ew (14th century). *Harvard Theological Review*, vol. 72, n. 3/4, jul.-out./1979, p. 237-244.

_____. Armenian Canon Lists III – The Lists of Mechitar of AYRIVANKᶜ (c. 1285 C.E.). *The Harvard Theological Review*, vol. 69, n. 3/4, jul.-out./1976, p. 289-300.

_____. Armenian Canon Lists II – The Stichometry of Anania of Shirak (c. 615-c. 690 CE.). *The Harvard Theological Review*, vol. 68, n. 3-4, 1975, p. 253-260.

_____. Armenian Canon Lists I – The Council of Partaw (768 CE). *The Harvard Theological Review,* vol. 66, n. 4, out./1973, p. 479-486.

SUNDBERG, A.C. Canon Muratori: A fourth-Century List. *Harvard Theological Review*, 66, 1973, p. 1-41.

SUTCLIFFE, E.F. The Council of Trent on the Authentia of the Vulgate. *JTS*, 49, 1948), p. 35-42.

THEISSEN, G. Pluralismo e unidade no cristianismo primitivo e o surgimento do cânon. In: G. THEISSEN. *A religião dos primeiros cristãos* – Uma teoria do cristianismo primitivo. São Paulo: Loyola, 2011, p. 337-384.

_____. *O Novo Testamento*. Petrópolis: Vozes, 2007.

THEOBALD, C. (dir.), *Le canon des Écritures* – Études historiques, exégétiques et systématiques. Paris: Cerf, 1990.

TILLESSE, C.M. (trad.). *Extracanônicos do Novo Testamento* – Vol. I: Evangelhos. *Revista Bíblica Brasileira*, anos 20-21, 2003-2004. Fortaleza: Nova Jerusalém.

_____. *Apócrifos do Antigo Testamento* – Vol. II. *Revista Bíblica Brasileira*, ano 17, n. 1-3. 2000. Fortaleza: Nova Jerusalém.

_____. *Apócrifos do Antigo Testamento* – Vol. I. *Revista Bíblica Brasileira*, ano 16, n. 1-3, 1999. Fortaleza: Nova Jerusalém.

TILLY, M. *Introdução à Septuaginta*. São Paulo: Loyola, 2009.

THOMASSEN, E. (ed.). *Canon and Canonicity* – The Formation and Use of Scripture. Copenhagen: Museum Tusculanum, 2010.

TREGELLES, S.P. *Canon Muratorian* – The Earliest Catalogue of the Books of the New Testament. Oxford: Clarendon, 1867.

TRICCA, M.H.O. (ed.). *Apócrifos IV* – Os proscritos da Bíblia. São Paulo: Mercúrio, 2001.

_____. *Apócrifos III* – Os proscritos da Bíblia. São Paulo: Mercúrio, 1995.

_____. *Apócrifos I* – Os proscritos da Bíblia. São Paulo: Mercúrio, 1992.

_____ *Apócrifos II* – Os proscritos da Bíblia. São Paulo: Mercúrio, 1992.

TRIMAILLE, M. As Epístolas Católicas. In: CARREZ, M. et al. *As Cartas de Paulo, Tiago, Pedro e Judas*. São Paulo: Paulinas, 1987, p. 269-322.

TUÑI, J-O. & ALEGRE, X. *Escritos Joânicos e Cartas Católicas* – Introdução ao Estudo da Bíblia, vol. 8. São Paulo: Ave Maria, 1999.

TURNER, C.H. The Nicene Creed in the Codex Muratorianus. *The Journal of Theological Studies*, vol. 9, 1907-1908, p. 100-101.

TYSON, J.B. *Marcion and Luke-Acts* – A Defining Struggle. Colúmbia: University of South Carolina Press, 2006.

VIER, F. (coord.). *Compêndio do Vaticano II:* Constituições, Decretos, Declarações. Petrópolis: Vozes, 1986.

VOLKMAR, G. & KESSELRING, H. *Das Muratoriche Fragment über die Bücher des Neuen Testaments* – Mit Ainleitung und Erklärung. Zurique: S. Hohr, 1892.

WAYNE, W. Luther: The on who Shaped the Canon. *Restoration Quarterly*, 49, 2007, p. 1-10.

WEGNER, P.D. *Guida alla Critica Testuale dela Bibbia* – Soria, metodi e risultati. Milão: San Paolo, 2009.

WESTCOTT, B.F. *The Bible in the Church*: A Popular Account of the Collection and Reception of the Holy Scriptures in the Christian Churches. Londres: MacMillan, 1896.

_____. *A General Survey of the History of the Canon of the New Testament*. Londres, 1866.

WESTCOTT, B.F. & WRIGHT, W.A. *A General view of history of the English Bible*. Londres: Macmillan, 1881.

WORDSWORTH, C. *On the Canon of the Scriptures of the Old and New Testament, and on the Apocrypha*. Londres: Francis & John Rivington, 1848.

ZAHN, T. *Introduction to the New Testament*. Vols. 1-3. Edimburgo: T&T Clark, 1909.

_____. *Geschichte des Neutestamentliche Kanons* – Zweiter Band: Urkunden und Belege zum ersten und dritten Band. Erlangern/Leipzig: Naschf, 1890.

ZENGER, E. et al. *Introdução ao Antigo Testamento*. Bíblica Loyola 36. São Paulo: Loyola, 2003.

Posfácio

A pesquisa sobre as Sagradas Escrituras, desde sua elaboração às interpretações que a Bíblia tem recebido ao longo da história, abre-se sobre um universo tão amplo, que exige a criação de instrumentos técnicos e fundamentais que apoiem o progresso acadêmico. Neste sentido, *Compêndio do Cânon Bíblico* há de se tornar um livro de consulta mandatória, pois distingue-se como obra única do seu gênero capaz de informar as diversas listas dos textos bíblicos com segurança histórica e orientação direta às fontes cristãs.

De onde os cristãos apreenderam a considerar como sagrados os nomes elencados em todas essas listas a não ser, talvez, nas próprias Escrituras que, em ambos os Testamentos, já sabiam da importância conferida à série de nomes de pessoas, de reis, de profetas, de discípulos, de lugares, de animais, de famílias, de homens e de mulheres, de irmãos e irmãs, e mesmo de estrangeiros e de inimigos?

Por detrás do elenco de cada lista específica com o nome dos textos bíblicos, encontra-se a dinamicidade – não carente de tensões – com que o povo de Deus, guiado pela inspiração sagrada, desempenha a missão de transmitir ao mundo a mensagem de salvação. É compreensível que em cada parcela da história do cristianismo o modo de conhecer e entender a mensagem divina passe pela leitura sociocultural estabelecida por sistemas cujas estruturas são naturalmente flexíveis e mutáveis, tanto em nível semântico quanto em nível dos nexos lexicais que surgem em cada período. Isso se verifica, por exemplo, entre aquelas listas que, ainda quando citam os mesmos livros, conferem nomes diferentes aos mesmos.

O reconhecimento sobre como os textos bíblicos, não bíblicos e apócrifos eram chamados e, consequentemente, avaliados no decurso desses dois milênios de história preenche os requisitos de um decodificador automático, pelo qual, por um lado, é possível reconhecer quais são as questões que tais textos apoiam ou desaprovam e, por outro lado, amadurece a nossa interpretação so-

441

bre a história da Igreja em geral e os contextos de diversas situações não pouco complexas, que implicam diretamente o uso, a omissão ou até mesmo o descaso de um desses textos.

Não somos nós os primeiros protagonistas deste uso ou desuso consciente. Os próprios Padres da Igreja, com toda a força que a sua importância tem para nós hoje, precisaram manusear, criar e manipular estas listas de acordo com as graves necessidades da sua época. Os líderes cristãos das idades média e moderna viram suas vidas extremamente comprometidas no diagnóstico que precisaram fazer das mesmas fontes. Desta maneira, também as inspirações do período pós-Concílio Vaticano II – em destaque os grandes avanços da exegese e da hermenêutica – nos provocam a uma revisão cujos benefícios traduzir-se-ão em escolhas mais profundas, em análises mais assertivas, em omissões menos prejudiciais, em obstáculos mais fáceis de serem superados.

Uma boa biblioteca é avaliada não apenas pelo número grandioso do acervo que detém, pois é fácil que livros de determinadas coleções jamais sejam consultados pelo simples fato de alguém não saber o que existe naquele lugar. Todavia, não existe uma boa biblioteca que careça sobretudo de um escaninho atualizado, ordenado e bem organizado que facilite o acesso para quem queira ler tais livros. *Compêndio do Cânon Bíblico* recebe nossa vênia exatamente pela disposição detalhada destas listas que nos permitem acessar, por meio das prateleiras a que correspondem, um conteúdo extremamente importante para toda história.

Quem sabe já não tenhamos forjado conclusões desonestas quando, ao invés de alcançarmos o primeiro livro de Moisés, de fato, segurávamos em nossas mãos o livro do Gênesis!? Não são poucos os anacronismos com que nos deparamos nos dias de hoje. É naturalmente fácil colocar-se diante de uma fonte histórica, interpretando-a mais como convém ao intérprete do que como a fonte permita. Embora sempre sejam tratados os mesmos livros, na hora em que "O Compêndio do Cânon Bíblico" nos apresenta historicamente as listas dos textos bíblicos e extrabíblicos, também nos aproxima da riqueza com que cada período objetivou tal e tais conteúdos.

Prof.-Dr. André Luiz Rodrigues da Silva
Doutor em Ciências e Teologia Patrísticas pelo Augustinianum de Roma
e professor do Departamento de Teologia da PUC-Rio.

Índice

Sumário, 7

Prefácio, 9

1 Introdução, 13

2 Documentos sobre o *Canon Biblicum* (AT/NT), 19

  2.1 Período Antigo e Alta Idade Média, 19

    1) O cânon de Melitão de Sardes (c. 160 d.C.), 19

      a) *Canon Biblicum* de Flávio Josefo (séc. I d.C.), 23

      b) Prólogo do Livro do Eclesiástico / Sirácida (130 a.C.), 25

    2) O cânon do *Fragmentum Muratorianum* (c. 170 d.C.), 28

      a) *Canon Muratorianum* da Patrologia Migne e Tradução, 32

      b) *Canon Muratorianum* em latim de S.P. Tregelles e do *EB*, 35

      c) *Canon Muratorianum* em latim de T. Zahn e do *EB*, 41

      d) *Canon Muratorianum* em sua versão grega de T. Zahn, 43

      e) *Canon Muratorianum* na versão grega de C.C.J. Bunsen, 48

      f) Texto de Bunsen em duas colunas, com correções laterais, 52

      g) *Canon Muratorianum* na versão grega de Adolf Hilgenfeld, 57

      h) *Canon Muratorianum* nas três versões gregas, 62

    3) O cânon de Orígenes (c. 240 d.C.), 67

    4) O cânon da Esticometria do II Concílio de Antioquia (séc. III d.C.), 74

    5) O cânon de Eusébio de Cesareia (c. 324 d.C.), 77

    6) O cânon de Cirilo de Jerusalém (c. 348 d.C.), 80

    7) O cânon de Hilário de Poitiers (c. 360 d.C.), 85

    8) O cânon da Esticometria de Cheltenham ou de Mommsen (c. 360 d.C.), 87

    9) O cânon do Concílio de Laodiceia (c. 360 d.C.), 90

    10) O cânon de Atanásio (367 d.C.), 92

    11) O cânon dos apóstolos ou Cânon Apostólico (c. 380 d.C.), 98

    12) O cânon de Anfilóquio de Icônio (c. 380/394 d.C.), 102

13) O cânon do Concílio de Roma (382 d.C.) e o Decreto de Gelásio (392-396 d.C.), 105

14) O cânon de Gregório de Nazianzo (c. 385 d.C.), 123

15) O cânon de Epifânio (c. 385 d.C.), 126

16) O cânon de Filastro (c. 386 d.C.), 131

17) O cânon da Esticometria do *Codex Claromontanus* (c. 390-400 d.C.), 134

18) O cânon de Jerônimo (c. 390/394 d.C.), 138

19) O cânon do Concílio Plenário de Hipona (08/10/393), 153

20) O cânon de Agostinho de Hipona (c. 393/395 d.C.), 157

21) O cânon do Terceiro Concílio de Cartago (28/08/397), 162

    a) O cânon do Terceiro Concílio de Cartago no Denzinger (28/08/397), 164

    b) O cânon do Terceiro Concílio de Cartago em C. Murnier, 165

22) O cânon de Rufino de Aquileia (c. 400 d.C.), 166

23) O cânon de João Crisóstomo (c. 404 d.C.), 169

24) O cânon de Inocente I (20/02/405 d.C.), 178

25) O cânon do Quarto Concílio de Cartago (25/06/419), 179

26) O cânon da *Synopsis Scripturae Sacrae* (séc. V d.C.), 180

27) O cânon da Esticometria de Célio Sedúlio – *Anonymus* (séc. V d.C.), 189

28) O cânon da Esticometria do Patriarca Nicéforo (séc. IX ou 550 d.C.), 201

29) O cânon do Relatório de Junílio (c. 550 d.C.), 206

30) O cânon de Cassiodoro (c. 560 d.C.), 214

31) O cânon de Leôncio de Bizâncio (c. 590 d.C.), 222

32) O cânon do *Liber Sacramentorum Ecclesiae Gallicanae* (séc. VI-VII), 226

33) O cânon de Isidoro de Sevilha (c. 625 d.C.), 228

34) O cânon da Lista dos Sessenta Livros (c. 650 d.C.), 232

35) O cânon do Catálogo Anônimo *in notis* (c. 650 d.C.), 236

36) O cânon de João Damasceno (c. 730 d.C.), 239

37) O cânon de Jerusalém 54, fol. 76a (c. 1056), 244

38) O cânon de Hugo de São Vitor (séc. XII d.C.), 247

39) O cânon de João de Salisbury (séc. XII d.C.), 258

40) O cânon de Ebed Jesu († 1318), 271

41) O cânon da Tanak (Massorético), 276

42) O cânon do Pentateuco Samaritano (séc. IV a.C.), 278

43) O cânon da Versão Septuaginta (LXX: 250 a 150 a.C.), 280

44) O cânon de Marcião de Sinope (c. 85-160 d.C.), 283

45) O cânon de Irineu de Lyon (c. 130-202 d.C.), 285

46) O cânon de Clemente de Alexandria (c. 150-215 d.C.), 286

47) O cânon de Tertuliano (c. 160-220 d.C.), 287

48) O cânon de Cipriano de Cartago (c. 210-258 d.C.), 289

49) O cânon de Dídimo o Cego (c. 313-398 d.C.), 290

50) O cânon dos mais importantes Manuscritos Unciais (séc. IV-V d.C.), 291

51) O cânon do *Codex Alexandrinus* (T. Zhan e B.F. Westcott), 293

52) O cânon da Versão Peshita – Syriaca (séc. IV d.C.), 299

53) O cânon da Versão Vulgata Latina (séc. IV d.C.), 300

54) O cânon da Versão Armena (séc. III d.C.), 303

55) O cânon da Versão Copta (séc. IV d.C.), 304

56) O cânon da Versão Etiópica (séc. IV d.C.), 305

57) O cânon da Versão Georgiana (séc. V d.C.), 306

58) O cânon da Esticometria Armeniana (c. 615-690 d.C.), 307

2.2 Da Baixa Idade Média até o Vaticano II, 312

1) O cânon do Concílio de Florença (1431-1445), 312

2) O cânon do Concílio de Trento (1545-1563), 314

3) O Cânon Bíblico e Sixto de Siena (1566), 317

4) O cânon do Concílio Vaticano II (1962-1965), 334

3 Da Reforma Protestante a João Ferreira de Almeida, 337

1) O cânon de Karlstadt (1520), 337

2) O cânon de Martinho Lutero (1522), 341

3) O cânon de Tyndale (1525), 345

4) O cânon de Zuínglio (1531), 347

5) O cânon de Calvino (1551), 351

6) O cânon das Confissões de Fé dos Valdenses, 354

a) Confissão de Fé Valdense de 1220, 355

b) Confissão de Fé Valdense de 1544, 356

c) Confissão de Fé Valdense de 1560, 357

d) Confissão de Fé Valdense em 1655, 358

7) O cânon da Confissão de Fé Francesa (1559), 361

8) O cânon da Bíblia de Genebra (1560), 363

9) O cânon da Confissão de Fé Belga (1561), 367

10) O cânon da Confissão Anglicana (1563), 369

11) O cânon da Versão King James (1611), 373

12) O cânon da Confissão de Westminster (1647), 376

13) O cânon de João Ferreira de Almeida (1681), 378

4 Apêndice – Tabelas ilustrativas, 385

1) O cânon do AT em Marcião e nos Padres da Igreja, 385

2) O cânon do NT em Marcião e nos Padres da Igreja, 386

3) Livros do *TM, da LXX, do Concílio Romano e da Vulgata*, 387

4) Livros do AT mais discutidos na Igreja Primitiva, 389

5) Livros do NT mais discutidos na Igreja Primitiva, 391

6) O arranjo/sequência dos textos do cânon do AT, 393

a) Arranjo geral dos *Corpora* do AT, 394

b) Arranjo do *Corpus Pentateucum*, 395

c) Arranjo do *Corpus Historicum*, 396

d) Arranjo do *Corpus Sapienziale*, 399

e) Arranjo do *Corpus Propheticum*, 401

7) O arranjo/sequência dos textos do cânon do NT, 404

a) Arranjo geral dos *Corpora* do NT, 405

b) Arranjo do *Corpus Evangelicorum*, 406

c) Arranjo do *Corpus Paulinum*, 407

d) Arranjo do *Corpus Catholicum*, 408

e) Arranjo do *Corpus Johannicum*, 409

5 Conclusão geral, 411

6 Bibliografia, 417

1) Fontes das listas dos livros do Cânon Bíblico, 417

2) Fontes bíblicas, 422

3) *Enquiridions* e fontes, 423

4) Textos diversos sobre o cânon do AT e do NT,

Posfácio, 441

CULTURAL

Administração
Antropologia
Biografias
Comunicação
Dinâmicas e Jogos
Ecologia e Meio Ambiente
Educação e Pedagogia
Filosofia
História
Letras e Literatura
Obras de referência
Política
Psicologia
Saúde e Nutrição
Serviço Social e Trabalho
Sociologia

CATEQUÉTICO PASTORAL

Catequese
Geral
Crisma
Primeira Eucaristia

Pastoral
Geral
Sacramental
Familiar
Social
Ensino Religioso Escolar

TEOLÓGICO ESPIRITUAL

Biografias
Devocionários
Espiritualidade e Mística
Espiritualidade Mariana
Franciscanismo
Autoconhecimento
Liturgia
Obras de referência
Sagrada Escritura e Livros Apócrifos

Teologia
Bíblica
Histórica
Prática
Sistemática

REVISTAS

Concilium
Estudos Bíblicos
Grande Sinal
REB (Revista Eclesiástica Brasileira)

VOZES NOBILIS

Uma linha editorial especial, com importantes autores, alto valor agregado e qualidade superior.

PRODUTOS SAZONAIS

Folhinha do Sagrado Coração de Jesus
Calendário de mesa do Sagrado Coração de Jesus
Agenda do Sagrado Coração de Jesus
Almanaque Santo Antônio
Agendinha
Diário Vozes
Meditações para o dia a dia
Encontro diário com Deus
Guia Litúrgico

VOZES DE BOLSO

Obras clássicas de Ciências Humanas em formato de bolso.

CADASTRE-SE
www.vozes.com.br

EDITORA VOZES LTDA.
Rua Frei Luís, 100 – Centro – Cep 25689-900 – Petrópolis, RJ
Tel.: (24) 2233-9000 – Fax: (24) 2231-4676 – E-mail: vendas@vozes.com.br

UNIDADES NO BRASIL: Belo Horizonte, MG – Brasília, DF – Campinas, SP – Cuiabá, MT
Curitiba, PR – Fortaleza, CE – Goiânia, GO – Juiz de Fora, MG
Manaus, AM – Petrópolis, RJ – Porto Alegre, RS – Recife, PE – Rio de Janeiro, RJ
Salvador, BA – São Paulo, SP